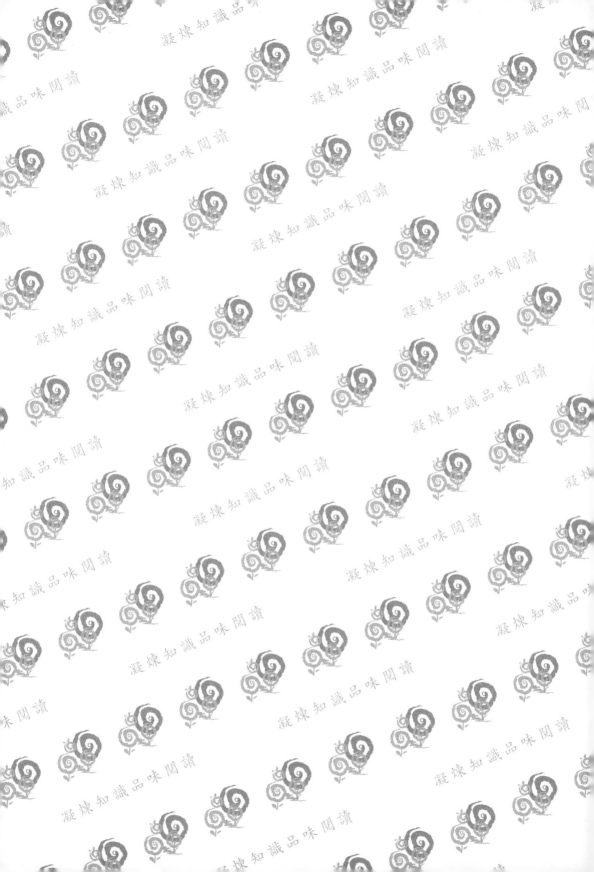

不動產估價
法規與實務

新增第二版

陳冠融——著

五南圖書出版公司 印行

二版序

　　不動產估價技術規則於民國102年底大幅修正,與不動產估價相關之法令及行政規章,例如地價調查估計規則、平均地權條例及其施行細則、土地徵收補償市價查估辦法……等,亦有部分修正;另有關容積移轉,臺北市容積移轉審查許可自治條例規定,接受基地移入之容積量,應有百分之五十以上以繳納容積代金方式辦理。故本版乃據以修訂,並增補臺北市容積代金估價報告書範本,疏漏之處祈盼讀者惠續指正。

陳冠融　謹識

2019年8月

自序

　　這是國內第一本比較完整之不動產估價法規，雖屬法規書籍，但兼及理論與實務。

　　自2001年在逢甲大學取得碩士學位後，曾赴美國加州大學河邊分校研修英文1年餘。返國後，即以地政士特考及格之資格，在家父陳銘福開業之普提地政士事務所投入地政服務工作；此期間，陸續參加不動產經紀人普考及格及不動產估價師高考及格，並且參加信託業務專業測驗合格；緣此，乃再投入家父陳銘福開業之大聖不動產估價師事務所參與不動產估價工作；服務社會迄今十有餘年；近3年來，並應聘至中原大學財經法律系兼任講授不動產估價理論、法規與實務。作者雖不可謂學驗豐富，但願將研修學習之心得、講授及實務經驗編彙成書分享讀者，並以之為教材書。

　　本書分二編，第一編為「不動產估價法規」，第二編為「不動產估價實務」，並附錄歷屆不動產估價師高考之「不動產估價理論」及「不動產估價實務」等二科試題、不動產經紀人普考之「不動產估價概要」。

　　本書第一編為「不動產估價法規」，共分五章，除第一章「基礎理論」分節敘述有關不動產估價之理論外，第二章至第五章，分章、分節分別敘述不動產估價有關之法規—「土地法」、「平均地權條例」、「房屋稅條例」、「契稅條例」、「不動產估價師法」、「不動產估價師考試規則」、「地價調查估計規則」、「土地建築改良物估價規則」、「不動產估價技術規則」；理論與法規兼具，是一本「不動產估價法規」比較完整之書籍。

　　本書第二編為「不動產估價實務」，共分五章，第一章「一般民眾之簡易估價」，供估價專業以外之一般民眾參考，進而可 DIY自行簡單估價；第二章「各種範本」，包括「不動產估價委託契約書」、「委託不動產估價酬金收據」、「估價不動產現況資料調查表」、「一般摘要式報告書範本」；第三章「實務案例」，就工廠房地、辦公大樓房地、住家大樓房地、山坡地等不同房地類型，分別介紹比較法、收益法及土地開發分析法等估價案例。

本書附錄中華民國不動產估價師公會全國聯合會第二號公報「敘述式不動產估價報告書範本」、第四號公報「營造或施工費標準表」、第五號公報「收益法之直接資本化法」、第六號公報「臺北市都市更新報告書範本」，供作實務參考，並附錄不動產估價師歷屆高考中之「不動產估價理論」及「不動產估價實務」等二科目之試題、不動產經紀人歷屆普考之「不動產估價概要」一科之試題，供作考生之參考。

　　本書深入淺出，不僅可為初學者、考生、專業人士之最佳參考工具書；就一般民眾而言，更易讀、易懂，實可作為一本「業餘讀品」。

　　本書執筆期間，歷經家父陳銘福之支持、協助與指導，始能終底於成，特此感恩。

　　作者學驗尚淺，且係利用業餘時間完成本書，故漏誤難免，尚請各界先進時賜指正。

陳冠融　謹識

2012年5月

目　次

第一編

不動產估價法規

第一章　基礎理論

第一節　平均地權理論與實務

壹、平均地權理論

一、四大綱領

　　國父孫中山先生之平均地權理論，形成我國之土地制度。平均地權理論以「規定地價」、「照價徵稅」、「照價收買」及「漲價歸公」為四大綱領；其中之「規定地價」為平均地權之初步，亦是平均地權之基礎；蓋因「規定地價」後，始能推動後續之「照價徵稅」、「照價收買」及「漲價歸公」；如未「規定地價」，則後續之「照價徵稅」、「照價收買」及「漲價歸公」則免議；如「規定地價」不實，後續之「照價徵稅」、「照價收買」及「漲價歸公」將影響甚鉅；而「規定地價」與不動產估價息息相關。

二、規定地價

　　「規定地價」，可藉由經濟手段進行估價，惟當時欠缺估價人員，益以估價人員之品格良窳、素質優劣，勢必影響估價結果甚鉅，進而影響平均地權之實施；故採政治手段之「地主自行申報地價」方式。

（一）地主自行申報地價

　　「規定地價」時，由地主自行申報地價；如高報地價，因「照價徵稅」，地主將負擔重稅；如低報地價，因「照價收買」，地主之土地恐遭收買；似此，因有「照價徵稅」及「照價收買」之相輔相成，「規定地價」時，由地主自行申報地價，勢必申報合理之地價。

（二）申報地價後「地價永以為定」

　　國父孫中山先生認為「隨地主之報多報少，所報之價，則永以為定；此後凡公家收買土地，悉照此價，不得增減—原主無論何時，祇能收回此價，而將來所增之

價，悉歸於地方團體之公有。如此，則社會發達，地價愈增，則公家愈富。」可見
國父孫中山先生主張地主自行申報地價後「地價永以爲定」。

貳、平均地權實務

一、土地法之「標準地價」及平均地權條例之「公告地價」

（一）名稱不同

　　土地法於民國19年6月30日公布施行，實施都市平均地權條例於民國43年8月26
日公布施行，當時考量房地產市場尚未成形，房地產交易量有限，房地產價格資訊
不明；「規定地價」時，由地主自行申報地價，顯然有困難；爲求平均地權土地政
策能落實執行，乃有土地法規定之「標準地價」查定公布及實施都市平均地權條例
規定之「公告地價」。

（二）均爲供地主申報地價時之參考

　　各該「標準地價」及「公告地價」係供地主申報地價時之參考；惟爲免地主過
度高報或低報地價，土地法及實施都市平均地權條例均規定地主申報地價時，祇能
在「標準地價」或「公告地價」之20%增減內申報地價；實施都市平均地權條例於
民國66年2月2日修正爲平均地權條例，亦採此規定，實行至今不變。各該「標準地
價」或「公告地價」，係超越　國父孫中山先生之平均地權理論。

二、重新規定地價

　　國父孫中山先生主張申報地價後「地價永以爲定」；惟爲考量「課稅公平」
及「土地正義」原則，土地法、實施都市平均地權條例及修正後之平均地權條例，
均規定「得重新規定地價」。例如臺北市民國45年規定地價，當時可能萬華、西門
町、延平北路等地區最繁榮、地價最高；信義計畫區、敦南地區最荒涼、地價最
低；如斯，規定地價後「永以爲定」，並「照價徵稅」及「照價收買」，顯然不符
「課稅公平」及「土地正義」原則，故「重新規定地價」，以切合實際。此種「得
重新規定地價」，亦超越　國父孫中山先生之平均地權理論。

第二節　估價之不動產

壹、不動產

一、民法第66條規定，稱不動產者，謂土地及其定著物；不動產之出產物，尚未分離者，為該不動產之部分。

二、如斯，不動產估價，即對於土地、土地定著物及尚未分離於不動產之出產物等三大部分之估價。

貳、土地

一、土地範圍

土地法第1條規定，本法所稱土地，謂水陸及天然富源。

二、土地種類

土地法第2條第1項規定，土地依其使用，分為下列各類：

第一類：建築用地；如住宅、官署、機關、學校、工廠、倉庫、公園、娛樂場、會所、祠廟、教堂、城堞、軍營、砲臺、船埠、碼頭、飛機基地、墳場等屬之。

第二類：直接生產用地；如農地、林地、漁地、牧地、狩獵地、礦地、鹽地、水源地、池塘等屬之。

第三類：交通水利用地；如道路、溝渠、水道、湖泊、港灣、海岸、堤堰等屬之。

第四類：其他土地；如沙漠、雪山等屬之。

三、估價之土地

不動產估價之土地，其範圍包括水、陸及天然富源；其種類包括建築用地、直接生產用地、交通水利用地及其他土地等四大類所涵蓋之各種土地。

參、土地定著物

一、區分

土地定著物可二分為土地改良物及非改良物。土地改良物係指於土地上投施資本、勞力進行改良之結果。非改良物則泛指土地改良物以外之物，例如野生之花草樹木等是。

二、土地改良物

土地法第5條規定，本法所稱土地改良物，分為建築改良物及農作改良物二種。附著於土地之建築物或工事，為建築改良物。附著於土地之農作物及其他植物與水利土壤之改良，為農作改良物。

三、估價之定著物

（一）不動產估價之定著物，以土地改良物為主要，非改良物則少見。

主要估價之土地改良物中，又以建築改良物為主要，農作改良物為次要；建築改良物中又以建築物為主要，工事為次要。

（二）土地法未對建築物及工事下定義；故引用建築法之規定：

1. 建築法第4條規定：本法所稱建築物，為定著於土地上或地面下具有頂蓋、樑柱或牆壁，供個人或公眾使用之構造物或雜項工作物。
2. 建築法第5條規定：本法所稱供公眾使用之建築物，為供公眾工作、營業、居住、遊覽、娛樂及其他供公眾使用之建築物。
3. 建築法第6條規定：本法所稱公有建築物，為政府機關、公營事業機構、自治團體及具有紀念性之建築物。
4. 建築法第7條規定：本法所稱雜項工作物，為營業爐灶、水塔、瞭望臺、招牌廣告、樹立廣告、散裝倉、廣播塔、煙囪、圍牆、機械遊樂設施、游泳池、地下儲藏庫、建築所需駁崁、挖填土石方等工程及建築物興建完成後增設之中央系統空氣調節設備、昇降設備、機械停車設備、防空避難設備、污物處理設施等。

（三）綜上所述，估價之土地改良物範圍頗廣。

肆、估價之不動產

不動產估價師法第14條第1項規定，不動產估價師受委託人之委託，辦理土

地、建築改良物、農作改良物及其權利之估價業務。準此,不動產估價師所估價之不動產,係指土地、建築改良物、農作改良物及其權利。

第三節 估價之不動產權利

估價之不動產權利,可概分為債權及物權二種。估價之不動產權利,以不動產物權居多。

壹、不動產債權

所謂不動產債權,例如使用權、租賃權、借貸權、通行權、共有人優先購買權、未經登記之買受權(買受後之移轉請求權)、時效完成尚未登記之占有權……等是;各該不動產債權,並不以登記為生效要件,於進行不動產估價時,應詳細查證其債權憑證或法律關係。

貳、不動產物權

一、物權登記生效主義

(一)民法第758條第1項規定,不動產物權,依法律行為而取得、設定、喪失及變更者,非經登記不生效力。於進行不動產物權估價時,應以地政機關所登記之資料為準。

(二)民法第759條之1規定,不動產物權經登記者,推定登記權利人適法有此權利。因信賴不動產登記之善意第三人,已依法律行為為物權變動之登記者,其變動之效力,不因原登記物權之不實而受影響。於進行不動產物權估價時,以地政機關所登記之資料為準,推定登記權利人適法有此權利。

二、物權登記宣示主義

民法第759條規定,因繼承、強制執行、徵收、法院之判決或其他非因法律行為,於登記前已取得不動產物權者,應經登記,始得處分其物權。於進行不動產物權估價時,可能遇到各該不必登記既已取得不動產物權者,故應詳細查證為宜。

三、不動產物權種類

　　所謂不動產物權，例如民法規定之所有權（第765、773條）、普通地上權（第832條）、區分地上權（第841條之1）、農育權（第850條之1）、不動產役權（第851條）、普通抵押權（第860條）、最高限額抵押權（第881條之1）、典權（第911條）、習慣形成之物權（第757條）、永佃權（民法物權編施行法第13條之2）；另外尚有土地法第133條規定之耕作權。

　　土地法第11條規定，土地所有權以外設定他項權利之種類，依民法之規定，是故所有權以外之其他權利，通稱為「他項權利」。「他項權利」於設定登記時，分定有期限者及未定有期限者，於進行不動產估價時，應依民法之規定詳細查證其是否已終止或消滅；估價時，係就未終止或未消滅者估價。

　　估價之不動產權利，固以不動產物權居多；惟其中又以所有權為主要，其他物權並不常見。

（一）所有權

1.民法第765條規定，所有人，於法令限制之範圍內，得自由使用、收益、處分其所有物，並排除他人之干涉。
2.民法第773條規定，土地所有權，除法令有限制外，於其行使有利益之範圍內，及於土地之上下。如他人之干涉，無礙其所有權之行使者，不得排除之。
3.估價之不動產權利，以所有權為主要，而實務上估價之所有權型態，又有「完整所有權」、「持分所有權」及「區分所有權」之分別：
　(1)完整所有權：例如一筆土地或一棟透天厝房屋之所有權，全部為某甲所有。
　(2)持分所有權：例如一筆土地或一戶房屋為甲、乙共有，各持分1/2，該甲的1/2所有權或乙的1/2所有權即是持分所有權。人際關係越來越緊密及經濟行為越來越頻繁，土地共有之情形亦隨之越來越多，尤其是建築用地為甚。農地、山坡地及房屋等共有之情形，則相對較少。此外，公寓大廈區分所有建物之基地及共用部分權利，通常亦是共有持分，是故亦屬持分所有權。
　(3)區分所有權：例如公寓大廈之建物有100戶，每一戶之建物各區分為一所有權，該所有權是為區分所有權，該所有權人為區分所有權人；事實上，就每一戶之建物而言，該區分所有本質亦為「完整所有權」；是故公寓大廈管理條例第4條第1項規定，區分所有權人除法律另有限制外，對其專有部分，得自由使用、收益、處分，並排除他人之干涉。
　　A.所謂「公寓大廈」，依公寓大廈管理條例第3條第1款規定，指構造上或使用上或在建築執照設計圖樣標有明確界線，得區分為數部分之建築物及其基

地。準此,「公寓大廈」包括建築物及其基地。

B.所謂「區分所有」,依公寓大廈管理條例第3條第2款規定,指數人區分一建築物而各有其專有部分,並就其共用部分按其應有部分有所有權。

C.所謂「專有部分」,依公寓大廈管理條例第3條第3款規定,指公寓大廈之一部分,具有使用上之獨立性,且為區分所有之標的者。

D.所謂「共用部分」,依公寓大廈管理條例第3條第4款規定,指公寓大廈專有部分以外之其他部分及不屬專有之附屬建築物,而供共同使用者。

E.是故公寓大廈之區分所有權,範圍包括建物之完整所有權、基地持分所有權及共用部分之持分所有權。緣此,公寓大廈管理條例第4條第2項規定,專有部分不得與其所屬建築物共用部分之應有部分及其基地所有權或地上權之應有部分分離而為移轉或設定負擔。此於估價實務上應特別去注意。

(二)地上權

1.普通地上權:民法第832條規定,稱普通地上權者,謂以在他人土地之上下有建築物或其他工作物為目的而使用其土地之權。

2.區分地上權:民法第841條之1規定,稱區分地上權者,謂以在他人土地上下之一定空間範圍內設定之地上權。

3.由於不動產價格高漲,或因建商為降低土地取得成本,或因公有土地管理政策之緣故,逐漸有設定地上權後建築公寓大廈之案例,是故進行不動產估價時,可能遇到區分所有權建物及基地之地上權案例。

4.除登記之地上權外,尚有依民法第772條規定,因時效完成取得之地上權。惟實務上亦屬少見。

(三)農育權

1.民法規定之不動產物權,原無農育權,民國99.2.3.修正公布增訂農育權於第850條之1至第850條之9等條文。

2.民法第850條之1規定,稱農育權者,謂在他人土地為農作、森林、養殖、畜牧、種植竹木或保育之權;農育權之期限,不得逾二十年;逾二十年者,縮短為二十年。但以造林、保育為目的或法令另有規定者,不在此限。

3.因係民法新修正之物權,實務上尚屬少見。

(四)不動產役權

1.民法原規定地役權,民國99.2.3.修正公布第851條條文,正名為不動產役權。

2.民法第851條規定，稱不動產役權者，謂以他人不動產供自己不動產通行、汲水、採光、眺望、電信或其他以特定便宜之用為目的之權。

3.不動產役權，包括土地役權及房屋役權，除登記之不動產役權外，尚有依民法第772條規定，因通行而時效完成之公用地役權。不動產役權，實務上亦屬少見。

（五）抵押權

1.民法第860條規定，稱普通抵押權者，謂債權人對於債務人或第三人不移轉占有而供其債權擔保之不動產，得就該不動產賣得價金優先受償之權。

2.民法第881條之1第1項規定，稱最高限額抵押權者，謂債務人或第三人提供其不動產為擔保，就債權人對債務人一定範圍內之不特定債權，在最高限額內設定之抵押權。

3.不動產所有權估價後辦理抵押權之案例頗多，但評估抵押權之案例則甚少。一般係以其擔保之債權數額為準予以評估；惟不良債權者，則另當別論。

（六）典權

1.民法第911條規定，稱典權者，謂支付典價在他人之不動產為使用、收益，於他人不回贖時，取得該不動產所有權之權。

2.典權，簡單而言，即是缺錢用時，拿不動產去典當借錢，受典人取得之權利。目前國人之習慣，類多以動產典當借錢或不動產抵押借錢為多，故典權案例相當少。

（七）永佃權

1.民法原規定有永佃權於物權編第四章第842條至第850條，各該章條於民國99.2.3.修正公布刪除，是故已無新設定登記之永佃權。

2.修正刪除前之民法第842條原規定，永佃權係支付佃租，永久在他人土地上為耕作或牧畜之權利。永佃權於登記後即屬永久性之物權，民法修正刪除後，過去已登記之永佃權，將何去何從？緣此，民法物權編施行法乃配合修正，以資因應。

3.民法物權編施行法第13條之2規定

　(1)民法物權編中華民國99年1月5日修正之條文施行前發生之永佃權，其存續期限縮短為自修正施行日起20年。

　(2)前項永佃權仍適用修正前之規定。

　(3)第1項永佃權存續期限屆滿時，永佃權人得請求變更登記為農育權。

4.臺灣因過去實施三七五減租，永佃權亦甚少實例。

（八）耕作權

1.土地法第126條規定，公有荒地適合耕地使用者，除政府保留使用者外，由該管直轄市或縣（市）地政機關會同主管農林機關劃定墾區，規定墾地單位，定期招墾。
2.土地法第133條規定，承墾人自墾竣之日起，無償取得所領墾地之耕作權，應即依法向該管直轄市或縣（市）地政機關聲請為耕作權之登記。但繼續耕作滿十年者，無償取得土地所有權。
3.山坡地保育利用條例第37條規定，山坡地範圍內山地保留地，輔導原住民開發並取得耕作權、地上權或承租權。其耕作權、地上權繼續經營滿五年者，無償取得土地所有權，除政府指定之特定用途外，如有移轉，以原住民為限；其開發管理辦法，由行政院定之。
4.耕作權，亦甚少實例。

（九）習慣形成之物權

1.民國99.2.3修正公布民法第757條，增訂習慣物權；該條文規定，物權除依法律或習慣外，不得創設。故有習慣形成之物權。
2.習慣形成之物權，亦甚少實例。

第四節　不動產及其市場之基本特性

壹、不動產之基本特性

　　不動產如與動產相比較，有其諸多之基本特性，就不動產估價而言，至少需要認知如下諸特性。

一、供給之限量性

（一）整個地球面積就是這麼多，縱使地球有伸縮，就土地自然供給量而言，有其固定之限量性。
（二）就經濟供給量而言，可能因土地之使用計畫變更，增加建築用地量，卻減少農業生產用地量，但其增減量依然有限。

（三）建築物數量雖可因興建而增加，但因量產及折舊均需較長之時間，且決定於需求多寡，故與動產如衣飾或食物之供給量相比，就凸顯建築物供給之限量性。

二、位置之固定性

不動產，顧名思義，即是不可移動之財產或產物。既是不可移動，其位置固定，使不動產另具區域性，此種固定性及區域性，影響其價格甚劇。非似動產可移動至各地行銷，價格較無差異。

三、用途之變化性

不動產應依使用管制法規予以使用，故除使用之多樣性，諸如住家、店面、辦公、廠房、農舍、倉庫……等使用外，可能因使用方法之管制變更，其用途隨之變更。因用途之多樣性及變化性，影響不動產之估價。

四、品質之差異性

同一廠牌之汽車或衣飾，在各地行銷，有可能是單一價格，因為品質有其一致性。但不動產品質，諸如位置、地形、地勢、地質、建材、屋齡、用途、相鄰環境……等差異性頗大，此種品質之差異性，進而影響價格之差異。

貳、不動產市場之基本特性

不動產市場如與動產市場相比較，亦有其諸多之基本特性，就不動產估價而言，至少需要認知如下諸特性。

一、認知之差異性

不動產能夠提供人類之服務，亦即對人們有其效用性，而此種效用性，因不動產之特性及各人之認知而異，從而影響到需求性，需求性之高低，影響不動產市場價格。

二、價格之差異性

因不動產之諸多特性，益以各人認知之差異性，致使不動產市場價格，亦具差異性，不若動產之單一性。

三、交易之議價性

不動產交易，並無不二價，每一個案均於議價後決定最後之價格，故最後價格之多寡，取決於議價能力之強弱。

四、管制之複雜性

不動產有關之管制法規相當多，市場交易應依法行之，不若動產交易之單純。

五、市場之地區性

因不動產位置之固定性，形成市場之地區性，不像動產市場之寬廣性。由於地區性之差異，相近品質之建物，同樣在臺北市，信義計畫區者可能是一坪100萬元，大同區者可能是一坪50萬元。

第五節 不動產價值、價格及估價

壹、不動產價值與價格

一、不動產價值

所謂價值，簡單而言，即是效用；不動產供給有限，因對吾人提供效用性之服務，故吾人對其有所需求；此種限量性、效用性及需求性之結合，產生不動產之價值。

二、不動產價格

價值如用貨幣表示，即為價格。不動產價值如以貨幣表示，即為不動產價格。價值，因吾人體認之不同而有所差異，故同一不動產價值，因人而異，從而其價格，亦隨之因人而異。

貳、不動產估價之涵義

一、估價本質

　　不動產價格，既因人而異，不動產估價，即非決定價格，其本質係在發現價格，亦即在發現市場可能接受之價格，是故估價之結果，並非絕對不變之價格。

二、需要估價之場合

（一）都市更新

　　都市更新權利變換實施辦法第6條規定：

1.權利變換前各宗土地及更新後建築物及其土地應有部分及權利變換範圍內其他土地於評價基準日之權利價值，由實施者委託三家以上專業估價者查估後評定之。

2.前項專業估價者，指不動產估價師或其他依法律得從事不動產估價業務者。

（二）不動產證券化

　　不動產證券化條例第22條規定：

1.受託機構運用不動產投資信託基金進行達主管機關規定之一定金額以上之不動產或不動產相關權利交易前，應先洽請專業估價者依不動產估價師法規定出具估價報告書。

2.不動產估價主管機關或不動產估價師公會應就前項之估價報告書，訂定估價報告書範本。

3.受託機構委請專業估價者出具估價報告書時，應符合下列規定：

(1)同一宗交易金額達新臺幣三億元以上者，應由二位以上之專業估價者進行估價。若專業估價者間在同一期日價格之估計達20%以上之差異，受託機構應依不動產估價師法第41條規定辦理。

(2)交易契約成立日前估價者，其價格日期與契約成立日期不得逾六個月。

(3)專業估價者及其估價人員應與交易當事人無財務會計準則公報第6號所定之關係人或實質關係人之情事。

(4)其他不動產估價主管機關規定之事項。

4.第1項之交易行為，應於契約生效日起二日內，於受託機構本機構所在地之日報或依主管機關規定之方式辦理公告。

（三）公司資產估價：會計師查核上市或上櫃公司資產，其中不動產部分之價

值，應由不動產估價師進行估價。

（四）土地徵收或協議價購：採實價補償，應由不動產估價師進行估價。

（五）土地重劃：重劃前、後之地價，應由不動產估價師進行估價。

（六）拍賣不動產：法院或行政執行處拍賣不動產，該不動產應由不動產估價師進行估價。

（七）抵押貸款：金融機構抵押貸款之抵押標的物，應由不動產估價師進行估價。

（八）其他估價：諸如遺產分割繼承、共有物分割、不動產買賣或租賃、占有或租賃訴訟、交換找補、破產清理、公有土地出租及出售、國宅出租出售、資產證明……等是。

三、估價涵義

不動產估價，係就同一供需圈中之近鄰地區或類似地區之比較標的，依勘察日期勘察之結果及各種影響價格因素之諸多資料，予以分析研判，秉持估價原則，以估價方法評估價格日期勘估標的所需要之價值，並以貨幣金額表示其價格者也。

四、名詞定義

依不動產估價技術規則第2條規定，同一供需圈、近鄰地區及類似地區之定義如下：

（一）同一供需圈：指比較標的與勘估標的間能成立替代關係，且其價格互為影響之最適範圍。

（二）近鄰地區：指勘估標的或比較標的周圍，供相同或類似用途之不動產，形成同質性較高之地區。

（三）類似地區：指同一供需圈內，近鄰地區以外而與勘估標的使用性質相近之其他地區。

（四）比較標的：指可供與勘估標的間，按情況、價格日期、區域因素及個別因素之差異進行比較之標的。

（五）勘估標的：指不動產估價師接受委託所估價之土地、建築改良物（以下簡稱建物）、農作改良物及其權利。

（六）勘察日期：指赴勘估標的現場從事調查分析之日期。

（七）價格日期：指表示不動產價格之基準日期。

第六節　影響價格之因素及估價原則

壹、影響價格之因素

依不動產估價技術規則第2條規定，影響不動產價格之因素，有一般因素、區域因素及個別因素。

一、**一般因素**：指對於不動產市場及其價格水準發生全面影響之自然、政治、社會、經濟等共同因素。

（一）自然因素：例如地質、地盤、地層、地勢、地理、地位及有關氣候之溫度、溼度等是。

（二）政治因素：例如國內外政治局勢、軍事局勢、政黨輪替等是。

（三）社會因素：例如人口增減、家庭大小、公共設施建設、生活習慣、教育及社會福利措施、資訊發展等是。

（四）經濟因素：例如消費習慣及表現、儲蓄習慣及表現、物價及利率高低、工資水平、租稅多寡、財政金融、股市榮衰等是。

（五）政策因素：例如土地政策、建築及使用管制、都市及區域計畫、區段徵收、土地重劃、稅賦政策、交易及貸款政策等是。

二、**區域因素**：指影響近鄰地區不動產價格水準之因素。

（一）包括自然及人文等硬體、軟體建設發展等因素；因土地使用分區之不同，其考量之重點亦隨之各異。

（二）例如住宅區，注重生活上之方便及寧靜等機能，故學校、市場、公園、交通、治安等為重點。

（三）例如商業區，注重商化繁榮程度，故群聚及競爭效果、人口質量、腹地大小、交通及停車、金融機構等為重點。

（四）例如工業區，注重交通運輸，故道路、港灣、車站、機場等系統、人力及動力、水資源及排水、產業鏈等為重點。

三、**個別因素**：指不動產因受本身條件之影響，而產生價格差異之因素。

（一）土地：例如地質、地盤、地層、地形、地勢、地理、地位、面積、氣象、水電、瓦斯、排水、臨街、附近街道、討喜性及嫌惡性公共設施、使用管制……等是。

（二）建物：例如使用機能、用途、屋齡、樓層、建材、結構、設備裝修、施工品質、相鄰關係、面積、形狀、通風、採光、凶宅、漏水……等是。

貳、估價原則

　　林英彥教授在其大著《不動產估價》一書，引述美國不動產估價師協會出版之《不動產評價論》中列舉之原則，計有預測原則、替代原則、變動原則、競爭原則、收益遞增遞減原則、貢獻原則、剩餘生產力與均衡原則、適合原則、供需原則、最有效使用原則、外部性原則等11項原則。

　　林英彥教授在其大著《不動產估價》一書，另引述日本不動產鑑定評價基準所列舉之原則，計有需要與供給原則、變動原則、替代原則、最有效使用原則、均衡原則、收益遞增遞減原則、收益分配原則、貢獻原則、適合原則、競爭原則、預測原則等11項原則。

　　上述美國與日本之原則順序不同，但11項原則中有10項原則相同，僅美國之外部性原則與日本之收益分配原則不同。茲以美國之順序，再加日本之收益分配原則，計12原則，扼要略述如下：

一、預測原則

　　擁有不動產，就使用面而言，有投資、自用及公益；就現實面而言，有增值及保值；但無論使用面如何，均回歸現實面；故無論增值或保值，未來之發展趨勢，成為考量之重點；緣此，預測原則成為重要之一環；估價之結果，包含現時價值及期待價值。

二、替代原則

　　不動產之替代產品多，表示限量性低，亦表示競爭激烈，價格將疲弱；如替代性低，表示獨占性強，價格將趨堅。此替代原則，與競爭原則有關；替代性越強，競爭亦越激烈；反之則反。此替代原則與競爭原則、供需原則有關。

三、變動原則

　　影響不動產價格之因素，無論是一般因素、區域因素或個別因素，均具經常性之變動，是故進行不動產估價，應把握變動原則。此變動原則與預測原則有關。

四、競爭原則

　　不動產同質性之產品越多，競爭越激烈；反之，則獨占性越強，競爭就越和緩，價格將趨堅。此競爭原則，與替代原則、貢獻原則、供需原則有關。

五、收益遞增遞減原則

　　不動產之收益遞增與收益遞減，雖非經濟效用之最高點；但收益遞增，可能促進增值；收益遞減，則可能貶值。此收益遞增遞減原則與均衡原則、最有效使用原則、收益分配原則有關。

六、貢獻原則

　　不動產之全部或一部所能貢獻之效用大小，影響需求；效用大，需求強，則價格高；反之，效用小，需求弱，則價格低；此貢獻原則與競爭原則有關。

七、剩餘生產力與均衡原則

　　生產四大要素：土地、資本、勞力及經營，其投入比例是否均衡；如是，則屬最有效使用，當然價格偏高；如否，則浪費生產力，閒置資源，當然價格偏低。此均衡原則與收益遞增遞減原則、最有效使用原則、收益分配原則有關。

八、適合原則

　　與外在環境之配合，是很重要之一環；具與外在環境之適合性高，則價高；否則「鶴立雞群」、「同流合污」或「出汙泥而不染」，與外在環境格格不入，均非所宜，則價低。此適合原則與外部性原則有關。

九、供需原則

　　供給意願強烈，例如急賣；或供給數量太多；均使價格疲軟。反之，需求意願強烈或需求數量太多，均使價格趨堅。此供需原則與替代原則、競爭原則有關。

十、最有效使用原則

　　最有效使用，將獲致最大收益，是故價值最大、價格最高；反之則反。此最有效使用原則與均衡原則、收益遞增遞減原則、收益分配原則有關。

十一、外部性原則

　　即與外在環境之配合性；此外部性原則與適合原則有關。

十二、收益分配原則

　　投注生產要素所產生之收益，如何分配到土地、資本、勞力及經營等各要素；適當之收益分配，決定土地之價值及價格。此收益分配原則與收益遞增遞減原則、均衡原則有關。

第七節　價格種類及估價方法

壹、價格種類

依不動產估價技術規則第2條規定，評估之價格種類如下：

一、正常價格：指具有市場性之不動產，於有意願之買賣雙方，依專業知識、謹愼行動，不受任何脅迫，經適當市場行銷及正常交易條件形成之合理價值，並以貨幣金額表示者。

二、限定價格：指具有市場性之不動產，在下列限定條件之一所形成之價值，並以貨幣金額表示者：

（一）以不動產所有權以外其他權利與所有權合併爲目的。

（二）以不動產合併爲目的。

（三）以違反經濟合理性之不動產分割爲前提。

三、特定價格：指具有市場性之不動產，基於特定條件下形成之價值，並以貨幣金額表示者。

四、特殊價格：指對不具市場性之不動產所估計之價值，並以貨幣金額表示者。

五、正常租金：指具有市場性之不動產，於有意願之租賃雙方，依專業知識、謹愼行動，不受任何脅迫，經適當市場行銷及正常租賃條件形成之合理租賃價值，並以貨幣金額表示者。

六、限定租金：指基於續訂租約或不動產合併爲目的形成之租賃價值，並以貨幣金額表示者。

貳、估價方法

依不動產估價技術規則第三章規定，不動產估價方法有三，將於第五章詳述，於此僅簡述其定義：

一、比較法：不動產估價技術規則第18條規定，比較法指以比較標的價格爲基礎，經比較、分析及調整等，以推算勘估標的價格之方法。依前項方法所求得之價格爲比較價格。

二、收益法：不動產估價技術規則第28條規定，收益法得採直接資本化法、折現現金流量分析法等方法。依前項方法所求得之價格爲收益價格。

（一）直接資本化法：不動產估價技術規則第29條規定，直接資本化法，指勘

估標的未來平均一年期間之客觀淨收益，應用價格日期當時適當之收益資本化率推算勘估標的價格之方法。

（二）折現現金流量分析法：不動產估價技術規則第31條規定，折現現金流量分析法，指勘估標的未來折現現金流量分析期間之各期淨收益及期末價值，以適當折現率折現後加總推算勘估標的價格之方法。前項折現現金流量分析法，得適用於以投資為目的之不動產投資評估。

三、成本法

（一）重建成本或重置成本法：不動產估價技術規則第48條第1、2項規定，成本法，指求取勘估標的於價格日期之重建成本或重置成本，扣減其累積折舊額或其他應扣除部分，以推算勘估標的價格之方法。依前項方法所求得之價格為成本價格。

（二）土地開發分析法：不動產估價技術規則第70條規定，土地開發分析法，指根據土地法定用途、使用強度進行開發與改良所導致土地效益之變化，估算開發或建築後總銷售金額，扣除開發期間之直接成本、間接成本、資本利息及利潤後，求得開發前或建築前土地開發分析價格。

第八節　估價計算之六大基本數學公式

在日常生活中，舉凡存款利息之計算、保險年金之計算、退休金提存額之計算、房貸本利攤還金額之計算，皆與六大基本數學公式有關。在「不動產估價技術規則」中，關於一定期間收益價格之計算、折現現金流量分析法之價格計算，以及成本法中以償還基金法計算建物累積折舊額，亦與六大基本數學公式有關。由此可知，此六大基本數學公式，與不動產估價息息相關，故於本節詳加介紹其內容。

壹、複利終價率

一、意義

所謂複利終價率（Amount of one），係指現在之Y元，在年利率為r，並按複利計息後，n年後變為若干元，則現在之Y元所乘之比率，謂之。

二、公式

複利終價率 $= (1+r)^n$

r：利率；n：期間

三、證明

設現在之Y元，利率為r

第一年本利和Y_1：$Y \times (1+r) = Y(1+r)$

第二年本利和Y_2：$Y_1 + Y_1 \times r = Y(1+r) + Y(1+r) \times r = Y(1+r)^2$

第三年本利和$Y_3 = Y_2 + Y_2 \times r = Y(1+r)^2 + Y(1+r)^2 \times r = Y(1+r)^3$

　　　$\vdots$
　　　$\vdots$
　　　$\vdots$

第n年本利和Y_n：$= Y_{n-1} + Y_{n-1} \times r = Y(1+r)^{n-1} + Y(1+r)^{n-1} \times r = Y(1+r)^n$

若$Y = 1$，則複利現價率為$(1+r)^n$

四、實例

假設現在投入100元，利率10%，10年後變為多少元？

$100 \times (1+0.1)^{10} = 100 \times 2.5937 = 259.37$

貳、複利現價率

一、意義

所謂複利現價率（Present worth of one），係指n年後之Y元，在年利率為r，並按複利折現後，變為現在若干元，則n年後之Y元所乘之比率，謂之。

二、公式

複利現價率 $= \dfrac{1}{(1+r)^n}$

r：利率；n：期間

三、證明

由上開複利終價率的公式可知，n年後之Y元，係由現在之X元，乘以複利終價率$(1+r)^n$，即$X \times (1+r)^n = Y$，是以$X = Y \times \dfrac{1}{(1+r)^n}$

若$Y=1$，則複利現價率為$\dfrac{1}{(1+r)^n}$

四、實例

設10年後之100元，以利率10%折算為現值，變為多少元？

$$100 \times \frac{1}{(1+0.1)^n} = 100 \times 0.3855 = 38.55$$

參、複利年金終價率

一、意義

所謂複利年金終價率（Amount of one per period），係指未來每年固定存入Y元，在年利率為r，並按複利計息後，n年後共有若干元，則未來每年固定存入Y元所乘之比率，謂之。

二、公式

複利年金終價率 $= \dfrac{(1+r)^n - 1}{r}$

r：利率；n：期間

三、證明

設未來每年固定存入Y元，利率為r

第一年存入之Y元至n年之本利和M_1：$Y \times (1+r)^n$

第二年存入之Y元至n年之本利和M_2：$Y \times (1+r)^{n-1}$

第三年存入之Y元至n年之本利和M_3：$Y \times (1+r)^{n-2}$

　　：

　　：

　　：

第n年存入之Y元至n年之本利和M_n：Y

則將上開各年之本利和加總

即$M_1 + M_2 + \cdots\cdots + M_n = Y \times (1+r)^n + Y \times (1+r)^{n-1} + \cdots\cdots + Y$

上開公式為首項$= Y$，公比為$(1+r)$之等比級數和

等比級數和 $= Y \times \dfrac{\{(1+r)^n - 1\}}{(1+r) - 1}$

假設$Y = 1$，則複利年金終價率為 $\dfrac{(1+r)^n - 1}{r}$

四、實例

假設每年年底存入銀行1萬元，年利率爲2%，10年後可領回多少錢？

$$10,000 \times \frac{(1+2\%)^{10} - 1}{2\%} = 109,497$$

肆、複利年金現價率

一、意義

所謂複利年金現價率（Present worth of one per period），係指未來n年內，每年皆可固定領到Y元，在年利率爲r，並按複利將每年所領之Y元折現後，變爲現在若干元，則每年所領之Y元所乘之比率，謂之。

二、公式

$$複利年金現價率 = \frac{(1+r)^n - 1}{r(1+r)^n}$$

r：利率；n：期間

三、證明

設未來每年固定領到Y元，利率爲r，利用複利現價率的公式，將每年所領之Y元折算爲現值：

第一年所領之Y元折爲現值P_1：$Y \times \dfrac{1}{(1+r)}$

第二年所領之Y元折爲現值P2：$Y \times \dfrac{1}{(1+r)^2}$

第三年所領之Y元折爲現值P3：$Y \times \dfrac{1}{(1+r)^3}$

$\vdots$
$\vdots$
$\vdots$

第n年所領之Y元折爲現值P_n：$Y \times \dfrac{1}{(1+r)^n}$

則將上開各年折算之現值加總

即$P_1 + P_2 + \cdots\cdots + P_n = Y \times \dfrac{1}{(1+r)} + Y \times \dfrac{1}{(1+r)^2} + \cdots\cdots + Y \times \dfrac{1}{(1+r)^n}$

上開公式為首項 $= Y \times \dfrac{1}{(1+r)}$，公比為 $\dfrac{1}{(1+r)}$ 之等比級數和

等比級數和 $= Y \times \dfrac{(1+r)^n - 1}{r(1+r)^n}$

假設 Y $= 1$，則複利年金現價率為 $\dfrac{(1+r)^n - 1}{r(1+r)^n}$

四、實例

假設設今後10年內，每年固定領100元，年利率為10%，將其折算為現值合計之，可得多少元？

$$100 \times \frac{(1+0.1)^{10} - 1}{0.1 \times (1+0.1)^{10}} = 614.46$$

伍、償債基金率

一、意義

所謂償債基金率（Sinking fund factor），係指n年後欲領回Y元，在年利率為r，並按複利將每年所存之金額計息，每年應存若干元，則以n年後領回之Y元乘以比率，該比率謂之。

二、公式

償債基金率 $= \dfrac{r}{(1+r)^n - 1}$

r：利率；n：期間

三、證明

由複利年金終價率的公式可知，年金×複利年金終價率=年金本利總和，即

年金 $\times \dfrac{(1+r)^n - 1}{r} = Y$，故可得年金 $= Y \times \dfrac{r}{(1+r)^n - 1}$，並知償債基金率為複利年金終價率之倒數。

假設 Y $= 1$，則償債基金率為 $\dfrac{r}{(1+r)^n - 1}$

四、實例

小馬購買一透天厝，其欲在20年後以200萬更新該透天厝外觀（拉皮），假設年利率為2%，則小馬每年應提撥多少錢？

$$2,000,000 \times \frac{2\%}{(1+2\%)^{20}-1} = 82,313$$

陸、本利均等償還率

一、意義

所謂本利均等償還率（Partial payment），係指向銀行借款Y元，在年利率為r，並按複利計息，每年應還銀行之本利和為若干元，則以向銀行借款之Y元乘以比率，該比率謂之。本利均等償還率又稱貸款常數。

二、公式

$$本利均等償還率 = \frac{r(1+r)^n}{(1+r)^n-1}$$

r：利率；n：期間

三、證明

由複利年金現價率的公式可知，年金×複利年金現價率＝年金現值，即

$$年金 \times \frac{(1+r)^n-1}{r(1+r)^n} = Y，故可得年金 = Y \times \frac{r(1+r)^n}{(1+r)^n-1}，並知本利均等償還率$$

為複利年金現價率之倒數。

假設Y＝1，則本利均等償還率為 $\dfrac{r(1+r)^n}{(1+r)^n-1}$

四、實例

小馬向銀行申請500萬元購屋貸款，年息2%，本利分20年每月平均攤還，小馬每月應還多少錢？

$$5,000,000 \times \frac{\dfrac{2\%}{12} \times \left(1+\dfrac{2\%}{12}\right)^{20\times12}}{\left(1+\dfrac{2\%}{12}\right)^{20\times12}-1} = 25,294$$

柒、六大基本數學公式之關係

與不動產估價有關之六大基本數學公式，其計算方式及公式推導業已說明，至六大公式間之關係，整理如下圖：

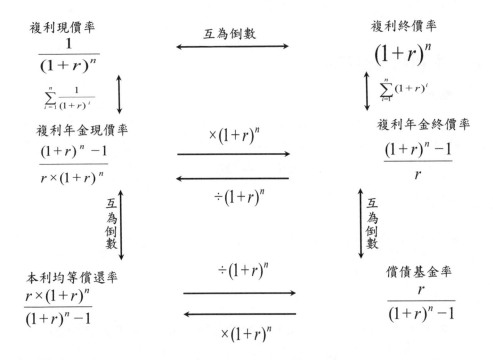

複利現價率
$$\frac{1}{(1+r)^n}$$

互為倒數

複利終價率
$$(1+r)^n$$

$$\sum_{i=1}^{n}\frac{1}{(1+r)^i}$$

$$\sum_{i=1}^{n}(1+r)^i$$

複利年金現價率
$$\frac{(1+r)^n-1}{r\times(1+r)^n}$$

$$\times(1+r)^n$$

$$\div(1+r)^n$$

複利年金終價率
$$\frac{(1+r)^n-1}{r}$$

互為倒數

互為倒數

本利均等償還率
$$\frac{r\times(1+r)^n}{(1+r)^n-1}$$

$$\div(1+r)^n$$

$$\times(1+r)^n$$

償債基金率
$$\frac{r}{(1+r)^n-1}$$

第九節　深度指數之路線價

壹、路線價估價法

一、意義

所謂路線價估價法，係採土地價格隨著臨街深度遞增而價格遞減的原理，於都市特定街道上設定單價，並配合深度指數表及其他修正率表，以評估面臨特定街道土地價格之方法。

二、公式

（一）歐美

P＝V×dv×W

P：地價；V：路線價；dv：深度百分率；W：宗地寬度

（二）台灣

P＝V×dv×W×L

P：地價；V：路線價；dv：深度百分率；W：宗地寬度；L：宗地深度

貳、名詞解釋

一、路線價

　　所謂路線價，係將面臨特定街道而可及性等條件相同之宗地，給予一標準深度，並計算各宗標準深度土地之平均地價，最後將此地價附設於面臨之路街上，成爲標準地塊之單位地價，此地價謂之路線價。

二、深度指數

　　所謂深度指數，係指面臨街道之宗地，其各部分之價值，隨臨街深度遞增而呈遞減現象，即將臨街深度的差異，表示地價變化之比率，謂之深度指數，又稱之爲深度價格遞減比率。編製深度指數表之方法，計有平均深度指數法及累積深度指數法兩種，分述如下：

（一）平均深度指數法

　　本法係採平均方式，將宗地各部分之價值，分別分次予以加總並平均，以編製深度指數表。該表之深度指數，呈現遞減現象，台灣、日本採此法編製深度指數表。

（二）累積深度指數法

　　本法係採累計方式，將宗地各部分之價值，分別分次予以加總，以編製深度指數表。該表之深度指數，呈現遞增現象，歐美各國採此法編製深度指數表。

參、歐美各國之路線價法則

一、四三二一法則

所謂四三二一法則，係指標準深度100呎之宗地，其各部分之價值，距街道第一個25呎的部分為路線價之40%，第二個25呎的部分為路線價之30%，第三個25呎的部分為路線價之20%，最後25呎的部分為路線價之10%。超過100呎者，則以「九八七六法則」予以修正，即超過100呎之第一個25呎的部分為路線價之9%，第二個25呎的部分為路線價之8%，第三個25呎的部分為路線價之7%，最後25呎的部分為路線價之6%。

二、蘇慕司法則

又稱為「克利夫蘭法則」，係由美國蘇慕司所創設，係指標準深度為100呎之宗地，臨街前50呎之地價，為全宗土地價格之72.5%，剩餘50呎之地價，為全宗土地價格之27.5%。

三、霍夫曼法則

係由美國霍夫曼所創設，係指標準深度為100呎之宗地，臨街前50呎之地價，為全宗土地價格之三分之二，剩餘50呎之地價，為全宗土地價格之三分之一。

四、哈伯法則

係由英國哈伯所創設，係指土地之價格，與其深度平方根成正比。即深度指數

$$= \frac{\sqrt{宗地深度}}{\sqrt{標準深度}} \times 100\%$$

肆、台灣之路線價估價法

一、各縣市均以臨街深度18公尺為標準深度

過去台灣地區位於街道兩側之宗地，其深度大多為60台尺，約為18公尺，故各縣市編製深度指數表時，皆以18公尺做為宗地之標準深度。

二、分臨街地及裡地

繁榮街道區段之宗地，以裡地線作為臨街地及裡地之分界標準，在街道與裡地線間之部分，屬臨街地；超過裡地線之部分，則屬裡地。裡地線之標準深度，係以距離街道18公尺為原則。

三、深度指數表

　　路線價估價法，在台灣普遍運用在公部門之估價，係評估大量土地之價格所採之估價方法，故地價調查估計規則第24條第1項第2款，授權直轄市或縣（市）地政機關訂定「繁榮街道路線價區段宗地單位地價計算原則」。又如前述，各縣市所編定之深度指數表，皆以臨街深度18公尺為標準深度，超過18公尺的部分，以裡地區段價予以處理。因各縣市編定深度指數表之原則雷同，故僅列舉台北市、高雄市及台中市現行有關深度指數之規定。

（一）台北市深度指數表

臨街深度	未達10.8公尺	12.6公尺	14.4公尺	16.2公尺	18公尺
指數	120%	115%	110%	105%	100%

（二）高雄市深度指數表

臨街深度	未滿12公尺	12公尺以上未滿15公尺	15公尺以上至18公尺
指數	110%	105%	100%

（三）台中市深度指數表

臨街深度	未滿12公尺	滿12公尺未達15公尺	滿15公尺未達18公尺
指數	110%	105%	100%

第二章　不動產估價相關法規

第一節　土地法之規定地價及改良物價

　　土地法第四編第二章「地價及改良物價」，從第148條至第160條規定地價；從161條至第166條規定改良物價——其實為建築改良物價。平均地權條例及房屋稅條例為土地法之特別法，基於特別法優先適用原則，有關之規定地價，應適用平均地權條例之規定；有關估定建築改良物價，應適用房屋稅條例之規定。

　　土地法雖規定地價及改良物價，但為平均地權條例及房屋稅條例所「架空」，已非實務依據；惟為明知土地法規體系，本書本節仍予略敘。

壹、規定地價

一、法定地價（第148條）

　　土地所有權人依本法所申報之地價，為法定地價。

二、地價申報程序（第149條）

　　直轄市或縣（市）地政機關辦理地價申報之程序如左：
　　（一）查定標準地價。
　　（二）業主申報。
　　（三）編造地價冊。

三、標準地價來源

（一）地價調查（第150條）

　　地價調查，應抽查最近二年內土地市價或收益價格，以為查定標準地價之依據，其抽查宗數，得視地目繁簡地價差異為之。

（二）平均地價（第151條）

　　依據前條調查結果，就地價相近及地段相連或地目相同之土地，劃分為地價等

級，並就每等級內抽查宗地之市價或收益價格，以其平均數或中數爲各該地價等級之平均地價。

（三）公布標準地價（第 152 條）

每地價等級之平均地價，由該管直轄市或縣（市）地政機關報請該管直轄市或縣（市）政府公布爲標準地價。

（四）公布時機（第 153 條）

標準地價之公布，應於開始土地總登記前分區行之。

（五）提出異議（第 154 條）

土地所有權人對於標準地價認爲規定不當時，如有該區內同等級土地所有權人過半數之同意，得於標準地價公布後三十日內，向該管直轄市或縣（市）政府提出異議。

直轄市或縣（市）政府接受前項異議後，應即提交標準地價評議委員會評議之。

四、地價及標準地價評議委員會

（一）標準地價評議委員會（第 155 條）

標準地價評議委員會之組織規程，由中央地政機關定之。
前項委員會委員，應有地方民意機關之代表參加。

（二）地價評議委員會

平均地權條例第4條規定，本條例所定地價評議委員會，由直轄市或縣（市）政府組織之，並應由地方民意代表及其他公正人士參加；其組織規程，由內政部定之。

（三）基上土地法及平均地權條例之規定，內政部乃合併訂定「地價及標準地價評議委員會組織規程」

＊地價及標準地價評議委員會組織規程（104.1.15內政部修正）
第一條　本規程依平均地權條例第四條及土地法第一百五十五條第一項規定訂定。

第二條 直轄市或縣（市）政府應依本規程組織地價及標準地價評議委員會（以下簡稱本會），評議地價、標準地價事項。

第三條 本會任務為下列事項之評議：

一、地價區段之劃分及各區段之地價。

二、土地改良物價額。

三、市地重劃前後及區段徵收後之地價。

四、依法異議之標準地價。

五、土地徵收補償市價及市價變動幅度。

六、依法復議之徵收補償價額。

七、其他有關地價及標準地價評議事項。

第四條 本會置委員十五人或十六人，其中一人為主任委員，由直轄市市長或副市長、縣（市）長或副縣（市）長兼任；一人為副主任委員，由直轄市政府或縣（市）政府秘書長或副秘書長兼任；其餘委員，由直轄市或縣（市）政府就下列人員遴聘之：

一、議員代表一人。

二、地方公正人士一人。

三、地政專家學者二人。

四、不動產估價師二人或三人。

五、法律、工程、都市計畫專家學者各一人。

六、地政主管人員一人。

七、財政或稅捐主管人員一人。

八、工務或都市計畫主管人員一人。

九、建設或農業主管人員一人。

本會委員任期三年，期滿得續聘之。但代表機關、團體出任者，應隨其本職進退。

第一項委員出缺時，直轄市或縣（市）政府應予補聘，其任期以至原委員任期屆滿之日為止。

直轄市、縣（市）議會未推派議員代表者，直轄市、縣（市）政府應另遴聘地政專家學者或不動產估價師擔任委員。但澎湖縣政府、福建省金門縣政府及連江縣政府得不另聘之，不受第一項總人數之限制。

第五條 本會會議由主任委員召集，並為會議主席；主任委員不能出席時，由副主任委員代理之，副主任委員亦不克出席者，由出席委員互推

一人代理主席。

第六條　本會開會得邀請經辦估價人員列席。評議異議或復議案件時，得通知異議人或復議人列席說明，並於說明後退席。

前項異議或復議案件爲多數人共同提出者，僅得推派三人以下之代表列席。

第七條　本會需有過半數委員之出席，始得開會，並有出席委員過半數之同意始得決議；本會委員對各議案所載調查估計結果如有修正意見，應詳述理由，列舉事實，於經出席委員二人附議，並經出席委員過半數同意，始得決議修正。可否同數時，由主席裁決。

委員應親自出席前項會議。但由機關代表兼任之委員，如未能親自出席時，得指派代表出席。

前項指派之代表列入出席人數，並參與會議發言及表決。

第八條　本會委員對具有利害關係之議案，應自行迴避。

第九條　本會置執行秘書一人，由地政主管人員兼任，承主任委員之命，處理日常事務；並置工作人員若干人，均由直轄市市長、縣（市）長就該機關人員派兼之。

第十條　本會委員、執行秘書及工作人員均爲無給職。

第十一條　本會所需經費，由直轄市政府地政機關、縣（市）政府編列預算支應。

第十二條　本會決議事項，以直轄市或縣（市）政府名義行之。

第十三條　本規程中華民國一百零四年一月十五日修正施行前已聘任之委員，於施行後直轄市、縣（市）政府依第四條規定重新遴聘本會全體委員之日，視爲任期屆滿。

第十四條　本規程除中華民國一百零一年五月二十五日修正發布之第三條之施行日期另定外，自發布日施行。

＊地價及標準地價評議委員會組織規程補充規定（93.5.19內政部修正）

第1點　本會係一個組織，依法評議地價暨標準地價事項。

第2點　本會對於土地改良物價之評議，不宜逕行參酌不動產評價委員會所評價格評定。

第3點　聘、派任之評議委員，無需先行送請民意機關審議。

第4點　委員中之「地方公正人士」，儘量避免聘任公務人員。

第5點　委員中之「地方公正人士」於任期中調職或戶籍遷離該直轄市或縣

（市）者，「地方公正人士」應予改聘，其任期以至原委員任期屆滿之日為止。

第6點　委員中之「議員代表」，議會因故延未推派時，得函請其暫派代表一人，以委員身分參加會議。屆時議會仍無法派員代表出席時，依本會組織規程第七條規定，得經委員過半數之出席召開會議；並經出席委員過半數之同意得以決議。

第7點　（刪除）

＊地價及標準地價評議委員會評議會議作業規範（103.5.8內政部修正）

一、為使地價評議作業公平合理，特訂定本規範。

二、地價及標準地價評議委員會（以下簡稱本會）依規定開會時，應由提案單位將評議事項之案由、法令依據、處理過程、評議內容作成書面議案，作為評議之依據。

三、地政機關根據平均地權條例第十五條或第四十六條規定提送本會評議區段地價之議案，應先行舉辦公開說明會，說明地價調查、區段劃分、地價估計作業情形及最近一期地價動態情況，並受理當地民眾意見予以彙整處理作成報告，提送本會作為評議之參考。

四、地政機關根據平均地權條例第十五條或第四十六條規定提送本會評議區段地價之議案，於本會開始評議前，應準備下列資料先向本會簡報：

　　（一）地價調查、區段劃分、地價估計等作業情形及其他相關統計圖、表。

　　（二）最近一期地價動態情形及影響地價主要因素分析。

　　（三）公共建設及其鄰近土地地價調整情形。

　　（四）說明會民眾反應意見及研處情形。

　　（五）相鄰鄉、鎮、市、區間及市、縣間地價情形。

　　地政機關依土地徵收條例第三十條規定提送之徵收補償市價、市價變動幅度議案，於本會開始評議前，應準備下列資料先向本會簡報：

　　（一）需地機關提供之預定徵收地區。

　　（二）預定徵收地區市價查估作業情形。

　　前二項簡報，得視地方實際情形分區辦理之；必要時，並得邀請本會委員實地查訪之。

五、本會開會討論議案時，得視議案性質開放允許媒體記者列席旁聽。

六、本會對於地價、土地改良物價額、標準地價或土地徵收補償市價之評

議，應切合該地當時土地或土地改良物之實值。

委員對於議案所載主管機關調查估計結果，如有修正意見，應詳述理由，列舉事實，於經出席委員二人附議，並經出席委員過半數同意，始得決議修正。各議案決議修正之地價與毗鄰性質相同或相近區段之地價，應維持均衡、合理原則。

七、本會評議地價區段之劃分及各區段地價時，得視地方實際情形，分區分次辦理。

八、本會會議紀錄應記載下列事項：

（一）案由。

（二）會議次別。

（三）會議時間。

（四）會議地點。

（五）主席姓名。

（六）出席及請假委員姓名。

（七）列席人員姓名。

（八）記錄人員姓名。

（九）報告事項之案由及決定。

（十）討論事項或臨時動議之案由、法令依據、處理過程或事實經過、異議人或復議人陳述意見摘要、評議內容、委員發言要點、委員修正意見、表決情形及決議。

（十一）其他應行記載之事項。

九、本會開會評議時，應全程錄音，並連同會議紀錄作成專卷保存。

五、申報地價及限制（第156條）

土地所有權人聲請登記所有權時，應同時申報地價，但僅得為標準地價百分之二十以內之增減。

六、申請收買（第157條）

土地所有權人認為標準地價過高，不能依前條為申報時，得聲請該管直轄市或縣（市）政府照標準地價收買其土地。

七、不同時申報地價之處理（第158條）

土地所有權人聲請登記而不同時申報地價者，以標準地價爲法定地價。

八、編造地價冊及總歸戶冊（第159條）

每直轄市或縣（市）辦理地價申報完竣，應即編造地價冊及總歸戶冊，送該管直轄市或縣（市）財政機關。

九、重新規定地價（第160條）

地價申報滿五年，或一年屆滿而地價已較原標準地價有百分之五十以上之增減時，得重新規定地價，適用第150條至第152條及第154條至第156條之規定。

貳、估定改良物價

一、估定時機（第161條）

建築改良物之價值，由該管直轄市或縣（市）地政機關於規定地價時同時估定之。

二、以重建成本為依據（第162條）

建築改良物價值之估計，以同樣之改良物於估計時爲重新建築需用費額爲準，但應減去因時間經歷所受損耗之數額。

三、增加之改良物（第163條）

就原建築改良物增加之改良物，於重新估計價值時，併合於改良物計算之。但因維持建築改良物現狀所爲之修繕，不視爲增加之改良物。

四、評定及公布（第164條）

直轄市或縣（市）地政機關應將改良物估計價值數額，送經標準地價評議委員會評定後，報請該管直轄市或縣（市）政府公布爲改良物法定價值，並由直轄市或縣（市）地政機關分別以書面通知所有權人。

五、重新評定

（一）認為評定不當之重新評定（第 165 條）

前條受通知人，認為評定不當時，得於通知書達到後三十日內，聲請標準地價評議委員會重新評定。

（二）重為估定（第 166 條）

建築改良物之價值，得與重新規定地價時重為估定。

第二節　平均地權條例之規定地價

現行規定地價，以平均地權條例及其施行細則為依據；分別規定於平均地權條例第二章第13條至第16條（以下簡稱平例）及其施行細則第二章第15條至第25條（以下簡稱平例細）。茲依各該規定，分述如下。

壹、全面規定地價（平例13）

本條例施行區域內，未規定地價之土地，應即全面舉辦規定地價。但偏遠地區及未登記之土地，得由直轄市或縣（市）主管機關劃定範圍，報經中央主管機關核定後，分期辦理。

貳、重新規定地價（平例14）

規定地價後，每二年重新規定地價一次。但必要時得延長之。重新規定地價者，亦同。

參、規定地價之程序

一、直轄市或縣（市）主管機關辦理規定地價或重新規定地價之程序如下：（平例15）

（一）分區調查最近一年之土地買賣價格或收益價格。

（二）依據調查結果，劃分地價區段並估計區段地價後，提交地價評議委員會評

議。

（三）計算宗地單位地價。

（四）公告及申報地價，其期限為三十日。

（五）編造地價冊及總歸戶冊。

二、作業規定

（一）查校資料（平例細15）

直轄市或縣（市）主管機關辦理規定地價或重新規定地價前，應視實際需要，詳細查校土地所有權人或管理人住址及國民身分證統一編號或公司統一編號。遇有住址變更者，由地政機關逕行辦理住址變更登記，並通知土地所有權人或管理人。

（二）公告地價（平例細16）

依本條例第15條第4款分區公告時，應按土地所在地之鄉（鎮、市、區）公告其宗地單位地價；依同款申報地價之三十日期限，自公告之次日起算；依同條第5款編造總歸戶冊時，應以土地所有權人在同一直轄市或縣（市）之土地，為歸戶之範圍。

＊辦理更正公告地價、公告土地現值作業注意事項（93.3.15內政部修正）

第1點　直轄市或縣（市）政府辦理更正公告地價或公告土地現值應依本作業注意事項規定辦理。

第2點　公告地價或土地現值公告後如有左列情形之一時，應由直轄市或縣（市）政府查明屬實核定公告更正。

（一）宗地地價地號抄錄錯誤或遺漏。

（二）宗地地價計算錯誤。

（三）地價區段內地號摘錄錯誤或遺漏。

（四）依都市計畫圖套繪所劃分之地價區段界線，於地籍分割後，發現該區段範圍內之地號摘錄錯誤或遺漏。

（五）依都市計畫圖套繪所劃分之地價區段界線，於地籍分割後，發現公共設施保留地毗鄰之非公共設施保留地區段界線異動，致區段範圍或區段地價產生變動者。

第3點　公告地價或土地現值公告後，如有左列情形之一時，應由直轄市或縣（市）政府重行公告更正。

（一）地價區段範圍劃分錯誤，提經地價評議委員會評議通過者。

（二）區段地價計算錯誤，提經地價評議委員會評議通過者。

> （三）依公告土地現值之徵收補償價額，經依土地徵收條例第
> 　　　二十二條規定復議或行政救濟結果有變動者。
> 第4點　公告地價之更正，以最近一次規定地價年期為原則；其原規定地價
> 　　　年期之公告地價如有錯誤，應由直轄市或縣（市）政府詳加檢查後
> 　　　依第二、三點規定辦理。
> 第5點　公告地價公告更正後，主辦機關應即按原公告地價時之申報地價與
> 　　　原公告地價之比率核定各該土地更正公告地價後之申報地價並釐正
> 　　　有關冊籍、電腦檔並通知稅捐機關。
> 第6點　公告土地現值之更正，以當年期為原則；其以往年期之公告土地現
> 　　　值如有錯誤時，應由直轄市或縣（市）政府詳加檢查後再依第二、
> 　　　三點規定辦理。
> 第7點　土地現值公告更正後，主辦機關應即釐正有關冊籍、電腦檔並通知
> 　　　稅捐機關。
> 第8點　公告地價或土地現值公告更正後，有關作業之失職人員應由直轄市
> 　　　或縣（市）政府視錯誤情節輕重，確實查明責任議處。

（三）應設地價申報或閱覽處（平例細17）

　　直轄市、縣（市）主管機關於公告申報地價期間，應於直轄市、縣（市）政府、土地所在地之鄉（鎮、市、區）公所或管轄之地政事務所設地價申報或閱覽處所。

肆、申報地價

一、未申報與申報（平例16）

（一）未申報

　　舉辦規定地價或重新規定地價時，土地所有權人未於公告期間申報地價者，以公告地價80%為其申報地價。

（二）申報

　　土地所有權人於公告期間申報地價者，其申報之地價超過公告地價120%時，以公告地價120%為其申報地價；申報之地價未滿公告地價80%時，得照價收買或以公告地價80%為其申報地價。

二、申報作業

(一) 填繳地價申報書（平例細 18）

土地所有權人依本條例第16條申報地價時，應按戶填繳地價申報書，其委託他人代辦者，並應附具委託書。

(二) 共有土地之申報（平例細 19）

1.分別共有土地，由所有權人按應有部分單獨申報地價。
2.公同共有土地，由管理人申報地價；如無管理人者，由過半數之共有人申報地價。
3.法人所有之土地，由其代表人申報地價。
4.土地所有權人死亡未辦竣繼承登記者，應由合法繼承人檢具經切結之繼承系統表申報地價。

(三) 管理人或代表人之申報（平例細 20）

由管理人或代表人申報地價者，其申報之地價未滿公告地價80%時，應檢附該管理人或代表人得處分其財產之合法證明文件，未檢附者，視為未申報。

(四) 公有土地之申報地價（平例細 21）

公有土地及依本條例第16條規定照價收買之土地，以各該宗土地之公告地價為申報地價，免予申報。但公有土地已出售尚未完成所有權移轉登記者，公地管理機關應徵詢承購人之意見後，依本條例第16條規定辦理申報地價。

(五) 數字填寫（平例細 22）

土地所有權人申報地價時，應按宗填報每平方公尺單價，以新臺幣元為單位，不滿一元部分四捨五入。但每平方公尺單價不及十元者得申報至角位。

> *辦理申報地價補充要點（77.12.15內政部訂定）
> 第1點　規定地價或重新規定地價時，因地政機關之疏失致土地所有權人未申報地價者，應准予補辦申報地價。
> 第2點　規定地價或重新規定地價時，申報地價人應以申報地價期間內土地登記簿所記載之土地所有權人為準。
> 第3點　規定地價或重新規定地價時，祭祀公業部分管理人死亡而未改選新管理人前，應由現存之管理人申報地價。

第4點　申報地價經四捨五入後，未達公告地價百分之八十者，得申報至角位。

第5點　重新規定地價時，農地重劃區內抵費地及零星集中地，得按公告地價百分之八十為其申報地價。

第6點　土地所有權人依法完成申報地價法定程序後，不得再申請更正其申報地價。所稱「法定程序」，指土地所有權人申報地價完畢，並經審核確定者。

第7點　地價申報書之公告地價填寫錯誤，致申報地價發生錯誤時，應改正後通知土地所有權人依當時法令規定重行申報地價，並溯及原公告地價日期生效。

三、土地分割改算地價（平例細23）

（一）已規定地價之土地分割時，其分割後各宗土地之原規定地價或前次移轉申報現值、最近一次申報地價及當期公告土地現值之總和，應與該土地分割前之地價數額相等。

（二）分割後各宗土地之原規定地價或前次移轉申報現值、最近一次申報地價及當期公告土地現值，地政機關應通知稅捐稽徵機關及土地所有權人。

＊土地分割改算地價原則（95.2.17內政部修正）（註：附件一至附件八省略）

第1點　為利於直轄市、縣（市）政府執行平均地權條例施行細則第二十四條第一項規定，辦理土地分割後各宗土地之當期公告土地現值、原地價（原規定地價、前次移轉現值）、最近一次申報地價改算，特訂定本原則。

第2點　當期公告土地現值

（一）分割後各宗土地臨街深度不變者，其計算公式及案例如附件一。

（二）分割後各宗土地臨街深度變動者

1.分割後各宗土地有裡地，亦有臨街地，而臨街地深度未達裡地線者，其計算公式及案例如附件二。

2.分割後各宗土地有裡地，亦有臨街地，而臨街地深度超過裡地線者，其計算公式及案例如附件三。

3.分割後各宗土地有裡地，亦有臨街地，而臨街各宗土地之臨街深度不同者，其計算公式及案例如附件四。

第3點　最近一次申報地價
　　　（一）分割後各宗土地臨街深度不變者，其計算公式及案例如附件五。
　　　（二）分割後各宗土地臨街深度變動者，其計算公式及案例如附件六。
第4點　原規定地價或前次移轉現值
　　　（一）分割後各宗土地臨街深度不變者，其計算公式及案例如附件七。
　　　（二）分割後各宗土地臨街深度變動者，其計算公式及案例如附件八。
第5點　其他規定如下：
　　　（一）改算後各數值取捨標準，依土地登記複丈地價地用電腦作業系統規範規定
　　　　　　1.公告土地現值以整數（元／平方公尺）為單位，以下四捨五入。
　　　　　　2.原地價以實數（元／平方公尺）為單位，整數七位小數一位，以下四捨五入。
　　　　　　3.最近一次申報地價以實數（元／平方公尺）為單位，整數七位小數一位，以下四捨五入。
　　　　　　4.歷次取得權利範圍應有部分分母及分子資料位數規定為十位數，因取位關係造成持分不等於一時，可授權計算人員取捨部分末數使持分總合仍維持為一。
　　　（二）繁榮街道路線價區段宗地單位地價計算原則依地價調查估計規則規定應由直轄市或縣（市）政府訂定之，故本原則例舉案例之相關臨街深度指數，各直轄市或縣（市）政府規定不一，應依各直轄市或縣（市）政府之規定計算。

＊共有土地所有權分割改算地價原則（95.2.17內政部修正）（註：附件一至附件六省略）
第1點　為利於直轄市、縣（市）政府執行平均地權條例施行細則第二十三條第一項、第六十五條規定，辦理共有土地所有權分割（共有物分割）後之原地價（原規定地價、前次移轉現值）、最近一次申報地價改算，特訂定本原則。

第2點　多筆土地參加共有物分割，共有人均各取得其中一筆土地時，其共有物分割後之原地價及最近一次申報地價之計算方式如下：

（一）共有物分割前後各土地所有權人取得之土地價值均相等者，視同未移轉，其原地價及最近一次申報地價計算公式及案例如附件一。

（二）共有物分割後部分土地所有權人取得之價值相等；部分價值不等（視同移轉）時，其原地價及最近一次申報地價計算公式及案例如附件二。

第3點　多筆土地參加共有物分割，共有人各取得一筆或二筆（持分或全部）以上時，其共有物分割後之原地價及最近一次申報地價計算方式如下：

（一）分割前後價值相等，取得其中一筆或二筆以上，且各宗土地公告土地現值相等者，其計算公式同附件一。

（二）分割前後價值相等，取得二筆以上，且各宗土地公告土地現值不等者，其原地價及最近一次申報地價計算公式如附件三。

（三）分割後價值減少，取得二筆以上，且各宗土地公告土地現值不等者，其原地價及最近一次申報地價計算公式如附件四。

（四）分割後價值增加，取得二筆以上，且各宗土地公告土地現值不等者，其原地價及最近一次申報地價計算公式及案例如附件五。

第4點　關於持分共有多筆公共設施保留地，或持分共有公共設施保留地與持分共有一般土地，及持分共有多筆農業用地，或持分共有農業用地與持分共有一般土地，經核准依土地稅法第三十九條第二項及第三十九條之二第一項規定，免徵及不課徵土地增值稅之土地辦理共有分割，改算地價時其原地價及最近一次申報地價計算公式如附件六。

第5點　其他規定如下：

（一）改算後各數值取捨標準，依土地登記複丈地價地用電腦作業系統規範規定：

1.公告土地現值以整數（元／平方公尺）為單位，以下四捨五入。

2.原地價以實數（元／平方公尺）為單位，整數七位小數一

位，以下四捨五入。

3.最近一次申報地價以實數（元／平方公尺）為單位，整數七位小數一位，以下四捨五入。

4.歷次取得權利範圍應有部分分母及分子資料位數規定為十位數，因取位關係造成持分不等於一時，由計算人員取捨部分末數使持分總合仍維持為一。

（二）共有物分割價值增減，各所有權人個別取得共有物分割價值增減均在一平方公尺之公告土地現值以下者，其原地價、最近一次申報地價計算，以共有物分割後價值無增減者之計算式辦理。

（三）因應不同租稅減免優惠條件共有物分割後課稅問題，對不同土地或同土地其為歷次取得，其原地價年月雖相同者，仍不合併其原地價。

（四）共有物分割價值增減在一平方公尺以下之認定係包含本數一平方公尺，且以參與分割之土地，其公告土地現值最低者為計算標準。

四、土地合併改算地價（平例細24）

（一）已規定地價之土地合併時，其合併後土地之原規定地價或前次移轉申報現值、最近一次申報地價及當期公告土地現值，應與合併前各宗土地地價總和相等。

（二）合併後土地之原規定地價或前次移轉申報現值、最近一次申報地價及當期公告土地現值，地政機關應通知稅捐稽徵機關及土地所有權人。

＊土地合併改算地價原則（95.2.17內政部修正）（註：附件一至附件十二省略）

第1點　為利於直轄市、縣（市）政府執行平均地權條例施行細則第二十四條第一項規定，辦理土地合併後各宗土地之當期公告土地現值、原地價（原規定地價、前次移轉現值）、最近一次申報地價改算，特訂定本原則。

第2點　當期公告土地現值：

（一）合併前各宗土地當期公告土地現值均相同者，其計算公式及案例如附件一。

（二）合併前各宗土地當期公告土地現值不同者，其計算公式及案

　　　　　　例如附件二。

第3點　最近一次申報地價：

（一）合併後價值無增減者，其計算公式如附件三。

　　　1.數宗土地合併，所有權人、合併前各宗土地最近一次申報地價均相同者，其案例如附件三。

　　　2.數宗土地合併，所有權人相同，合併前各宗土地最近一次申報地價不同者，其案例如附件四。

　　　3.數宗土地合併，所有權人、合併前各宗土地最近一次申報地價均不相同者，其案例如附件五。

（二）合併後價值減少者

　　　數宗土地合併，所有權人、最近一次申報地價均不相同，其合併後價值減少者，其計算公式及案例如附件六。

（三）合併後價值增加者

　　　數宗土地合併，所有權人、最近一次申報地價均不相同，其合併後價值增加者，其計算公式及案例如附件七。

第4點　原規定地價或前次移轉現值：

（一）合併後價值無增減者，其計算公式如附件八。

　　　1.數宗土地合併，不同所有權人，合併前各宗土地原地價年月及原地價相同者，其案例如附件八。

　　　2.數宗土地合併，同一所有權人及合併前各宗土地原地價年月相同，原地價不同者，其案例如附件九。

　　　3.數宗土地合併，所有權人、合併前各宗土地原地價年月及原地價均不相同者，其案例如附件十。

（二）合併後價值減少者

　　　數宗土地合併，所有權人、原地價年月及原地價均不相同，其合併後價值減少者，其計算公式及案例如附件十一。

（三）合併後價值增加者

　　　數宗土地合併，所有權人、原地價年月及原地價均不相同，其合併後價值增加者，其計算公式及案例如附件十二。

第5點　其他規定如下：

（一）改算後各數值取捨標準，依土地登記複丈地價地用電腦作業系統規範規定。

　　　1.公告土地現值以整數（元／平方公尺）為單位，以下四捨五入。

2.原地價以實數（元／平方公尺）為單位，整數七位小數一位，以下四捨五入。

3.最近一次申報地價以實數（元／平方公尺）為單位，整數七位小數一位，以下四捨五入。

4.歷次取得權利範圍應有部分分母及分子資料位數規定為十位數，因取位關係造成持分不等於一時，由計算人員取捨部分末數使持分總合仍維持為一。

（二）土地合併，各所有權人個別取得合併價值增減均在一平方公尺之公告土地現值以下者，其原地價、最近一次申報地價計算，以合併後價值無增減者之計算式辦理。

（三）因應不同租稅減免優惠條件土地合併後課稅問題，對不同土地或同土地其為歷次取得，其原地價年月雖相同者，仍不合併其原地價。

（四）土地合併價值增減在一平方公尺以下之認定係包含本數一平方公尺，且以參與合併土地之合併前，其公告土地現值最低者為計算標準。

五、新登記補辦規定地價（平例細25）

（一）已舉辦規定地價地區，因新登記或其他原因而尚未辦理規定地價之土地，得視實際情形劃入毗鄰土地之地價區段，以其所屬地價區段土地最近一次規定地價之區段地價計算其公告地價，並依本條例第15條第4款、第5款及第16條補辦規定地價。

（二）前項補辦規定地價，得以通知土地所有權人代替公告。

（三）第1項補辦規定地價之土地，以其所屬地價區段當期公告土地現值之區段地價計算其當期公告土地現值。

伍、公告現值

一、每年1月1日公告（平例46）

　　直轄市或縣（市）政府對於轄區內之土地，應經常調查其地價動態，繪製地價區段圖並估計區段地價後，提經地價評議委員會評定，據以編製土地現值表於每年1月1日公告，作為土地移轉及設定典權時，申報土地移轉現值之參考；並作為主管機關審核土地移轉現值及補償徵收土地地價之依據。

二、都市計畫公共設施保留地之地價（平例細63）

（一）直轄市或縣（市）主管機關依本條例第46條規定查估土地現值時，對都市計畫公共設施保留地之地價，應依下列規定辦理：

1. 公共設施保留地處於繁榮街道路線價區段者，以路線價按其臨街深度指數計算。但處於非繁榮街道兩旁適當範圍內劃設之一般路線價區段者，以路線價爲其地價。

2. 公共設施保留地毗鄰土地均爲路線價道路者，其處於路線價區段部分，依前款規定計算，其餘部分，以道路外圍毗鄰非公共設施保留地裡地區段地價平均計算。

3. 公共設施保留地毗鄰土地均爲路線價區段者，其處於路線價區段部分依第1款規定計算，其餘部分，以道路外圍毗鄰非公共設施保留地裡地區段地價平均計算。

4. 帶狀公共設施保留地處於非路線價區段者，其毗鄰兩側爲非公共設施保留地時，以其毗鄰兩側非公共設施保留地之區段地價平均計算，其穿越數個地價不同之區段時，得分段計算。

5. 前四款以外之公共設施保留地，以毗鄰非公共設施保留地之區段地價平均計算。

（二）前項所稱平均計算，指按毗鄰各非公共設施保留地之區段線比例加權平均計算。

（三）區段徵收範圍內之公共設施保留地區段地價計算方式，以同屬區段徵收範圍內之毗鄰非公共設施保留地區段地價加權平均計算。

（四）都市計畫公共設施保留地之地形、地勢、交通、位置之情形特殊，與毗鄰非公共設施保留地顯不相當者，其地價查估基準，由直轄市或縣（市）主管機關定之。

三、土地現值表作爲評定公告地價之參考（平例細64）

在舉辦規定地價或重新規定地價之當年，直轄市或縣（市）政府地價評議委員會得以依本條例第46條編製之土地現值表，作爲評定公告地價之參考。

公共設施保留地地價加權平均計算方式須知（92.10.27內政部訂定）
第1點　採人工作業加權平均計算者：
　　　　（一）依地價調查估計規則第三條規定蒐集、製作或修正有關之基本圖籍及資料。
　　　　（二）以地籍圖繪製之地價區段圖作爲作業底圖。

（三）以比例尺、求積儀或坐標讀取儀等工具，量測公共設施保留地區段毗鄰各非公共設施保留地區段線長度（以下簡稱各區段線長度），其長度以公尺為最小單位，未滿一公尺者，以一公尺計。

（四）以各區段線長度之和為總長度。

（五）以毗鄰各非公共設施保留地區段地價乘以各區段線長度，再除以總長度，加總計算公共設施保留地區段地價。

第2點　採電子作業加權平均計算者：地價區段圖由電腦產製時，由電腦量測各區段線長度，其長度以公分為最小單位，未滿一公分者，以一公分計。再按各區段線長度比例及區段地價加權平均計算。

第3點　公共設施保留地區段毗鄰之非公共設施保留地，經量測確僅以點相毗鄰者，則不計入加權平均計算。

第4點　計算作業應填寫公共設施保留地地價加權平均計算表（如附件一），並參考公共設施保留地地價加權平均計算圖例（如附件二）計算。

附件一　公共設施保留地地價加權平均計算表

編號：

年期	區段編號	區段範圍	
		毗鄰各非公共設施保留地	
	區段號	區段線長度	區段地價（元／平方公尺）
區 段 地 價 計 算			
合　計			

填寫日期：　　年　　月　　日

主任（局長）：　　　　課（股）長：　　　　承辦員：

附件二　公共設施保留地地價加權平均計算圖例

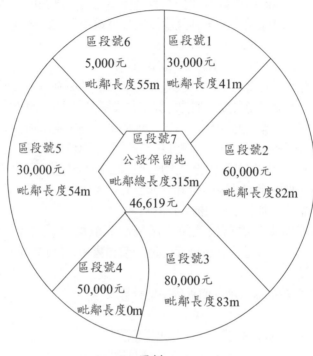

圖例一

圖例一　公共設施保留地地價加權平均計算表

編號：1

年期　93　　　區段編號　7　　　區段範圍　略（請詳細填寫）

毗鄰各非公共設施保留地

	區段號	區段線長度	區段地價（元／平方公尺）
區段地價計算	1	41	30,000
	2	82	60,000
	3	83	80,000
	4	0	50,000
	5	54	30,000
	6	55	5,000
合計		315	46,619

填寫日期：　　年　　月　　日

主任（局長）：　　　　課（股）長：　　　　承辦員：

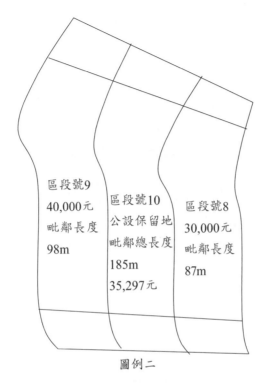

圖例二

圖例二　公共設施保留地地價加權平均計算表

編號：2

		區段編號		區段範圍	略（請詳細填寫）	
年期	93	10				

毗鄰各非公共設施保留地

	區段號	區段線長度	區段地價（元／平方公尺）
區段地價計算	8	87	30,000
	9	98	40,000
合　計		185	35,297

填寫日期：　　年　　月　　日

主任（局長）：　　　　課（股）長：　　　　承辦員：

陸、公告地價與公告現值之異同

一、相同

（一）公告機關相同：均由直轄市或縣（市）政府公告。
（二）評定單位相同：均先經地價評議委員會評定。
（三）公告月日相同：均於1月1日公告。
（四）地價可能相同：在舉辦規定地價或重新規定地價之當年，公告地價與公告現值可能相同。
（五）作業程序相同：均劃分地價區段後估計區段地價。
（六）面積單價相同：均以每平方公尺單價爲準。

二、不同

（一）名稱不同

一爲公告地價，一爲公告現值。

（二）來源不同

1.公告現值來自於經常調查之地價動態。
2.公告地價來自於分區調查最近一年之土地買賣價格或收益價格。

（三）公告年度不同

1.公告現值係每年1月1日公告。（可能修法改爲每半年公告一次）
2.公告地價係每2年1月1日公告。（可能修法改爲每年公告一次）

（四）功能不同

1.公告現值係作爲土地移轉及設定典權時，申報土地移轉現值之參考；並作爲主管機關審核土地移轉現值及補償徵收土地地價之依據。
2.公告地價係作爲申報地價之參考。

（五）影響對象不同

1.公告現值影響土地增值稅。
2.公告地價影響申報地價及地價稅。

都市更新權利變換地價改算作業原則（97.7.11內政部修正）

第1點　為利於直轄市、縣（市）政府辦理都市更新權利變換後各宗土地之當期公告土地現值、原地價（原規定地價或前次移轉現值）、申報地價改算，特訂定本原則。

第2點　當期公告土地現值：
都市更新權利變換有地籍整理情形者，權利變換實施地區內各宗土地之當期土地現值，應按各宗土地所屬地價區段計算公告之。

第3點　原地價：
（一）權利變換後多配：
1.應分配部分
(1)歷次原地價年月與其原地價單價維持不變。
(2)歷次原地價年月之權利範圍計算如下：
各土地所有權人各該歷次原地價年月之權利範圍 ＝ 該土地所有權人權利變換後實際分配之權利範圍×

$$\frac{\text{該土地所有權人權利變換前各該歷次原地價年月之公告土地現值總額}}{\text{該土地所有權人權利變換前之公告土地現值總額加總}}$$

$$\times \frac{\text{該土地所有權人權利變換後應分配之土地及建築物權利價值總額}}{\text{該土地所有權人權利變換後實際分配之土地及建築物權利價值總額}}$$

(3)權利變換後地籍整理時因土地使用分區不同或其他原因無法合併成一宗仍為數宗者，第(1)子目歷次原地價單價需再乘以下列計算式：

同一權利變換計畫實施地區土地總面積×

$$\frac{\text{權利變換後該宗土地公告土地現值總額}}{\text{權利變換後各宗土地公告土地現值總額加總}}$$

／權利變換後該宗土地面積

2.多配部分
(1)以權利變換計畫發布實施日為其原地價年月，並以權利變換計畫發布實施日當期公告土地現值為其原地價單價。
(2)多配部分之權利範圍計算如下：
各土地所有權人多配
部分之權利範圍＝該土地所有權人權利變換後實際分配之權利範圍×

$$\frac{該土地所有權人權利變換後實際分配之土地及建築物權利價值總額}{-\;該土地所有權人權利變換後應分配之土地及建築物權利價值總額}{該土地所有權人權利變換後實際分配之土地及建築物權利價值總額}$$

（二）權利變換後少配或無多配：

　　1. 歷次原地價年月與其原地價單價維持不變。

　　2. 歷次原地價年月之權利範圍計算如下：

各土地所有權人各該歷次原地價年月之權利範圍＝該土地所有權人權利變換後實際分配之權利範圍×

$$\frac{該土地所有權人權利變換前各該歷次原地價年月之公告土地現值總額}{該土地所有權人權利變換前之公告土地現值總額加總}$$

　　3. 權利變換後地籍整理時因土地使用分區不同或其他原因無法合併成一宗仍為數宗者，第一目歷次原地價單價需再乘以下列計算式：

同一權利變換計畫實施地區土地總面積×

$$\frac{權利變換後該宗土地公告土地現值總額}{權利變換後各宗土地公告土地現值總額加總}$$

／權利變換後該宗土地面積

（三）權利變換關係人以權利變換計畫發布實施日為其權利變換後原地價年月，並以權利變換計畫發布實施日當期公告土地現值為其權利變換後原地價單價。

（四）都市更新條例第三十條規定之折價抵付共同負擔土地以權利變換計畫發布實施日為其權利變換後原地價年月，並以權利變換計畫發布實施日當期公告土地現值為其權利變換後原地價單價。

（五）權利變換前土地有成立二個以上之信託關係者，其權利變換後之原地價應按權利變換前各個委託人之原地價分別改算。

第4點　申報地價：

（一）各土地所有權人之申報地價單價＝

$$\frac{權利變換前該土地所有權人各宗土地申報地價總額加總}{權利變換前該土地所有權人各宗土地面積加總}$$

（二）都市更新條例第三十條規定之七項共同負擔土地之申報地價單價＝

$$\frac{權利變換後毗鄰共同負擔土地各宗土地申報地價總額加總}{權利變換後毗鄰共同負擔土地各宗土地面積加總}$$

（三）權利變換關係人之申報地價單價＝

$$\frac{權利變換前權利變換關係人所屬土地所有權人對應各該宗土地申報地價總額加總}{權利變換前權利變換關係人所屬土地所有權人對應各該宗土地面積加總}$$

第5點　都市更新事業實施者應提供經都市更新主管機關核定之下列資料予地政機關：

（一）各土地所有權人權利變換後應分配之土地及建築物權利價值總額。

（二）各土地所有權人權利變換後實際分配之土地及建築物權利價值總額。

（三）權利變換前權利變換關係人所屬土地所有權人對應各該宗土地申報地價總額加總。

（四）權利變換前權利變換關係人所屬土地所有權人對應各該宗土地面積加總。

地價基準地選定及查估要點（108.4.18內政部修正）

第1點　為建立地價之衡量基準，促進合理地價之形成，地政機關得視地價變動情形，於一定範圍之地區內選定及查估基準地。

第2點　本要點所稱基準地，係指經地政機關選定，並估計其價格日期正常價格之土地。

第3點　直轄市或縣（市）地政機關及所轄地政事務所為基準地選定及查估之主辦機關。

第4點　基準地之選定及查估之作業程序如下：

（一）準備有關圖籍。

（二）劃分近價區段。

（三）選定基準地。

（四）查估基準地地價。

（五）審議基準地地價。

第5點　第四點第一款之有關圖籍包括下列事項：

（一）不動產相關資料、都市計畫地籍套繪圖、非都市土地使用分區圖、街道圖、都市計畫圖說、禁限建範圍圖。

（二）地籍藍晒圖或地籍圖檔。

（三）其他有關圖籍及資料。

第6點　直轄市或縣（市）地政機關應依下列影響地價因素，於都市計畫地籍套繪圖或其他圖籍上，劃分近價區段：

（一）行政區劃及土地利用之公法管制程度。

（二）地形、地質等自然條件。

（三）交通設施、公共公用設施、商業設施等之接近狀態。

（四）土地利用狀態。

（五）事業種別及繁榮程度。

（六）景觀及災害狀況。

（七）其他明顯影響地價之因素。

依前項因素劃分近價區段時，應以把握地價之同質空間為原則。

第7點　基準地之選定，應符合下列原則：

（一）代表性：以面積適中，具近價區段一般土地代表性為準。

（二）顯著性：以容易識別為準。

（三）恆久性：以不易變更形質為準。

（四）均勻性：以各地能均勻分布為準。

（五）完整性：以形狀方整為準。

第8點　基準地之分布密度以一個近價區段設定一點為原則。

第9點　基準地選定後，應由直轄市或縣（市）地政機關召集地價專家學者及不動產估價師組成專案小組，就第七點所列原則進行審議，經審議通過後則予編號造冊。

第10點　基準地以永久設定為原則，如基於特殊原因而需更換時，應依第七點至第九點之規定辦理。

第11點　基準地選定後，應推估其土地正常價格，其價格日期以每年三月三十一日為準。

第12點　基準地地價應兼採比較法、收益法、成本法或其他適當之估價方法二種以上方法，依不動產估價技術規則規定查估之。但因情況特殊不能採取二種以上方法估價者，不在此限。

第13點　直轄市或縣（市）地政機關應依不動產估價技術規則第十五條規定，決定基準地地價，並填寫基準地估價報告表，送請專案小組審議。

第14點　直轄市或縣（市）地政機關召集組成之專案小組審議基準地地價

時，應著重地價高低層次之合理性。

第15點　直轄市或縣（市）地政機關召集組成之專案小組審議基準地地價後，應彙整成果報告，送請內政部召集地價專家學者及不動產估價師組成專案小組審議。

第16點　第十五點內政部專案小組認為某地之基準地地價顯不合理時，應通知直轄市或縣（市）地政機關進行檢討。

第三節　土地徵收條例規定之補償估價

　　土地徵收條例於民國101年1月4日修正公布，有關市價補償其地價、建築改良物及農作改良物之補償、營業損失補償、遷移費補償等分別有所規定。

壹、市價補償其地價

　　土地徵收條例第30條規定：

一、被徵收之土地，應按照徵收當期之市價補償其地價。在都市計畫區內之公共設施保留地，應按毗鄰非公共設施保留地之平均市價補償其地價。

二、前項市價，由直轄市、縣（市）主管機關提交地價評議委員會評定之。

三、各直轄市、縣（市）主管機關應經常調查轄區地價動態，每六個月提交地價評議委員會評定被徵收土地市價變動幅度，作為調整徵收補償地價之依據。

四、前三項查估市價之地價調查估計程序、方法及應遵行事項等辦法，由中央主管機關定之。

＊土地徵收補償市價查估辦法（103.11.14內政部修正）

第一條　本辦法依土地徵收條例（以下簡稱本條例）第三十條第四項規定訂定之。

第二條　本辦法用詞定義如下：

　　　　一、市價：指市場正常交易價格。

　　　　二、比準地：指地價區段內具代表性，以作為查估地價區段內各宗土地市價比較基準之宗地，或作為查估公共設施保留地毗鄰非公共設施保留地區段地價之宗地。

第三條　直轄市或縣（市）主管機關依本辦法規定辦理土地徵收補償市價查估時，得將查估程序全部或一部委託不動產估價師辦理，委託費用由需用土地人負擔。

　　　　不動產估價師受託查估土地徵收補償市價者，應依本辦法辦理。

第四條　土地徵收補償市價查估之辦理程序如下：

　　　　一、蒐集、製作或修正有關之基本圖籍及資料。

　　　　二、調查買賣或收益實例、繪製有關圖籍及調查有關影響地價之因素。

　　　　三、劃分或修正地價區段，並繪製地價區段圖。

　　　　四、估計實例土地正常單價。

　　　　五、選取比準地及查估比準地地價。

　　　　六、估計預定徵收土地宗地單位市價。

　　　　七、徵收土地宗地單位市價提交地價評議委員會評定。

第五條　前條第一款所定基本圖籍及資料，包括下列事項：

　　　　一、不動產相關資料、都市計畫地籍套繪圖、非都市土地使用分區圖、街道圖、都市計畫圖說、禁限建範圍圖、預定徵收土地地籍圖、土地使用計畫圖、河川或排水圖籍。

　　　　二、地籍圖檔。

　　　　三、地價區段略圖。

　　　　四、其他有關圖籍及資料。

第六條　依第四條第二款調查實例，以蒐集市場買賣實例為主，並得蒐集市場收益實例。調查實例應填寫買賣實例調查估價表或收益法調查估價表。

　　　　前項所稱收益實例，指租賃權或地上權等他項權利，且具有租金或權利金等對價給付之實例。

　　　　第一項調查得採用當事人、四鄰、不動產估價師、不動產經紀人員、地政士、金融機構、公有土地管理機關、司法機關或有關機關（構）之資訊。

第七條　買賣或收益實例如有下列情形之一，致價格明顯偏高或偏低者，應先作適當之修正，記載於買賣實例或收益法調查估價表。但該影響交易價格之情況無法有效掌握及量化調整時，應不予採用：

　　　　一、急買急賣或急出租急承租。

　　　　二、期待因素影響之交易。

三、受債權債務關係影響之交易。

四、親友關係人間之交易。

五、畸零地或有合併使用之交易。

六、地上物處理有糾紛之交易。

七、拍賣。

八、公有土地標售、讓售。

九、受迷信影響之交易。

十、包含公共設施用地之交易。

十一、人為哄抬之交易。

十二、與法定用途不符之交易。

十三、其他特殊交易。

第八條　買賣或收益實例除依前條規定辦理外，並應就下列事項詳予查證確認後，就實例價格進行調整，並記載於買賣實例或收益法調查估價表：

一、交易價格、租金或權利金等及各項稅費之負擔方式。

二、有無特殊付款方式。

三、實例狀況。

四、有無基本機電、裝修以外之其他建物裝潢費用。

第九條　土地徵收補償市價查估應調查影響之區域因素，包括土地使用管制、交通運輸、自然條件、土地改良、公共建設、特殊設施、環境污染、工商活動、房屋建築現況、土地利用現況及其他影響因素之資料等。

前項影響區域因素之資料，應依地價區段勘查表規定之項目勘查並填寫。

第十條　劃分地價區段時，應攜帶地籍圖及地價區段勘查表實地勘查，原則以鄉（鎮、市、區）為單位，斟酌地價之差異、當地土地使用管制、交通運輸、自然條件、土地改良、公共建設、特殊設施、環境污染、工商活動、房屋建築現況、土地利用現況及其他影響地價因素，於地籍圖上將地價相近、地段相連、情況相同或相近之土地劃為同一地價區段。

非建築用地中經依法允許局部集中作建築使用且其地價有顯著差異時，應就該建築使用之土地單獨劃分地價區段。非都市土地及都市計畫農業區、保護區之零星建築用地，或依規定應整體開發而未開

發之零星已建築用地，在同一區段範圍內，得將地價相近且使用情形相同而地段不相連之零星建築用地，視爲一個地價區段另編區段號。

公共設施保留地應單獨劃分地價區段，並得視臨街情形或原建築使用情形再予細分。

帶狀公共設施保留地穿越數個地價不同之區段時，得視二側非保留地地價區段之不同，分段劃分地價區段。

同一公共設施保留地分次徵收時，得視爲同一公共設施保留地劃設地價區段。

第十一條　地價區段之界線，應以地形地貌等自然界線、道路、溝渠或使用分區、編定使用地類別等使用管制之界線或適當之地籍線爲準。

第十二條　地價區段圖以地籍圖繪製或由電腦產製，應以紅線標示地價區段界線，並註明區段號、比準地位置、比準地地價、主要街道與重要公共設施位置及名稱。

第十三條　以買賣實例估計土地正常單價方法如下：

一、判定買賣實例情況，非屬特殊情況者，買賣實例總價格即爲正常買賣總價格；其爲特殊情況者，應依第七條及第八條規定修正後，必要時並得調查鄰近相似條件土地或房地之市場行情價格，估計該買賣實例之正常買賣總價格。

二、地上無建築改良物（以下簡稱建物）者，計算土地正常買賣單價。

其公式如下：

土地正常買賣單價＝正常買賣總價格÷土地面積

三、地上有區分所有建物，買賣實例爲其中部分層數或區分單位者，其土地正常買賣單價之計算程序如下：

（一）該買賣實例土地權利價格＝該買賣實例房地價格－該買賣實例建物成本價格。

（二）該買賣實例土地權利單價＝該買賣實例土地權利價格÷該買賣實例土地持分面積。

（三）土地正常買賣單價之估計，以前目土地權利單價爲準，並考慮樓層別效用價差調整。

四、地上有建物，且買賣實例爲全部層數者，其土地正常買賣單價之計算程序如下：

　　　　　　（一）該買賣實例土地價格＝該買賣實例房地價格－該買賣
　　　　　　　　　實例建物成本價格。
　　　　　　（二）土地正常買賣單價＝該買賣實例土地價格÷該買賣實
　　　　　　　　　例土地面積。

第十四條　以收益實例查估比準地收益價格之方法，依不動產估價技術規則
　　　　　第三章第二節規定辦理。

第十五條　買賣或收益實例之土地上有建物者，其建物成本價格之估計，依
　　　　　不動產估價技術規則第三章第三節規定辦理。

第十六條　依本辦法辦理查估之建物面積，已辦理登記者，以建物登記之面
　　　　　積為準；其全部或部分未辦理登記者，以實際調查之面積為準。

第十七條　依第十三條估計之土地正常單價或第十四條採用之收益實例租金
　　　　　或權利金應調整至估價基準日。
　　　　　前項估價基準日為每年九月一日者，案例蒐集期間以當年三月二
　　　　　日至九月一日為原則。估價基準日為三月一日者，案例蒐集期間
　　　　　以前一年九月二日至當年三月一日為原則。
　　　　　前項案例蒐集期間內無適當實例時，得放寬至估價基準日前一年
　　　　　內。

第十八條　比準地應於預定徵收土地範圍內各地價區段，就具代表性之土地
　　　　　分別選取。都市計畫區內之公共設施保留地毗鄰之地價區段，亦
　　　　　同。

第十九條　比準地比較價格之查估，應填載比較法調查估價表，其估計方法
　　　　　如下：
　　　　　一、就第十七條估價基準日調整後之土地正常單價中，於同一地
　　　　　　　價區段內選擇一至三件比較標的。
　　　　　二、將前款比較標的價格進行個別因素調整，推估比準地試算價
　　　　　　　格。
　　　　　三、考量價格形成因素之相近程度，決定比準地地價。
　　　　　地價區段內無法選取或不宜選取比較標的者，得於其他地區選
　　　　　取，估計時應進行區域因素及個別因素調整。
　　　　　第一項第二款及前項區域因素及個別因素調整，分別依影響地價
　　　　　區域因素評價基準表及影響地價個別因素評價基準表之最大影響
　　　　　範圍內調整。
　　　　　以收益法估計之比準地收益價格，與第一項估計之比較價格，經

綜合評估，視不同價格所蒐集資料之可信度，考量價格形成因素之相近程度，決定比準地地價。

比準地地價之決定理由應詳予敘明於比準地地價估計表。

第二十條　預定徵收土地宗地市價應以第十八條選取之比準地為基準，參酌宗地條件、道路條件、接近條件、周邊環境條件及行政條件等個別因素調整估計之。但都市計畫範圍內之公共設施保留地，不在此限。

前項宗地條件、道路條件、接近條件、周邊環境條件及行政條件等影響地價個別因素依影響地價個別因素評價基準表之最大影響範圍內調整。

依前二項估計預定徵收土地宗地市價，應填寫徵收土地宗地市價估計表。

第一項預定徵收土地其範圍內各宗地個別因素資料及地籍圖，以需用土地人函文通知直轄市、縣（市）主管機關者為準。

前項宗地個別因素資料之行政條件，依下列方式填寫：

一、非都市土地、都市計畫範圍內公共設施保留地、區段徵收範圍內土地：依徵收計畫報送時之土地使用管制規定填寫。

二、都市計畫範圍內非屬前款公共設施保留地之依法得徵收土地：依都市計畫變更為得徵收土地前之土地使用管制規定填寫；確無法追溯變更前之使用管制條件者，需用土地人應於清冊相關欄位或報送公文中註明。

第二十一條　比準地地價及宗地市價，應以每平方公尺為計價單位，其地價尾數依下列規定計算：

一、每平方公尺單價在新臺幣一百元以下者，計算至個位數，未達個位數無條件進位。

二、每平方公尺單價逾新臺幣一百元至一千元者，計算至十位數，未達十位數無條件進位。

三、每平方公尺單價逾新臺幣一千元至十萬元者，計算至百位數，未達百位數無條件進位。

四、每平方公尺單價逾新臺幣十萬元者，計算至千位數，未達千位數無條件進位。

依第二十七條土地市價變動幅度調整之宗地市價單價尾數無條件進位至個位數。

第二十二條　都市計畫區內公共設施保留地區段地價以其毗鄰非公共設施保留地之區段地價平均計算。帶狀公共設施保留地穿越數個地價不同之區段時，得分段計算。

前項非公共設施保留地地價區段，以其比準地地價為區段地價，其尾數進位方式依前條規定辦理。

第一項所稱平均計算，指按毗鄰各非公共設施保留地地價區段之區段線比例加權平均計算。毗鄰為公共設施用地區段，其區段地價經納入計算致平均市價降低者，不予納入。

都市計畫農業區、保護區之零星建築用地，或依規定應整體開發而未開發之零星已建築用地，經劃屬公共設施保留地地價區段，其區段地價以與該保留地地價區段距離最近之三個同使用性質地價區段為基準，並得參酌區域因素調整估計之區段地價平均計算結果定之。計算結果較高者，應從高計算。

公共設施保留地宗地市價以依第一項計算之區段地價為準，宗地跨越二個以上地價區段者，分別按各該區段之面積乘以各該區段地價之積之和，除以宗地面積作為宗地單位地價，其地價尾數無條件進位至個位數。

區段徵收範圍內之公共設施保留地區段地價計算方式，以同屬區段徵收範圍內之非公共設施保留地區段地價平均計算為原則。但同一區段徵收範圍內無毗鄰非公共設施保留地者，依第一項規定查估區段地價。

第二十三條　前條第三項公共設施保留地區段地價加權平均計算作業步驟如下：

一、依第四條規定蒐集、製作或修正有關之基本圖籍及資料。

二、以地籍圖繪製之地價區段圖作為作業底圖。

三、量測公共設施保留地區段毗鄰各非公共設施保留地區段線長度（以下簡稱各區段線長度）：以電腦量測為原則，其長度以公分為最小單位，未滿一公分者，以一公分計。未能由電腦量測者，得採人工作業，以比例尺、求積儀或坐標讀取儀等工具量測，其長度以公尺為最小單位，未滿一公尺者，以一公尺計。

四、以各區段線長度之和為總長度。

五、以毗鄰各非公共設施保留地區段地價乘以各區段線長度，

再除以總長度，加總計算公共設施保留地區段地價。

第二十四條　公共設施保留地區段毗鄰之非公共設施保留地，經量測確僅以點相接者，不計入加權平均計算。

第二十五條　公共設施保留地區段地價計算作業應填寫公共設施保留地地價加權平均計算表。

第二十六條　一併徵收其徵收當期已逾原徵收案之徵收補償市價適用期間者，其徵收補償市價依第四條至前條規定查估；未逾原徵收案之徵收補償市價適用期間者，其徵收補償市價查估方式如下：

一、屬公共設施保留地者：依第二十二條至前條規定辦理。

二、非屬公共設施保留地，其土地使用性質與原被徵收土地相同者：按原被徵收土地之宗地地價辦理。

三、非屬公共設施保留地，其土地使用性質與原被徵收土地不同者：以所屬地價區段比準地市價進行個別因素修正或個案查估。

第二十七條　直轄市、縣（市）主管機關計算被徵收土地市價變動幅度之作業步驟如下：

一、分二期蒐集去年九月二日至當年三月一日（現期）買賣實例、去年三月二日至去年九月一日（基期）買賣實例。

二、分期計算實例市價單價並排序。

三、分期計算排序後百分位數二十五至百分位數七十五間案例市價單價平均值。

四、現期市價單價平均值除以基期市價單價平均值，計算市價變動幅度。

前項市價變動幅度計算之作業分區，原則以鄉（鎮、市、區）為單位，並得將地價變動情形相近之鄉（鎮、市、區）合併計算；鄉（鎮、市、區）內地價變動差異大之地區，得予分開計算。

第二十八條　需用土地人依第二十條第四項所為之通知，應於每年九月一日前送達直轄市、縣（市）主管機關，作為次年土地徵收補償查估之依據。但屬當年具急迫性或重大公共建設推動之需者，得於當年三月一日前送達。

需用土地人未及於前項期限前提供直轄市、縣（市）主管機關辦理徵收範圍市價查估作業所需資料者，應提供查估之市價予

直轄市、縣（市）主管機關，或協調直轄市、縣（市）主管機關查估市價，提交地價評議委員會評定，所需費用並得由需用土地人負擔。

第二十九條　依第二十一條計算之宗地市價應於依第二十條第四項所為通知之次年二月底前提供需用土地人，作為通知之次年報送徵收計畫計算徵收補償價額之基準。屬前條第一項但書規定者，應於當年七月底前提供需用土地人，作為當年七月至十二月報送徵收計畫計算徵收補償價額之基準。

第三十條　依第二十七條計算土地市價變動幅度結果應於每年六月底前送交地價評議委員會評定，於七月前提供需用土地人，作為七月至十二月間調整徵收補償地價之依據。

第三十一條　本辦法所需書、表格式，由中央主管機關定之。

第三十二條　本辦法修正施行前已辦理查估案件，仍適用修正施行前之規定。

第三十三條　本辦法施行日期另定之。

貳、建築改良物及農作改良物之補償

土地徵收條例第31條規定：

一、建築改良物之補償費，按徵收當時該建築改良物之重建價格估定之。

二、農作改良物之補償費，於農作改良物被徵收時與其孳息成熟時期相距在一年以內者，按成熟時之孳息估定之；其逾一年者，按其種植及培育費用，並參酌現值估定之。

三、建築改良物及農作改良物之補償費，由直轄市或縣（市）主管機關會同有關機關估定之；其查估基準，由中央主管機關定之。

建築改良物徵收補償費查估基準（100.8.30內政部修正）

第1點　本基準依土地徵收條例（以下簡稱本條例）第三十一條第三項規定訂定之。

第2點　本基準所稱之建築改良物（以下簡稱建物）係指依法興建或建築管理前興建完成之建物。

第3點　建物之勘查，應由需用土地人洽請直轄市或縣（市）政府會同有關機關查明下列事項，以作為查估補償費之依據：

（一）建物門牌號碼。

（二）建物所有權人之姓名及住址。

（三）建物構造、面積及用途。

（四）建築年月或其他相關佐證資料。

（五）附屬設施。

（六）建築基地地號、所有權人及土地使用權利。

（七）建物他項權利登記情形。

第4點　建物重建價格之核算以拆除面積乘以重建單價計算。其拆除面積之計算，以建物各層外牆或外柱面以內面積計算，重建單價依建物主體構造材料及裝修材料由直轄市或縣（市）政府另定之。

第5點　建物部分拆除後，其剩餘部分有結構安全之虞或無法繼續使用或位於公共設施保留地上者，得申請全部拆除，並依第四點規定計算補償費。其剩餘部分亦得選擇門面修復。

前項建物拆除剩餘部分結構安全深度及修復所產生之費用由直轄市或縣（市）政府訂定之。

第6點　未能依第四點規定查估核算之建物，直轄市或縣（市）政府得依當地之情形核實查估，辦理補償。其在查估之認定上有困難或爭議時，得依不動產估價師法規定委託查估，並提請直轄市或縣（市）地價暨標準地價評議委員會評定之。委託查估之費用由需用土地人負擔。

第7點　直轄市或縣（市）政府應依本基準並參酌當地實際狀況，自行訂定該直轄市或縣（市）辦理建物徵收補償費查估之依據。

農作改良物徵收補償費查估基準（100.8.31內政部修正）

第1點　本基準依土地徵收條例（以下簡稱本條例）第三十一條第三項規定訂定之。

第2點　本基準所稱農作改良物，包括果樹、茶樹、竹類、觀賞花木、造林木及其他各種農作物。

第3點　各種農作改良物徵收補償費核算方法如下：

（一）果樹、茶樹及竹類：

1.依生長或結果習性，分類評定不同等級之補償單價，並限定其單位面積栽培限量核算補償費。

2.樹苗密植，難以點數者，一律按面積核算補償費。

（二）觀賞花木：

　　　　　1.椰子類、柏木類、喬木類、灌木類、蔓藤類及整形樹等類
　　　　　　別，各以高度或徑寬評定不同等級之補償單價，並限定其單
　　　　　　位面積栽培限量核算補償費。但樹苗密植難以點數者，一律
　　　　　　按面積核算。
　　　　　2.草本觀賞花卉，以單位面積價額核算補償費。
　　　　　3.觀賞花木於徵收公告前一年內移植者，視同特小級計算補
　　　　　　償；於徵收公告前一年至二年內移植者，視同次小級計算補
　　　　　　償。
　　　（三）造林木：
　　　　　1.無利用價值者，按照造林費計算。其造林費標準，以查估當
　　　　　　時當地林業主管機關所公布最新單價爲準。
　　　　　2.有利用價值者，按照山價查定，並依查估時該木材市價減去
　　　　　　必要之生產（伐木及搬運）費用個案處理。
　　　（四）其他各種農作改良物：以單位面積收穫價值核算補償費。
　　　　　　前項各種農作改良物之種類、等級、數量、種植面積、規格
　　　　　　及補償單價，如附表。
第4點　遇有兼種情形，先以價格最優惠之農作改良物實際栽植總數，計算
　　　　其所必須之種植面積後，再以兼種總面積減去該種植面積，如有剩
　　　　餘面積，再依規定計算次等單價農作改良物之數量核計補償，其超
　　　　過部分不予補償。
第5點　關於農作改良物年生之計算，凡播種後未經移植繼續生長者，自播
　　　　種時起算之；播種後經正常性移植者，應從移植於被徵收之土地時
　　　　起算之。
第6點　農作改良物之種類顯與正常種植不相當者，其不相當部分不予補償。
第7點　農作改良物之數量，除本基準另有規定外，以實地查估爲準。但單
　　　　位面積種植數量超過各該種類單位面積栽培限量者，其超過部分不
　　　　予補償。
第8點　直轄市或縣（市）政府對於徵收土地之農作改良物種植或移植時間
　　　　之認定有疑義者，應由所有權人附切結書，切結該作物開始種植或
　　　　移植於徵收土地之確實時間。
第9點　凡經徵收補償完竣之農作改良物，其所有權歸屬需用土地人。
第10點　遇有特殊栽植情形、類別、品種規格之農作改良物，直轄市或縣
　　　　（市）政府得依當地之情形核實查估，辦理補償。其有認定之困難

或產生糾紛時，得委託具有公信力之專業機構查估，並提請地價及標準地價評議委員會評定之。委託之查估費用由需用土地人負擔。

第11點　直轄市或縣（市）政府應依據本基準並參酌當地實際狀況及農林主管機關公告之最新資料，自行訂定該直轄市或縣（市）辦理農作改良物徵收補償費查估之依據，提交地價及標準地價評議委員會評定之，如新增或修改作物項目者，並應敘明理由及將各項農作改良物查估計算方法明列。

第3點附表（內政部100年8月31日以台內地字第1000169689號令修正）

壹、果樹部分：

項目　作物名稱	每10公畝補償株（欉）數與補償單價　新臺幣　元（以下同）　株／欉						
	補償數量／樹齡	特小（1年生）	小（2-3年生）	中（4-6年生）	大（7-10年）	特大（11年生以上）	備註
香蕉	200	48	145	242	339	424	
鳳梨一般品種	按面積查估	11,000	82,280	138,600			按面積查估之，零星栽培者以每10公畝4千株折算每株補償單價，其年生之認定請參閱附註2。
鳳梨改良品種	按面積查估	19,800	130,680	367,400			按面積查估之，零星栽培者以每10公畝4千株折算每株補償單價，其年生之認定請參閱附註2。
檸檬	100	73	363	1,210	2,420	3,630	
柚子	80	182	726	1,634	2,723	5,445	
甘桔及各種甜橙類	100	91	424	1,210	2,420	3,630	
荔枝龍眼	70	145	605	1,452	2,420	4,840	
在來種芒果	80	73	605	1,210	2420	4,235	
改良種芒果	100	97	363	1,210	2,420	3,630	
蓮霧	60	121	605	1,452	3,025	3,630	

楊桃	70	182	726	2,420	3,025	3,630	
番石榴	100	97	363	2,420	1,815	726	
木瓜	200	31	726	484	242	121	
桃／李 本地種	80	97	182	605	1,210	1,815	
柿子	80	97	363	605	1,210	1,815	
甜柿	80	182	726	1,815	3,630	6,050	
枇杷	100	121	363	726	1,452	2,420	
梨子／ 橫山梨 粗皮梨	100	121	484	1,210	2,178	3,630	
棗子	100	97	303	726	1,452	2,420	
梅子	100	73	242	726	1,452	2,420	
牛心梨 番荔枝 （釋迦）	100	55	242	726	1,815	2,420	
鳳梨釋迦	10	55	242	726	1,815	2,420	
檳榔	300	97	303	726	880	1,210	
可可椰子	70	272	605	1,210	3,025	4,235	
橄欖	70	121	303	726	1,452	2,420	
人心果類	80	97	303	605	1,210	2,178	
溫帶梨 高接梨 蘋果	80	145	605	1,815	3,025	4,235	
波羅蜜	80	182	605	1,452	2,420	3,025	
葡萄柚	100	121	605	1089	2,299	3,025	
仙桃 蛋黃果	80	121	194	605	1089	1,452	
桑樹 （採果）	100	61	145	242	363	605	
葡萄 彌猴桃	按面積 查估	11,616	58,080	145,200	198,000	220,000	
加州李 水蜜桃	120	121	605	1,210	1,815	2,420	
酪梨	60	182	605	1,210	1,815	2,662	
咖啡	60	61	242	484	726	968	
樹子 （破布子）	100	61	242	726	1,210	1,452	

黃槴子	按面積查估	4,356	7,744	19,360	24,200	33,880	
百香果	按面積查估	29,040	174,240				
油茶	400	48	242	484	605		
愛玉子	按面積查估	48,400	96,800	121,000	145,200	193,600	以面積查估。
茗花茗葉	150	726	3,025	4,840	2,420	1,210	以柱計算。
紅龍果白肉種	按面積查估	26,400	53,900	97,900	110,495	138,600	零星栽培者以每10公畝200株折算。
紅龍果紅肉種	按面積查估	39,600	88,000	165,000	209,000	231,000	零星栽培者以每10公畝200株折算。

附註：

1. 香蕉已開花者為特大，2公尺以上者為大，1.5公尺未滿2公尺者為中，未滿1.5公尺者為小，新植者為特小。

2. 鳳梨：

    (1)其年生之認定：自種植起6個月為特小；6個月至1年為小；1年以上至2年為中。

    (2)零星栽培者以每10公畝4,000株折算每株補償單價：

    　　一般品種：已結果36元，未結果19元。

    　　改良品種：已結果96元，未結果30元。

3. 木瓜未著蕾者特小；已著蕾且開花或結小果為小；中果至成熟前為中；果實成熟至大量採收時為大；經大量採收後餘果稀少者為特大。

4. 果園樹苗密植之程度達到難以點數者，一律按面積給予補償費，每平方公尺220元。

5. 關於果樹年生之計算，凡播種後未經移植可繼續生長者，自播種時起算；播種後經正常性移植者，應從移植於被徵收之土地時起算；其以接穗經嫁接方式種植者，除依接穗之年生衡量外，應視樹冠面積之大小估算。但生育不良或超齡移植致其樹冠不合常態者，得降低標準查估之。

6. 凡以面積為計算補償單位者，仍需勘估其間作、缺株情況並查估其樹齡，遇有兼種作物或缺株超過5%以上時，應按附註5方式辦理之。

7. 庭院內之果樹得視園藝造景情形，按果樹核實勘估補償。

8. 表內未列之果樹，得比照表內相同類科之果樹勘估補償。

9. 表列補償費單價未包含設施費用。

貳、茶樹及竹木部分

一、茶樹徵收補償費之查估（種植株數以實地查估為準。但每公畝種植之株數超過120株者，仍以120株為限）。

茶樹：

種類	補償單價（元）　規格　每公畝土地栽培限量（株）	甲 10年以上	乙 5年以上 未滿10年	丙 3年以上 未滿5年	丁 未滿3年	戊 未滿1年
茶樹	120	394	315	206	85	36

二、竹類等專供取筍者補償費之查估：

種類	補償單價（元）　規格　每公畝土地栽培限量（株、欉）	甲 3年以上者	乙 1年以上未滿3年	丙 1年以下者
麻竹	8欉（每欉6株計）	1,309	847	169
綠竹、烏腳竹	15欉（每欉6株計）	1,634	847	169
刺竹、長枝竹	15欉（每欉6株計）	811	424	230
桂竹	120株	176	103	36

三、其他竹木之補償費，依下列規定查估：

　　1.無利用價值者，按照造林費計算。其造林費標準，以查估當時當地林業主管機關所公布最新單價為準。

　　2.有利用價值者，按照山價查定，依查估時該木材市價減去必要之生產（伐木及搬運）費用個案處理。

四、附註：

　　1.麻竹、綠竹、烏腳竹等新植已成活，尚未成欉者，每株補償36元。但每公畝種植數量最高以15株為限。

　　2.庭院內之茶樹及竹木部分，視園藝造景情形，核實勘估補償。

參、觀賞花木部分

一、椰子類

種類	每10公畝種植數量量:株或欉 2公尺以上	未滿2公尺	單價:元 10公尺以上	9公尺以上未滿10公尺	8公尺以上未滿9公尺	7公尺以上未滿8公尺	6公尺以上未滿7公尺	5公尺以上未滿6公尺	4公尺以上未滿5公尺	3公尺以上未滿4公尺	2公尺以上未滿3公尺	1公尺以上未滿2公尺	0.5公尺以上未滿1公尺\次小級	未滿0.5公尺\特小級
一般觀賞椰子	200	400	10,285	9,075	7,865	6,752	4,501	3,001	2,178	1,452	908	399	157	48
黃椰子	200	400	11,035	7,357	4,901	3,267	2,178	1,452	1,271	1,089	641	278	97	36
孔雀椰子	200欉	400欉	20,058	14,702	9,680	6,534	4,356	2,904	1,815	1,186	690	278	97	12
檳榔椰子	200	400	29,004	19,336	12,887	8,591	5,711	3,812	3,267	2,723	2,178	944	257	36
大王椰子	200	400	22,796	15,198	10,128	6,752	4,501	3,001	2,178	1,452	908	399	157	48
羅比親王海棗	200	400	22,796	15,198	10,28	6,752	4,501	3,001	2,178	1,452	908	399	157	48
蒲葵	200	400	11,035	7,478	4,901	3,267	2,178	1,452	1,271	1,087	641	278	97	36
台灣海棗椰	200	400	26,367	17,578	11,715	7,810	5,203	3,465	2,970	2,475	1,980	858	231	33
華盛頓椰子	200	400	20,724	13,816	9,207	6,138	4,092	2,728	1,980	1,320	825	363	143	44
亞歷山大椰子	200	400	20,724	13,816	9,207	6,138	4,092	2,728	1,980	1,320	825	363	143	44

二、柏木類

種類	每10公畝種植數量:株或欉 2公尺以上	未滿2公尺	單價:元 10公尺以上	9公尺以上未滿10公尺	8公尺以上未滿9公尺	7公尺以上未滿8公尺	6公尺以上未滿7公尺	5公尺以上未滿6公尺	4公尺以上未滿5公尺	3公尺以上未滿4公尺	2公尺以上未滿3公尺	1公尺以上未滿2公尺	0.5公尺以上未滿1公尺\次小級	未滿0.5公尺\特小級
龍柏	250	500	13,008	11,798	10,588	9,378	8,168	5,445	3,993	2,723	1,271	436	157	36
萬年柏	250	500						5,445	3,812	2,541	1,271	714	315	61
倒地柏	250	500						3,654	2,432	1,621	1,077	714	351	121
側柏	250	500						3,908	2,602	1,730	726	278	157	36
塔柏	200	400	10,321	9,111	7,901	6,691	5,481	3,654	2,432	1,621	1,077	436	157	36
圓柏	200	400						5,990	3,993	2,723	1,271	436	157	36
三光柏	200	400						17,969	11,979	8,168	3,812	1,298	472	109
藍柏	200	400	13,008	11,798	10,588	9,378	8,168	5,445	3,993	2,723	1,271	436	157	36

三、喬木類

種類	每10公畝種植數量:株或欉 5公分以上	未滿5公分	胸徑:公分 / 高度:公尺 / 單價:元 35公分以上	30公分以上未滿35公分	25公分以上未滿30公分	20公分以上未滿25公分	15公分以上未滿20公分	10公分以上未滿15公分	5公分以上未滿10公分	1.5公尺以上	0.5公尺以上未滿1公尺\次小級	未滿0.5公尺\特小級
黑松	200	400	27,830	21,478	16,819	11,011	6,050	3,449	2,057	1,029	363	61
濕地松	200	400	22,264	17,182	13,431	8,712	4,840	2,662	1,646	823	290	61
肯氏南洋杉	200	400	27,830	21,478	16,819	11,011	6,050	3,449	2,057	1,029	290	61

細葉南洋杉	200	400	22,264	17,182	13,431	8,712	4,840	2,662	1,646	823	242	61
竹柏	200	400						3,300	1,320	253	143	33
羅漢松	200	400	25,300	19,525	15,290	10,010	5,500	3,135	1,870	935	264	55
玉蘭花	200	400	20,570	15,851	12,584	8,228	4,538	2,021	847	484	121	61
洋玉蘭	150	400	27,830	21,478	16,819	11,011	6,050	3,449	2,057	1,029	363	121
大葉桉(油加利)	200	400	18,150	12,650	9,460	6,270	3,520	1,595	638	176	55	22
印度橡膠樹	150	400	18,150	12,650	9,460	6,270	3,520	1,595	638	165	55	22
半蹄甲	200	400	19,965	13,915	10,406	6,897	3,872	1,755	702	48	24	12
鳳凰木	200	400	19,965	13,915	10,406	6,897	3,872	1,634	545	194	48	12
茄冬	200	400	20,570	15,851	12,584	8,228	4,538	2,021	847	109	36	12
白千層	200	400	19,965	13,915	10,406	6,897	3,872	1,755	702	61	36	12
榕樹	200	400	18,150	12,650	9,460	6,270	3,520	1,595	638	165	55	22
雀榕	200	400	18,150	12,650	9,460	6,270	3,520	1485	495	110	44	11
菩提樹	200	400	18,150	12,650	9,460	6,270	3,520	1,485	495	176	55	22
槭樹	200	400	20,570	15,851	12,584	8,228	4,538	2,021	847	242	85	36
麵包樹	200	400	18,700	14,410	11,440	7,480	4,125	1,837	770	429	143	55
黃槐	200	400	19,965	13,915	10,406	6,897	3,872	1,634	545	399	133	48
樟樹	200	400	20,570	15,851	12,584	8,228	4,538	2,021	847	242	61	24
台灣欒樹	200	400	20,570	15,851	12,584	8,228	4,538	2,021	847	242	61	24
櫻花	200	400	27,830	21,478	16,819	11,011	6,050	2,602	1,573	557	157	61
梅花	200	400	27,830	21,478	16,819	11,011	6,050	2,602	1,573	557	157	61
杏花	200	400	27,830	21,478	16,819	11,011	6,050	2,602	1,573	557	157	61
九芎	200	400	19,965	13,915	10,406	6,897	3,872	1,634	545	194	85	36
大花紫薇	200	400	19,965	13,915	10,406	6,897	3,872	1,634	545	194	85	36
楓香	200	400	20,570	15,851	12,584	8,228	4,528	2,021	847	242	85	36
紅千層(瓶刷樹)	200	400	20,570	15,851	12,584	8,228	4,528	2,021	847	242	85	36
木麻黃	200	400	19,965	13,915	10,406	6,897	3,872	1,634	545	194	48	12
水黃皮	200	400	27,830	21,478	16,819	11,011	6,050	2,602	1,089	557	157	61
第倫桃	200	400	27,830	21,478	16,819	11,011	6,050	2,602	1,089	557	157	61
油桐	200	400	19,965	13,915	10,406	6,897	3,872	1,634	545	194	48	12
珊瑚油桐	200	400	19,965	13,915	10,406	6,897	3,872	1,634	545	194	48	12
厚皮香	400	800	27,830	21,478	16,819	11,011	6,050	2,602	1,089	242	61	24
緬槴\雞蛋花(印度素馨)	450	900	25,300	19,525	15,290	10,010	5,500	2,365	990	572	363	44

四、灌木類

種類	高度：公尺　單價：元　每10公畝種植數額數量：株或欉	4公尺以上	3公尺以上未滿4公尺	2公尺以上未滿3公尺	1公尺以上未滿2公尺	0.5公尺以上未滿1公尺	未滿0.5公尺
銀柳	500	545	454	309	128	36	12
茶花	450	3,001	1,997	1,452	641	254	48

馬茶花	450	1,041	690	460	218	73	19
含笑	450	3,001	1,997	1,089	545	109	48
桂花	450	2,178	1,452	726	460	182	48
雙葉木	450	1,041	690	460	182	109	24
鐵莧	450	823	545	363	97	61	12
木槿	450	823	545	363	182	48	12
玫瑰	800	1,851	1,234	823	545	182	36
龍舌蘭	400			424	278	97	24
夜合花	450	1,561	1,041	690	460	97	19
黃蝴蝶	450	1,089	726	460	218	97	12
巴西鐵樹	500	1,271	1,004	545	363	133	19
茶梅	450			823	545	182	24
金絲竹	100欉	1,271	1,004	726	496	278	19
一般杜鵑	1,000	641	424	278	182	97	12
矮仙丹花	1,000			750	496	327	73
紅竹	1,000	750	496	327	145	97	12
觀音棕竹	1,000欉	327	218	145	97	61	19
觀音竹	1,000欉			61	36	31	12
六月雪	1,000			387	254	169	24
麒麟花	1,000			169	109	73	12
綠珊瑚	1,000	823	545	363	218	109	12
玉蘭	400			424	278	145	36
七里香（月桔）	450	750	496	327	182	61	12
樹蘭	200	2,057	1,367	823	278	48	19
仙丹花	450	1,125	750	496	278	48	19
仙人掌	450	1,452	968	641	182	73	24
石榴	450		823	545	218	97	31
黃槐花	450	823	545	363	218	61	12
夾竹桃	450	823	545	278	97	48	12
曼陀羅	450	823	545	363	242	97	43
聖誕紅	450	545	363	278	145	61	12

五、蔓性植物

種類 ＼ 長度：公尺／單價：元	5公尺以上	4公尺以上未滿5公尺	3公尺以上未滿4公尺	2公尺以上未滿3公尺	1公尺以上未滿2公尺	未滿1公尺
九重葛	880	847	726	303	121	61
黃金葛	436	290	194	145	97	64
蒜香藤	968	847	726	303	121	61
龍吐珠	968	847	726	303	121	61
紫藤	968	847	726	303	121	61
炮仗花	968	847	726	303	121	61
紫鈴藤	968	847	726	303	121	61
爬牆虎	430	290	194	145	97	61

六、整型樹

種類 ＼ 離地1公尺幹徑：公分／每公畝種植數量：株／單價：元	35公分以上	30公分以上未滿35公分	25公分以上未滿30公分	20公分以上未滿25公分	15公分以上未滿20公分	10公分以上未滿15公分	5公分以上未滿10公分	未滿5公分
榕樹層型　20	25,410	19,965	10,890	7,623	4,235	2,723	908	605

種類 ＼ 離地1公尺幹徑：公分／每公畝種植數量：株／單價：元	4公尺以上	3.5公尺以上未滿4公尺	3公尺以上未滿3.5公尺	2.5公尺以上未滿3公尺	2公尺以上未滿2.5公尺	1.5公尺以上未滿2公尺	1公尺以上未滿1.5公尺	未滿1公尺
圓錐型　2公尺以上 25／未滿2公尺 60	3,025	2,178	1,815	1,452	968	545	303	121

種類 ＼ 離地1公尺幹徑：公分／每公畝種植數量：株／單價：元	2公尺以上	1.5公尺以上未滿2公尺	1公尺以上未滿1.5公尺	0.5公尺以上未滿1公尺	未滿0.5公尺
半球型　50	1,210	908	460	218	121
球型　50	2,178	1,634	823	387	242

七、草本觀賞花木

1.一年生草花每平方公尺121元。

2.多年生草花每平方公尺242元。

3.天堂鳥：

　(1)一年生以下　每平方公尺242元。

　(2)超過一年生至二年生以下　每平方公尺363元。

　(3)超過二年生　每平方公尺605元。

　　4.唐昌浦，每平方公尺424元。

　　5.晚香玉，每平方公尺363元。

　　6.百合，每株補償69元，每平方公尺最高以5株爲限。

　　7.赫蕉，每欉補償22元，每平方公尺最高以5欉爲限。

八、其他花木（補償單價：新臺幣／元）

每公畝土地栽培限量：株	20					80		
鐵樹／以幹高計算	100cm以上 5,775	80cm以上 未滿 10cm 4,538	60cm以上 未滿 80cm 2,717	40cm以上 未滿 60cm 2,178	20cm以上 未滿 40cm 1,089	10cm以上 未滿 20cm 545	5cm以上未滿 10cm 182	未滿 5cm 97
每公畝土地栽培限量：株	20					60		
酒瓶椰子／以徑寬一直徑計算	40cm以上 4,538	35cm以上 未滿 40cm 3,630	30cm以上 未滿 35cm 2,723	25cm以上 未滿 30cm 1,815	20cm以上 未滿 25cm 1,271	15cm以上 未滿 20cm 823	10cm以上 未滿 15cm 545	5cm以上未滿 10cm 218	未滿 5cm 109
每公畝土地栽培限量：株			25			60		
馬拉巴栗／以球徑寬計算			25cm以上 1,815	20cm以上 未滿 25cm 1,271	15cm以上 未滿 20cm 726	10cm以上 未滿 15cm 363	5cm以上未滿 10cm 182	未滿 5cm 61
每平方公尺土地栽培限量：株			5	7	10	15		
西洋杜鵑			45cm以上 363	35cm以上 未滿 45cm 230	25cm以上 未滿 35cm 133	15cm以上 未滿 25cm 97	7cm以上未滿 15cm 61	未滿 7cm 24

附註：

1. (1)密植花木不分種類，一律按面積給予補償費，其每平方公尺之補償費木本為330元，草本為220元，草皮為110元。

　(2)庭院內之花木得視園藝造景情形，核實勘估補償。

2. 鐵樹、酒瓶椰子（苗圃密植者），一律按面積給予補償費，其每平方公尺補償費為132元。

3. 綠籬部分木本按每平方公尺330元，草本每平方公尺220元核計補償。

4. 柏木類觀賞花木如修剪培養基部供盆景造型使用者，以其基部直徑每3公分為一級距，每一級距植株增高1公尺予以查估，未滿3公分者以小於1公尺查估，3至6公分者以1至2公尺查估，依此類推。

5. 榕樹等喬木樹種如修剪培養基部供盆景造型使用者，依其基部乘以0.8作為離地1公尺之胸徑查估。

6. 喬木類部分：黑板樹、構樹、光臘樹、阿勃勒、桃花心木、木棉、福木及柳樹等，由直轄市或縣（市）政府按當地苗木費、運費、移植費等因素查價，並參酌當地實際狀況及農林主管機關公告之最新資料後依本基準第11點規定辦理。

7. 表內未列之觀賞花木，得比照表內相同類科之觀賞花木勘估補償。

肆、各種農作物單位面積收穫價值部分：（補償單價：新臺幣／元）

作物名稱	每10公畝收穫價值	作物名稱	每10公畝收穫價值	作物名稱	每10公畝收穫價值	作物名稱	每10公畝收穫價值
製糖甘蔗	24,200	蘆筍	39,930	飼料玉米	9,900	胡瓜	30,250
水稻	22,000	甘藍	18,150	蘿蔔	16,500	絲瓜	21,780
甘藷	18,179	芥菜	30,250	胡蘿蔔	28,600	豌豆	31,460
青蔥洋蔥	36,300	結球白菜	16,940	馬鈴薯及其它根菜類	27,830	落花生	36,300
韭菜	39,930	越瓜	15,400	羅勒紫蘇	27,830	香瓜	30,250
蔥頭	61,600	青花菜花椰菜	32,670	香菜	50,820	芋頭	26,620
加工番茄	27,500	食用番茄	84,700	苦瓜	42,350	油菜	12,100
莧菜小白菜	14,520	菜豆	29,040	毛豆	16,500	仙草	24,200
芹菜	30,250	萊豆（皇帝豆）	24,200	菠菜	27,500	生薑	48,400
萵苣	24,200	茭白筍	48,400	空心菜	18,150	甜椒番椒	48,400
茄子	36,300	西瓜	24,200	南瓜	14,520	芋薈	76,230

蓮藕	36,300	花豆	24,200	茼蒿	24,200	洋菇 （每坪）	1,815
草莓	96,800	冬瓜	18,150	大豆	11,000	食用玉米	14,520
短期葉菜	18,150	紅豆	33,000	菸草	24,200	黃秋葵	24,200
高粱	11,000	綠豆	8,800	食用甘蔗	96,800	綠肥	9,680
小米 （粟）	24,200	蠶豆	30,250	三角蘭	18,150	牧草	18,150
菱角	30,250	圓蘭草 大甲蘭	30,250	向日葵	18,150	胡麻	9,680
棉花	12,100	樹薯	9,680	薄荷藿香	12,100	青蒜	46,427
杭菊	24,200	洛神葵	24,200	太空包菇類 （每包）	14	蒜頭	35,200

附註：表內未列之農作物，得比照表內相關類科之農作物勘估補償。

參、營業損失補償

土地徵收條例第33條規定：

一、土地或土地改良物原供合法營業之用，因徵收而致營業停止或營業規模縮小之損失，應給予補償。

二、前項補償基準，由中央主管機關定之。

土地及土地改良物徵收營業損失補償基準（101.1.11內政部修正）

一、本基準依土地徵收條例第三十三條第二項規定訂定之。

二、本基準之用語定義如下：

（一）合法營業：係指依法取得營業所需相關證照，並正式營業者。

（二）營業停止：係指營業用土地或土地改良物因全部徵收而致營業之停止。

（三）營業規模縮小：係指營業用土地或土地改良物因部分徵收而致原有營業規模之縮小。

（四）營業用土地或土地改良物：係指土地或土地改良物供經營事業使用；其非供營業用之土地或土地改良物，如員工休閒場所、員工餐廳、員工宿舍等不包括在內。

依法不須取得營業證照而正式營業，且合於土地使用管制，其營業確屬合法者，因政府興辦公共事業依法徵收而致營業停止或營業規模縮小之損失，應給予補償。營業是否合法，由直轄市或縣（市）主管機關會同其他有關機關依各該主管法令審查認定之。

三、合法營業用土地或土地改良物全部徵收致停止營業時，其損失補償以該事業最近三年向稅捐稽徵機關申報之營利事業所得稅結算申報書上營業淨利加利息收入減利息支出之平均數計算補償之。

計算徵收營業損失補償，其營業淨利、利息收入、利息支出應以營利事業所得稅結算申報書之帳載結算金額為準，計算結果為負值者，不予補償。

四、合法營業用土地或土地改良物部分徵收致營業規模縮小時，其損失補償按實際徵收之營業面積與營業總面積之比，乘以該事業最近三年度向稅捐稽徵機關申報之營利事業所得稅結算申報書上營業淨利加利息收入減利息支出之平均數計算補償之。

前項營業面積以登記或申報營業之土地或土地改良物面積為限，不包括非營業用之部分。

徵收部分為事業經營之主體或主要設施，致剩餘部分已無法繼續經營者，依第三點之規定補償之。

五、合法營業用土地或土地改良物之營業處所有一處以上時，按其被徵收部分占其全部營業處所面積比率，依第三點及第四點規定計算營業損失。

六、合法營業用土地或土地改良物之營業損失，未能依第三點至第五點規定計算者，其營業損失按實際徵收部分之營業面積，依下列各款計算補償：

（一）其徵收部分之營業面積在十五平方公尺以下者，發給新臺幣六萬六千元。

（二）其徵收部分之營業面積超過十五平方公尺未達一百五十平方公尺者，其超過前款部分每平方公尺發給新臺幣一千一百元，未滿一平方公尺者，以一平方公尺計算。

（三）其徵收部分之營業面積在一百五十平方公尺以上者，其超過前二款部分每平方公尺發給新臺幣六百六十元，未滿一平方公尺，以一平方公尺計算。

前項營業面積以登記或申報營業之土地或土地改良物面積為限，不包括非營業用之部分。

七、土地或土地改良物非供合法營業用者，其營業損失不予補償。

八、營業性質特殊者，直轄市或縣（市）政府得依當地之情形核實查估，辦理補償。其在查估之認定上有困難或爭議時，得委託具有公信力之專業機構查估，並由直轄市或縣（市）政府審核認定之，委託查估之費用由需用土地人負擔。

肆、遷移費補償

　　土地徵收條例第34條規定：

一、徵收土地或土地改良物時，有下列情形之一，應發給遷移費：

　　（一）第五條第一項第一款或第二款規定遷移者。

　　（二）徵收公告六個月前設有戶籍之人口必須遷移者。但因結婚或出生而設籍者，不受六個月期限之限制。

　　（三）動力機具、生產原料或經營設備等必須遷移者。

　　（四）因土地一部分之徵收而其改良物須全部遷移者。

　　（五）水產養殖物或畜產必須遷移者。

二、前項遷移費查估基準，由中央主管機關定之。

土地徵收遷移費查估基準（100.9.16內政部修正）

第1點　本基準依土地徵收條例（以下簡稱本條例）第三十四條第二項規定訂定之。

第2點　直轄市或縣（市）政府應依本基準並參酌當地實際狀況，自行訂定該直轄市或縣（市）辦理土地徵收遷移費查估之依據。

第3點　土地改良物所有權人依本條例第五條第一項第一款及第三十四條第一項第四款規定遷移土地改良物者，應依下列規定給予遷移費：

　　（一）建築改良物，依該建築改良物徵收補償費之百分之八十發給遷移費。

　　（二）農作改良物，依該農作改良物徵收補償費之百分之五十發給遷移費。

　　　　　前項農作改良物不包括盆栽。盆栽部分得由直轄市或縣（市）政府視實際需要酌給搬運費。

第4點　墳墓遷移費依該直轄市或縣（市）墳墓遷葬標準發給之。

第5點　紀念物遷移費依實際搬遷所需費用估定之。但估定之遷移費不得高於與該紀念物同性質構造物之重置價格。

第6點　依本條例第三十四條第一項第二款規定之人口遷移費，各直轄市或縣（市）政府所訂查估之依據不得高於附表一規定之基準。前項人口遷移費，包含傢俱遷移費用。

附表一

人口數	建築物全部拆除之人口遷移費（新台幣　元／每戶）	建築物部分拆除之人口暫行遷移費（新台幣　元／每戶）
單身	120,000	96,000
2人	120,000	96,000
3人	160,000	128,000
4人	200,000	160,000
5人	240,000	192,000
6人以上	280,000	224,000

第7點　依本條例第三十四條第一項第三款規定遷移動力機具、生產原料或經營設備等所需之拆卸、搬運及安裝費用，各直轄市或縣（市）政府所訂查估之依據不得高於附表二規定之基準。

附表二　拆卸及安裝工資標準表

	單位	單價（新臺幣　元／天、人）
技術工	工	2,200
普通工	工	1,980

搬運車資標準表

	單位	單價（以新臺幣計）	說明
十五噸（含）以上卡車	車	11,000	含搬運工資
十五噸（不含）以下卡車	車	8,800	含搬運工資

第8點　水產養殖物遷移費，由各直轄市或縣（市）政府參照附表三規定基準訂定之。

附表三　（單位：公斤／公頃，備註另有說明者除外）

經營方式	養殖物別	養殖方法				遷移補償率	備註
		粗放	半粗放	半集約	集約		
混養	一般淡水魚	2,000	4,000	6,000	10,000	15-60%	以淡水吳郭魚價格計算
	一般鹹水魚		2,000	5,000	8,000	20-50%	其他混養種類以虱目魚折重計價（混養種類如蝦、蟳、龍鬚菜、虱目魚、烏魚等）

單養	冷水性魚類（含鱒、香魚等）		80,000	100,000	200,000	30-50%	1.換水量每6小時以上1次者，每平方公尺面積產量以8公斤計算。 2.換水量每6小時以下1次者，每平方公尺面積產量以10公斤計算。 3.換水量每4小時以下1次者，每平方公尺面積產量以20公斤計算。 4.以主體魚價格計價。
	一般河川魚類（包括石鱝、鯛魚等）	2,000	4,000	6,000	10,000	15-60%	以主體魚價格計價。
	觀賞魚類		20,000尾	30,000尾	50,000尾	30-50%	以尾數計算，每尾價格以1公斤草魚計價。
	虱目魚		2,000	5,000	10,000	30-60%	
	吳郭魚			7、200	10,000	15-45%	
	草蝦			5,000	8,400	30-50%	
	沙蝦			800	1,000	30-50%	
	泰國蝦			3,600	4,800	30-50%	
	斑節蝦			4,000	6,000	30-50%	
	白蝦			5,000	8,400	30-50%	
	蟳			5,000隻	10,000隻	10-50%	以隻數計算
	塘虱魚（土殺）			9,000	15,000	30-50%	
	烏魚			7,000	10,000	30-50%	
	石斑			7,000	10,000	30-50%	
	龍膽石斑			7,000	10,000	30-60%	
	鰻魚			7,000	15,000	10-30%	
	鱸魚			4,000	8,000	25-50%	
	鯛類			6,000	10,000	20-45%	
	花身雞魚			7,000	12,000	20-50%	
	雞魚類			7,000	12,000	20-50%	
	鮸魚			6,000	10,000	25-50%	
	草魚			6,000	10,000	15-60%	
	青魚（烏鰡）			6,000	10,000	15-60%	
	黃臘鰺（紅杉）			7,000	12,000	15-50%	
	泥鰍			5,000	8,000	20-50%	

	大鱗（豆仔魚）			7,000	12,000	30-50%	
	甲魚			15,000	25,000	10-40%	
	星點彈塗（花跳）			700		25-50%	
單養	牡蠣	2、500（插篹式）	4,000（平掛式）	6,000（垂下式）		20-45%	插篹式以2,500公斤計算。平掛式以4,000公斤計算。垂下式以6,000公斤計算。
	文蛤	7、500	15,000	20,000		20-45%	半粗放與半集約一魚塭養殖。粗放指淺海養殖。
	蜆		5,000	8,000		20-45%	
	九孔			20,000	30,000	20-30%	每平方公尺生產2-3公斤
	立體式九孔			100,000	150,000	15-30%	
	黑星銀（變身苦）			7,000	12,000	20-50%	
	鱧魚			4,000	7、500	15-60%	
	鯉魚			6,000	10,000	15-60%	
	鰱魚			6,000	10,000	15-60%	
	牛蛙			6,000	10,000	20-50%	
	龍鬚菜		12,000			20-45%	以乾燥計算。
	其他鹹水魚、蝦、貝類			6,000	10,000	25-40%	
	其他淡水魚、蝦、貝類			6,000	10,000	25-40%	

附註：

一、混養：養殖種類兩種以上，而主體魚類數量比例在百分之六十以下者。

二、單養：養殖種類只有一種或另混養少量其他水產物，且混養數量未超過百分之四十者。

三、其他未列入本參考表之水產養殖物，其養殖物之種類由漁民自行申報，再會同有關單位現場查估核定。

四、粗放式：利用天然流入肥料不予施肥，於低密度養殖者。

五、半粗放：利用人工施肥、漁牧綜合經營或配合適量飼料，其養殖環境及設備較差者。

六、半集約：採用施肥並添加人工飼料配合養殖，並具簡單之水質改善設備者。

七、集約：採用人工飼料或下雜魚養殖，並且有完善之水質改善設備或流水式養殖者。

八、凡養殖魚苗者按實際養殖面積，核算價值再加倍計算，不另計尾數及價值。

九、每種魚類之價格按查估時當地魚市場所公布之批發價為準，如魚市場未公布價格者，則核實查估。

十、如未放苗養殖者，水產物部分不予補償。

十一、本表生產量依平均值計算，如有特殊情況可酌情調整。

十二、各養成階段之魚體均可依本表之生產量估算其遷移補償價格。

第9點　畜產遷移費，各直轄市、縣（市）政府所訂查估之依據不得低於附表四規定之基準。

附表四

種類	基本頭（隻）數	每頭（隻）遷移費用（新臺幣元）	說明
鹿	10	1,500	若屬3個月以內者鹿隻則以5成費用認定之。 若母鹿懷孕以目測或觸診可判定者另增該細目費用5成予以補償。
牛	5	1,500	若屬6個月以內者牛隻則以5成費用認定之。 若母牛懷孕以目測或觸診可判定者另增該細目費用5成予以補償。
羊	10	500	若屬6個月以內者羊隻則以5成費用認定之。 若母羊懷孕以目測或觸診可判定者另增該細目費用5成予以補償。
犬	10	500	若母犬懷孕以目測或觸診可判定者另增該細目費用5成予以補償。
		200	出生未滿1個月者。
兔	50	50	

種豬	母豬	2,500		以種用母豬，體重100公斤以上並能為查估人員辨識為限。其餘者以肉豬細目費用查估計算。若母豬懷孕以目測或觸診可判定者另增該細目費用5成予以補償。
	公豬	1,500		以種用公豬體重60公斤以上者為限。其餘者以肉豬細目費用查估計算。
肉豬	20	900		60公斤以上（含60公斤）之豬隻。
	20	600		30公斤以上（含30公斤）60公斤以下之豬隻。
	30	300		30公斤以下之豬隻。
馬	5	1,500		
鴿	50	50		
肉蛋種禽	80	大中小	50 30 10	若屬產蛋期者另增該細目費用5成予以補償其因搬遷致產蛋率下降等損失。肉種禽以26週齡、蛋種禽以22週齡者為產蛋期。 9週齡以上者（57日齡以上者）為大隻認定（大）。5至8週齡者（29至56日齡者）為中隻認定（中）。4週齡以下者（28日齡以下者）為小隻認定（小）。
蛋雞蛋鴨	80	大中小	50 30 10	依比照肉、蛋種禽標準認定計算。
火雞鵝	80	大中小	50 30 10	依比照肉、蛋種禽標準認定計算。
肉雞肉鴨	80	大小	20 10	5週齡以上者（29日齡以上者）為大隻認定（大）。 4週齡以下者（29日齡以下者）為小隻認定（小）。

				若屬產蛋期者另增該細目費用5成予以補償。
鵪鶉	80	大 小	20 10	產蛋期以第8週齡者認定之。 5週齡以上者（29日齡以上者）為大隻認定（大）。4週齡以下者（28日齡以下者）為小隻認定（小）。

附註	1.本基準是以畜禽種類項目作列舉式明定之，未列舉項目則得依其種類性能特徵體型大小作區分比照補償遷移辦理。 2.本基準是以徵收土地所在處其地上物實際查估明列各項數據作為憑證，至於遷移到何地點不予認定。 3.如表所列費用包括裝箱、控制、運輸、傷害、減產損失、藥品共有產權轉移、損失等等所需開支及損失，其補償僅作概括式查估明定。 4.飼養家畜頭數未達基本頭數得按每頭遷移費五成核算。 5.鹿、牛、羊、馬：主要補貼其運輸費用。 6.種豬、肉豬：主要補貼運輸傷害、運輸費用。 7.蛋雞（鴨）：主要補貼其蛋量減產損失、裝箱費、運輸運用。 8.火雞、鵝、肉雞（鴨）：主要補貼其裝箱費、運輸費用。 9.兔：主要補貼裝箱費、運輸費用。 10.犬：主要補貼其運輸費用。 11.鴿：主要補貼其裝箱費、運輸費用。 12.鵪鶉：主要補貼其蛋量減產損失、裝箱費、運輸費用。

第10點　遷移物性質特殊，其遷移費未能依本基準規定查估者，直轄市或縣（市）政府得依當地之情形核實查估，辦理補償。其在查估之認定上有困難或爭議時，得委託具有公信力之專業機構查估，並由直轄市或縣（市）政府審核認定之。委託之查估費用由需用土地人負擔。

第四節　房屋稅條例規定之價格

　　房屋稅條例於民國32年3月11日制定公布，歷年多次修正，屬土地法之特別法，故目前實務上，並非依土地法規定課徵「土地改良物稅」；對房屋之課稅，係依房屋稅條例規定課徵「房屋稅」。茲依該條例之規定，略述有關房屋評定標準價格之情形。

壹、課稅範圍

一、課徵對象

　　房屋稅，以附著於土地之各種房屋，及有關增加該房屋使用價值之建築物，為課徵對象。（第3條）

二、定義（第2條）

　　本條例用辭之定義如下：
（一）房屋：指固定於土地上之建築物，供營業、工作或住宅用者。
（二）增加該房屋使用價值之建築物：指附屬於應徵房屋稅房屋之其他建築物，因而增加該房屋之使用價值者。

貳、不動產評價委員會

一、組織（第9條）

（一）各直轄市、縣（市）（局）應選派有關主管人員及建築技術專門人員組織不動產評價委員會。
（二）不動產評價委員會應由當地民意機關及有關人民團體推派代表參加，人數不得少於總額五分之二。
（三）其組織規程由財政部定之。

二、組織規程

*不動產評價委員會組織規程（106.7.3財政部修正）

第一條　本規程依房屋稅條例第九條、契稅條例第十三條之規定訂定之。

第二條　直轄市或縣（市）政府均應依照本規程組織不動產評價委員會（以下簡稱本會）。

第三條　本會置委員十三人至十六人，由直轄市、縣（市）政府就下列人選中遴聘：

　　　　一、直轄市：由財政局（處）長、地方稅稽徵機關局（處）長、建築管理主管人員一或二人、地政主管人員一或二人、地方稅稽徵機關主管科長為當然委員，另由市政府聘請市議員代表二人、不動產估價師代表一或二人、土木或結構工程技師公會之專業技師一人、都市計畫專家學者代表一人及建築師公會之專門技術人員一或二人為委員，主任委員一人、副主任委員一或二人，由市長或市長指派副市長、財政局（處）長、稽徵機關局（處）長分別兼任。

　　　　二、縣（市）：由縣（市）長、財政局（處）長、地方稅稽徵機關局（處）長、建築管理主管人員一或二人、地政主管人員一或二人、地方稅稽徵機關主管科（課）長為當然委員，另由縣（市）政府聘請縣（市）議員代表二人、不動產估價師代表一或二人、土木或結構工程技師公會之專業技師一人、都市計畫專家學者代表一人及建築師公會之專門技術人員一或二人為委員，主任委員、副主任委員各一人，由縣（市）長及稽徵機關局（處）長分別兼任。

第四條　本會開會分常會、臨時會二種，常會每三年一次，其日期由主任委員決定之，臨時會以主任委員、副主任委員認有必要或委員五人聯署，請經主任委員認可時召集之。

第五條　本會開會須有全體委會過半數之出席方得開議，出席委員過半數之同意方得決議。

第六條　本會議事範圍如下：

　　　　一、關於房屋標準單價及有關房屋位置所在之段落等級之評議事項。

　　　　二、關於各類房屋之耐用年數及折舊標準之評議事項。

第七條　前條有關評定房屋標準單價及房屋之位置所在段落等級等，應先由

直轄市、縣（市）地方稅稽徵機關派員實地調查，作成報告，經本
會召集會議評定後，送由直轄市、縣（市）政府公告。

第八條　本會委員爲無給職，但出席會議得支出席費或研究費及必要之膳宿
費。

前項之出席費、研究費、膳宿費及本會所需辦公費用，列入直轄
市、縣（市）地方稅稽徵機關預算內開支。

第九條　本會應辦事務，由直轄市、縣（市）地方稅稽徵機關派員兼辦。

第十條　（刪除）

第十一條　本規定自發布日施行。

參、核計房屋現值之依據房屋現值核計之依據（第10條）

一、主管稽徵機關應依據不動產評價委員會評定之標準，核計房屋現值。

二、依前項規定核計之房屋現值，主管稽徵機關應通知納稅義務人。納稅義務人
如有異議，得於接到通知書之日起三十日內，檢附證件，申請重行核計。

肆、標準價格之評定

一、評定依據（第11條）

（一）房屋標準價格，由不動產評價委員會依據下列事項分別評定，並由直轄市、
縣（市）政府公告之：

　　1.按各種建造材料所建房屋，區分種類及等級。

　　2.各類房屋之耐用年數及折舊標準。

　　3.按房屋所處街道村里之商業交通情形及房屋之供求概況，並比較各該不同
地段之房屋買賣價格減除地價部分，訂定標準。

（二）前項房屋標準價格，每三年重行評定一次，並應依其耐用年數予以折舊，按
年遞減其價格。

二、不動產評價實施要點

民國106.6.13財政部修正「不動產評價實施要點」，其重要內容如下：

（一）分別調查及調查項目（第 2 條）

各直轄市、縣（市）不動產價格應先由直轄市、縣（市）稽徵機關蒐集評價所

需資料，必要時得實地分別調查，其調查項目如下：

1. 按各種建造材料所建房屋，區分種類及等級。

2. 按房屋所處街道區村里之商業交通發展情形及房屋之供求概況，並比較各該不同地段所在之房屋買賣價格減除地價部分之有關資料，作為擬訂房屋位置所在段落等級之依據。

3. 各類房屋之耐用年數及其折舊標準。

（二）擬訂及評定（第 3 條）

各直轄市、縣（市）稽徵機關辦理不動產價格調查時，得與毗鄰直轄市、縣（市）密切取得聯繫，依據前點調查項目，分別擬訂有關房屋標準單價表、房屋位置所在段落等級表、折舊率標準表，連同調查報告及其他參考資料等，送請評價會召開會議評定之。

（三）評定後公告（第 5 條）

各直轄市、縣（市）不動產標準價格，經評價會評定後，由直轄市、縣（市）政府分別於鄉（鎮、市、區）公所所在地公告之。

＊不動產評價實施要點（106.6.13財政部發布）

第一點　不動產評價委員會（以下簡稱評價會）籌備開會及決議案之執行，由直轄市、縣（市）地方稅稽徵機關（以下簡稱直轄市、縣（市）稽徵機關）辦理之。

第二點　各直轄市、縣（市）不動產價格應先由直轄市、縣（市）稽徵機關蒐集評價所需資料，必要時得實地分別調查，其調查項目如下：

　　　　一、按各種建造材料所建房屋，區分種類及等級。

　　　　二、按房屋所處街道區村里之商業交通發展情形及房屋之供求概況，並比較各該不同地段所在之房屋買賣價格減除地價部分之有關資料，作為擬訂房屋位置所在段落等級之依據。

　　　　三、各類房屋之耐用年數及其折舊標準。

第三點　各直轄市、縣（市）稽徵機關辦理不動產價格調查時，得與毗鄰直轄市、縣（市）密切取得聯繫，依據前點調查項目，分別擬訂有關房屋標準單價表、房屋位置所在段落等級表、折舊率標準表，連同調查報告及其他參考資料等，送請評價會召開會議評定之。

第四點　直轄市、縣（市）稽徵機關辦理不動產標準價格調查人員，得列席評價會，以便諮詢，必要時得邀集直轄市、縣（市）政府法制單位

人員列席。

第五點　各直轄市、縣（市）不動產標準價格，經評價會評定後，由直轄市、縣（市）政府分別於鄉（鎮、市、區）公所所在地公告之。

第六點　本要點所規定之各項調查事項及各項表格，由直轄市、縣（市）政府製定，轉直轄市、縣（市）稽徵機關辦理。各直轄市、縣（市）政府並得斟酌各直轄市、縣（市）實際情形，增訂補充規定或有關評價參考資料。

直轄市、縣（市）稽徵機關應於前點不動產標準價格公告後一個月內，將不動產標準價格調整情形及對首次適用之當年期房屋稅開徵影響與因應，函報財政部備查。

三、簡化評定房屋標準價格及房屋現值作業之參考原則

財政部訂頒並於民國107.2.27修正之「簡化評定房屋標準價格及房屋現值作業之參考原則」，其重要內容如下：

（一）核計依據（第2點）

房屋現值之核計，以「房屋標準單價表」（附表一）、「折舊率標準表」（折舊率參考基準如附表一之一）及「房屋位置所在段落等級表」為準據。「房屋標準單價表」之適用，依房屋建造完成日認定；其完成日期，以使用執照所載核發日期為準，無使用執照者，以完工證明所載日期為準，無使用執照及完工證明者，以申報日為準，無使用執照及完工證明且未申報者，以調查日為準。

（二）房屋之構造、用途、總層數及面積等，以使用執照為準（第4點）

1.稽徵機關適用「房屋標準單價表」核計房屋現值時，對房屋之構造、用途、總層數及面積等，應依建築管理機關核發之使用執照（未領使用執照者依建造執照）所載之資料為準，但未領使用執照（或建造執照）之房屋，以現場勘定調查之資料為準。

2.前項房屋總層數之計算，不包括地下室或地下層之層數。

（三）得派員至現場勘查之情形（第5點）

下列房屋，除依據使用執照（未領使用執照者依建造執照）所載之資料為準外，得派員至現場勘查後，依本參考原則增減其房屋標準單價：

1.第12點規定之獨院式或雙拼式房屋。

2.第13點規定之簡陋房屋經納稅義務人提出申請者。

3.第15點規定專供農業生產用之房屋。

（四）房屋總層數超過標準之處理（第6點）

房屋總層數超過「房屋標準單價表」內所列之總層數者，其標準單價按表內最高樓層與次高樓層之標準單價之差額逐層遞增計算。

（五）添加樓層之認定（第7點）

1.原有房屋屋頂增建樓房時，其構造與原有房屋不同者，該增建之樓房，以該增建構造種類之層數計算。

2.原有房屋屋頂增建同構造樓房時，該增建樓房之層數，應以加計原有房屋樓層數合併計算。

例：原構造為鋼筋混凝土造五層樓房屋，添建鋼筋混凝土造之第六層，第六層應適用六層樓之房屋標準單價，原有樓層仍適用五層樓之房屋標準單價。

（六）房屋樓層之高度增減（第8點）

1.房屋樓層之高度在四公尺以上者，其超出部分，以每十公分為一單位，增加標準單價1.25%，未達十公分者不計。

2.房屋樓層之高度在二公尺以下者，其減價計算公式如下：

偏低減價額＝（3公尺－樓板高度）÷3公尺×50%×標準單價

3.第1項超高加價之最高限度，各地方政府得視實際需要訂定。

4.第1項及第2項計算超高或偏低之標準單價，於標準單價應予加價或減成時，仍應按未加價或減成之標準單價計算。但符合第13點及第15點規定應予減成之簡陋房屋及專供農業生產用之房屋有超高或偏低情形者，其標準單價應先減成後再計算超高或偏低單價。

（七）房屋夾層，地下室或地下層之核計（第9點）

1.房屋之夾層，地下室或地下層，按該房屋所適用之標準單價八成核計。

2.夾層面積之和超過一百平方公尺或超過該層樓地板面積三分之一者，按使用執照所載總層數適用之標準單價核計。

(八) 國民住宅之遞減（第 10 點）

政府直接興建之六層樓以上之國民住宅，按同構造住宅類之房屋標準單價逐層遞減2%，以遞減至30%爲限。

(九) 獨院式或雙拼式房屋之標準單價加成（第 12 點）

總樓地板面積達二百平方公尺以上之獨院式或雙拼式房屋，其空地面積爲第一層建築面積一・五倍以上，有下列情形者（一項或二項），按所適用之標準單價加成核計。但加成最高以不超過標準單價之200%爲限：

1.宅外設置假山、池閣、花園、草坪之二種以上者。
2.游泳池。

(十) 簡陋房屋之折計（第 13 點）

房屋具有下列情形達三項者，爲簡陋房屋，按該房屋所應適用之標準單價之七成核計，具有四項者按六成核計，具有五項者按五成核計，具有六項者按四成核計，具有七項者按三成核計：

1.高度未達二・五公尺。
2.無天花板（鋼鐵造、木、石、磚造及土、竹造之房屋適用）。
3.地板爲泥土、石灰三合土或水泥地。
4.無窗戶或窗戶爲水泥框窗。
5.無衛生設備。
6.無內牆或內牆爲粗造紅磚面（內牆面積超過全部面積二分之一者，視爲有內牆）。
7.無牆壁。

(十一) 鋼鐵造房屋之核計（第 14 點）

1.鋼鐵造房屋面積在二百平方公尺以上，其樑或柱之規格在90×90×6公厘以下者，適用面積未達二百平方公尺之標準單價核計房屋現值。
2.鋼鐵造房屋面積「二百平方公尺以上」及「未達二百平方公尺」，以每層面積爲準。

(十二) 專供農業生產之房屋（第 15 點）

專供農業生產之花卉或蔬菜溫室、堆肥舍、水稻育苗中心作業室、燻菸房、農機倉庫、柑桔貯藏庫及其他相近性質之房屋，按該房屋所適用之標準單價五成核計

房屋現值。

> *簡化評定房屋標準價格及房屋現值作業之參考原則（107.2.27財政部修正）
>
> 第一點　爲簡化房屋標準價格之評定及房屋現值之核計作業，特訂定本參考原則。
>
> 第二點　房屋現值之核計，以「房屋標準單價表」（附表一）、「折舊率標準表」（折舊率參考基準如附表一之一）及「房屋位置所在段落等級表」爲準據。「房屋標準單價表」之適用，依房屋建造完成日認定；其完成日期，以使用執照所載核發日期爲準，無使用執照者，以完工證明所載日期爲準，無使用執照及完工證明者，以申報日爲準，無使用執照及完工證明且未申報者，以調查日爲準。
>
> 第三點　「房屋標準單價表」內用途別之歸類，依「用途分類表」（附表二）定之。
>
> 第四點　稽徵機關適用「房屋標準單價表」核計房屋現值時，對房屋之構造、用途、總層數及面積等，應依建築管理機關核發之使用執照（未領使用執照者依建造執照）所載之資料爲準，但未領使用執照（或建造執照）之房屋，以現場勘定調查之資料爲準。
>
> 前項房屋總層數之計算，不包括地下室或地下層之層數。
>
> 第五點　下列房屋，除依據使用執照（未領使用執照者依建造執照）所載之資料爲準外，得派員至現場勘查後，依本參考原則增減其房屋標準單價：
>
> （一）第十二點規定之獨院式或雙拼式房屋。
>
> （二）第十三點規定之簡陋房屋經納稅義務人提出申請者。
>
> （三）第十五點規定專供農業生產用之房屋。
>
> 第六點　房屋總層數超過「房屋標準單價表」內所列之總層數者，其標準單價按表內最高樓層與次高樓層之標準單價之差額逐層遞增計算。
>
> 第七點　添加樓層之認定：
>
> （一）原有房屋屋頂增建樓房時，其構造與原有房屋不同者，該增建之樓房，以該增建構造種類之層數計算。
>
> （二）原有房屋屋頂增建同構造樓房時，該增建樓房之層數，應以加計原有房屋樓層數合併計算。
>
> 例：原構造爲鋼筋混凝土造五層樓房屋，添建鋼筋混凝土造之第六層，第六層應適用六層樓之房屋標準單價，原有樓層仍適用五層樓之房屋標準單價。

第八點　房屋樓層之高度在四公尺以上者，其超出部分，以每十公分爲一單位，增加標準單價百分之一・二五，未達十公分者不計。

房屋樓層之高度在二公尺以下者，其減價計算公式如下：

偏低減價額＝（3公尺－樓板高度）÷3公尺×50%×標準單價

第一項超高加價之最高限度，各地方政府得視實際需要訂定。

第一項及第二項計算超高或偏低之標準單價，於標準單價應予加價或減成時，仍應按未加價或減成之標準單價計算。但符合第十三點及第十五點規定應予減成之簡陋房屋及專供農業生產用之房屋有超高或偏低情形者，其標準單價應先減成後再計算超高或偏低單價。

第九點　房屋之夾層、地下室或地下層，按該房屋所應適用之標準單價八成核計。夾層面積之和超過一百平方公尺或超過該層樓地板面積三分之一者，按使用執照所載總層數適用之標準單價核計。

第十點　政府直接興建之六層樓以上之國民住宅，按同構造住宅類之房屋標準單價逐層遞減百分之二，以遞減至百分之三十爲限。

第十一點　（刪除）

第十二點　總樓地板面積達二百平方公尺以上之獨院式或雙拼式房屋，其空地面積爲第一層建築面積一・五倍以上，有下列情形者（一項或二項），按所適用之標準單價加成核計。但加成最高以不超過標準單價之百分之二百爲限：

（一）宅外設置假山、池閣、花園、草坪之二種以上者。

（二）游泳池。

第十三點　房屋具有下列情形達三項者，爲簡陋房屋，按該房屋所應適用之標準單價之七成核計，具有四項者按六成核計，具有五項者按五成核計，具有六項者按四成核計，具有七項者按三成核計：

（一）高度未達二・五公尺。

（二）無天花板（鋼鐵造、木、石、磚造及土、竹造之房屋適用）。

（三）地板爲泥土、石灰三合土或水泥地。

（四）無窗戶或窗戶爲水泥框窗。

（五）無衛生設備。

（六）無內牆或內牆爲粗造紅磚面（內牆面積超過全部面積二分之一者，視爲有內牆）。

（七）無牆壁。

第十四點　鋼鐵造房屋面積在二百平方公尺以上，其樑或柱之規格在90×90×6公厘以下者，適用面積未達二百平方公尺之標準單價核計房屋現值。

鋼鐵造房屋面積「二百平方公尺以上」及「未達二百平方公尺」，以每層面積為準。

第十五點　專供農業生產用之花卉或蔬菜溫室、堆肥舍、水稻育苗中心作業室、燻菸房、農機倉庫、柑桔貯藏庫及其他相近性質之房屋，按該房屋所適用之標準單價五成核計房屋現值。

第十六點　房屋標準價格依房屋稅條例第十一條第二項規定重行評定者，得以縣（市）重行評定前、後房屋現值之變動情形，作為依同條例第十五條第一項第九款但書規定，調整免徵房屋稅之住家房屋現值之參考。

前項調整免徵房屋稅之住家房屋現值，依房屋稅條例第十一條第一項規定，由直轄市、縣（市）政府公告之，並於公告施行後適用。

簡化評定房屋標準價格及房屋現值作業之參考原則

附表一　房屋標準單價表（單位：元／平方公尺）

土、竹造	木、石、磚造	鋼鐵造		加強磚造				鋼筋混凝土造 預鑄混凝土造				鋼骨造 鋼骨混凝土造 鋼骨鋼筋混凝土造				構造		
各種用途	各種用途	未達200平方公尺 各種用途	200平方公尺以上 各種用途	第四類	第三類	第二類	第一類	第四類	第三類	第二類	第一類	第四類	第三類	第二類	第一類	用途	單價	總層數
																		35
																		34
																		33
																		32
																		⋮
																		⋮
																		⋮
																		⋮
																		20
																		19
																		18
																		17
																		16
																		⋮
																		⋮
																		⋮
																		⋮
																		⋮
																		5
																		4
																		3
																		2
																		1

簡化評定房屋標準價格及房屋現值作業之參考原則
附表一之一 折舊率參考基準

房屋構造種類	代號	折舊率	耐用年數	殘值率
鋼骨造	P			
鋼骨混凝土造	A	1.17%	60	29.80%
鋼骨鋼筋混凝土造	S			
鋼筋混凝土造	B			
預鑄混凝土造	T	1.17%	60	29.80%
加強磚造	C	1.38%	52	28.24%
鋼鐵造	U J	1.38%	52	28.24%
石造	H	1.60%	46	26.40%
磚造	F	1.60%	46	26.40%
木造（雜木以外）	D	2.21%	35	22.65%
木造（雜木）	E	2.70%	30	19.00%
土造	K	5.14%	18	7.48%
竹造	L	8.27%	11	9.03%
腐蝕性金屬類儲存槽 地下油槽	O	3.75%	20	25.00%
昇降機	N	5.55%	17	5.65%
充氣膜造	I	6.00%	15	10.00%

備註：房屋建築年數如已屆最高耐用年數而仍繼續使用者，自屆滿耐用年數之次年起不再計算折舊。

簡化評定房屋標準價格及房屋現值作業之參考原則
附表二　用途分類表

加強磚造	鋼筋混凝土造 預鑄混凝土造	鋼骨造 鋼骨混凝土造 鋼骨鋼筋混凝土造	構成／用途 分類
遊藝場所 餐廳 旅館	國際觀光旅館、夜總會、舞廳、咖啡廳、酒家、歌廳、套房、電視台	國際觀光旅館、夜總會、舞廳、咖啡廳、酒家、歌廳、套房、電視台	第一類
商場、影劇院、醫院、百貨公司、超級市場、圖書館、美術館、博物館、紀念館、廣播電台	旅館、百貨公司、餐廳、醫院、商場、影劇院、遊藝場所、超級市場、圖書館、美術館、博物館、紀念館、廣播電台	旅館、百貨公司、餐廳、醫院、商場、影劇院、遊藝場所、超級市場、圖書館、美術館、博物館、紀念館、廣播電台	第二類
住宅、店舖、診所、農舍、市場、辦公廳（室）、校舍、體育館、禮堂、寺廟、教堂、開放空間、游泳池、納骨塔	市場、辦公廳（室）、店舖、診所、住宅、校舍、體育館、禮堂、寺廟、教堂、開放空間、游泳池、農舍、納骨塔	市場、辦公廳（室）、店舖、診所、住宅、校舍、體育館、禮堂、寺廟、教堂、開放空間、游泳池、農舍、納骨塔	第三類
焚化爐、油槽、農業用房屋、防空避難室、停車場、倉庫、工廠	焚化爐、油槽、農業用房屋、防空避難室、停車場、倉庫、工廠	焚化爐、油槽、農業用房屋、防空避難室、停車場、倉庫、工廠	第四類

備註：
一、表內用途欄內未列之房屋，以其相近之用途歸類。
二、遊藝場所指保齡球館、溜冰場及其他類似之場所。

第五節　契稅條例規定之契價

　　契稅條例於民國29年12月18日制定公布，歷年多次修正；其中對於課徵契稅之契價，分別有不同之規定。茲扼要略述之。

壹、申報納稅

一、買賣契稅，應由買受人申報納稅。（第4條）
二、典權契稅，應由典權人申報納稅。（第5條）
三、前開各該申報納稅之課稅標準，具有實價課稅之意涵，故與估價無關。

貳、估價立契

一、交換（第6條）

　　交換契稅，應由交換人估價立契，各就承受部分申報納稅。
　　前項交換有給付差額價款者，其差額價款，應依買賣契稅稅率課徵。

二、贈與（第7條）

　　贈與契稅，應由受贈人估價立契，申報納稅。

三、信託（第7條之1）

　　以不動產為信託財產，受託人依信託本旨移轉信託財產與委託人以外之歸屬權利人時，應由歸屬權利人估價立契，依第16條規定之期限申報繳納贈與契稅。

四、分割（第8條）

　　分割契稅，應由分割人估價立契，申報納稅。

五、占有（第9條）

　　占有契稅，應由占有不動產依法取得所有權之人估價立契，申報納稅。

參、契價

一、契稅稅率如下：（第3條）

（一）買賣契稅為其契價百分之六。
（二）典權契稅為其契價百分之四。
（三）交換契稅為其契價百分之二。
（四）贈與契稅為其契價百分之六。
（五）分割契稅為其契價百分之二。
（六）占有契稅為其契價百分之六。

二、契價

（一）依法領買或標購公產及向法院標購拍賣之不動產者，仍應申報繳納契稅。
（第11條）
（二）第3條所稱契價，以當地不動產評價委員會評定之標準價格為準。但依第11
條取得不動產之移轉價格低於評定標準價格者，從其移轉價格。（第13條）

肆、估價

　　綜上所述，舉凡交換、贈與、信託、分割及占有，均需估價立契；惟因契
價，以當地不動產評價委員會評定之標準價格為準，致實務上未見估價案例。

第三章　不動產估價師法及考試規則

第一節　不動產估價師法

　　多年來，國內不動產鑑定業者，依公司法規定，成立不動產鑑定公司，至民國89年10月4日政府公布施行「不動產估價師法」，我國始正式有「不動產估價師」。該不動產估價師法分別於民國91年6月12日、91年12月11日、98年5月27日、100年6月15日、104年12月30日及108年6月21日作部分條文修正。

　　不動產估價師法，分六章共計47條。依該法第45條規定，本法施行細則，由中央主管機關定之。故中央主管機關定有不動產估價師法施行細則。茲就不動產估價師法（以下簡稱估師法）及其施行細則（以下簡稱估師細）內容，分述如下。

壹、總則

一、主管機關

　　本法所稱主管機關：在中央為內政部；在直轄市為直轄市政府；在縣（市）為縣（市）政府。（估師法2）

二、資格取得

（一）積極資格

1.中華民國國民經不動產估價師考試及格，並依本法領有不動產估價師證書者，得充任不動產估價師。（估師法1）
2.經不動產估價師考試及格者，得向中央主管機關請領不動產估價師證書。（估師法3）

（二）消極資格

　　有下列情形之一，不得充任不動產估價師；其已充任不動產估價師者，撤銷或廢止其不動產估價師資格並註銷不動產估價師證書：（估師法4）

1.曾因不動產業務上有關詐欺、背信、侵占、偽造文書等犯罪行為，受有期徒

　　刑六個月以上刑之宣告確定者。

　2.受本法所定除名處分者。

　3.依專門職業及技術人員考試法規定，經撤銷考試及格資格者。

三、請領不動產估價師證書應備文件：（估師細2）

（一）依本法第3條所定向中央主管機關請領不動產估價師證書者，應備具下列文件：

　1.申請書。

　2.不動產估價師考試及格證書及其影本。

　3.身分證明文件影本。

　4.本人最近一年內二吋半身照片二張。

（二）合於前項規定者，發給不動產估價師證書，並發還原繳送之考試及格證書；不合規定者，駁回其申請；其須補正者，應通知其於十五日內補正，屆期未補正者，駁回其申請。

（三）依前項規定駁回申請時，應退還第1項第2款至第4款之文件。

貳、登記及開業

一、開業資格

（一）積極資格（估師法 5）

　1.領有不動產估價師證書，並具有實際從事估價業務達二年以上之估價經驗者，得申請發給開業證書。

　2.不動產估價師在未領得開業證書前，不得執行業務。

　3.第1項所稱估價經驗之認定標準，由中央主管機關定之。

＊不動產估價經驗認定標準（90.12.26內政部訂定）

第1條　本標準依不動產估價師法（以下簡稱本法）第五條第三項規定訂定之。

第2條　本法第五條第一項所稱實際從事估價業務達二年以上者，係指下列情形之一：

　　　　一、在開業不動產估價師事務所實際從事估價工作累計二年以上者。

　　　　二、在機關、公營機構或登記有案之民營機構實際從事估價工作累

計二年以上者。

三、符合本法第四十四條第二項得應不動產估價師特種考試資格者。

第3條　前條所定估價經驗之證明文件如下：

一、在機關、公營機構服務者，繳驗該機關（構）載明任職職位或實際工作之服務證明書。

二、在開業不動產估價師事務所或登記有案之民營機構服務者，繳驗該事務所或機構之登記證件及其出具載明任職工作性質之服務證明書。

三、符合本法第四十四條第二項得應不動產估價師特種考試資格者，繳驗中央主管機關審查合格證明文件。

第4條　本標準自發布日施行。

＊不動產估價經驗得以機關組織條例或組織規程之業務事項認定（內政部95.5.10台內地字第0950074188號函）

一、查不動產估價師法第6條第1項規定：「不動產估價師登記開業，應備具申請書，並檢附不動產估價師證書及實際從事估價業務達2年以上之估價經驗證明文件，向所在地直轄市或縣（市）主管機關申請，經審查登記後，發給開業證書。」另按「不動產估價經驗認定標準」第3條規定略以：「前條所定估價經驗之證明文件如下：一、在機關、公營機構服務者，繳驗該機關（構）載明任職職位或實際工作之服務證明書。」，貴府受理申請開業登記，應就其檢附之服務證明書認定其任職職位或實際工作是否具有不動產估價經驗。如服務證明書所敘內容不足以認定者，亦得函請出具服務證明書之機關，檢具該機關組織條例或組織規程之業務事項，以利主管機關審核認定。

二、另查不動產估價師法第5條第1項規定：「領有不動產估價師證書，並具有實際從事估價業務達2年以上之估價經驗者，得申請發給開業證書。」，符合上開規定者，即可申請發給開業證書。惟銓敘部78年7月15日台華法一字第281190號函規定：「查公務員不得經營商業及除法令所定外，不得兼任他項業務，為公務員服務法第13條及第14條所明定。」申請開業登記後因隨時有消費者委託估價之可能，將構成執行業務之情形，故對具公務人員身分者，仍不宜受理其申請開業登記，以免申請人本身違反前開公務員服務法有關規定。

（二）消極資格（估師法 8）

1. 有下列情形之一者，不發給開業證書；已領者，撤銷或廢止其開業資格並註銷開業證書：

    (1)經撤銷或廢止不動產估價師資格並註銷不動產估價師證書。

    (2)罹患精神疾病或身心狀況違常，經直轄市或縣（市）主管機關委請二位以上相關專科醫師諮詢，並經直轄市或縣（市）主管機關認定不能執行業務。

    (3)受監護或輔助宣告尚未撤銷。

    (4)受破產宣告尚未復權。

2. 依前項第2款至第4款註銷開業證書者，於原因消滅後，仍得依本法之規定，請領開業證書。

二、登記開業

（一）應備文件（估師法 6）

1. 不動產估價師登記開業，應備具申請書，並檢附不動產估價師證書及實際從事估價業務達二年以上之估價經驗證明文件，向所在地直轄市或縣（市）主管機關申請，經審查登記後，發給開業證書。

2. 直轄市及縣（市）主管機關，應備具開業不動產估價師登記簿；其格式，由中央主管機關定之。

（二）申請登記開業證書應備文件（估師細 3）

1. 依本法第6條所定向所在地直轄市或縣（市）主管機關申請登記開業發給不動產估價師開業證書者，應備具下列文件：

    (1)申請書。

    (2)不動產估價師證書及其影本。

    (3)實際從事不動產估價業務達二年以上之估價經驗證明文件及其影本。

    (4)身分證明文件影本。

    (5)本人最近一年內二吋半身照片二張。

2. 前條第2項之規定，於前項申請準用之；駁回申請時，應退還前項第2款至第5款之文件。

3. 第1項申請人為外國人者，直轄市或縣（市）主管機關於審查合於規定，並依本法第42條第2項規定報經中央主管機關許可後，始得核發開業證書。

（三）變更登記

1.不動產估價師開業後，其登記事項有變更時，應於事實發生之日起三十日內，報該管直轄市或縣（市）主管機關登記。（估師法11）
2.本法第11條所稱登記事項有變更，指下列之情形：（估師細9）
(1)不動產估價師身分資料之變更。
(2)事務所名稱、地址之變更。
(3)聯合事務所共同執行業務之不動產估價師之異動。
不動產估價師依本法第11條所定報請登記事項變更時，應檢附申請書、開業證書及登記事項變更之證明文件。

（四）申請註銷（估師法 12）

不動產估價師自行停止執行業務，應於事實發生之日起三十日內，敘明事由，檢附開業證書，向直轄市或縣（市）主管機關申請註銷開業證書。

（五）強制註銷（估師法 13）

1.不動產估價師開業後，有第8條第1項規定情形之一或死亡時，得由其最近親屬或利害關係人檢附有關證明文件，向直轄市或縣（市）主管機關申請撤銷或廢止其開業資格並註銷開業證書。
2.直轄市或縣（市）主管機關知悉前條或前項情事時，應依職權予以撤銷或廢止其開業資格並註銷開業證書。

三、刊登公報

（一）直轄市及縣（市）主管機關於核發不動產估價師開業證書後，應刊登政府公報，並報中央主管機關備查；撤銷或廢止開業資格並註銷開業證書時，亦同。（估師法7）
（二）本法第7條及第40條所稱政府公報，指該管直轄市或縣（市）主管機關公報。（估師細4）

四、事務所

（一）設立一處（估師法 9）

1.不動產估價師開業，應設立不動產估價師事務所執行業務，或由二個以上估價師組織聯合事務所，共同執行業務。
2.前項事務所，以一處為限，不得設立分事務所。

（二）遷移登記（估師法 10）

　　不動產估價師事務所遷移於核准登記開業之直轄市或縣（市）以外地區時，應檢附原開業證書向原登記之主管機關申請核轉遷移登記；遷移地之主管機關於接獲原登記主管機關通知後，應即核發開業證書，並復知原登記主管機關將原開業證書註銷。

（三）申請遷移登記應備文件（估師細 8）

1. 不動產估價師依本法第10條所定向原登記主管機關申請遷移登記時，應備具下列文件：（估師細8）
   (1)申請書。
   (2)原開業證書。
   (3)身分證明文件影本。
   (4)本人最近一年內二吋半身照片二張。
2. 原登記主管機關受理前項申請，經查核無誤後，除將原開業證書抽存外，應將全案移送遷移地之直轄市或縣（市）主管機關。遷移地之直轄市或縣（市）主管機關應予登記及發給開業證書，並復知原登記主管機關將原開業證書註銷。
3. 遷移地之主管機關依前項發給之開業證書，仍以原開業證書之有效期限為期限。

五、施行細則相關規定

（一）估價師證書遺失、滅失或污損，申請補發或換發應備文件（估師細 5）

　　不動產估價師證書遺失、滅失或污損，備具下列文件者，得向中央主管機關申請補發或換發：
1. 申請書。
2. 證書遺失、滅失者，刊登聲明原領證書遺失、滅失作廢之報紙；證書污損者，原證書。
3. 身分證明文件影本。
4. 本人最近一年內二吋半身照片二張。

（二）開業證書遺失、滅失或污損，申請補發或換發應備文件（估師細 6）

1. 不動產估價師開業證書遺失、滅失或污損，備具下列文件者，得向所在地直

轄市或縣（市）主管機關申請補發或換發：
(1)申請書。
(2)證書遺失、滅失者，刊登聲明原領證書遺失、滅失作廢之報紙；證書污損者，原證書。
(3)身分證明文件影本。
(4)本人最近一年內二吋半身照片二張。
2.依前項補發或換發之開業證書，仍以原開業證書之有效期限為期限。

參、業務及責任

一、執業範圍（估師法14）

（一）不動產估價師受委託人之委託，辦理土地、建築改良物、農作改良物及其權利之估價業務。
（二）未取得不動產估價師資格者，不得辦理前項估價業務。但建築師依建築師法規定，辦理建築物估價業務者，不在此限。

二、書面委託（估師法15）

　　不動產估價師受委託辦理業務，其工作範圍及應收酬金，應與委託人於事前訂立書面契約。

三、誠信原則及損害賠償責任（估師法16）

（一）不動產估價師受委託辦理各項業務，應遵守誠實信用之原則，不得有不正當行為及違反或廢弛其業務上應盡之義務。
（二）不動產估價師違反前項規定，致委託人或利害關係人受有損害者，應負損害賠償責任。

四、借名禁止（估師法17）

　　不動產估價師不得允諾他人以其名義執行業務。

五、保密義務（估師法18）

　　不動產估價師對於因業務知悉之秘密，除依第21條之規定或經委託人之同意外，不得洩漏。但為提升不動產估價技術，得將受委託之案件，於隱匿委託人之私人身分資料後，提供作為不動產估價技術交流、研究發展及教學之用。

六、製作估價報告書及資料應保存

（一）技術規則訂定及製作估價報告書（估師法 19）

1.不動產估價之作業程序、方法及估價時應遵行事項等技術規則，由中央主管機關定之。

2.不動產估價師受託辦理估價，應依前項技術規則及中央主管機關之規定製作估價報告書，於簽名後交付委託人。

3.不動產估價師對於委託估價案件之委託書及估價工作記錄資料應至少保存十五年。

（二）保存 15 年之計算（估師細 10）

本法第19條第3項所定十五年，自不動產估價師將估價報告書交付委託人之日起算。

七、開業證書更新

（一）專業訓練後更新（估師法 20）

1.不動產估價師開業證書有效期限為四年。期滿前，不動產估價師應檢附其於四年內在中央主管機關認可之機關（構）、學校、團體完成專業訓練36個小時以上或與專業訓練相當之證明文件，向直轄市或縣（市）主管機關辦理換證。屆期未換證者，應備具申請書，並檢附最近四年內完成受訓36個小時以上或與專業訓練相當之證明文件，依第6條第1項規定，重行申請開業登記及發給開業證書。

2.前項機關（構）、學校、團體應具備之資格、認可程序、專業訓練或與專業訓練相當之方式及證明文件等事項之認可辦法，由中央主管機關定之。

（二）更新應備文件（估師細 11）

1.依本法第20條第1項所定向直轄市或縣（市）主管機關申請換證者，應備具下列文件，於原開業證書有效期限屆滿前三個月內為之：

(1)申請書。

(2)四年內完成專業訓練36個小時以上或與專業訓練相當之證明文件。

(3)原開業證書影本。

(4)身分證明文件影本。

(5)本人最近一年內二吋半身照片二張。

2.合於前項規定者，直轄市或縣（市）主管機關應通知申請人繳交原開業證書換發新開業證書；不合規定者，駁回其申請；其須補正者，應通知其於十五日內補正，屆期未補正者，駁回其申請。

3.依前項規定駁回申請時，應退還第1項第2款至第5款之文件。

4.依第1項規定申請換證時，其原開業證書遺失、滅失者，應檢附刊登聲明原領證書遺失、滅失作廢之報紙。

5.第1項第2款所稱四年內，指專業訓練之結訓日在原開業證書有效期間之四年內。

6.第1項換發之開業證書，其有效期限自原開業證書期限屆滿日起算四年。

（三）專業訓練證明（估師細 12）

1.依本法第20條第1項所定重行申請開業登記及發給開業證書者，除依第3條之規定辦理外，並應檢附最近四年內完成受訓36個小時以上或與專業訓練相當之證明文件及原開業證書。

2.前項所稱最近四年內，指專業訓練之結訓日至重行申請開業登記之日在四年以內。

＊辦理不動產估價師專業訓練機關（構）學校團體及專業訓練或與其相當之證明文件認可辦法（101.8.29內政部修正）

第1條　本辦法依不動產估價師法第二十條第二項規定訂定之。

第2條　下列機關（構）、學校、團體，得向中央主管機關申請認可辦理不動產估價師專業訓練：

一、直轄市、縣（市）主管機關。

二、設有地政或不動產相關系（所）、科之大專校院。

三、不動產估價師公會全國聯合會或其各地公會。

四、其他不動產估價相關之全國性非營利機構或團體。

前項第三款各地公會核發之專業訓練時數不得超過換證時數三分之二。

第3條　前條機關（構）、學校、團體應檢附下列文件向中央主管機關申請認可：

一、申請書。

二、法人資格證明文件或人民團體立案證書影本。

三、代表人身分證明文件影本。

四、專業訓練實施計畫書。

前項第四款文件應包括下列內容：

一、辦理專業訓練之課程計畫及時數。

二、辦理專業訓練人員名冊及工作分配表。

三、聘請之師資人員名冊、學歷、經歷、服務年資及授課同意書。

四、教學場地及設備內容。

前項師資應具有大專校院講師以上之資格或從事與講授課程相關業務五年以上經驗之人員。

直轄市、縣（市）主管機關或教育主管機關立案之公、私立學校，得免附第一項第二款及第三款文件。但公、私立學校應檢附設有地政或不動產相關系（所）、科之證明文件。

第4條　申請認可辦理專業訓練經審查合於規定者，由中央主管機關發給認可文件；不合規定者，應敘明理由不予認可。

前項認可得辦理不動產估價師專業訓練之期限為三年，期滿應重新申請認可。

第5條　經認可之機關（構）、學校、團體於辦理訓練期間，應組成教學工作小組，辦理教學督導及輔導等相關事宜。

第6條　辦理專業訓練之機關（構）、學校、團體得按簡章、教材印製、教學場地租用、教授鐘點費、行政事務等實際費用覈實計算，向參訓人員收取報名費及學費。

每班參訓人員不得超過六十人。

第7條　參加專業訓練之不動產估價師受訓完成後，由辦理專業訓練機關（構）、學校、團體，發給完成專業訓練時數之證明書。

遲到、早退超過十分鐘者，該節時數應不予計入。

第8條　辦理專業訓練之機關（構）、學校、團體應將每年學員名冊、出席紀錄、經費收支、師資名冊等資料保存建檔，保存期限至少五年。

第9條　中央主管機關得視實際需要派員瞭解或抽查辦理專業訓練之機關（構）、學校、團體，有關訓練計畫之執行狀況，該機關（構）、學校、團體應協助並提供相關資料。

第10條　經認可之機關（構）、學校、團體有下列情事之一者，中央主管機關得廢止其認可並公告之：

一、辦理之專業訓練與經認可之實施計畫書內容不符者。

二、有事實足認領有第七條第一項證明書之不動產估價師未實際參

加專業訓練者。

第11條　與專業訓練相當之證明文件及得折算專業訓練時數如下：

一、於大專校院發行之學術期刊或其他經中央主管機關公告之刊物具名發表一萬字以上有關不動產估價之論文；每篇論文折算六小時，二人具名發表者，第一位折算四小時，第二位折算二小時；三人以上具名發表者，第一位折算三小時，第二位折算二小時，第三位折算一小時；第四位以後不計折算時數。

二、於大專校院講授有關不動產估價課程之證明文件；每科目每學分每學期之講授折算二小時。

三、於中央主管機關認可得辦理不動產估價專業訓練之機關（構）、學校、團體講授課程之聘書；每年同一科目折算二小時。

四、具名著作有關不動產估價二萬字以上之學術書籍；每一著作折算九小時，二人具名發表者，第一位折算六小時，第二位折算三小時；三人具名發表者，第一位折算四小時，第二位折算三小時，第三位折算二小時；第四位以後不計折算時數。增訂或再版者，不予折算。

五、參加主管機關、不動產估價有關之學校、團體或不動產估價師公會舉辦有關不動產估價之研討會、講（研）習會或專題演講之證明文件；每次活動與不動產估價有關之議題，每三小時折算一小時，其不足三小時者，不予折算。該次活動屬國際性質者，其時數得加倍計算。

前項第一款及第四款內容相同之部分，不得重複折算專業訓練時數。

第12條　本辦法所定書、表格式，由中央主管機關定之。

第13條　本辦法自發布日施行。

八、檢查及報告義務（估師法21）

（一）主管機關得檢查不動產估價師之業務或令其報告，必要時，得查閱其業務記錄簿，不動產估價師不得規避、妨礙或拒絕。

（二）前項業務記錄簿之格式，由中央主管機關定之。

肆、公會

一、業必歸會及研究發展經費（估師法22）

（一）不動產估價師領得開業證書後，非加入該管直轄市或縣（市）不動產估價師公會，不得執行業務。不動產估價師公會對具有資格之不動產估價師之申請入會，不得拒絕。

（二）不動產估價師於加入公會時，應繳納會費，並由公會就會費中提撥不低於20%之金額，作為不動產估價研究發展經費，交由不動產估價師公會全國聯合會設管理委員會負責保管，用於不動產估價業務有關研究發展事項。

（三）前項管理委員會之組織及經費運用辦法，由不動產估價師公會全國聯合會定之，並報中央主管機關備查。

（四）不動產估價師事務所遷移於原登記開業之直轄市或縣（市）以外地區時，於依第10條規定領得新開業證書後，應向該管不動產估價師公會申請辦竣出會及入會後，始得繼續執業。

二、組織公會

（一）直轄市或縣（市）不動產估價師公會，以在該區域內開業之不動產估價師15人以上發起組織之；其不滿15人者，得加入鄰近直轄市或縣（市）之不動產估價師公會。（估師法23）

（二）會員限制（估師細13）
直轄市或縣（市）不動產估價師公會（以下簡稱直轄市或縣（市）公會）之會員，以在該直轄市或縣（市）領有開業證書之不動產估價師為限。但鄰近直轄市或縣（市）之不動產估價師依本法第23條所定申請加入者，不在此限。

（三）入會限制（估師細14）
依本法第23條所定加入鄰近直轄市或縣（市）公會之不動產估價師，於其開業之直轄市或縣（市）組織不動產估價師公會後，應加入其開業之直轄市或縣（市）公會。

三、全國聯合會

（一）組設於中央政府所在地（估師法 24）

1.不動產估價師公會於直轄市或縣（市）組設之，並設不動產估價師公會全國聯合會於中央政府所在地。

2.同一區域內，同級之不動產估價師公會，以一個爲原則。但二個以上同級之公會，其名稱不得相同。

（二）發起組織（估師法 25）

不動產估價師公會全國聯合會，應由直轄市或縣（市）不動產估價師公會七個單位以上之發起組織之；但經中央主管機關核准者，不在此限。

（三）會員代表（估師細 15）

1. 不動產估價師公會全國聯合會（以下簡稱全國聯合會）之會員代表，由直轄市、縣（市）公會選派之；其選派之代表人數，於全國聯合會章程中定之。
2. 前項直轄市、縣（市）公會選派之代表，不以各該公會之理事、監事爲限。

四、公會理事、監事

（一）理事、監事之選舉（估師法 26）

1. 不動產估價師公會置理事、監事，由會員（會員代表）大會選舉之，其名額如下：
   (1)縣（市）不動產估價師公會之理事不得逾十五人。
   (2)直轄市不動產估價師公會之理事不得逾二十五人。
   (3)不動產估價師公會全國聯合會之理事不得逾三十五人。
2. 監事名額不得超過理事名額三分之一。候補理事、候補監事名額不得超過理事、監事名額三分之一。
3. 理事、監事名額在三人以上者，得分別互選常務理事及常務監事；其名額不得超過理事或監事總額三分之一；並由理事就常務理事中選舉一人爲理事長，其不設常務理事者，就理事中互選之。常務監事在三人以上時，應互推一人爲監事會召集人。
4. 理事、監事之任期爲三年，連選連任，理事長之連任以一次爲限。

（二）全國聯合會之被選舉人資格（估師細 16）

全國聯合會理事、監事之被選舉人，不以直轄市、縣（市）公會選派參加全國聯合會之會員代表爲限。

五、訂立章程及報請核准立案（估師法27）

　　不動產估價師公會應訂立章程，造具會員名冊及職員簡歷冊，報請該管人民團體主管機關核准立案，並報所在地主管機關備查。

六、章程應規定事項（估師法28）

　　不動產估價師公會章程，應規定下列事項：
（一）名稱、組織區域及會址。
（二）宗旨、組織及任務。
（三）會員之入會及出會。
（四）會員（會員代表）之權利及義務。
（五）會員代表、理事、監事、候補理事、候補監事之名額、權限、任期及其選任、解任。
（六）會員遵守之公約。
（七）風紀維持方法。
（八）會議。
（九）會費、經費及會計。
（十）章程修訂之程序。
（十一）其他有關會務之必要事項。

七、報備事項（估師法29）

　　不動產估價師公會應將下列事項，報該管人民團體主管機關及所在地主管機關：
（一）會員名冊及會員之入會、出會。
（二）理事、監事選舉情形及當選人姓名。
（三）會員（會員代表）大會、理事會及監事會開會之紀錄。
（四）提議及決議事項。

伍、獎懲

一、獎勵

（一）重大貢獻之獎勵（估師法 30）

　　不動產估價師對不動產估價學術、技術、法規或其他有關不動產估價事宜之研

究或襄助研究、辦理，有重大貢獻者，直轄市或縣（市）主管機關得報請中央主管機關予以獎勵。

（二）獎勵方法（估師法 31）

不動產估價師之獎勵如下：

1.頒發獎狀或獎牌。

2.頒發專業獎章。

二、處罰

（一）非估價師從事估價之處罰（估師法 32）

違反第14條第2項之規定者，處新臺幣五萬元以上二十五萬元以下罰鍰。

（二）未加入公會及未領有開業證書之處罰（估師法 33）

1.不動產估價師已領有開業證書未加入不動產估價師公會而執行業務者，處新臺幣二萬元以上十萬元以下罰鍰。

2.不動產估價師未領有開業證書、開業證書屆期未換證、已註銷開業證書或受停止執行業務處分而仍執行業務者，處新臺幣三萬元以上十五萬元以下罰鍰。

3.受第1項或前項處分合計三次，而仍繼續執行業務者，廢止其不動產估價師資格並註銷不動產估價師證書。

（三）強制執行（估師法 34）

依前二條所處罰鍰，經通知限期繳納，屆期仍未繳納者，依法移送強制執行。

三、懲戒處分

（一）方法（估師法 35）

1.不動產估價師之懲戒處分如下：

(1)警告。

(2)申誡。

(3)停止執行業務二個月以上二年以下。

(4)除名。

2. 不動產估價師受警告處分三次者，視為申誡處分一次；申誡處分三次者，應另予停止執行業務之處分；受停止執行業務處分累計滿三年者，應予除名。

（二）累計（估師細 17）

本法第35條第2項所定不動產估價師懲戒處分之計算，對於其在各直轄市或縣（市）之懲戒處分，應予累計。

（三）另予停止執行業務之處分或予以除名（估師細 18）

直轄市或縣（市）主管機關執行不動產估價師之懲戒處分時，應檢視其懲戒處分之累計情形，其有本法第35條第2項所定申誡處分三次者或受停止執行業務處分累計滿三年者，應提不動產估價師懲戒委員會另予停止執行業務之處分或予以除名。

（四）除名後之處理（估師細 19）

直轄市或縣（市）主管機關執行不動產估價師受除名之懲戒處分時，應報請中央主管機關廢止不動產估價師資格並註銷不動產估價師證書後，廢止開業資格並註銷開業證書。

四、懲戒

（一）應懲戒之情形（估師法 36）

不動產估價師違反本法規定者，依下列規定懲戒之：

1. 違反第9條第2項（設立分事務所）、第10條至第12條或第15條規定情事之一者（遷移、變更、停業等未申請、受託未定契約書），應予警告或申誡。
2. 違反第18條（保密義務）或第19條第2項（未依規定製作報告書）規定情事之一者，應予申誡或停止執行業務。
3. 違反第16條第1項（違反誠信原則）、第17條（借名）、第21條（規避檢查）或第22條第4項（遷移未辦出、入會）規定情事之一者，應予停止執行業務或除名。

（二）懲戒委員會（估師法 37）

1. 直轄市及縣（市）主管機關應設不動產估價師懲戒委員會，處理不動產估價師懲戒事項。

2.前項懲戒委員會之組織，由中央主管機關定之。

> ＊直轄市縣（市）不動產估價師懲戒委員會組織規程（90.6.22內政部訂定）
> 第1條　本規程依不動產估價師法第三十七條第二項規定訂定之。
> 第2條　直轄市、縣（市）不動產估價師懲戒委員會（以下簡稱本會）置委員七人至九人，其中一人為主任委員，由直轄市政府秘書長以上人員、縣（市）政府主任秘書以上人員擔任，其餘委員，由直轄市或縣（市）主管機關就下列人員遴聘之：
> 　　　一、地方公正人士一人至二人。
> 　　　二、不動產估價學者一人。
> 　　　三、法律專家學者一人至二人。
> 　　　四、不動產估價師公會代表一人。
> 　　　五、建築主管人員一人。
> 　　　六、地政主管人員一人。
> 　　　本會委員任期三年，期滿得續聘之。但代表機關或團體出任者，應隨其本職進退。
> 　　　第一項委員出缺時，直轄市或縣（市）主管機關應予補聘。
> 　　　曾受懲戒處分之不動產估價師不得為第一項第一款至第四款之委員；在該直轄市或縣（市）開業之不動產估價師，不得為第一項第一款至第三款之委員。
> 第3條　本會所需工作人員，由直轄市長或縣（市）長就主管業務及有關機關人員派兼之。
> 第4條　本會會議由主任委員召集，並為會議主席；主任委員有第十條規定應自行迴避或其他因故不能出席之情形時，應指定委員一人代理之。
> 第5條　本會開會時應有二分之一以上委員出席；決議事項應經出席委員三分之二以上之同意。
> 　　　委員應親自出席前項會議，不得委託代表出席。
> 第6條　本會受理不動產估價師懲戒案後，依下列程序辦理之：
> 　　　一、通知被付懲戒人限於二十日內以書面提出答辯或於本會開會時到會陳述。
> 　　　二、送請直轄市或縣（市）主管機關提供意見。
> 　　　三、提付本會會議審議。
> 　　　四、製作懲戒決定書。

本會審議時，應參酌提送人所提之事實或證據及被付懲戒人所提之答辯或到會陳述之內容；被付懲戒人屆期未提出答辯或未到會陳述時，得逕為懲戒之決定。

第7條　本會審議時，得邀請有關機關、團體、人員列席說明，並於說明後離席。

第8條　本會懲戒決定書應記載下列事項：
一、被付懲戒不動產估價師姓名、出生年、月、日、國民身分證統一編號、不動產估價師證書及開業證書字號、住所或居所。
二、被付懲戒不動產估價師之事務所名稱、地址。
三、主文、事實及理由。
四、主任委員簽名、蓋章。
五、決定懲戒之年、月、日。
前項第一款所稱國民身分證統一編號，於被付懲戒不動產估價師為外國人者，指護照號碼。

第9條　本會會議對外不公開，與會人員對於討論事項、會議內容及決議均應嚴守秘密。

第10條　本會委員對具有利害關係之議案，應自行迴避。

第11條　本會決議事項，以直轄市或縣（市）主管機關名義行之。

第12條　本會對不動產估價師之懲戒案，應於審議決定後七日內送直轄市或縣（市）主管機關辦理，並應於二十日內以書面通知被付懲戒人及提送懲戒之機關、團體或人員。
直轄市或縣（市）主管機關於懲戒決定確定後，應通知其轄內之不動產估價師公會及刊登政府公報。

第13條　本會主任委員、委員及工作人員均為無給職。但非由本機關人員兼任者，得依規定支給交通費或差旅費。

第14條　本會所需經費，由直轄市或縣（市）主管機關編列預算支應。

第15條　本規程自發布日施行。

（三）列舉事實，提出證據，送請懲戒委員會處理（估師法 38）

不動產估價師有第36條各款情事之一時，利害關係人、直轄市或縣（市）主管機關或不動產估價師公會得列舉事實，提出證據，送請該不動產估價師登記地之不動產估價師懲戒委員會處理。

（四）提出答辯或到會陳述（估師法 39）

1. 不動產估價師懲戒委員會對於不動產估價師懲戒事項，應通知被付懲戒之不動產估價師，限於二十日內提出答辯或到會陳述；如不依限提出答辯或到會陳述時，得逕行決定。
2. 不動產估價師懲戒委員會處理懲戒事件，認為有犯罪嫌疑者，應即移送司法機關偵辦。

（五）懲戒處分後之執行（估師法 40）

被懲戒人受懲戒處分後，應由直轄市或縣（市）主管機關執行，並通知公會及刊登政府公報。

陸、附則

一、估價差異

（一）處理（估師法 41）

1. 不動產估價師間，對於同一標的物在同一期日價格之估計有20%以上之差異時，土地所有權人或利害關係人得請求土地所在之直轄市或縣（市）不動產估價師公會協調相關之不動產估價師決定其估定價格；必要時，得指定其他不動產估價師重行估價後再行協調。
2. 不動產估價師公會為前項之處理時，發現不動產估價師有違反本法之規定時，應即依第38條之規定處理。

（二）20% 以上之差異計算（估師細 20）

本法第41條第1項所定20%以上之差異，指最高價格與最低價格之差，除以各價格平均值達20%以上。

二、外國人為估價師

（一）應試（估師法 42）

外國人得依中華民國法律，應不動產估價師考試。

前項考試及格，領有不動產估價師證書之外國人，適用本法及其他有關不動產估價師之法令。

（二）應以中華民國文字為之（估師法 43）

外國人經許可在中華民國執行不動產估價師業務者，其所為之文件、圖說，應以中華民國文字為之。

三、落日條款

（一）執業期限及特考（估師法 44）

1. 本法施行前已從事第14條第1項所定不動產估價業務者，自本法施行之日起，得繼續執業五年；五年期滿後尚未取得不動產估價師資格並依本法開業者，不得繼續執行不動產估價業務。
2. 本法施行前已從事不動產估價業務滿三年，有該項執行業務所得扣繳資料證明或薪資所得扣繳資料證明並具有專科以上學校畢業資格，經中央主管機關審查合格者，得應不動產估價師特種考試。
3. 前項特種考試，於本法施行後五年內辦理三次。
4. 公司或商號於本法施行前已登記經營不動產估價業務者，自本法施行之日起五年內應辦理解散或變更登記停止經營是項業務，五年期滿即由該管登記機關廢止其公司或商業登記之全部或部分登記事項，不得繼續經營不動產估價業務。

（二）明定身分及特考資格審查（估師細 21）

1. 本法第44條第2項所定本法公布施行前已從事不動產估價業務者，指已登記得經營不動產估價業務之公司、商號或財團法人從事不動產估價業務之人員。
2. 前項人員申請不動產估價師特種考試資格審查，應於當次考試報名開始之日十五日前檢附下列文件，向中央主管機關為之：
   (1)申請書。
   (2)身分證明文件影本。
   (3)本法施行前已從事不動產估價業務滿三年之證明文件。
   (4)執行業務所得扣繳資料證明或薪資所得扣繳資料證明。
   (5)專科以上學校畢業資格證明文件。
   (6)其他經中央主管機關規定之證明文件。
3. 合於前項規定者，發給審查合格證明文件；不合規定者，駁回其申請，並退還前項第2款至第6款之文件。

四、證書費用（估師法44之1）

依本法規定核發不動產估價師證書及開業證書，得收取費用；其費額，由中央主管機關定之。

五、施行細則訂定（估師法45）

本法施行細則，由中央主管機關定之。

第二節　不動產估價師考試規則

不動產估價師考試，原分為高等考試及特種考試二種；惟特種考試，依不動產估價師法第44條規定，於該法施行後五年內辦理三次，自民國89年10月4日不動產估價師法公布施行，至民國94年底已屆滿五年；是故目前僅有不動產估價師高等考試一種。

茲依民國107年11月21日考試院修正發布之「專門職業及技術人員高等考試不動產估價師考試規則」略述其重要內容。

壹、每年舉行一次

專門職業及技術人員高等考試不動產估價師考試（以下簡稱本考試），每年舉行一次。（第2條）

貳、考試方式

本考試採筆試方式行之。（第3條）

參、不得應本考試情形

應考人有不動產估價師法第4條各款情事之一者，不得應本考試。（第4條）

＊不動產估價師法第4條：有下列情形之一，不得充任不動產估價師；其已充任不動產估價師者，撤銷或廢止其不動產估價師資格並註銷不動產估價師證書：
一、曾因不動產業務上有關詐欺、背信、侵占、偽造文書等犯罪行為，受有期徒刑六個月以上刑之宣告確定者。
二、受本法所定除名處分者。
三、依專門職業及技術人員考試法規定，經撤銷考試及格資格者。

肆、應考資格

中華民國國民具有下列資格之一者，得應本考試：（第5條）

一、專科以上學校畢業並修習估價相關學分

公立或立案之私立專科以上學校或經教育部承認之國外專科以上學校畢業，領有畢業證書，曾修習不動產估價（理論）或土地估價（理論）及不動產估價實務二學科，及下列各領域相關課程，每領域至少一學科，每一學科至多採計三學分，合計至少六科十八學分以上，有證明文件：

（一）不動產法領域相關課程：包括土地徵收、規劃法規或都市（及區域）計畫法規或不動產開發與管理法、不動產法規或土地法規、租稅法或稅務法規或不動產稅（法）或土地稅（法）、不動產交易法規、不動產經紀法規、民法或民法概要或民法物權、土地登記（實務）、不動產估價法規或估價技術規則。

（二）土地利用領域相關課程：包括不動產開發或土地開發（與利用）或土地利用、土地使用計畫（與管制）或土地（分區）使用管制、都市計劃（概論）或區域及都市計畫（概論）、土地重劃或市地重劃或農地重劃、都市更新、建築法（規）或營建法（規）或建築技術規則、建築（學）概論或結構學、建築構造（與施工）或建築設計或建築技術或基礎工程或鋼筋混凝土（設計及施工）、地籍管理、建築（改良）物估價、農作（改良）物估價、特殊土地估價、施工（與）估價或施工計畫與估價或工程估價或土木工程估價或營建工程估價。

（三）不動產投資與市場領域相關課程：包括不動產（經營）管理或土地（經營）管理或建築（經營）管理、不動產投資（與管理）、不動產市場或不動產市場分析或不動產市場研究或不動產市場調查與分析、不動產金融或土地

金融、（不動產）財務分析、（不動產）財務管理、會計學、統計學。

（四）不動產經濟領域相關課程：包括不動產經濟分析或土地經濟（理論）與分析、經濟學或總體經濟學或個體經濟學、不動產經濟學或土地經濟學。

二、專科以上學校不動產估價相關科系畢業

公立或立案之私立專科以上學校或經教育部承認之國外專科以上學校不動產估價相當科、系、組、所、學程畢業，領有畢業證書。所稱相當科、系、組、所、學程係指其所開設之必修課程符合第1款規定，且經考選部審議通過並公告。

伍、考試科目

本考試應試科目分普通科目及專業科目：（第6條）

一、普通科目

國文（作文）。

二、專業科目

（一）民法物權與不動產法規。

（二）土地利用法規。

（三）不動產投資分析。

（四）不動產經濟學。

（五）不動產估價理論。

（六）不動產估價實務。

前項應試科目之試題題型均採申論式試題。

陸、報考方式

應考人報名本考試應繳下列費件，並以通訊方式為之：（第7條）

一、報名履歷表。

二、應考資格證明文件。

三、國民身分證影本。華僑應繳僑務委員會核發之華僑身分證明書或外交部或僑居地之中華民國使領館、代表處、辦事處、其他外交部授權機構（以下簡稱駐外館處）加簽僑居身分之有效中華民國護照。

四、最近一年內一吋正面脫帽半身照片。

五、報名費。

應考人以網路報名本考試時，其應繳費件之方式，載明於本考試應考須知及考選部國家考試報名網站。

柒、學歷證明（第8條）

一、繳驗外國畢業證書、學位證書、在學全部成績單、學分證明或其他有關證明文件，均須附繳正本及經駐外館處驗證之影本及中文譯本或國內公證人認證之中文譯本。
二、前項各種證明文件之正本，得改繳經當地國合法公證人證明與正本完全一致，並經駐外館處驗證之影本。

捌、考試及格方式（第9條）

一、本考試及格方式，以應試科目總成績滿六十分及格。
二、前項應試科目總成績之計算，以普通科目成績加專業科目成績合併計算之。其中普通科目成績以國文成績乘以百分之十計算之；專業科目成績以各科目成績總和除以科目數再乘以所占剩餘百分比計算之。
三、本考試應試科目有一科目成績為零分或專業科目平均成績未滿五十分者，均不予及格。缺考之科目，以零分計算。

玖、外國人資格（第11條）

外國人具有第5條資格，且無第4條各款情事之一者，得應本考試。

拾、考試及格發給證書（第12條）

本考試及格人員，由考選部報請考試院發給考試及格證書，並函內政部查照。

拾壹、專業科目命題大綱（107.11.30考選部修正）

專業科目數		共計6科目
業務範圍及核心能力		辦理土地、建築改良物、農作改良物及其權利之估價業務。
編號	科目名稱	命題大綱
一	民法物權與不動產法規	一、民法物權 　　民法物權編及其施行法 二、不動產法規 　　（一）不動產估價師法及其施行細則 　　（二）土地法及其施行法（第一編至第三編） 　　（三）平均地權條例及其施行細則 　　（四）土地稅法及其施行細則 　　（五）不動產估價技術規則、地價調查估計規則及土地徵收補償市價查估辦法
二	土地利用法規	一、國土計畫法、區域計畫法及都市計畫法 　　（一）國土計畫法及其施行細則 　　（二）區域計畫法及其施行細則 　　（三）都市計畫法及其施行細則 　　（四）非都市土地使用管制規則 二、都市更新條例、土地徵收條例及其相關法規 　　（一）都市更新條例及其施行細則 　　（二）土地徵收條例及其施行細則 　　（三）都市計畫容積移轉實施辦法 　　（四）區段徵收實施辦法及市地重劃實施辦法
三	不動產投資分析	一、基本理論 　　（一）不動產特性與市場分析 　　（二）不動產投資分析程序 　　（三）不動產投資財務可行性分析 　　（四）現金流量折現分析 　　（五）風險分析 　　（六）不動產投資與融資、稅務、通貨膨脹

編號	科目名稱	命題大綱
		二、不動產投資應用
		（一）不動產投資組合
		（二）住宅及商用不動產投資分析
		（三）不動產證券化
		（四）不動產信託
四	不動產經濟學	一、基本理論
		（一）不動產經濟概論
		（二）不動產市場供給
		（三）不動產市場需求
		（四）不動產租金與價格
		（五）地價理論
		二、土地與不動產
		（一）土地使用與區位
		（二）土地使用規劃與管制
		（三）公共財及財產權
		三、不動產經濟應用
		（一）不動產稅賦
		（二）不動產管理
五	不動產估價理論	一、估價原理及基本概念
		（一）形成不動產價格之因素及原則
		（二）不動產估價程序
		（三）估價方法
		（四）路線價估價
		（五）大量估價
		二、各種估價
		（一）房地估價
		（二）土地改良物估價
		（三）不動產租金與權利價值之評估
		（四）宗地估價
		（五）高層建築物估價

編號	科目名稱	命題大綱
六	不動產估價實務	一、總論 （一）市場價值之評估基礎 （二）非市場價值之評估基礎 （三）估價報告書之製作 （四）估價師之行為規範 二、各論 （一）實質財產估價 （二）租賃利益估價 （三）廠房、機械、設施估價 （四）無形資產估價 （五）動產估價 （六）企業估價 （七）估價標的中有害及有毒物質之考量 （八）含文化資產之不動產估價 （九）農業財產估價 （十）特殊性財產（如高爾夫球場、大飯店、遊樂場、公共設施用地及公共設施保留地等）估價 （十一）財產稅目的之大量估價 （十二）都市更新權利變換估價 （十三）土地徵收補償價估價 （十四）土地重劃估價 （十五）基地持分價值評估 （十六）土地分割、合併、交換估價 （十七）權利價值評估 （十八）基準地估價 （十九）不動產證券化目的估價 （二十）估價報告書審查
備註		表列各應試科目命題大綱為考試命題範圍之例示，惟實際試題並不完全以此為限，仍可命擬相關之綜合性試題。

第四章　地價調查估計及建物估價

第一節　地價調查估計規則

　　「地價調查估計規則」於民國35年10月28日，由大陸時期之地政署訂定發布，內政部於民國102年12月31日修正，全文共27條；茲扼要略述之。

壹、訂定之依據及限制

一、土地法施行法第40條規定

　　地價調查估計及土地建築改良物估價之估價標的、估價方法、估價作業程序、估價報告書格式及委託估價等事項之規則，由中央地政機關定之。

二、地價調查估計規則第1條規定

（一）本規則依土地法施行法第40條規定訂定之。
（二）依本規則所為之地價調查估計，應符合平均地權條例有關規定。

貳、辦理機關及程序

一、辦理機關（第2條）

　　直轄市或縣（市）地政機關為地價調查估計之主辦機關。

二、辦理程序（第3條）

　　地價調查估計之辦理程序如下：
（一）蒐集、製作或修正有關之基本圖籍及資料。
（二）調查買賣或收益實例、繪製地價區段草圖及調查有關影響區段地價之因素。
（三）估計實例土地正常單價。
（四）劃分或修正地價區段，並繪製地價區段圖。
（五）估計區段地價。

（六）計算宗地單位地價。

三、基本圖籍及資料（第5條）

第3條第1款所定基本圖籍及資料如下：
（一）不動產相關資料、都市計畫地籍套繪圖、非都市土地使用分區圖、街道圖、
都市計畫圖說、禁限建範圍圖、河川管制範圍圖。
（二）地籍圖檔。
（三）上期地價分布圖及地價區段略圖。
（四）其他有關圖籍及資料。

四、影響區段地價之因素（第9條）

（一）第3條第2款所稱影響區段地價之因素，包括土地使用管制、交通運輸、自然
條件、土地改良、公共建設、特殊設施、環境污染、工商活動、房屋建築
現況、土地利用現況、發展趨勢及其他影響因素之資料等。
（二）前項影響區段地價之資料，應依地價區段勘查表規定之項目勘查並填寫。

參、市場調查

一、調查應以買賣實例為主（第4條）

（一）地價調查應以買賣實例為主，無買賣實例者，得調查收益實例。
（二）前項收益實例，係指租賃權或地上權等他項權利，且具有租金或權利金等對
價給付之實例。

二、調查項目及對象（第6條）

（一）調查買賣或收益實例時，應依買賣或收益實例調查估價表之項目調查並填寫
之。
（二）前項調查得採用不動產成交案件申報登錄之實際資訊，或採用當事人、四
鄰、不動產估價師、不動產經紀人員、地政士、金融機構、公有土地管理
機關、司法機關或有關機關（構）提供之資訊。

三、特殊情形之修正（第7條）

買賣或收益實例如有下列情形之一，致價格明顯偏高或偏低者，應先作適當之
修正，記載於買賣或收益實例調查估價表。但該影響交易價格之情況無法有效掌握
及量化調整時，應不予採用：

（一）急買急賣或急出租急承租。

（二）期待因素影響之交易。

（三）受債權債務關係影響之交易。

（四）親友關係人間之交易。

（五）畸零地或有合併使用之交易。

（六）地上物處理有糾紛之交易。

（七）拍賣。

（八）公有土地標售、讓售。

（九）受迷信影響之交易。

（十）包含公共設施用地之交易。

（十一）人為哄抬之交易。

（十二）與法定用途不符之交易。

（十三）其他特殊交易。

四、買賣或收益實例之查證確認及價格調整（第8條）

買賣或收益實例除依前條規定辦理外，並應就下列事項詳予查證確認後，就實例價格進行調整，並記載於買賣或收益實例調查估價表：

（一）交易價格、租金或權利金等及各項稅費之負擔方式。

（二）有無特殊付款方式。

（三）實例狀況。

肆、建物現值之計算

一、計算依據（第10條）

買賣或收益實例之土地上有建築改良物（以下簡稱建物）者，其建物現值，依第11條至第13條規定計算。

二、建物主體構造之種類（第11條）

建物主體構造之種類如下：

（一）竹造。

（二）土造、土磚混合造。

（三）木造。

（四）石造。

（五）磚造。

（六）加強磚造。

（七）鋼鐵造或輕鋼架造。

（八）鋼筋混凝土造。

（九）鋼骨鋼筋混凝土造。

（十）鋼骨造。

（十一）其他。

三、建物現值之估計程序

（一）建物現值之估計程序如下：（第12條第1項）

　　1.計算建物重建價格。其公式如下：

　　　建物重建價格＝建物單價×建物面積

　　2.計算建物累積折舊額。其公式如下：

　　　建物累積折舊額＝建物重建價格×建物每年折舊率×經歷年數

　　3.計算建物現值。其公式如下：

　　　建物現值＝建物重建價格－建物累積折舊額

（二）前項建物單價，應以不同主體構造種類之建物標準單價爲準。但建物之樓層高度、層數、材料、用途、設計及建築物設備等特殊者，應酌予增減計算之。（第12條第2項）

（三）第一項建物現值之計算，得簡化爲下列公式：（第12條第3項）

　　建物現值＝建物單價×【1－（年折舊率×經歷年數）】×建物面積。

（四）前條所稱建物面積，已辦理登記者，以建物登記之面積爲準；其全部或部分未辦理登記者，以實際調查之面積爲準。（第13條）

伍、以買賣實例估計土地正常單價方法

　　以買賣實例估計土地正常單價方法如下：（第14條）

一、判定買賣實例情況，非屬特殊情況者，買賣實例總價格即爲正常買賣總價格；其爲特殊情況者，應依第7條及第8條規定修正後，必要時並得調查鄰近相似條件土地或房地之市場行情價格，估計該買賣實例之正常買賣總價格。

二、地上無建物者，計算土地正常買賣單價。其公式如下：

　　土地正常買賣單價＝正常買賣總價格÷土地面積

三、地上有區分所有建物，買賣實例爲其中部分層數或區分單位者，其土地正常買賣單價之計算程序如下：

　　（一）推估各樓層可出售面積、各樓層房地正常買賣平均單價、車位平均價格

及車位數。

（二）估算全棟房地可出售總價格。其公式如下：

全棟房地可出售總價格=Σ〔（各樓層房地正常買賣平均單價×各樓層可出售面積）＋（車位平均價格×車位數）〕

（三）計算全棟建物現值，依第12條規定辦理。

（四）估算全棟建物之裝潢、設備及庭園設施等費用。

（五）估算全棟建物買賣正常利潤。

（六）計算土地可出售總價格。其公式如下：

土地可出售總價格 = 全棟房地可出售總價格－全棟建物現值－全棟建物之裝潢、設備及庭園設施等費用－全棟建物買賣正常利潤

（七）計算土地正常買賣單價。其公式如下：

土地正常買賣單價＝土地可出售總價格÷基地面積

四、地上有建物，且買賣實例爲全部層數者，其土地正常買賣單價之計算程序如下：

（一）計算全棟建物現值，依第12條規定辦理。

（二）估算全棟建物之裝潢、設備及庭園設施等費用。

（三）估算全棟建物買賣正常利潤。

（四）計算土地正常買賣總價格。其公式如下：

土地正常買賣總價格 = 全棟房地正常買賣總價格－全棟建物現值－全棟建物之裝潢、設備及庭園設施等費用－全棟建物買賣正常利潤

（五）計算土地正常買賣單價。其公式如下：

土地正常買賣單價＝土地正常買賣總價格÷基地面積

前項所稱全棟建物買賣正常利潤，應視實際情況敘明理由估計。

陸、建物不具使用價值

建物已不具備使用價值，得將其基地視爲素地估價。但應考量建物拆除成本予以調整之。（第15條）

柒、收益實例估計之依據

以收益實例估計土地正常單價之方法，依不動產估價技術規則第三章第二節規定辦理（第16條）。不動產估價技術規則容後敘述。

捌、調整至估價基準日

一、地價實例估計完竣後，應將估計之土地正常單價調整至估價基準日。（第17條第1項）

二、前項調整後之單價及其調查估價表之編號，應以鄉（鎮、市、區）為單位，製作地價分布圖。（第17條第2項）

三、第1項估價基準日指每年9月1日，案例蒐集期間為前一年9月2日至當年9月1日。（第17條第3項）

玖、地價區段

一、劃分地價區段（第18條）

（一）劃分地價區段時，應攜帶地籍圖、地價分布圖及地價區段勘查表實地勘查，以鄉（鎮、市、區）為單位，斟酌地價之差異、當地土地使用管制、交通運輸、自然條件、土地改良、公共建設、特殊設施、環境污染、工商活動、房屋建築現況、土地利用現況、發展趨勢及其他影響地價因素，於地籍圖上將地價相近、地段相連、情況相同或相近之土地劃為同一地價區段。

（二）已開闢道路及其二側或一側帶狀土地，其地價與一般地價區段之地價有顯著差異者，得就具有顯著商業活動之繁榮地區，依當地發展及地價高低情形，劃設繁榮街道路線價區段。繁榮街道以外已開闢之道路，鄰接該道路之土地，其地價顯著較高者，得於適當範圍劃設一般路線價區段。

（三）非建築用地中經依法允許局部集中作建築使用且其地價有顯著差異時，應就該建築使用之土地單獨劃分地價區段。非都市土地及都市計畫農業區、保護區之零星建築用地，或依規定應整體開發而未開發之零星已建築用地，在同一區段範圍內，得將地價相近且使用情形相同而地段不相連之零星建築用地，視為一個地價區段另編區段號。

（四）公共設施保留地應單獨劃分地價區段。但其毗鄰之非公共設施保留地均屬相同區段地價之地價區段時，得併入毗鄰之非公共設施保留地劃為同一地價區段。

（五）帶狀公共設施保留地穿越數個地價不同之區段時，應視二側非保留地地價區段之不同，分段劃分地價區段。

二、地價區段之界線（第19條）

地價區段之界線，應以地形地貌等自然界線、道路、溝渠或使用分區、編定使用地類別等使用管制之界線或適當之地籍線為準。繁榮街道路線價區段，應以裡地線為區段界線。路線價區段之界線，應以距離臨街線適當深度範圍為準。

三、地價區段圖（第20條）

地價區段圖以地籍圖繪製或由電腦產製，應以紅線標示地價區段界線，並註明區段號、區段地價、主要街道及重要公共設施位置與名稱。

拾、估計區段地價

一、估計方法（第21條）

（一）估計區段地價之方法如下：

　　1.有買賣或收益實例估計正常單價之區段，以調整至估價基準日之實例土地正常單價，求其中位數為各該區段之區段地價。

　　2.無買賣及收益實例之區段，應於鄰近或適當地區選取二個以上使用分區或編定用地相同，且依前款估計出區段地價之區段，作為基準地價區段，按影響地價區域因素評價基準表及影響地價區域因素評價基準明細表；考量價格形成因素之相近程度，修正估計目標地價區段之區段地價。無法選取使用分區或編定用地相同之基準地價區段者，得以鄰近使用性質類似或其他地價區段之區段地價修正之。

（二）估計區段地價之過程及決定區段地價之理由，應填載於區段地價估價報告表。

（三）第1項第1款所稱之中位數，指土地正常單價調整至估價基準日之單價，由高而低依序排列。其項數為奇數時，取其中項價格為中位數；其項數為偶數時，取中間二項價格之平均數為中位數；實例為一個時，以該實例之土地正常單價為中位數。

（四）影響地價區域因素評價基準，由內政部定之。

> ＊影響地價區域因素評價基準（103.7.7內政部修正）
> 一、本基準依地價調查估計規則第二十一條第四項規定訂定。
> 二、影響地價區域因素主要項目，計有土地使用管制、交通運輸、自然條件、土地改良、公共建設、特殊設施、環境污染、工商活動、發展趨勢及其他影響因素等。

三、直轄市或縣（市）地政機關於估計區段地價，對於無買賣實例及收益實例之區段，應按影響地價區域因素主要項目，按住宅用地、商業用地、工業用地及農業用地，分別依影響住宅用地區域因素評價基準表（如附件一）、影響商業用地區域因素評價基準表（如附件二）、影響工業用地區域因素評價基準表（如附件三）及影響農業用地區域因素評價基準表（如附件四）格式之各主要影響項目細項，由各直轄市或縣（市）政府於規定最大影響範圍內，按影響地價區域因素評價基準明細表，依地價調查估計規則第二十一條規定，修正估計目標地價區段之區段地價。

附件一　影響住宅用地區域因素評價基準表

主要項目	細項	最大影響範圍（百分比）			
		高級住宅用地	中級住宅用地	普通住宅用地	村里鄰住宅用地
土地使用管制	都市計畫（內、外）	20.0	20.0	20.0	20.0
	使用分區（使用地類別）	20.0	20.0	20.0	20.0
	建蔽率	10.0	10.0	10.0	10.0
	容積率	50.0	50.0	50.0	40.0
	有無禁止建築	50.0	50.0	50.0	50.0
	有無限制建築（整體開發、面積限制、高度限制⋯⋯等）	50.0	50.0	50.0	50.0
交通運輸	主要道路寬度	25.0	25.0	25.0	25.0
	區段內道路平均寬度	20.0	20.0	20.0	20.0
	接近大型車站之程度	5.0	10.0	10.0	20.0
	站牌之接近程度或密集程度	5.0	12.0	12.0	12.0
	交流道之有無及接近交流道之程度	8.0	10.0	10.0	8.0
	區段內道路規劃及闢建程度	20.0	20.0	20.0	20.0

自然條件	日照	5.0	10.0	10.0	10.0
	景觀	20.0	15.0	10.0	5.0
	傾斜度	20.0	15.0	15.0	10.0
	排水之良否	30.0	30.0	30.0	30.0
	地勢	10.0	20.0	10.0	10.0
土地改良	建築基地改良（整平或填挖基地、開挖水溝、水土保持、舖築道路、埋設管道、修築駁嵌等）或其他改良	30.0	30.0	20.0	20.0
公共建設	接近學校之程度（國小、國中、高中、大專院校）	5.0	10.0	10.0	10.0
	接近市場之程度（傳統市場、超級市場、超大型購物中心）	3.0	8.0	8.0	8.0
	接近公園（里鄰公園、一般公園）、廣場、徒步區之程度	10.0	10.0	10.0	10.0
	接近觀光遊憩設施之程度	5.0	6.0	6.0	4.0
	停車場地之便利程度	4.0	10.0	15.0	4.0
	接近服務性設施的程度（郵局、銀行、醫院、機關等設施）	4.0	6.0	6.0	6.0
特殊設施	電業設施及公用氣體燃料設施之有無及接近程度	15.0	15.0	15.0	10.0

環境污染	水污染、噪音污染、廢氣污染、廢棄物污染等之有無及接近程度	20.0	20.0	20.0	20.0
特殊設施	殯葬設施之有無及接近程度	20.0	20.0	20.0	20.0
	廢棄物處理設施之有無及接近程度	20.0	20.0	20.0	20.0
發展趨勢					
其他影響因素					

註：1.「高級住宅用地」係指街廓或宗地規劃整齊，基地廣大方整，建築品質良好，格調甚佳，注重室內裝潢與設計，環境優雅寧適，空地比例大並經適當整理，備有停車場位，居民所得、職業或階層達到相當水準，且嚴禁妨害居住環境之使用情況進入之住宅用地。

2.「中級住宅用地」係指居住水準介於高級住宅用地與普通住宅用地之間，建築品質、格調均佳，環境清靜，空地比例適當，公共設施完善，無違章建築、工廠等妨害居住環境之使用情況進入，附近備有供給日常之商店、洗衣店、餐飲店等服務業，生活便利之住宅用地。

3.「普通住宅用地」係指環境品質不高，建築材料普通，格調較少變化，區內除住宅外，尚有店舖、事務所、小工廠、攤販等混雜使用進入，公共設施屬一般水準之住宅用地。

4.「村里鄰住宅用地」係指都市近郊或都市外之農村聚落或未形成市街型態之一般住宅地區，建築規劃不甚完善，較少高層建物，公共設施普遍不足，且缺乏服務性商店或設施，生活不甚便利之住宅用地。

附件二　影響商業用地區域因素評價基準表

主要項目	細項	最大影響範圍（百分比）			
		高度商業用地	中度商業用地	普通商業用地	村里鄰商業用地
土地使用管制	都市計畫（內、外）	20.0	20.0	20.0	20.0
	使用分區（使用地類別）	20.0	20.0	20.0	20.0
	建蔽率	15.0	15.0	15.0	15.0
	容積率	50.0	50.0	50.0	40.0
	有無禁止建築	50.0	50.0	50.0	50.0
	有無限制建築（整體開發、面積限制、高度限制……等）	50.0	50.0	50.0	40.0
交通運輸	主要道路寬度	30.0	30.0	30.0	30.0
	區段內道路平均寬度	20.0	20.0	20.0	20.0
	接近大型車站之程度	20.0	20.0	20.0	10.0
	站牌之接近程度或密集程度	10.0	8.0	8.0	8.0
	交流道之有無及接近交流道之程度	5.0	10.0	10.0	8.0
	區段內道路規劃及闢建程度	20.0	20.0	20.0	20.0
自然條件	排水之良否	30.0	30.0	30.0	30.0
	地勢	10.0	20.0	10.0	10.0
公共建設	接近市場之程度（傳統市場、超級市場、超大型購物中心）	8.0	8.0	10.0	8.0
	接近公園（里鄰公園、一般公園）、廣場、徒步區之程度	8.0	8.0	8.0	3.0
	接近觀光遊憩設施之程度	3.0	3.0	3.0	3.0
	停車場地之便利程度	20.0	15.0	10.0	6.0

環境污染	水污染、噪音污染、廢氣污染、廢棄物污染等之有無及接近程度	8.0	6.0	6.0	4.0
特殊設施	電業設施及公用氣體燃料設施之有無及接近程度	10.0	10.0	8.0	8.0
	殯葬設施之有無及接近程度	12.0	10.0	8.0	8.0
	廢棄物處理設施之有無及接近程度	12.0	10.0	8.0	8.0
工商活動	百貨公司之有無、數量、接近程度	12.0	10.0	8.0	6.0
	金融機構之有無、數量、接近程度	4.0	4.0	4.0	4.0
	娛樂設施之有無、數量、接近程度	12.0	10.0	8.0	6.0
	大型展示中心或觀光飯店之有無、數量、接近程度	12.0	10.0	8.0	6.0
	顧客通行量之多寡	30.0	30.0	30.0	20.0
	店鋪之毗連狀態	20.0	20.0	20.0	10.0
發展趨勢					
其他影響因素					

註：1.「高度商業用地」係指大都市之市中心或副都心，商業活動極度繁榮，土
地利用及街道系統規劃完善，利用程度極高，對外交通便利，提供區域性
或全市性之商業服務，備有較大規模之百貨公司、電影業、餐廳業、服飾
業、超級市場娛樂場所或其他高級專賣店，以及或全國性金融機構、事務

所或商務中心之繁華地區。

2.「中度商業用地」係指高度商業用地外圍之商業地帶，中小都市市中心、副都心、或都市內地區性商業中心，商業活動頗為繁榮，土地規劃住，利用程度頗高，對外交通便利，提供全市性或地區性商業服務，備有百貨公司、電影業、服飾店、超級市場、娛樂場所或其他高級專賣店，以及地區性之金融機構、事務所或商務中心之地區。

3.「普通商業用地」係指中度商業用地外圍之商業地帶、小地區之商業中心、或服務範圍較小之商業地帶，以提供家庭日用品、食品、衣物販賣等服務為主，且土地使用性質較為混雜之商業地區。

4.「村里鄰商業用地」係指社區或里鄰住宅區內，以提供鄰近居民日用品、雜貨、藥品等服務為主之零售店地區。

附件三　影響工業用地區域因素評價基準表

主要項目	細項	最大影響範圍（百分比）	
		大規模工業用地	中小規模工業用地
土地使用管制	都市計畫（內、外）	20.0	20.0
	使用分區（使用地類別）	20.0	20.0
	建蔽率	12.0	12.0
	容積率	50.0	50.0
	有無禁止建築	50.0	50.0
	有無限制建築（整體開發、面積限制、高度限制……等）	50.0	50.0
交通運輸	主要道路寬度	40.0	40.0
	區段內道路平均寬度	20.0	20.0
	接近大型車站之程度	20.0	20.0
	站牌之接近程度或密集程度	8.0	10.0
	交流道之有無及接近交流道之程度	30.0	30.0
	區段內道路規劃及闢建程度	20.0	20.0
自然條件	傾斜度	15.0	15.0
	排水之良否	30.0	30.0
	地勢	20.0	20.0

公共建設	電力資源	15.0	15.0
	產業用水及設施	30.0	30.0
	污廢水及廢棄物處理設施之有無	20.0	20.0
	接近服務性設施的程度（郵局、銀行、醫院、機關等設施）	4.0	6.0
土地改良	建築基地改良（整平或填挖基地、開挖水溝、水土保持、鋪築道路、埋設管道、修築駁嵌等）或其他改良	20.0	20.0
發展趨勢			
其他影響因素			

註：1.「大規模工業用地」係指工廠用地面積平均在100,000m²以上，而以30,000m²為較佳設廠規模之工業區內工業用地。

　　2.「中小規模工業用地」係指工廠用地面積平均在10,000m²以下，而以3,000m²為較佳設廠規模之工業區內工業用地。

附件四　影響農業用地區域因素評價基準表

主要項目	細項	最大影響範圍（百分比）
土地使用管制	都市計畫（內、外）	20.0
	使用分區（使用地類別）	20.0
交通運輸	接近聚落之程度	15.0
	接近運銷中心程度	15.0
	接近消費市場程度	15.0
	區段內道路規劃及闢建程度	20.0
自然條件	日照	10.0
	風勢	10.0
	地勢	20.0

	傾斜度	20.0
	保（排）水之良否	30.0
	土質	15.0
土地改良	農地改良（耕地整理、水土保持、土壤改良、修築農路、灌溉、排水、防風、防砂、堤防）或其他改良	25.0
公共建設	電力資源	20.0
	產業用水及設施	20.0
特殊設施	電業設施及公用氣體燃料設施之有無及接近程度	10.0
	殯葬設施之有無及接近程度	20.0
	廢棄物處理設施之有無及接近程度	20.0
環境污染	水污染、噪音污染、廢氣污染、廢棄物污染等之有無及接近程度	30.0
發展趨勢		
其他影響因素		

註：「農業用地」指非都市土地或都市土地農業區、保護區範圍內土地，依法供下列使用者：

1. 供農作、森林、養殖、畜牧及保育使用者。
2. 供與農業經營不可分離之農舍、畜禽舍、倉儲設備、曬場、集貨場、農路、灌溉、排水及其他農用之土地。
3. 農民團體與合作農場所有直接供農業使用之倉庫、冷凍（藏）庫、農機中心、蠶種製造（繁殖）場、集貨場、檢驗場等用地。

二、區段地價之計算（第22條）

（一）區段地價，應以每平方公尺為計價單位，其地價尾數依下列規定計算：

    1. 區段地價每平方公尺單價在新臺幣一百元以下者，計算至個位數，未達個位數四捨五入。

2.區段地價每平方公尺單價逾新臺幣一百元至一千元者，計算至十位數，未達十位數四捨五入。

3.區段地價每平方公尺單價逾新臺幣一千元至十萬元者，計算至百位數，未達百位數四捨五入。

4.區段地價每平方公尺單價逾新臺幣十萬元者，計算至千位數，未達千位數四捨五入。

（二）公共設施保留地地價區段，其區段地價之尾數，計算至個位數，未達個位數四捨五入。

拾壹、宗地單位地價之計算

宗地單位地價之計算方法如下：（第23條）

一、屬於繁榮街道路線價區段之土地，由直轄市或縣（市）地政機關依繁榮街道路線價區段宗地單位地價計算原則計算。

二、其他地價區段之土地，以區段地價作為宗地單位地價。

三、跨越二個以上地價區段之土地，分別按各該區段之面積乘以各該區段地價之積之和，除以宗地面積作為宗地單位地價。

四、宗地單位地價應以每平方公尺新臺幣元表示，計算至個位數，未達個位數四捨五入。

拾貳、訂定事項

一、下列事項應由直轄市或縣（市）地政機關訂定：（第24條第1項）

（一）實施地價調查估計作業規定。

（二）繁榮街道路線價區段宗地單位地價計算原則。

（三）建物標準單價表。

（四）建物耐用年數及每年折舊率。

（五）全棟建物之裝潢、設備及庭園設施等費用。

（六）土地每單位種植農作改良物面積標準單價或農作改良物每株標準單價。

（七）土地收益資本化率及建物收益資本化率。

（八）調整至估價基準日地價用之比率。

（九）依影響地價區域因素評價基準製作各直轄市、縣（市）或鄉（鎮、市、區）影響地價區域因素評價基準明細表。

二、前項規定之事項，於地價調查估計授權地政事務所辦理之地區，得部分授權地政事務所定之。（第24條第2項）

拾參、地價指數表之編製

一、內政部應對都市土地商業區、住宅區、工業區，依直轄市或縣（市）地政機關調查之地價，每年編製地價指數表二次。（第25條第1項）

二、前項編製地價指數表，得委託民間機構辦理。（第25條第2項）

> ＊都市地區地價指數查編要點（100.1.14內政部修正）
>
> 第1點　為辦理都市地價指數查編業務，特訂定本要點。
>
> 第2點　辦理機關：
>
> 　　　　（一）編製機關：內政部。
>
> 　　　　（二）協辦機關：
>
> 　　　　　　　各直轄市及縣（市）政府。
>
> 　　　　（三）查價機關：
>
> 　　　　　　　各直轄市及縣（市）政府所屬地政處（局）或各地政事務所。
>
> 第3點　全國都市計畫範圍內劃定為住宅、商業、工業三種使用分區之土地。
>
> 第4點　指數分類：
>
> 　　　　（一）全國都市地價總指數－按省、直轄市、縣（市）別。
>
> 　　　　（二）全國都市地價指數－按使用分區別。
>
> 　　　　（三）臺灣地區都市地價總指數。
>
> 　　　　（四）臺灣地區住宅區、商業區、工業區都市地價指數。
>
> 　　　　（五）臺灣省都市地價總指數。
>
> 　　　　（六）臺灣省住宅區、商業區、工業區都市地價指數。
>
> 　　　　（七）福建省都市地價總指數。
>
> 　　　　（八）福建省住宅區、商業區、工業區都市地價指數。
>
> 　　　　（九）直轄市及縣（市）都市地價總指數。
>
> 　　　　（十）直轄市及縣（市）住宅區、商業區、工業區都市地價指數。
>
> 　　　　（十一）鄉、鎮、市、區都市地價總指數。
>
> 第5點　指數基期：
>
> 　　　　九十七年三月三十一日為基期。每五年應變更指數基期。
>
> 第6點　指數公式：
>
> 　　　　採用裴氏公式如下：

（一）全國都市地價總指數-按省、直轄市、縣（市）區別公式：

$$I_i = \frac{\sum\limits_{m=1}^{22} \sum\limits_{k=1}^{n} \sum\limits_{j=1}^{3} (P_{ijkm} \times Q_{ijkm})}{\sum\limits_{m=1}^{22} \sum\limits_{k=1}^{n} \sum\limits_{j=1}^{3} (P_{ojkm} \times Q_{ojkm})} \times 100$$

（二）全國都市地價指數-按使用分區別公式：

$$I_{ij} = \frac{\sum\limits_{m=1}^{22} \sum\limits_{k=1}^{n} (P_{ijkm} \times Q_{ijkm})}{\sum\limits_{m=1}^{22} \sum\limits_{k=1}^{n} (P_{ojkm} \times Q_{ojkm})} \times 100$$

（三）臺灣地區都市地價總指數公式：

$$I_i = \frac{\sum\limits_{m=1}^{22} \sum\limits_{k=1}^{n} \sum\limits_{j=1}^{3} (P_{ijkm} \times Q_{ijkm})}{\sum\limits_{m=1}^{22} \sum\limits_{k=1}^{n} \sum\limits_{j=1}^{3} (P_{ojkm} \times Q_{ojkm})} \times 100$$

（四）臺灣地區住宅區、商業區、工業區都市地價指數公式：

$$I_{ij} = \frac{\sum\limits_{m=1}^{22} \sum\limits_{k=1}^{n} (P_{ijkm} \times Q_{ijkm})}{\sum\limits_{m=1}^{22} \sum\limits_{k=1}^{n} (P_{ojkm} \times Q_{ojkm})} \times 100$$

（五）臺灣省都市地價總指數公式：

$$I_i = \frac{\sum\limits_{m=1}^{15} \sum\limits_{k=1}^{n} \sum\limits_{j=1}^{3} (P_{ijkm} \times Q_{ijkm})}{\sum\limits_{m=1}^{15} \sum\limits_{k=1}^{n} \sum\limits_{j=1}^{3} (P_{ojkm} \times Q_{ojkm})} \times 100$$

（六）臺灣省住宅區、商業區、工業區都市地價指數公式：

$$I_{ij} = \frac{\sum\limits_{m=1}^{15} \sum\limits_{k=1}^{n} (P_{ijkm} \times Q_{ijkm})}{\sum\limits_{m=1}^{15} \sum\limits_{k=1}^{n} (P_{ojkm} \times Q_{ojkm})} \times 100$$

（七）福建省都市地價總指數公式：

$$I_i = \frac{\sum\limits_{m=1}^{2} \sum\limits_{k=1}^{n} \sum\limits_{j=1}^{3} (P_{ijkm} \times Q_{ijkm})}{\sum\limits_{m=1}^{2} \sum\limits_{k=1}^{n} \sum\limits_{j=1}^{3} (P_{ojkm} \times Q_{ojkm})} \times 100$$

（八）福建省住宅區、商業區、工業區都市地價指數公式：

$$I_{ij} = \frac{\sum\limits_{m=1}^{2} \sum\limits_{k=1}^{n} (P_{ijkm} \times Q_{ijkm})}{\sum\limits_{m=1}^{2} \sum\limits_{k=1}^{n} (P_{ojkm} \times Q_{ojkm})} \times 100$$

（九）直轄市及縣（市）都市地價總指數公式：

$$I_{im} = \frac{\sum\limits_{k=1}^{n} \sum\limits_{j=1}^{3} (P_{ijkm} \times Q_{ijkm})}{\sum\limits_{k=1}^{n} \sum\limits_{j=1}^{3} (P_{ojkm} \times Q_{ojkm})} \times 100$$

（十）直轄市及縣（市）住宅區、商業區、工業區都市地價指數公式：

$$I_{ijm} = \frac{\sum\limits_{k=1}^{n} (P_{ijkm} \times Q_{ijkm})}{\sum\limits_{k=1}^{n} (P_{ojkm} \times Q_{ojkm})} \times 100$$

（十一）鄉、鎮、市、區都市地價總指數公式：

$$I_{ikm} = \frac{\sum\limits_{j=1}^{3} (P_{ijkm} \times Q_{ijkm})}{\sum\limits_{j=1}^{3} (P_{ojkm} \times Q_{ojkm})} \times 100$$

其中：I表地價指數

P表使用分區平均區段地價

Q表使用分區面積

o表基期

i表計算期

j表使用分區別（住、商、工）

k表鄉、鎮、市、區別

m表直轄市、縣（市）別

n表鄉、鎮、市、區數

第7點　蒐集權數資料：

地價指數以鄉、鎮、市、區為查編單位，按使用分區分別蒐集下列資料：

（一）區段地價等級面積。

（二）總面積。

第8點　地價查報：

由查價機關辦理下列事項：

（一）查價作業準備

1.準備作業圖料：包括都市計畫圖、地價區段略圖、像片基本圖各一份。

2.套繪：將都市計畫圖套繪於地價區段略圖上，再按下述顏色於使用分區邊界劃實線。

(1)住宅區：淺黃色

(2)商業區：淺紅色

(3)工業區：咖啡色

3.標示重要公共設施及建物：於前述套繪圖上以黑色筆標示重要公共設施及建物名稱，不塗顏色。標示時應參考像片基本圖（1/5000）套繪地籍圖（1/5000）之結果處理。

4.參照都市計畫圖說標繪都市計畫使用分區，使用分區界線尚未辦理測量分割之地區，以黑色虛線表示。

5.一個地價區段跨越兩個以上使用分區時，應分別就其使用分區著色。

（二）各種使用分區之區段劃分為高、中、低三個區段地價等級：

1.就同一使用分區範圍內之所有地價區段範圍加以檢討，其不合理者，應加以修正。

2.按同一使用分區範圍內之全部地價區段，依各地價區段之區段地價，由高而低次序排列，相同地價合併為同一組，並計算其地價組別數，將所得組別數目除以三，以所得之商數劃分全部區段為高價位等級區段、中價位等級區段及低價位等級區段三類，無法除盡時，將餘數併入中價位等級區段。（例如區段地價組別數為十一，除以三得商數為三，餘數為二，則第一組至第三組之區段為高價位等級區段；第九組至第十一組之區段為低價位等級區段；其餘第四組至第八組之區段為中價位等級區段。）

3.區段地價組別數不足三組者全數劃為中價位等級區段。但兩組區段地價差距懸殊者，不在此限。

4.劃分區段地價等級後，不得變更。但自八十一年七月起，每屆滿五年，或因都市計畫變更，區段細分、合併等致同一種

區段等級之區段數有顯著之增減時，得視實際變更情形，依照2.3.之步驟重新劃分。

（三）就每一種區段地價等級之區段選定中價位區段：

1. 將同一種區段地價等級內之全部地價區段，不論區段地價是否相同，按其基期公告土地現值之區段地價，由高而低排列，計算其區段數，如區段數爲奇數時，其中間項即爲中價位區段。如區段數爲偶數時，以中間兩個區段就其區段內買賣實例較多者或區段面積較大者或區段界線穩定性高者擇一選爲中價位區段。重新選定中價位區段時，應按重新選定當年公告土地現值之區段地價，依上述方法選定之。

2. 如中間項之前後多項地價均相同，則應選擇區段界線穩定性高者爲中價位區段。

3. 部分地價區段跨越兩個以上使用分區，致認定使用分區上產生困擾時，以使用分區面積大者，認定該地價區段之歸屬。但應避免選擇此種區段爲中價位區段。

4. 如同一種區段地價等級內只有兩個地價區段時：

   (1)兩個區段地價相同時，則選擇區段界線穩定性高者爲中價位區段。

   (2)兩個區段地價不同時，取其區段內買賣實例較多者或區段面積較大者爲中價位區段。

5. 如同一種區段地價等級內只有一個地價區段，則以該區段爲中價位區段。但同一使用分區內只有一個地價區段，則以該地價區段爲中價位區段地價等級之中價位區段。

6. (1)中價位區段經選定後，即作爲往後查估之目標地價區段，不得變更。但重新劃分區段地價等級後，須重新選定中價位區段，重新選定之中價位區段，其基期價格計算公式如下：

   重新選定之中價位區段基期價格＝重新選定之中價位區段本期價格×（原中價位區段基期價格÷原中價位區段本期價格）

   (2)中價位區段經重新選定當期，應就重新選定之中價位區段，塡直轄市、縣（市）各鄉（鎮、市、區）內各使用分區面積及平均區段地價表（如表一）、中價位區段地價估

價報告表、買賣實例調查估價表及各鄉（鎮、市、區）內同一使用分區基期（或重新選定中價位區段當期）公告土地現值之區段地價一覽表（如表二），再就原中價位區段填寫表一、中價位區段地價估價報告表及買賣實例調查估價表。並於表一左上方蓋上重新選定之中價位區段或原中價位區段戳選，以示區別。

7.選定中價位區段後，分別按下述顏色塗滿該區段：

(1)住宅區中價位區段：淺黃色。

(2)商業區中價位區段：淺紅色。

(3)工業區中價位區段：咖啡色。

（四）查估中價位區段之區段地價：

1.有買賣實例之區段：按買賣實例價格之高低，由高而低排列，取其中項爲中價位區段之區段地價，如項數爲偶數，以中間二項之平均數，爲中價位區段地價。如僅有一筆買賣實例，且該實例能代表該中價位區段之區段地價，則選定其爲中價位區段地價；如該筆實例無法代表該中價位區段之區段地價，則視爲無買賣實例之區段處理。

2.無買賣實例之區段：應依照地價調查估計規則第二十一條第一項第二款規定，估計出目標地價區段（即中價位區段）之區段地價。

3.前二項之買賣實例，係指按地價調查估計規則規定，由直轄市或縣（市）地政機關經常調查之正常買賣實例。

4.中價位區段地價估計結果，一律取至個位數，並以每平方公尺新臺幣元表示。

5.製作中價位區段地價估價報告表。

（五）計算各種使用分區之平均區段地價：

1.將同一使用分區內，各種區段地價等級之中價位區段之區段地價，分別乘以該區段地價等級之土地面積後加總之，除以各該使用分區總面積，即得出該使用分區之平均區段地價。

2.計算公式如下：

$$P_j = \frac{\sum\limits_{k=1}^{3} P_{jk} \times A_{jk}}{\sum\limits_{k=1}^{3} A_{jk}}$$

P_j：表各使用分區之平均區段地價

P_{jk}：表各區段地等級內之中價位區段之區段地價

A_{jk}：表各種區段地價等級之面積

j：表使用分區

j＝1：表住宅區

j＝2：表商業區

j＝3：表工業區

k：表區段地價等級

k＝1：表高價位等級區段

k＝2：表中價位等級區段

k＝3：表低價位等級區段

（六）陳報資料：

直轄市或縣（市）地政事務所應陳報市、縣（市）政府轉陳內政部之資料種類及時間如下，相關報表電子檔得以電子郵件傳送內政部；(6)、(7)項應由直轄市、縣（市）政府填報：

1.種類：

按下列順序排列。但表二於基期或重新選定中價位區段當期始需陳報。

(1)直轄市、縣（市）各鄉（鎮、市、區）內各使用分區面積及平均區段地價表（如表一）。

(2)中價位區段地價估價報告表（以地價調查估計規則發布之區段地價估價報告表為準）。

(3)買賣實例調查估價表（以地價調查估計規則發布之買賣實例調查估價表為準）。

(4)各鄉（鎮、市、區）內同一使用分區基期（或重新選定中價位區段當期）公告土地現值之區段地價一覽表（如表二）。

(5)地政事務所所轄都市土地地價動態分析表（如表三）。

(6)直轄市、縣（市）都市土地地價動態分析表（如表四）。

(7)直轄市、縣（市）地價指數資料審查及查價人員名冊（如表五）。

2.時間：

(1)各地政事務所應收集每年四月一日至九月三十日之買賣實

例資料，以九月三十日爲估價基準日，估算中價位區段地價，並於十月十五日前報送各直轄市、縣（市）政府詳加審核後，於十一月五日前報送內政部。

(2)各地政事務所應收集每年十月一日至次年三月三十一日之買賣實例資料，以三月三十一日爲估價基準日，估算中價位區段地價，並於四月十五日前報送各市、縣（市）政府詳加審核後，於五月五日前報送內政部。

第9點　地價審查：

直轄市政府地政處（局）及臺灣省各市、縣政府對查價人員所調查之價格資料，應予審查，審查之事項如下：

（一）地價調查書表有無漏塡。

（二）所選中價位區段，是否與規定相符。

（三）區段地價計算過程是否有誤。

（四）買賣實例有無杜撰、捏造情事。

審查結果，如有錯誤，應即退還查價單位更正；如無錯誤，應送內政部建檔、測算與編製地價指數。

第10點　建檔、測算、編製及審議地價指數：

（一）內政部應將第九點價格資料電腦建檔，並作測算、編製地價指數。

（二）都市地區地價指數應提請都市地區地價指數審議小組審議通過。

第11點　發布地價指數：

（一）發布時間：

1.以九月三十日爲估價基準日所估算之區段地價，於次年元月十五日發布地價指數。

2.以三月三十一日爲估價基準日所估算之區段地價，於當年七月十五日發布地價指數。

（二）發布方式：由內政部編印專刊或於網站發布。

第12點　辦理都市地區地價指數工作進度表詳附件。

第二節　土地建築改良物估價規則

　　「土地建築改良物估價規則」於民國35年10月28日，由大陸時期之地政署訂定發布，內政部於民國99年6月24日修正刪除第18條、第19條條文，全文共24條；茲扼要略述之。

壹、訂定依據及估價時機

一、訂定依據

（一）土地法施行法第40條規定：

　　　地價調查估計及土地建築改良物估價之估價標的、估價方法、估價作業程序、估價報告書格式及委託估價等事項之規則，由中央地政機關定之。

（二）土地建築改良物估價規則第1條規定：本規則依土地法施行法第40條之規定訂定之。

二、估價時機（第2條）

　　建築改良物估價，由市縣地政機關於辦理規定地價時同時為之。

貳、估價程序

一、建築改良物估價程序如下：（第3條）

（一）調查。

（二）計算。

（三）評議。

（四）公布與通知。

（五）造冊。

二、調查表應包括之事項（第5條）

　　建築改良物價調查表，應包括左列各事項，其格式由直轄市或縣（市）地政機關定之：

（一）建築改良物及建築地所有權人姓名、住址、地號。

（二）建築改良物之種類。（依本規則第4條所分之種類）

（三）建築改良物建築年月。

（四）建築改良物之建築情形及簡單圖說。

（五）建築改良物之使用狀況及其收益情形。

（六）建築改良物之耐用年限。

（七）建築改良物廢棄後之殘餘價值。

（八）建築改良物之面積（平方尺計）或體積（立方尺計）。

（九）建築改良物之買賣價格。

（十）建築改良物之附屬設備。如衛生、電氣等。

（十一）建築改良物建築時，所用各種工料之數量及其費用。

（十二）建築改良物之增修情形。

（十三）建築改良物佔地面積。

（十四）調查年、月、日。

（十五）調查員簽名、蓋章。

三、建築改良物之種類（第4條）

建築改良物依其主體構造材料，分為下列七種：

（一）鋼鐵造者。

（二）鋼骨水泥造者。

（三）石造者。

（四）磚造者。

（五）土造者。

（六）木造者。

（七）竹造者。

前項建築改良物種類，市縣地政機關得視實際情形再分細目。

四、應查明記載於調查表備註欄內之資料（第6條）

建築地之自然環境、經濟狀況，及其他可能影響建築改良物之耐用年限及殘餘價值者，應查明記載於調查表備註欄內，以供計算建築改良物現值之參考。

五、應調查建築材料之價格及工資支付標準（第7條）

調查建築改良物價前，應調查當時各種建築材料之價格及工資支付標準，以為估計重新建築費用之依據。

參、重建費用之計算

一、計算方法（第8條）

（一）以同樣建築改良物為重新建築所須費用之求得，應按實際需要情形，以淨計法或立方尺法或平方尺法計算之。

（二）前項淨計法，僅適用於都市建築改良物估價。

二、淨計法之計算（第9條）

（一）依淨計法求重新建築所需費用，應就建築改良物所需各種建築材料之數量及工數，逐一乘以估價時各該同樣建築材料之單價及工資支付標準，再將所得之積加之。

（二）前項建築材料之數量及工數，如有建築時之承建包單或其他書面記載確實可憑者，依其記載。

三、立方尺法之計算（第10條）

依立方尺法求重新建築所需費用，應先測計建築改良物之立方尺總數，乘以估價時同樣建築每立方尺所需工料費用。

四、平方尺法之計算（第11條）

依平方尺法求重新建築所需費用，應先測計建築改良物之平方尺總數，乘以估價時同樣建築每平方尺所需工料費用。

五、折舊（第12條）

重新建築費用求得後，應由該費用總額內減去因時間經歷所受損耗，即為該建築改良物之現值。

肆、現值計算公式

一、鋼鐵造、鋼骨水泥造、石造之現值計算公式（第13條）

鋼鐵造、鋼骨水泥造、石造，其現值用下列公式計算之：

（一）$1 - \sqrt[n]{S \div V} = R$

（二）$V(1-R)^m = M$

上式中：

V表示建築改良物之建築費用總額。

N表示建築改良物之耐用年數。

S表示建築改良物廢棄後之殘餘價值。

R表示建築改良物之折舊率。

m表示建築改良物之經歷年數。

M表示建築改良物之經歷m年後之現值。

二、土造、木造、竹造之現值計算公式（第14條）

土造、木造、竹造，其現值用下列公式計算之：

（一）$(V-S) \div N = D$

（二）$V - mD = M$

上式中：

D表示每年之平均折舊額。

S、N、V、m、M同前條。

三、磚造現值之計算（第15條）

磚造建築改良物之現值，得視該建築改良物耐用年限之久暫，就第13、第14兩條所定計算方法中，選用一法計算之。

四、不屬一人所有應分別計算（第16條）

一宗地上建築改良物，不屬一人所有，其有顯明界限者，應分別計算之，界限不清者，仍作一宗計算，按各所有人權利價值大小註明之。

伍、評定、公布與通知

市縣地政機關將建築改良物價值計算完竣，送經標準地價評議委員會評定後，應即報請該管市縣政府公布之，並分別將估定價額以書面通知所有權人。（第17條）

陸、法定價值

一、經過公布通知程序為法定價值（第20條）

建築改良物價值，經過公布通知程序，不發生異議，或發生異議經標準地價評議委員會重新評定者，為建築改良物之法定價值。

二、編入地價冊及總歸戶冊內（第21條）

（一）建築改良物之法定價值，應分別編入地價冊及總歸戶冊內。

（二）前項總歸戶冊編竣後，應移送該管市縣財政機關。

柒、增建之估價

就原建築改良物增加之改良物，於重新估價時，併合於原改良物計算之。但因維持建築改良物現狀所爲之修繕，不視爲增加之改良物。（第22條）

捌、重新估價

建築改良物價值，得於辦理重估地價時，依本規則之規定，重爲估定。但因改良物有增減或重大改變者，不在此限。（第23條）

玖、制定施行細則

一、直轄市或縣（市）地政機關得參酌地方實際情形，依本規則之規定，制定施行細則，報請中央地政機關備案。（第24條第1項）

二、前項施行細則，應參酌各地方自然環境規定各種建築改良物之耐用年限。（第24條第2項）

拾、簡陋及臨時性建物免予估價

簡陋及臨時性之建築改良物，免予估價。（第25條）

第五章　不動產估價技術規則

　　內政部於民國90年10月17日訂定發布施行「不動產估價技術規則」，並於民國102年12月20日修正，全文共分九章計134條文。茲依該規則九章分節敘述於後。

第一節　總則

壹、訂定依據

一、法源

　　不動產估價師法第19條第1項規定，不動產估價之作業程序、方法及估價遵行事項等技術規則，由中央主管機關定之。

二、本規則依不動產估價師法第19條第1項規定訂定之（第1條）

貳、名詞定義

　　依不動產估價技術規則第2條規定，本規則用詞定義如下：

一、正常價格

（一）指具有市場性之不動產，於有意願之買賣雙方，依專業知識、謹慎行動，不受任何脅迫，經適當市場行銷及正常交易條件形成之合理價值，並以貨幣金額表示者。

（二）簡而言之，所謂正常價格，即在一般正常情況下，在市場上可能被接受之價格。例如可能賣出、可能買進或交換等價格；一般房地產價格均是。

二、限定價格

（一）指具有市場性之不動產，在下列限定條件之一所形成之價值，並以貨幣金額表示者：

　　1.以不動產所有權以外其他權利與所有權合併為目的。例如租賃權人、地上權人購買承租、設定地上權之土地所有權等是。

　　2.以不動產合併為目的。例如兩筆以上之土地，未合併時可能因地形不整致

價值偏低，合併後地形方正或臨路致價值增加。

3.以違反經濟合理性之不動產分割為前提。例如一筆土地原本方正價值高，因某種原因必需分割，分割成二筆後，地形變成畸零狹小致減損價值。

（二）簡而言之，所謂限定價格，即在限定合併或分割之前提條件下，在市場上可能被接受之價格。例如可能賣出、可能買進或交換等價格。限定價格可能高於正常價格，亦可能低於正常價格。

三、特定價格

（一）指具有市場性之不動產，基於特定條件下形成之價值，並以貨幣金額表示者。

（二）簡而言之，所謂特定價格，即在特定條件下，在市場上可能被接受之價格。例如可能賣出、可能買進或交換等價格。所謂特定條件，諸如法令規定、社會慣例或特殊要求等是；此種特定價格，通常低於正常價格，常見者有課稅、投資、殘餘、接續經營、清算或貸款等價格。

四、特殊價格

（一）指對不具市場性之不動產所估計之價值，並以貨幣金額表示者。

（二）例如有關文化資產之名勝古蹟、總統府、行政院、監察院或寺廟教堂等不具市場性之評估價格等是。

五、正常租金：指具有市場性之不動產，於有意願之租賃雙方，依專業知識、謹慎行動，不受任何脅迫，經適當市場行銷及正常租賃條件形成之合理租賃價值，並以貨幣金額表示者。

六、限定租金：指基於續訂租約或不動產合併為目的形成之租賃價值，並以貨幣金額表示者。

七、價格日期：指表示不動產價格之基準日期。

八、勘察日期：指赴勘估標的現場從事調查分析之日期。

九、勘估標的：指不動產估價師接受委託所估價之土地、建築改良物（以下簡稱建物）、農作改良物及其權利。

十、比較標的：指可供與勘估標的間，按情況、價格日期、區域因素及個別因素之差異進行比較之標的。

十一、同一供需圈

（一）指比較標的與勘估標的間能成立替代關係，且其價格互為影響之最適範圍。

（二）例如住家，比較標的與勘估標的同樣位於臺北市松山區之八德路四段與健康路，買者可買八德路四段之物件，亦可買健康路之物件，其不僅能成立替代關係，且其價格互為影響，故為同一供需圈。

十二、近鄰地區

（一）指勘估標的或比較標的周圍，供相同或類似用途之不動產，形成同質性較高之地區。

（二）例如住家，比較標的與勘估標的同樣位於臺北市松山區之八德路四段，不僅位置相近、用途亦相同、同質性高，更能成立替代關係，且其價格互為影響，故為近鄰地區。

十三、類似地區

（一）指同一供需圈內，近鄰地區以外而與勘估標的使用性質相近之其他地區。

（二）例如辦公室，比較標的與勘估標的分別位於臺北市松山區之敦化南路一段及大安區之敦化南路二段，雖屬同一供需圈內，但非為近鄰地區，因使用性質相近，能成立替代關係，且其價格互為影響，故為類似地區。

十四、一般因素：指對於不動產市場及其價格水準發生全面影響之自然、政治、社會、經濟等共同因素。

（一）自然因素：例如地質、地盤、地層、地勢、地理、地位、氣候等是。

（二）政治因素：例如國內外政治、軍事等局勢、政黨輪替等是。

（三）社會因素：例如人口增減、家庭大小、公共設施建設、生活習慣、教育及社會福利措施、資訊發展等是。

（四）經濟因素：例如消費及儲蓄、物價及利率高低、工資及租稅、財政金融、股市等是。

（五）政策因素：例如土地政策、建築使用管制、都市及區域計畫、區段徵收、土地重劃、稅賦政策、交易及貸款政策等是。

十五、區域因素：指影響近鄰地區不動產價格水準之因素。

（一）包括自然及人文等硬體、軟體建設發展等因素；因使用分區之不同，其考量之重點亦隨之各異。

（二）例如住宅區，注重生活上之方便及寧靜等機能，故學校、市場、公園、交通等為重點。

（三）例如商業區，注重商化繁榮程度，故群聚及競爭效果、人口質量、腹地大小、交通、金融等為重點。

（四）例如工業區，注重交通運輸，故道路、港灣、車站、機場等系統、人力及動力、水資源及排水等為重點。

十六、個別因素：指不動產因受本身條件之影響，而產生價格差異之因素。

（一）土地：例如地質、地盤、地層、地勢、地理、地位、地形、面積、氣象、水電、瓦斯、排水、臨街、附近街道、討喜性及嫌惡性公共設施、使用管制……等是。

（二）建物：例如使用機能、用途、屋齡、樓層、建材、結構、設備裝修、施工品質、相鄰關係、面積、形狀、通風、採光、凶宅、漏水……等是。

十七、最有效使用

（一）指客觀上具有良好意識及通常之使用能力者，在合法、實質可能、正當合理、財務可行前提下，所作得以獲致最高利益之使用。

（二）例如一塊建地，法規允許建築12層樓房，並已建築完成12層樓房，該土地則屬最有效使用；如僅建築4層樓房，該土地則非屬最有效使用。

參、蒐集資料

一、經常蒐集一般性之資料（第3條）

不動產估價師應經常蒐集與不動產價格有關之房地供需、環境變遷、人口、居民習性、公共與公用設施、交通運輸、所得水準、產業結構、金融市場、不動產經營利潤、土地規劃、管制與使用現況、災變、未來發展趨勢及其他必要資料，作為掌握不動產價格水準之基礎。

二、經常蒐集相關性之資料及蒐集對象（第4條）

（一）蒐集之資料

不動產估價師應經常蒐集比較標的相關交易、收益及成本等案例及資料，並詳予求證其可靠性。

（二）蒐集之對象

前項資料得向當事人、四鄰、其他不動產估價師、不動產經紀人員、地政士、地政機關、金融機構、公有土地管理機關、司法機關、媒體或有關單位蒐集之。

肆、估價工作準則

一、基本準則（第5條）

不動產估價師應力求客觀公正，運用邏輯方法及經驗法則，進行調查、勘察、整理、比較、分析及調整等估價工作。

二、應切合時價（第6條）

（一）估計價格種類

不動產估價，應切合價格日期當時之價值。其估計價格種類包括正常價格、限定價格、特定價格及特殊價格；估計租金種類包括正常租金及限定租金。

（二）應註明其價格種類

不動產估價，應註明其價格種類；其以特定價格估價者，應敘明其估價條件，並同時估計其正常價格。

三、估價之面積（第7條）

依本規則辦理估價所稱之面積，已辦理登記者，以登記之面積爲準；其未辦理登記或以部分面積爲估價者，應調查註明之。

第二節　估價作業程序

壹、估價作業程序

一、不動產估價作業程序（第8條）

（一）確定估價基本事項。
（二）擬定估價計畫。
（三）蒐集資料。
（四）確認勘估標的狀態。
（五）整理、比較、分析資料。
（六）運用估價方法推算勘估標的價格。
（七）決定勘估標的價格。
（八）製作估價報告書。

二、估價作業程序之相關規定

（一）確定估價基本事項（第9條）

　　唯有先「確定」估價基本事項，始能展開勘估工作。此種「確定」與「確認」有異，「確認」係將相關資料文件，於現場勘查時，與實際狀況相比對，以確認資料的正確性。

　　確定估價基本事項如下：

1.勘估標的內容：根據委託人所提供之勘估標的資料，確定土地之坐落、地號、使用現況等；建物之門牌、建號、種類及用途等。

2.價格日期：係指確定勘估標的價格之基準日期，因不動產的價格隨著政府政策、供需狀況及經濟景氣等因素之不同而隨時在變動，景氣好時甚至有「一日三市」之情況，故為準確掌握並估算勘估標的之價格，須先向委託人確定勘估標的之價格日期，以避免時間落差造成評估之不動產價格有所偏誤。

3.價格種類及條件：不動產估價技術規則第6條規定，估計之價格種類包括正常價格、限定價格、特定價格、特殊價格；估計租金之種類包括正常租金及限定租金。因不同的價格種類會影響勘估標的之估價金額，是以估價師應由委託人之估價目的，確定勘估標的之價格種類及條件，並將價格種類於估價報告書內敘明，如評估之價格為限定價格或特定價格，亦應將估價條件敘明於估價報告書內，並同時估計其正常價格。

4.估價目的：因估價目的會影響所評估之價格種類及內容，故估價師應確定委託人估價之目的。一般來說，估價之目的不外乎買賣、租賃、遺產之繼承分配、法拍、國有財產標售及權利標租、抵押貸款、公司資產評估、投資、保險及訴訟等目的。

（二）擬定估價計畫（第10條）

　　於接受委託人之估價案件後，應先初步構想估價案之估價步驟，並依評估之對象及內容，預估估價案作業所需之時間、人力及經費，進而擬定估價之作業進度表，並依進度表將估價步驟適度修正，以確定最終之估價步驟。最後，根據估價案件進度表所擬定之時間及案件進度，確實掌控案件之作業進度，並如期完成。不動產估價技術規則規定，擬定估價計畫包括下列事項：

1.確定作業步驟。

2.預估所需時間。

3.預估所需人力。

4.預估作業經費。

5.擬定作業進度表。

（三）蒐集資料

1. 蒐集資料之種類（第11條）

進行不動產估價前，應先蒐集之資料如下：

(1)勘估標的之標示、權利、法定用途及使用管制等基本資料。

(2)影響勘估標的價格之一般因素、區域因素及個別因素。

(3)勘估標的相關交易、收益及成本資料。

2. 蒐集比較實例之原則（第12條）

不動產估價師應依下列原則蒐集比較實例：

(1)實例之價格屬正常價格、可調整爲正常價格或與勘估標的價格種類相同者。

(2)與勘估標的位於同一供需圈之近鄰地區或類似地區者。

(3)與勘估標的使用性質或使用管制相同或相近者。

(4)實例價格形成日期與勘估標的之價格日期接近者。

（四）確認勘估標的狀態（第13條）

確認勘估標的狀態時，應至現場勘察下列事項：

1.確認勘估標的之基本資料及權利狀態。

2.調查勘估標的及比較標的之使用現況。

3.確認影響價格之各項資料。

4.作成紀錄及攝製必要之照片或影像檔。

委託人未領勘，無法確認勘估標的範圍或無法進入室內勘察時，應於估價報告書敘明。

（五）整理、比較、分析資料

將蒐集所得之勘估標的相關資料及比較案例，加以比較及整理，並分析比較案例與勘估標的之區域因素及個別因素，進而選取差異性較小之比較案例作爲比較標的。

（六）運用估價方法推算勘估標的價格（第14條）

不動產估價師應兼採二種以上估價方法推算勘估標的價格。但因情況特殊不能

採取二種以上方法估價並於估價報告書中敘明者，不在此限。

（七）決定勘估標的價格（第15條）

1. 價格差異之檢討

不動產估價師應就不同估價方法估價所獲得之價格進行綜合比較，就其中金額顯著差異者重新檢討。並視不同價格所蒐集資料可信度及估價種類目的條件差異，考量價格形成因素之相近程度，決定勘估標的價格，並將決定理由詳予敘明。

2. 權重之調整

以契約約定租金作為不動產證券化受益證券信託利益分配基礎者，折現現金流量分析法之收益價格應視前項情形賦予相對較大之權重。但不動產證券化標的進行清算時，不在此限。

（八）製作估價報告書

1. 報告書簽名或蓋章（第16條第1項）

不動產估價師應製作估價報告書，於簽名或蓋章後，交付委託人。

2. 報告書內容（第16條第2項）

估價報告書，應載明事項如下：

(1)委託人：包含委託人之姓名、地址及連絡電話。

(2)勘估標的之基本資料：依委託人提供之資料載明。

(3)價格日期及勘察日期：價格日期係指表示不動產價格之基準日期，僅能為特定之一天；勘察日期指赴勘估標的現場從事調查分析之日期，可能為一天至數天。

(4)價格種類：依實際需要評估之價格種類載明，包含正常價格、限定價格、特定價格、特殊價格、正常租金及限定租金。

(5)估價條件：不動產估價技術規則規定，如所評估之價格為特定價格，應敘明估價條件，並同時估價其正常價格。

(6)估價目的：依實際需要評估之目的載明，例如買賣參考、抵押貸款參考、遺產繼承分割參考、資產評估參考、都市更新權利變換、不動產證券化……等是。

(7)估價金額：通常表明單價及總價。

(8)勘估標的之所有權、他項權利及其他負擔：依土地及建物登記簿謄本所載或委託人提供之資料。。

(9)勘估標的使用現況：現場勘查時應詳細記錄勘估標的之使用情形，因不同

的使用會影響所評估之價格。

(10)勘估標的法定使用管制或其他管制事項：向各縣市政府申請土地使用分區
證明，或查詢是否有其他之管制事項，例如飛航管制。

(11)價格形成之主要因素分析：先就影響不動產價格之全面、一般性之因素進
行分析，再就勘估標的所在區域及其個別條件，進行區域因素及個別因素
分析。

(12)估價所運用之方法與其估算過程及價格決定之理由：不動產估價師應在比
較法、收益法、成本法及土地開發分析法等估價方法中，兼採二種以上的
方法推算價格，並將決定價格之理由於報告書中詳述。

(13)依本規則規定須敘明之情況：例如進行現場勘察時，因委託人未領勘致無
法確認勘估標的範圍或無法進入室內勘察，就必須依技術規則之規定於估
價報告書敘明。

(14)其他與估價相關之必要事項：例如委託人為出賣人時，應估計土地增值稅
額及淨值；委託人為承買人時，應估計房屋契稅。

(15)不動產估價師姓名及其證照字號：載明估價師姓名及其估價師證書字號、
開業證照字號及公會證書字號等資料，並由估價師親自簽名或蓋章。

3. 附件（第16條第3項）

前項估價報告書應檢附必要之圖說資料：例如勘估標的之登記謄本、地籍圖及
建物平面圖、比較標的之資料、土地使用分區證明書、勘估標的所在位置之地
圖及現場照片等。

4. 報告書格式之例外（第16條第4項）

因行政執行或強制執行委託估價案件，其報告書格式及應附必要之圖說資
料，依其相關規定辦理，不受前二項之限制。

5. 報告書內容真實確切（第17條）

估價報告書之事實描述應真實確切，其用語應明確肯定，有難以確定之事項
者，應在估價報告書中說明其可能影響勘估標的權利或價值之情形。

6. 估價報告書的種類

(1)敘述式報告書

A.係由估價師視勘估標的之個案情形而撰寫報告書之內容，可針對勘估標
的特殊事項予以詳細之記載及深入之分析，故無一定的格式，又稱為自
由式報告書。本式報告書之缺點，係估價師之主觀意見著墨過多，分析
之內容易有疏漏，且讀者不易了解報告書之分析內容。

B.有關「敘述式不動產估價報告書」可參考本書估價實務編各範例，中
華民國不動產估價師公會全國聯合會亦於「不動產估價技術第二號公

報」中訂定「敘述式不動產估價報告書範本」，讀者可至全聯會（www. rocreaa.org.tw）下載參考。

(2)表格式報告書

此報告書之內容大部分由表格所組成，估價師將勘估標的有關之基本資料及勘查結果，於表格內打勾或註記，因有固定之格式，又稱為定型式報告書。此種報告書可大量且快速地製作，並完整表達與估價相關之一般性事項，惟缺點是無法將勘估標的之特殊事項作深入分析。此種表格式報告書，常見於銀行抵押貸款或法院拍賣之估價。

(3)混合式報告書

係為敘述式報告書與表格式報告書之綜合體，針對一般性事項，可勾選表格內固定之選項；針對特殊事項，又可以文字的方式作深入的分析及說明。現行估價師事務所製作之估價報告書，大都為混合式之報告書。

(4)摘要式報告書

僅就不動產估價之重點，作成摘要式之報告書。

第三節　估價方法

壹、比較法

一、意義（第18條）

（一）比較法，指以比較標的價格為基礎，經比較、分析及調整等，以推算勘估標的價格之方法。

（二）依前項方法所求得之價格為比較價格。

二、比較法估價程序

（一）比較法估價之程序（第 21 條）

1.蒐集並查證比較標的相關資料。

2.選擇與勘估標的條件相同或相似之比較標的。

3.對比較標的價格進行情況調整及價格日期調整。

4.比較、分析勘估標的及比較標的間之區域因素及個別因素之差異，並求取其

調整率或調整額。

5.計算勘估標的之試算價格。

6.決定勘估標的之比較價格。

（二）比較法估價程序之相關規定

1.蒐集並查證比較標的相關資料（第22條）

(1)所蒐集之比較標的，應就下列事項詳予查證確認：

　　A.交易價格及各項費用之負擔方式。

　　B.交易條件；有特殊付款方式者，其方式。

　　C.比較標的狀況。

　　D.交易日期。

(2)前項查證確有困難之事項，應於估價報告書中敘明。

2.選擇與勘估標的條件相同或相似之比較標的

就蒐集之諸多比較實例中，選擇條件相同或相似之比較標的。所謂條件相同或相似，諸如同一近鄰地區或同一供需圈中之類似地區者、交易之情況可有效掌握及量化調整者或可進行價格日期、區域因素及個別因素調整者等是。

3.對比較標的價格進行情況調整及價格日期調整

(1)情況調整

　　A.意義（第19條第1項第1款）

　　　比較標的之價格形成條件中有非屬於一般正常情形而影響價格時，或有其他足以改變比較標的價格之情況存在時，就該影響部分所作之調整。

　　B.特殊情況之調整（第23條）

　　　比較標的有下列情況，應先作適當之調整；該影響交易價格之情況無法有效掌握及量化調整時，應不予採用。

　　　(A)急買急賣或急出租急承租。

　　　(B)期待因素影響之交易。

　　　(C)受債權債務關係影響之交易。

　　　(D)親友關係人間之交易。

　　　(E)畸零地或有合併使用之交易。

　　　(F)地上物處理有糾紛之交易。

　　　(G)拍賣。

　　　(H)公有土地標售、讓售。

　　　(I)受迷信影響之交易。

(J)包含公共設施用地之交易。

(K)人為哄抬之交易。

(L)與法定用途不符之交易。

(M)其他特殊交易。

(2)價格日期調整

A.意義（第19條第1項第2款）

比較標的之交易日期與勘估標的之價格日期因時間之差異，致價格水準發生變動，應以適當之變動率或變動金額，將比較標的價格調整為勘估標的的價格日期之價格。

B.如比較標的之交易日期與勘估標的之價格日期不同時，因不動產價格會隨著時間有所變動，故須以適當的變動率，將比較標的之價格調整為勘估標的之價格，例如以都市地價指數、住宅價格指數、信義房價指數或國泰房地產指數加以調整。

4.比較、分析勘估標的及比較標的間之區域因素及個別因素之差異，並求取其調整率或調整額

(1)區域因素調整之意義（第19條第1項第3款）

所選用之比較標的與勘估標的不在同一近鄰地區內時，為將比較標的之價格轉化為與勘估標的同一近鄰地區內之價格水準，而以比較標的之區域價格水準為基礎，就區域因素不同所產生之價格差異，逐項進行之分析及調整。

(2)個別因素調整之意義（第19條第1項第4款）

以比較標的之價格為基礎，就比較標的與勘估標的因個別因素不同所產生之價格差異，逐項進行之分析及調整。

(3)百分率法之意義（第19條第1項第5款）

將影響勘估標的及比較標的價格差異之區域因素及個別因素逐項比較，並依優劣程度或高低等級所評定之差異百分率進行價格調整之方法。

(4)差額法之意義（第19條第1項第6款）

指將影響勘估標的及比較標的價格差異之區域因素及個別因素逐項比較，並依優劣程度或高低等級所評定之差額進行價格調整之方法。

(5)計量模型分析法

A.意義（第19條第1項第7款）

蒐集相當數量具代表性之比較標的，透過計量模型分析，求出各主要影響價格因素與比較標的價格二者之關係式，以推算各主要影響價格因素之調整率及調整額之方法。

  B.應用條件（第20條）

   應用計量模型分析法應符合下列條件：

   (A)須蒐集應用計量模型分析關係式自變數個數五倍以上之比較標的。

   (B)計量模型分析採迴歸分析者，其調整後判定係數不得低於零點七。

   (C)截距項以外其他各主要影響價格因素之係數估計值同時為零之顯著機率不得大於百分之五。

 (6)價格調整之依據（第24條）

  比較、分析勘估標的與比較標的之區域因素及個別因素差異並就其中差異進行價格調整時，其調整以百分率法為原則，亦得以差額法調整，並應於估價報告書中敘明。

5.計算勘估標的之試算價格

 (1)試算價格之意義（第21條第2項）

  所謂試算價格，指以比較標的價格經情況調整、價格日期調整、區域因素調整及個別因素調整後所獲得之價格。

 (2)調整率之限制（第25條）

  A.調整率之上限

   試算價格之調整運算過程中，區域因素調整、個別因素調整或區域因素及個別因素內之任一單獨項目之價格調整率大於百分之十五，或情況、價格日期、區域因素及個別因素調整總調整率大於百分之三十時，判定該比較標的與勘估標的差異過大，應排除該比較標的之適用。

  B.使用差異大之案例應敘明

   但勘估標的性質特殊或區位特殊缺乏市場交易資料，並於估價報告書中敘明者，不在此限。

 (3)試算價格差異過大之排除（第26條）

  A.試算價格差距之上限

   經比較調整後求得之勘估標的試算價格，應就價格偏高或偏低者重新檢討，經檢討確認適當合理者，始得作為決定比較價格之基礎。檢討後試算價格之間差距仍達百分之二十以上者，應排除該試算價格之適用。

  B.前項所稱百分之二十以上之差距，指高低價格之差除以高低價格平均值達百分之二十以上者。

  C.實例

   假設案例A試算價格為10萬元／坪、案例B試算價格為11萬元／坪、案例C試算價格為13萬元／坪，檢驗各試算價格間之差距是否在百分之二十以內，計算結果如下：

(A)最高及最低價格平均值：$(10 + 13) \div 2 = 11.5$

(B)最高及最低價格之差：$13 - 10 = 3$

(C)差距：$3 \div 11.5 = 0.26 > 0.2$

(D)由上述計算結果可知，試算價格差距過大，應將試算價格A或試算價格C排除其中之一，重新尋找案例並推估其試算價格，最後應再檢驗新案例之試算價格是否符合差距百分之二十以內之規定。

6.決定勘估標的之比較價格（第27條）

(1)不動產估價師應採用三件以上比較標的，就其經前條推估檢討後之勘估標的試算價格，考量各比較標的之蒐集資料可信度、各比較標的與勘估標的之價格形成因素之相近程度，決定勘估標的之比較價格，並將比較修正內容敘明之。

(2)故依上開規定可知，以比較法推估勘估標的之價格，最少需使用三個比較案例。

三、比較法之計算公式

$$\text{勘估標的試算價格} = \text{比較標的價格} \times \frac{\text{情況調整}}{100} \times \frac{\text{價格日期調整}}{100} \times \frac{\text{區域因素調整}}{100} \times \frac{\text{個別因素調整}}{100}$$

貳、收益法

一、種類及其意義與公式

（一）種類（第28條）

1.收益法得採直接資本化法、折現現金流量分析法等方法。

2.依前項方法所求得之價格為收益價格。

（二）意義與公式

1. 直接資本化法

(1)意義（第29條）

直接資本化法，指勘估標的之未來平均一年期間之客觀淨收益，應用價格日期當時適當之收益資本化率推算勘估標的價格之方法。

(2)公式（第30條）

直接資本化法之計算公式如下：

收益價格＝勘估標的未來平均一年期間之客觀淨收益÷收益資本化率

即 $P = \dfrac{a}{r}$

其中：

P：收益價格

a：淨收益

r：收益資本化率

2. 折現現金流量分析法

(1)意義（第31條）

A.折現現金流量分析法，指勘估標的未來折現現金流量分析期間之各期淨收益及期末價值，以適當折現率折現後加總推算勘估標的價格之方法。

B.前項折現現金流量分析法，得適用於以投資爲目的之不動產投資評估。

(2)公式（第32條）

折現現金流量分析法之計算公式如下：

$$P = \sum_{k=1}^{n'} \frac{CF_k}{(1+Y)^k} + \frac{P_{n'}}{(1+Y)^{n'}}$$

其中：

P：收益價格

CF_k：各期淨收益

Y：折現率

n'：折現現金流量分析期間

k：各年期

$P_{n'}$：期末價值

二、估價程序

（一）收益法估價之程序（第34條）

1.蒐集總收入、總費用及收益資本化率或折現率等資料。

2.推算有效總收入。

3.推算總費用。

4.計算淨收益。

5.決定收益資本化率或折現率。

6.計算收益價格。

（二）收益法估價程序之相關規定

1. 蒐集總收入、總費用及收益資本化率或折現率等資料（第35條）

(1)收益法估價應蒐集勘估標的及與其特性相同或相似之比較標的最近三年間總收入、總費用及收益資本化率或折現率等資料。

(2)前項蒐集最近三年間之資料有困難時，應於估價報告書中敘明。

(3)蒐集第一項資料時，應就其合理性進行綜合研判，以確定資料之可用性，並得依其持續性、穩定性及成長情形加以調整。

(4)前條蒐集總收入資料，得就其不動產之租金估計之，以確認總收入資料之合理性。

2. 推算有效總收入

(1)計算方式（第36條）

A.總收入之意義

所謂「總收入」，係指價格日期當時勘估標的按法定用途出租或營運，在正常情況下所獲得之租金或收入之數額。

B.勘估標的之有效總收入計算方式如下：

(A)分析並推算勘估標的之總收入。

(B)推算閒置及其他原因所造成之收入損失。

(C)第一款總收入扣除前款收入損失後之餘額為勘估標的之有效總收入。

(2)校核比較（第37條）

推算總收入及有效總收入時，應與下列相關資料校核比較：

A.勘估標的往年之總收入及有效總收入。

B.相同產業或具替代性比較標的總收入及有效總收入。

C.目前或未來可能之計畫收入。

3. 推算總費用

(1)推算根據（第38條）

A.費用資料或會計報表

勘估標的總費用之推算，應根據相同或相似不動產所支出之費用資料或會計報表所載資料加以推算，其項目包括地價稅或地租、房屋稅、保險費、管理費及維修費等。其為營運性不動產者，並應加計營運費用。

B.信託計畫資料

以不動產證券化為估價目的者，其折現現金流量分析法之總費用應依信託計畫資料加以推算。

(2)重置提撥費應分年攤提

A.重置提撥費之意義

所謂「重置提撥費」，係指建物於耐用年數內，需定期更新重置設備或零件所支出之費用。例如電梯或機械停車設備，因該項費用非每年固定支出，數年才會發生一次，且為一次性支出，故應按更換設備之有效使用年期及耗損比率，將該項費用分年攤提後，加計於收益法之總費用中。

B.計算原則（第39條）

勘估標的總費用之推算，應推估不動產構成項目中，於耐用年數內需重置部分之重置提撥費，並按該支出之有效使用年期及耗損比率分年攤提。

C.例如每20年更換電梯一部，費用為150萬元，利率為3%，將重置費用乘以貸款常數，可得每年攤提之費用為10.5萬元。

150萬元×貸款常數（3%，20年）＝150×0.07＝10.5萬元

(3)建物折舊之處理

A.加計折舊提存費

(A)折舊提存費之意義

所謂「折舊提存費」，係指依收益法中計算建物折舊額之等速折舊法及償債基金法，所估算之建物每年折舊額。

(B)處理方式（第40條前段）

勘估標的總費用之推算，除推算勘估標的之各項費用外，勘估標的包含建物者，應加計建物之折舊提存費。

(C)折舊提存費之計算（第40-1條）

a.計算公式

（a）等速折舊型

$$建物折舊提存費 = C \times (1-s) \times \frac{1}{N}$$

（b）償債基金型

$$建物折舊提存費 = C \times (1-s) \times \frac{i}{(1+i)^N - 1}$$

其中：

C：建物總成本。

s：殘餘價格率。

i：自有資金之計息利率。

N：建物經濟耐用年數。

b.前項建物總成本、殘餘價格率、自有資金之計息利率及建物經濟耐用年數依成本法相關規定估計之。

B.加計折舊提存率

(A)折舊提存率之意義

所謂「折舊提存率」，全名為「建物價格日期當時價值未來每年折舊提存率」，係為使建物達永續使用之目的，每年於建物之收益中提存折舊額（即收益減去折舊額），則此提存之折舊額佔當時該建物價格之比率，謂之。

(B)處理方式

勘估標的包含建物者，於計算收益價格時，除考量建物收益資本化率或折現率外，應加計建物價格日期當時價值未來每年折舊提存率。（第40條後段）

(C)折舊提存率之計算（第41條）

a.計算公式

建物價格日期當時價值未來每年折舊提存率，得依下列兩種方式計算：

(a)等速折舊型

$$d = \frac{(1-s)/N}{1-(1-s) \times n/N}$$

(b)償債基金型

$$d = \frac{i}{(1+i)^{n'} - 1}$$

其中：

d：建物價格日期當時價值未來每年折舊提存率。

$(1-s)\dfrac{1}{N}$：折舊率。

n：已經歷年數。

n'：剩餘可收益之年數。

i：自有資金之計息利率。

b.前項折舊率，依成本法相關規定估計之。

4. 計算淨收益

(1)推算原則（第33條）

A.客觀淨收益應以勘估標的作最有效使用之客觀淨收益爲基準，並參酌鄰近類似不動產在最有效使用情況下之收益推算之。

B.以不動產證券化爲估價目的，採折現現金流量分析法估價時，各期淨收益應以勘估標的之契約租金計算爲原則。但因情況特殊不宜採契約租金估價，並於估價報告書中敘明者，不在此限。

C.前項契約租金未知者，應以市場經濟租金推估客觀淨收益

(2)計算公式（第42條）

A.淨收益＝有效總收入－總費用。

B.前項淨收益爲營運性不動產之淨收益者，應扣除不屬於不動產所產生之其他淨收益。

5. 決定收益資本化率或折現率（第43條）

(1)求取方式

收益資本化率或折現率應於下列各款方法中，綜合評估最適宜之方法決定：

A.風險溢酬法

(A)收益資本化率或折現率應考慮銀行定期存款利率、政府公債利率、不動產投資之風險性、貨幣變動狀況及不動產價格之變動趨勢等因素，選擇最具一般性財貨之投資報酬率爲基準，比較觀察該投資財貨與勘估標的個別特性之差異，並就流通性、風險性、增值性及管理上之難易程度等因素加以比較決定之。

(B)即收益資本化率或折現率＝無風險的報酬＋風險貼水＋通貨膨脹貼水

B.市場萃取法

(A)選擇數個與勘估標的相同或相似之比較標的，以其淨收益除以價格後，以所得之商數加以比較決定之。

(B)即在市場上蒐集數個比較標的，藉由 $r = a/P$ 的公式，可求得數個比較標的之收益資本化率或折現率，再將比較標的與勘估標的作比較，最後決定勘估標的之收益資本化率或折現率。

C.加權平均資金成本法

依加權平均資金成本方式決定，其計算式如下：

$$收益資本化率或折現率 = \sum_{i=1}^{n} w_i k_i$$

其中：

w_i：第i個資金來源占總資金成本比例，$\sum_{i=1}^{n} w_i = 1$

k_i：為第i個資金來源之利率或要求報酬率

D.債務保障比率法

(A)依債務保障比率方式決定，其計算式如下：

收益資本化率或折現率＝債務保障比率×貸款常數×貸款資金占不動產價格比率

(B)債務保障比率（DCR）＝營運淨收益（NOI）÷每年償債支出（DS）

貸款常數（MC）＝每年償債支出（DS）÷貸款金額（LOAN）

貸款資金占不動產價格比率（LR）＝貸款金額（LOAN）÷不動產價格（P）

收益資本化率或折現率（r）＝債務保障比率（DCR）×貸款常數（MC）×貸款資金占不動產價格比率（LR）＝a/P

E.有效總收入乘數法

考量市場上類似不動產每年淨收益占每年有效總收入之合理淨收益率，及類似不動產合理價格除以每年有效總收入之有效總收入乘數，以下列公式計算之：

收益資本化率或折現率＝淨收益率／有效總收入乘數

(2)其他計算方法應敘明

收益資本化率或折現率之決定有採取其他方法計算之必要時，應於估價報告書中敘明。

6. 計算收益價格

不動產計有土地、建築物及房地一體等三種類型，依不動產估價技術規則之相關規定，分別敘述其收益價格之計算公式，說明如下：

(1)土地收益價格（第44條）

A.土地又分為有無地上建物兩種情形，其收益價格之計算方式，分述如下：

(A)地上無建物

土地收益價格＝土地淨收益÷土地收益資本化率

(B)地上有建物

土地收益價格＝（房地淨收益－建物淨收益）÷土地收益資本化率

B.建物淨收益之計算

建物淨收益依下列計算式求取之：

(A)淨收益已扣除折舊提存費

建物淨收益＝建物成本價格×建物收益資本化率

(B)淨收益未扣除折舊提存費

建物折舊前淨收益＝建物成本價格×（建物收益資本化率＋建物價格日期當時價值未來每年折舊提存率）

(2)建物收益價格（第45條）

A.建物又分為淨收益是否已扣除折舊提存費兩種情形，其收益價格之計算，依下列方式為之，分述如下：

(A)淨收益已扣除折舊提存費

a.建物收益價格＝建物淨收益÷建物收益資本化率

b.建物收益價格＝（房地淨收益－土地淨收益）÷建物收益資本化率

(B)淨收益未扣除折舊提存費

a.建物收益價格＝建物折舊前淨收益÷（建物收益資本化率＋建物價格日期當時價值未來每年折舊提存率）

b.建物收益價格＝（房地折舊前淨收益－土地淨收益）÷（建物收益資本化率＋建物價格日期當時價值未來每年折舊提存率）

B.土地淨收益之計算

前項土地淨收益，得先以比較法求取土地比較價格後，再乘以土地收益資本化率得之。

(3)房地收益價格（第46條）

A.推算房地收益價格時，依下列方式計算之：

房地收益價格＝房地淨收益÷房地綜合收益資本化率

B.房地綜合收益資本化率之計算

房地綜合收益資本化率除依第43條決定外，亦得依下列計算式求取之：

(A)淨收益已扣除折舊提存費

房地綜合收益資本化率＝土地收益資本化率×土地價值比率＋建物收益資本率×建物價值比率

(B)淨收益未扣除折舊提存費

房地綜合收益資本化率＝土地收益資本化率×土地價值比率＋（建物收益資本化率＋建物價格日期當時價值未來每年折舊提存率）×建物價值比率

C.土地及建物價值比率之計算

前項土地價值比率及建物價值比率，應參酌當地市場調查資料，運用估價方法計算之。

三、一定期間之收益價格（第47條）

（一）一定期間之收益價格，依下列計算式求取：

$$P = a \times \frac{1 - \dfrac{1}{(1+r)^{n'}}}{r}$$

其中：

P：收益價格

a：平均一年期間折舊前淨收益

r：收益資本化率

n'：可收益之年數

（二）收益價格已知者，適用該公式反推平均一年期間折舊前淨收益。

（三）期末價值之加計

一定期間終止後，有期末價值者，收益價格得加計該期末價值之現值，期末價值並得扣除處分不動產所需之相關費用。

四、殘餘法

依殘餘法估算勘估標的之收益價格，計有土地殘餘法及建物殘餘法兩種，分述如下：

（一）土地殘餘法

1. 意義

所謂「土地殘餘法」，係從房地一體之淨收益，扣除歸屬於建物之淨收益，求得土地之淨收益，再以土地收益資本化率還原，即得土地之收益價格。

2. 估價程序

以土地殘餘法估算土地之收益價格，其估價程序如下：

(1)估計房地一體之總收益及總費用。

(2)以房地一體之總收益減總費用，得房地一體之淨收益。

(3)估計建物價格（通常以成本法求取）。

(4)以建物價格乘其收益資本化率，得建物淨收益。

(5)房地一體之淨收益減建物淨收益，得土地淨收益。

(6)土地淨收益除以土地收益資本化率，得土地之收益價格。

3. 公式

因房地一體之淨收益，分為是否已扣除建物折舊提存費兩種情形，故土地收益價格之計算，依上開兩種情形，分述如下：

(1)淨收益已扣除折舊提存費

$$L = \frac{a - r_2 \times B}{r_1}$$

(2)淨收益未扣除折舊提存費

$$L = \frac{a - (r_2 + d) \times B}{r_1}$$

其中：

L：土地收益價格

B：建物成本價格

a：房地一體之淨收益

r_1：土地收益資本化率

r_2：建物收益資本化率

d：建物價格日期當時價值未來每年折舊提存率

（二）建物殘餘法

1. 意義

所謂「建物殘餘法」，係從房地一體之淨收益，扣除歸屬於土地之淨收益，求得建物之淨收益，再以建物收益資本化率還原，即得建物之收益價格。

2. 估價程序

以建物殘餘法估算建物之收益價格，其估價程序如下：

(1)估計房地一體之總收益及總費用。

(2)以房地一體之總收益減總費用，得房地一體之淨收益。

(3)估計土地價格（通常以比較法求取）。

(4)以土地價格乘其收益資本化率，得土地淨收益。

(5)房地一體之淨收益減土地淨收益，得建物淨收益。

(6)建物淨收益除以建物收益資本化率，得建物之收益價格。

3. 公式

因房地一體之淨收益，分為是否已扣除建物折舊提存費兩種情形，故建物收益價格之計算，依上開兩種情形，分述如下：

(1)淨收益已扣除折舊提存費

$$B = \frac{a - r_1 \times L}{r_2}$$

(2)淨收益未扣除折舊提存費

$$B = \frac{a - r_1 \times L}{r_2 + d}$$

其中：

L：土地比較價格

B：建物收益價格

a：房地一體之淨收益

r_1：土地收益資本化率

r_2：建物收益資本化率

d：建物價格日期當時價值未來每年折舊提存率

五、收益有期限之不動產價格評估

收益法之公式為$P = a \div r$，係以不動產之收益期間為無窮作為前提，當計算出勘估標的之淨收益及收益資本化率後，即可藉上開公式算出勘估標的之價格。惟當不動產有一定之收益期間時，上開公式便不適用，須另使用Inwood法、Hoskold法或折現現金流量分析法（DCF法）評估其價格，因折現現金流量分析法在收益法一開始已介紹過，故不再贅述，僅介紹Inwood法及Hoskold法兩種方法。

（一）Inwood 法

1. 意義

係對於有一定收益期限之不動產，將其折舊前之淨收益，除以加計折舊提存率後之收益資本化率，求得收益價格之方法。即將房地一體之折舊前淨收益，乘以複利年金現價率，可得房地一體之收益價格。

2. 公式

$$P = a \times \frac{1}{r+d} = a \times \frac{1}{r + \dfrac{r}{(1+r)^n - 1}} = a \times \frac{(1+r)^n - 1}{r(1+r)^n}$$

其中：

P：房地一體之收益價格

a：房地一體折舊前之淨收益

r：折舊前之綜合收益資本化率

n：剩餘年數

$d = \dfrac{r}{(1+r)^n - 1}$（建物價格日期當時價值未來每年折舊提存率）

（二）Hoskold 法

1. 意義

　　係對於有一定收益期限之不動產，將其折舊前之淨收益，除以加計折舊提存率後之收益資本化率，求得收益價格之方法。

2. 公式

$$P = a \times \frac{1}{r+d} = a \times \frac{1}{r + \dfrac{r_3}{(1+r_3)^n - 1}}$$

其中：

P：房地一體之收益價格

a：房地一體折舊前之淨收益

r：折舊前之綜合收益資本化率

r_3：建物折舊提存金之利率

n：剩餘年數

$d = \dfrac{r_3}{(1+r_3)^n - 1}$（建物價格日期當時價值未來每年折舊提存率）

（三）兩者之差別

　　Inwood法和Hoskold法主要之差別，在於前者之房地折舊前之綜合收益資本化率及建物折舊提存金之利率，採用同一利率；唯後者採不同利率，因Hoskold認為折舊提存金之風險較小，故採用較低之利率。故以Inwood法所評估之不動產價格較Hoskold法為高。

六、收益法之直接資本化法相關計算內容

　　有關收益法之直接資本化法相關之計算內容，已由全聯會訂定於「不動產估價技術第五號公報」中，讀者可至全聯會（www.rocreaa.org.tw）下載參考。

參、成本法

一、意義（第48條第1、2項）

（一）成本法，指求取勘估標的於價格日期之重建成本或重置成本，扣減其累積折舊額或其他應扣除部分，以推算勘估標的價格之方法。

（二）依前項方法所求得之價格為成本價格。

（三）由上開意義可知，成本法運用之時機，大部分用於評估建物之價格。

二、建物估價之原則（第48條第3～5項）

（一）建物估價以求取重建成本爲原則。但建物使用之材料目前已無生產或施工方法已改變者，得採重置成本替代之。

（二）重建成本之意義

指使用與勘估標的相同或極類似之建材標準、設計、配置及施工品質，於價格日期重新複製建築所需之成本。

（三）重置成本之意義

指與勘估標的相同效用之建物，以現代建材標準、設計及配置，於價格日期建築所需之成本。

（四）重建成本VS重置成本

重建成本係指重新建築與勘估標的完全一樣之建物，所需之成本；重置成本係指重新建築與勘估標的相同效用之建物，所需之成本。重建成本通常較重置成本爲高，蓋因重置成本，可於市場上尋找最經濟便宜之施工材料或方法替代，故其費用較低。

三、公式

$P＝C－E$

P：建物成本價格（建物現值）

C：重建成本或重置成本（建物總成本）

E：累積折舊額

四、估價程序

（一）成本法估價之程序（第49條）

1.蒐集資料。

2.現況勘察。

3.調查、整理、比較及分析各項成本及相關費用等資料。

4.選擇適當方法推算營造或施工費。

5.推算其他各項費用及利潤。

6.計算總成本。

7.計算建物累積折舊額。

8.計算成本價格。

（二）成本法估價程序之相關規定

1.蒐集資料

(1)成本法估價應依不動產估價技術規則第11條之規定，蒐集下列有關勘估標
的之資料：

A.勘估標的之標示、權利、法定用途及使用管制等基本資料。

B.影響勘估標的價格之一般因素、區域因素及個別因素。

C.勘估標的相關交易、收益及成本資料。

(2)相關之費用資料（第51條）

成本法估價應蒐集與勘估標的同一供需圈內之下列資料：

A.各項施工材料、人工之價格水準。

B.營造、施工、規劃、設計、廣告、銷售、管理及稅捐等費用資料。

C.資本利率。

D.開發或建築利潤率。

(3)相關之文件資料（第50條）

另得視需要申請及蒐集下列土地及建物所需資料：

A.土地開發及建築構想計畫書。

B.設計圖說。

C.相關許可或執照。

D.施工計畫書。

E.竣工圖。

F.使用執照。

G.登記（簿）謄本或建物平面位置圖。

2.現況勘查

不動產估價技術規則第13條規定，為確認勘估標的的狀態時，應至現場勘察下
列事項。委託人未領勘，無法確認勘估標的的範圍或無法進入室內勘察時，應
於估價報告書敘明。

(1)確認勘估標的之基本資料及權利狀態。

(2)調查勘估標的及比較標的之使用現況。

(3)確認影響價格之各項資料。

(4)作成紀錄及攝製必要之照片或影像檔。

3.調查、整理、比較及分析各項成本及相關費用等資料

將調查及蒐集所得與勘估標的相關之各項成本及費用，加以比較及整理，並
分析各項成本之單價及費用之比率，以作為推算營造或施工費、相關費用之
依據。

4.選擇適當方法推算營造或施工費

(1)營造或施工費之項目（第53條）

勘估標的之營造或施工費，項目如下：

A.直接材料費。

B.直接人工費。

C.間接材料費。

D.間接人工費。

E.管理費。

F.稅捐。

G.資本利息。

H.營造或施工利潤。

(2)求取營造或施工費之方式

勘估標的之營造或施工費，得按下列方法擇一求取之：

A.直接法

(A)意義（第54條第1項第1款）

指就勘估標的之構成部分或全體，調查其使用材料之種別、品級、數量及所需勞力種別、時間等，並以勘估標的所在地區於價格日期之各種單價為基礎，計算其營造或施工費。

(B)計算方法（第55條）

直接法分為淨計法與單位工程法兩種，分述如下：

a.淨計法

指就勘估標的所需要各種建築材料及人工之數量，逐一乘以價格日期當時該建築材料之單價及人工工資，並加計管理費、稅捐、資本利息及利潤。

b.單位工程法

係以建築細部工程之各項目單價乘以該工程施工數量，並合計之。

B.間接法

(A)意義（第54條第1項第2款）

指就同一供需圈內近鄰地區或類似地區中選擇與勘估標的類似之比較標的或標準建物，經比較與勘估標的之營造或施工費之條件差異並作價格調整，以求取勘估標的之營造或施工費。

(B)計算方法（第56條）

a.間接法分為工程造價比較法與單位面積（或體積）比較法兩種，分述如下：

(a)工程造價比較法

指按工程概算項目逐項比較勘估標的與比較標的或標準建物之差異，並依工程價格及工程數量比率進行調整，以求取勘估標的營造或施工費。

(b)單位面積（或體積）比較法

指以類似勘估標的之比較標的或標準建物之單位面積（或體積）營造或施工費單價為基礎，經比較並調整價格後，乘以勘估標的之面積（或體積）總數，以求取勘估標的營造或施工費。

b.前項所稱標準建物，指按營造或施工費標準表所營造或施工之建物。

c.前項營造或施工費標準表應由不動產估價師公會全國聯合會（以下簡稱全聯會）按不同主體構造種類及地區公告之。未公告前，應依直轄市或縣（市）政府發布地價調查用建築改良物標準單價表為準。

d.上開最新之營造或施工費標準表，已由全聯會訂定於「不動產估價技術第四號公報」中，並於107年11月12日經內政部台內地字第1070069788號函復已予備查。該表依台北市、新北市……等直轄市或縣（市）分成數個子表，各子表再依各直轄市或縣（市）當地新建建物平均房價水準及建物樓層判定營造或施工費標準。該表適用於主要用途為新建築辦公室、住宅、工廠（廠房）、倉庫使用標的之重建成本，重置成本可參考該表酌予調整。建築物用途屬旅館、飯店、餐廳、遊樂場、大型商場、電視臺、醫院、百貨公司、超級市場及其他公共建築物，公會將另訂營造或施工費標準表公告之，未公告前依直轄市或縣（市）政府發布地價調查用建築改良物標準單價表為準，或參酌本標準表調整之。

e.全聯會所公布之「營造或施工費標準表」數目較多，本節礙於篇幅，僅摘錄台北市之營造或施工費標準表，其餘各表請參照全聯會（www.rocreaa.org.tw）所訂「不動產估價技術第四號公報」。

(3)未完工建物之估價（第63條）

A.未完工之建物應依實際完成部分估價，或以標準建物之營造或施工費標準表為基礎，參考建物工程進度營造費用比例表估算之。

B.前項建物工程進度營造費用比例表，由全聯會公告之。

台北市營造或施工費標準表

地區別	台北市					
構造及用途別	鋼筋混凝土造 住宅、辦公室					
樓層別　構造及用途別　平均房價水準（元／坪）	未達500,000	500,000以上未達750,000	750,000以上未達1,000,000	1,000,000以上未達1,250,000	1,250,000以上未達1,500,000	1,500,000以上
1～3F／B0 無電梯	62,400~71,400	71,400~82,400	80,900~100,000	98,800~120,000	120,000~145,000	145,000~175,000
4～5F／B0 無電梯	66,400~73,400	73,400~84,400	84,900~102,000	103,000~122,000	124,000~147,000	149,900~177,300
6～8F／B1 有電梯	83,900~92,500	90,900~103,500	102,000~122,000	120,000~141,000	141,000~166,000	167,000~196,000
9～10F／B1 有電梯	87,800~95,100	94,800~106,000	106,000~124,000	124,000~144,000	145,000~169,000	171,000~199,000
11～13F／B2 有電梯	101,000~109,000	108,000~120,000	119,000~138,000	137,000~158,000	158,000~183,000	184,000~213,000
14～15F／B2 有電梯	105,000~112,000	112,000~123,000	123,000~141,000	141,000~160,000	162,000~185,000	188,000~216,000
16～18F／B3 有電梯	119,000~128,000	126,000~139,000	137,000~157,000	156,000~176,000	177,000~201,000	202,000~232,000
19～20／B3 有電梯	123,000~130,000	130,000~141,000	142,000~159,000	160,000~179,000	181,000~204,000	206,000~234,000
21～25F／B3 有電梯	131,000~142,000	138,000~153,000	149,000~171,000	168,000~191,000	189,000~216,000	214,000~246,000
26～30F／B4 有電梯	149,000~160,000	156,000~172,000	168,000~190,000	186,000~209,000	207,000~234,000	233,000~265,000
31～35F／B4 有電梯				200,000~221,000	219,000~246,000	245,000~277,000
36～40F／B4 有電梯				210,000~233,000	231,000~258,000	256,000~289,000

地區別	台北市				
構造及用途別	加強磚造 住宅、辦公室	鋼筋混凝土造 工廠	加強磚造 工廠	重鋼架造 工廠	輕鋼架造 工廠
1～3F／B0 無電梯	61,100~69,200	61,100~69,200	60,100~68,200	39,700~53,900	29,800~46,300
4～5F／B0 無電梯	63,100~70,200	63,100~70,200	62,100~69,200	—　～　—	—　～　—
6～8F／B1 有電梯	—　～　—	67,600~75,200	—　—	—　～　—	—　～　—
9～10F／B1 有電梯	—　～　—	69,100~76,200	—　—	—　～　—	—　～　—

註：摘錄自中華民國不動產估價師公會全國聯合會會公布之「不動產估價技術公報」第四號公報

5.推算其他各項費用及利潤

(1)規劃設計費（第57條）

勘估標的為建物時，規劃設計費依下列標準計算：

A.依酬金標準表及工程造價表

按內政部所定建築師酬金標準表及直轄市或縣（市）政府發布之建造執照工程造價表計算之。

B.依營造施工費一定比例

或按實際營造施工費之百分之二至百分之三推估之。

(2)廣告費、銷售費、管理費及稅捐

A.費率（第61條）

廣告費、銷售費、管理費及稅捐，應按總成本乘以相關費率計算，相關費率應由全聯會定期公告之。

B.例外得不計入總成本（第62條）

廣告費、銷售費、管理費及稅捐，視勘估標的之性質，於成本估價時得不予計入。

C.全聯會公布之費用率

成本法規定之廣告費、銷售費、管理費及稅捐等費用之費率，已由中華民國不動產估價師公會全國聯合會訂定於「不動產估價技術第四號公報」中。相關費用之費率規定，說明如下：

(A)廣告費、銷售費、管理費及稅捐等費率，全聯會規定如下。但因情況特殊並於估價報告書中敘明者，其費率之推估，不在此限。

(B)廣告費及銷售費

廣告費、銷售費按總成本或總銷售金額之百分之三至百分之七推估。

(C)管理費

a.不含公寓大廈管理條例規定設立公共基金，按總成本或總銷售金額之百分之一點五至百分之三推估。

b.包含公寓大廈管理條例規定設立公共基金者，得提高管理費用率為百分之四至百分之五。或依公寓大廈管理條例施行細則第6條規定推算之。

(D)稅捐

稅捐按總成本或總銷售金額之百分之零點五至百分之一點二推估，或就勘估標的之地價稅、營業稅等稅捐，按實際情形估算之。

(3)資本利息

A.按資金種類及使用年數分別計息（第58條）

(A)勘估標的之資本利息應依分期投入資本數額及資本使用年數，按自有資金與借貸資金分別計息，其自有資金與借貸資金比例，應依銀行一般放款成數定之。

(B)前項資本利息之計算，應按營造施工費、規劃設計費、廣告費、銷售費、管理費、稅捐及其他負擔之合計額乘以利率計算。

(C)第1項勘估標的為土地或包含土地者，前項合計額應另加計土地價格。

B.各種資金之利率標準（第59條）

(A)自有資金

自有資金之計息利率應不高於一年期定存利率且不低於活存利率。

(B)借貸資金

借款則以銀行短期放款利率計息。

(C)預售收入

預售收入之資金應不計息。

(4)開發或建築利潤

A.合理之利潤率（第60條）

(A)勘估標的之開發或建築利潤應視工程規模、開發年數與經濟景氣等因素，按營造或施工費、規劃設計費、廣告費、銷售費、管理費、資本利息、稅捐及其他負擔之合計額乘以適當利潤率計算之。

(B)前項利潤率應由全聯會定期公告；未公告前依營造或建築業之平均經營利潤率為準，並得依開發或建物形態之不同，考量經營風險及開發或建築工期之長短酌予調整之。

(C)前項建築工期指自申請建造執照開始至建築完成達到可交屋使用為止無間斷所需之時間。

(D)第1項勘估標的為土地或包含土地者，合計額應另加計土地價格。

B.得不計入總成本（第62條）

開發或建築利潤，視勘估標的之性質，於成本估價時得不予計入。

C.全聯會公布之利潤率

成本法規定之開發或建築利潤率，已由中華民國不動產估價師公會全國聯合會訂定於「不動產估價技術第四號公報」中。相關利潤率之規定，說明如下：

(A)開發或建築利潤率應視開發或建築工期依下表決定其利潤率

開發或建築工期	利潤率
1年（含）以下	10%～20%
超過1年～2年（含）以下	12%～23%
超過2年～3年（含）以下	14%～26%
超過3年～4年（含）以下	16%～29%
超過4年～5年（含）以下	17%～30%
超過5年	18%以上

註：摘錄自中華民國不動產估價師公會全國聯合會公布之「不動產估價技
　　術第四號公報」

(B)各地方公會得於上表區間內依各地區房地產市場實際發展狀況訂定各
　　地區之開發或建築利潤率區間表，函復本會後報請主管機關備查。

(C)個案利潤率應視勘估標的工程規模、開發年數與經濟景氣等因素，
　　考量區域市場、個案經營風險及開發或建築工期之長短於上表利潤
　　率區間內判定之。但如因特殊情況（如規模過大或過小）或勘估標
　　的屬情形特殊之土地用地變更或開發，致其利潤率超過本表所定之
　　標準者，得依市場實際狀況決定適用之利潤率，並於報告書內詳細
　　敘明理由。

(D)各地方公會轄區有另訂標準者（如下表），依其標準優先適用。

開發或建築工期	轄區利潤率		
	高雄、屏東、台東、花蓮縣市	台南、苗栗、彰化、南投、嘉義、雲林縣市	桃園、台中、新竹縣市
1年（含）以下	12%～20%	12%～20%	12%～18%
超過1年～2年（含）以下	15%～23%	15%～23%	15%～20%
超過2年～3年（含）以下	18%～26%	18%～26%	18%～24%
超過3年～4年（含）以下	20%～28%	20%～28%	20%～25%
超過4年～5年（含）以下	22%～30%	22%～30%	22%～28%
超過5年	25%以上	25%以上	25%以上

註：摘錄自中華民國不動產估價師公會全國聯合會公布之「不動產估價技
　　術第四號公報」

6.計算總成本

(1)總成本之項目（第52條）

勘估標的之總成本應包括之各項成本及相關費用如下：

A.營造或施工費。

B.規劃設計費。

C.廣告費、銷售費。

D.管理費。

E.稅捐及其他負擔。

F.資本利息。

G.開發或建築利潤。

(2)前項勘估標的為土地或包含土地者，總成本應加計價格日期當時之土地價格。

(3)總成本各項計算過程應核實填寫於成本價格計算表內。

(4)重建成本之計算

上開條文所稱「總成本」，即同規則第48條之「重建成本」，由此可知，重建成本（總成本）＝營造或施工費＋規劃設計費＋廣告費、銷售費＋管理費＋稅捐及其他負擔＋資本利息＋開發或建築利潤。

(5)特殊狀況之成本（第64條）

因特殊狀況致土地或建物投資無法產生相對正常報酬之成本，於成本估價時得不予計入或於折舊中扣除，並應於估價報告書中敘明。

7.計算建物累積折舊額

(1)折舊額之計算（第65條）

A.經濟耐用年數為主，物理耐用年數為輔

建物折舊額計算應以經濟耐用年數為主，必要時得以物理耐用年數計算。

B.經濟耐用年數之意義

經濟耐用年數指建物因功能或效益衰退至不值得使用所經歷之年數。

C.物理耐用年數之意義

物理耐用年數指建物因自然耗損或外力破壞至結構脆弱而不堪使用所經歷之年數。

D.經濟耐用年數之重新調整

建物之經歷年數大於其經濟耐用年數時，應重新調整經濟耐用年數。

(2)經濟耐用年數表

A.建物經濟耐用年數表由全聯會依建物之經濟功能及使用效益，按不同主

體構造種類及地區公告之。（第66條）

　B.上開經濟耐用年數表，已由中華民國不動產估價師公會全國聯合會訂定
　　於「不動產估價技術第四號公報」中，如下表所示：

(3)殘餘價格率（第67條）

　A.意義

　　係指建物於經濟耐用年數屆滿後，其所剩餘之結構材料及內部設備仍能
　　於市場上出售之價格占建物總成本之比例。

　B.殘餘價格率之決定

　　建物之殘餘價格率應由全聯會公告之，並以不超過百分之十為原則。

　C.無殘值不予提列

　　建物耐用年數終止後確實無殘餘價格者，於計算折舊時不予提列。

　D.考量清理或清除成本

　　依第1項殘餘價格率計算建物殘餘價格時，應考量建物耐用年數終止後
　　所需清理或清除成本。

　E.上開殘餘價格率，已由中華民國不動產估價師公會全國聯合會訂定於
　　「不動產估價技術第四號公報」中，如下表所示：

建物經濟耐用年數表

細目		經濟耐用年數
辦公用、商店用、住宅用、公共場所用及不屬下列各項之房屋	1.鋼骨造、鋼骨鋼筋混凝土造、鋼筋混凝土造、預鑄混凝土造	50
	2.加強磚造	35
	3.磚造	25
	4.金屬造（有披覆處理）	20
	5.金屬造（無披覆處理）	15
	6.木造	10
變電所用、發電所用、收發報所用、停車場用、車庫用、飛機庫、貨運所用、公共浴室用之房屋及工場用廠房	1.鋼骨造、鋼骨鋼筋混凝土造、鋼筋混凝土造、預鑄混凝土造	35
	2.加強磚造	30
	3.磚造	20
	4.金屬造（有披覆處理）	15
	5.金屬造（無披覆處理）	10
	6.木造	8

細目		經濟耐用年數
受鹽酸、硫酸、硝酸、氯及其他有腐蝕性液體或氣體之直接全面影響及冷凍倉庫用之廠房、貯藏鹽及其他潮解性固體直接全面受蒸汽影響之廠房	1.鋼骨造、鋼骨鋼筋混凝土造、鋼筋混凝土造、預鑄混凝土造	25
	2.加強磚造	20
	3.磚造	10
	4.金屬造（有披覆處理）	10
	5.金屬造（無披覆處理）	8
	6.木造	5

註：摘錄自中華民國不動產估價師公會全國聯合會公布之「不動產估價技術第四號公報」

建物之殘餘價格率

建物構造種類	殘值價格率（%）
鋼骨鋼筋混凝土（SRC）	10
鋼骨造（SC）	10
鋼筋混凝土造（RC）	5
加強磚造	0
磚造	0
金屬造	10
木造	0
石造	0

註：摘錄自中華民國不動產估價師公會全國聯合會公布之「不動產估價技術第四號公報」

(4)累積折舊額之計算
A.折舊發生之原因
(A)物理因素
係指建物因風吹、日曬或雨淋等自然老化、人為的使用，以及風災、水災或地震等天然災害的影響，所造成價值之減損，即建物實體的損壞。
(B)功能因素
係指建物因外型窳陋、設計陳舊、或設備落伍，所造成價值之減損，即建物內部功能之退化。
(C)經濟因素
係指建物因周遭公共設施不足或所處之外在環境衰敗，所造成價值

之減損，即建物因外部因素所產生之退化。

B.計算方法

(A)耐用年數法（第68條第1項）

建物累積折舊額之計算，應視建物特性及市場動態，選擇屬於等速折舊、初期加速折舊或初期減速折舊之折舊方法。

a.等速折舊法

(a)意義

建物在經濟耐用年數期間，每年之折舊額皆爲相同。本法又稱爲定額法、直線折舊法或定比折舊法。

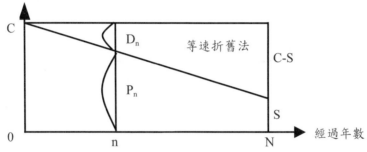

其中：

P_n：建物現值

C：建物總成本

D：年折舊額

D_n：累積折舊額

S：殘餘價格（$S = C \times R$）

R：殘餘價格率

n：已經歷年數

N：耐用年數

(b)公式

Ⅰ、年折舊額

$$D = \frac{C - S}{N} = \frac{C \times (1 - R)}{N}$$

Ⅱ、累積折舊額

$$D_n = \frac{C-S}{N} \times n = \frac{C \times (1-R)}{N} \times n$$

Ⅲ、建物現值之計算

$$P_n = C - D_n = C - \frac{C-S}{N} \times n = C - \frac{C \times (1-R)}{N} \times n$$

b.初期加速折舊法

(a)意義

建物在經濟耐用年數期間，每年以相同之折舊率計算折舊額，每年之折舊額期初大而期末小。本法又稱爲定率法、餘額遞減法或百分減值法。

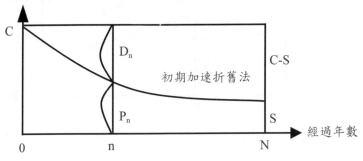

其中：

P_n：建物現值

C：建物總成本

D_n：累積折舊額

S：殘餘價格（S＝C×R）

R：殘餘價格率

n：已經歷年數

N：耐用年數

d：初期加速折舊法之折舊率

(b)公式

Ⅰ、折舊率

$$d = 1 - \sqrt[N]{R} = 1 - \sqrt[N]{\frac{S}{C}}$$

Ⅱ、累積折舊額

$D_n = C - P_n = C \times [1 - (1-d)^n]$

Ⅲ、建物現值之計算

$P_n = C \times (1-d)^n$

Ⅳ、公式推導

假設第n年之折舊額爲d_n

第一年之折舊額：$d_1 = d \times C$

第一年之建物現值：$P_1 = C - d_1 = C - d \times C = C \times (1-d)$

第二年之折舊額：$d_2 = d \times P_1 = d \times C \times (1-d)$

第二年之建物現值：$P_2 = P_1 - d_2 = C \times (1-d) - d \times C \times (1-d)$
$$= C \times (1-d) \times (1-d) = C \times (1-d)^2$$

同理可知，第n年之折舊額：$d_n = d \times P_{n-1} = d \times C \times (1-d)^{n-1}$..(1)

第n年之建物現值：$P_n = C \times (1-d)^n$......................................(2)

故可知建物經濟耐用年數第N年終了時，建物之現值爲：

$$P_N = C \times (1-d)^N = S \Rightarrow (1-d)^N = S/C = R$$

$$\Rightarrow d = 1 - \sqrt[N]{R} = = 1 - \sqrt[N]{\frac{S}{C}}$$......................................(3)

將(3)式代入(2)式中，可得

建物現值：$P_n = C \times (1-d)^n = C \times (\sqrt[N]{R})^n = C \times \left(\sqrt[N]{\frac{S}{C}}\right)^n$

累積折舊額：$D_n = C - P_n = C - C \times (1-d)^n = C \times [1 - (1-d)^n]$
$$= C - C \times (\sqrt[N]{R})^n = C - C \times \left(\sqrt[N]{\frac{S}{C}}\right)^n$$

c.初期減速折舊法

(a)意義

建物在經濟耐用年數期間，每年提存固定之折舊額，且按複利加計利息，每年之折舊額期初小而期末大。本法又稱爲償債基金法。

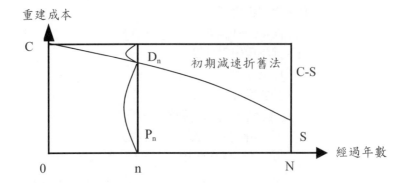

其中：

P_n：建物現值

C：建物總成本

D_n：累積折舊額

S：殘餘價格（$S = C \times R$）

R：殘餘價格率

n：已經歷年數

N：耐用年數

r：利率

(b)公式

Ⅰ、每年提存之折舊額

$$D = (C - S) \times \frac{r}{(1+r)^N - 1}$$

$$= C \times (1 - R) \times \frac{r}{(1+r)^N - 1}$$

Ⅱ、累積折舊額

$$D_n = D \times \frac{(1+r)^n - 1}{r} = (C - S) \times \frac{(1+r)^n - 1}{(1+r)^N - 1}$$

$$= C \times (1 - R) \times \frac{(1+r)^n - 1}{(1+r)^N - 1}$$

Ⅲ、建物現值之計算

$$P_n = C - D_n = C - (C - S) \times \frac{(1+r)^n - 1}{(1+r)^N - 1}$$

$$= C - C \times (1 - R) \times \frac{(1+r)^n - 1}{(1+r)^N - 1}$$

IV、公式推導

假設每年提存之折舊額為D

$D = (C-S) \times$ 償債基金率 $= C \times (1-R) \times$ 償債基金率

$\because$ 償債基金率 $= \dfrac{r}{(1+r)^n - 1}$

$\therefore D = (C-S) \times \dfrac{r}{(1+r)^N - 1} = C \times (1-R) \times \dfrac{r}{(1+r)^N - 1}$

累積折舊額：$D_n = D \times$ 複利年金終價率

$\because$ 複利年金終價率 $= \dfrac{(1+r)^n - 1}{r}$

$\therefore D_n = (C-S) \times \dfrac{r}{(1+r)^N - 1} \times \dfrac{(1+r)^n - 1}{r}$

$\qquad = (C-S) \times \dfrac{(1+r)^n - 1}{(1+r)^N - 1}$

$\qquad = C \times (1-R) \times \dfrac{r}{(1+r)^N - 1} \times \dfrac{(1+r)^n - 1}{r}$

$\qquad = C \times (1-R) \times \dfrac{(1+r)^n - 1}{(1+r)^N - 1}$

建物現值：$P_n = C - D_n = C - (C-S) \times \dfrac{(1+r)^n - 1}{(1+r)^N - 1}$

$\qquad\qquad = C - C \times (1-R) \times \dfrac{(1+r)^n - 1}{(1+r)^N - 1}$

d.實例

某不動產之重建成本為2,000萬元，耐用年數為50年，殘餘價格率為10%，試分別以等速折舊法、初期加速折舊法及初期減速折舊法（折舊提存金之儲蓄利率為5%），計算該不動產10年後之價格。

(a)等速折舊法

$D = C \times (1-R)/N = 2,000 \times (1-10\%) \div 50 = 36$萬元

$P = C - D \times n = 2,000 - 36 \times 10 = 1,640$萬元

(b)初期加速折舊法

$d = 1 - \sqrt[N]{R} = 1 - \sqrt[50]{10\%} = 1 - 0.955 = 0.045$

$P = C \times (1-d)^n = 2,000 \times (1-4.5\%)^{10} = 1,262$萬元

(c)初期減速折舊法

$$D = C \times (1 - R) \times \frac{r}{(1+r)^N - 1}$$

$$= 2,000 \times (1 - 10\%) \times \frac{50\%}{(1+5\%)^{50} - 1}$$

$$= 1,800 \times 0.0048 = 8.64萬元$$

$$D_n = D \times \frac{(1+r)^n - 1}{r} = 8.64 \times \frac{(1+5\%)^{10} - 1}{5\%}$$

$$= 8.64 \times 12.58 = 108.69萬元$$

$$P_n = C - D_n = 2,000 - 108.69 = 1,891.31萬元$$

(B)觀察法

a.意義

所謂「觀察法」，係由估價師實地勘查建物現況，依專業的知識及經驗，觀察建物使用及保養的情形，進而推估適當之減價修正額。

b.估價技術規則之規定（第68條第2項）

建物累積折舊額之計算，除考量物理與功能因素外，並得按個別建物之實際構成部分與使用狀態，考量經濟因素，觀察維修及整建情形，推估建物之剩餘經濟耐用年數，加計已經歷年數，求算耐用年數，並於估價報告書中敘明。

(C)市場抽取法

a.意義

所謂「市場抽取法」，係在不動產市場上蒐集與勘估標的相同或類似之比較標的，運用「比較法」之方式，求取折舊率之方法。

b.求取程序

(a)蒐集與勘估標的相同或類似之比較標的之買賣價格。

(b)以適當方法計算比較標的之土地價格。

(c)以比較標的之買賣價格減去土地價格，即為比較標的之建物折舊後價格。

(d)求取比較標的之建物重建成本或重置成本。

(e)以比較標的之建物重建成本或重置成本，減去比較標的之建物折舊後價格，可得比較標的之建物累積折舊額。

(f)以比較標的之建物累積折舊額，除以重建或重置成本，可得比較標的之建物總折舊率。

(g)再將比較標的之建物總折舊率，除以已經歷年數，可得比較標的之

　　　　　　之建物年折舊率。

　　　　(h)以比較標的之建物年折舊率，乘以勘估標的已經歷年數，即得勘
　　　　　　估標的之建物總折舊率。

　　　　(i)最後將勘估標的之建物總折舊率，乘以勘估標的之建物重建成本
　　　　　　或重置成本，即得勘估標的之建物累積折舊額。

　　　c.參考林英彥教授所著「不動產估價」第11版，運用市場抽取法計算
　　　　折舊額時，應注意以下各點：

　　　　(a)為提高計算之正確性，儘量蒐集較多的比較標的。

　　　　(b)各比較標的之經歷年數不同時，宜求取平均每年折舊率。

　　　　(c)比較標的與勘估標的如有差異，應以比較法進行修正。

　　(D)分解法

　　　a.意義

　　　　所謂「分解法」，係將不動產細分成數個部分並分別計算其折舊
　　　　額，再合計各部分之折舊額，即得總折舊額之方法。

　　　b.求取方式

　　　　通常將不動產分解成主結構部分（例如建材）或附屬設備部分（例
　　　　如電梯），亦即將不動產各組成部分依「長、短耐用年限」分別計
　　　　算其折舊額；或將不動產物理性之折舊額、功能性之折舊額及經濟
　　　　性之折舊額分別估算。最後，再將各部分之折舊額予以合計，即可
　　　　求得不動產之總折舊額。

8.計算成本價格（第69條）

　(1)計算公式

　　成本價格之計算公式如下：

　　A.土地

　　　土地價格＝土地總成本。

　　B.建物

　　　建物成本價格＝建物總成本－建物累積折舊額。

　　C.房地一體

　　　房地成本價格＝土地價格＋建物成本價格。

　(2)土地價格得以其他價格替代

　　前項土地價格之求取有困難者，得以比較法或收益法計算之，並於估價報
　　告書中敘明。以比較法或收益法計算土地價格者，並需考量土地部分之廣
　　告費、銷售費、管理費、稅捐、資本利息及利潤之合理性。

(3)考量減損之扣除

依第1項規定計算土地價格，得考量已投入土地開發改良因時間經過造成之減損，並於土地總成本中扣除。

肆、土地開發分析法

一、意義（第70條）

土地開發分析法，指根據土地法定用途、使用強度進行開發與改良所導致土地效益之變化，估算開發或建築後總銷售金額，扣除開發期間之直接成本、間接成本、資本利息及利潤後，求得開發前或建築前土地開發分析價格。

二、公式（第81條）

$V = S \div (1 + R) \div (1 + i) - (C + M)$

其中：

V：土地開發分析價格

S：開發或建築後預期總銷售金額

R：適當之利潤率

C：開發或建築所需之直接成本

M：開發或建築所需之間接成本

i：開發或建築所需總成本之資本利息綜合利率

三、估價程序及內容

（一）土地開發分析法估價之程序（第71條）

1.確定土地開發內容及預期開發時間。

2.調查各項成本及相關費用並蒐集市場行情等資料。

3.現況勘察並進行環境發展程度之調查及分析。

4.估算開發或建築後可銷售之土地或建物面積。

5.估算開發或建築後總銷售金額。

6.估算各項成本及相關費用。

7.選擇適當之利潤率及資本利息綜合利率。

8.計算土地開發分析價格。

（二）土地開發分析法估價程序之相關規定

1.確定土地開發內容及預期開發時間

(1)首先須先確定土地開發面積、使用分區及開發內容等資料，並了解建蔽率及容積率等土地開發之強度，以便估算開發完成後之總樓地板面積。

(2)再者，須確定預期開發之時間，因開發時間之長短，攸關間接成本中自有資金及借貸資金之利息多寡，不動產估價技術規則第80條規定，開發年數之估計應自價格日期起至開發完成為止無間斷所需之時間。是以利用本法評估土地開發前之價格，須先確定其相關資料。

2.調查各項成本及相關費用並蒐集市場行情等資料

(1)一般資料（第11條）

不動產估價應蒐集之資料如下：

A.勘估標的之標示、權利、法定用途及使用管制等基本資料。

B.影響勘估標的價格之一般因素、區域因素及個別因素。

C.勘估標的相關交易、收益及成本資料。

(2)開發及建築資料（第72條）

依土地開發分析法進行估價除依第11條規定蒐集資料外，另得視需要蒐集下列土地及建物所需資料：

A.開發構想計畫書。

B.建築設計圖說或土地規劃配置圖說。

C.建照申請書或建造執照。

D.營造或施工費資料。

E.規劃、設計、廣告、銷售、管理及稅捐等費用資料。

F.資本利率。

G.開發或建築利潤率。

3.現況勘察並進行環境發展程度之調查及分析（第73條）

現況勘察與環境發展程度之調查及分析包括下列事項：

(1)調查影響總銷售金額、成本及費用等因素。

(2)確認勘估標的之工程進度、施工及環境狀況並攝製必要照片或影像檔。

(3)市場交易資料之蒐集、調查。

(4)週遭環境土地建物及公共設施開發程度。

4.估算開發或建築後可銷售之土地或建物面積（第74條）

(1)估算原則

開發或建築後可銷售之土地或建物面積應依下列原則估算之：

　　　　A.依建造執照及建築設計圖說或土地開發許可文件及規劃配置圖計算之面
　　　　積。
　　　　B.未取得建造執照或土地開發許可文件時應按相關法令規定下最有效使用
　　　　之狀況，根據土地之地形、地勢並參酌當地市場狀況等因素估算其可銷
　　　　售面積。
　　(2)校核
　　　　前項可銷售面積之計算過程應詳列計算式以便校核。

5.估算開發或建築後總銷售金額（第75條）

　　(1)估算原則
　　　　開發或建築後預期總銷售金額應按開發或建築後可銷售之土地或建物面積
　　　　乘以推定之銷售單價計算之。
　　(2)銷售單價不同之處理
　　　　可銷售面積中之各部分銷售單價不同時，應詳列各部分面積及適用之單
　　　　價。
　　(3)銷售單價之求取
　　　　前項銷售單價應考量價格日期當時銷售可實現之價值，以比較法或收益法
　　　　求取之。

6.估算各項成本及相關費用

　　(1)成本之項目（第76條）
　　　　土地建築開發之直接成本、間接成本項目如下：
　　　　A.直接成本：營造或施工費。
　　　　B.間接成本，其內容如下：
　　　　　(A)規劃設計費。
　　　　　(B)廣告費、銷售費。
　　　　　(C)管理費。
　　　　　(D)稅捐及其他負擔。
　　(2)費用之費率
　　　　A.廣告費、銷售費、管理費及稅捐，應按總銷售金額乘以相關費率計算，
　　　　相關費率應由全聯會定期公告之。（第77條）
　　　　B.全聯會公布之費用率
　　　　土地開發分析法規定各種費用之費率，已由中華民國不動產估價師公會
　　　　全國聯合會訂定於「不動產估價技術第四號公報」中。相關費用之費率
　　　　規定，說明如下：

(A)廣告費、銷售費、管理費及稅捐等費率，全聯會規定如下。但因情況特殊並於估價報告書中敍明者，其費率之推估，不在此限。

(B)廣告費及銷售費

廣告費、銷售費按總成本或總銷售金額之百分之三至百分之七推估。

(C)管理費

a.不含公寓大廈管理條例規定設立公共基金，按總成本或總銷售金額之百分之一點五至百分之三推估。

b.包含公寓大廈管理條例規定設立公共基金者，得提高管理費用率為百分之四至百分之五。或依公寓大廈管理條例施行細則第6條規定推算之。

(D)稅捐

稅捐按總成本或總銷售金額之百分之零點五至百分之一點二推估，或就勘估標的之地價稅、營業稅等稅捐，按實際情形估算之。

7.選擇適當之利潤率及資本利息綜合利率

(1)土地開發分析法之規劃設計費與利潤率應依第57條及第60條規定計算之。（第78條）

A.規劃設計費及利潤率

(A)規劃設計費（第57條）

勘估標的為建物時，規劃設計費依下列標準計算：

a.依酬金標準表及工程造價表

按內政部所定建築師酬金標準表及直轄市或縣（市）政府發布之建造執照工程造價表計算之。

b.依營造施工費一定比例

或按實際營造施工費之百分之二至百分之三推估之。

(B)合理之利潤率（第60條）

a.勘估標的之開發或建築利潤應視工程規模、開發年數與經濟景氣等因素，按營造或施工費、規劃設計費、廣告費、銷售費、管理費、資本利息、稅捐及其他負擔之合計額乘以適當利潤率計算之。

b.前項利潤率應由全聯會定期公告；未公告前依營造或建築業之平均經營利潤率為準，並得依開發或建物形態之不同，考量經營風險及開發或建築工期之長短酌予調整之。

c.前項建築工期指自申請建造執照開始至建築完成達到可交屋使用為止無間斷所需之時間。

　　　　　　d.第1項勘估標的爲土地或包含土地者，合計額應另加計土地價格。
　　　　(C)全聯會公布之利潤率詳見「成本法」。
　　(2)資本利息綜合利率
　　　　A.土地開發分析法之資本利息綜合利率，應依第58條及第59條規定計算資本利息年利率。（第79條）
　　　　　(A)按資金種類及使用年數分別計息（第58條）
　　　　　　　a.勘估標的之資本利息應依分期投入資本數額及資本使用年數，按自有資金與借貸資金分別計息，其自有資金與借貸資金比例，應依銀行一般放款成數定之。
　　　　　　　b.前項資本利息之計算，應按營造施工費、規劃設計費、廣告費、銷售費、管理費、稅捐及其他負擔之合計額乘以利率計算。
　　　　　　　c.第1項勘估標的爲土地或包含土地者，前項合計額應另加計土地價格。
　　　　　(B)各種資金之利率標準（第59條）
　　　　　　　a.自有資金
　　　　　　　自有資金之計息利率應不高於一年期定存利率且不低於活存利率。
　　　　　　　b.借貸資金
　　　　　　　借款則以銀行短期放款利率計息。
　　　　　　　c.預售收入
　　　　　　　預售收入之資金應不計息。
　　　　B.開發年數（第80條）
　　　　　開發年數之估計應自價格日期起至開發完成爲止無間斷所需之時間。
　　　　C.計算公式（第79條）
　　　　　(A)資本利息綜合利率＝資本利息年利率×（土地價值比率＋建物價值比率×1/2）×開發年數。
　　　　　(B)利息負擔特殊之調整
　　　　　勘估標的資本利息負擔特殊，或土地取得未立即營造施工者，資本利息綜合利率得再就前項規定之二分之一部分調整計算，並於估價報告書中敘明。
　　　　　(C)建物價值之求取
　　　　　第1項建物價值比率之建物價值，得以營造施工費加計規劃設計費計算之。
8.計算土地開發分析價格（第81條）
　　土地開發分析法價格之計算公式如下：

$$V = S \div (1 + R) \div (1 + i) - (C + M)$$

其中：

V：土地開發分析價格

S：開發或建築後預期總銷售金額

R：適當之利潤率

C：開發或建築所需之直接成本

M：開發或建築所需之間接成本

i：開發或建築所需總成本之資本利息綜合利率

四、開發成本法

廣義的土地開發分析，另有日本的開發成本法，參考林英彥教授所著《不動產估價》第11版，其意義、公式及估價程序，說明如下：

（一）意義

開發成本法，係將土地開發前之地價，加計土地取得成本之利息、開發成本與利息、管銷費用及公共設施分攤之土地價金，求得開發後土地價格之方法。

（二）公式

$$A = \frac{1}{f} \times \frac{1}{1 - \alpha} \times [(1 + n'P)X + (1 + nP)B]$$

A：開發後土地價格

f：宅地化比率

α：管銷費及一般管理費（以比率表示）

X：開發前之素地取得價格

B：開發工事費

P：土地成本與開發成本之利率（月利率）

n'：土地成本之利息負擔月數

n：開發工事費之利息負擔月數

（三）估價程序

開發成本法估價之程序，說明如下：

1. 蒐集未開發土地之交易案例並調查其市價

在勘估標的同一供需圈之近鄰地區或類似地區，蒐集未開發土地之交易案例，並調查其正常市價。

2. 進行因素之比較及調整

先將比較標的之價格進行情況及價格日期之調整,次依勘估標的與比較標的比較、分析之結果,將上開調整後之價格,再進行區域因素及個別因素之調整。

3. 估算宅地化比率

所謂宅地化比率,係指開發後可供建築之面積,占施工開發面積之比率。亦即開發後可供建築之面積,占開發區域總面積扣減既存公設地面積後之比率。

即 宅地化比率 $= \dfrac{\text{開發後可供建築之面積}}{\text{施工開發面積}} = \dfrac{\text{開發後可供建築之面積}}{\text{開發區域總面積} - \text{既存公設地面積}}$

4. 估算開發費用

開發費用包含直接工事費及間接工事費。直接工事費係指測量、填土、修築橋樑、道路、水溝等費用;間接工事費係指一般管理費及開發者之利潤而言。

5. 估算土地成本及開發工事費之本利和

對於土地成本及開發工事費等投入之資本,按單利方式計算利息。

即本利和 $= (1 + n'P)X + (1 + nP)B$

6. 計算開發後之土地價格

經上開公式之計算,可求得開發後土地之價格。

五、預期開發法

廣義的土地開發分析,除日本的開發成本法外,另有日本的預期開發法,參考林英彥教授在其大著《不動產估價》第11版一書,其意義、公式及估價程序,說明如下:

(一) 意義

預期開發法,係先估算土地開發後所能出售之價格,扣除開發時所支出之開發工事費、利息、稅負等各種費用,以求得開發前土地價格之方法。

(二) 公式

$$X = \{A \times f - [(B + K)(1 + nP) + C]\} \times \frac{1}{1 + n'P} \times \frac{1}{(1 + r)^n} \times D$$

X:開發前之素地價格

A:預估開發後之土地價格

f:宅地化比率

B:開發工事費

K：開發時須繳之負擔金

n：開發工事費之利息負擔月數（自開發之始至完售土地期間之1/2為準）

n'：土地成本之利息負擔月數

P：土地成本與開發成本之利率（月利率）

C：間接費用

$1/(1＋r)^n$：成熟度修正率（r為月利率）

D：個別因素之修正率

（三）估價程序

預期開發法估價之程序，說明如下：

1. 蒐集已開發土地之交易案例並調查其市價

在勘估標的同一供需圈之近鄰地區或類似地區，蒐集已開發土地之交易案例，並調查其正常市價。

2. 進行因素之比較及調整

先將比較標的之價格進行情況及價格日期之調整，次依勘估標的與比較標的比較、分析之結果，將上開調整後之價格，再進行區域因素及個別因素之調整。

3. 估算宅地化比率

所謂宅地化比率，係指開發後可供建築之面積，占施工開發面積之比率。亦即開發後可供建築之面積，占開發區域總面積扣減既存公設地面積後之比率。

$$即　宅地化比率 = \frac{開發後可供建築之面積}{施工開發面積} = \frac{開發後可供建築之面積}{開發區域總面積 － 既存公設地面積}$$

4. 估算開發工事費

包含整地、坡崁、道路、排水及綠化等設施之工事費用。

5. 估算公益設施負擔金

為將開發後之超額利潤回饋社會，以及將開發時所產生之外部成本內部化，例如環境生態之衝擊及交通擁擠之問題，政府會對開發者課徵開發影響費、或要求其捐地或捐錢。

6. 估算管銷費用

包含銷售費、管理費及業務費等費用。

7. 估算相關資本之利息

投入土地之資金、開發工事費及公益設施之負擔金，應以單利計算利息。管銷費用則不予計息。另開發工事費係按工程進度分期投入，其利息負擔約為開發期間之二分之一。

8. 成熟度修正

　　土地在開發完成之初，相關之公共設施不若比較案例般完備，故其地價需做減價修正。即土地開發完成之初到完全成熟之期間，按複利計算利息，並於土地價格中扣除，此即為成熟度修正。

9. 個別因素之比較修正

　　計畫開發之土地，因開發範圍廣大，包含數筆土地，而各筆土地之位置、形狀、坡度等個別條件仍存有差異，故再將各筆土地做個別因素之價格修正。

10. 計算開發前之土地價格

　　經上開公式之計算，可求得開發前土地之價格。

第四節　宗地估價

壹、通則

一、土地合併或分割之估價

（一）考量價格變動情形（第83條）

　　以合併或分割為前提之宗地估價，應考慮合併或分割前後之價格變動情形，而予酌量增減。

（二）合併土地價格之分算（第84條）

　　1.數筆土地合併為一宗進行土地利用之估價，應以合併後土地估價，並以合併前各筆土地價值比例分算其土地價格。

　　2.非以合併一宗進行土地利用為目的之數筆相連土地，其屬同一土地所有權人所有者，比照前項規定計算。

（三）內政部訂定「土地分割改算地價原則」、「土地合併改算地價原則」、「共有土地所有權分割改算地價原則」可供參考；詳見第二章第二節。

二、數種法定用途之土地估價（第85條）

　　一宗土地內有數種不同法定用途時，應考量其最有效使用及各種用途之相關性及分割之難易度後，決定分別估價或依主要用途估價。

三、附建物之宗地估價（第86條）

附有建物之宗地估價，應考慮該建物對該宗地價格造成之影響。但以素地估價為前提並於估價報告書敘明者，不在此限。

四、即將開發之宗地估價

（一）對以進行開發為前提之宗地，得採土地開發分析法進行估價，並參酌比較法或收益法之評估結果決定其估價額。（第87條）

（二）亦可採用日本之「預期開發法」，估算開發前土地之價格，詳細內容參閱第五章第三節。

五、土地有設施通過之估價（第88條）

土地之上下因有其他設施通過，致使用受限制之宗地，應先估算其正常價格，再考量該設施通過造成土地利用之影響，並計算其地價減損額後，從正常價格中扣除之，以其餘額為該宗地之價格。

六、受污染土地之估價（第89條）

受有土壤或地下水污染之土地，應先估算其未受污染之正常價格，再依據委託人提供之土壤污染檢測資料，考量該土壤或地下水污染之影響，並計算其地價減損額後，從正常價格中扣除之，以其餘額為該宗地之價格。

貳、特殊宗地估價

一、溫泉地估價（第90條）

溫泉地之估價，應考慮溫泉地之水權內容、開發成本、水量、水質、水溫、當地之交通情形、相關設施及遊客人數等影響溫泉地價格之因素。

二、高爾夫球場之估價（第91條）

高爾夫球場之估價，應考慮會員制度、球場設施、開發成本、收益及營運費用等因素。

三、直接生產用地及墓地之估價

（一）林地（第92條）

　　林地之估價，得視林木之成長情形而分別採取比較法、收益法及成本法估計之。於採成本法估價時，其總費用之計算，應考量造林費、林地改良費及道路開挖費用。

（二）農場或牧場（第93條）

　　農場或牧場之估價，以比較法估價為原則。無買賣實例者，得以附近土地價格為基礎，考慮其位置、形狀、地形、土壤特性及利用狀況等差異，比較推估之。

（三）鹽田（第94條）

　　鹽田之估價，以比較法估價為原則。無買賣實例者，得以附近土地價格為基礎，考慮其日照、通風、位置及形狀等差異，比較推估之。

（四）池沼及墓地（第95條）

　　池沼、墓地之估價，以比較法估價為原則。無買賣實例者，得以附近土地價格為基礎，考慮位置、形狀、利用狀況等差異，比較推估之。

四、公設地估價（第97條）

　　公共設施用地及公共設施保留地之估價，以比較法估價為原則。無買賣實例者，得比較其與毗鄰土地使用分區及使用強度差異，及土地價值減損情況，並斟酌毗鄰土地平均價格為基礎推算之。

第五節　房地估價

　　民法第66條第1項規定：「稱不動產者，謂土地及其定著物。」而所謂「土地定著物」，又可分為土地改良物及非改良物二種。土地法第5條第1項規定：「本法所稱土地改良物，分為建築改良物及農作改良物二種。」同條文第2項規定：「附著於土地之建築物或工事，為建築改良物。」由此可知，土地、建築物或土地加建

築物皆屬不動產，皆可單獨爲估價之標的，而本節主要在介紹土地上蓋有建築物，亦即房地一體化下，其價格該如何估算。

壹、房地一體化之分類

一、一般建物

係指在一宗土地上蓋有一棟建物，而此土地或建物之所有權爲單獨所有，或非如區分所有建物般爲多數人分別共有，例如透天厝、別墅或平房等。

二、區分所有建物

（一）定義

依公寓大廈管理條例第3條第1項第2款之規定，所謂「區分所有」，係指數人區分一建築物而各有其專有部分，並就其共用部分按其應有部分有所有權。故符合上開規定之建物，即爲區分所有建物，例如大樓、公寓。

（二）專有部分

依上開同條文第1項第3款之規定，所謂「專有部分」，係指公寓大廈之一部分，具有使用上之獨立性，且爲區分所有之標的者。

（三）共用部分

依上開同條文第1項第4款之規定，所謂「共用部分」，係指公寓大廈專有部分以外之其他部分及不屬專有之附屬建築物，而供共同使用者。

貳、樓層價差之理論

公寓大廈各樓層之價格會有所差異，其主要理論有三，分述如下：

一、土地貢獻說

若以重建成本的概念觀之，每層樓之造價理應相同，惟實際上每層樓之售價，因樓層之高度而有所不同，其價差因土地立體效用（土地立體區位）所致。

二、建物貢獻說

面積相同之建物，其坐落土地之持分應相等，故其土地價格亦應相同，而每層

樓售價之差異，肇因於建物各樓層使用效益之不同。

三、聯合貢獻說

　　不動產由土地及建物組合而成，其整體效益本由組成分子共同創造，故每層樓售價之差異，應由土地及建物共同產生之效益所造成。

參、樓層別效用比

一、意義

（一）因樓高不同致各層之可及性、視野、寧適等效用產生差別，造成各層之單價不同（垂直價差），將各層單價換算成比率，即為樓層別效用比。

（二）以樓層別效用比計算各樓層之價格，係採聯合貢獻說，亦即各樓層之間會存有價差，係由土地及建物聯合貢獻所致。

二、計算方式

　　先選取某一層樓作為基準樓層，並以其建坪單價為基準（即100%），進而將同棟大樓各樓層之建坪單價與基準樓層之建坪單價相比，即得各樓層之效用百分比。

三、實例

　　有一棟單層單戶之六層華廈，每戶面積皆相同，而一至六樓之每坪單價分別為75萬、65萬、62萬、60萬、63萬、65萬，則各樓層之樓層別效用比如下表所示：

樓層	房價（萬／坪）	樓層別效用比
1F	75	125%
2F	65	108.33%
3F	62	103.33%
4F	60	100%
5F	63	105%
6F	65	108.33%

肆、地價分配率

一、意義

（一）將土地之立體效用依樓層位置予以分配之比率，即土地立體空間效用分配之

百分比。

（二）以地價分配率計算各樓層之價格，係採土地貢獻說，亦即各樓層之間會存有價差，係由土地立體區位所致。

二、計算方式

（一）由建物價格構成比（即全棟建物成本價格占全棟房地總價格之比率）乘平均樓層別效用比率，可得建物效用。

（二）再將各樓層之樓層別效用比率，減去建物效用，即得各樓層之地價分配率。

三、實例

（一）每層面積相同

有一棟單層單戶之六層華廈，每戶面積皆相同，而一至六樓之每坪單價分別為75萬、65萬、62萬、60萬、63萬、65萬。若全棟建物成本價格占全棟房地總價格之比率為55%，則各樓層之地價分配率如下表所示：

樓層	房價（萬／坪）	樓層別效用比	建物效用	地價分配率
1F	75	125%	59.58%	65.42%
2F	65	108.33%	59.58%	48.75%
3F	62	103.33%	59.58%	43.75%
4F	60	100%	59.58%	40.42%
5F	63	105%	59.58%	45.42%
6F	65	108.33%	59.58%	48.75%
平均	65	108.33%	59.58%	48.75%

註：建物效用＝108.33%×55%＝59.58%

（二）每層面積不同

有一棟單層單戶之六層華廈，各戶之面積及每坪單價如下表。若全棟建物成本價格占全棟房地總價格之比率為55%，則各樓層之地價分配率？

樓層	面積（坪）	房價（萬／坪）	樓層別效用比率	建物效用	地價分配率
1F	105	75	125%	59.80%	65.20%
2F	95	65	108.33%	59.80%	48.53%
3F	95	62	103.33%	59.80%	43.53%

樓層	面積（坪）	房價 （萬／坪）	樓層別效用比率	建物效用	地價 分配率
4F	90	60	100%	59.80%	40.2%
5F	90	63	105%	59.80%	45.2%
6F	95	65	108.33%	59.80%	48.53%
平均	95	65.24	108.73%	59.80%	48.93%

註：建物效用：1.$(105×125\%+95×108.33\%+95×103.33\%+90×100\%+90×105\%+95×108.33\%)÷(105+95+95+90+90+95)=108.73\%$

2.$108.73\%×55\%=59.80\%$

伍、部分別效用比率

各樓層因高度之不同有價差存在，同樓層各戶間因座向之不同，亦有價差存在，參考林英彥教授所著《不動產估價》第11版一書，以及許文昌教授所著《不動產估價理論》第4版一書，將其意義及計算方式，說明如下：

一、意義

（一）同層數戶因座向不同，通風、採光、景觀等條件有所差別，造成各戶間存有價差。部分別效用比率係為同一層各戶間因位置不同所造成價格差異的百分比，亦稱為位置別效用比率。

（二）以部分別效用比計算同層各戶之價格，係採聯合貢獻說，亦即同層各戶間會存有價差，係由土地及建物聯合貢獻所致。

二、計算方式

先選取同一層其中一戶作為基準戶，並以其建坪單價為基準（即100%），進而將同一層其他戶之建坪單價與基準戶之建坪單價相比，即得同一層各戶之效用百分比。

三、實例

有一棟六層樓高之華廈，其中第三層各戶之面積及每坪單價如下表，若全棟建物成本價格占全棟房地總價格之比率為55%，則各戶之部分別效用比率及地價分配率？

戶別	面積 (坪)	房價 (萬／坪)	部分別效用比率	建物效用	地價 分配率
A	55	66	110%	58.11%	51.89%
B	50	65	108.33%	58.11%	50.22%
C	50	63	105%	58.11%	46.89%
D	60	60	100%	58.11%	41.89%
平均	53.75	63.40	105.66%	58.11%	47.55%

註：建物效用：1.(55×110% + 50×108.33% + 50×105% + 60×100%)÷(55 + 50 + 50 + 60)
　　　　　　　　= 105.66%
　　　　　　2.105.66%×55%=58.11%

陸、估價方法

一、依樓層別效用比及位置作調整（第98條）

（一）區分所有建物之估價，應就專有部分、共用部分之比例及基地權利合併估價，並考量其與比較標的之樓層別效用比及位置差異作適當之調整。

（二）前項樓層別效用比，由全聯會按不同地區所蒐集之案例公告，供前項調整之參考，並依市場行情及地方習慣推估之。

二、基地單價之推估

（一）一般建物（第 99 條）

　　1.土地及建物價值比率未知
　　　以勘估標的之房地價格推估其基地單價時，得以下列方式估計之：
　　　(1)勘估標的之基地價格＝勘估標的之房地價格－勘估標的之建物成本價格。
　　　(2)勘估標的之基地單價＝勘估標的之基地價格／勘估標的之基地面積。
　　2.土地及建物價值比率已知
　　　勘估標的之土地價值比率及建物價值比率已知者，以勘估標的之房地價格推估其基地單價時，亦得以下列方式估計之：
　　　(1)勘估標的之基地價格＝勘估標的之房地價格×土地價值比率。
　　　(2)勘估標的之基地單價＝勘估標的之基地價格／勘估標的之基地面積
　　3.前項所稱土地價值比率及建物價值比率，應參酌當地市場調查資料，運用估價方法計算之。

（二）區分所有建物

1.土地及建物價值比率未知（第100條）

勘估標的屬區分所有建物時，以其房地價格推估該區分所有建物基地單價時，得以下列方式估計之：

(1)該區分所有建物基地權利價格＝該區分所有建物房地價格－該區分所有建物之建物成本價格。

(2)該區分所有建物之基地權利單價＝該區分所有建物基地權利價格／該區分所有建物之基地持分面積。

(3)基地單價＝該區分所有建物之基地權利單價×平均地價分配率／該區分所有建物之地價分配率。

(4)前項第三款該區分所有建物之地價分配率公式如下：

該區分所有建物之地價分配率＝該區分所有建物之樓層別效用比－平均樓層別效用比×全棟建物成本價格占全棟房地總價格比率。

2.土地及建物價值比率已知（第101條）

勘估標的之土地價值比率及建物價值比率已知者，以房地價格推估該區分所有建物基地單價，得以下列方式估計之：

(1)該區分所有建物基地權利價格＝該區分所有建物房地價格×土地價值比率。

(2)該區分所有建物之基地權利單價＝該區分所有建物基地權利價格／該區分所有建物之基地持分面積。

(3)該區分所有建物之基地單價＝該區分所有建物之基地權利單價×平均樓層別效用比／該區分所有建物之樓層別效用比。

(4)前項所稱土地價值比率及建物價值比率，應參酌當地市場調查資料，運用估價方法計算之。

3.以建物價值比率推估建物價格（第101-1條）

勘估標的之土地價值比率及建物價值比率已知者，以勘估標的之房地價格推估其建物價格時，得以房地價格乘以建物價值比率計算之。

三、房地估價應注意事項

（一）實際使用容積超過法定容積（第102條）

實際建築使用之容積率超過法定容積率之房地估價，應以實際建築使用合法部分之現況估價，並敘明法定容積對估值之影響。

（二）違章建築（第 103 條）

1. 附有違章建築之房地估價，其違建部分不予以評估。
2. 但委託人要求評估其價值，並就合法建物及違建部分於估價報告書中分別標示各該部分之價格者，不在此限。

（三）未達最有效使用狀態

1. 最有效使用之意義（第2條）

係指客觀上具有良好意識及通常之使用能力者，在合法、實質可能、正當合理、財務可行前提下，所作得以獲致最高利益之使用。

2. 價格估算（第104條）

未達最有效使用狀態之房地估價，應先求取其最有效使用狀態之正常價格，再視其低度使用情況進行調整。

（四）原核定用途與土地使用管制不符（第 105 條）

建物原核定用途與現行土地使用管制不符之合法建物，應以現行土地使用分區管制允許之建物用途估價，並就其與建物法定用途估價之差額於估價報告書中敘明。

（五）無使用價值之建物（第 106 條）

建物已不具備使用價值，得將其基地視為素地估價。但應考量建物拆除成本予以調整之。

第六節　土地改良物估價

壹、土地改良物之分類

一、土地改良物之分類，依土地法第5條規定。（第107條）

二、土地法第5條規定，本法所稱土地改良物，分為建築改良物及農作改良物二種。附著於土地之建築物或工事，為建築改良物；附著於土地之農作物及其他植物與水利土壤之改良，為農作改良物。

三、綜上所述，土地改良物包括建築改良物及農作改良物二種。前者包括建築物及工事；後者包括農作物及其他植物與水利土壤之改良。

貳、估價方式

一、建築改良物

（一）建物

1.一般建物（第108條）

(1)建物估價，以成本法估價爲原則。

(2)辦理建物估價時，其附屬設施得一併估計之。

2.受污染建物（第113條）

受有土壤及地下水污染之建物，應先估算其未受污染之正常價格，再依據委託人提供之土壤污染檢測資料，考量該土壤及地下水污染之影響，並計算其減損額後，從正常價格中扣除之，以其餘額爲該建物之價格。

（二）工事（第112條）

附著於土地之工事，以成本法估價爲原則。但得斟酌比較法及收益法估價之結果，決定其估價額。

（三）內政部訂定「建築改良物徵收補償費查估基準」可供參考；詳見第二章第三節。

二、農作改良物

（一）農作改良物估價之意涵（第109條）

本規則所稱農作改良物之估價，指附著於土地之果樹、茶樹、竹類、觀賞花木、造林木及其他各種農作物之估價。

（二）考量因素（第110條）

農作改良物之估價，應依其類別，考量其生產環境、農業災害、生產技術、生產期間、樹齡大小、生長情形、結果習性、管理狀況及農業設施等因素估計之。

（三）估價方式（第111條）

農作改良物之估價方式如下：

1.農作改良物幼小且距孳息成熟期尚長者，依其種植及培育費用，並視作物生長情況估計之。

2.農作改良物接近孳息成熟期者，應估計其收穫量及市場價格，必要時得扣減價格日期至作物孳息成熟期間收成所應投入之費用。

3.農作改良物距成熟期一年以上，且有期待收穫價值者，得以產地價格為基
　礎，推估未來收穫價格後，折算為價格日期之價格。但應扣除價格日期至
　作物孳息成熟期間收成所應投入之費用。

（四）內政部訂定「農作改良物徵收補償費查估基準」可供參考；詳見第二章第三
　　　節。

（五）水利土壤之改良（第112條）

　　　水利土壤之改良，以成本法估價為原則。但得斟酌比較法及收益法估價之結
　　　果，決定其估價額。

第七節　權利估價

壹、權利估價之內容及估價原則

一、內容

（一）權利估價，包括地上權、典權、永佃權、農育權、不動產役權、耕作權、抵
　　　押權、租賃權、市地重劃、容積移轉及都市更新權利變換之估價。（第114
　　　條）

（二）民法於99年2月3日經修正公布，將地上權修正為普通地上權和區分地上權兩
　　　種；永佃權全數刪除，增加農育權；地役權修正為不動產役權。因此不動
　　　產估價技術規則將相關條文一併修正。

二、估價原則（第115條）

　　　權利估價，應考慮契約內容、權利存續期間、權利登記狀況、相關法令規
定、民間習俗及正常市場權利狀態等影響權利價值之因素估計之。

貳、地上權估價

一、地上權之意義

　　　民法原僅規定普通地上權，於99年2月3日修正後，將地上權分為普通地上權和
區分地上權兩種，其意義分述如下：

（一）普通地上權

民法第832條規定：「稱普通地上權者，謂以在他人土地之上下有建築物或其他工作物爲目的而使用其土地之權。」

（二）區分地上權

民法第841條之1規定：「稱區分地上權者，謂以在他人土地上下之一定空間範圍內設定之地上權。」

二、估價原則（第116條）

地上權估價，應考慮其用途、權利存續期間、支付地租之有無、權利讓與之限制及地上權設定之空間位置等因素估計之。

三、估價方法

（一）普通地上權

1.買賣實例比較法

在勘估標的同一供需圈內之近鄰地區或類似地區，蒐集地上權之買賣案例，並以其價格爲基準，進行情況調整、價格日期調整、區域因素調整及個別因素調整後，求得勘估標的之地上權價格。

2.設定實例比較法

在勘估標的同一供需圈內之近鄰地區或類似地區，蒐集地上權之設定案例，並就勘估土地之宗地條件及合約內容與設定案例相比較，決定地上權價格占勘估土地素地地價之比率，最後以勘估土地之素地地價乘以上開比率，即爲地上權價格。

3.價格比率法

所有權爲完全物權，所有人對其物有完全支配使用的權利；而地上權爲限制物權，地上權人對占有物僅能使用及收益。故考量勘估標的個別條件、合約內容、法令規定及地方習慣，決定地上權價格占所有權價格之比率，並以此比率乘以勘估土地之素地地價，即爲地上權價格。

4.差額租金還原法

因勘估土地每年產生之純收益，與設定地上權後每年支付之租金有差額存在，將此差額除以收益資本化率（即乘以複利年金現價率），即爲地上權價格。

$$P = (a-b) \times \frac{(1+r)^n - 1}{r(1+r)^n}$$

　　　P：地上權價格

　　　a：勘估土地每年純收益

　　　b：每年支付之地上權租金

　　　r：收益資本化率

　　　n：地上權剩餘期間

5.公部門使用之估價法

　(1)政府為課稅之便，有關地上權價格之估算，於「遺產及贈與稅法施行細則」第31條有相關之規定，分述如下：

　　A.地上權之設定有期限及年租者，其賸餘期間依下列標準估定其價額：

　　　(A)賸餘期間在五年以下者，以一年地租額為其價額。

　　　(B)賸餘期間超過五年至十年以下者，以一年地租額之二倍為其價額。

　　　(C)賸餘期間超過十年至三十年以下者，以一年地租額之三倍為其價額。

　　　(D)賸餘期間超過三十年至五十年以下者，以一年地租額之五倍為其價額。

　　　(E)賸餘期間超過五十年至一百年以下者，以一年地租額之七倍為其價額。

　　　(F)賸餘期間超過一百年者，以一年地租額之十倍為其價額。

　　B.地上權之設定，未定有年限者，均以一年地租額之七倍為其價額。但當地另有習慣者，得依其習慣決定其賸餘年限。

　　C.地上權之設定，未定有年租者，其年租按申報地價年息百分之四估定之。

　　D.地上權之設定一次付租、按年加租或以一定之利益代租金者，應按其設定之期間規定其平均年租後，依第一項規定估定其價額。

　(2)政府為課徵登記費之便，有關地上權權利價值之計算，於「土地登記規則」第49條有相關之規定，說明如下：

　　申請地上權設定或移轉登記，其權利價值低於各該權利標的物之土地申報地價百分之四時，以各該權利標的物之土地申報地價百分之四為其一年之權利價值，按存續之年期計算；未定期限者，以七年計算之價值標準計收登記費。

（二）區分地上權

　　區分地上權價格之估價方法除有買賣實例比較法及設定實例比較法外，另有樓層別效用比率法、地價分配法及立體利用阻礙率法，因前兩種估價方法於普通地上權業已介紹，故不再贅述，僅介紹後面三種方法。

1.樓層別效用比率法

　　先以價格比率法求得地上權價格，即將判定之地上權價格占所有權價格之比率，乘以勘估土地之素地地價。再計算設定區分地上權空間部分之樓層別效用比率占

總效用之比率，並將地上權價格與此比率相乘，即為區分地上權價格。

2.地價分配率法

先以樓層別效用比率計算出地價分配率，再將設定區分地上權空間部分之地價分配率乘以勘估土地之素地地價，求得設定區分地上權空間部分之立體地價，即為區分地上權價格。

3.立體利用阻礙率法

林英彥教授所著《不動產估價》第11版一書及許文昌教授所著《不動產估價理論》第4版一書，提及有關區分地上權之價值，可採用立體阻礙率法估算。本法係採補償之概念，對於勘估土地因設定區分地上權後所產生平面阻礙及立體阻礙之減價額給予補償，即將勘估土地之素地地價，乘以平面阻礙率及立體阻礙率，可得區分地上權價格，故本法又稱為補償基準法。

(1)區分地上權價格＝素地地價×平面阻礙率×立體阻礙率

(2)平面阻礙率：將區分地上權設定範圍在土地上之水平投影面積，除以土地總面積，該比率即為平面阻礙率。

(3)立體阻礙率：指設定區分地上權後所產生立體空間利用之阻礙比率，計算公式如下：

立體阻礙率 $= a\alpha + b\beta + c\gamma$

a：阻礙地上建物部分之比率

b：阻礙地下建物（地下室）部分之比率

c：阻礙地上建物以上及地下建物以下部分之比率

α：地上建物在土地空間之使用效能比率

β：地下建物（地下室）在土地空間之使用效能比率

γ：地上建物以上及地下建物以下在土地空間之使用效能比率

(4)實例

台北市政府擬興建一條地下捷運，該捷運計畫經過甲地，其面積為100坪，市價每坪50萬元，市府欲以設定區分地上權的方式取得該地之使用權，試估算區分地上權價格。（假設條件如下：1.捷運設定範圍在甲地之水平投影面積占甲地總面積為50%；2.地上建物在土地空間之使用效能比率為65%，阻礙比率為25%；3.地下建物在土地空間之使用效能比率為25%，阻礙比率為30%；4.地上建物以上及地下建物以下在土地空間之使用效能比率為10%，阻礙比率為55%）

區分地上權價格 $= 100 \times 50 \times 50\% \times (a\alpha + b\beta + c\gamma)$（立體阻礙率）

$= 100 \times 50 \times 50\% \times (65\% \times 25\% + 25\% \times 30\% + 10\% \times 55\%)$

$= 731.25$萬元

4.公部門使用之估價法

依「大眾捷運系統工程使用土地上空或地下處理及審核辦法」第10條之規定，地上權之補償除第11條及第12條情形者外，應依下列規定辦理。但需穿越同一土地之上空及地下者，不適用本辦法之規定。

(1)穿越土地之上空

地上權補償費＝徵收補償地價×穿越地上高度補償率

(2)穿越土地之下方

地上權補償費＝徵收補償地價×穿越地下深度補償率

穿越地上高度補償率		穿越地下深度補償率	
捷運工程構造物之下緣距地表高度	地上權補償率	捷運工程構造物之上緣距地表深度	地上權補償率
0 m～未滿9 m	70%	0 m以上～未滿13 m	50%
9 m～未滿15 m	50%	13 m～未滿16 m	40%
15 m～未滿21 m	30%	16 m～未滿20 m	30%
21 m～未滿30 m	15%	20 m～未滿24 m	20%
30 m以上	10%	24 m～未滿28 m	10%
		28 m以上	5%

註：1.捷運工程建造物之下源距地表高度或上緣距地表深度，係以需地機構依第5條測繪之縱剖面圖上，於軌道中心線處自地表起算至捷運工程構造物最下緣之高度或最上緣之深度為準。

2.於同一筆土地內捷運工程構造物之最下緣或最上緣穿越不同補償率之高度或深度時，應分別計算補償。

3.在同一剖面上穿越地上高度或地下深度跨越表內二種以上高度或深度者，以補償率較高者計算補償。

4.於地面以明挖方式向下施工者，其地上權補償率依地下深度○公尺之標準計算。

參、租賃權估價

一、租賃權之意義

民法第421條規定：「稱租賃者，謂當事人約定，一方以物租與他方使用收益，他方支付租金之契約。」依上開規定可知，所謂「租賃權」，係依契約規定支

付租金與他方，而取得使用他人之物之權利。

二、估價原則（第122條）

租賃權估價，應考慮契約內容、用途、租期、租金支付方式、使用目的及使用情形等因素估計之。

三、估價方法

（一）買賣實例比較法

在勘估標的同一供需圈內之近鄰地區或類似地區，蒐集租賃權之轉讓案例，並以其價格為基準，進行情況調整、價格日期調整、區域因素調整及個別因素調整後，求得勘估標的之租賃權價格。

（二）設定實例比較法

在勘估標的同一供需圈內之近鄰地區或類似地區，蒐集與勘估標的類似之租賃案例，並就勘估標的之個別條件及合約內容與租賃案例相比較，決定租賃權價格占勘估標的價格之比率，最後以勘估標的之價格乘以上開比率，即為租賃權價格。

（三）價格比率法

1.所有權為完全物權，所有人對其物有完全支配使用的權利；而租賃權為債權之一種，承租人對占有物僅能使用及收益。故考量勘估標的個別條件、合約內容、法令規定及地方習慣，以判定租賃權價格占所有權價格之比率，並以此比率乘以勘估標的之價格，即為租賃權價格。
2.例如平均地權條例第11條、第63條及第77條分別規定，依法徵收或照價收買之土地為出租耕地、出租之公私有耕地因實施市地重劃致不能達到原租賃之目的、或出租耕地經依法編為建築用地而出租人依法終止租約收回耕地，承租人可獲得公告土地現值（或扣除土地增值稅後之餘額）三分之一的補償；耕地三七五減租條例第17條，亦有如上開平均地權條例給予耕地承租人補償之規定。綜上所述，耕地租賃權之價值，約為公告土地現值（或扣除土地增值稅後之餘額）之三分之一。

（四）差額租金還原法

係將勘估標的經濟租金與支付租金之差額，以收益資本化率還原為價格之方法。所謂經濟租金，係指能真正反映勘估標的經濟價值之租金，又稱為市場租金；

所謂支付租金，係指承租人依契約實際支付予出租人之租金，又稱為契約租金。

$$P = (a - b) \times \frac{(1+r)^n - 1}{r(1+r)^n}$$

P：租賃權價格

a：經濟租金

b：支付租金

r：收益資本化率

n：租賃權剩餘期間

四、實例

小強向台北市政府承租市場攤位，租期10年，契約租金每年30萬元，假設不動產市場上其經濟租金每年48萬元，使用5年後，小強欲將該市場攤位頂讓，其租賃權價格應為多少？（利率為5%）

（一）計算差額租金：48－30＝18萬元

（二）以收益資本化率還原

差額租金×複利年金現價率

$$= 18 \times \frac{(1+r)^n - 1}{r(1+r)^n}$$

$$= 18 \times \frac{(1+5\%)^5 - 1}{5\%(1+5\%)^5}$$

$$= 18 \times 4.3295 = 77.93 萬元$$

肆、典權估價

一、典權之意義

民法第911條規定：「稱典權者，謂支付典價在他人之不動產為使用、收益，於他人不回贖時，取得該不動產所有權之權。」

二、估價原則（第117條）

典權估價，應考慮權利存續期間、權利讓與之限制等因素，以典價為基礎估計之。

三、估價方法

（一）買賣實例比較法

在勘估標的同一供需圈內之近鄰地區或類似地區，蒐集典權之轉讓實例，並以其價格爲基準，進行情況調整、價格日期調整、區域因素調整及個別因素調整後，求得勘估標的之典權價格。

（二）收益法

先將典權剩餘期間之收益，利用複利年金現價率折算爲現值，再加計當初設典時之典價乘以剩餘期間之複利現價率，所得即爲典權價格。

（三）法令規定

遺產及贈與稅法施行細則第33條規定，典權以典價爲其價額。

四、實例

假設典權價格爲500萬元，典權期間仍剩10年，每年可收益20萬元，評估此典權轉讓價格？（利率皆爲5%）

（一）計算剩餘期間之收益

收益×複利年金現價率

$$= 20 \times \frac{(1+r)^n - 1}{r(1+r)^n}$$

$$= 20 \times \frac{(1+5\%)^{10} - 1}{5\%(1+5\%)^{10}}$$

$$= 20 \times 7.7217 = 154.43 萬元$$

（二）計算剩餘期間之典權價值

典價×複利現價率

$$= 500 \times \frac{1}{(1+r)^n}$$

$$= 500 \times \frac{1}{(1+5\%)^{10}}$$

$$= 500 \times 0.6139 = 306.95 萬元$$

（三）計算典權價格

154.43萬元＋306.95萬元＝461.38萬元

伍、農育權估價

一、農育權之意義

（一）民法於99年2月3日經修正公布，創設農育權。民法第850條之1規定：「稱農育權者，謂在他人土地為農作、森林、養殖、畜牧、種植竹木或保育之權。」

（二）至於民法第842～850條原規定之永佃權則予以刪除，另於民法物權編施行法增定第13條之2，規定如下：

1.民法物權編中華民國99年1月5日修正之條文施行前發生之永佃權，存續期限縮短為自修正施行日起二十年。

2.前項永佃權仍適用修正前之規定。

3.第1項永佃權存續期限屆滿時，永佃權人得請求變更登記為農育權。

二、估價原則

（一）永佃權估價，應考慮佃租支付情形、民間習俗等因素估計之。（第118條）

（二）農育權估價，應考慮設定目的、約定方法、權利存續期間、支付地租之有無及高低、權利讓與之限制、民間習俗、得為增加土地生產力或使用便利之特別改良等因素估計之。（第118-1條）

三、估價方法

（一）買賣實例比較法

在勘估標的同一供需圈內之近鄰地區或類似地區，蒐集農育權（或永佃權）之轉讓案例，並以其價格為基準，進行情況調整、價格日期調整、區域因素調整及個別因素調整後，求得勘估標的之農育權（或永佃權）價格。

（二）收益法

可採收益法中之直接資本化法估算其價格。即先推算農育權（或永佃權）每年所產生之總收益，扣除包含地租在內等各項費用之總和，所得為淨收益，再以收益資本化率除之，即為農育權（或永佃權）之價格。

（三）法令規定

1. 遺產及贈與稅法施行細則
   遺產及贈與稅法施行細則第32條規定，永佃權價值之計算，均依一年應納佃租額之五倍為標準。
2. 國有財產估價作業程序
   國有財產估價作業程序第28點規定，國有權利之價格，依照遺產及贈與稅法施行細則或有關法令規定查估。
3. 土地登記規則
   政府為課徵登記費之便，有關農育權權利價值之計算，土地登記規則第49條規定，申請農育權（或永佃權）設定或移轉登記，其權利價值低於各該權利標的物之土地申報地價百分之四時，以各該權利標的物之土地申報地價百分之四為其一年之權利價值，按存續之年期計算；未定期限者，以七年計算之價值標準計收登記費。

陸、不動產役權估價

一、不動產役權之意義

原稱為地役權，民法於99年2月3日經修正公布，改稱為不動產役權。民法第851條規定：「稱不動產役權者，謂以他人不動產供自己不動產通行、汲水、採光、眺望、電信或其他以特定便宜之用為目的之權。」

二、估價原則（第119條）

不動產役權估價，應考慮需役不動產與供役不動產之使用情況、權利存續期間、不動產役權使用性質、民間習俗等因素估計之。

三、估價方法

（一）**不動產役權之估價，通常在推估設定不動產役權應支付之代價，故應考量設定不動產役權後，對提高需役不動產及減損供役不動產之利用程度各為多少，以決定不動產役權之價格。**

（二）**比較法**
在勘估標的同一供需圈內之近鄰地區或類似地區，蒐集不動產役權價格之案例，並以其價格為基準，進行情況調整、價格日期調整、區域因素調整及個別因素調整後，求得勘估標的之不動產役權價格。

（三）設定實例比較法

在供役不動產（或需役不動產）同一供需圈內之近鄰地區或類似地區，蒐集不動產役權之設定案例，並就供役不動產（或需役不動產）之宗地條件及合約內容與設定案例相比較，決定不動產役權價格占供役不動產（或需役不動產）素地地價之比率，最後以供役不動產（或需役不動產）之素地地價乘以上開比率，即為不動產役權之價格。

（四）法令規定

1. 國有財產估價作業程序

國有財產估價作業程序第28點規定，國有權利之價格，依照遺產及贈與稅法施行細則或有關法令規定查估。

2. 土地登記規則

政府為課徵登記費之便，有關不動產役權權利價值之計算，土地登記規則第49條規定，申請不動產役權設定或移轉登記，其權利價值低於各該權利標的物之土地申報地價或當地稅捐稽徵機關核定之房屋現值百分之四時，以各該權利標的物之土地申報地價或當地稅捐稽徵機關核定之房屋現值百分之四為其一年之權利價值，按存續之年期計算；未定期限者，以七年計算之價值標準計收登記費。

柒、抵押權估價

一、抵押權之意義

民法將抵押權分為普通抵押權及最高限額抵押權，分述如下：

（一）普通抵押權

民法第860條規定：「稱普通抵押權者，謂債權人對於債務人或第三人不移轉占有而供其債權擔保之不動產，得就該不動產賣得價金優先受償之權。」

（二）最高限額抵押權

民法第881條之1規定：「稱最高限額抵押權者，謂債務人或第三人提供其不動產為擔保，就債權人對債務人一定範圍內之不特定債權，在最高限額內設定之抵押權。」

二、估價原則（第121條）

抵押權估價，應估計價格日期當時勘估標的正常價格，以實際債權額為基礎，考慮其他順位抵押權設定狀況、流通性、風險性、增值性及執行上之難易程度等因素調整估計之。

三、估價方法

通常銀行或法院對於抵押標的物之估價，係估計抵押標的物之正常價格，以決定放款金額或拍賣底價，惟此價格，非抵押權價格。所謂「抵押權價格」，係於抵押權轉讓予第三人時，第三人為了解承受此抵押權所需支付之代價，所進行抵押權價格之評估，而此價格方為抵押權價格。其估價方法，說明如下：

（一）所謂抵押權估價，除先估算抵押標的物之市價外，亦需評估行使抵押權所需花費之各種費用、利息損失及其他各種風險，並考量抵押貸款之金額，以決定抵押權之價格。

（二）法令規定

國有財產估價作業程序第28點規定，國有權利之價格，依照遺產及贈與稅法施行細則或有關法令規定查估。

捌、耕作權估價

一、耕作權之意義

土地法第133條第1項規定：「承墾人自墾竣之日起，無償取得所領墾地之耕作權，應即依法向該管直轄市或縣（市）地政機關聲請為耕作權之登記。但繼續耕作滿十年者，無償取得土地所有權。」依上開土地法之規定，所謂「耕作權」，係承墾人對於所承領之荒地，自墾竣之日起，即無償取得該墾地耕作之權利，則此權利，謂之。

二、估價原則（第120條）

耕作權估價，應考慮耕作期間、權利登記狀況、相關法令規定等因素估計之。

三、估價方法

土地法第133條第2項規定：「耕作權不得轉讓。但繼承或贈與於得為繼承之人，不在此限。」由上開條文可知，自墾竣之日取得耕作權之時起，至繼續耕作十

年取得所有權前，其耕作權除贈與繼承人或由其繼承外，皆不得轉讓。是故實務上鮮少耕作權買賣、設定抵押權或出租之案例。其估價方法，說明如下：

（一）承墾人取得耕作權後，再繼續耕作滿十年，即可取得墾地之所有權。是以十年後耕作權之價值應與所有權價值相當，故耕作權價格之估算，可先評估該墾地之素地價格，再依取得耕作權後所經歷之年數，計算距取得所有權所需之期間，以複利現價率之方式，將墾地之素地價格折算爲現在之價格，即爲耕作權價格。

（二）法令規定

政府爲課徵登記費之便，有關耕作權權利價值之計算，土地登記規則第49條規定，申請耕作權設定或移轉登記，其權利價值低於各該權利標的物之土地申報地價百分之四時，以各該權利標的物之土地申報地價百分之四爲其一年之權利價值，按存續之年期計算；未定期限者，以七年計算之價值標準計收登記費。

玖、容積移轉估價

一、容積移轉之意義

都市計畫容積移轉實施辦法第5條第1項第1款規定，所謂「容積」，係指土地可建築之總樓地板面積。同條文第2款規定，所謂「容積移轉」，係指一宗土地容積移轉至其他可建築土地供建築使用。

二、估價原則（第123條）

容積移轉估價，應考慮容積送出基地、接受基地及其他影響不動產價格及相關法令等因素估計之。

三、都市計畫容積移轉實施辦法（簡稱都計容移辦法）相關規定

（一）名詞定義（都計容移辦法第 5 條）

1.送出基地：指得將全部或部分容積移轉至其他可建築土地建築使用之土地。

2.接受基地：指接受容積移入之土地。

3.基準容積：指以都市計畫及其相關法規規定之容積率上限乘土地面積所得之積數。

（二）送出基地及接收基地之條件限制

1.送出基地（都計容移辦法第6條第1項）

送出基地以下列各款土地爲限：

(1)都市計畫表明應予保存或經直轄市、縣（市）主管機關認定有保存價值之建築所定著之土地。

(2)爲改善都市環境或景觀，提供作爲公共開放空間使用之可建築土地。

(3)私有都市計畫公共設施保留地。但不包括都市計畫書規定應以區段徵收、市地重劃或其他方式整體開發取得者。

2.接受基地（都計容移辦法第7條）

(1)送出基地申請移轉容積時，以移轉至同一主要計畫地區範圍內之其他可建築用地建築使用爲限；都市計畫原擬定機關得考量都市整體發展情況，指定移入地區範圍，必要時，並得送請上級都市計畫委員會審定之。

(2)前條第1項第1款送出基地申請移轉容積，其情形特殊者，提經內政部都市計畫委員會審議通過後，得移轉至同一直轄市、縣（市）之其他主要計畫地區。

（三）接受基地可移入容積之限制（都計容移辦法第 8 條）

1.以不超過基準容積30%爲原則

接受基地之可移入容積，以不超過該接受基地基準容積之百分之三十爲原則。

2.特殊地區不超過基準容積40%

位於整體開發地區、實施都市更新地區、面臨永久性空地或其他都市計畫指定地區範圍內之接受基地，其可移入容積得酌予增加。但不得超過該接受基地基準容積之百分之四十。

（四）容積移轉之計算公式（都計容移辦法第 9 條）

1.以公告土地現值之比值計算容積

接受基地移入送出基地之容積，應按申請容積移轉當期各該送出基地及接受基地公告土地現值之比值計算，其計算公式如下：

接受基地移入之容積＝送出基地之土地面積×（申請容積移轉當期送出基地之公告土地現值／申請容積移轉當期接受基地之公告土地現值）×接受基地之容積率

2.應保存之建物須先扣除已建造之容積比率

前項送出基地屬第6條第1項第1款之土地者，其接受基地移入之容積，應扣除送出基地現已建築容積及基準容積之比率。其計算公式如下：

第6條第1項第1款土地之接受基地移入容積＝接受基地移入之容積×〔1－（送出基地現已建築之容積／送出基地之基準容積）〕

3.公設保留地須先扣除補償費與公告土地現值之比率

前項送出基地屬第6條第1項第3款且因國家公益需要設定地上權、徵收地上權或註記供捷運系統穿越使用者，其接受基地移入容積計算公式如下：

送出基地屬第6條第1項第3款且因國家公益需要設定地上權、徵收地上權或註記供捷運系統穿越使用者之接受基地移入容積＝接受基地移入之容積×〔1－（送出基地因國家公益需要設定地上權、徵收地上權或註記供捷運系統穿越使用時之補償費用／送出基地因國家公益需要設定地上權、徵收地上權或註記供捷運系統穿越使用時之公告土地現值）〕

（五）容積代金之評定及用途（都計容移辦法第9條之1）

1.容積代金之評定

接受基地得以折繳代金方式移入容積，其折繳代金之金額，由直轄市、縣（市）主管機關委託三家以上專業估價者查估後評定之；必要時，查估工作得由直轄市、縣（市）主管機關辦理。其所需費用，由接受基地所有權人或公有土地地上權人負擔。

2.容積代金之用途

前項代金之用途，應專款專用於取得與接受基地同一主要計畫區之第6條第1項第3款土地為限。

3.不得申請移入容積之情形

接受基地同一主要計畫區內無第6條第1項第3款土地可供取得者，不得依本條規定申請移入容積。

四、估價方法

參考林英彥教授所著《不動產估價》第11版一書，說明容積移轉之估價程序如下：

（一）分別估算容積送出基地及接受基地之正常價格。

（二）以樓層別效用比率或地價分配率，計算送出之容積占送出基地整體利用價值之比例。

（三）計算送出容積之價格，即由送出基地之正常價格乘（二）之比例。

（四）以送出基地單價及接受基地單價之比率，作爲兩地之地價換算率。

（五）以送出基地之容積率計算可送出之樓地板面積，並經兩地之地價換算率計算，可得接受基地可接受之樓地板面積。

（六）以接受基地之單價及樓層別效用比率，計算接受容積之價格。

（七）最後將（三）送出容積價格與（六）接受容積價格之差額進行調整，決定容積移轉價格。

五、臺北市容積代金估價報告書

有關臺北市容積代金估價報告書範本，完整內容詳見本書附錄三，可供讀者參考。

拾、權利變換估價

一、權利變換之意義

都市更新條例第3條第1項第7款規定，所謂「權利變換」，係指更新單元內重建區段之土地所有權人、合法建築物所有權人、他項權利人、實施者或與實施者協議出資之人，提供土地、建築物、他項權利或資金，參與或實施都市更新事業，於都市更新事業計畫實施完成後，按其更新前權利價值比率及提供資金額度，分配更新後土地、建築物或權利金。

二、估價原則

（一）不動產估價技術規則第124條規定：「都市更新權利變換估價，其評估項目應依都市更新條例及都市更新權利變換實施辦法等相關法令規定辦理。」

（二）綜觀上開兩法規之內容，可知都市更新權利變換估價之內容，應包含評估土地及建物權利變換前之價值、權利變換後原土地所有權人應分配建築物及其土地應有部分之價值、各種權利價值與租金，以及權利變換範圍內應行拆遷土地改良物之補償費（或建物殘餘價值之補償費）等。

三、都市更新權利變換實施辦法（簡稱都更權變辦法）相關規定

（一）權利關係人（都更權變辦法第 2 條）

本辦法所稱權利變換關係人，係指依都市更新條例第60條規定辦理權利變換之合法建築物所有權人、地上權人、永佃權人、農育權人及耕地三七五租約承租人。

（二）權利價值之分配

1. 預扣權利變換關係人之權利價值（都更權變辦法第14條）

   土地所有權人與權利變換關係人依都市更新條例第60條第2項規定協議不成，或土地所有權人不願或不能參與分配時，土地所有權人之權利價值應扣除權利變換關係人之權利價值後予以分配或補償。

2. 扣除共同負擔之費用（都更權變辦法第15條第1項）

   更新後各土地所有權人應分配之權利價值，應以權利變換範圍內，更新後之土地及建築物總權利價值，扣除共同負擔之餘額，按各土地所有權人更新前權利價值比例計算之。

四、估價方法

權利變換前、後土地及建物之價值，皆可運用估價之三大基本方法——比較法、成本法及收益法評估。至於不動產估價技術規則有關權利變換前、後土地及建物價值計算之相關規定，說明如下：

（一）權利變換前土地及建物之權利價值

1. 區分所有建物（第125條）

   (1) 權利變換前為區分所有建物者，應以全棟建物之基地價值比率，分算各區分所有建物房地總價之基地權利價值，公式如下：

   各區分所有建物之基地權利價值＝各區分所有建物房地總價×基地價值比率

   (2) 前項基地價值比率之計算公式如下：

   基地價值比率＝

   $$\frac{\text{素地單價} \times \text{基地總面積}}{\text{素地單價} \times \text{基地總面積} + [\text{營造或施工單價} \times (1 - \text{累積折舊率}) \times \text{全棟建物面積}]}$$

   (3) 區分所有建物情況特殊致依第1項計算之基地權利價值顯失公平者，得依第126條之2計算之基地權利價值予以調整。

2. 基地總價值低於素地總價值（第126條）

   權利變換前區分所有建物之基地總價值低於區分所有建物坐落基地之素地總價值者，各區分所有建物之基地權利價值，計算方式如下：

   (1) 依前條規定計算基地價值比率。

   (2) 各區分所有建物基地權利價值＝各區分所有建物房地總價×基地價值比率

   (3) 各區分所有建物基地權利價值比率＝各區分所有建物基地權利價值 / Σ（各區分所有建物基地權利價值）

(4)各區分所有建物調整後基地權利價值＝區分所有建物坐落基地之素地總價
值×各區分所有建物基地權利價值比率

3.非屬區分所有建物（第126-1條）

權利變換前為非屬區分所有之建物者，應以該建物之房地總價乘以基地價值
比率計算基地權利價值。但基地權利價值低於素地價值者，以素地價值為
準。

4.有地無屋之區分所有建物（第126-2條）

(1)權利變換前地上有區分所有建物之基地所有權人未持有該區分所有建物產
權者，其土地權利價值計算方式如下：

A.該基地所有權人持有之土地持分可確認其對應之區分所有建物者，依第
125條或第126條計算其對應區分所有建物之基地權利價值，再扣除該合
法區分所有建物權利價值。

B.該基地所有權人持有之土地持分無法確認其對應之區分所有建物者，依
下列方式計算：

(A)依第125條或第126條計算同一建築基地平均單價。

(B)前目平均單價乘以無持分建物權屬之基地持分面積。

(C)計算地上建物全棟之權利價值。

(D)前目乘以無持分建物權屬之基地持分比例。

(E)第二目扣除前目之餘額。

(2)前項無持分建物權屬之基地所有權人與其地上建物所有權人自行協議者，
依其協議辦理。

5.未建築土地（第127條）

權利變換前之基地未建築使用者，以素地價值推估其土地權利價值。

（二）權利變換後土地及建物之權利價值（第 128 條）

權利變換後區分所有建物及其土地應有部分，應考量都市更新權利變換計畫之
建築計畫、建材標準、設備等級、工程造價水準及更新前後樓層別效用比關聯性等
因素，以都市更新評價基準日當時之新成屋價格查估之。

五、臺北市都市更新權利變換不動產估價報告書

有關臺北市都市更新權利變換不動產估價報告書範本，完整內容詳見本書附錄
二，可供讀者參考。

第八節　租金估計

壹、租金估計之意義

　　承租他人之不動產所支付之代價，即爲租金。所謂「租金估計」，係指估算使用他人不動產所應支付之金額。租金估計與租賃權估價性質不同，前者係估算承租人使用出租人之不動產，應定期支付之使用金額；後者係估算承受他人之不動產租賃權利之價格，即計算承受前手承租人之租賃權利所應支付之金額。

貳、租金之種類

一、經濟租金：又稱爲市場租金，係指能反映租賃不動產經濟價值之租金。

二、支付租金：又稱爲契約租金，即承租人依租賃契約定期給付出租人之租金。

三、實質租金：指承租人每期支付予出租人之租金，加計押金或保證金、權利金及其他相關運用收益之總數。（第130條第2項）

四、純租金：係由實質租金中，扣除管理費、維修費、稅金等出租不動產之必要費用，即爲純租金。

參、租金估計之內容及考量因素

一、評估實質租金為原則（第130條第1項）

　　不動產租金估計，以估計勘估標的之實質租金爲原則。

二、考量因素（第129條）

　　不動產之租金估計應考慮契約內容、租期長短、使用目的、稅費負擔、租金水準、變遷狀態、租約更新、變更條件及其他相關因素估計之。

三、分新訂與續訂租約兩種（第131條）

　　不動產租金估計，應視新訂租約與續訂租約分別爲之。

肆、租金估計之方法

租金之估計，分爲新訂租約之租金及續訂租約之租金兩種。前者係在一般正常條件下所求得之正常租金；後者係以原訂租金作爲基礎，加以比較推估之。以下就上開兩種租金之評估方法，分別敘述之。

一、新訂租約

（一）租賃實例比較法（比較法）

1. 係以新訂租約之租賃實例爲比較標的，運用比較法估計之。（第132條第1項第1款）
2. 即將比較標的新訂租約之租金，經情況調整、價格日期調整、區域因素調整及個別因素調整，以求得勘估標的新訂租約之租金。
3. 計算公式

$$勘估標的試算租金 = 比較標的租金 \times \frac{情況調整}{100} \times \frac{價格日期調整}{100} \times \frac{區域因素調整}{100} \times \frac{個別因素調整}{100}$$

（二）積算法（成本法）

1. 係以勘估標的價格乘以租金收益率，以估計淨收益，再加計必要費用。（第132條第1項第2款）
2. 即以勘估標的之價格乘以租金收益率，以估計其淨收益，再加計每年租賃所必要支出之費用，即爲勘估標的新訂租約之租金。其中必要費用包括管理費、維修費、保險費、折舊費、租稅、租賃損失等費用。
3. 計算公式

   勘估標的新訂租約租金＝勘估標的價格×租金收益率＋必要費用

（三）收益分析法（收益法）

1. 分析企業經營之總收入，據以估計勘估標的在一定期間內之淨收益，再加計必要費用。（第132條第1項第3款）
2. 即藉由分析企業經營之總收入，以估算歸屬於不動產部分之淨收益，再加計每年租賃所必要支出之費用，即爲勘估標的新訂租約之租金。其中必要費用包括管理費、維修費、保險費、折舊費、租稅、租賃損失等費用。
3. 計算公式

   勘估標的新訂租約租金＝分析企業總收入中歸屬不動產之淨收益＋必要費用

（四）法令規定之計算法

1. 房屋租金

(1)政府建築之準備房屋

土地法第94條規定：「城市地方，應由政府建築相當數量之準備房屋，供人民承租自住之用。前項房屋之租金，不得超過土地及其建築物價額年息百分之八。」所謂土地及其建築物之總價額，土地法施行法第25條規定，土地價額依法定地價，建築物價額依該管直轄市或縣（市）地政機關估定之價額。因土地法所規定之法定地價，即平均地權條例規定之申報地價；該管直轄市或縣（市）地政機關估定之建築物價額，即房屋稅條例規定之房屋現值。故依上開土地法之規定，房屋之年租金，以土地申報地價加計房屋評定現值之總和，按年息百分之八計收之。

(2)城市地方房屋

土地法第97條規定：「城市地方房屋之租金，以不超過土地及其建築物申報總價年息百分之十為限。約定房屋租金，超過前項規定者，該管直轄市或縣（市）政府得依前項所定標準強制減定之。」參照土地法第94條有關房屋租金之土地及其建築物價額算定之標準，本條文規定房屋之年租金，係以土地申報地價加計房屋評定現值之總和，按年息百分之十計收之。

2. 租地建屋之土地租金

土地法第105條規定，租用基地建築房屋，其租金之計算，準用第97條房屋租金之規定。土地法第97條第1項規定，城市地方房屋之租金，以不超過土地及其建築物申報總價年息百分之十為限。參照土地法第94條有關房屋租金之土地及建築物價額算定之標準，本條文規定租地建屋之土地年租金，係以土地申報地價之年息百分之十為計收標準。

3. 耕地之租金

土地法第110條規定：「耕地地租不得超過地價百分之八，約定地租或習慣地租超過地價百分之八者，應比照地價百分之八減定之，不及地價百分之八者，依其約定或習慣。前項地價指法定地價，未經依法規定地價之地方，指最近三年之平均地價。」參照土地法第94條有關房屋租金之土地及建築物價額算定之標準，本條文規定耕地之年租金，係以耕地申報地價之年息百分之八為計收標準。

4. 國有不動產之租金

(1)土地

依行政院82年4月23日臺82財字第11153號函公布之「國有出租基地租金率

調整方案」，規定國有出租基地，自民國82年7月1日起，一律依照土地申報地價年息百分之五計收租金。故依上開規定可知，國有出租基地之年租金，係以土地申報地價之年息百分之五為計收標準。

(2)房屋

依上開租金率調整方案之規定，國有出租房屋，係依土地法第97條第1項規定之房屋租金收取標準，即以房屋評定現值之年息百分之十計收租金。故依上開規定可知，國有出租房屋之年租金，係以房屋課稅現值（即房屋評定現值）之年息百分之十為計收標準。

二、續訂租約

（一）租賃實例比較法（比較法）

1. 以續訂租約之租賃實例為比較標的，運用比較法估計之。（第133條第1項第1款）

2. 即將比較標的續訂租約之租金，經情況調整、價格日期調整、區域因素調整及個別因素調整，以求得勘估標的續訂租約之租金。

3. 計算公式

$$勘估標的試算租金 = 比較標的租金 \times \frac{情況調整}{100} \times \frac{價格日期調整}{100} \times \frac{區域因素調整}{100} \times \frac{個別因素調整}{100}$$

（二）比率法（利率法）

1. 以勘估標的於價格日期當時之正常價格為基礎，乘以續租之租金收益率，以估計淨收益，再加計必要費用。（第133條第1項第2款）

2. 即以勘估標的之價格乘以續租之租金收益率，以估計其淨收益，再加計每年租賃所必要支出之費用，即為勘估標的續訂租約之租金。其中必要費用包括管理費、維修費、保險費、折舊費、租稅、租賃損失等費用。

3. 計算公式

勘估標的續訂租約租金 = 勘估標的價格 × 續租之租金收益率 + 必要費用

（三）推算法（變動趨勢法）

1. 以勘估標的原契約租金之淨收益，就其租金變動趨勢調整後，再加計必要費用。（第133條第1項第3款）

2. 即以勘估標的原契約租金之淨收益作為基礎，考量租金之變動趨勢，例如參

考物價或房價的變動率，將淨收益作適度之調整，再將調整後之淨收益，加計每年租賃所必要支出之費用，即為勘估標的續訂租約之租金。其中必要費用包括管理費、維修費、保險費、折舊費、租稅、租賃損失等費用。

3.計算公式

勘估標的續訂租約租金＝原契約租金之淨收益×物價或房價等綜合考量之變動率＋必要費用

（四）差額分配法（分配法）

1.分析勘估標的原契約租金與市場經濟租金之差額中，應歸屬於出租人之適當部分，加計契約租金。（第133條第1項第4款）

2.分析勘估標的之經濟租金（市場租金）與實際支付租金（契約租金）之差額中，應歸屬於出租人之適當部分為何，並將此適當部分加計於原支付租金（契約租金），即為勘估標的續訂租約之租金。

3.計算公式

勘估標的續訂租約租金＝原契約租金＋（市場經濟租金－原契約租金）×應歸屬出租人之適當比例

（五）法令規定之計算法

1.房屋租金

(1)政府建築之準備房屋

土地法第94條規定：「城市地方，應由政府建築相當數量之準備房屋，供人民承租自住之用。前項房屋之租金，不得超過土地及其建築物價額年息百分之八。」所謂土地及其建築物之總價額，土地法施行法第25條規定，土地價額依法定地價，建築物價額依該管直轄市或縣（市）地政機關估定之價額。因土地法所規定之法定地價，即平均地權條例規定之申報地價；該管直轄市或縣（市）地政機關估定之建築物價額，即房屋稅條例規定之房屋現值。故依上開土地法之規定，房屋之年租金，以土地申報地價加計房屋評定現值之總和，按年息百分之八計收之。

(2)城市地方房屋

土地法第97條規定：「城市地方房屋之租金，以不超過土地及其建築物申報總價年息百分之十為限。約定房屋租金，超過前項規定者，該管直轄市或縣（市）政府得依前項所定標準強制減定之。」參照土地法第94條有關房屋租金之土地及其建築物價額算定之標準，本條文規定房屋之年租金，係以土地申報地價加計房屋評定現值之總和，按年息百分之十計收之。

2.租地建屋之土地租金

土地法第105條規定，租用基地建築房屋，其租金之計算，準用第97條房屋租金之規定。土地法第97條第1項規定，城市地方房屋之租金，以不超過土地及其建築物申報總價年息百分之十為限。參照土地法第94條有關房屋租金之土地及建築物價額算定之標準，本條文規定租地建屋之土地年租金，係以土地申報地價之年息百分之十為計收標準。

3.耕地之租金

土地法第110條規定：「耕地地租不得超過地價百分之八，約定地租或習慣地租超過地價百分之八者，應比照地價百分之八減定之，不及地價百分之八者，依其約定或習慣。前項地價指法定地價，未經依法規定地價之地方，指最近三年之平均地價。」參照土地法第94條有關房屋租金之土地及建築物價額算定之標準，本條文規定耕地之年租金，係以耕地申報地價之年息百分之八為計收標準。

4.國有不動產之租金

(1)土地

依行政院82年4月23日臺82財字第11153號函公布之「國有出租基地租金率調整方案」，規定國有出租基地，自民國82年7月1日起，一律依照土地申報地價年息百分之五計收租金。故依上開規定可知，國有出租基地之年租金，係以土地申報地價之年息百分之五為計收標準。

(2)房屋

依上開租金率調整方案之規定，國有出租房屋，係依土地法第97條第1項規定之房屋租金收取標準，即以房屋評定現值之年息百分之十計收租金。故依上開規定可知，國有出租房屋之年租金，係以房屋課稅現值（即房屋評定現值）之年息百分之十為計收標準。

第二編

不動產估價實務

第一章　一般民衆之簡易估價

一般民衆於出賣或購買不動產時，多不知何種價格才合理？

欲出賣不動產時，各家仲介公司為爭取業務，類多競相以高價打動出賣者之心而接案，致最終遲遲無法售出而延誤財務規劃或資金調度，甚至於買者出價不及開價數額時，仲介人員回頭跟出賣人殺價，造成出賣人困擾之案例，實屢見不鮮。

仲介公司於接案後均會加價，作為欲購買不動產時，承買人之議價空間，而該議價空間並無一定範圍，致高價接案再加價後，如議價空間不足，當然就可能買到高價之不動產。

於出賣或購買不動產時，為求價格合理，委請不動產估價師先作詳細之評估，為根本之道。但究竟能否賣出或買到，尚屬未知數，卻先需支付一筆酬金，委請不動產估價師評估，實一項負擔。

緣此，本章特介紹簡易之估價方法——比較法及收益法，供一般民衆於出賣或購買不動產時，自行DIY估價；如能自行DIY估價，既可掌握合理價格、又可免除困擾，更可不必有估價酬金之負擔；實一舉多得，何樂而不為呢？

第一節　簡易之比較法估價

比較法估價，顧名思義，就是以市場上最近之成交案例或待售案例作比較之估價方法，得分「比較粗略」及「比較精細」二種。

壹、比較粗略之估價法

得蒐集附近地區用途、建材、結構、用途、機能、屋齡等屬性相近之成交案例作比較，即可得到市價之一般行情。

如未能得到成交案例，則退而求其次，蒐集待售案例，亦無不可，惟待售案例中，如前所述，可能仲介公司高價接案、加價及議價空間等情形之不一，致有所偏頗。

蒐集案例，最簡單的方法就是上各大仲介公司之網站，一般均有附近之成交行情。其次是向認識的仲介人員或地政士查訪。

　　政府於101年8月1日實施實價登錄後，蒐集成交案例更方便，且資料更具可信度。

　　蒐集之成交案例，必須排除一些特殊情況，例如不動產估價技術規則第23條規定之各種情形：急買急賣或急出租農承租、期待因素影響之交易、受債權債務關係影響之交易、親友關係人間之交易、畸零地或有合併使用之交易、地上物處理有糾紛之交易、法院拍賣、公有土地標售或讓售、受迷信影響之交易、包含公共設施用地之交易、人為哄抬之交易、與法定用途不符之交易或其他特殊交易（凶宅）等是。

貳、比較精細之估價法

　　如前所述，就蒐集之成交案例，雖可得到市價之一般行情，但屬比較粗略之估價法。

　　比較精細之估價法，係就蒐集之成交案例，進一步去作較精細的比較及調整。

一、比較影響價格之因素

　　如第一編所述，影響價格之因素，有一般因素、區域因素及個別因素。

（一）比較一般因素：一般因素指對於不動產市場及其價格水準發生全面影響之自然、政治、社會、經濟等共同因素。

　　1.自然因素：例如地質、地盤、地層、地勢、地理、地位、氣候等是。

　　2.政治因素：例如國內外政治、軍事等局勢、政黨輪替等是。

　　3.社會因素：例如人口增減、家庭大小、公共設施建設、生活習慣、教育及社會福利措施、資訊發展等是。

　　4.經濟因素：例如消費及儲蓄、物價及利率高低、工資及租稅、財政金融、股市等是。

　　5.政策因素：例如土地政策、建築使用管制、都市及區域計畫、區段徵收、土地重劃、稅賦政策、交易及貸款政策等是。

（二）比較區域因素：區域因素指影響近鄰地區不動產價格水準之因素。

　　1.包括自然及人文等硬體、軟體建設發展等因素；因使用分區之不同，其考量之重點亦隨之各異。

　　2.例如住宅區，注重生活上之方便及寧靜等機能，故學校、市場、公園、交通等為重點。

　　3.例如商業區，注重商化繁榮程度，故群聚及競爭效果、人口質量、腹地大小、交通、金融等為重點。

　　4.例如工業區，注重交通運輸，故道路、港灣、車站、機場等系統、人力及動力、水資源及排水等為重點。

（三）比較個別因素：個別因素指不動產因受本身條件之影響，而產生價格差異之因素。

　　1.土地：例如地質、地盤、地層、地勢、地理、地位、地形、面積、氣象、水電、瓦斯、排水、臨街、附近街道、討喜性及嫌惡性公共設施、使用管制……等是。

　　2.建物：例如使用機能、用途、屋齡、樓層、建材、結構、設備裝修、施工品質、相鄰關係、面積、形狀、通風、採光、凶宅、漏水……等是。

二、因素調整

（一）就蒐集之成交案例，與擬出售或購買之不動產，於比較影響價格之因素後，將發現有些因素較優，有些因素較劣，比較之成交案例較優者則減分，比較之成交案例較劣者則加分，於加減相抵後所得百分比或金額，去調整比較之成交案例價格，可得較精準之價格數額。

（二）如成交案例之成交日期相隔太久，尚應作期日調整，一般而言，得以內政部發布之地價指數、主計處之物價指數或市場上之房屋指數予以調整。

三、調整範例

（一）一般因素分析與調整

項目		勘估標的 情況比較	比較標的（1）		比較標的（2）		比較標的（3）	
			情況比較	調整率	情況比較	調整率	情況比較	調整率
政治因素	國際情勢		□優■相當□劣	100%	□優■相當□劣	100%	□優■相當□劣	100%
	外交狀態		□優■相當□劣	100%	□優■相當□劣	100%	□優■相當□劣	100%
	兩岸情勢		□優■相當□劣	100%	□優■相當□劣	100%	□優■相當□劣	100%
	國內動態		□優■相當□劣	100%	□優■相當□劣	100%	□優■相當□劣	100%
	其　他		□優■相當□劣	100%	□優■相當□劣	100%	□優■相當□劣	100%
行政因素	利用計畫		□優■相當□劣	100%	□優■相當□劣	100%	□優■相當□劣	100%
	防災管制		□優■相當□劣	100%	□優■相當□劣	100%	□優■相當□劣	100%
	結構管制		□優■相當□劣	100%	□優■相當□劣	100%	□優■相當□劣	100%
	租金統制		□優■相當□劣	100%	□優■相當□劣	100%	□優■相當□劣	100%
	交易管制		□優■相當□劣	100%	□優■相當□劣	100%	□優■相當□劣	100%
	稅制狀態		□優■相當□劣	100%	□優■相當□劣	100%	□優■相當□劣	100%
	住宅政策		□優■相當□劣	100%	□優■相當□劣	100%	□優■相當□劣	100%
	其　他		□優■相當□劣	100%	□優■相當□劣	100%	□優■相當□劣	100%

項目		勘估標的情況比較	比較標的（1）		比較標的（2）		比較標的（3）	
			情況比較	調整率	情況比較	調整率	情況比較	調整率
經濟因素	國民經濟		□優■相當□劣	100%	□優■相當□劣	100%	□優■相當□劣	100%
	物價指數		□優■相當□劣	100%	□優■相當□劣	100%	□優■相當□劣	100%
	景氣對策		□優■相當□劣	100%	□優■相當□劣	100%	□優■相當□劣	100%
	貨幣市場		□優■相當□劣	100%	□優■相當□劣	100%	□優■相當□劣	100%
	就業市場		□優■相當□劣	100%	□優■相當□劣	100%	□優■相當□劣	100%
	證券市場		□優■相當□劣	100%	□優■相當□劣	100%	□優■相當□劣	100%
	房地市場		□優■相當□劣	100%	□優■相當□劣	100%	□優■相當□劣	100%
	利率水準		□優■相當□劣	100%	□優■相當□劣	100%	□優■相當□劣	100%
	儲蓄投資		□優■相當□劣	100%	□優■相當□劣	100%	□優■相當□劣	100%
	其　　他		□優■相當□劣	100%	□優■相當□劣	100%	□優■相當□劣	100%
社會因素	人口狀態		□優■相當□劣	100%	□優■相當□劣	100%	□優■相當□劣	100%
	家庭狀態		□優■相當□劣	100%	□優■相當□劣	100%	□優■相當□劣	100%
	公共建設		□優■相當□劣	100%	□優■相當□劣	100%	□優■相當□劣	100%
	教育狀態		□優■相當□劣	100%	□優■相當□劣	100%	□優■相當□劣	100%
	社會福利		□優■相當□劣	100%	□優■相當□劣	100%	□優■相當□劣	100%
	交易習慣		□優■相當□劣	100%	□優■相當□劣	100%	□優■相當□劣	100%
	用益習慣		□優■相當□劣	100%	□優■相當□劣	100%	□優■相當□劣	100%
	資訊進展		□優■相當□劣	100%	□優■相當□劣	100%	□優■相當□劣	100%
	建築式樣		□優■相當□劣	100%	□優■相當□劣	100%	□優■相當□劣	100%
	生活方式		□優■相當□劣	100%	□優■相當□劣	100%	□優■相當□劣	100%
	其　　他		□優■相當□劣	100%	□優■相當□劣	100%	□優■相當□劣	100%
自然因素	地質地盤		□優■相當□劣	100%	□優■相當□劣	100%	□優■相當□劣	100%
	土壤地層		□優■相當□劣	100%	□優■相當□劣	100%	□優■相當□劣	100%
	地勢起伏		□優■相當□劣	100%	□優■相當□劣	100%	□優■相當□劣	100%
	地理位置		□優■相當□劣	100%	□優■相當□劣	100%	□優■相當□劣	100%
	氣候氣象		□優■相當□劣	100%	□優■相當□劣	100%	□優■相當□劣	100%
	其　　他		□優■相當□劣	100%	□優■相當□劣	100%	□優■相當□劣	100%
總調整率				100%		100%		100%

（二）區域因素分析與調整

項目	勘估標的 情況比較	比較標的（1） 情況比較	調整率	比較標的（2） 情況比較	調整率	比較標的（3） 情況比較	調整率
使用分區		□商■住□工	100%	□商■住□工	100%	□商■住□工	100%
使用管制		□嚴■相當□無	100%	□嚴■相當□無	100%	□嚴■相當□無	100%
環境整潔		□優■相當□劣	100%	□優■相當□劣	100%	□優■相當□劣	100%
寧適品質		□優■相當□劣	100%	□優■相當□劣	100%	□優■相當□劣	100%
距市中心		□遠■相當□近	100%	□優■相當□劣	100%	□遠■相當□近	100%
交通流量		□大■相當□小	100%	□大■相當□小	100%	□大■相當□小	100%
出入便利		□優■相當□劣	100%	□優■相當□劣	100%	□優■相當□劣	100%
人口密度		□密■相當□疏	100%	□密■相當□疏	100%	□密■相當□疏	100%
主要職業		□商■相當□	100%	□商■相當□	100%	□商■相當□	100%
公共設施		□優■相當□劣	100%	□優■相當□劣	100%	□優■相當□劣	100%
治安情況		□優■相當□劣	100%	□優■相當□劣	100%	□優■相當□劣	100%
商化程度		□優■相當□劣	100%	□優■相當□劣	100%	□優■相當□劣	100%
建物類型		□店■相當□住	100%	□店■相當□住	100%	□店■相當□住	100%
排水情況		□優■相當□劣	100%	□優■相當□劣	100%	□優■相當□劣	100%
淹水情況		□有■無□	100%	□有■無□	100%	□有■無□	100%
嫌惡設施		□有■無□	100%	□有■無□	100%	□有■無□	100%
噪音污染		□有■無□	100%	□有■無□	100%	□有■無□	100%
水源污染		□有■無□	100%	□有■無□	100%	□有■無□	100%
空氣污染		□有■無□	100%	□有■無□	100%	□有■無□	100%
溫度濕度		□優■相當□劣	100%	□優■相當□劣	100%	□優■相當□劣	100%
未來發展		□優■相當□劣	100%	□優■相當□劣	100%	□優■相當□劣	100%
其他情況		□優■相當□劣	100%	□優■相當□劣	100%	□優■相當□劣	100%
總調整率			100%		100%		100%

（三）個別因素分析與調整

項目	勘估標的 情況比較	比較標的（1） 情況比較	調整率	比較標的（2） 情況比較	調整率	比較標的（3） 情況比較	調整率
環境景觀	可	□優■相當□劣	100%	□優■相當□劣	100%	□優■相當□劣	100%
相鄰使用	可	□優■相當□劣	100%	□優■相當□劣	100%	□優■相當□劣	100%
停車狀況	有	無	102%	無	102%	無	102%

項目	勘估標的 情況比較	比較標的（1）		比較標的（2）		比較標的（3）	
		情況比較	調整率	情況比較	調整率	情況比較	調整率
管理狀況	有	□優□相當■劣	103%	□優□相當■劣	103%	□優□相當■劣	103%
水電瓦斯	有	□優■相當□劣	100%	□優■相當□劣	100%	□優■相當□劣	100%
樓層結構	RC-4/15	RC-13/15	92%	RC-14/15	92%	RC-8/15	95%
建材設備	旅館高級	住家設備	110%	住家設備	110%	住家設備	110%
使用現況	旅館用	住家用	102%	住家用	102%	住家用	102%
面積大小	47.79坪	51.49坪	100%	75.10坪（二戶）	100%	38.52坪	100%
形狀格局	可	□優■相當□劣	100%	□優■相當□劣	100%	□優■相當□劣	100%
通風採光	可	□優■相當□劣	100%	□優■相當□劣	100%	□優■相當□劣	100%
增　　建	無	無	100%	無	100%	無	100%
面臨路寬	25m	25m	100%	25m	100%	25m	100%
臨街寬度	可	□優■相當□劣	100%	□優■相當□劣	100%	□優■相當□劣	100%
屋　　齡	8.5年	8.5年	100%	8.5年	100%	8.5年	100%
其他情況		□優□相當■劣	103%	□優□相當■劣	103%	□優□相當■劣	103%
總調整率			112%		112%		115%

（四）日期調整率

（五）計算

（六）檢討與決定比較價格

1. 檢討各案賦予權值比重

比較標的（1）之拍定時間與本件之價格日期相距較久遠。

比較標的（2）及比較標的（3）之拍定時間與本件之價格日期相距較近；

尤其比較標的（3）之拍定時間與本件之價格日期相距更近。

2. 基於影響價格之諸多因素及比較標的之相似度等考量，分別賦予不同之權值為30%、30%、40%。

3.計算比較價格

次序	計算	項目	比較標的（1）	比較標的（2）	比較標的（3）
1		交易價格（萬元／坪）	48.5	47.6	49.2
2		情況調整率	1	1	1
3	1×2	情況調整後價格	48.5	47.6	49.2
4		日期調整率	1.023	1	1
5	3×4	日期調整後價格	49.62	47.6	49.2
6		一般因素調整率	1	1	1
7	5×6	一般因素調整後價格	49.62	47.6	49.2
8		區域因素調整率	1	1	1
9	7×8	區域因素調整後價格	49.62	47.6	49.2
10		個別因素調整率	1.12	1.12	1.15
11	9×10	個別因素調整後價格	55.57	53.31	56.58
12		各案賦予權值比重	30%	30%	40%
13	11×12	試算價格	55.57×30%＋53.31×30%＋56.58×40% ＝16.67＋15.99＋22.63＝55.29萬元／坪		

第二節　簡易之收益法估價

收益法估價，顧名思義，就是以市場上之穩定收益額，還原成價格的方法。所還原之價格謂爲收益價格。其計算公式：

P＝a÷r；P爲收益價格；a爲一年之總淨收益；r爲投資報酬率。

壹、簡單計算

例如欲出售或購買不動產時，得知其租金每月爲5萬元、押金爲10萬元，簡易之收益法估價爲：

一、先計算年總收入

1.租金年總收入：5萬元×12個月＝60萬元

　　2.押金收益：10萬元×1%＝0.1萬元

　　3.年總收入：60.1萬元

二、推估年總支出費用

　　推估每年繳納地價稅、房屋稅、保險費及維修費、管理費、折舊費等為年租金
　　總額10%；則推估年支出費用為：60萬元×10%＝6萬元

三、推估年淨收益（a）

　　年淨收益＝年總收入－年總支出費用＝60.1萬元－6萬元＝54.1萬元

四、決定投資報酬率（r）：可考慮銀行利率、公債利率、不動產利潤率作決定。

　　一般約2.5%－4%之間；持平為3%

五、計算收益價格：P＝a÷r＝54.1萬元÷3%＝1,803.3萬元

六、投資報酬率偏低，如為2.5%；則收益價格：54.1萬元÷2.5%＝2,164萬元

七、投資報酬率偏高，如為3.5%；則收益價格：54.1萬元÷3.5%＝1,545.7萬元

八、投資報酬率偏高或偏低，涉及當事人之主觀及客觀條件，如出賣意願強烈，投
　　資報酬率則可能偏高，價格就相對偏低；如購買意願強烈，投資報酬率則可能
　　偏低，價格就相對偏高。

貳、以附近成租案例推估計算

次序	計算	項目	金額（新台幣／元）	備註
1		每月租金	80,000元	
2		情況調整率	1	實際租金不須調整
3	1×2	情況調整後金額	80,000元	
4		日期調整率	1	
5	3×4	日期調整後金額	80,000元	
6		一般因素調整率	1	
7	5×6	一般因素調整後金額	80,000元	
8		區域因素調整率	1	
9	7×8	區域因素調整後金額	80,000元	
10		個別因素調整率	105%	屋齡、建材綜合考量
11	9×10	個別因素調整後金額	84,000元	
12		租金年總收入	1,008,000元	11×12個月
13		預估閒置期間1個月	84,000元	

次序	計算	項目		金額 （新台幣／元）	備註
14		押金2個月收益		84,000×2×2%＝3,360元	年利率以2%推估
15		租金有效年總收入		927,360元	12－13＋14
16		年總費用	房屋稅	22,201元	以當期房屋稅單為準
			地價稅	6,526元	以當期地價稅單為準
			管理費	30,240元	以租金3%估計
			保險費	0	
			維修費（%）	30,240元	以租金3%估計
			折舊費（1%）	7,400元	以推估之房屋現值估計
			其　他		
			合　計	96,607元	
17	15-16	淨收益		830,753元	
18		收益資本化率		3%	
19	17÷18	收益價格		2,769萬元	

第二章　各種範本

　　不動產估價師法第15條規定：不動產估價師受委託辦理業務，其工作範圍及應收酬金，應與委託人於事前訂立書面契約。

壹、一般委託估價契約書範本

不動產估價委託契約書

立契約人：委託人○○紡織股份有限公司；受託人：○○不動產估價師事務所，茲因不動產估價委託事宜，依不動產估價師法第十五條規定，有關工作範圍及應收酬金應訂立書面契約，經雙方協議同意訂定下列各條款，以資共同遵守：

第一條：（委託標的及權利種類）

　　一、房屋：中壢市○○路二段43號10棟。

　　二、土地：中壢市○○段923-1、924-2、927、928、929、931、932、933等地號8筆。

第二條：（價格日期）

　　本約估價之價格日期為：中華民國○○年3月15日。

第三條：（價格種類、價格條件及估價報告書種類）

　　本約估價之價格種類為：■正常價格□限定價格□特定價格；其價格條件為：

　　一、■無價格條件；□價格條件：

　　二、估價報告書種類：■敘述式兼表格式□摘要式□信函式□口頭式

第四條：（估價目的）

　　本約估價之目的為：■資產估價之參考□買賣參考　抵押貸款參考

第五條：（交付報告書日期）

　　受託人應於中華民國○○年03月20日以前交付委託人各標的物之「不動產估

價報告書」各正本壹份及副本貳份。但委託人如欲增製報告書副本份數,每增壹份,加收工本費新臺幣○○仟元整。

第六條:(酬金及給付)

　　　本約委託估價酬金新臺幣○○萬元整,其付款方式如下:

　　　一、於簽訂本約之同時給付新台幣○萬元整。

　　　二、交付「不動產估價報告書」時,給付新臺幣○萬元整。

第七條:(契約分存)

　　　本約同文壹式貳份,雙方各執壹份為憑。

立契約書人	立契約書人
委託人:○○股份有限公司（簽章）	受託人:○○不動產估價師事務所（簽章）
法定代理人:陳○○（簽章）	不動產估價師:○○○（簽章）
地址:台北市○○路116號2樓	開業證照:○○北市估字第000號
聯絡人:○○○	地址:臺北市○○路○段○○號○○樓
電話:--------	電話:------
	傳真:------
	行動電話:--------
中華民國○○○年2月25日	

貳、都市更新委託估價契約書範本

都市更新權利變換前後權利價值評估委託契約書

立契約書人:甲方:○○建設開發股份有限公司

　　　　　　乙方:○○不動產估價師事務所

茲因甲方實施都市更新,委託乙方估價,依不動產估價師法第15條規定,就工作範圍及應收酬金等事宜,經雙方協議一致同意訂定下列各條款,以資共同遵守:

第一條（委託標的）

　　　甲方於臺北市○○區○○段○小段○○地號等○○筆土地上,謄本總面積約×××平方公尺,實施都市更新,就該更新單元更新前、後之不動產及有關之權利估價。

第二條（估價目的）

　　都市更新權利變換前後權利價值參考。

第三條（估價內容）

　　（一）更新前土地所有權人及權利變換關係人之權利價值及權利價值比例。

　　（二）更新後供分配之建築物及其土地應有部分面積之權利價值。

　　（三）配合提供都市更新事業權利變換作業所需之估價資料及表格。

　　（四）配合本案相關之權利變換計畫說明會、公聽會及相關審議會議等法定會
　　　　　議之列席說明。

　　（五）配合相關會議之審查意見修正估價結果。

第四條（價格日期）

　　依價格日期以權利變換計畫書登載之評價基準日為準。

第五條（價格種類及估價條件）

　　估價條件應於委託書後續作業中由委託者以書面函件提供，估價結果為依該估
　　價條件進行評估之價格，其價格種類屬於有條件之正常價格。另不動產估價報
　　告書所載委託人為未來本更新案之實施者。

第六條（估價作業時間）

　　一、自估價原則確定之日起，二十個工作天內交付評估都市更新前不動產價
　　　　值明細表予甲方；自甲方提供更新後建築平面圖之日起，十五個工作天
　　　　內交付評估都市更新後不動產價值明細表予甲方，經甲方同意之日起，
　　　　十五個工作天內製作都市更新前後不動產估價報告書交付甲方。

　　二、如經都市更新審議結果要求調整不動產估價成果內容，乙方應自甲方通知
　　　　之日起七個工作天內調整完成，並檢送報告書予甲方。

第七條（甲方之義務）

　　一、提供資料：

　　　　甲方基於乙方作業需要，應儘可能提供下列相關必要資料，一式四份，
　　　　一份正本三份影本。

　　　　（一）更新前相關資料：

　　　　　　　1.三個月內之土地及建物登記（簿）謄本。

　　　　　　　2.三個月內之土地地籍圖謄本。

　　　　　　　3.三個月內之建物測量成果圖。

　　　　　　　4.土地及合法建物之產權清冊。

　　　　　　　5.建物使用執照。

　　　　　　　6.原竣工圖說。

　　　　　　　7.合法建物權利證明文件。

8.停車位使用權屬證明文件。

9.租賃權或地上權相關權利證明文件。

10.舊違章建築面積及權利人證明文件。

11.更新前使用現況約定及權利證明文件。

12.其他足以影響估價之相關證明文件。

（二）更新後相關資料：

1.建築規劃設計圖說。

2.各分配單位預計登記產權面積明細表。

3.建材設備說明書。

4.工程造價分析表。

5.工程進度表。

6.其他足以影響估價之相關資料。

（三）甲方應提供其他下列資料：

1.依不動產估價技術規則第三十五條規定，採用收益法所需勘估標的最近三年之租金收入、房屋稅、地價稅、保險費、管理費等資料。

2.其他足以影響估價之相關資料。

二、充分說明：

除土地、建物登記（簿）謄本登載之內容外，甲方應向乙方充分說明與勘估標的有關之租賃、公共設施專用、車位使用權及其他產權糾葛等狀況，如未說明致乙方估價時未予考量，不得歸責予乙方。

三、甲方所提供之資料及說明應正確無誤。如因甲方所提供之資料及說明不正確，致乙方估價結果有所偏頗，不得歸責於乙方。乙方應配合修正估價結果，惟甲方應支付乙方因此而產生的額外費用。

第八條（現場勘查）

甲方應協商乙方訂定時間，會同勘察現場。

第九條（服務費用）

一、服務總費用共計新臺幣捌拾萬元整（含執行業務所得稅10%）

1.基本估價服務費：新臺幣陸拾萬元整。

2.選定為權利變換基礎（領銜）服務費新臺幣貳拾萬元整；乙方若未被選定為權利變換價值基礎，甲方無須支付領銜款。

二、估價服務費用支付時間：

第一期款：簽約完成後，甲方支付乙方基本估價服務費用30%，計新臺幣拾捌萬元整。

第二期款：出具「正式估價報告書」時，甲方支付乙方基本估價服務費用50%，計新臺幣參拾萬元整。

甲方若選定乙方作為權利變換價格基礎，應於本階段同時支付50%領銜服務費用，計新臺幣拾萬元整。

第三期款：於權利變換計畫書審議通過並取得○○○政府公告實施核定函之日起七日內，甲方應支付乙方基本估價服務費用20%，計新臺幣拾貳萬元整。

甲方若選定乙方作為權利變換價格基礎，應於本階段同時支付50%領銜服務費用，計新臺幣拾萬元整。

三、請款方式：於完成當月乙方於二十日以請款單及發票向甲方請款，甲方於次月5日支付即期票予乙方。乙方領款時之印鑑，應與本合約之印鑑卡上印鑑相符。

第十條（乙方之義務）

乙方除應遵守誠實信用之原則、表現專業之精神、依法進行公正客觀之估價外，另有出席下列由○○○政府召開與本約估價有關會議之義務：

一、都市更新事業計畫相關審查會議。

二、權利變換估價會議。

三、權利變換公聽會。

四、權利變換計畫相關審查會。

五、權利價值查估說明會。

第十一條（估價報告書之交付）

一、乙方完成估價工作後，應交付「不動產估價報告書」正本陸份及電子檔一份。

二、乙方交付「不動產估價報告書」後，如甲方因權利變換計畫或委託條件變動時，應由甲方發函乙方於一定期間內以下列方式進行「不動產估價報告書」修正：

（一）估價條件大幅變動而影響估價報告之完整性者，乙方應修正全份報告書內容，並註明原交付日期、修改日期，並附加修正表後，交付予甲方。

（二）估價條件未大幅變動而不影響估價報告之完整性者，乙方則以補充報告之方式為之。

第十二條（額外費用）

一、乙方除正常估價作業報酬外，不得以任何名目向甲方收取額外費用。

二、乙方於估價作業期間，如應甲方要求進行本約所定以外之工作者，乙方得

　　　　另外酌收酬金。

三、乙方交付「不動產估價報告書」後，甲方如有估價條件之變動，致使乙方
　　修正該報告書者，乙方得另外酌收酬金。

四、乙方出席甲方之權利變換異議處理等相關會議，乙方得另外酌收酬金。

五、乙方依第十條規定，出席各項會議總次數以八次，每次四小時爲限，額外
　　出席會議，依每次會議乙方出席時間，以每人每小時加計新台幣壹仟貳佰
　　元整計算，並於每次會議結束時，由甲方計付予乙方。

六、乙方依約交付甲方「不動產估價報告書」正本陸份；惟甲方如需增加份
　　數，增加之部分每份酌收新臺幣壹仟伍佰元整。

第十三條（未盡事宜之處理）

　　本約如有未盡事宜，依相關法令、習慣，以平等互惠與誠信原則處理之。

第十四條（涉訟之管轄法院）

　　本約如有爭議致涉訟時，雙方同意以臺灣臺北地方法院爲第一審法院。

第十五條（契約生效日與終止日）

　　本約自簽訂日起生效，於雙方理清權利、義務日自動終止效力。

第十六條（契約分存）

　　本約同文乙式五份，由雙方各執乙份爲憑。

　　立契約書人：

　　甲方：○○建設開發股份有限公司

　　負責人：○○○

　　地址：台北市○○路○○樓（○○大樓）

　　統一編號：---------

　　聯絡電話：(02)---------

　　傳眞電話：(02)---------

　　乙方：○○不動產估價師事務所

　　負責人：○○○

　　地址：台北市○○路○○號○○樓

　　統一編號：---------

　　聯絡電話：(02)--------

　　傳眞電話：(02)--------

　　中華民國○○○年○○月○○日

第二節　委託不動產估價酬金收據範本

　　不動產估價師收受委託人之酬金，應給予委託人收據。該酬金如是現金給付或收受匯款，依印花稅法規定，收據應貼銷酬金總額千分之四之印花。

委託不動產估價酬金收據

一、茲委託人○○紡織股份有限公司，委託估價下列不動產，有關「不動產估價報告書」，除於完成估價作業並交付委託人外（案號：○○），委託估價酬金新臺幣○○萬元整，除於簽定不動產估價委託契約書時收受支票一份面額新臺幣○萬元整外，餘額新臺幣○萬元整，於依法扣繳後，茲收到支票一份無誤。

二、匯款帳號：臺灣土地銀行松山分行：063--------

　　　戶名：○○不動產估價師事務所

　　　或〔支票號碼：〕

三、委託估價之不動產：

　　1.土地：中壢市○○段923-1、924-2、927、928、929、931、932、933地號等8筆土地

　　2.房屋：建號2639；中壢市○○路二段43號及21號等10棟

　　　收受人：○○不動產估價師事務所（簽章）

　　　免用發票統一編號：--------

　　　估價師：○○○（簽章）

　　　估價師開業證書字號：○○北市估字第0000號

　　　地址：臺北市○○區○○路○段○號○樓

　　　電話：（02）2570-8015

　　　傳真：（02）2579-6938

　　　中華民國98年03月16日

酬金領訖 簽　　章	領取人	年	月	日

收受現金及匯款
應貼印花

第三節　估價不動產現況資料調查表範本

一、區域因素資料調查

項目	勘估標的 狀況	比較標的（1） 狀況	比較標的（2） 狀況	比較標的（3） 狀況
使用分區	□商□工□住 □農□保□風	□商□工□住 □農□保□風	□商□工□住 □農□保□風	□商□工□住 □農□保□風
使用管制	□無 □	□無 □	□無 □	□無 □
環境整潔	□優□可□劣	□優□可□劣	□優□可□劣	□優□可□劣
寧適品質	□優□可□劣	□優□可□劣	□優□可□劣	□優□可□劣
距市中心	線　站　方 約　　km	線　站　方 約　　km	線　站　方 約　　km	線　站　方 約　　km
交通流量	□大□可□小	□大□可□小	□大□可□小	□大□可□小
出入便利	□優□可□劣	□優□可□劣	□優□可□劣	□優□可□劣
人口密度	□密□可□疏	□密□可□疏	□密□可□疏	□密□可□疏
主要職業	□商□農□工	□商□農□工	□商□農□工	□商□農□工
公共設施	□學校□市場 □車站□金融 □公園□	□學校□市場 □車站□金融 □公園□	□學校□市場 □車站□金融 □公園□	□學校□市場 □車站□金融 □公園□
治安情況	□優□可□劣	□優□可□劣	□優□可□劣	□優□可□劣
商化程度	□優□可□劣	□優□可□劣	□優□可□劣	□優□可□劣
建物類型	□店□廠□住	□店□廠□住	□店□廠□住	□店□廠□住
排水情況	□優□可□劣	□優□可□劣	□優□可□劣	□優□可□劣
淹水情況	□有□無□可	□有□無□可	□有□無□可	□有□無□可
嫌惡設施	□無□有：	□無□有：	□無□有：	□無□有：
噪音污染	□無□有：	□無□有：	□無□有：	□無□有：
水源污染	□無□有：	□無□有：	□無□有：	□無□有：
空氣污染	□無□有：	□無□有：	□無□有：	□無□有：
溫度濕度	□優□可□劣	□優□可□劣	□優□可□劣	□優□可□劣

項目	勘估標的	比較標的（1）	比較標的（2）	比較標的（3）
	狀況	狀況	狀況	狀況
未來發展	□優□可□劣	□優□可□劣	□優□可□劣	□優□可□劣
其他情況	□交通設施 □上下水道 □其他	□交通設施 □上下水道 □其他	□交通設施 □上下水道 □其他	□交通設施 □上下水道 □其他

二、土地個別因素資料調查

項目	勘估標的	比較標的（1）	比較標的（2）	比較標的（3）
	狀況	狀況	狀況	狀況
使用分區	□商□工□住 □農□保□風	□商□工□住 □農□保□風	□商□工□住 □農□保□風	□商□工□住 □農□保□風
使用管制	□建蔽率% □容積率% □高度限制	□建蔽率% □容積率% □高度限制	□建蔽率% □容積率% □高度限制	□建蔽率% □容積率% □高度限制
環境形勢	□優□可□劣	□優□可□劣	□優□可□劣	□優□可□劣
面積大小	□　　m^2（坪）	□　　m^2（坪）	□　　m^2（坪）	□　　m^2（坪）
地籍形狀	□長條形 □不整形 □畸零地	□長條形 □不整形 □畸零地	□長條形 □不整形 □畸零地	□長條形 □不整形 □畸零地
地勢起伏	□平坦 □山坡地 □起伏落差大	□平坦 □山坡地 □起伏落差大	□平坦 □山坡地 □起伏落差大	□平坦 □山坡地 □起伏落差大
淹水情況	□無□有：	□無□有：	□無□有：	□無□有：
臨路情況	距路　　　M	距路　　　M	距路　　　M	距路　　　M
面臨路寬	路寬　　　M	路寬　　　M	路寬　　　M	路寬　　　M
臨街深度	深度　　　M	深度　　　M	深度　　　M	深度　　　M
臨街寬度	寬度　　　M	寬度　　　M	寬度　　　M	寬度　　　M
使用現況	□自用建築 □出租建築 □空地□耕作 □雜草閒置 □種植花木	□自用建築 □出租建築 □空地□耕作 □雜草閒置 □種植花木	□自用建築 □出租建築 □空地□耕作 □雜草閒置 □種植花木	□自用建築 □出租建築 □空地□耕作 □雜草閒置 □種植花木

項目	勘估標的	比較標的（1）	比較標的（2）	比較標的（3）
	狀況	狀況	狀況	狀況
其他情況	☐聯外道路 ☐道路鋪設 ☐距車站　M ☐距文教　M ☐距商設　M ☐距遊憩　M ☐距銀行　M ☐角地或袋地 ☐高壓線	☐聯外道路 ☐道路鋪設 ☐距車站　M ☐距文教　M ☐距商設　M ☐距遊憩　M ☐距銀行　M ☐角地或袋地 ☐高壓線	☐聯外道路 ☐道路鋪設 ☐距車站　M ☐距文教　M ☐距商設　M ☐距遊憩　M ☐距銀行　M ☐角地或袋地 ☐高壓線	☐聯外道路 ☐道路鋪設 ☐距車站　M ☐距文教　M ☐距商設　M ☐距遊憩　M ☐距銀行　M ☐角地或袋地 ☐高壓線

三、建物個別因素資料調查

項目	勘估標的	比較標的（1）	比較標的（2）	比較標的（3）
	狀況	狀況	狀況	狀況
環境形勢	☐外在嫌惡設施 ☐死巷 ☐路沖 ☐反弓路 ☐天橋旁 ☐地下道兩側 ☐靠高架道路 ☐瓦斯行 ☐加油站 ☐地下油行 ☐對角屋 ☐對屋脊 ☐對電線桿 ☐高壓電塔 ☐變電所 ☐垃圾場旁	☐外在嫌惡設施 ☐死巷 ☐路沖 ☐反弓路 ☐天橋旁 ☐地下道兩側 ☐靠高架道路 ☐瓦斯行 ☐加油站 ☐地下油行 ☐對角屋 ☐對屋脊 ☐對電線桿 ☐高壓電塔 ☐變電所 ☐垃圾場旁	☐外在嫌惡設施 ☐死巷 ☐路沖 ☐反弓路 ☐天橋旁 ☐地下道兩側 ☐靠高架道路 ☐瓦斯行 ☐加油站 ☐地下油行 ☐對角屋 ☐對屋脊 ☐對電線桿 ☐高壓電塔 ☐變電所 ☐垃圾場旁	☐外在嫌惡設施 ☐死巷 ☐路沖 ☐反弓路 ☐天橋旁 ☐地下道兩側 ☐靠高架道路 ☐瓦斯行 ☐加油站 ☐地下油行 ☐對角屋 ☐對屋脊 ☐對電線桿 ☐高壓電塔 ☐變電所 ☐垃圾場旁

項目	勘估標的	比較標的（1）	比較標的（2）	比較標的（3）
	狀況	狀況	狀況	狀況
	☐神壇寺廟旁 ☐墳場 ☐殯儀館 ☐鐵路旁 ☐工廠林立 ☐廢氣污染 ☐噪音污染 ☐特種行業 ☐路窄車輛難進出 ☐私密性及採光差 ☐基地低於路面	☐神壇寺廟旁 ☐墳場 ☐殯儀館 ☐鐵路旁 ☐工廠林立 ☐廢氣污染 ☐噪音污染 ☐特種行業 ☐路窄車輛難進出 ☐私密性及採光差 ☐基地低於路面	☐神壇寺廟旁 ☐墳場 ☐殯儀館 ☐鐵路旁 ☐工廠林立 ☐廢氣污染 ☐噪音污染 ☐特種行業 ☐路窄車輛難進出 ☐私密性及採光差 ☐基地低於路面	☐神壇寺廟旁 ☐墳場 ☐殯儀館 ☐鐵路旁 ☐工廠林立 ☐廢氣污染 ☐噪音污染 ☐特種行業 ☐路窄車輛難進出 ☐私密性及採光差 ☐基地低於路面
相鄰使用	☐住家☐商店 ☐辦公☐工廠 ☐住辦混合	☐住家☐商店 ☐辦公☐工廠 ☐住辦混合	☐住家☐商店 ☐辦公☐工廠 ☐住辦混合	☐住家☐商店 ☐辦公☐工廠 ☐住辦混合
停車狀況	☐自有車庫 ☐共有停車場 ☐公有停車場 ☐路邊停車 ☐管理費每月　元	☐自有車庫 ☐共有停車場 ☐公有停車場 ☐路邊停車 ☐管理費每月　元	☐自有車庫 ☐共有停車場 ☐公有停車場 ☐路邊停車 ☐管理費每月　元	☐自有車庫 ☐共有停車場 ☐公有停車場 ☐路邊停車 ☐管理費每月　元
管理狀況	☐無☐管委會 ☐保全公司 ☐管理費每月　元	☐無☐管委會 ☐保全公司 ☐管理費每月　元	☐無☐管委會 ☐保全公司 ☐管理費每月　元	☐無☐管委會 ☐保全公司 ☐管理費每月　元
水電瓦斯	☐水電 ☐瓦斯： ☐有☐無	☐水電 ☐瓦斯： ☐有☐無	☐水電 ☐瓦斯： ☐有☐無	☐水電 ☐瓦斯： ☐有☐無
樓層結構	☐鋼骨造 ☐RC造 ☐加強磚造 ☐地上　層 ☐地下　層 ☐透天　層	☐鋼骨造 ☐RC造 ☐加強磚造 ☐地上　層 ☐地下　層 ☐透天　層	☐鋼骨造 ☐RC造 ☐加強磚造 ☐地上　層 ☐地下　層 ☐透天　層	☐鋼骨造 ☐RC造 ☐加強磚造 ☐地上　層 ☐地下　層 ☐透天　層

項目	勘估標的	比較標的（1）	比較標的（2）	比較標的（3）
	狀況	狀況	狀況	狀況
建材設備	☐外牆 ☐內牆 ☐門窗 ☐地板 ☐屋蓋 ☐裝潢 ☐天花板 ☐電器設備	☐外牆 ☐內牆 ☐門窗 ☐地板 ☐屋蓋 ☐裝潢 ☐天花板 ☐電器設備	☐外牆 ☐內牆 ☐門窗 ☐地板 ☐屋蓋 ☐裝潢 ☐天花板 ☐電器設備	☐外牆 ☐內牆 ☐門窗 ☐地板 ☐屋蓋 ☐裝潢 ☐天花板 ☐電器設備
使用現況	☐辦公室 ☐店鋪 ☐工廠 ☐住家 ☐國民住宅 ☐自用 ☐出租 ☐租金　　　元 ☐空屋 ☐興建中 ☐裝潢中 ☐占用他人地 ☐無償供　使用 ☐未能進入無法判斷	☐辦公室 ☐店鋪 ☐工廠 ☐住家 ☐國民住宅 ☐自用 ☐出租 ☐租金　　　元 ☐空屋 ☐興建中 ☐裝潢中 ☐占用他人地 ☐無償供　使用 ☐未能進入無法判斷	☐辦公室 ☐店鋪 ☐工廠 ☐住家 ☐國民住宅 ☐自用 ☐出租 ☐租金　　　元 ☐空屋 ☐興建中 ☐裝潢中 ☐占用他人地 ☐無償供　使用 ☐未能進入無法判斷	☐辦公室 ☐店鋪 ☐工廠 ☐住家 ☐國民住宅 ☐自用 ☐出租 ☐租金　　　元 ☐空屋 ☐興建中 ☐裝潢中 ☐占用他人地 ☐無償供　使用 ☐未能進入無法判斷
面積大小	☐　　　m^2 ☐　　　坪	☐　　　m^2 ☐　　　坪	☐　　　m^2 ☐　　　坪	☐　　　m^2 ☐　　　坪
形狀格局	☐房廳衛 ☐廁占中宮 ☐廚房對大門 ☐牆滲水 ☐隔間差 ☐採光差	☐房廳衛 ☐廁占中宮 ☐廚房對大門 ☐牆滲水 ☐隔間差 ☐採光差	☐房廳衛 ☐廁占中宮 ☐廚房對大門 ☐牆滲水 ☐隔間差 ☐採光差	☐房廳衛 ☐廁占中宮 ☐廚房對大門 ☐牆滲水 ☐隔間差 ☐採光差

項目	勘估標的	比較標的（1）	比較標的（2）	比較標的（3）
	狀況	狀況	狀況	狀況
	☐私密性差 ☐走道太長 ☐樓梯間低易撞到頭 ☐笨斗屋 ☐樓梯間髒亂 ☐樓層高度太低 ☐牆面樑柱龜裂 ☐客廳對鄰房後陽台	☐私密性差 ☐走道太長 ☐樓梯間低易撞到頭 ☐笨斗屋 ☐樓梯間髒亂 ☐樓層高度太低 ☐牆面樑柱龜裂 ☐客廳對鄰房後陽台	☐私密性差 ☐走道太長 ☐樓梯間低易撞到頭 ☐笨斗屋 ☐樓梯間髒亂 ☐樓層高度太低 ☐牆面樑柱龜裂 ☐客廳對鄰房後陽台	☐私密性差 ☐走道太長 ☐樓梯間低易撞到頭 ☐笨斗屋 ☐樓梯間髒亂 ☐樓層高度太低 ☐牆面樑柱龜裂 ☐客廳對鄰房後陽台
通風採光	☐優☐可☐劣	☐優☐可☐劣	☐優☐可☐劣	☐優☐可☐劣
面臨路寬	路寬約　　　M	路寬約　　　M	路寬約　　　M	路寬約　　　M
臨街深度	深度約　　　M	深度約　　　M	深度約　　　M	深度約　　　M
臨街寬度	寬度約　　　M	寬度約　　　M	寬度約　　　M	寬度約　　　M
增建違建	☐無 ☐有： ☐約　坪 ☐夾層☐ ☐屋頂平台 ☐陽台拓建 ☐法定空地違建 ☐結構價值： 約新臺幣　　元	☐無 ☐有： ☐約　坪 ☐夾層☐ ☐屋頂平台 ☐陽台拓建 ☐法定空地違建 ☐結構價值： 約新臺幣　　元	☐無 ☐有： ☐約　坪 ☐夾層☐ ☐屋頂平台 ☐陽台拓建 ☐法定空地違建 ☐結構價值 約新臺幣　　元	☐無 ☐有： ☐約　坪 ☐夾層☐ ☐屋頂平台 ☐陽台拓建 ☐法定空地違建 ☐結構價值 約新臺幣　　元
其他情況	☐	☐	☐	☐

調查員：　　　　　　　　調查日期：　年　月　日

第四節　一般摘要式報告書範本

不動產估價摘要式報告書　案號：○○○○

壹、委託人

姓名／名稱			
地　　　址	台北市　區　路　號		
委 託 日 期	年　月　日	交付報告日期	年　月　日

貳、勘估標的基本資料

一、土地基本資料

編號	1	2	3
鄉鎮市區			
段			
小段			
地號			
權利範圍			

二、建物基本資料

	編號	1	2	3
	建號			
建物門牌	鄉鎮市區			
	街路			
	段			
	巷			
	弄			
	號			
	樓			
	權利範圍			

三、停車位基本資料

停車位	形式	□停車塔■平面式□機械式□地上第　層□地下第　層■地面
	編號	□共計　位　□編號第　號
	產權情形	■土地共有產權□主建物共有產權□共用部分登記□未登記
		建號　　　　　　　面積 m² 　　　權利範圍
	使用情形	□自用：每月管理費_____元□租用：每月租金_____元
		□固定車位□每月或□每年抽籤輪流車位

參、價格日期及勘察日期

價格日期	96年　月　日
勘察日期	96年　月　日

肆、價格種類

價格種類	■正常價格	□限定價格	□特定價格

伍、估價條件

估價條件	■無	□有：

陸、估價目的

估價目的	■擔保經銷貨款抵押之參考□租賃參考□貸款參考□資產評估

柒、勘估標的使用現況

土地	■自用建築□出租建築□空地□閒置□耕作□種植花木□
建物	■自用□出租□出借□辦公室□住家□店鋪■工廠□
房地關聯性	■共有土地建築□租地建屋□設定地上權建屋□設定典權建屋

捌、勘估標的法定使用管制或其他管制事項

項目	都市或非都市土地	使用分區	用地類別	建蔽率	容積率
使用管制	都市土地				
其他 管制事項	■無□有：□飛航安全□山坡地保育□軍事限建□古蹟保存 □環境影響評估□水土保持□防洪平原				

玖、價格形成之主要因素分析

一、一般因素

　　（一）有利：

　　（二）不利：

二、區域因素

　　（一）概況

　　　　　　1.勘估建物所臨街（巷）道寬度

　　　　　　2.土地臨街面正面寬度

　　　　　　3.市場及學校之接近性

　　　　　　4.大眾運輸條件

　　　　　　5.鄰近市場供需

　　（二）有利：

　　（三）不利：

三、個別因素

　　（一）有利：

　　（二）不利：

拾、鑑定結果

一、土地鑑定表

	編號	1	2	3
土地標示	鄉鎮市區			
	段			
	小段			
	地號			
	面積（m²）			
	所有權人			
	權利範圍			

編號		1	2	3
	持分面積			
	有無限制登記			
	有無其他負擔	■無□有		
	年原地價			
	物價指數	（年月至年月）	（年月至年月）	
	年公告現值			
	預估土地增值稅額			
估價情形	單價：元／m²			
	單價：元／坪			
	總值（元）			
扣除土地增值稅後之淨值				

二、建物鑑定表

編號		1	2	3
	建號			
建物門牌	鄉鎮市區			
	街路			
	段			
	巷			
	弄			
	號			
	樓			
主要建材				
總樓數	地上			
	地下			

編號	1	2	3
主要用途			
建築完成日期			
面積 主建物（m²）			
面積 附屬建物（m²）			
面積 共用部分（m²）			
面積 增建部分（m²）			
面積 共　　計（m²）			
所有權人			
權利範圍			
持分面積			
有無限制登記	■無□有		
有無其他負擔	■無□有		
估價情形 單價：元／m²			
估價情形 單價：元／坪			
估價情形 總值（元）			

三、停車位鑑定表

停車位	性質	□法定停車空間□獎勵停車空間□增設停車空間
停車位	位置	□地上第 層□地下第 層■地面
停車位	型式	□停車塔■平面式□機械式
停車位	車道	■平面坡道式□機械昇降式
停車位	規格	長：公尺寬：公尺高：公尺
停車位	數量	□共計 位　　編號　　□編號第號
停車位	登記情形	■土地共有產權□主建物共有產權□共用部分登記□未登記
停車位	登記情形	建號　　　面積 m²　　　權利範圍
停車位	使用情形	□自用：每月管理費　　元□租用：每月租金　　元
停車位	使用情形	□固定車位□每月或□每年抽籤輪流車位
有無限制登記		■無□有
有無其他負擔		■無□有
估價情形		

四、他項權利分析表

登記次序		1	2	3
權利種類		抵押權	抵押權	抵押權
登記日期				
權利人				
權利人地址				
債權範圍		全部		
權利價值		最高限額萬元		
存續期間		民國至民國		
清償日期		依照各個契約約定		
利息		依照各個契約約定		
遲延利息		依照各個契約約定		
違約金		依照各個契約約定		
債務人				
權利標的		所有權		
設定權利範圍				
設定義務人				
共同擔保標的	土地			
	建物			

拾壹、其他與估價相關之必要事項及依規定須敘明之情況

其他與估價相關之必要事項及依規定須敘明之情況	■無□有

拾貳、不動產估價師之立場聲明

一、本估價師以公正第三人立場進行客觀評估。

二、本估價師與委託人之間僅為單純業務往來關係。

三、本估價師所收取報酬，不因刻意滿足委託人需要、達成特定估價結果或促成其他事件之發生而有所不同。

四、本估價師對於本估價之不動產，無現有或可預期之利益；對於與本估價之不動產相關之權利關係人，亦無個人之私利或偏見。

五、本報告書所載內容絕無虛偽或隱匿情事，報告書中所提之事實描述，具真實確切性。

六、本報告書中之分析意見及結論，屬估價師個人中立之專業評論。

七、本報告書係遵循不動產估價師法、不動產估價技術規則相關規定及國內、外不動產估價理論製作而成。

拾參、不動產估價師姓名及證照字號

估價報告人：○○不動產估價師事務所（簽章）

不動產估價師：○○○（簽章）

估價師證書：（○○）台內估字第○○○號

開業證照：○○北市估字第○○○號

公會證書：○○北市估證字第○○○號

事務所地址：臺北市○○區○○路○段○○號○樓

事務所電話：（02）○○○○○○○○傳真：（02）○○○○○○○○

網址：○○○○○

電子信箱：○○○○○○

中華民國○○○年○月○○日

附件

一、本件土地登記電子謄本1份6張

二、地籍圖電子謄本1份1張

三、土地使用分區證明書1份1張

四、地理位置圖影本1份1張

五、比較標的（1）資料1份2張

六、比較標的（2）資料1份2張

七、比較標的（3）資料1份2張

八、土地開發分析法──「藍海」工地資料1份2張

九、房價指數表1份3張

十、現場照片1份3張

第三章　實務案例

壹、不動產估價師法規定

不動產估價師法第18條規定：不動產估價師對於因業務知悉之秘密，除依第21條之規定或經委託人之同意外，不得洩漏。但為提昇不動產估價技術，得將受委託之案件，於隱匿委託人之私人身分資料後，提供做為不動產估價技術交流、研究發展及教學之用。

貳、 本章係作者執行業務之各實際案例，因已時空流轉，保密之意義已微，為不動產估價技術交流、研究發展及教學之用，特隱匿委託人之私人身分及有關資料後，作為本章之內容，供讀者參考。

第一節　工廠房地之比較法與收益法估價案例

（本估價案例為桃園市升格改制前所製作完成，為保持原估價報告書之完整性，保留估價報告書內有關舊行政區域之名稱及敘述。）

目錄

不動產估價報告書

壹、聲明及報告書使用之條件（參考估價師全聯會版本）

一、估價師之立場聲明

（一）本估價師以公正第三人立場進行客觀評估，其任務在發現市場價格，並非在創造市場價格。

（二）本估價師與委託人、所有權人或交易雙方僅為單純之業務關係，並無財務會計準則公報第六號所定之關係人或實質關係人之情事。

（三）本報告書所載內容絕無虛偽或隱匿之情事，報告書中所提之事實描述，具真實確切性。

（四）本報告書中之分析意見及結論，係基於報告書中所假設及限制條件下成立；此等分析意見及結論，屬估價師個人中立之專業評論。

（五）本估價師對於本估價之不動產，無現有或可預期的利益；對於與本估價之不動產相關之權利關係人，亦無個人之私利或偏見。

（六）本估價師所收取之報酬，係基於專業勞務之正當報酬、不為不正當之競價；對客戶提出之有關意見自應予以重視，但絕不因此刻意扭曲估價之合理方法，進而影響估價之合理結果。

（七）本報告書內容，係遵循不動產估價師法及不動產估價技術規則相關規定、國內外之不動產估價理論製作而成，並符合不動產估價師全國聯合會頒佈之「敘述式估價報告書範本」格式。

二、估價報告書基本聲明事項

本估價報告書，係在下列基本假設條件下製作完成：

（一）除有特別聲明外，勘估標的之所有權視為正常狀態、且具市場性。

（二）除有特別聲明外，評估結論係在未考慮不動產抵押權或其他權利設定之情況下進行。

（三）報告書中引用他人提供之資訊，係經查證後認為確實可信者。

（四）勘估標的中之土地及其地上物之結構於報告書中被認為屬一般正常情形，無任何隱藏或未被發現之影響該不動產價值因素。故本估價報告書對隱藏或無法在一般勘察中發現之因素不負責任。

（五）除有特別聲明外，所評估之不動產均被認為符合環境保護等相關法規之規定，而未有受任何限制之事項。

（六）除有特別聲明外，勘估標的可能存在或不存在之危險因子，不列入估價師之勘察範圍內。不動產估價師並不具備了解不動產內部成分或潛在危險之知識能力，也無資格檢測這種物質；有關地質及石綿、尿素、胺／甲醛泡沫絕緣體等類材料，或其他潛在之危險材料之存在，可能影響不動產之價值。估價報告書中之假設前提，是勘估標的中無此導致價值降低之地質與材料等因素。估價報告書對於這些情況及用於發現此等情況之專業或工程知識不負責任。如有需要，估價報告書使用者須另聘各該領域之專家進行分析。

三、估價報告書使用之限制條件

本估價報告書使用之一般限制條件如下：

（一）本報告書之總價，其分配於各估價標的及各權利範圍，僅適用於報告書中所提及之項目下；分配之價值不適用於其他任何估價中。

（二）本報告書正本或副本之持有人，均無出版本報告書之權利。

（三）未經估價師之書面同意，本報告書內容之全部或部分（尤其是估價結論、估價師身分、估價師所屬之事務所），均不得經由廣告、公共關係、新聞、銷售或其他傳播媒體公諸於眾。

（四）本報告書之評估結果，僅適用於估價標的物及其權利範圍內。除另有聲明外，如依據評估結果推定整個受估不動產之價值或推定其他權利範圍之價值，均將降低本報告書中評估結果之可信度。

（五）本報告書中之預測、預估或經營結果估計，係立基於當前市場條件、預期短期供需因素及連續穩定之經濟基礎上；各該預測將隨將來條件、因素之變動而改變。

（六）本報告書之評估結果，係作為委託人在報告書所載之估價目的之參考，如估價目的變更可能使該估價金額發生改變。故本報告書之評估結果，不適於供其他估價目的之參考使用。

（七）本報告書之評估結果，係考量估價條件所形成，委託人或使用本報告書者應了解本報告書中所載之估價條件，以避免誤用本報告書所載之估價金額。

（八）本報告書之評估結果，僅具有不動產價值參考之特性，不必然成為委託者或使用者對該不動產價格之最後決定金額。

（九）除有事先安排或同意者外，本估價師不必對本報告書之受估不動產之相關問題，給予進一步之諮詢、證詞或出席法院。

（十）本報告書，如依不動產估價師法或其他相關法規等所應負擔之損害賠償責任，僅限於以委託人支付估價服務費用為計算基礎之一定金額範圍。

貳、估價基本事項

一、委託人

姓名／名稱	○○股份有限公司		
地　　址	台北市○○路116號2樓		
委託日期	98年02月25日	交付報告日期	98年03月20日以前

二、勘估標的基本資料

（一）土地基本資料

編號	土地坐落				面積（m²）	估價權利範圍
	縣	市	段	地號		
1	桃園	中壢	○○	923-1	619	全部
2	桃園	中壢	○○	924-2	1,670	全部

編號	土地坐落				面積 （m²）	估價 權利範圍
	縣	市	段	地號		
3	桃園	中壢	○○	927	1,890	全部
4	桃園	中壢	○○	928	1,920	全部
5	桃園	中壢	○○	929	1,920	全部
6	桃園	中壢	○○	931	1,920	全部
7	桃園	中壢	○○	932	1,920	全部
8	桃園	中壢	○○	933	1,600	全部
面積合計	13,459m² = 4,071.35坪					

（二）建物基本資料

　　1.門牌：(1)建號2639；中壢市○○路二段43號（A、B、C棟）及未登記之
　　　　　　（E、F、G、I、J、K棟）；全部
　　　　　　(2)未登記；中壢市○○路二段21號（D棟）；全部
　　2.建物基本資料

編號	建號	樓層	面積（坪）	用途	估價權利範圍
1	2639	1	2869.85m² = 868.13	辦公室、工廠、守衛室	全部估價（A、B、C棟）
2	未登記	1	258	廠房	全部估價（D棟）
3	未登記	1	659	廠房	全部估價（E棟）
4	未登記	1	117	廠房	全部估價（F棟）
5	未登記	1	215	廠房	全部估價（G棟）
6	未登記	1	180	廠房	全部估價（I棟）
7	未登記	1	140	廠房	全部估價（J棟）
8	未登記	1	338	廠房	全部估價（K棟）
面積合計	2,775.13坪				

三、價格日期及勘察日期

（一）日期

價格日期	98年03月15日
勘察日期	98年02月27日

（二）定義

依不動產估價技術規則第2條規定：

1.價格日期：指表示不動產價格之基準日期。

2.勘察日期：指赴勘估標的現場從事調查分析之日期。

四、價格種類及估價條件

（一）價格種類

1.本件估價之價格種類為正常價格。

價格種類	■正常價格	□限定價格	□特定價格	□特殊價格

2.說明

依不動產估價技術規則第2條規定：

(1)正常價格：指具有市場性之不動產，於有意願之買賣雙方，依專業知識、謹慎行動，不受任何脅迫，經適當市場行銷及正常交易條件形成之合理價值，並以貨幣金額表示者。

(2)限定價格：指具有市場性之不動產，在下列限定條件之一所形成之價值，並以貨幣金額表示者：

①以不動產所有權以外其他權利與所有權合併為目的。

②以不動產合併為目的。

③以違反經濟合理性之不動產分割為前提。

(3)特定價格：指具有市場性之不動產，基於特定條件下形成之價值，並以貨幣金額表示者。

(4)特殊價格：指對不具市場性之不動產所估計之價值，並以貨幣金額表示者。

（二）估價條件

估價條件	■無　■現狀估價

五、估價目的

估價目的	■資產評估之參考	□貸款參考	□租賃參考	□買賣參考

六、估價資料來源

（一）本件權利狀態以民國98年1月14日網路申領之電子謄本為準（詳附件一及附件三）。未登記之建物面積以委託人提供之資料為準。

（二）個別條件及區域環境內容，係至現場勘察，並依都市計畫及地籍等相關資料查證記錄之。

（三）價格評估依據，係訪查近鄰地區之交易資訊，並依據透明房訊之法拍資料及本所檔案資料共同整理而得。

參、勘估標的之所有權、他項權利及其他負擔

一、土地所有權

依民國98年1月14日14時58分網路申領之電子謄本所載，土地所有權登記情形如下：（詳附件一）

編號	土地坐落				面積（m²）	所有權人權利範圍	限制登記
	縣	市	段	地號			
1	桃園	中壢	○○	923-1	619	陳○○1/4 許○○1/4 許鄭○○1/4（信託） 趙王○○1/4	無
2	桃園	中壢	○○	924-2	1,670	同上	無
3	桃園	中壢	○○	927	1,890	同上	無
4	桃園	中壢	○○	928	1,920	同上	無
5	桃園	中壢	○○	929	1,920	同上	無
6	桃園	中壢	○○	931	1,920	同上	無
7	桃園	中壢	○○	932	1,920	同上	無
8	桃園	中壢	○○	933	1,600	同上	無
面積合計	13,459m² = 4,071.35坪						

二、建物所有權

依民國98年1月14日15時38分網路申領之電子謄本所載及委託人提供之資料，建物所有權登記（詳附件三）及未登記之情形如下：

（一）門牌

1. 中壢市○○路二段43號（A、B、C棟；有產權登記）〔使用執照及建物測量成果圖之門牌為：下○○44之1號；民國84.2.9門牌初編為：下○○44之2號；96.1.29整編為現門牌；尚未辦理建物門牌標示變更登記，現地政機關登記之門牌仍為：下○○44之2號〕（詳附件四）
2. 中壢市○○路二段43號（E、F、G、I、J、K棟；未產權登記）
3. 中壢市○○路二段21號（D棟；未產權登記）〔門牌原為：下○○44之5號；96.1.29整編〕（詳附件四）

（二）登記情形（A、B、C棟）

編號	建號	樓層	面積（m²/坪）	主要建材	主要用途	建築完成日期	所有權人權利範圍	限制登記
1	2 6 3 9	地上1層	2,869.85m² ＝868.13坪	鋼筋混凝土、鋼架造	辦公室 工廠 守衛室	63.1.20	陳○○1/4 許○○1/4 許鄭○○1/4（信託） 趙王○○1/4	無

（三）未登記情形（D、E、F、G、I、J、K棟）

依當事人提供之資料及現場勘察等情形：（詳附件五）

編號	建號	樓層	面積（坪）	主要建材	主要用途	建築日期	所有權人權利範圍	限制登記
2（D棟）（21號）	未登記	1	258	鋼架造	廠房	84.10.11	陳○○1/4 許○○1/4 許鄭○○1/4（信託） 趙王○○1/4	無
3（E棟）	同上	1	659	同上	同上	85.01.30	同上	無
4（F棟）	同上	1	117	同上	同上	86.02.26	同上	無
5（G棟）	同上	1	215	同上	同上	同上	同上	無
6（I棟）	同上	1	180	同上	同上	同上	同上	無
7（J棟）	同上	1	140	同上	同上	同上	同上	無
8（K棟）	同上	1	338	同上	同上	同上	同上	無
面積合計			1,907坪					

（四）建物總面積

1.登記面積：2,869.85m²=868.13坪

2.未登記面積：1,907坪

3.計面積：2,775.13坪

三、他項權利

依民國98年1月14日網路申領之電子謄本所載，本件估價之土地及建物，設定他項權利登記有三次序，其情形如下：（詳附件一、附件三）

內容／登記次序	1	2	3
權利種類	抵押權	抵押權	抵押權
登記日期	94.3.22	94.3.22	94.3.22
權利人	中國信託銀行	中國信託銀行	中國信託銀行
權利人地址	台北市松壽路3號	台北市松壽路3號	台北市松壽路3號
債權額比例	全部	全部	全部
擔保債權總金額	本金最高限額新台幣1,980萬元整	本金最高限額新台幣2,820萬元整	本金最高限額新台幣1,980萬元整
存續期間	84.4.25-114.4.24	84.4.25-114.4.24	84.4.25-114.4.24
清償日期	依照各個契約約定	依照各個契約約定	依照各個契約約定
利息（率）	依照各個契約約定	依照各個契約約定	依照各個契約約定
遲延利息（率）	依照各個契約約定	依照各個契約約定	依照各個契約約定
違約金	依照各個契約約定	依照各個契約約定	依照各個契約約定
債務人債務額比例	許○○	許○○（95.3.22已信託許鄭○○）	陳○○
設定權利範圍	1/4	1/4	1/4
設定義務人	許○○	許○○	陳○○
共同擔保地號及建號	地號：○○段923-1地號等本件估價之8筆土地 建號：○○段2639— 本件估價之登記建物	地號：○○段923-1地號等本件估價之8筆土地 建號：○○段2639— 本件估價之登記建物	地號：○○段923-1地號等本件估價之8筆土地 建號：○○段2639— 本件估價之登記建物

四、其他負擔

其他負擔	■出租　□出借　□通行權　□被無權占用　□無

肆、勘估標的使用現況

一、勘察日期：民國98年2月27日。

二、領勘：本次現場勘察，由委託者之趙先生及黃小姐領勘。勘察時將土地及建物登記謄本、地籍圖謄本、建物測量成果圖及航照圖等資料，於勘估現場研判比對。

三、使用現況

土地	■自用建築　□出租建築空地　□閒置　□耕作　□種植花木　□
建物	□自用廠辦　■出租廠房　□出借　□住家　□店鋪　□占用他人土地

伍、勘估標的法定使用管制或其他管制事項

項目	土地性質	地號及使用分區		分區圖顯示	備註
法定使用管制	都市土地	923-1	農業區3.18% 高速公路用地29.09% 綠地67.74%	零工四	詳附件六土地使用分區網路下載資料
		924-2	農業區54.04% 綠地45.10%	零工四	
		927	農業區94.09% 綠地5.91%	零工四	
		928	農業區	零工四	
		929	農業區	零工四	
		931	農業區	零工四	
		932	農業區	零工四	
		933	農業區	零工四	

項目	土地性質	地號及使用分區	分區圖顯示	備註
其他管制事項	■高速公路中壢及內壢交流道附近特定區計畫 ■農業區——民國68.6.2發布農業區 ■無□有：□飛航安全□山坡地保育□軍事限建□古蹟保存 □環境影響評估			

註：高速公路中壢及內壢交流道附近特定區計畫發布至今，已歷經3次通盤檢討，最近1次在民國95.6.23；其間並多次部分變更；惟本件估價之標的，至本件價格日期止，均維持原計畫並未變更。

陸、價格形成之主要因素分析

一、一般因素分析

所謂一般因素，指對於不動產市場及其價格水準發生全面影響之自然、政治、社會、經濟等共同因素。

（一）政策面

1.「振興房地產方案」

行政院長劉兆玄97.11.25與國內建築業者舉行座談會，會中達成8項共識及6項協助研究案，工程會將在97.12召開跨部會會議，並彙整成「振興房地產方案」，於97年底前再提報行政院。8項共識包括：

(1)同意延長建築執照2年。

(2)簡化都市更新辦理程式。

(3)加速推動都市更新條例修正。

(4)推動開發型「不動產證券化條例」修正。

(5)放寬投資移民降為1,500萬元。

(6)處理廢棄土問題。

(7)房屋貸款協商由銀行局成立單一窗口。

(8)加速整合北部交通網路。

另6項協助研究案則包含：

(1)鬆綁陸資來台購買不動產。

(2)放寬海外所得課稅額度。

(3)取消房屋買賣契稅和印花稅。

(4)提高所得稅購屋利息扣除額。

(5)成立建設部。

(6)建立「建築開發產業協調會報」。

◆新聞評析：

在達成的8大共識中，除了延長建築執照可立即降低建商短期的銷售和財務壓力外，其它各項雖皆有益於房地產業長期健康發展，不過短期內對建商的獲利能力，以及對提昇民眾購屋意願的幫助卻相當有限。與都市更新相關的部分，以及開發型不動產證券化條例修正，都有助於減輕建商的資金壓力，但法規修訂、進行都市更新與發行不動產證券化皆需要冗長時間；加速整合北部交通網路可提高大台北都會區郊區房地產的吸引力，但重大交通建設的規劃和施工也非2、3年內可以完成。

建商代表雖然希望政府將房貸還款寬限期延至3年，並把台北市和其它縣市的優惠房貸額度分別提高到500萬元和350萬元，但官員認為目前內政部推出的兩億房貸額度已發揮減輕購屋者房貸負擔的效果，因此該建議並無共識。

近期銀行將預售屋房貸放款比例緊縮到七成以下，增加購屋者負擔並衝擊到預售屋買氣，因此業者會中建議，可由政府成立專案基金擔保預售屋房貸中的一成，如此一來房貸成數便可望回復到過去的八成，行政院表示會考慮，並指示財部和金管會成立專案小組，在金融政策上訂出正式機制，協調延長房貸還款期限或本金寬限期。

由於目前大陸人士來台購屋程序長達半年，還需要註明資金來源，限制太多，在台購屋者每年可在台灣停留時間只有1個月也太短，房地產業者要求放寬相關限制，但因與政府先前不開放陸資來台炒樓的政策宣示有衝突，因此並未達成共識。ibts認為中國對於資金匯出有較嚴格的規定，且台灣的房地產對陸資並無特殊的吸引力，即使以後政策開放，短期內也不易見到陸資大舉來台購置不動產。

表一　建商與行政院達成的8項共識與其影響

共識內容	對房地產業與營建公司的影響
延長建築執照2年	建商得以控制推案進度，許多原本預定的推案將可延後，預售期也可拉長，將降低短期內的預售屋供給量，建商的預售壓力因此減輕
簡化都市更新辦理程式	縮短都市更新所需時間，由於建商進行都市更新不需自行購地，有助於減輕其成本壓力
加速推動都市更新條例修正	縮短都市更新所需時間，由於建商進行都市更新不需自行購地，有助於減輕其成本壓力

共識內容	對房地產業與營建公司的影響
推動開發型不動產證券化條例修正	可活絡國內REITS市場，並增加建商籌資來源
放寬投資移民降為1,500萬元	台灣需提供更好的就業和居住環境，才能吸引較多外籍人士來台購買不動產
處理廢棄土問題	對建商獲利影響不大
房屋貸款協商由銀行局成立單一窗口	房貸額度仍由銀行風險控管的態度決定
加速整合北部交通網路	將納入振興景氣方案中，改善郊區的交通便利性，以提高當地不動產的吸引力

資料來源：IBTS整理

2. 兩岸直航及開放陸客來臺觀光

馬蕭勝選，落實其政見，經海基、海協兩會於97年6月13日簽署正式協議，兩岸於7月4日實施週末包機直航，並於該日開放陸客來臺觀光，嗣不久兩岸大三通。

3. 降息政策

我國中央銀行於97.12.11第5度出手，再次調降利率3碼，預計各銀行將全面跟進調降利率，影響所及，包括2000億版、住宅補助貸款、公教房貸等3大政策房貸利率，預計將全面跌到2%以下，史上最低。

（二）經濟面

1. 「97年第4季房地產景氣動向」，出現藍燈

內政部建築研究所12月25日公布「民國97年第4次房地產景氣動向」指出，97年第3季房地產景氣對策訊號綜合判斷分數為7分，較上季下降3分，燈號為藍燈。房地產景氣綜合指標方面，領先指標與同時指標均呈現下滑。個別指標中使用面上升、生產面穩定、投資面與交易面下滑。

本所表示，本季房地產景氣對策訊號綜合判斷分數下降3分，顯示景氣明顯不佳。領先指標綜合指數為95.95，較上季下降2.59%，同時指標綜合指數為100.88，較上季下降1.87%，均屬於大幅變動狀態。

根據97年11月對廠商的調查結果，廠商對97年第3季看法不樂觀；就地區來看，各地區廠商對景氣的判斷淨增加在-90%之間，彼此差異不大。此外，房地產相關新聞之評析，第3季的利多與利空消息比為18%：82%。

整體而言，97年第3季房地產市場景氣明顯不佳，在領先與同時指標呈現下滑

情況下，廠商對於未來預期也普遍不樂觀，房地產市場可能開始出現較明顯的停滯或下修調整，但就前述廠商調查日期後施行之措施，如平日包機直航及房貸利率下降，對房地產景氣之影響或效益，尚有待觀察評估，建議市場相關參與者審慎因應。

2. 房地指數——國泰房地產指數2008年第4季新聞稿

2008年第4季全國新推個案市場，持續受到經濟風暴擴散與需求者觀望的雙重壓力，市場交易規模萎縮成為主要趨勢，顯示供需雙方對後市的保守態度未見緩和，價格的微上漲仍因台北縣上漲所致。後續價格是否能夠持續支撐，應是影響價量趨勢的重要關鍵。

就趨勢觀察，全國、台北市與台北縣房價指數仍維持在歷史相對高點，但上漲力道已明顯趨緩；但銷售率與成交量指數，分別創下民國92年第2季與93年第2季以來的新低。顯示價量背離程度相當明顯，市場衰退壓力愈發嚴重。

從地區別觀察，台北市新推個案市場已進入衰退期，推案量與成交量急速萎縮，特別是三十天銷售率跌破10%，價格支撐能量已嚴重不足。後續價格下跌速度，成為影響市場最重要的指標。

台北縣主要因推案區域集中縣轄市導致價格上漲，成交量指數相對上季與去年同季分別縮減超過四成與七成，三十天銷售率下滑至6%以下，後市發展趨勢，將由數量萎縮轉為價格下跌為主。

桃竹地區數量面重新出現反彈，相對表現優於其他地區，但價格上漲趨勢仍持續走緩。

台中都會區各項指標持續呈現負面趨勢，短期與長期成交量仍分別萎縮三成五與七成，市場景氣逐漸由衰退進入蕭條階段。

南高都會區市場維持在衰退期盤整結構，在價格持續下滑與價格水準相對較低的結構下，短期銷售率與成交量略見回復。

本季國內房地產市場明顯呈現量縮但價格未跌的景氣反轉格局，在供需雙方持續僵持與整體經濟環境短期缺乏回復誘因之下，房市景氣衰退力道未見明顯，可能延後復甦時機，穩定公司財務結構已是建商必須最為重視之經營策略。

3. 證券市場

(1)2007年股市在國內外經濟持續繁榮下，台股指數扶搖直上，從1.2的7,920點一路上攻至7.26的高點9,807點，之後受美國次級房貸影響，指數在3週內重跌1,800點，最低來到7,987點。各國央行紛紛釋出資金穩定金融市場，美國聯準會亦大幅調降聯邦利率與重貼現率各兩碼，台股受其激勵，10/30突破前波高點9,807點至9,859點。

(2)2008年因受各國股市重挫之影響，台股亦隨之重挫；總統大選於該年3月22日舉行，仍有一些政治議題持續發酵；故大選前觀望氣息濃厚；經過激烈之總統大選，馬英九當選總統；一般預料，政治將趨於安定、兩岸之緊張將趨於和緩、可能增加投資者之信心，因此股市、匯市及房市可能有一番榮景。大選後第一個交易日3.24收盤時上漲340.36點，指數為8,865.35點，成交總值2,718.48億元；經歷過一日激情大漲，大選後第二個交易日3.25，短線獲利了結賣壓出籠，為總統大選過後的資金行情稍稍降溫，收盤時下跌70.26點，指數為8,795.09點，成交總值2,019.9億元。嗣對於520的樂觀期待，指數漲多跌少，曾一路上攻至9,309點。

(3)惟520後，利多之政策並不能馬上實現，且受國際金融海嘯之影響，股市一路下滑；惟至本件估價標的價格日期98.3.15前，連續數天上漲，本件估價報告書定稿日98.3.13，加權指數又大漲142.74點，收盤為4,897.39點，成交量為1,249.5億元；後市值得再觀察。

4. 行政院主計處98.2.18發布國民所得統計及國內經濟情勢展望

(1)摘要

行政院主計處國民所得統計評審委員會於本（18）日下午2:30召開第204次會議，審議97年第4季與全年國民所得初步統計，以及98年預測等案，主要結果如次：

①97年第4季經濟負成長8.36%，消費者物價指數（CPI）上揚1.87%。

②97年經濟成長0.12%，CPI上升3.53%，國民生產毛額（GNP）12兆6,971億元，折合4,026億美元，每人GNP 1萬7,576美元。

③預測98年經濟負成長2.97%，CPI下跌0.82%，GNP 12兆4,975億元，折合3,667億美元，每人GNP 1萬5,957美元。

(2)國民所得統計及預測

①國際經濟情勢

美國次貸風暴在2008年快速發展為席捲全球的金融海嘯，迄今不但毫無平息跡象，影響範圍與程度尚且持續擴大，各國普遍出現財富巨幅減損、裁員風潮四起、總合需求萎縮與進、出口貿易陡降等現象；且在當前全球經貿連動更甚以往情況下，此波景氣下挫幅度已遠遠超越1997-1998年亞洲金融危機及2001年科技泡沫破滅的肆虐，欲擺脫陰霾，回復穩定成長軌跡，勢必耗費較長時程。根據環球透視機構（Global Insight）今年2月最新預測資料，雖然世界各國已多管齊下採取積極的貨幣及財政政策力抗持續探底的景氣，惟因經濟體系各部門受創過深，激勵措施尚不足以產生顯著功效，今年主要工業國家全面衰退，全球經濟由三個月

前預測的成長1.1%轉為負成長1.2%，為二次大戰後最嚴重的衰退，其中美國負成長2.7%、日本負成長3.3%、歐元區負成長2.4%；新興經濟體中，中國大陸經濟成長將降至5.9%，為其從事經濟改革30年以來最低水準，其他國家或地區的經濟成長率均降至新低，亞洲四小龍亦同步呈現負成長。

②民國97年第4季經濟成長率初步統計為負8.36%；第3季修正為負1.05%

A.97年第4季初步統計經濟負成長8.36%，為國民所得編製季資料（民國50年）以來最大衰退幅度；較去年11月預測數（負1.73%）低6.63個百分點，主因全球景氣重挫的速度與幅度超乎預期，重創我國出口動能及製造業生產，民間投資隨之急遽萎縮所致。

(A)外需方面，由於全球經濟成長陷於停滯，貿易活動急速緊縮，加上我國出口結構集中於高景氣循環連動性之產品，且以代工為主，國際大廠為降低閒置產能紛紛提高自製（in house）比重，致使我國外銷訂單驟減，出口動能全面受創，97年第4季輸出實質負成長19.75%；出口劇挫，衍生之進口需求相應萎縮，民間投資隨之銳減，油價大幅回降，輸入實質負成長22.63%。輸出、入互抵之後，合計國外淨需求對經濟成長負貢獻2.03個百分點。

(B)內需方面，由於經濟悲觀氛圍加深，民眾支出趨於保守，加上企業陸續擴大裁員或實施無薪休假，失業率快速升高，薪資所得下降及財富縮水效應，民間消費持續受到約制，第4季負成長1.68%。民間投資方面，因產業獲利劇減及復甦前景不明，加以企業現金流量管理因信用危機而力求保守，更加重投資之頹勢，新台幣計價資本設備進口減少28.18%，此外，營建工程則因房市向下調整，推案量減少，致整體民間投資負成長32.23%。基於景氣下滑及價格趨跌，廠商積極降低庫存水位，第4季存貨減少305億元。政府投資因執行「加強地方建設擴大內需方案」，實質成長7.89%。併計前述各項及其他公共部門，合計國內需求負成長7.71%，抑低經濟成長6.33個百分點。

(C)生產方面，第4季農業受惠於天候良好，蔬果及稻穀產量增加，成長6.88%。工業負成長20.23%，其中占GDP近三成的製造業因出口急挫，影響所及，生產指數減25.15%、三角貿易減幅更達40.91%，致整體製造業負成長21.68%（抑低經濟成長6.13個百分點）。服務業方面，批發零售業因全球景氣驟降，外貿需求縮減，批發業營業額減11.57%，創歷史新低；另民間消費不振，零售業營業額減幅擴大，衰退7.00%；兩者合計後，整體批發零售業負成長7.70%；金

　　融及保險業因股市成交值銳減及基金手續費收入下滑，實質負成長
　　2.29%；併計之後，整體服務業負成長2.88%。

B.97年第3季依據各項主要指標修正經濟成長率為負1.05%，較11月初估
　數負1.02%下修0.03個百分點。

③98年展望

A.對外貿易：由於工業國家經濟全面下滑，新興經濟體亦受波及，全球
　財富巨幅蒸發，失業人口劇增，進口需求下降，加上我國產業過度集
　中電子相關產品，面臨國外需求下滑所承受的風險不易分散，且目前
　國際景氣能見度不明，預測今年海關出口將大幅減少20.10%，進口因
　油價下跌及出口引申需求減少，衰退26.20%。併計服務貿易並剔除物
　價因素後，輸出負成長10.74%，輸入負成長14.34%，貿易順差263億美
　元。

B.民間消費：由於失業攀高、所得降低及財富縮水等負面因素持續，民
　間消費傾向益趨保守，雖眾多商家不約而同降價促銷，加上政府戮力
　推動促進就業方案、工作所得補助方案、調降多項稅賦、以及發放消
　費券等激勵措施，但仍不足以扭轉國際大環境利空的衝擊，預測今年
　民間消費名目金額近乎停滯（微增0.08%），但因物價下跌，實質呈小
　幅成長0.82%，其中食品消費成長1.20%，非食品消費成長0.72%。

C.固定投資：雖政府積極改善企業投資環境，加速推動都市更新及增進
　兩岸交流等激勵政策，惟因國外需求銳減，多數廠商在產能過剩下延
　後原定投資計畫或縮減資本支出，另不動產市場陷入低迷，住宅投資
　亦將衰退，預測98年民間固定投資負成長28.07%。至於公共部門，由
　於政府加碼推動擴大公共建設計畫，以及上年度擴大內需預算保留之
　工程持續進行，預測98年政府固定投資成長22.14%，為民國81年以來
　最大增幅；另公營事業固定投資亦成長4.91%。併計民間、政府及公營
　事業後，全年固定投資為負成長17.76%。

D.物價方面：受全球景氣下滑、需求萎縮影響，國際原油與農工原料行
　情由去年高檔大幅回落，可望抑低廠商生產成本，預測今年躉售物價
　（WPI）下跌6.36%；消費者物價（CPI）方面，去年偏高的油料費已
　不復存在，今年將呈狹幅波動，加上許多商家為刺激平疲的買氣，推
　出各式降價折扣策略，以及房租等服務類價格維持平穩走勢，預測全
　年CPI下跌0.82%。

④整體而言，預測98年經濟負成長2.97%，GNP 12兆4,975億元，折合3,667
　億美元，平均每人GNP 1萬5,957美元

（三）政治面

　　97年間之立法委員及總統大選，藍軍大勝，似有一番契機，一般預料，政治將趨於安定、兩岸之緊張將趨於和緩、其「拼經濟」之政見如能一一落實，將增加投資者之信心，惟仍有一些政治議題持續發酵。至於陳前總統之官司案及國外諸多政治因素，對國內之不動產價格漲跌，其影響性不大，於此不予置論。

（四）社會及自然因素

　　影響不動產價格之社會、自然及其他因素，目前並無特別狀況足以使不動產價格發生重大變動，故不予深入分析。

（五）結語

1. 有利因素
　　依據前述：政府之「振興房地產方案」、馬英九當選總統、開放陸資陸客來臺、降息政策、兩岸三通等因素，對漲幅已高的房地產市場似重新注入一股活力。

2. 不利因素
　　房屋供過於求、股市疲軟不振、國際金融海嘯、失業率攀升；益以政治對立議題、兩岸政策渾沌未明、學界認為不動產泡沫化、房地產業界及投資客拉抬價格等，其影響房地產價格之漲跌，值得進一步觀察。

3. 本件估價之看法
　　基於前述影響不動產價格之有利及不利等一般因素之分析，本件估價採保守看法。

二、不動產市場概況

（一）房市還要下修 2-4 年

　　工商時報97.10.1：負責房市景氣指標編製的政大教授張金鶚表示，房市的景氣循環總是要經過量縮價跌，然後才重新擴張。因此未來估計還得經歷2至4年的下修期，景氣收縮的前期僅是趨緩，後期才會出現衰退。

（二）均價下修 1 成

　　蘋果日報97.10.2：內政部昨日公布8月建物所有權買賣移轉登記件數變化，較7月衰退3成，延續8月的不景氣，9月台北市住宅市場表現更慘，與8月相較，均價下

修1成，成交量更大減2成。

（三）議價空間升到 15-20%

中國時報97.10.23：房市低迷，從第3季至今所推建案，議價空間已達15-20%，議價空間加大的結果，勢必損及建商毛利，法人估計，明年營建股的平均毛利率，將比今年下滑3.5個百分點，達到25-20%之間。

（四）北市房價年內再跌 2 成

蘋果日報97.10.29：繼外資麥格里證券對建商財務壓力提出警告後，瑞信證券昨天也指出，雖然今年第2季以來，台北市房價已經從高點下跌15-20%，不過受到資本市場持續動盪影響，甚至預估未來一年內，台北市房價還會再下跌20%。

（五）房市景氣藍色憂鬱

經濟日報97.11.6：房市交易動能弱，近來已逐漸探底，住展雜誌昨日發布10月房市風向球，總體分數只有28分，較9月的33分下挫5分，出現SARS以來的新低，燈號更首度出現象徵谷底衰退的藍燈。

（六）成屋議價空間超過 2 成─今年新高

蘋果日報97.11.25：今年第3季開始，成屋市場議價空間與去化天數便不斷拉升，成交量卻逐漸萎縮，顯見買賣雙方仍在拉鋸，如今第4季近尾聲，低迷的房市景氣不見好轉，成屋議價空間已超過2成，去化天數更超過60天，雙雙創下今年最高記錄。

（七）失業率──明年房價大殺手

工商時報97.12.8：摩根士坦利證券昨日指出，台灣房地產業正進入等待賽局階段，高升的失業率，將是明年房市最大變數，而港商里昂證券也認為，現在仍非進場佈局的時機點，近期因8大振興房市方案而大漲的營建族群，反倒成為獲利了結的好時機。

（八）商用不動產──成交減 3 成

經濟日報97.12.11：商仲業者統計，2008年商用不動產成交金額達794億元，由於外資縮手投資，加上9月中旬爆發全球金融海嘯，市場急凍，第4季僅中興百貨一棟大樓成交，整體業績較去年同期衰退3成。

（九）房價上半年跌 15%

經濟日報97.12.12：摩根大通台股研究部主管賴以哲昨日表示，台灣的資產市場寒冬將會延長，預計明年上半年，房價會再下跌10-15%，等明年下半年才會逐漸走穩。

（十）結語

上述資訊經由「透明房訊」140期彙整，據此可知房市極為不景氣，實為買方市場，殺價空間大，本件之估價，於作市場調查時，發現附近雖頗多待售個案，但竟無成交案例，尤其大坪數之商用不動產，更是乏人問津，故本件估價採保守看法。

（十一）區域市場概況

1. 內政部97年第3季房地產交易價格簡訊

(1)文字簡訊

中壢市本季移轉登記案件總數與上一季相較有微幅下降趨勢，新興發展地區仍以高鐵車站一帶及環中東路以南地區為主。住宅區交易大致以中壢火車站以南地區，近期以新建完成的成品屋及中古透天厝買賣居多，其中以自住型及換屋型買賣為主，地價變動不大；商業區土地多半以租賃營業為主，交易量甚少，地價持平；工業區土地在產業外移影響之下業者需求不高，交易情形乏熱絡，整體而言，本市地價未有顯著的波動，地價大致持平。

(2)交易簡訊（詳附件七）

街道	用途	構造	建築完成日期	樓層	使用分區	土地面積	房屋面積	總價	房屋坪價
○○路二段妙音寺附近	廠辦	RC	97/1	1-4	工業區	82m²	189.47m² = 57.32坪	450萬	7.85萬／坪
○○路二段妙音寺附近	廠辦	RC	97/1	1-4	工業區	82m²	189.47m² = 57.32坪	460萬	8.03萬／坪

2. 台灣不動產成交行情公報附近資料

地址	建坪	成交價	單價	樓層	成交日期	屋齡
自強一路2-50號	48.84	400萬	8.2萬	3/10	96.8.29	2.9年
自強一路2-50號	48.92	370萬	7.6萬	8/10	96.11.24	3.2年
西園路2-50號	54.16	350萬	6.5萬	3/16	96.9.2	12.9年
長春路251-299號	39.9	230萬	5.8萬	4/10	96.11.21	7.3年
內定里2-50號	33.14	168萬	5.07萬	1/6	97.5.1	11.5年
吉利二街2-50	50.80	600萬	11.81萬	1-4/4	97.2.29	4.3年

3. 法院拍賣行情

地址	建坪	拍定價	單價	樓層	拍定日期	拍次
○○路269號6樓	28.6	275.7萬	9.6萬	6/10	97.7.17	第3拍
○○路150-1號7樓	24.9	251.8萬	10.1萬	7/10	97.8.21	第3拍
○○路263號8樓	29.8	288.9萬	9.7萬	8/10	97.12.3	第3拍
○○路1號	2,729.2	5,800萬	2.1	1-4/4	97.12.31	第3拍

4. 市場調查行情

所在地	土地面積	建物面積	樓層	仲介開價	建坪單價
聖德路廠房	888.33坪	335.2坪	1-2/2	5,800萬	17.30萬
中壢工業區	211坪	184坪	1-3/3	2,500萬	13.59萬
中園路廠房		18,600坪	1-6/6	150,000萬	8.065萬
工業區東園路		1,876.95坪		6,350萬	3.38萬
內定11街○巷46號	735.68坪	33.29坪 鐵皮550坪	1-1/1	2,750萬	3.738萬／地坪
○○路7-21號新完工廠房連棟每戶	77坪	188坪	1-4/4	2,620萬	13.936萬
○○路248號新完工廠房連棟每戶		211坪	1-4/4	3,600萬	17.06萬

三、區域因素分析

（一）中壢市及內定里概述

依中壢市公所網路資料整理略述如下：

1. 地名由來

中壢位於桃園縣的北部，在地形上屬於較平緩的臺地。三百多年前，這裡還只是一片未開拓的蠻荒，只有當時所稱「青山番」，也就是現今的泰雅族及少數的凱達格蘭平埔族居住在此。後來，一群由大陸渡海而來的拓荒者，開始進入中壢這塊平坦的臺地開墾，因此原本居住於此的泰雅族只好被迫遷往更南的內陸山地，而平埔族人則慢慢的漢化與新移民共同墾殖這塊新興的土地。

這些新移民當中，以福建、廣東來的人最多。後來，這些墾民就將這一帶村莊統稱爲澗仔壢庄。所謂澗仔壢是因爲村內有老街溪、新街溪縱貫形成兩大澗谷，所以稱之爲「壢」。

清乾隆50年間，滿清政府在淡水、新竹兩地設縣，澗仔壢由於界屬二縣中心，故而得名，沿用至今。

民國前18年，甲午戰爭爆發，台灣割讓給日本，中壢遂改棣台北縣管轄，設置中壢辦務署；民國前2年又改棣桃園廳；56年2月27日改制升格爲縣轄市，自同年7月1日起，正式更名爲桃園縣中壢市，直至今日。

2. 地理環境

中壢市東臨八德鄉，北伸大園鄉，東北衛接桃園市，南毗平鎮市與龍潭鄉相連，西鄰新屋鄉，西南界連楊梅鎮，西北瀕觀音鄉，四通八達。全市東西長10.64公里，南北寬7.38公里，總面積爲76.52平方公里，以地形區分爲街市中心、內壢、龍岡、大崙四部分，地勢高而平坦，是一塊災害甚少的福地。

3. 輪廓和面積

整個中壢市的輪廓，略成長方形，若以地理中心點爲準，東西距離10.64公里，南北距離7.38公里，東西長度大於南北寬度。但實際上市界甚多曲折約56公里。該市面積76.52平方公里（四捨五入即爲77方公里），占桃園縣總面積的6.26%，排名第七位，恰居全縣十三個行政區的中位。桃園縣有四個縣轄市，面積以中壢市爲最大，等於平鎮市的1.6倍、桃園市的2.1986倍、八德市的2.2697倍。

4. 分里的比較

中壢市現在分爲79里，面積大小和人口多寡相當懸殊。面積最大的三里是山東里、芝芭里和月眉里，面積都在5平方公里以上，位置都在中壢市西北部農

村地帶。面積最小的三里中壢里、中建里和新街里,為該市最古老商業區,面積都不及0.05平方公里,相差165倍。本件估價之標的物位於內定里。

5. 人口概述

桃園設縣以來,中壢市雖非縣治所在,但由於中央位置之優越,與桃園市一直位於並駕齊驅的地位,工商業發達,人口急增,人力資源充足,使該市在全縣居於最為舉足輕重的地位。以該市人口數和全省各縣轄市比較,僅有台北縣少數縣轄市的人口多於該市,而比中、南部的所有縣轄市都多。即以本省五省轄市而論,該市人口上多於嘉義市26萬人,而直追新竹市。近10年來,人口成長5萬人。

40-97年中壢市總人口數統計表

中壢市歷年總人口數統計表(表一)		中壢市歷年總人口數統計表(表二)		中壢市歷年總人口數統計表(表三)	
年別	人口數	年別	人口數	年別	人口數
40	43,868	60	13,5193	80	276,878
41	48,189	61	14,2102	81	282,643

中壢市歷年總人口數統計表（表一）		中壢市歷年總人口數統計表（表二）		中壢市歷年總人口數統計表（表三）	
42	50,444	62	150,178	82	289,054
43	53,300	63	157,676	83	295,735
44	56,893	64	163,681	84	301,287
45	60,009	65	171,734	85	306,473
46	63,941	66	180,492	86	310,723
47	67,699	67	190,433	87	313,837
48	72,510	68	199,428	88	318,649
49	75,084	69	207,912	89	324,931
50	77,560	70	215,414	90	329,913
51	83,518	71	217,957	91	334,683
52	85,991	72	228,567	92	339,586
53	93,342	73	233,122	93	346,144
54	98,350	74	237,271	94	350,981
55	102,054	75	240,476	95	355,707
56	105,760	76	247,639	96	358,656
57	111,889	77	254,771	97	362,129
58	124,522	78	262,679		
59	129,952	79	269,864		

6. 內定里7年來人口之成長

年月	鄰數	戶數	總人數	男	女
98/1	21	1,869	6,913	3,555	3,358
97/1	21	1,752	6,497	3,373	3,124
96/1	21	1,687	6,231	3,248	2,983
95/1	21	1,633	5,966	3,131	2,835
94/1	21	1,557	5,629	2,974	2,655
93/1	21	1,464	5,099	2,702	2,397
92/1	21	1,429	4,959	2,634	2,325

7. 內定里土地公廟特別多——25座

據自由時報之報導：

加上石塊型土地公　數量近百

〔記者羅正明／中壢報導〕中壢市內定里全里有廿一個鄰，但卻擁有廿五座土地公廟，加計規模較小的石塊型土地公，數量將近有百座，密度勇冠全市，可說是「戶戶各擁其神」。

內定里原是農業里，早期人口較少，劃分村里界限時，內定里的面積也劃得較大。里長劉家順認為，土地公廟眾多，可能就是該里面積廣闊，聚落之間的距離較遠所致；後來中壢工業區進駐，里內快速發展，工廠、住宅林立，形成今日的熱鬧市況。

早年多石塊型　幾戶就有一座

劉家順說，早年里內的居民，大部分都會田頭、田尾，或是在大樹下，找一塊石頭豎立起來，或是用三塊石頭堆疊在一起，就算是一座土地公廟，祭拜者多以附近少量家戶為主，土地公的數量才會那麼多，幾乎是幾戶就有一座石塊型土地公廟。

他說，目前所見的廿五座較豪華型的土地公廟，都是市況繁華起來後，信眾們逐一捐輸、改建的，石塊型土地公廟正在快速消失當中。

劉家順說，土地公廟眾多是該里的一大特色，值得學術單位深入研究成因。

本件估價之看法：土地公廟多，表示都市化之程度不深，農業社會之色彩較濃，民風亦較為淳樸。

(二) 環境品質

1. 位於高速公路旁

本件不動產雖位於高速公路旁，惟其間有綠地分隔，於現場勘察時，並未聽聞車聲噪音。

2. 位於中壢工業區旁

本件不動產位於中壢工業區旁，惟其間有高速公路區隔，且該中壢工業區屬無煙囪工業區，無嚴重性之噪音及空氣污染。

3. 位於農業區

本件不動產位於農業區，屬農業區中之零星工業用地，所在之安定里屬農業里，除零星之廠房及農舍、社區住家外，頗多農地——稻田、菜園、旱作地及空地。（詳附件八之3航照圖）

4. 環境品質尚可

本件不動產所在地區，其環境品質尚可。

（三）交通狀況

1. 距離市中心

本件不動產所在地之內定里，位於中壢市之邊陲，距中壢市中心仍有一段路，往來有合圳北路、中園路、中華路等交通幹道，至中壢市中心，尚稱快速便捷，惟需經中壢工業區。（詳附件六）

2. 出入便利性

本件不動產所在地，除前述之合圳北路、中園路、中華路等交通幹道外，因中園路銜接第一高速公路交流道，南來北往，欲至中壢市以外之地區，其出入頗為便利。（詳附件八）

3. 交通流量

本件不動產所在地之○○路二段，因位處農業區，故交通流量不大；惟經過緊鄰之高速公路涵洞後為中壢工業區及高速公路交流道，故交通流量頗大。

（四）商化程度

本件不動產所在地，都市計畫為農業區中之零星工業用地，因位處農業區，且高速公路從中區隔中壢工業區，故商業化之程度不深，猶有鄉下之風情。

（五）公共設施

1. 本件不動產所在地區，因位處尚待開發之農業區，除鄰近之中壢工業區外，其內定里有內定國小、妙音寺、永順宮、維多利亞幼稚園、高速公路中壢休息服務區、高速公路內壢交流道、統聯客運轉運站；此外，不遠之中園路有大江購物中心，稍遠處有高鐵青埔站。（詳附件八）
2. 桃園縣南區焚化場之設置，曾引發抗爭，惟距本件不動產所在地區相當遠。
3. 最近變更「高速公路中壢及內壢交流道附近特定區計畫」部分農業區〔忠福段12筆土地〕為殯葬設施專用區，及部分農業區變更為污水處理廠，惟距本件不動產所在地區相當遠，且殯葬設施專用區在高速公路之另一邊。
4. 故本件不動產之附近地區並無嫌惡性之公共設施。從而有關噪音、水源或空氣等並無異常性之污染。

（六）排水及淹水情況

本件不動產無經常性之排水不良及淹水之情形。

（七）未來發展

由於中壢市及內定里之人口數皆呈現正成長，益以「高速公路中壢及內壢交流道附近特定區計畫」落實執行、中壢工業區之擴大及「高鐵青埔站特定區」之發展，均使本件不動產所在地區深具潛力；有朝一日，或納入中壢工業區，或納入「高鐵青埔站特定區」，或納入「桃園航空城」；將是鯉魚躍龍門。

（八）結語

基於前述區域因素之分析及市場概況，就本件不動產就所處之內定里而言，目前尚無即時開發之契機及效益，但具有潛力，惟廠房及其基地之市場及價格不如住家。準此，本件估價採保守看法為宜。

四、個別因素分析

（一）使用分區與使用管制

1. 農業區

(1)使用管制

依附件六用分區網路下載資料所示，本件估價之土地屬農業區，都市計畫法台灣省施行細則有關條文規定，農業區之使用管制如下：

第29條：農業區為保持農業生產而劃定，除保持農業生產外，僅得申請興建農舍、農業產銷必要設施或休閒農場及其相關設施。但第二十九條之一、第二十九條之二及第三十條所規定者，不在此限。

申請興建農舍須符合下列規定：

一、興建農舍之申請人必須具備農民身分，並應在該農業區內有農地或農場。

二、農舍之高度不得超過四層或十四公尺，建築面積不得超過申請興建農舍之該宗農業用地面積百分之十，建築總樓地板面積不得超過六百六十平方公尺，與都市計畫道路境界之距離，除合法農舍申請立體增建外，不得小於八公尺。

三、都市計畫農業區內之農地，其已申請建築者（包括百分之十農舍面積及百分之九十之農地），主管建築機關應於都市計畫及地籍套繪圖上

著色標示之，嗣後不論該百分之九十農地是否分割，均不得再行申請興建農舍。

四、農舍不得擅自變更使用。

第一項所定農業產銷必要設施、休閒農場及其相關設施之項目由農業主管機關認定，並依目的事業主管機關所定相關法令規定辦理，且不得擅自變更使用。

前項農業產銷必要設施之建蔽率，除畜牧廢棄物處理場依第三十二條第一項第八款規定辦理外，不得超過百分之六十，並不得供為居室、工廠及其他非農業產銷必要設施使用。

已申請興建農舍之農地，再行申請建築農業產銷必要設施（畜牧廢棄物處理場除外）時，其建蔽率（含農舍）不得超過百分之六十。

第29條之1：農業區經縣（市）政府審查核准，得設置公用事業設施、土石方資源堆置處理場、廢棄物資源回收貯存場、汽車運輸業停車場（站）、客（貨）運站與其附屬設施、汽車駕駛訓練場、社會福利事業設施、幼稚園、加油（氣）站、運動場館設施。核准設置之各項設施，不得擅自變更使用，並應依農業發展條例第十二條繳交回饋金之規定辦理。

前項所定經縣（市）政府審查核准之社會福利事業設施、幼稚園、加油（氣）站，其建蔽率不得超過百分之四十。

第一項規定設施之申請，縣（市）政府於辦理審查時，應依據地方實際情況，對於其使用面積、使用條件及有關管理維護事項，作必要之規定。

縣（市）政府得視農業區之發展需求，於都市計畫書中視其發展需要，調整第一項所定各項設施，並得依地方實際需求，於都市計畫書中增列經審查核准設置之其他必要設施。

第29條之2：毗鄰農業區之建築基地，為建築需要依其建築使用條件無法以其他相鄰土地作為私設通路連接建築線者，得經縣（市）政府審查核准後，以農業區土地興闢作為連接建築線之私設通路使用。

前項私設通路長度、寬度及使用條件等相關事項，由縣（市）政府定之。

第30條：農業區土地在都市計畫發布前已為建地目、編定為可供興建住宅使用之建築用地，或已建築供居住使用之合法建築物基地者，其建築物及使用，應依下列規定辦理：

一、建築物簷高不得超過十四公尺，並以四層為限，建蔽率不得大於百分

之六十，容積率不得大於百分之一百八十。

二、土地及建築物除作居住使用及建築物之第一層得作小型商店及飲食店外，不得違反農業區有關土地使用分區之規定。

三、原有建築物之建蔽率已超過第一款規定者，得就地修建。但改建、增建或拆除後新建，不得違反第一款之規定。

2. 零星工業區

依附件六資料所示及委託人告知承租人辦理工廠登記，本件土地屬農業區中之零星工業用地，依都市計畫法台灣省施行細則第21條規定：

零星工業區係為配合原登記有案，無污染性，具有相當規模且遷廠不易之合法性工廠而劃定，僅得為無污染性之工業及與該工業有關之辦公室、展售設施、倉庫、生產實驗室、訓練房舍、環境保護設施、單身員工宿舍、員工餐廳、其他經縣（市）政府審查核准之必要附屬設施使用，或為汽車運輸業停車場、客貨運站、機車、汽車及機械修理業與儲配運輸物流業及其附屬設施等之使用。

前項無污染性之工廠，係指工廠排放之廢水、廢氣、噪音及其他公害均符合有關管制標準規定，且其使用不包括下列危險性之工業：

(1)煤氣及易燃性液體製造業。

(2)劇毒性工業：包括農藥、殺蟲劑、滅鼠劑製造業。

(3)放射性工業：包括放射性元素分裝、製造、處理工業，及原子能工業。

(4)易爆物製造儲存業：包括炸藥、爆竹、硝化棉、硝化甘油及其他爆炸性類工業。

(5)重化學品製造、調和、包裝業。

3. 本件不動產屬農業區中之零星工業區，經現場勘察，未違法使用。

（二）環境形勢及相鄰使用

除高速公路區隔之中壢工業區已具成熟度之發展外，本件不動產所在地區，因位於農業區，故其附近地區仍頗多農業用地；其右側為綠地及高速公路；左側為○○街23號之3層樓房加第4層鐵皮屋，開設○○製網工業公司；對面開設○○便利商店及2層樓住家。環境形勢尚可。

（三）屋齡、樓層結構及建材設備

1.本件不動產為一層挑高之廠房共計10棟，其中A、B、C等三棟，於民國63年1月20日建築完成，補領有75年桃縣建管使字第工00號使用執照，並於民國76年6月30日合併一建號辦妥所有權第一次登記。門牌原為：下○○44之

2號；96.1.29整編爲中壢市○○路二段43號。至本件價格日期民國98年3月15日止，屋齡35年；爲鋼筋混凝土及鋼架造，用途爲辦公室、工廠及守衛室（詳附件三）。

2.本件之D棟爲一層挑高之廠房，於民國84年10月11日建築，未辦所有權第一次登記。門牌原爲：下○○44之5號；96.1.29整編爲中壢市○○路二段21號。至本件價格日期民國98年3月15日止，屋齡14年；爲鋼架造，用途爲廠房。（詳附件十四現場照片）

3.本件之E棟爲一層挑高之廠房，依委託人提供之資料顯示，於民國85年1月30日建築，未辦所有權第一次登記。依房屋稅籍資料顯示，門牌亦爲：中壢市○○路二段43號。至本件價格日期民國98年3月15日止，屋齡13年；爲鋼架造，用途爲廠房。（詳附件十四現場照片）

4.本件不動產之F、G、I、J、K棟爲一層挑高之廠房，依委託人提供之資料顯示，於民國86年2月26日建築，未辦所有權第一次登記。依房屋稅籍資料顯示，門牌亦爲：中壢市○○路二段43號（詳附件四、附件五）。至本件價格日期民國98年3月15日止，屋齡12年；爲鋼架造，用途爲廠房。（詳附件十四現場照片）

5.本件不動產於B棟及C棟，設有工廠所需之高壓電氣室。（詳附件十四現場照片）

（四）使用及管理狀況

1.本件估價之A、B、C等三棟，於現場勘察時，辦公室及工廠出租他人，守衛室則已荒廢未使用。

2.本件估價之D棟，於現場勘察時，閒置未使用。

3.本件估價之E、F、G、I、J、K棟，於現場勘察時，出租他人使用。

（五）形狀格局及面積大小

1.房屋（詳附件四、附件五）

(1)本件不動產之廠房10棟，其中A、B、C等三棟均爲獨棟，但合併一建號辦妥所有權第一次登記，總面積2869.85m²=868.13坪。依委託人提供之資料顯示：除守衛室外，A棟面積225坪，長方形；B棟面積346坪，長方L形；C棟面積278坪，長方形。

(2)本件不動產D棟爲獨棟，依委託人提供之資料顯示，面積258坪，長方形，未辦所有權第一次登記。

(3)本件不動產E棟爲獨棟，依委託人提供之資料顯示，面積659坪，長方略顯

正方形，未辦所有權第一次登記。

(4)本件不動產F、G、I、J、K等五棟為連棟，依委託人提供之資料顯示：其面積分別為117坪、215坪、180坪、140坪、338坪；均呈長方形，未辦所有權第一次登記。

2. 土地（詳附件三）

本件不動產之土地8筆除923-1、924-2地號略呈梯形及933地號略呈三角形等不規則形外，其餘五筆土地均為長方形；惟8筆土地相連且合併建築分棟之廠房，尚稱宏觀，因此減輕不規則形之觀感。

（六）結語

基於前述個別因素之分析，因屬大面積之廠房不動產，於全球金融風暴及房市不景氣之此時，本件估價採保守看法為宜。

柒、價格評估

一、本件估價所運用之方法

（一）不動產估價技術規則第14條規定：不動產估價師應兼採二種以上估價方法推算勘估標的價格。但因情況特殊不能採取二種以上方法估價並於估價報告書中敘明者，不在此限。

（二）本件為求慎重，特兼採三種估價方法進行評估。

本估價所運用之方法	■比較法■收益法■土地開發分析法□成本法□

二、比較法估算過程

（一）比較法之定義

係以比較標的價格為基礎，經比較、分析及調整等，以推算勘估標的價格之方法。依前項方法所求得之價格為比較價格。

（二）比較法估價程序

1.蒐集並查證比較標的相關資料。

2.選擇與勘估標的條件相同或相似之比較標的。

3.對比較標的價格進行情況調整及價格日期調整。

4.比較、分析勘估標的與比較標的間之區域因素及個別因素之差異，並求取其
調整率或調整額。

5.計算勘估標的之試算價格。

6.決定勘估標的之比較價格。

（三）蒐集、查證資料並選擇比較標的

1.本件於98.2.27、98.3.3、98.3.5進行三次之全面性市場調查。

2.查訪地政士

經市場調查，查訪地政士，未得成交實例。

3.查訪仲介業者

經市場調查，未得近期之近鄰地區買賣成交實例；惟蒐集廣告及網路尋獲近
鄰地區2個待售案例，經再電話查證及現場觀察後作為比較標的。

4.法院拍定行情資料

經查閱「透明房訊」，得近鄰地區一拍定案例，經再現場查證後作為比較標
的。

5.法院拍賣公告

經查詢台灣桃園地方法院拍定公告，未得近鄰地區之拍賣案例。

（四）比較標的之比較、分析、調整與試算

1. 比較標的(1)（詳附件九）（資料來源：透明房訊）

門牌	○○路1號						
面積	2,729.22坪	屋齡	17年以上	總樓層	地上4層、地下1層		
主要建材	RC造		主要用途	工業用	拍定時間	97.12.31	
售價	■第3次拍定價		總價	5,800萬元	拍定單價	2.13萬元／坪	

A. 說明

依不動產估價技術規則第23條規定：比較標的如有法院拍賣等影響交易價
格之情況，應先作適當之修正；如該影響交易價格之情況無法掌握及量化
調整時，應不予採用。本件估價所採用之比較標的為法院第3次拍定之案
例，其影響交易價格之情況可掌握及量化調整，故予採用。

B. 情況掌握及量化調整

a. 情況掌握（詳附件九）

(a)本件經現場勘查係空屋空殼，門窗、外觀及內部均未裝修。

(b)第1次拍賣97.11.12，底價7,399萬元。

(c)第2次拍賣97.12.3，底價5,920萬元。

(d)因查封暫辦登記；未正式辦理所有權第一次登記。

b. 量化調整

(a)通常法拍價偏低於市場行情，何況本件法拍係第3次拍定，故其拍定價不予採用。

(b)本件法拍案，目前正在廣告出售中，應是拍定人再轉賣，開價8,300萬元，以議價空間10%推估，其價格爲7,470萬元，與本件法拍案之第1次拍賣底價7,399萬元相近；因本件法拍案，第1次拍賣97.11.12之底價7,399萬元，係法院委託不動產估價師所估定之價額，應有其可信度；故作爲計算基礎。

(c)本件法拍第3次總底價4,737萬元；土地底價3,401萬元，占71.8%；房屋底價1,336萬元，占28.2%；以此比例分算第1次拍賣97.11.12之底價7,399萬元，土地底價5,313萬元，房屋底價2,086萬元。

(d)土地底價：5,313萬元／2,509m^2＝2.12萬元／m^2＝7.01萬元／坪。

(e)房屋底價：2,086萬元／2,729.22坪＝0.76萬元／坪。

(f)因政府之土地公告現值均考慮各種因素訂定，已具市場之均衡性，故以土地公告現值比例予以調整，並作爲計算基礎。

I.本件估價土地之公告現值平均價

總額：1.02萬元×(619＋1670＋1890＋1920＋1920＋1600)＋0.38萬元
　　　×(1920＋1920)＝9811.38＋1459.2
　　　＝11270.58萬元

單價：11270.58萬元÷(619＋1670＋1890＋1920＋1920＋1600＋1920
　　　＋1920)＝11270.58萬元÷13459
　　　＝0.8374萬元／m^2

II.比較標的(1)土地公告現值1.42萬元／m^2

III.比例：1.42萬元／m^2÷0.8374萬元／m^2＝1÷0.5897

IV.依比例調整後土地：7.01萬元／坪×0.5897＝4.13萬元／坪

(g)房屋：

房屋相距不遠，其建築成本相近，不宜以土地公告現值比例予以調整；故以第1次拍賣底價每坪0.76萬元作爲計算基礎。

C. 估算過程

a. 一般因素調整

比較標的(1)於97.11.12第1次拍賣，拍賣時間與本件估價之價格日期98.3.15相差4個多月，其間影響價格之一般因素，諸如世界性之金融風

暴、景氣衰退、高失業率……等，故本件採保守看法，推估下修3%予以
調整：

土地：4.13萬元／坪×97%＝4.01萬元／坪

房屋：0.76萬元／坪×97%＝0.74萬元／坪

b. 情況調整

比較標的(1)係法院第3次拍定之案例，惟以第1次拍賣底價作為計算基
礎，故不予情況調整：

土地：4.01萬元／坪×100%＝4.01萬元／坪

房屋：0.74萬元／坪×100%＝0.74萬元／坪

c. 價格日期調整

比較標的(1)係97.11.12第1次之拍賣價，以政府稅務專用之「臺灣地區
消費者物價總指數」為準，就本件估價時政府公布之最近98年2月為基
期，其物價指數為96.3%（詳附件十）予以調整：土地：4.01萬元／坪
×96.3%＝3.86萬元／坪

房屋：0.74萬元／坪×96.3%＝0.71萬元／坪

d. 區域因素調整

本件估價之標的物與比較標的(1)雖位於同一供需圈之近鄰地區，惟比較
標的(1)位於中壢工業區，較為繁榮且開發成熟度高；本件估價之標的物
位於農業區中，屬零興工業區，較不繁榮且開發成熟度低；雖本件前述
之量化調整已依土地公告現值之比例予以調整，而政府之土地公告現值
均已考慮各種因素，惟基於區域環境因素之考量，經判斷應有3%之向下
調整率，調整後：

土地：3.86萬元／坪×97%＝3.74萬元／坪

房屋：0.71萬元／坪×97%＝0.69萬元／坪

e. 個別因素調整

比較標的(1)RC造，僅粗坯結構體，外表未裝飾，內部更是空洞無任何
設備，臨路寬度較窄，位於工業區，面積2,729.22坪，屋齡17年以上，樓
層地上4層、地下1層；本件估價之房屋況，RC造及鋼造（-1%），有機
電及其他裝修（+10%），路較寬但高速公路涵洞較窄（+0%），未位於
工業區（-3%），分10棟總面積2,775.13坪（+2%），屋齡3棟35年其餘7
棟分別為14年、13年、12年（+2%），地上1層（+5%）。考量個別因素
之優劣等影響價格之諸多因素，經加權後應有15%之向上調整率，調整
後：

土地：3.74萬元／坪×115%＝4.30萬元／坪

　　　　房屋：0.69萬元／坪×115%＝0.79萬元／坪
　D. 試算價格：比較標的(1)之試算價格
　　　a. 土地：4.30萬元／坪×4,071.35坪＝17,506.81萬元
　　　b. 房屋：0.79萬元／坪×2,775.13坪＝2,192.35萬元
　　　c. 總價：19,699.16萬元

2. 比較標的(2)（詳附件十一）（資料來源：市調資料）

門　牌	○○路7號登記80.47坪；其餘近1000坪鐵皮屋—不計售價						
面　積	土地2,129.3坪	屋齡	29年	總樓層		地上1層	
主要建材	加強磚造、鐵皮屋		主要用途	工業用	售出時間		待售中
售　價	■待售價	總價	17,034萬元		單價	8萬元／地坪	

　A. 說明
　　依不動產估價技術規則第21條規定：將比較標的價格經情況調整、價格日期調整、區域因素調整及個別因素調整後，以求取其試算價格。
　B. 情況掌握及調整
　　a. 推估議價空間
　　　比較標的(2)係尚在待售中之案例，每坪8萬元爲其待售價，推估議價空間有10%，以此爲準予以調整：
　　　8萬元／坪×90%＝7.2萬元／坪
　　b. 依土地公告現值調整
　　　I.本件估價土地之公告現值平均價如前述比較標的(1)之計算：0.8374萬元／m^2
　　　II.比較標的(2)土地公告現值1.42萬元／m^2
　　　III.比例：1.42萬元／m^2÷0.8374萬元／m^2＝1÷0.5897
　　　IV.依比例調整：土地：7.2萬元／坪×0.5897＝4.25萬元／坪
　C. 估算過程
　　a. 一般因素調整
　　　比較標的(2)於98.3.15本件價格日期尚在待售中，其影響價格之一般因素相當，故不予以調整：
　　　4.25萬元／坪×100%＝4.25萬元／坪
　　b. 情況調整
　　　比較標的(2)係待售中之案例，其待售價已作議價空間之推估及土地公告現值比例等之調整，故不再予以情況調整：

4.25萬元／坪×100%＝4.25萬元／坪

c. 價格日期調整

比較標的(2)為待售中之個案,故不予以價格日期調整:

4.25萬元／坪×100%＝4.25萬元／坪

d. 區域因素調整

比較標的(2)與本件估價之標的物位於同一供需圈之近鄰地區,惟比較標的(2)位於中壢工業區,有群聚效果,環境及成熟度較佳;本件估價之標的物毗鄰中壢工業區,但有高速公路區隔且涵洞狹窄,較難有群聚效果,環境及成熟度較差;雖本件前述之量化調整已依土地公告現值之比例予以調整,而政府之土地公告現值均已考慮各種因素,惟基於區域因素之考量,經判斷應有3%之向下調整率,調整後:

4.25萬元／坪×97%＝4.12萬元／坪

e. 個別因素調整

比較標的(2)位於定寧路,出入道路不寬,且為路衝,經觀察廠房較小且陳舊,設備較差,雖建物不計價,但影響土地價格;本件估價之標的物臨合圳北路二段,道路較寬（+3%）,廠區較寬廣(+2%),設備較佳(+10%)。考量個別因素之優劣等影響價格之諸多因素,經加權後判斷應有115%之向上調整率,調整後:4.12萬元／坪×115%＝4.74萬元／坪

D. 試算價格

a. 土地單價:4.74萬元／坪。

b. 比較標的(2)之銷售,其建物不計售價,故無從推估;本件依比較標的(1)之推估結果每坪0.79萬元計算。

c. 總價:

I.土地:4.74萬元／坪×4,071.35坪＝19,298.20萬元

II.房屋:0.79萬元／坪×2,775.13坪＝2,192.35萬元

III.總價:21,490.55萬元

3. 比較標的(3)（詳附件十二）（資料來源:網路及現場、電話取得之仲介資料）

門　牌	○○街86巷46號（原門牌:下○○16-101號）登記33.29坪、鐵皮屋550坪						
面　積	土地735.68坪	屋齡	29年		總樓層		地上1層
主要建材	鋼造鐵皮屋造	主要用途		工業用		售出時間	待售中
售　價	■待售價	總價	2,750萬元		單價	3.74萬元／地坪	

A. 說明

依不動產估價技術規則第21條規定：將比較標的價格經情況調整、價格日期調整、區域因素調整及個別因素調整後，以求取其試算價格。

B. 情況掌握及調整

a. 情況掌握

比較標的(3)係仲介公司在仲介中之案例，依附件十二仲介公司網路資料，查對照片及現場，確定為距中園路約0.5公里之○○街86巷46號（原門牌：下○○16-101號），惟經申請土地及建物登記謄本，與網路資料核對土地及建物之屋齡、建材及面積，卻不盡相符，查證該仲介公司，因屬業務機密而不得要領。該網站為知名網站，應具相當程度之公信力，揭示之資料應具可信度。緣此，以該網路所示之資料作為計算基礎；又因建物登記面積不大，電話查證時據告尚有未登記之鐵皮屋面積550坪，惟因現場查證時，鐵門深鎖，無法入內查看，經觀察應無太多價值，故不予計價。本件以土地推估，面積735.68坪，總價2,750萬元，每坪3.74萬元。

b. 推估議價空間

比較標的(3)係仲介公司尚在仲介中之案例，每坪3.74萬元為其待售價，推估議價空間有10%，以此為準予以調整：

3.74萬元／坪×90%＝3.37萬元／坪

c. 依土地公告現值調整

I. 本件估價土地之公告現值平均價如前述比較標的(1)之計算：0.8374萬元／m^2

II. 比較標的(3)土地公告現值0.87萬元／m^2

III. 比例：0.87萬元／m^2÷0.8374萬元／m^2＝1÷0.9625

IV. 依比例調整：3.37萬元／坪×0.9625＝3.24萬元／坪

C. 估算過程

a. 一般因素調整

比較標的(3)於98.3.15本件價格日期尚在待售中，其影響價格之一般因素相當，故不予以調整：

3.24萬元／坪×100%＝3.24萬元／坪

b. 情況調整

比較標的(3)係仲介公司仲介中之案例，其待售價已作議價空間之推估及土地公告現值比例等之調整，故不再予以調整：

3.24萬元／坪×100%＝3.24萬元／坪

　　c. 價格日期調整

　　　比較標的(3)為待售中之個案，故不予以價格日期調整：

　　　3.24萬元／坪×100％＝3.24萬元／坪

　　d. 區域因素調整

　　　比較標的(3)與本件估價之標的物位於同一供需圈之近鄰地區，惟比較標
　　　的(3)係鋼造及鐵皮屋當廠房，雖距中園路二段至三段僅0.5公里，但距群
　　　聚之中壢工業區較遠，環境較差；本件估價之標的物毗鄰中壢工業區，
　　　雖有高速公路區隔，但較有群聚效果，環境較佳；雖本件前述之量化調
　　　整已依土地公告現值之比例予以調整，而政府之土地公告現值均已考慮
　　　各種因素，惟基於區域因素之考量，經判斷應有15％之向上調整率，調
　　　整後：3.24萬元／坪×115％＝3.73萬元／坪

　　e. 個別因素調整

　　　比較標的(3)出入道路狹窄，經觀察廠房陳舊，設備較差，出入道路狹
　　　窄，孤立於農地中；本件估價之標的物臨合圳北路二段，道路較寬，交
　　　通較方便（＋3％），廠區較寬廣（＋3％），環境較佳（＋3％），設備較佳
　　　（＋3％），群聚效果較佳（＋3％）。考量個別因素之優劣等影響價格之
　　　諸多因素，經加權後判斷應有15％之向上調整率，調整後：

　　　3.73萬元／坪×115％＝4.29萬元／坪

　D. 試算價格

　　a. 土地單價：4.29萬元／坪。

　　b. 比較標的(3)之建物不計價，已如前述；故本件依比較標的(1)之推估結果
　　　每坪0.79萬元計算。

　　c. 總價：

　　　I. 土地：4.29萬元／坪×4,071.35坪＝17,466.09萬元

　　　II. 房屋：0.79萬元／坪×2,775.13坪＝2,192.35萬元

　　　III. 總價：19,658.44萬元

4. 檢討與決定比較價格

　A. 檢討

　　三個比較案例，經試算結果，分別為19,699.16萬元、21,490.55萬元、
　　19,658.44萬元，其價格雖有些差異，但頗為相近，且均在規定之誤差範圍
　　內，故可採用。

　B. 各案賦予權值比重

　　比較標的(1)為法院拍定價，且與本件估價標的相距較近，屬性亦較為相
　　似；比較標的(2)與本件估價標的雖相距較近，屬性亦較為相近，但為待售

中之案例；比較標的(3)與本件估價標的相距較遠，爲待售中之案例，且資料查證較爲模糊；基於影響價格之諸多因素考量及資料之可信度，分別賦予不同之權值爲50%、40%、10%。

C. 計算

19,699.16×50% + 21,490.55×40% + 19,658.44×10%

= 9,849.58 + 8,596.22 + 1,965.84 = 20,411.64萬元

D. 比較價格

本件估價之標的，其比較價格爲20,411.64萬元。

三、收益法估算過程

（一）收益法之定義

1. 收益法得採直接資本化法、折現現金流量分析法等方法；其求得之價格爲收益價格。本件估價採直接資本化法。
2. 直接資本化法，係指勘估標的未來平均一年期間之客觀淨收益，應用價格日期當時之收益資本化率推算勘估標的價格之方法。
3. 直接資本化法之計算公式如下：

收益價格＝勘估標的未來平均一年期間之客觀淨收益÷收益資本化率

（二）收益法估價之程序

1. 蒐集總收入、總費用及收益資本化率等資料。
2. 推算有效總收入。
3. 推算總費用。
4. 計算淨收益。
5. 決定收益資本化率。
6. 計算收益價格。

（三）蒐集資料

1. 經查訪附近成租價，僅得概數，不予採用。
2. 本件估價之標的爲分別長期出租中，其租金收入具穩定性，故作爲計算之基礎。

（四）考量因素

1. 收益資本化率係考慮銀行定期存款利率、政府公債利率、不動產投資之風險

性、貨幣變動狀況及不動產價格之變動趨勢等因素，及本件估價標的之辦公室等特性，就流通性、風險性、增值性及管理上之難易程度等加以比較決定收益資本化率為3.5%。

2.有關總收入、總費用等，其資料具有可用性，且依其持續性、穩定性及成長情形加以調整。

（五）估算過程

1.委託人提供本件估價之標的資料（詳附件五）

(1)租金共計862,700元。

(2)押金2,531,000元。

2.計算

次序	計算	項目	金額 （新台幣／元）	備註
1		每月租金	862,700元	
2		情況調整率	1	
3	1×2	情況調整後金額	862,700元	
4		日期調整率	1	
5	3×4	日期調整後金額	862,700元	
6		一般因素調整率	1	
7	5×6	一般因素調整後金額	862,700元	
8		區域因素調整率	1	
9	7×8	區域因素調整後金額	862,700元	
10		個別因素調整率	1	
11	9×10	個別因素調整後金額	862,700元	
12		租金年總收入	10,352,400元	
13		綜合推估閒置損失2個月	1,725,400元	
14		押金收益	2,531,000元×1% ＝25,310元	年利率以1%推估
15		租金有效總收入	8,652,310元	12-13+14
16		每坪年租金		
17		本估價標的年總租金	8,652,310元	

次序	計算	項目		金額（新台幣／元）	備註
18		年總費用	房屋稅	290,109元	以97年度估計（詳附件十三）
			地價稅	199,856元	以97年度估計（詳附件十三）
			管理費（1年）	0	
			保險費	3,390元	以抵押金額5/10萬推估
			維修費（3%）	259,569元	以年總租金估計
			折舊費（2%）	193,756元	以97年房屋現值9,687,790元估計
		其他		0	
		合計		946,680元	
19		淨收益		7,705,630元	17-18
20		收益資本化率		3.5%	
21		收益價格		22,016.09萬元	19÷20

四、土地開發分析法估算過程

（一）土地開發分析法之程序

　　1.確定土地開發內容及預期開發時間。

　　2.調查各項成本及相關費用並蒐集市場行情等資料。

　　3.現況勘察並進行環境發展程度之調查及分析。

　　4.估算開發或建築後可銷售之土地或建物面積。

　　5.估算開發或建築後總銷售金額。

　　6.估算各項成本及相關費用。

　　7.選擇適當之利潤率及資本利息綜合利率。

　　8.計算土地開發分析價格。

（二）計算公式

　　$V = [S \div (1+R) \div (1+i) - (C+M)]$

　　V：土地開發分析價格。

S：開發或建築後預期總銷售金額。

R：適當之利潤率。

C：開發或建築所需之直接成本。

M：開發或建築所需之間接成本。

i：開發或建築所需總成本之資本利息綜合利率。

（三）開發構想

1.工業區之建蔽率70%；3層樓；容積率爲210%。

2.預期開發時間：2年。

3.計畫興建地上3層，鋼筋混凝土造廠房。

4.依「桃園縣地價調查用建築改良物標準單價表」所示，RC造之造價每平方公尺1萬元－1.4萬元，本件折衷以1萬元計算；另裝修照明設備費中等者每平方公尺0.6萬元－1.2萬元，本件以0.6萬元計算；共計每平方公尺1.6萬元＝5.29萬元／坪。

（四）市場行情

目前工業區中之○○路及○○路之「○○廠王」，爲新建完工之廠房，正在銷售中，以○○路15號爲例，每坪13.92萬元，推估議價空間90%，每坪售價爲12.53萬元，基於本件土地之區域環境及個別因素考量，下修爲12.53萬元×97%＝12.15萬元，作爲計算基礎。（詳附件八）

（五）估算開發或建築後可銷售之建物面積

1.樓地板面積：4,071.35坪×210%＝8,549.84坪

2.陽台、屋頂突出物等估計10%×8,549.84坪＝854.98坪

3.總銷售面積：8,549.84坪＋854.98坪＝9,404.82坪

（六）估算開發或建築後總銷售金額

12.15萬元×9,404.82坪＝114,268.56萬元

（七）估算各項成本及相關費用

1.營造施工費等直接成本：

5.29萬元×9,404.82坪＝49,751.50萬元

2.管銷、稅金等間接成本

(1)規劃設計費：營造施工費49,751.50萬元×2%＝995.03萬元

(2)廣告銷售費：總銷售金額114,268.56萬元×5% = 5,713.43萬元

(3)管理費：總銷售金額114,268.56萬元×5% = 5,713.43萬元

(4)稅捐：總銷售金額114,268.56萬元×1.2% = 1,371.22萬元

(5)其他（例如施工風險）：114,268.56萬元×2% = 2,285.37萬元

(6)合計：16,078.48萬元

（八）選擇適當之利潤率及資本利息綜合利率

1.選擇適當之利潤率

由於本案樓層不高，開發完成時間預計2年，其適當之利潤率依一般市場行情選定為20%。

2.選擇適當之資本利息綜合利率

(1)資金中有30%為自有資金，其利率設為3%；有70%為借貸資金，其利率設為6%：30%×3% + 70%×6% = 5.1%

(2)資金中60%用於土地，使用2年；40%用於營造，使用2年：

5.1%×60%×2年 + 5.1%×40%×2年 = 10.2%

（九）計算土地開發分析價格

1.計算公式：$V = [S \div (1 + R) \div (1 + i) - (C + M)]$

2.土地價格計算結果

$V = [114,268.56萬元 \div (1 + 20\%) \div (1 + 10.2\%) - 49,751.50萬元 - 16,078.48萬元]$
$= 20,580.00萬元$

3.現有廠房依比較標的(1)之推估結果0.79萬元計算：

0.79萬元 / 坪×2,775.13坪 = 2,192.35萬元

4.總價：22,772.35萬元

（十）決定土地開發分析價格

本件估價土地，其土地開發分析價格決定為：22,772.35萬元

五、價格決定之理由

（一）價格有些差異

1.本件採比較法估得比較價格20,411.64萬元；採收益法估得收益價格22,016.09萬元；採土地開發分析法估得土地開發分析價格22,772.35萬元。

2.三者估算之結果，有些微差異；惟均在誤差範圍內，故可採用。

（二）檢討並賦予權值

1. 比較法之計算過程雖較為嚴謹，但採用之實例為法拍及待售案例，且比較標的(3)之資料查證較為模糊；其作為計算基礎之價格較難精準。
2. 收益法採用之實例及其計算有其務實性，雖維修費及收益資本化率較難精準，但為本件估價標的物，故可信度最高。
3. 土地開發分析法雖有其學理性及務實性，但計算之數據來自構想。
4. 基於前述之分析，依序各賦予權值20%、50%、30%。
5. 計算結果：$20,411.64 \times 20\% + 22,016.09 \times 50\% + 22,772.35 \times 30\%$
   $= 4,082.33 + 11,008.05 + 6,831.71 = 21,922.09$ 萬元

（三）估定價格

1. 經考量資料之可信度、估價目的及條件、價格種類及形成因素、部分土地為綠地及高速公路用地等，本件推估結果21,922.09萬元，應具適當性。
2. 估定房地總價：21,922.09萬元。
3. 比例分算房地價格
   (1) 依98年土地公告現值總額（11,270.58萬元）與97年7份房屋稅單之房屋課稅總現值（968.78萬元）（詳附件十三）之總額（12,239.36萬元）比例分算房地價格。
   (2) 98年土地公告現值總額 = 11,270.58萬元（詳附件一）
   923-1地號：$1.02 \times 619 = 631.38$ 萬元
   924-2地號：$1.02 \times 1,670 = 1,703.4$ 萬元
   927地號：$1.02 \times 1,890 = 1,927.8$ 萬元
   928地號：$1.02 \times 1,920 = 1,958.4$ 萬元
   929地號：$1.02 \times 1,920 = 1,958.4$ 萬元
   931地號：$0.38 \times 1,920 = 729.6$ 萬元
   932地號：$0.38 \times 1,920 = 729.6$ 萬元
   933地號：$1.02 \times 1,600 = 1,632$ 萬元
   (3) 97年7份房屋稅單之房屋課稅總現值 = 968.78萬元（詳附件十三）
4. 土地
   (1) 總價：$21,922.09 \times 11,270.58 \div 12,239.36 = 20,186.90$ 萬元
   （約公告現值總額11,270.58萬元之1.79倍）
   (2) 各筆土地總價（依公告現值比例分算）
   (A) 923-1地號：$20,186.90 \times 631.38 \div 11,270.58 = 1,130.87$ 萬元
   (B) 924-2地號：$20,186.90 \times 1,703.4 \div 11,270.58 = 3,050.99$ 萬元

(C)927地號：20,186.90×1,927.8÷11,270.58＝3,452.91萬元

(D)928地號：20,186.90×1,958.4÷11,270.58＝3,507.72萬元

(E)929地號：20,186.90×1,958.4÷11,270.58＝3,507.72萬元

(F)931地號：20,186.90×729.6÷11,270.58＝1,306.80萬元

(G)932地號：20,186.90×729.6÷11,270.58＝1,306.80萬元

(H)933地號：20,186.90×1,632÷11,270.58＝2,923.10萬元

(3)平均單價：20,186.90÷4,071.35坪＝4.96萬元／坪＝1.50萬元／m^2

5.建物

(1)因電氣室、管理員室及廠區道路共用，且部分建物產權登記，部分建物未產權登記，故不予各棟分算。

(2)建物總價：21,922.09萬元－20,186.90萬元＝1,735.19萬元

（約房屋課稅現值總額968.78萬元之1.79倍）

(3)平均單價

1,735.19萬元÷2,775.13坪＝0.63萬元／坪＝0.19萬元／m^2

6.再檢視

(1)土地：

A.以中壢工業區較為相近之土地開價每坪7-8萬元之間，推估9折成交，其成交價約在每坪6.3-7.2萬元之間，以其公告土地現值每平方公尺1.42萬元＝每坪4.69萬元為準，成交價約為公告現值之1.34-1.53倍。

B.本件估價之土地，部分為零星工業用地，其公告土地現值為1.02萬元；部分為綠地及高速公路用地，其公告土地現值為0.38萬元；全部平均公告土地現值每平方公尺0.8374萬元＝每坪2.77萬元；本件估價每平方公尺1.50萬元＝每坪4.96萬元／坪，為公告土地現值1.79倍，比前述1.34-1.53倍高；因前述之中壢工業區已具開發成熟度，故市價行情與公告土地現值差距比例較小；而本件估價之土地，屬尚待開發地區，具開發潛力，故估定價額與公告土地現值差距比例較大；準此本件估定之價額，應具適當性。

(2)建物

A.本件A、B、C棟共868.13坪，63.1.20興建，屋齡35年RC造，依桃園縣房屋現值評定標準：1樓廠房每坪0.61萬元，耐用年數60年，現值為868.13坪×0.61萬元×25/60＝220.65萬元；民國84.2.4增高工程費547.08萬元，耐用年數60年，屋齡14年，現值547.08萬元×46/60＝419.43萬元，合計640.08萬元。

B.本件D、E、F-K棟，依委託人提供之工程合約書所載，分別於民國

84.10.11、85.1.30、86.2.26進行興建,其工程款分別為258萬元、580.8萬元、1,046.4萬元,合計1,885.2萬元,耐用年數60年,屋齡平均為13年,現值1,885.2萬元×47÷60 = 1,476.74萬元,考慮其無產權登記,以7折計價,1,476.74萬元×0.7 = 1,033.72萬元

C.以上合計1,673.80萬元,另再考慮機電設備及其折舊,則本件建物估價金額1,735.19萬元,應具適當性。

捌、估價金額（單位：新臺幣／元）

	平均單價	每平方公尺	1.50萬元
土地		每坪	4.96萬元
	總價	20,186.90萬元	
	923-1地號	1,130.87萬元	
	924-2地號	3,050.99萬元	
	927地號	3,452.91萬元	
	928地號	3,507.72萬元	
	929地號	3,507.72萬元	
	931地號	1,306.80萬元	
	932地號	1,306.80萬元	
	933地號	2,923.10萬元	
建物	單價	每平方公尺	0.19萬元
		每坪	0.63萬元
	總價	1,735.19萬元	
房地總價	21,922.09萬元≒21,900萬元（貳億壹仟玖佰萬元）		

玖、其他與估價相關之必要事項及依規定須敘明之情況

一、土地增值稅及淨值

（一）土地增值稅預估：約 2,649 萬元（詳附件一、物價指數詳附件十）

1.每m²稅額

(1)78/5前次地價300元×物價指數143.8% = 0.0431萬元

稅額：1.02－0.0431 = 0.9769

$0.9769×40\%－0.0431×0.3 = 0.3777$萬元 / m²

(2)78/5前次地價700元×物價指數143.8% = 0.1006萬元

　　稅額：1.02 - 0.1006 = 0.9194

　　　　　0.9194×40% - 0.1006×0.3 = 0.3375萬元／m^2

　　稅額：0.38 - 0.1006 = 0.2794

　　　　　0.2794×40% - 0.1006×0.3 = 0.0816萬元／m^2

(3)84/1前次地價1,800元×物價指數116.4%=0.2095萬元

　　稅額：1.02 - 0.2095 = 0.8105

　　　　　0.8105×40% - 0.2095×0.3 = 0.2614萬元／m^2

(4)84/1前次地價3,500元×物價指數116.4% = 0.4074萬元

　　稅額：1.02 - 0.4074 = 0.6126

　　　　　0.6126×30% - 0.4074×0.1 = 0.143萬元／m^2

　　稅額：0.38 - 0.4074 = 0

2.各筆稅額

　(1)923-1地號：

　　　陳○○許○○：0.3777萬元／m^2×619×1/2 = 116.90萬元

　　　許鄭○○趙王○○：0.2614萬元／m^2×619×1/2 = 80.90萬元

　(2)924-2地號：

　　　陳○○許○○：0.3777萬元／m^2×1,670×1/2 = 315.38萬元

　　　許鄭○○趙王○○：0.2614萬元／m^2×1,670×1/2 = 218.27萬元

　(3)927地號：

　　　陳○○許○○：0.3375萬元／m^2×1,890×1/2 = 318.94萬元

　　　許鄭○○趙王○○：0.143萬元／m^2×1,890×1/2 = 135.14萬元

　(4)928地號：

　　　陳○○許○○：0.3375萬元／m^2×1,920×1/2 = 324萬元

　　　許鄭○○趙王○○：0.143萬元／m^2×1,920×1/2 = 137.28萬元

　(5)929地號：

　　　陳○○許○○：0.3375萬元／m^2×1,920×1/2 = 324萬元

　　　許鄭○○趙王○○：0.143萬元／m^2×1,920×1/2 = 137.28萬元

　(6)931地號：

　　　陳○○許○○：0.0816萬元／m^2×1,920×1/2 = 78.34萬元

　　　許鄭○○趙王○○：0萬元

　(7)932地號：

　　　陳○○許○○：0.0816萬元／m^2×1,920×1/2 = 78.34萬元

　　　許鄭○○趙王○○：0萬元

(8)933地號：

陳○○許○○：0.3375萬元／m^2×1,600×1/2＝270萬元

許鄭○○趙王○○：0.143萬元／m^2×1,600×1/2＝114.4萬元

3.稅額共計：2,649.17萬元≒2,649萬元

（二）淨值

21,900萬元－2,649萬元＝19,251萬元

二、其他依規定須敘明之情況

本件依規定須敘明之情況，均已敘明，已無其他依規定須敘明之情況。

拾、不動產估價師姓名及證照字號

估價報告人：○○不動產估價師事務所（簽章）

不動產估價師：○○○（簽章）

估價師證書：（○○）台內估字第000號

開業證照：○○北市估字第0000號

公會證書：○○北市估證字第○○號

事務所地址：臺北市○○區○○路○段○○號○○樓

事務所電話：（02）--------傳真：（02）---------

網址：--------------------

電子信箱：-----------------

中華民國98年3月18日

附件

一、本件估價之土地登記謄本1份24張

二、本件估價之土地地籍圖謄本1份3張

三、本件估價之建物登記謄本1份3張

四、本件估價之建物測量成果圖、門牌證明、使用執照、配置圖等影本1份6張

五、本件估價之各棟建物面積及95年－97年出租金額明細1份3張

六、土地使用分區網路下載文件1份9張

七、房地交易價格簡訊1份1張

八、本件估價之土地地理位置圖影本、航照圖影本等1份3張

九、比較標的資料1份3張

十、物價指數表1份2張

十一、比較標的資料1份2張

十二、比較標的資料1份2張

十三、地價稅單及房屋稅單等影本1份2張

十四、現場照片1份3張

第二節　辦公大樓房地之比較法與收益法估價案例

（目錄製作請參考第一節之估價案例）

壹、委託人

姓名／名稱	財團法人○○○○○○○		
地址	台北市○○區○○路○段○○號		
委託日期	94年12月19日	交付報告日期	95年元月6日以前

貳、勘估標的基本資料

一、基地不予估價

本件估價標的之基地，坐落台北市○○區○○段一小段185-2、186、187、188、189、224、225、239-2地號等8筆土地，不予估價（詳附件一）；僅估價其地上建物。

二、建物各層之面積

依代理人林○○地政士提供業經繪圖及計算面積完畢但尚未正式核發之「台北市古亭地政事務所建物測量成果圖」影本11份資料所示，地面各層面積如下。（詳附件二）

三、共用部分之面積

依代理人林○○地政士提供：業經繪圖及計算面積完畢但尚未正式核發之

「台北市古亭地政事務所建物測量成果圖」影本5份資料所示，地面層至第十一層、地下一層至地下四層、屋突一層、騎樓等合計面積7687.59平方公尺（詳附件三）；並由地面層至第十一層各11分之1分攤。（詳附件十一）

四、建物基本資料

編號	建號	建物門牌						所有權人	權利範圍	面積（m²）				
		市	區	路	段	號	樓			主建物	附屬建物	共用部分 7,687.59		合計
1		台北	○○	○○	○	62	1	財團法人○○○○○○	所有權全部	278.28	34.59	持分	698.87	1,011.74
2		台北	○○	○○	○	62	2			263.73		1/11	698.87	962.60
3		台北	○○	○○	○	62	3			270.89		1/11	698.87	969.76
4		台北	○○	○○	○	62	4			488.15		1/11	698.87	1,187.02
5		台北	○○	○○	○	62	5			488.15		1/11	698.87	1,187.02
6		台北	○○	○○	○	62	6			488.15		1/11	698.87	1,187.02
7		台北	○○	○○	○	62	7			488.15		1/11	698.87	1,187.02
8		台北	○○	○○	○	62	8			488.15		1/11	698.87	1,187.02
9		台北	○○	○○	○	62	9			488.15		1/11	698.87	1,187.02
10		台北	○○	○○	○	62	10			488.15		1/11	698.87	1,187.02
11		台北	○○	○○	○	62	11			288.51		1/11	698.87	987.38
建物面積總計										4,518.46	34.59	11/11	7,687.57	12,240.62

參、價格日期及勘察日期

價格日期	95年元月1日
勘察日期	94年12月22日／94年12月23日／94年12月27日

肆、價格種類

價格種類	■正常價格	□限定價格	□特定價格

伍、估價條件

估價條件	■無	□有：

陸、估價目的

估價目的	■資產估價之參考及供作計算土地持分之對應持分□買賣參考□租賃參考

柒、估價金額（單位：新臺幣／元）

編號	建物門牌					面積（m²）					各層總價（萬元）
	市	路	段	號	樓	主建物	附屬建物	共用部分 7,687.59m² 持分	共用部分 面積	合計	
1	台北	○○	○	62	1	278.28	34.59	1/11	698.87	1,011.74	21,288.7296
2	台北	○○	○	62	2	263.73		1/11	698.87	962.60	7,127.7642
3	台北	○○	○	62	3	270.89		1/11	698.87	969.76	7,044.0457
4	台北	○○	○	62	4	488.15		1/11	698.87	1,187.02	8,287.2988
5	台北	○○	○	62	5	488.15		1/11	698.87	1,187.02	8,370.9837
6	台北	○○	○	62	6	488.15		1/11	698.87	1,187.02	8,370.9837
7	台北	○○	○	62	7	488.15		1/11	698.87	1,187.02	8,370.9837
8	台北	○○	○	62	8	488.15		1/11	698.87	1,187.02	8,454.6687
9	台北	○○	○	62	9	488.15		1/11	698.87	1,187.02	8,454.6687
10	台北	○○	○	62	10	488.15		1/11	698.87	1,187.02	8,538.3536
11	台北	○○	○	62	11	288.51		1/11	698.87	987.38	7,102.3231
合計面積						4,518.46	34.59	11/11	7,687.57	12,240.62	
全部總價											101,410.8035

捌、勘估標的之所有權、他項權利及其他負擔

一、所有權

（一）建物各層面積

依代理人林○○地政士提供：業經繪圖及計算面積完畢但尚未正式核發之「台北市古亭地政事務所建物測量成果圖」影本11份資料所示為準。（詳附件二）

（二）共用部分之持分及面積計算

1.依據：

依代理人林○○地政士提供：業經繪圖及計算面積完畢但尚未正式核發之「台北市古亭地政事務所建物測量成果圖」影本5份資料所示（詳附件三），地面層至第十一層、地下一層至地下四層、屋突一層、騎樓等合計面積7,687.59平方公尺；並由地面層至第十一層各11分之1分攤。（詳附件十一）

2.建物各層合計面積：

編號	建號	建物門牌						所有權人	權利範圍	面積（m²）				
		市	區	路	段	號	樓			主建物	附屬建物	共用部分 7,687.59m²		合計
												持分	面積	
1		台北	中正	○○	○	62	1	財團法人○○○○○○	所有權全部所有權全部	278.28	34.59	1/11	698.87	1,011.74
2		台北	中正	○○	○	62	2			263.73		1/11	698.87	962.6
3		台北	中正	○○	○	62	3			270.89		1/11	698.87	969.76
4		台北	中正	○○	○	62	4			488.15		1/11	698.87	1,187.02
5		台北	中正	○○	○	62	5			488.15		1/11	698.87	1,187.02
6		台北	中正	○○	○	62	6			488.15		1/11	698.87	1,187.02
7		台北	中正	○○	○	62	7			488.15		1/11	698.87	1,187.02
8		台北	中正	○○	○	62	8			488.15		1/11	698.87	1,187.02
9		台北	中正	○○	○	62	9			488.15		1/11	698.87	1,187.02
10		台北	中正	○○	○	62	10			488.15		1/11	698.87	1,187.02
11		台北	中正	○○	○	62	11			288.51		1/11	698.87	987.38
建物面積總計										4,518.46	34.59	11/11	7,687.57	12,240.62

（三）所有權

本件估價之標的，新建完成領有94.11.8(94)使字第0000號使用執照（詳附件四），惟尚未辦理建物所有權第一次登記，且無限制登記等情形。

二、他項權利

本件估價之標的，新建完成尚未辦理建物所有權第一次登記，故無他項權利登記等情形。

三、其他負擔

其他負擔	□出租□375租約□出借■部分基地為租用國有土地，有租金負擔。

玖、勘估標的使用現況

基地	■部分基地自有自用建築；部分基地為租用國有土地建築□
建物	■自用辦公室□出租□出借□住家□店鋪□工廠□占用他人土地
房地關聯性	■部分基地自有；部分基地為租用國有土地；合併建築

拾、勘估標的法定使用管制或其他管制事項：

項目	都市或非都市土地	使用分區	分區使用說明
法定使用管制	都市土地	第三種商業區（詳附件五）	土地8筆分別原屬第三種住宅區及第二種商業區；依都市計畫說明書圖規定辦理，始得作第三種商業區使用。
使用執照之管制	1.退縮騎樓地已計入空地比，不得增建騎樓。 2.第三層挑空部分不得違建，如有違建無條件拆除並負擔拆除費用，並於房屋銷售及產權移轉時列入交代，使用執照核發後列管巡查。（詳附件四）		
其他管制事項	■無□有：□飛航安全□山坡地保育□軍事限建□古蹟保存 □環境影響評估□水土保持□防洪平原		

拾壹、價格形成之主要因素分析

一、一般因素分析

於本件估價時，影響不動產價格有關之政治、經濟、社會及自然等一般因素，概略析述如下：

（一）政治因素

雖尚未朝野和解共生、雖2004年總統大選後至今尚有些許漣漪、雖縣市長選舉餘波蕩漾、雖族群被每次之選舉撕裂而未能十足融合、雖兩岸仍處於不和緩之狀態……等諸多不利之政治因素存在，但就整體及短期而言，於本件估價時，尚非屬不動產之重大利空因素，不足以影響不動產價格即時且急速之下跌。至於目前之國外諸多政治因素，對國內之不動產價格漲跌，其影響性不大，於此不予置論。

（二）經濟因素

依估價師公會94年度第四季之季報資料顯示，有關影響不動產價格之經濟因素，摘要整理略述如下：

1.總體經濟環境：

(1)國民經濟

93年經濟成長率5.71%，94年第一季2.54%，遠較2月份預測值4.03%低，第二季預測值為3.6%，初步統計值為3.03%，第三季預測值為4.32%。平均每人國民所得預估今年為13,376美元，比前一年的12,381美元要高。今年受國際經濟擴張趨緩，國內產業持續外移影響，1-7月累計出口持續成長，但是成長速度下滑。9月出口好轉創歷年單月次高紀錄（今年5月最高紀錄）。但全年出超值可能是民國71年後，23年來的新低。國內需求方面，民間消費穩定成長，投資卻因為石油價格上漲而下滑，今年經濟成長率預估為3.65%。明年全球經濟趨勢類似今年，預估出口會成長，民間部門消費和投資推持穩定成長，全年經濟成長率預估為4.03%。準此，95年之房地產市場，得樂觀視之。

(2)物價指數

今年3月多起寒流推升蔬果價格，加上國際油價不斷上揚，消費者物價指數較上月漲0.3%，年增率2.31%，創五個月來新高。4-6月消費者物價指數持續創新高，7-9月同樣月月上漲。其中，9月消費者物價較去年同月上漲3.12%，為連續第2個月漲幅超過3%，主因月初泰莉風災帶來農損，蔬

菜、水果價格相對去年處較高水平，加以油料費調漲後續影響所致。剔除新鮮蔬果、魚類及能源，核心物價溫和上漲0.63%。1-9月平均消費者物價較上年同期上漲2.24%，核心物價上漲0.69%，不含食物僅上漲0.5%，顯示今年以來國內能源價格對物價漲幅影響不大。9月躉售物價較去年同月下跌0.16%，為連續第5個月下跌，惟跌幅減緩，1-9月平均躉售物價較上年同期上漲0.52%。準此，95年之房地產市場，不太可能受物價之影響而大幅波動。

(3)景氣對策

94年3月份國內景氣對策信號出現21個月來，首見代表經濟成長趨緩的黃藍燈，且景氣領先指標分數連續6個月下跌，經濟成長動能甚至比兩年前的SARS期間更為嚴峻。5月份綜合判斷分數從3月分的22分降至18分。之後再上升，8月份綜合判斷分數增為23分，燈號轉為綠燈。期間，連續7個月下跌的景氣領先指標終於止跌回穩，5月份景氣領先指標綜合指數較4月上升0.8%。受訪查製造業廠商預期未來3個月景氣好轉者增加。中央大學台經中心公布的6月消費者信心指數（CCI）調查，總指數止跌回升1.73點，顯示人民對經濟景氣有樂觀期待，似乎也預示景氣走緩趨勢即將觸底反彈。之後持續上升，8月份景氣領先指標綜合指數七項中五項呈正向。同時指標也呈續揚局面，六項中五項指標呈正向。IMF最新預測，世界經濟成長並未受油價走高轉緩，加上資訊電子產業景氣回升，國內就業情況持續改善，預料下半年國內景氣表現將較上半年為佳。只是第四季景氣是否步入坦途，仍需視9月份的表現而定。準此，95年之房地產市場，應有樂觀之期待。

(4)貨幣市場

中央銀行統計6月份M2年增率6.34%較上月5.57%高，為四個月來最高，7-8月持續攀升，9月份為6.52%，為今年以來單月M2年增率的最高水準。今年前九個月M2年增率都高於今年M2成長目標區5.5%中線水準之上（M2目標區為3.5%至7.5%），顯示央行升息並未讓市場資金出現明顯緊縮，資金面依舊維持在相對寬鬆水準。央行定期存單未到期餘額減少，但央行沒有強力動作，9月15日宣布只升息半碼，為了都是避免打擊經濟成長，仍以維持資金寬鬆為執行貨幣政策目標。93年5月貨幣供給M2年增率8.58%，創下90年2月以來的新高紀錄，之後走緩，但仍然連續十一個月超過央行所設的貨幣成長目標區高標（目標區上限6.5%）。之後貨幣供給額M2年增率持續減少，93年12月增加為7.31%，94年1、2月曾降為6.2%、6.49%，這段期間央行係以升值方式來抑制通貨膨脹。準此，央行以升值

方式抑制通貨膨脹及穩定物價，從而房地產市場，應亦有其穩定性。

(5)勞動市場

主計處公布7月份失業率4.32%，8月份失業率升至4.36%，創下近11個月新高，主計處官員表示，每年7、8月為畢業生進入職場找工作高峰期，由於粥少僧多，失業人數驟升，這是否代表失業情況轉趨嚴重，仍值得進一步觀察。8月份失業人數比7月增加5,000人，「想工作而不找工作」的隱藏性失業人數也再度升至21萬4,000人，使得廣義失業率升至6.28%，創下近十個月來最高，近日產業外移所引發的就業機會流失問題，目前還沒有顯現在相關指標上。近一年來就業人數雖持續成長，但台灣就業型態已出現極大轉變，許多傳統的就業機會已流至人力派遣業，薪資待遇恐怕已和過去有不小的差距。這是外界一直認為台灣就業環境仍未改善的原因。就業環境未改善，影響失業率之升降，進而影響房地產市場。

(6)證券市場

92年7月份國內股市再度站上睽違一年的5,000點大關，收在5,318點後就不再見低檔，93年1月更突破6,000點，2月續增為6,759點，5月份回檔又掉到6,000點以下，到12月才又站上6,000點，94年前三季7個月收在6,000點以上。隨著各種不利因素逐漸消除，國內股市在92年第三季走出一波千點行情，第四季只上漲200點左右，93年1-3月卻上漲約800點。5月份出現上漲後拉回，至7月份為止，下跌約1,200點，直到12月才又回到6,000點附近。94年第一季下跌134點，第二季上漲236點，7月份曾漲至6,312點，第三季總計小跌77點。股市、房市息息相關，股市遲滯，房市難樂觀。

2.房地產產業環境：

(1)住宅用建照核發

住宅用建築執照核發部分，92年起5-7月逐月升高，7月份共核發7,025件，是87年以後難得的水準。12月及93年1月分別突破為8,428件、8,874件之多，93年3月份則創下9,968件的近期新高點。10月再增加為10,704件，12月又增加為11,903件，累計93年住宅用建照核發件數比前一年增加72%，高於92年全年62%的增幅。94年1月略為減少，2月份僅有7,654件，5月份增加為11,850件，至8月份為止呈現一月增、一月減的格局，合計8月份為止，件數比去年同期增加14.5%。在核發面積的部分，92年6月以後均在100萬平方米以上的水準，93年1月則一舉增加為165.8萬平方米，3月份175.5萬平方米，創近期最高水準，5月仍有170萬平方米以上，10月份173.7萬平方米，12月再增加為196萬平方米，合計93年住宅用建照核發面積比前一年成長58%。94年住宅核發建照面積，至8月為止，則比去年同

期減少2.4%。準此，92年、93年核發建照者，在94年、95年皆將完工，尚未售完之新餘屋或轉售之新屋，將成爲市場之主力產品。

(2)住宅用使照核發

住宅用使用執照核發也出現增加情形，92年2月份只核發1,688件，5月份以後均在4,000件以上；7月曾核發件數6,522件，12月再增加爲6,858件，之後明顯降溫，93年5月才恢復爲5,820件，7月6,817件，9-11月又增加爲7,000件左右，12月增加爲8,234件。總計93年比前一年增加41%，增幅比前一年的28%大得多。94年前8月份，核發住宅使照件數比去年同期增加18.9%之多。核發面積部分，92年9月份共核發69萬平方米，10、11月持續擴大爲80萬、87萬平方米，12月核發面積則達到130萬平方米之多，之後也持續降溫，93年5月份再回升爲110.3萬平方米，7月份爲112.8萬平方米，11、12月則增加爲130萬平方米以上。總計93年比前一年同期增加44%，增幅同樣比前一年的26%增幅要大很多。94年前8月份，核發住宅使照面積比去同期增加17%之多。準此，如前所述，尚未售完之新餘屋或轉售之新屋，將成爲市場之主力產品，其是否會造成供過於求之現象，實值觀察。

(3)房貸利率及金額

在房屋貸款部分，五大行庫新承作房貸利率持續下滑，92年7月份首度跌破3%關卡，達到2.992%，9月份續降到2.803%，93年1月跌到2.48%，7月份跌到2.38%，7月份以前房貸利率頗有加速趨底的趨勢，利率從8%跌到7%以下一共花了16個月，7%跌到6%以下則經歷了14個月，6%到5%以下只經過了8個月，5%到4%以下經過11個月，雖有止跌態勢，但4%跌到3%以下，竟然只花了7個月的時間。94年2月份時利率爲2.278%創歷史新低。3、4月略爲回升，但5月份2.273%又再創歷史新低，9月份小幅調升，但仍爲歷史低檔水準。由於長期利率處於低檔，讓國人購屋能力達到頂點，應是構成推動本波房地產交易暢旺的主要原因。承作金額一路溫和擴大，92年12月份一舉增加332億元之多，比11月增加53%，9月份時大幅減少爲205億，12月再增加爲344億元。今年1-8月新承作房貸金額比去年同期多出212億元，顯示房地產交易仍相當熱絡。由於央行93年已調升利率二次（1碼半），今年又再調高半碼三次（1碼半），預料未來利率可能將呈現緩步推升的態勢，目前仍在歷史低檔，是銀行資金過於寬鬆之故。準此，銀行資金如持續寬鬆，房地產之購買力，亦將持續不減。

(4)建物買賣移轉

建物買賣移轉件數部分，92年2月只有1.6萬件，9月爲2.9萬件，10月份增加爲3.3萬件，12月又成長爲4.1萬件，主受土地增值稅減半期限將屆的影

響。總計92年全年建物買賣移轉件數為34萬9,000件,比前一年的32萬件多出近3萬件,之後買賣件數略有減少,但7月份買賣移轉登記件數增加為3.7萬件,12月為4.2萬件,總計93年合計件數比前一年增加20%,增幅比前一年的9%要增多許多。94年前8月份,買賣移轉件數比去年同期增加4.2%。在買賣移轉面積部分,92年9-11月並未明顯增加,12月時由前一個月的361萬平方米,一下增加為522萬平方米,增加情形頗為驚人,93年3月、4月為450萬平方米以上,11、12月份又增加為454、479萬平方米。但93年合計面積比前一年同期減少7%,而前一年是增加7%。94年前8月份,買賣移轉登記面積比去年同期減少0.6%。買賣減少,可能係受土地增值稅降低稅率已修法完成之影響所致,如是,則屬特殊情形,不能以常態視之。

(5)家庭戶數及戶量

長久以來,台灣地區的家庭戶數持續以每月約1萬戶的速度穩定增加。92年8月份家庭總戶數首度突破700萬戶,9月增加1.9萬戶達到701.9萬戶,10月增加0.7萬戶,11、12月則同樣增加1萬戶左右,93年3月為706.9萬戶,6月份則增加為711萬戶,9月份則再增加為715萬戶,12月時已經是718萬戶之多。94年3月為720.4萬戶,6月份為723.4萬戶,9月份為727.8萬戶。另一方面,近來平均戶量(平均每戶人口數)大致保持每季減少0.01人/戶的速度下降,92年第三季則有加速現象,92年10月至今年1月平均戶量為3.21人,2月至4月為3.20人,5月份3.19人,6月份為3.18人,8月份為3.17人,11月再減少為3.16人,平均戶量有持續下滑的現象,94年3月再降為3.15人,6月份為3.14人,8月份降為3.13人。準此,家庭戶數之增加及家戶人數之減少,均提升購屋之需求性。

3.結語:

依聯合報94.12.2報導:根據中央研究院經濟所之調查明年(95年)房市景氣恐會從峰頂小幅滑落,但經建會主委卻表示:明年高鐵通車與都市更新之刺激下,房市依然樂觀。本報告依據前述:總體經濟環境及房地產產業環境等分析,明年(95年)房市景氣應屬持平,其大漲或大跌應屬不易。

(三) 社會及自然因素

影響不動產價格之社會、自然及其他因素,目前並無特別狀況足以使不動產價格發生重大變動,故不予深入分析。

二、區域因素分析

（一）地理環境

　　本件估價之標的位於台北市中正區，但相隔○○路三段之對面即爲大安區；依中正區公所之網路資料，摘要整理分析如下：

1.名稱由來：

　中正區，原分屬城中區及古亭區，於民國79年3月12日台北市區里行政區域調整時，將原城中區、古亭區、大安區及雙園區等部分鄰里合併而成，並取區內中正紀念堂之中正爲新行政區名。

2.地理環境：

　本件估價之標的位於台北市中正區；中正區位於台北市之西南方，東臨大安區，以新生南路一段、信義路二段、杭州南路二段、羅斯福路一至四段爲界；西接萬華區，以中華路爲界；南瀕新店溪，與永和市相望；北至市民大道，與中山區、大同區爲鄰。全區面積7.6071平方公里，占台北市總面積2.70%。本件估價之標的所面臨之○○○路，及鄰近之辛亥路、和平東、西路等交通幹道之二旁，均有較高層及較新之建築物。本件估價之標的所在地區，實屬台北市已發展之市區。

3.人口戶數：

　至民國94年11月底止，中正區內劃分31里、584鄰，有157,419人口。

（二）交通狀況

1.距離台北市中心：

　本件估價之標的所在之中正區，其實即爲台北市中心。鄰近者東西向有和平東、西路、愛國東路、信義路；南北向有金山南路、新生南路、建國南路、重慶南路、水源快速道路、捷運線及本件估價之標的所面臨之○○○路、銜接之中山南路等交通幹道，快速便捷。（詳附件六）

2.出入便利性：

　本件估價之標的所在地區，除前述之交通幹道有非常多之公車路線及站牌外，建國南、北路、水源快速道路及本件估價之標的所面臨之○○○路，均直通中山高速公路及第二高速公路；捷運新店線、中和線更貫穿本區。欲至大台北各地區或以外之地區，其出入頗爲便利。（詳附件六）

3.交通流量：

　本件估價之標的所在地區，除前述交通幹道之人車流量頗大外，本件估價之

標的所面臨之○○○路，亦爲台北市之主要交通幹道，故人車流量亦相當大。

（三）商化程度

中正區原屬城中區之部分，原爲台北市之市中心，除有遠東、新光三越等百貨公司外，尚有衡陽路之銀樓、博愛路之布市、重慶南路之書店及本件估價標的附近之南昌街二段家具店等四大專賣區，加上台北車站前之補習街及其他各行業之公司行號林立，可謂萬商雲集、經濟金融鼎盛，故商化程度頗深。

（四）公共設施

1.本件估價之標的所在中正區，除爲中央政府所在外，有小學、中學、大專院校等23所學校、文教機構、圖書館、公立醫療機構、名勝古蹟、紀念性建築物及博物館、公園等，不勝枚舉，除書香洋溢、文風鼎盛外，公共設施可謂相當齊全；緊鄰之大安區，亦不相上下。（詳附件六）
2.本件估價之標的所在地區，其附近並無嫌惡性之公共設施；從而有關水源或空氣等並無異常性之污染。

（五）排水及淹水情況

排水設施完備，無經常性之排水不良及淹水之情形。

（六）未來發展

中正區是個人文會聚之好地方，市政府及區公所每年均積極進行有關道路、公園等設施之維護改善，提升環境品質，故中正區之未來將更優質化，應可預期。

三、個別因素分析

（一）使用分區與使用管制

1.使用分區：
本件估價之標的，其土地爲都市計畫「第三種商業區」（詳附件四、附件五）；建物之主要用途，依使用執照所載：地下一層至地下四層爲停車空間（地下二層兼防空避難室）、地面層爲一般零售業、地上二層至地上十一層爲學術研究機構。

2.使用管制：

　依「台北市土地使用分區管制規則」第23條規定，在第三種商業區內，得為
　下列規定之使用：

　(1)允許使用

　　第二組：多戶住宅。

　　第四組：學前教育設施。

　　第五組：教育設施。

　　第六組：社區遊憩設施。

　　第七組：醫療保健服務業。（不包括精神病院）

　　第八組：社會福利設施。

　　第九組：社區通訊設施。

　　第十組：社區安全設施。

　　第十三組：公務機關。

　　第十四組：人民團體。

　　第十五組：社教設施。

　　第十六組：文康設施。

　　第十七組：日常用品零售業。

　　第十八組：零售市場。

　　第十九組：一般零售業甲組。

　　第二十組：一般零售業乙組。

　　第二十一組：飲食業。

　　第二十二組：餐飲業。

　　第二十四組：特種零售業甲組。

　　第二十五組：特種零售業乙組。（不包括爆竹煙火業）

　　第二十六組：日常服務業。

　　第二十七組：一般服務業。

　　第二十八組：一般事務所。

　　第二十九組：自由職業事務所。

　　第三十組：金融保險業。

　　第三十一組：修理服務業。

　　第三十三組：健身服務業。

　　第三十七組：旅遊及運輸服務業。

　　第三十九組：一般批發業。

　　第四十一組：一般旅館業。

　　　　第四十二組：國際觀光旅館業。

　　　　第五十一組：公害最輕微之工業。

　　(2)附條件允許使用

　　　　第七組：醫療保健服務業之精神病院。

　　　　第十二組：公用事業設施。

　　　　第二十五組：特種零售業乙組之爆竹煙火業。

　　　　第三十二組：娛樂服務業。

　　　　第三十四組：特種服務業。

　　　　第三十六組：殯葬服務業。

　　　　第四十四組：宗祠及宗教建築。

　　　　第五十二組：公害較輕微之工業。

　　(3)本件估價之標的，地上一層作服務台、金融廣場、咖啡廳等使用，地上二
　　　層至地上十一層作委託人金融學術研究機構使用，符合上開規定。

（二）地理位置

　　本件估價之標的，位於中正區○○路三段邊，為○○路及○○路間之路段，坐
西向東，捷運新店線之古亭站及台電大樓站，均近在咫尺。（詳附件六）

（三）地形地勢

　　本件估價標的之基地，南邊地界線彎曲，致地形未方正（詳附件七），但建築
物相當方正（詳附件二、附件三），地勢亦相當平坦。

（四）環境形勢及相鄰使用

　1.本件估價之標的，門牌為○○路○段62號，北邊為58巷，接通後面之○○
　　街；南邊為66巷，為一死巷；後面為○○○街，○○街124巷略沖本件估價
　　之標的。本件估價之標的相鄰者均為老舊建物，尤其66巷為甚，環境形勢，
　　有待改善。

　2.本件估價之標的，地下四層、地上十一層，均為委託人單一使用，故使用情
　　況相當單純。

　3.無下列情況
　　本件估價之標的，面臨40公尺寬之○○路三段，寬闊筆直，除○○街124巷
　　略沖本件估價標的之後面外，並無令人嫌惡且影響價格之反弓路、死巷、天
　　橋旁、地下道兩側、高架道路旁、瓦斯行或加油站旁、面對電線桿、高壓鐵
　　塔旁、變電所旁、基地低於路面等情況。

（五）面積大小

本件估價之建物，分攤共用部分之面積後，地上各層面積不小。

（六）屋齡及建材設備：

1.屋齡：民國94年11月8日建築完成，領有94使字第0000號使用執照。至本件
估價之價格日期民國95年元月1日止，本件估價之建物屋齡尚未滿2個月。

2.建材設備：

本件估價之建物，有三部地下一層至地上十一層之電梯，其中一部電梯至地
下四層。除結構為鋼骨造、外觀正面為玻璃帷幕外，各層室內之裝璜設備頗
佳。（詳附件十）

（七）管理狀況

委託保全公司管理，包括清潔維護等，管理費每月約在50萬元左右。

（八）未來發展

有朝一日，左鄰右舍改建後，本件估價標的之環境形勢，將可獲得改善。

（九）其他

本件估價之標的為建築物，因非農地之估價，故有關之氣候、土壤、水利、災
害等因素，不予分析。

拾貳、估價方法、估算過程及價格決定之理由：

一、本件估價所運用之方法：

本估價所運用之方法	■比較法■收益法□成本法□土地開發分析法□

二、比較法估算過程

（一）比較法估價程序

1.蒐集並查證比較標的相關資料。

2.選擇與勘估標的條件相同或相似之比較標的。

3.對比較標的價格進行情況調整及價格日期調整。

　　4.比較、分析勘估標的與比較標的間之區域因素及個別因素之差異，並求取其調整率或調整額。

　　5.計算勘估標的之試算價格。

　　6.決定勘估標的之比較價格。

（二）蒐集、查證資料並選擇比較標的

　　1.查訪仲介公司、建築工地及電話查訪廣告銷售資料：

　　　(1)經查訪當地數家房屋仲介公司，蒐集本件估價之標的附近地區之成交實例及待售案例，因有部分屬不具體之資料，故該不具體之資料不予採用分析。

　　　(2)查訪附近新建築工地及鄰近之預售工地，雖物件用途有其差異性，但屬於同一供需圈且地段相近，故予採用分析。

　　2.經查訪該路段附近之廣告銷售資料，並電話查證及上網查尋房屋仲介公司之待售資料，因屋齡、樓層、用途及區位等差異性太大，故不予採用分析。

　　3.法院拍定行情資料：

　　　經查閱「透明房訊」，本件估價之標的之同一路段，有法院拍定案例資料，故選擇作為檢討之參考。

（三）比較標的之比較、分析與調整

　　1.地上第二層以上，以六樓為基準：

　　　(1)比較標的：

　　　　A.比較標的(1)

門牌	○○路三段8××號（○○印象）					
面積	51-111坪	屋齡	預售中	總樓層	地上14層地下5層	
主要建材	鋼骨造	主要用途		一樓店面、樓上住宅	銷售時間	94年12月
售價	■待售價□成交價	單價	55萬元／坪；1樓店面出租，因尚未興建故未定租額			

　　　　B.比較標的(2)

門牌	○○路一段××號（中正○○）						
面積	38-67坪	屋齡	接近完工	總樓層	地上14層地下4層		
主要建材	鋼骨造	主要用途		一樓店面樓上住宅	銷售時間		94年12月
售價	■待售價□成交價	總價	元	單價	53.5萬元／坪；1樓店面160萬元／坪		

C.比較標的（3）

門牌	○○路三段××號7樓						
面積	36.49坪	屋齡	6.5年	總樓層	地上11層／在地上7層		
主要建材	鋼筋混泥土	主要用途		住辦		銷售時間	94年12月
售價	■待售價□成交價		總價	1,550萬元		單價	42.4774萬元／坪

(2)一般因素調整率：

　　A.因屬同一銷售時段，其影響價格之一般因素雷同，故不予調整。

　　B.調整率：

項目	比較標的（1）		比較標的（2）		比較標的（3）	
	狀況比較	調整率%	狀況比較	調整率%	狀況比較	調整率%
政治因素	□優■同□劣	100%	□優■同□劣	100%	□優■同□劣	100%
經濟因素	□優■同□劣	100%	□優■同□劣	100%	□優■同□劣	100%
社會因素	□優■同□劣	100%	□優■同□劣	100%	□優■同□劣	100%
自然因素	□優■同□劣	100%	□優■同□劣	100%	□優■同□劣	100%
總調整率	100%		100%		100%	

(3)區域因素調整率：

　　A.因屬同一供需圈，其影響價格之區域因素雷同，故不予調整。

　　B.調整率：

項目	比較標的（1）		比較標的（2）		比較標的（3）	
	狀況比較	調整率%	狀況比較	調整率%	狀況比較	調整率%
使用分區	□商■同□住	100%	□商■同□住	100%	□商■同□住	100%
使用管制	□嚴■同□無	100%	□嚴■同□無	100%	□嚴■同□無	100%
環境整潔	□優■同□劣	100%	□優■同□劣	100%	□優■同□劣	100%
寧適品質	□優■同□劣	100%	□優■同□劣	100%	□優■同□劣	100%
距市中心	□遠■同□近	100%	□遠■同□近	100%	□遠■同□近	100%
交通流量	□大■同□小	100%	□大■同□小	100%	□大■同□小	100%
出入便利	□優■同□劣	100%	□優■同□劣	100%	□優■同□劣	100%
人口密度	□密■同□疏	100%	□密■同□疏	100%	□密■同□疏	100%
主要職業	□商■同	100%	□商■同	100%	□商■同	100%

項目	比較標的（1）		比較標的（2）		比較標的（3）	
	狀況比較	調整率%	狀況比較	調整率%	狀況比較	調整率%
公共設施	□優■同□劣	100%	□優■同□劣	100%	□優■同□劣	100%
治安情況	□優■同□劣	100%	□優■同□劣	100%	□優■同□劣	100%
商化程度	□優■同□劣	100%	□優■同□劣	100%	□優■同□劣	100%
建物類型	□店■同□住	100%	□店■同□住	100%	□店■同□住	100%
排水情況	□優■同□劣	100%	□優■同□劣	100%	□優■同□劣	100%
淹水情況	□有■無	100%	□有■無	100%	□有■無	100%
嫌惡設施	□有■無	100%	□有■無	100%	□有■無	100%
噪音污染	□有■無	100%	□有■無	100%	□有■無	100%
水源污染	□有■無	100%	□有■無	100%	□有■無	100%
空氣污染	□有■無	100%	□有■無	100%	□有■無	100%
溫度濕度	□優■同□劣	100%	□優■同□劣	100%	□優■同□劣	100%
未來發展	□優■同□劣	100%	□優■同□劣	100%	□優■同□劣	100%
其他情況	□優■同□劣	100%	□優■同□劣	100%	□優■同□劣	100%
總調整率	100%		100%		100%	

(4)個別因素調整率：

項目	比較標的（1）		比較標的（2）		比較標的（3）	
	狀況	調整率	狀況	調整率	狀況	調整率
環境景觀	□優■同□劣	100%	□優■同□劣	100%	□優■同□劣	100%
相鄰使用	■優□同□劣	101%	□優■同□劣	100%	□優■同□劣	100%
停車狀況	□優■同□劣	100%	□優■同□劣	100%	□優■同□劣	100%
管理狀況	□優■同□劣	100%	□優■同□劣	100%	□優■同□劣	100%
水電瓦斯	□優■同□劣	100%	□優■同□劣	100%	□優■同□劣	100%
樓層結構	□優■同□劣	100%	□優■同□劣	100%	□優□同■劣	99%
建材設備	□優■同□劣	100%	□優■同□劣	100%	□優□同■劣	99%
使用現況	□優■同□劣	100%	□優■同□劣	100%	□優■同□劣	100%
面積大小	■優□同□劣	101%	■優□同□劣	101%	■優□同□劣	101%
形狀格局	□優■同□劣	100%	□優■同□劣	100%	□優■同□劣	100%
通風採光	□優■同□劣	100%	□優■同□劣	100%	□優■同□劣	100%
增建違建	□優■同□劣	100%	□優■同□劣	100%	□優■同□劣	100%

項目	比較標的（1）		比較標的（2）		比較標的（3）	
	狀況	調整率	狀況	調整率	狀況	調整率
面臨路寬	□優■同□劣	100%	□優■同□劣	100%	□優■同□劣	100%
臨街寬度	□優■同□劣	100%	□優■同□劣	100%	□優■同□劣	100%
屋　　齡	□優■同□劣	100%	□優■同□劣	100%	□優□同■劣	98%
其他情況	□優■同□劣	100%	□優■同□劣	100%	□優■同□劣	100%
總調整率	98%		99%		103%	

(5)調整與計算：

　　A.情況調整率：比較標的均為待售價，查訪所得之議價空間約為10%。

　　B.日期調整率：比較標的均為待售價，故無日期調整率。

　　C.各案賦予權值比重：

　　　　比較標的(1)雖尚未開工，惟與本件估價之標的地段相近；比較標的(2)雖與本件估價之標的相距較遠，惟接近完工，屬性較為相近；比較標的(3)雖位於本件估價標的之斜對面，惟因建材、結構、屋齡等頗有差異；再基於樓層別之考量，分別賦予不同之權值為50%、40%、10%。

　　D.計算：

次序	計算	項目	比較標的（1）	比較標的（2）	比較標的（3）
1		交易價格（萬元／坪）	55	53.5	42.4774
2		情況調整率	0.9	0.9	0.9
3	1×2	情況調整後價格	49.5	48.15	38.2297
4		日期調整率	1	1	1
5	3×4	日期調整後價格	49.5	48.15	38.2297
6		一般因素調整率	1	1	1
7	5×6	一般因素調整後價格	49.5	48.15	38.2297
8		區域因素調整率	1	1	1
9	7×8	區域因素調整後價格	49.5	48.15	38.2297
10		個別因素調整率	98%	99%	103%
11	9×10	個別因素調整後價格	48.51	47.6685	39.3766
12		各案賦予權值比重	50%	40%	10%
13	11×12	試算價格	48.51×50%＋47.6685×40%＋39.3766×10% ＝24.255＋19.0674＋3.9377＝47.2601萬元／坪		

(6)檢討與決定比較價格：

A.檢討：

(A)法院拍賣案例：

如附件八：94年6月10日法院第二次拍定之○○路3段××號13層樓之第11樓其拍定價為44.9萬元／坪，拍賣底價1336萬元÷36.9坪＝36.206萬元／坪，推估第一次拍賣底價承辦之估價師估價為45.2575萬元／坪。故第二次拍定價44.9萬元／坪及推估之第一次拍賣底價45.2575萬元／坪，與本件之試算價格47.2601萬元／坪相去不遠，考量該拍賣標的為鋼筋混泥土造，且為舊屋，故本件之試算價格47.2601萬元／坪，應有其適當性。

(B)附近工地售價案例：

○○路一段××號旁「中正○○」，地上14樓地下6樓11-32坪等280戶之建築，待售價為48萬元／坪，行情價為42萬元／坪。考量標的物之差異性，本件之試算價格47.2601萬元／坪，應有其適當性。

B.決定比較價格：

本件估價之標的，地上第二層以上，以六樓為基準之比較價格為：

每坪47.2601萬元＝每平方公尺14.2962萬元

2.地面層：

(1)比較標的

A.比較標的(1)：

門牌	○○路一段××號（中正○○）					
面積	38-67坪	屋齡	接近完工	總樓層	地上14層地下4層	
主要建材	鋼骨造		主要用途	一樓店面、樓上住宅	銷售時間	94年12月
售價	■待售價□成交價		總價　　元	單價	1樓店面160萬元／坪	

B.比較標的(2)：

門牌	○○路二段××號（師大○○）					
面積	24.6坪	屋齡	興建中	總樓層	地上15層地下1層	
主要建材	鋼骨造		主要用途	一樓店面、樓上住宅	銷售時間	94年12月
售價	■待售價□成交價		總價　　元	單價	1樓店面150萬元／坪	

C.比較標的(3)：

門牌	○○路三段××號				
面積	79.78坪	屋齡	16.2年	總樓層	地上10層地下1層
一樓20.98坪地下58.8坪		主要用途		一樓店面、樓下住宅	銷售時間 94年12月
售價	■待售價□成交價	總價	2,850萬元	單價	1樓店面約105萬元／坪

(2)一般因素調整率：

A.因屬同一銷售時段，其影響價格之一般因素雷同，故不予調整。

B.調整率：

項目	比較標的（1）		比較標的（2）		比較標的（3）	
	狀況比較	調整率%	狀況比較	調整率%	狀況比較	調整率%
政治因素	□優■同□劣	100%	□優■同□劣	100%	□優■同□劣	100%
經濟因素	□優■同□劣	100%	□優■同□劣	100%	□優■同□劣	100%
社會因素	□優■同□劣	100%	□優■同□劣	100%	□優■同□劣	100%
自然因素	□優■同□劣	100%	□優■同□劣	100%	□優■同□劣	100%
總調整率	100%		100%		100%	

(3)區域因素調整率：

A.因屬同一供需圈，其影響價格之區域因素雷同，故不予調整。

B.調整率：

項目	比較標的（1）		比較標的（2）		比較標的（3）	
	狀況比較	調整率%	狀況比較	調整率%	狀況比較	調整率%
使用分區	□商■同□住	100%	□商■同□住	100%	□商■同□住	100%
使用管制	□嚴■同□無	100%	□嚴■同□無	100%	□嚴■同□無	100%
環境整潔	□優■同□劣	100%	□優■同□劣	100%	□優■同□劣	100%
寧適品質	□優■同□劣	100%	□優■同□劣	100%	□優■同□劣	100%
距市中心	□遠■同□近	100%	□遠■同□近	100%	□遠■同□近	100%
交通流量	□大■同□小	100%	□大■同□小	100%	□大■同□小	100%
出入便利	□優■同□劣	100%	□優■同□劣	100%	□優■同□劣	100%
人口密度	□密■同□疏	100%	□密■同□疏	100%	□密■同□疏	100%
主要職業	□商■同	100%	□商■同	100%	□商■同	100%

項目	比較標的（1）		比較標的（2）		比較標的（3）	
	狀況比較	調整率%	狀況比較	調整率%	狀況比較	調整率%
公共設施	□優■同□劣	100%	□優■同□劣	100%	□優■同□劣	100%
治安情況	□優■同□劣	100%	□優■同□劣	100%	□優■同□劣	100%
商化程度	□優■同□劣	100%	□優■同□劣	100%	□優■同□劣	100%
建物類型	□店■同□住	100%	□店■同□住	100%	□店■同□住	100%
排水情況	□優■同□劣	100%	□優■同□劣	100%	□優■同□劣	100%
淹水情況	□有■無	100%	□有■無	100%	□有■無	100%
嫌惡設施	□有■無	100%	□有■無	100%	□有■無	100%
噪音污染	□有■無	100%	□有■無	100%	□有■無	100%
水源污染	□有■無	100%	□有■無	100%	□有■無	100%
空氣污染	□有■無	100%	□有■無	100%	□有■無	100%
溫度濕度	□優■同□劣	100%	□優■同□劣	100%	□優■同□劣	100%
未來發展	□優■同□劣	100%	□優■同□劣	100%	□優■同□劣	100%
其他情況	□優■同□劣	100%	□優■同□劣	100%	□優■同□劣	100%
總調整率	100%		100%		100%	

(4)個別因素調整率：

項目	比較標的（1）		比較標的（2）		比較標的（3）	
	狀況	調整率	狀況	調整率	狀況	調整率
環境景觀	□優■同□劣	100%	□優■同□劣	100%	□優■同□劣	100%
相鄰使用	■優□同□劣	101%	□優■同□劣	100%	□優■同□劣	100%
停車狀況	□優■同□劣	100%	□優■同□劣	100%	□優■同□劣	100%
管理狀況	□優■同□劣	100%	□優■同□劣	100%	□優■同□劣	100%
水電瓦斯	□優■同□劣	100%	□優■同□劣	100%	□優■同□劣	100%
樓層結構	□優■同□劣	100%	□優■同□劣	100%	□優□同■劣	98%
建材設備	□優■同□劣	100%	□優■同□劣	100%	□優■同□劣	98%
使用現況	□優■同□劣	100%	□優■同□劣	100%	□優■同□劣	100%
面積大小	■優□同□劣	101%	■優□同□劣	101%	□優■同□劣	98%
形狀格局	□優■同□劣	100%	□優■同□劣	100%	□優■同□劣	100%
通風採光	□優■同□劣	100%	□優■同□劣	100%	□優■同□劣	100%
增建違建	□優■同□劣	100%	□優■同□劣	100%	□優■同□劣	100%

項目	比較標的（1）		比較標的（2）		比較標的（3）	
	狀況	調整率	狀況	調整率	狀況	調整率
面臨路寬	□優■同□劣	100%	□優■同□劣	100%	□優■同□劣	100%
臨街寬度	□優■同□劣	100%	□優■同□劣	100%	□優■同□劣	100%
屋　　齡	□優■同□劣	100%	□優■同□劣	100%	□優□同■劣	98%
其他情況	□優■同□劣	100%	□優■同□劣	100%	□優■同□劣	100%
總調整率	98%		99%		108%	

(5)調整與計算：

　　A.情況調整率：比較標的均爲待售價，查訪所得之議價空間約爲10%。

　　B.日期調整率：比較標的均爲待售價，故無日期調整率。

　　C.各案賦予權值比重：

　　　　比較標的(1)與本件估價之標的地段相距較遠，故賦予較低之權值20%；比較標的(2)雖與本件估價之標的相距較遠，惟接近完工，屬性較爲相近，故賦予較高之權值60%；比較標的(3)雖因建材、結構、屋齡等頗有差異，惟因位於本件估價標的之對面，故賦予較低之權值20%。

　　D.計算：

次序	計算	項目	比較標的（1）	比較標的（2）	比較標的（3）
1		交易價格（萬元／坪）	160	150	105
2		情況調整率	0.9	0.9	0.9
3	1×2	情況調整後價格	144	135	94.5
4		日期調整率	1	1	1
5	3×4	日期調整後價格	144	135	94.5
6		一般因素調整率	1	1	1
7	5×6	一般因素調整後價格	144	135	94.5
8		區域因素調整率	1	1	1
9	7×8	區域因素調整後價格	144	135	94.5
10		個別因素調整率	98%	99%	108%
11	9×10	個別因素調整後價格	141.12	133.65	102.06
12		各案賦予權值比重	20%	60%	20%
13	11×12	試算價格	$141.12 \times 20\% + 133.65 \times 60\% + 102.06 \times 20\%$ $= 28.224 + 80.19 + 20.412 = 128.826$ 萬元／坪		

(6)檢討與決定比較價格：

　A.檢討：

　　本件估價之標的附近，一樓店面除比較標的(3)在廣告銷售外，並未發現其他銷售案例，經查訪附近之房屋仲介公司亦無仲介案例，僅提供價格行情區間約在110萬元／坪至150萬元／坪之訊息；考量本件估價標的之新建完成及比較標的(1)、比較標的(2)之待售價及議價空間等因素，本件估價之標的之試算價格128.826萬元／坪，應有其適當性。

　B.決定比較價格：

　　本件估價之標的，地面層之比較價格為：

　　每坪128.826萬元＝每平方公尺38.9699萬元

三、收益法估算過程

（一）地上第二層以上，以六樓為基準：

　　1.比較標的：

　　(1)比較標的資料：

門牌	○○路三段××號12樓				
面積	63.87坪	屋齡	7.4年	總樓層	地上13層／在地上12層
主要用途	住辦		主要建材		鋼筋混泥土造
出租時間	94年12月		租金額		■待租金82,000元／月□成交租金　　　元

　　(2)計算過程：

次序	計算	項目	金額（新台幣／元）	備註
1		每月租金	82,000元	
2		情況調整率	0.95	推估議價空間
3	1×2	情況調整後金額	77,900元	
4		日期調整率	1	
5	3×4	日期調整後金額	77,900元	
6		一般因素調整率	1	
7	5×6	一般因素調整後金額	77,900元	
8		區域因素調整率	1	
9	7×8	區域因素調整後金額	77,900元	
10		個別因素調整率	103%	屋齡建材綜合考量
11	9×10	個別因素調整後金額	80,237元	
12		租金年總收入	962,844元	

次序	計算	項目		金額（新台幣／元）	備註
13		預估閒置期間1個月		80,237元	
14		押金3個月收益		80,237×3×2%＝4,814元	年利率以2%推估
15		租金有效年總收入		887,421元	12－13＋14
16		年總費用	房屋稅	估計67,523元	以標準價格×路線調整率估計
			地價稅	估計19,577元	以224地號申報地價5坪估計
			管理費	估計103,469元	以本件估價之管理費估計
			保險費	0	
			維修費（10%）	估計88,742元	以有效年總收入估計
			折舊費（1%）	估計22,508元	以推估之房屋現值估計
			其他	0	
			合計	301,819元	
17	15-16	淨收益		585,602元	
18		收益資本化率		2.4%	以信託利率估計
19	17÷18	收益價格		2,440.0083萬元	
20		每坪單價		38.2027萬元／坪	

2.比較標的：

　(1)比較標的資料：

門牌	○○路三段××號8樓之2				
面積	46坪	屋齡	約10年	總樓層	地上10層
主要用途	住辦		主要建材	鋼筋混泥土造	
出租時間	94年12月		租金額	■待租金52,000元／月□成交租　　　元	

　(2)計算過程：

次序	計算	項目	金額（新台幣／元）	備註
1		每月租金	52,000元	
2		情況調整率	0.95	推估議價空間
3	1×2	情況調整後金額	49,400元	

次序	計算	項目		金額（新台幣／元）	備註
4		日期調整率		1	
5	3×4	日期調整後金額		49,400元	
6		一般因素調整率		1	
7	5×6	一般因素調整後金額		49,400元	
8		區域因素調整率		1	
9	7×8	區域因素調整後金額		49,400元	
10		個別因素調整率		103%	屋齡建材綜合考量
11	9×10	個別因素調整後金額		50,882元	
12		租金年總收入		610,584元	
13		預估閒置期間1個月		50,882元	
14		押金3個月收益		50,882×3×2%＝3,053元	年利率以2%推估
15		租金有效年總收入		562,755元	12－13＋14
16		年總費用	房屋稅	估計48,631元	以標準價格×路線調整率估計
			地價稅	估計15,660元	以224地號申報地價5坪估計
			管理費	估計74,520元	以本件估價之管理費估計
			保險費	0	
			維修費（10%）	56,276元	以有效年總收入估計
			折舊費（1%）	16,210元	以推估之房屋現值估計
			其他		
			合計	211,297元	
17	15-16	淨收益		351,458元	
18		收益資本化率		2.4%	以信託利率估計
19	17÷18	收益價格		1,464.4083萬元	
20		每坪單價		31.8350萬元／坪	

3.比較標的：

(1)比較標的資料：

門牌	○○路二段××號5樓				
面積	74坪	屋齡	7年	總樓層	大樓
主要用途	辦公		主要建材	鋼筋混泥土造	
出租時間	94年12月		租金額	■待租金100,000元□成交租金　　元	

(2)計算過程：

次序	計算	項目		金額（新台幣／元）	備註
1		每月租金		100,000元	
2		情況調整率		0.95	推估議價空間
3	1×2	情況調整後金額		95,000元	
4		日期調整率		1	
5	3×4	日期調整後金額		95,000元	
6		一般因素調整率		1	
7	5×6	一般因素調整後金額		95,000元	
8		區域因素調整率		1	
9	7×8	區域因素調整後金額		95,000元	
10		個別因素調整率		103%	屋齡建材綜合考量
11	9×10	個別因素調整後金額		97,850元	
12		租金年總收入		1,174,200元	
13		預估閒置期間1個月		97,850元	
14		押金2個月收益		97,850×2×2%＝3,914元	年利率以2%推估
15		租金有效年總收入		1,080,264元	12－13＋14
16		年總費用	房屋稅	估計78,232元	以標準價格×路線調整率估計
			地價稅	估計21,532元	以224地號申報地價5坪估計
			管理費	估計119,880元	以本件估價之管理費估計
			保險費	0	
			維修費（10%）	108,026元	以有效年總收入估計

次序	計算	項目		金額（新台幣／元）	備註
			折舊費（1%）	26,077元	以推估之房屋現值估計
			其他		
			合計	353,747元	
17	15-16	淨收益		726,517元	
18		收益資本化率		2.4%	以信託利率估計
19	17÷18	收益價格		3,027.1542萬元	
20		每坪單價		40.9075萬元／坪	

4.決定收益價格：

比較標的（1）收益價格	38.2027萬元／坪
比較標的（2）收益價格	31.8350萬元／坪
比較標的（3）收益價格	40.9075萬元／坪
決定價格之理由及賦予權值	比較標的（1）與本件估價標的屬性及距離較為相近；比較標的（2）雖在本件估價標的對面，但屬性差異較大；比較標的（3）則相距較遠；再基於樓層別之考量，分別賦予不同之權值為50%、10%、40%。
決定收益價格	$38.2027 \times 50\% + 31.8350 \times 10\% + 40.9075 \times 40\%$ $= 19.1014 + 3.1835 + 16.363 = 38.6479$萬元／坪

（二）地面層：

1.比較標的：

(1)比較標的資料：

門牌	○○路二段××號（其旁邊為○○路二段××號）				
面積	21坪	屋齡	1年	總樓層	大樓
主要用途	店面		主要建材	鋼骨造	
出租時間	94年12月		租金額	■待租金68,000元／月 □成交租金　　　元	

(2)計算過程：

次序	計算	項目	金額（新台幣／元）	備註
1		每月租金	68,000元	
2		情況調整率	0.95	推估議價空間

次序	計算	項目		金額（新台幣／元）	備註
3	1×2	情況調整後金額		64,600元	
4		日期調整率		1	
5	3×4	日期調整後金額		64,600元	
6		一般因素調整率		1	
7	5×6	一般因素調整後金額		64,600元	
8		區域因素調整率		1	
9	7×8	區域因素調整後金額		64,600元	
10		個別因素調整率		103%	屋齡建材綜合考量
11	9×10	個別因素調整後金額		66,538元	
12		租金年總收入		798,456元	
13		預估閒置期間1個月		66,538元	
14		押金2個月收益		66,538×2×2％＝2,662元	年利率以2%推估
15		租金有效年總收入		734,580元	12－13＋14
16		年總費用	房屋稅	估計22,201元	以標準價格×路線調整率估計
			地價稅	估計6,526元	以224地號申報地價5坪估計
			管理費	估計34,020元	以本件估價之管理費估計
			保險費	0	
			維修費（10%）	73,458元	以有效年總收入估計
			折舊費（1%）	7,400元	以推估之房屋現值估計
			其他		
			合計	143,605元	
17	15-16	淨收益		590,975元	
18		收益資本化率		2.4%	以信託利率估計
19	17÷18	收益價格		2,462.3958萬元	
20		每坪單價		117.2569萬元／坪	

2.比較標的：

(1)比較標的資料：

門牌	○○路二段××號			
面積	68坪	屋齡	19年	總樓層	大樓
主要用途	店面		主要建材	鋼筋混泥土造
出租時間	94年12月		租金額	■待租金25萬元／月□成交　　　元

(2)計算過程：

次序	計算	項目		金額（新台幣／元）	備註
1		每月租金		250,000元	
2		情況調整率		0.95	推估議價空間
3	1×2	情況調整後金額		237,500元	
4		日期調整率		1	
5	3×4	日期調整後金額		237,500元	
6		一般因素調整率		1	
7	5×6	一般因素調整後金額		237,500元	
8		區域因素調整率		1	
9	7×8	區域因素調整後金額		237,500元	
10		個別因素調整率		103%	屋齡建材綜合考量
11	9×10	個別因素調整後金額		244,625元	
12		租金年總收入		2,935,500元	
13		預估閒置期間1個月		244,625元	
14		押金2個月收益		244,625×2×2%＝9,785元	年利率以2%推估
15		租金有效年總收入		2,700,660元	12－13＋14
16	年總費用	房屋稅		估計71,889元	以標準價格×路線調整率估計
		地價稅		估計20,750	以224地號申報地價5坪估計
		管理費		估計110,160元	以本件估價之管理費估計
		保險費		0	
		維修費（10%）		27,007元	以有效年總收入估計

次序	計算	項目		金額（新台幣／元）	備註
		折舊費（1%）		23,963元	以推估之房屋現值估計
		其他			
		合計		253,769元	
17	15-16	淨收益		2,446,891元	
18		收益資本化率		2.4%	以信託利率估計
19	17÷18	收益價格		10,195.3792萬元	
20		每坪單價		149.9321萬元／坪	

3.比較標的：

(1)比較標的資料：

門牌	○○路三段××號之3				
面積	25坪	屋齡	20年	總樓層	大樓
主要用途	店面		主要建材	鋼筋混泥土造	
出租時間	94年12月		租金額	■待租金50,000元／月□成交租金　　　元	

(2)計算過程：

次序	計算	項目	金額（新台幣／元）	備註
1		每月租金	50,000元	
2		情況調整率	0.95	推估議價空間
3	1×2	情況調整後金額	47,500元	
4		日期調整率	1	
5	3×4	日期調整後金額	47,500元	
6		一般因素調整率	1	
7	5×6	一般因素調整後金額	47,500元	
8		區域因素調整率	1	
9	7×8	區域因素調整後金額	47,500元	
10		個別因素調整率	103%	屋齡建材綜合考量
11	9×10	個別因素調整後金額	48,925元	
12		租金年總收入	587,100元	
13		預估閒置期間1個月	48,925元	
14		押金2個月收益	48,925×2×2%＝1,957元	年利率以2%推估

次序	計算	項目		金額（新台幣／元）	備註
15		租金有效年總收入		540,132元	12－13＋14
16	年總費用	房屋稅		估計26,430元	以標準價格×路線調整率估計
		地價稅		估計6,526元	以224地號申報地價5坪估計
		管理費		估計40,500元	以本件估價之管理費估計
		保險費		0	
		維修費（10%）		54,013元	以有效年總收入估計
		折舊費（1%）		8,810元	以推估之房屋現值估計
		其他			
		合計		136,279元	
17	15-16	淨收益		403,853元	
18		收益資本化率		2.4%	以信託利率估計
19	17÷18	收益價格		1,682.7208萬元	
20		每坪單價		67.3088萬元／坪	

4.決定收益價格：

比較標的（1）收益價格	117.2569萬元／坪
比較標的（2）收益價格	149.9321萬元／坪
比較標的（3）收益價格	67.3088萬元／坪
決定價格之理由及賦予權值	比較標的（1）門牌雖為○○路，但與○○路二段176號相鄰，雖未正面對○○路，但介於○○路與○○路之間，屬性及距離較近，故賦予權值50%；比較標的（2）雖屋齡老舊，但屬性較相近，故賦予權值50%；比較標的（3）為一、二樓，且後段為小套房，故計算結果，價差太大，不予考慮。
決定收益價格	117.2569×50%＋149.9321×50%＝133.5945萬元／坪

四、估定價格及價格決定之理由

（一）地上第二層以上，以六樓為基準：

比較價格	47.2601萬元／坪
收益價格	38.6479萬元／坪
賦予權值	因比較法有其市場性，且資料之引用較為客觀，故比較價格賦予權值60%；收益法有太多之推估資料，且低於當地之行情價位，故收益價格賦予權值40%。
計算結果	47.2601×60%＋38.6479×40%＝28.3561＋15.4592＝43.8153萬元／坪
價格決定理由	計算結果，頗符合附近新屋銷售之價格行情，故43.8153萬元／坪應具適當性。
決定價格	地上第二層以上，以六樓為基準： 每坪43.8153萬元＝每平方公尺13.2541萬元

（二）地面層：

比較價格	128.826萬元／坪
收益價格	133.5945萬元／坪
賦予權值	比較價格與收益價格相當接近；因比較法有其市場性，且資料之引用較為客觀，故比較價格賦予權值60%；收益法有太多之推估資料，故收益價格賦予權值40%。
計算結果	128.826×60%＋133.5945×40%＝77.2956＋53.4378＝130.7334萬元／坪
價格決定理由	計算結果，頗符合附近新屋銷售之價格行情，故130.7334萬元／坪應具適當性。
決定價格	地面層每坪130.7334萬元＝每平方公尺39.5469萬元

（三）估定各層價格：

1. 房地總價：

    39.5469萬元×1,011.74＋13.2541萬元×11,228.88

    ＝40,011.1806萬元＋148,828.6984萬元＝188,839.8790萬元

2. 分離計算：

    (1)公告土地現值總額：

    因政府之公告土地現值具有市價之均衡性，故本件採為分離房地價格之依據；且因比較標的均為94年之市場資料，故以94年之公告土地現值（詳附件一）計算土地現值總額：

　　11.8萬元×1×2 + 11.8萬元×19 + 11.8萬元×237 + 11.8萬元×54 + 11.9389

　　萬元×432 + 38.05萬元×352 + 36.5萬元×300 = 23.6 + 224.2 + 2,796.6 +

　　637.2 + 5,157.6048 + 13,393.6 + 10,950

　　= 33,182.8048萬元

(2)建物工程造價及調整：

　　依94使字第0338號使用執照所載本件工程造價17,967.1296萬元，依「台

　　北市房屋街路等級調整率表」所示，福州街至龍泉街之○○路調整率為

　　210%予以調整（詳附件九），則為37,730.9722萬元

(3)房地總價：

　　33,182.8048萬元 + 37,730.9722萬元 = 70,913.777萬元

(4)建物總價：

　　採房地聯合貢獻原則，依「公告土地現值總額」及「調整後建物工程造

　　價」比例分算建物總價：

　　188,839.8790萬元×37,730.9722萬元÷70,913.777萬元 = 100,475.7119萬元

3.地面層建物總價：

　(1)總價：

　　100,475.7119萬元×40,011.1806萬元÷188,839.8790萬元

　　= 21,288.6805萬元

　(2)單價：

　　每平方公尺 = 21,288.6805萬元÷1,011.74 = 21.0417萬元 = 每坪69.5593萬元

4.地上第二層以上，以六樓為基準，建物總價：

　(1)總價：

　　100,475.7119萬元 – 21,288.6805萬元 = 79,187.0314萬元

　(2)單價：

　　每平方公尺 = 79,187.0314萬元÷11,228.88 = 7.0521萬元 = 每坪23.3127萬元

　(3)各層單價及總價：

　　A.依市場行情比例，以六樓為基準，分算地上第二層以上2-11層單價。

　　B.計算：

編號	建物門牌					各層調整比例	估定單價（萬元/㎡）	調整後單價	總面積（㎡）	總價（萬元）
	市	路	段	號	樓					
1	台北	○○	○	62	1		21.0417	21.0417	1,011.74	21,288.7296
2	台北	○○	○	62	2	105%	7.0521	7.4047	962.6	7,127.7642

編號	建物門牌					各層調整比例	估定單價（萬元／m²）	調整後單價	總面積（m²）	總價（萬元）
	市	路	段	號	樓					
3	台北	○○	○	62	3	103%	7.0521	7.2637	969.76	7,044.0457
4	台北	○○	○	62	4	99%	7.0521	6.9816	1,187.02	8,287.2988
5	台北	○○	○	62	5	100%	7.0521	7.0521	1,187.02	8,370.9837
6	台北	○○	○	62	6	100%	7.0521	7.0521	1,187.02	8,370.9837
7	台北	○○	○	62	7	100%	7.0521	7.0521	1,187.02	8,370.9837
8	台北	○○	○	62	8	101%	7.0521	7.1226	1,187.02	8,454.6687
9	台北	○○	○	62	9	101%	7.0521	7.1226	1,187.02	8,454.6687
10	台北	○○	○	62	10	102%	7.0521	7.1931	1,187.02	8,538.3536
11	台北	○○	○	62	11	102%	7.0521	7.1931	987.38	7,102.3231
合計面積									12,240.62	
全部總價										101,410.8035

拾參、其他與估價相關之必要事項及依規定須敘明之情況

一、土地增值稅及淨值

因非買賣估價之參考，故不予預估土地增值稅及淨值。

二、依規定須敘明之情況：

依規定須敘明之情況	■無，均已於前開各部分中敘明。
	□有：

拾肆、不動產估價師姓名及證照字號

一、不動產估價師之立場

（一）本估價師以公正第三人立場進行客觀評估。

（二）本估價師與委託人之間僅為單純業務往來關係。

（三）本估價師所收取報酬，不因刻意滿足委託人需要、達成特定估價結果或促成其他事件之發生而有所不同。

（四）本估價師對於本估價之不動產，無現有或可預期之利益；對於與本估價之不動產相關之權利關係人，亦無個人之私利或偏見。

（五）本報告書所載內容絕無虛偽或隱匿情事，報告書中所提之事實描述，具真實
　　　確切性。

（六）本報告書中之分析意見及結論，屬估價師個人中立之專業評論。

（七）本報告書係遵循不動產估價師法、不動產估價技術規則相關規定及國內、外
　　　不動產估價理論製作而成。

二、估價報告人

　　○○不動產估價師事務所（簽章）

　　不動產估價師：○○○（簽章）

　　估價師證書：（○○）台內估字第000號

　　開業證照：○○北市估字第0000號

　　公會證書：○○北市估證字第000號

　　事務所地址：臺北市105松山區○○路○段○號○樓

　　事務所電話：（02）------傳真：（02）---------

　　中華民國95年元月3日

拾伍、附件

　　一、土地登記謄本8份

　　二、建物測量成果圖影本11份

　　三、建物共用部分測量成果圖影本5份

　　四、使用執照及附表影本2份

　　五、分區使用證明網路下載資料2份

　　六、地理位置圖影本1份

　　七、地籍圖謄本1份

　　八、法院拍賣資料影本1份

　　九、台北市房屋街路等級調整率表1份

　　十、現場照片4份

　　十一、建物所有權專用部分及共用部分之分配議定書

第三節　住家大樓房地之比較法與收益法估價案例

（本估價案例為新北市升格改制前所製作完成，為保持原估價報告書之完整性，保留估價報告書內有關舊行政區域之名稱及敘述。）

（目錄製作請參考第一節之估價案例）

不動產估價報告書

壹、聲明及報告書使用之條件（參考估價師全聯會版本）

一、估價師之立場聲明

（一）本估價師以公正第三人立場進行客觀評估，其任務在發現市場價格，並非在創造市場價格。

（二）本估價師與委託人、所有權人或交易雙方僅為單純之業務關係，並無財務會計準則公報第六號所定之關係人或實質關係人之情事。

（三）本報告書所載內容絕無虛偽或隱匿之情事，報告書中所提之事實描述，具真實確切性。

（四）本報告書中之分析意見及結論，係基於報告書中所假設及限制條件下成立；此等分析意見及結論，屬估價師個人中立之專業評論。

（五）本估價師對於本估價之不動產，無現有或可預期的利益；對於與本估價之不動產相關之權利關係人，亦無個人之私利或偏見。

（六）本估價師所收取之報酬，係基於專業勞務之正當報酬、不為不正當之競價；對客戶提出之有關意見自應予以重視，但絕不因此刻意扭曲估價之合理方法，進而影響估價之合理結果。

（七）本報告書內容，係遵循不動產估價師法及不動產估價技術規則相關規定、國內外之不動產估價理論製作而成，並符合不動產估價師全國聯合會頒佈之「敘述式估價報告書範本」格式。

二、估價報告書基本聲明事項

本估價報告書，係在下列基本假設條件下製作完成：

（一）除有特別聲明外，勘估標的之所有權視為正常狀態、且具市場性。

（二）除有特別聲明外，評估結論係在未考慮不動產抵押權或其他權利設定之情況下進行。

（三）報告書中引用他人提供之資訊，係經查證後認為確實可信者。

（四）勘估標的中之土地及其地上物之結構於報告書中被認為屬一般正常情形，無

任何隱藏或未被發現之影響該不動產價值因素。故本估價報告書對隱藏或無法在一般勘察中發現之因素不負責任。

（五）除有特別聲明外，所評估之不動產均被認為符合環境保護等相關法規之規定，而未有受任何限制之事項。

（六）除有特別聲明外，勘估標的可能存在或不存在之危險因子，不列入估價師之勘察範圍內。不動產估價師並不具備了解不動產內部成分或潛在危險之知識能力，也無資格檢測這種物質；有關地質及石綿、尿素、胺／甲醛泡沫絕緣體等類材料，或其他潛在之危險材料之存在，可能影響不動產之價值。估價報告書中之假設前提，是勘估標的中無此導致價值降低之地質與材料等因素。估價報告書對於這些情況及用於發現此等情況之專業或工程知識不負責任。如有需要，估價報告書使用者須另聘各該領域之專家進行分析。

三、估價報告書使用之限制條件

本估價報告書使用之一般限制條件如下：

（一）本報告之總價，其分配於各估價標的及各權利範圍，僅適用於報告書中所提及之項目下；分配之價值不適用於其他任何估價中。

（二）本報告書正本或副本之持有人，均無出版本報告書之權利。

（三）未經估價師之書面同意，本報告書內容之全部或部分（尤其是估價結論、估價師身分、估價師所屬之事務所），均不得經由廣告、公共關係、新聞、銷售或其他傳播媒體公諸於眾。

（四）本報告書之評估結果，僅適用於估價標的物及其權利範圍內。除另有聲明外，如依據評估結果推定整個受估不動產之價值或推定其他權利範圍之價值，均將降低本報告書中評估結果之可信度。

（五）本報告書中之預測、預估或經營結果估計，係立基於當前市場條件、預期短期供需因素及連續穩定之經濟基礎上；各該預測將隨將來條件、因素之變動而改變。

（六）本報告書之評估結果，係作為委託人在報告書所載之估價目的之參考，如估價目的變更可能使該估價金額發生改變。故本報告書之評估結果，不適於供其他估價目的之參考使用。

（七）本報告書之評估結果，係考量估價條件所形成，委託人或使用本報告書者應了解本報告書中所載之估價條件，以避免誤用本報告書所載之估價金額。

（八）本報告書之評估結果，僅具有不動產價值參考之特性，不必然成為委託者或使用者對該不動產價格之最後決定金額。

（九）除有事先安排或同意者外，本估價師不必對本報告書之受估不動產之相關問題，給予進一步之諮詢、證詞或出席法院。

（十）本報告書，如依不動產估價師法或其他相關法規等所應負擔之損害賠償責任，僅限於以委託人支付估價服務費用為計算基礎之一定金額範圍。

貳、估價基本事項

一、委託人

姓名／名稱	陳○○		
地　　址	台北縣淡水鎮○○路一段××號19樓		
委託日期	97年3月11日	交付報告日期	97年3月31日以前

二、勘估標的基本資料

（一）土地基本資料

編號	土地坐落				面積（m²）	所有權人	權利範圍
	縣	鎮	段	地號			
1	台北	淡水	○○	1139	5,741.44	陳○○○	245/1萬

（二）建物基本資料

1. 門牌

(1)建號969；台北縣淡水鎮○○路一段××號之十九樓；全部

(2)建號1004；台北縣淡水鎮○○路一段××之1號地下一、二層；停車場持分權利

2. 建物基本資料

編號	建號	樓層	面積（m²）	用途	所有權人及其權利範圍
1	969	第19層	1.總面積：631.35 　(1)19層：268.17 　(2)20層：284.29 　(3)21層：78.89 2.陽台：37.23 3.露台：22.70 4.花台：2.05 5.共用部分建號1002： 　1,688.95×638/1萬＝107.76	商業用	所有權人： 陳○○○ 所有權：全部

編號	建號	樓層	面積（m²）	用途	所有權人 及其權利範圍
			6. 共用部分建號1003： 　 1,648.69×213/1萬 = 35.12 7.共計836.21m² = 252.95坪		
2	1004	地下一、二層	1.總面積：4,973.56 　(1)一層：629.43 　(2)B1：2,668.64 　(3)B2：1,675.49 2.持分面積： 　4,973.56×128/1萬 　= 12.46m² = 3.77坪	防空避難室兼停車場	所有權人： 陳○○○ 所有權：128/1萬

三、價格日期及勘察日期

價格日期	97年3月15日
勘察日期	97年3月14日

四、價格種類及估價條件

（一）價格種類

　　1.本件估價之價格種類為正常價格

價格種類	■正常價格	□限定價格	□特定價格	□特殊價格

　　2.說明

　　依不動產估價技術規則第2條規定：

　　(1)正常價格：指具有市場性之不動產，於有意願之買賣雙方，依專業知識、謹慎行動，不受任何脅迫，經適當市場行銷及正常交易條件形成之合理價值，並以貨幣金額表示者。

　　(2)限定價格：指具有市場性之不動產，在下列限定條件之一所形成之價值，並以貨幣金額表示者：

　　A.以不動產所有權以外其他權利與所有權合併為目的。

　　B.以不動產合併為目的。

C.以違反經濟合理性之不動產分割為前提。

(3)特定價格：指具有市場性之不動產，基於特定條件下形成之價值，並以貨幣金額表示者。

(4)特殊價格：指對不具市場性之不動產所估計之價值，並以貨幣金額表示者。

（二）估價條件

估價條件	■無：現狀估價

五、估價目的

估價目的	■資產評估之參考□貸款參考□租賃參考□買賣參考□

六、估價資料來源

（一）不動產權利狀態係以民國97年3月12日網路申領之電子謄本為準。（詳附件一、附件三）

（二）不動產個別條件及區域環境內容，係至現場勘察，並依都市計畫及地籍等相關資料查證記錄之。

（三）不動產價格評估依據，係於勘估標的現場實際訪查交易資訊，並依據透明房訊之法拍資料及本所檔案資料共同整理而得。

參、勘估標的使用現況

一、勘察日期：民國97年3月14日。

二、領勘：本次現場勘察，委託人係委託楊先生領勘。勘察時將土地及建物登記謄本、地籍圖謄本、建物測量成果圖等資料，於勘估現場研判比對。

三、使用現況

（一）19樓-21樓

土地	■自用建築□出租建築□空地□閒置□耕作□種植花木□
建物	■自用住家□出借□住家□店鋪□占用他人土地

(二) 一層-地下1、2樓

停車位	規格形式	■法定□機械雙層式■地下第二層■平面式大車位
	車位編號	■編號第37號；可停2部車
	登記情形	■主建物登記、共有產權、有權狀□共用部分登記
	使用情形	■每月一車位管理費500元、自用
		■固定車位□每月或□每年抽籤輪流車位

肆、勘估標的法定使用管制或其他管制事項

項目	都市或非都市土地	都市計畫案名	使用分區	備註
法定使用管制	都市土地	淡水鎮竹圍都市計畫	住宅區四	詳附件五土地使用分區網路下載資料
其他管制事項		□無■有：□飛航安全□山坡地保育□軍事限建□古蹟保存 ■依都市計畫說明書圖規定辦理始得作第肆種商業區使用		

伍、勘估標的之所有權、他項權利及其他負擔

一、土地所有權

依民國97年3月12日網路申領之電子謄本所載，土地所有權登記情形如下：（詳附件一）

編號	土地坐落				面積 (m²)	所有權人	權利範圍	限制登記
	縣	鎮	段	地號				
1	台北	淡水	○○	1139	5,741.44	陳○○○	245/1萬	無

二、建物所有權

依民國97年3月12日網路申領之電子謄本所載，建物所有權登記情形如下：（詳附件三）

（一）門牌

(1)建號969；台北縣淡水鎮○○○路一段××號之1十九樓；全部

(2)建號1004；台北縣淡水鎮○○○路一段××之1號地下一、二層；持分權利

（二）登記情形

編號	建號	樓層	面積（m²）	主要建材	主要用途	建築完成日期	所有權人權利範圍	限制登記
1	969	第19層	1.總面積：631.35 　(1)19層：268.17 　(2)20層：284.29 　(3)21層：78.89 2.陽台：37.23 3.露台：22.70 4.花台：2.05 5.共用部分建號1002： 　1,688.95×638/1萬 　＝107.76 6.共用部分建號1003： 　1,648.69×213/1萬 　＝35.12 7.共計836.21m² 　＝252.95坪	鋼筋混凝土造	住家用	民國81年5月8日	陳○○所有權全部	無
2	1004	地下一、二層	1.總面積：4973.56 　(1)一層：629.43 　(2)B1：2,668.64 　(3)B2：1,675.49 2.持分面積： 　4,973.56×128/1萬 　＝12.46m²＝3.77坪	鋼筋混凝土造	防空避難室、停車場	民國81年5月8日	陳○○○所有權128/1萬	無

三、他項權利

依民國97年3月12日網路申領之電子謄本所載，本件估價之土地及建物，設定他項權利登記僅一次序，其情形如下：（詳附件一、附件三）

內容／登記次序	1
權利種類	抵押權
登記日期	82.11.24
權利人	○○信託商業銀行股份有限公司
權利人地址	台北市信義區○○路×號
債權額比例	全部
擔保債權總金額	本金最高限額新台幣5,400萬元整
存續期間	82.11.23-112.11.22
清償日期	依照各個契約約定
利息（率）	依照各個契約約定
遲延利息（率）	依照各個契約約定
違約金	依照各個契約約定
債務人及債務額比例	陳○○○
設定權利範圍	土地：245／10000 建物：969建號：全部；1004建號：128/10000
設定義務人	陳辜○○
共同擔保地號及建號	地號：○○段1139地號 建號：○○段969、1004建號

四、其他負擔

其他負擔	□出租□出借□通行權□被無權占用■無

陸、價格形成之主要因素分析

一、一般因素分析

（一）政策面

1.行政院宣布四大國有地優先辦理都更及放寬都更容積獎勵

　　財政部國有財產局表示，內政部營建署共選擇了50處大面積國有地，擬推動都市更新案，包括台北市華光社區、基隆火車站、台北南港高鐵站、台鐵舊高雄港站、板橋浮洲榮工廠、新店榮工廠、高雄鳳山市第一公有市場、嘉義縣民雄火車站

及嘉義火車站等。行政院並於96年7月4日宣布總面積超過107公頃之台北市華光社區、基隆火車站、台北南港高鐵站、台鐵舊高雄港站等四大國有地，為第一波優先辦理都市更新。營建署10月初亦規劃出第二波指標案，分別為新竹火車站後站及嘉義火車站附近地區更新案。行政院復於96年11月14日通過「放寬都市更新建築容積獎勵暨健全都市更新推動執行機制擬議」方案，凡被政府列為「策略性再開發地區」，都市更新容積獎勵將由法定容積1.5倍提升為2倍，或由該建築基地0.3倍法定容積再加其原建築容積，擴大為0.5倍法定容積再加其原建築容積。

2. 土增稅自用住宅稅率從「一生一次」放寬為「一生一屋」

行政院96年8月通過土地稅法修正草案，新增「一生一屋」條件，凡本人、配偶及未成年子女名下只有一屋、設籍六年以上的自用住宅用地、符合都市土地不超過1.5公畝（約45坪）或非都市土地不超過3.5公畝（約105坪）之面積限制，並且售屋前五年無營業或出租行為，出售時則不限一次，皆可適用10%的土地增值稅優惠稅率，而現有「一生一次」的優惠稅率仍維持不變。

（二）經濟面

1. 「96年第4次房地產景氣動向」，連續二季出現黃藍燈

內政部建築研究所12月28日公布「民國96年第4次房地產景氣動向」指出，96年第3季房地產景氣對策訊號綜合判斷分數為10分，較上季少1分，連續二季出現黃藍燈。房地產景氣綜合指標方面，領先指標與同時指標均呈現下滑。個別指標中使用面上升，投資面、生產面、交易面均呈現下滑。

內政部建築研究所何明錦所長表示，本季房地產景氣對策訊號綜合判斷分數屬於黃藍燈範圍，顯示景氣略呈衰退。領先指標綜合指數為102.46，較上季下降0.21%，屬於穩定狀態。同時指標綜合指數為101.78，較上季下降1.85%，變動較為明顯。

根據96年11月對廠商的調查結果，廠商對96年第3季看法較上季保守。對96年第4季、97年第1季預期亦不樂觀，各地區廠商皆為一致；其中銷售率是唯一上升的指標，淨增加為6.45%，顯示廠商對市場與本身經營狀況看法呈現落差。此外，近期房地產相關新聞之評析，第3季的利多與利空消息比為42%：58%，市場氣氛保守。

整體而言，96年第3季房地產市場景氣延續上季略呈衰退之趨勢，展望未來，房地產景氣在領先指標下降，且廠商預期下修，市場景氣趨緩，建議各界宜更審慎因應。

2. 美國次級房貸風暴衝擊全球，聯準會一再調降重貼現率因應

96年年中美國發生了次級房貸風暴，全球迅速籠罩在風暴之下，各國央行紛紛

釋出龐大資金以穩定金融市場並減少對經濟的衝擊。此外，美國聯準會於96年9月19日大幅調降聯邦利率與重貼現率各兩碼（0.5%），希望儘速重建金融市場秩序及投資信心；為進一步刺激經濟及減緩次級房貸對整體景氣與相關產業獲利的衝擊，美國聯準會一再調降聯邦利率與重貼現率。但我國中央銀行基於物價漲幅升高、經濟溫和擴張、勞動市場持續改善、貨幣總計數適度成長及實質利率尚低等因素，將重貼現率、擔保放款融通利率及短期融通利率等不降反升。

3. 各項房地指數及物價指數

(1)國泰房地產指數第4季新聞稿

96年第4季全國新推個案市場較上季呈現價量俱穩結構，銷售率持續明顯衰退與議價空間逐步擴大，連續四年的復甦已出現停滯狀況。本季豪宅效應已逐漸淡化，市場供需基本面逐漸成為決定價量趨勢的基礎。從地區別觀察，台北市價格上漲趨緩與銷售率持續擴大，市場進入盤整階段；台北縣則因推案規模大增，交易規模亦呈現擴大現象，但30天銷售率僅8.6%，大量推案是否深化餘屋問題，則值得關注；桃竹地區價格雖有微增，但30天銷售率下滑到5%以下，供給過剩問題依舊明顯；台中都會區價格仍穩定上升，但30天銷售率亦下滑至10%左右；南高地區亦是價格微漲與銷售率大幅下滑結構。

國內新推個案市場過去兩年在豪宅效應推動下，造成區域間價量趨勢兩極化現象。然而，近兩季的價量波動狀況已清楚顯示，維持房價水準或提昇銷售率，已成為各地區建商共同面臨的兩難課題。此外，近年來台北縣、桃竹地區與台中都會區的大量推案，以及銷售率的持續下滑，對餘屋壓力的擴大，亦將成為後續市場發展的一大隱憂。

(2)信義房價指數

【時報—新聞快遞】根據最新公布的信義房價指數顯示，第4季台灣地區房價指數為107.40，較去年同期增長5.45%，與第3季相較則微增0.11%；反應主要都會區房價由長期的上揚走勢轉為持平。以各縣市的表現來看，年度指數變動以台中市的增幅最大，達5.26%為79.06，其次為台北市的4.44%，至於北縣及高市指數增幅，則分別為3.09%與2.22%。但若與第3季相較，台北縣市的指數表現呈現持平持續平穩，但台中市及高雄市的指數均較前一季修正，顯示各都會區近期房價走勢出現明顯差異。

受房貸條件緊縮影響，國內房市自2007年下半年交易價量邁入盤整格局。根據信義房屋2007年第4季的統計資料顯示，台北縣市及台中市、高雄市的第4季平均成交單價，不再像前三季的持續走揚，近兩年強勁的房價升幅也暫時告一段落。信義房屋不動產企研室主任蘇啟榮表示，房市在第3季開始呈現量縮盤整，價格方面開始呈現高檔震盪走勢。原本預料第4季房市在旺季效應之下，交易量將回溫，進而

支撐房價盤堅；然而第4季美國次貸風暴擴散效應衝擊國際金融市場，台股上下大幅變動，不確定性加深。因此第4季房屋買賣交易量雖較第3季有所成長，但是受到景氣走向渾沌不明，消費者購屋時更為審慎，觀望氣氛轉濃，使得價格的支撐力道未如預期，第4季因而出現房屋交易量增、房價原地踏步的情形。

(3)物價指數

行政院主計處97年3月5日下午4時發布新聞稿：97年2月份消費者物價總指數及蔓售物價總指數均有上漲之趨勢：

97年2月份
物價變動概況

壹、物價變動概況

一、2月份消費者物價總指數（CPI）為104.26（95年＝100），較上月漲1.29%（經調整季節變動因素後漲0.42%），較上年同月漲3.89%，1-2月平均，較上年同期漲3.42%。

二、2月份蔓售物價總指數（WPI）為110.34（95年＝100），較上月跌0.76%（經調整季節變動因素後跌0.52%），較上年同月漲8.47%，1-2月平均，較上年同期漲9.24%。

物價指數年增率

單位：%

指數／時間	消費者物價指數	不含食物	不含蔬果水產及能源（核心物價）	服務類	蔓售物價指數	內銷品	國產內銷	進口 新台幣計價	進口 美元計價	出口 新台幣計價	出口 美元計價
91年	-0.20	-0.21	0.68	-0.31	0.05	0.75	0.96	0.40	-1.86	-1.50	-3.73
92年	-0.28	-0.34	-0.61	-0.56	2.48	4.33	3.87	5.14	5.61	-1.49	-1.04
93年	1.61	0.69	0.71	0.50	7.03	9.49	10.29	8.57	11.77	1.62	4.63
94年	2.31	0.51	0.66	0.75	0.62	1.91	1.48	2.43	6.38	-2.46	1.36
95年	0.60	1.08	0.52	0.64	5.63	6.89	5.26	8.81	7.61	2.49	1.31
96年	1.80	1.39	1.35	0.94	6.46	7.58	6.39	8.95	7.95	3.56	2.59
第1季	0.98	1.25	0.69	0.62	7.10	7.94	7.51	8.42	6.48	4.99	3.10
第2季	0.26	1.14	0.74	0.51	7.13	7.79	6.48	9.30	6.21	5.43	2.44

第3季	1.46	1.34	1.58	1.11	4.21	5.07	4.05	6.24	5.78	1.90	1.46
第4季	4.49	1.83	2.40	1.53	7.51	9.59	7.64	11.83	13.26	2.07	3.39
11月	4.80	1.88	2.36	1.63	8.13	10.44	8.11	13.13	14.82	2.12	3.68
12月	3.33	1.78	2.57	1.76	8.59	10.66	8.17	13.53	13.87	3.14	3.48
97年											
1月	2.96	2.05	2.72	1.91	10.01	13.15	9.81	16.98	18.43	2.51	3.80
2月	3.89	1.73	2.65	1.60	8.47	12.20	10.71	14.06	18.99	0.02	4.38
1-2月	3.42	1.89	2.68	1.75	9.24	12.67	10.26	15.50	18.70	1.26	4.08

貳、物價變動詳情

一、消費者物價指數

（一）2月CPI較上月漲1.29%：主因氣溫偏低，蔬菜及水產品等供貨減少，又逢農曆春節，相關食物類需求增加，加以褓姆、家庭佣人年節禮金餽贈、旅遊團費旺季調漲，與冬季服飾折扣促銷交互影響所致；剔除蔬果水產及能源後之總指數（即核心物價），則漲0.93%。

1.食物類漲2.18%：蔬菜及水產品等因天冷，供貨減少，加以逢農曆春節需求大增，致價格分別漲31.99%、4.77%，與水果因農民春節提前採收，致供貨增加，價格下跌4.51%，交互影響所致。

2.居住類漲1.85%：主因本月適逢農曆春節，節前餽贈褓姆、家庭佣人禮金所致。

3.教養娛樂類漲1.58%：主因寒假、春節期間，國內、外旅遊團費調漲所致。

4.衣著類跌4.69%：主因冬季服飾折扣促銷，成衣下跌6.71%所致。

（二）2月CPI較上年同月漲3.89%：七大類指數均呈上揚，以食物類漲9.76%最大，其中水果、肉類及蔬菜分別上漲20.27%、11.74%及9.45%，家外食物亦漲6.81%，另油料費、中藥材、補習及學習費價格相對亦高，至於電子產品價格則續呈下跌；若扣除蔬菜水果，漲幅3.11%，若再剔除水產及能源後之總指數（即核心物價），則上漲2.65%。

1.食物類漲9.76%：主因蛋類（漲32.68%）、水果（漲20.27%）、乳類（漲14.79%）、肉類（漲11.74%）、穀類及其製品（漲10.69%）、蔬菜（漲9.45%）、水產品（漲7.44%）、家外食物（漲6.81%），價格上揚所致。

2.交通類漲4.25%：主因油料費自去年初以來多次調漲（漲16.25%），且計

程車資（漲12.85%）、汽車修理（漲5.80%）價格亦較去年調高所致。

3.醫藥保健類漲4.92%：主因部分中藥材供量減少，致藥品上漲20.38%。

4.教養娛樂類漲0.87%：主因補習及學習費（漲3.70%）相對去年處較高水平，與家用音響（跌10.97%）、電視機（跌9.98%）、影碟機（跌24.57%）等消費性電子產品降價促銷，交互影響所致。

（三）1至2月CPI較上年同期漲3.42%：其中商品類上漲5.16%，服務類上漲1.75%；若扣除蔬菜水果，漲幅3.15%，若再剔除水產及能源後之總指數（即核心物價），則上漲2.68%。

消費者物價指數變動表（與上月比較）

單位：%

年	96				97	
月	9	10	11	12	1	2
總指數	0.93	2.12	-0.59	-1.19	-0.57	1.29
食物類	3.77	5.43	-2.47	-3.95	-1.72	2.18
衣著類	-1.84	14.70	1.25	-1.47	-5.10	-4.69
居住類	0.31	-0.93	0.04	0.09	0.04	1.85
交通類	-0.64	1.20	0.81	0.09	0.13	0.44
醫藥保健類	0.18	0.07	-0.15	-0.19	0.25	0.06
教養娛樂類	-0.40	0.18	-0.12	0.12	0.46	1.58
雜項類	-0.02	0.01	-0.13	0.02	0.03	1.07

二、躉售物價指數

（一）2月WPI較上月下跌0.76%：主因新台幣對美元較上月升值2.43%，加上化學材料、電子零組件、電腦、電子產品及光學製品等價格下跌，與基本金屬報價上揚交互影響所致，其中國產內銷品漲0.69%，進口品跌0.80%，出口品跌2.03%。

1.國產內銷物價指數

2月指數較上月上漲0.69%，主因鋼板、棒鋼、型鋼、銅、黃豆油、飼料、鍍鋅鋼捲等價格上漲，使基本金屬類、食品類與金屬製品類分別上漲4.16%及1.97%與0.97%所致。

2.進口物價指數

(1)2月指數以新台幣計價，較上月下跌0.80%。

(2)若剔除匯率變動因素，2月以美元計價之指數則較上月上漲1.61%，主因鋼品、銅、鋁、玉米、黃豆、小麥及原油、煤等國際行情上揚，使基本金屬及其製品類、動植物產品及調製食品類與礦產品及非金屬礦物製品類分別上漲3.77%、2.95%與1.98%所致。

3.出口物價指數

(1)2月指數以新台幣計價，較上月下跌2.03%。

(2)若剔除匯率變動因素，2月以美元計價之指數則較上月上漲0.35%，主因不銹鋼板、冷軋鋼板、銅板、汽油、柴油、ABS及PTA等行情上揚，使基本金屬及其製品類、雜項類與塑化製品類分別上漲1.84%、0.93%與0.67%所致。

（二）2月WPI較上年同月上漲8.47%：主因石油、天然氣、煤製品與基本金屬等價格仍處高檔所致，其中國產內銷品漲10.71%，進口品漲14.06%，出口品微漲0.02%。

1.國產內銷物價指數

2月指數較上年同月上漲10.71%，主因鋼鐵、油品、石化原料等價格續居高檔，使基本金屬類、石油及煤製品類與化學材料類分別上漲22.39%、20.74%與15.05%所致。

2.進口物價指數

(1)2月指數以新台幣計價，較上年同月上漲14.06%。

(2)若剔除匯率變動因素（新台幣對美元較上年同月升值4.33%），2月以美元計價之指數較上年同月上漲18.99%，主因原油、煤、玉米、黃豆、小麥、鋼品等國際行情持續攀升，使礦產品及非金屬礦物製品類、動植物產品及調製食品類與基本金屬及其製品類分別上漲55.53%、28.70%與20.15%所致。

3.出口物價指數

(1)2月指數以新台幣計價，較上年同月微漲0.02%。

(2)若剔除匯率變動因素，2月以美元計價之指數較上年同月上漲4.38%，主因柴油、燃料油、液化石油氣、PE、ABS、鋼板、銅等國際行情仍高，使雜項類、塑化製品類與基本金屬及其製品類分別上漲20.45%、11.22%與7.51%所致。

（三）1至2月WPI較上年同期上漲9.24%：其中國產內銷品漲10.26%，進口品漲15.50%，出口品漲1.26%。

參、主要國家物價變動概況

　　CPI方面，97年1月美國漲4.3%（96年漲2.9%），亞洲主要國家（地區）中，日本漲0.7%（96年漲0.1%），香港漲3.2%（96年漲2.0%），南韓漲3.9%（96年漲2.5%），新加坡漲6.6%（96年漲2.1%），中國大陸漲7.1%（96年漲4.8%），我國97年1-2月漲3.4%（96年漲1.8%）。

4. 證券市場

(1)2007年股市在國內外經濟持續繁榮下，台股指數扶搖直上，從1/2的7,920點一路上攻至7/26的高點9,807點，之後受美國次級房貸影響，指數在3週內重跌1,800點，最低來到7,987點。各國央行紛紛釋出資金穩定金融市場，美國聯準會亦大幅調降聯邦利率與重貼現率各兩碼，台股受其激勵，10/30突破前波高點9,807點至9,859點。

(2)2008年因受各國股市重挫之影響，台股亦隨之重挫；總統大選於97年3月22日舉行，仍有一些政治議題持續發酵；故大選前觀望氣息濃厚；經過激烈之總統大選，馬英九當選總統；一般預料，政治將趨於安定、兩岸之緊張將趨於和緩、可能增加投資者之信心，因此股市、匯市及房市可能有一番榮景。大選後第一天97.3.24開盤指數上漲524點，指數來到9,049.23點，收盤時上漲340.36點，指數為8,865.35點，成交總值2,718.48億元；經歷過昨（24）日激情大漲，大選後第二天97.3.25即本件估價報告書定稿日，短線獲利了結賣壓出籠，為總統大選過後的資金行情稍稍降溫，今（25）日台股呈現壓回整理格局，加權指數小跌11.57點，以8,853.78點開出，收盤時下跌70.26點，指數為8,795.09點，成交總值2,019.9億元；後市值得再觀察。

（三）政治面

　　高雄市長選舉當選無效及選舉無效訴訟於96年11月16日二審宣判定讞，高等法院高雄分院判決高雄市長選舉「當選有效、選舉有效」，陳菊繼續就任市長，紛擾多時的選舉官司終告落幕；馬英九特別費案於96年12月28日經高等法院宣判無罪；立法委員於97年1月12日選舉，藍軍大勝，似有一番契機；總統大選於97年3月22日舉行，仍有一些政治議題持續發酵；故大選前觀望氣息濃厚；經過激烈之總統大選，馬英九當選總統；一般預料，政治將趨於安定、兩岸之緊張將趨於和緩、可能增加投資者之信心，因此股市、匯市及房市可能有一番榮景。至於目前之國外諸多政治因素，對國內之不動產價格漲跌，其影響性不大，於此不予置論。

（四）社會及自然因素

影響不動產價格之社會、自然及其他因素，目前並無特別狀況足以使不動產價格發生重大變動，故不予深入分析。

（五）結語

依據前述：政府積極辦理都市更新及放寬容積獎勵，加速老舊建物汰舊換新，且放寬適用土地增值稅自用住宅優惠稅率的條件，以活絡不動產；復以美國聯準會調降重貼現率，似對漲幅已高的房地產市場重新注入一股活力；再者，國泰房地產指數、信義房價指數、都市地價指數顯示仍微幅上漲及物價指數持續上漲，為避免通貨膨脹，仍會將資金投資於不動產。然本國央行持續升息，台幣升值，各銀行緊縮房貸成數及從嚴審核貸款對象，投資客紛紛退出不動產市場，益以臺幣升值、總統大選後之政治氣息、兩岸政策渾沌未明等，其影響房地產價格之漲跌，值得進一步觀察，故採保守看法。

二、不動產市場概況分析

依內政部地政司全球資訊網之資料顯示：

（一）台北市 96 年第 4 季地價動態

本季在中央銀行持續升息、銀行對房貸成數趨向保守且本市房價目前已位處高點等影響下，不動產買賣成交案件略為減少，據台北市政府地政處不動產買賣登記件數顯示，96年第4季為14,287件，較第3季減少92件。新成屋及預售屋市場之房價雖因個案訴求的不同而有屢創各區域行情的現象，但中古屋市場已逐漸穩定，漲幅有趨緩現象。

本市新興發展地區及興建中或規劃中之捷運沿線土地，因有多項公共建設的推動，地價漲幅較為明顯，如內湖、南港、大同及中山等區；市中心區因擁有完善的公共設施、優良的學區、四通八達的交通路網等利多因素，在可利用土地逐漸減少的情形下，不動產市場價格保值性高，吸引眾多換屋族及投資客的青睞，地價亦穩定成長，如大安、中正、信義、松山及士林區等；至文山、北投及萬華等區，或位處本市邊陲地區，或因巷道較為狹窄、建物排列較不整齊及公共設施相對較為缺乏等影響下，房價及地價與上季比較並無明顯變化。

（二）中山區地價動態

本季不動產買賣交易量相較上季有稍減情形，其中中山北路、林森北路一帶商

圈，商業活動熱絡，交通機能佳，不動產交易雖熱絡，惟因域內巷道狹窄、住商混雜較嚴重，小坪數建物亦較多，且範圍內老舊建物與管理完善之新建大樓參雜，房地價格則視個案條件而有較大的落差，故不動產買賣議價空間較大；捷運淡水線、沿線鄰近各捷運站周邊，因捷運所帶來的快速及便利，房價平穩；松江路、南京東路為主軸的周邊地區，金融機構聚集，商業活動熱絡，大眾運輸便捷，來往人潮眾多，店面連續性佳，區域內有各級學校及公園，生活機能成熟，更因捷運新莊線、捷運松山線的興建，房價具抗跌性。大直、大彎地區，學校、市場、公園林立，自成一個生活圈，無論在居住條件、環境品質上均佳，且因捷運內湖線的興建，預期將為本地區帶來無限商機，發展潛力高，房價平穩。

　　整體而言，本季交易量雖較減少，但房價及地價與上季相較則相對平穩。

三、區域因素分析

（一）認識淡水

　　依淡水鎮公所之網路資料，整理略述如下：

1.鎮名由來

　　古時候「淡水」是一個地方的總稱，使用於淡水河口與淡水港，更早以前甚至是指整個台灣北部。而「滬尾」即是村落名稱，後來「淡水」與「滬尾」並用，日本時代「淡水」才正式取代「滬尾」的名稱，而延用至今。但是日本時代的淡水郡，包含今之三芝、石門、八里等鄉鎮。

　　「滬尾」一說為原住民之語音，一說如《台灣府志》所載，以碎石築海平之，為漁民捕魚之所，村處其尾處而得名。

2.淡水之興衰

　　淡水是東南亞海陸的中途站，大屯山又是極好的航途指標，因此至今七千年來一直有人類入居淡水，以部落形式過著漁獵、放耕的生活。淡水原住民皆屬居住於台北一帶的凱達格蘭平埔族住民，早期中國和日本的船隻，經常停泊淡水，和他們從事貿易。

　　今天淡水地區地名如：滬尾、八里、大屯、圭柔山、北投子等皆為平埔族住民所留。在八里的十三行、淡水港仔平等，尚留有凱達格蘭人時代的大片遺址。

　　十六世紀，台灣優越的地理位置，引起西方海權強國的注意。西班牙人為確保菲律賓的經營，並為了和荷、英、葡對抗，最先佔領北台灣；西班牙人於1629年的秋天，築聖多明哥城、建教堂，以作為殖民和宣教的基地，與赴中國、日本貿易及宣教的跳板。他們由淡水溯河入台北平原，降服諸部落，並擴張勢力到新竹和宜蘭一帶。

　　1641年，荷蘭為防止中日貿易路線被西班牙截斷，遂驅逐西人並重新築城（即今之「紅毛城」）。他們除了鎮撫平埔族，也招聚漢人來此拓墾，並致力於硫磺、鹿皮及土產的運銷，更利用淡水為港口和中國互市。1661年，鄭成功渡海東征，驅逐南台灣的荷蘭人，淡水也暫歸明鄭。此後，淡水除了原有「漢番交易」外，漢人已漸漸到此從事拓墾，直到明鄭降清。漸漸的，淡水因與大陸最近，本身又為良港，「滬尾」由漁村漸成街庄和通商港口。

　　康熙年間淡北開治設防，淡水由番社漸成村莊，山區也逐漸開拓。早期港口發展在南岸之八里，1792年清廷才正式開放八里坌與大陸對渡，但因泥沙淤積腹地有限，港埠遂又逐漸移至北岸淡水。1808年，水師守備由八里坌移駐淡水。此後，淡水街民環福佑宮形成街衢。

　　嘉慶年後，淡水不僅成了附近聚落的日常生活消費和物產集散地，也成了地區文化和祭祀的中心，主要廟宇也都先後建立。鴉片戰爭後，淡水逐漸為列強所注意，各國船隻私下到淡水港貿易，漸被視為具有潛力的市場。

　　1860年天津條約簽訂後，淡水港已成為國際通商口岸。1862年6月22日正式開關徵稅。茶、樟腦、硫磺、煤、染料等土產的輸出和鴉片、日常用品的進口，不只使淡水成為全台最大之貿易港，也讓淡水躍升國際舞台，不僅英國人在紅毛城設領事館，各國洋行也都到淡水設行貿易，因此「年年夾板帆檣林立，洋樓客棧闤闠喧囂」，淡水進入黃金時代。淡水不但在貿易上獨占鰲頭，也成為西方文化登陸台灣的門戶。

　　1872年3月9日馬偕博士也抵達淡水，並以此為其宣教、醫療和教育的根據地。西式醫院和新式教育得在淡水創設，對早期的台灣開通思想、啟迪民智均有深遠的影響。1884年的清法戰爭更肯定了淡水在經濟、國防和政治上的重要地位。

　　到了日治時代，淡水渡過了黃金歲月，但卻因河道日漸淤淺、大型船舶出入不便，加上日人領台後，大力建設基隆港，兼以台北、基隆間鐵路之便，終而取代了淡水昔日地位，漸漸地變為有名無實的國際港，除了大陸的戎克船會來此互市之外，僅剩木材業和石油業利用這沒落的港口繼續生存。淡水的經濟轉向以附近腹地的農漁業為主。但日本政府帶來的強勢公共建設，以及高度行政效率，不僅讓淡水港一息尚存，也讓它成為附近鄉鎮的行政及文化中心。

　　戰後，淡水淪為小漁港，雖一直有開港的風聲，但卻事與願違。隨著大台北都會區的發展，淡水的產業與社會逐漸改變。早先經濟依賴在此就學的大學生；之後，逐漸變為北海岸觀光遊憩的重點而生機蓬勃；直到近十年來房地產的熱絡發展才讓淡水在人文與自然環境上起了結構性的變化。例如：過度的市鎮開發，造成市容的惡化；大量湧進的外來人口，突顯了公共設施的不足和居住品質的退化。

　　話雖如此，淡水特有的人文與自然資源，卻讓淡水在居住環境、經濟產業和文

教發展的生機盎然。「大台北都會捷運系統」和將來「淡海新市鎮」的完成，預期會帶給淡水嶄新的面貌，淡水的前程更是樂觀。

3.地理位置

淡水鎮位於台灣西北端，位處東經121.26度、北緯25.1度，且位於淡水河下游北岸，大屯山群西側，隔河與觀音山相望；北鄰三芝鄉，南以關渡和台北相接，西瀕台灣海峽，西南與八里鄉以淡水河相隔。東西長11.138公里，南北寬14.633公里，總面積為70.6565平方公里。行政區域屬台北縣，全鎮劃分為33個里。

4.自然環境

淡水鎮境內除淡水河口狹小平原外，大屯山陵被覆本鎮泰半，形成山城河港。河光山水，風景秀麗，自古為台灣八景之一，昔日並有「東方威尼斯」之稱，近日已成北台灣觀光勝地。

5.氣候

冬季（12月至次年3月），東北季風范臨大屯山系時，位於迎風區的淡水首當其衝，雨天雨量均多，因而較台北盆地為寒，冬季全台最低溫常出現在淡水。4月是「日麗風和」的春天，「大屯春色」或「觀音吐霧」等美景泰半出現在此季，但春天的天氣變化無常，有時發生奇寒現象，俗稱「清明穀雨，寒死虎母」。5月中旬至6月中旬便是梅雨季，雨量豐沛，為全年之冠。梅雨季的氣溫較涼。因而，古諺云：「未食五月節粽，破棉襖不願放」。

7、8、9月是炎夏，西南氣流鼎盛，格外涼爽，而夏天特有的「午後雷陣雨」（俗稱「西北雨」）多半下在台北盆地，每至關渡一帶即止。夏季多颱風，淡水河流域因河口朝西北，每遇西北向的颱風（俗稱「西北颱」），海水倒灌而入，造成嚴重水災。

10月颱風呈尾聲，便進入「秋高氣爽」的秋季，但常有「秋老虎」（指秋季之異常高溫）現象。11月氣溫繼續降低，而漸進入冬季。夏季高溫常在30～35度間，嚴寒冬季多出現在1至3月之間，最低溫可達5度，又因潮溼而酷寒。

6.里鄰及人口

淡水鎮行政區域劃分為33里，計有562鄰，民國97年2月底人口數132,581人（不含外來學生人口）。淡水鎮之人口，自民國81年的88,127人，至民國97年2月底為132,581人，增加了44,454人，占50.44%；人口之增加，提升了對不動產之需求性。

年度（民國）	人口數	年度（民國）	人口數
81年底	88,127	89年底	116,107
82年底	91,642	90年底	119,533

年度（民國）	人口數	年度（民國）	人口數
83年底	94,293	91年底	120,817
84年底	97,254	92年底	123,646
85年底	101,199	93年底	126,132
86年底	105,780	94年底	126,666
87年底	108,467	95年底	129,898
88年底	111,555	96年底	132,101

7.國家及縣定古蹟

(1)國定古蹟

淡水紅毛城、滬尾砲台、理學堂大書院（牛津學堂）、台北縣忠烈祠、前清淡水總稅務司官邸及馬偕墓等。

(2)縣定古蹟

淡水禮拜堂、滬尾偕醫館、湖南勇古墓、原英商嘉士洋行倉庫、滬尾海關碼頭、淡水水上飛機場、關渡媽祖石、日治淡水街長多田榮吉故居、淡水雙圳頭水源地及淡水崎仔頂施家古厝等。

8.觀光名勝

淡水鎮有幾個著名的觀光景點，例如淡水漁人碼頭、淡水老街、情人橋、紅樹林展示館、淡水紅樹林、淡水河岸景觀步道及達觀樓（紅樓）等。此外，淡水休閒農場、興福寮花卉農園、犇群牧場及阿三哥農莊亦爲遊客造訪淡水時常去之地。

9.人文環境

淡水鎮內有淡江大學、眞理大學、基督文理管理學院及聖約翰科技大學等大專院校，及多所高中、高職及國中、國小。區內大小寺廟教堂林立，其中比較著名是淡水龍山寺、淡水清水祖師廟、鄧公廟及福佑宮等，由於該寺廟歷史悠久，皆被定爲國家古蹟。

（二）環境整潔與寧適品質

本件土地所在地區，位於淡水鎮中正東路一段大馬路旁，約200公尺處該中正東路與淡金公路交差；鄰近捷運淡水線紅樹林站及淡水站；附近新建大樓林立；至淡水市區約1公里；依山面海；環境整潔與寧適品質佳。（詳附件十）

（三）交通狀況

對外交通有台2線及101縣道，分別聯接台北市及三芝鄉，另有關渡大橋可通對

岸之八里、三重及五股。捷運淡水線從淡水站到達台北火車站僅三十五分鐘，更提高了交通之便利性。水運則有渡船可通八里鄉、台北市。（詳附件六）

1.距離市中心及交通流量

本件土地所在地，距淡水市區約有1公里，往來僅靠台2線及捷運淡水線。由於台2線爲進出淡水及三芝之主要道路，假日及上下班時間，車流量很大，塞車情形嚴重，其以捷運作爲交通工具，可節省不少交通時間。（詳附件六）

2.出入便利性

本件土地所在地，位於台2線中正東路旁及捷運淡水線附近，進出尚稱便利，但台2線中正東路路寬僅24米，雙向各僅有三個車道，假日及上下班時間塞車嚴重，爲美中不足之處。

（四）商化程度

本件土地所在地，都市計畫劃定爲住宅區，商化程度低。

（五）公共設施

1.一般公共設施

本件土地所在地，位處台2線中正東路大馬路旁，距離紅樹林及淡水等捷運站不遠；消防隊就在隔壁；附近地區之公園、市場、量販店、學校、醫院及金融機關、消防隊等公共設施，尚稱完備。（詳附件六）

2.嫌惡性公共設施

本件土地所在地，位處台2線中正東路大馬路旁，附近無嫌惡性公共設施；但因往來車流量大，常帶來噪音及空氣等污染。（詳附件六）

（六）排水及淹水情況

本件土地所在地，位處台2線中正東路之山坡台地上，地勢較高，無經常性之排水不良及淹水之情形。

（七）中古屋市價行情

1.本件不動產所在之附近地區，依「台灣不動產交易中心」之「台灣不動產成交行情公報」第11期資料顯示最近中古屋成交價行情：（新台幣／萬元）

地址	建坪	成交價	單價	樓別	成交日	屋齡
中正東路一段海×	22.74	405	17.8	9/24	96.10.30	新屋
中正東路一段海×	41.15	1,000	24.3	20/24	96.11.6	新屋
中正東路一段海×	44.83	900	20.1	9/24	96.11.13	新屋
中正東路一段101-149號	16.87	400	23.7	18/21	96.7.28	2年
中正東路一段101-149號	22.71	427	18.8	17/21	96.8.12	2.1年
中正東路二段1-49號	58.54	1,280	21.9	8/14	96.12.29	0.7年
中正東路二段1-49號	69.93	1,890	27	13/14	96.7.31	0.3年
中正東路二段51-99號	51.26	1,310	25.6	15/25	96.11.29	4.2年

2.仲介公司網路資料附近中古屋銷售中之待售價行情：（新台幣／萬元）

地址	建坪	待售價	單價	樓別	成交日	屋齡
中正東路二段××四季	57.53	1,980	34.4	17/25	銷售中	4.5年
中正東路二段××四季	35.43	1,068	30.1	19/26	銷售中	4.5年
中正東路二段××四季	41.53	1,180	28.4	22/26	銷售中	4.5年
中正東路二段××四季	79.58	2,880	36.2	13/25	銷售中	4.5年
淡金路×海	56.94	1,520	26.7	12/20	銷售中	0.6年
淡金路×海	78.25	2,780	35.5	14/21	銷售中	0.6年
中正東路一段×梨	46.73	1,480	31.7	21/21	銷售中	2.7年
中正東路一段×梨	75.11	2,380	31.7	12/21	銷售中	2.7年
中正東路一段海×	22.74	698	30.7	21/24	銷售中	預售屋
中正東路一段海×	37.26	1,280	34.4	22/24	銷售中	預售屋
中正東路一段海×	33.1	980	29.6	19/24	銷售中	預售屋
中正東路一段海×	64.54	1,888	29.3	22/26	銷售中	預售屋
中正東路一段丹×灣	183.84	4,200	22.8	12/15	銷售中	15.9年
中正東路一段丹×灣	127.31	2,980	23.4		銷售中	15.9年

四、個別因素分析

（一）使用分區與使用管制

1. 使用分區

   本件估價之土地，都市計畫屬住宅區；建物之主要用途爲「住家用」。

2. 使用管制

   依都市計畫法臺灣省施行細則第15條規定：住宅區爲保護居住環境而劃定，
   不得爲下列建築物及土地之使用：

   (1)第17條規定限制之建築及使用。

   (2)使用電力及氣體燃料（使用動力不包括空氣調節、抽水機及其附屬設備）
      超過三匹馬力，電熱超過30瓩（附屬設備與電熱不得流用於作業動力）、
      作業廠房樓地板面積合計超過100平方公尺或其地下層無自然通風口（開
      窗面積未達廠房面積七分之一）者。

   (3)經營下列事業者：

   　　A.使用乙炔從事焊切等金屬之工作者。

   　　B.噴漆作業者。

   　　C.使用動力以從事金屬之乾磨者。

   　　D.使用動力以從事軟木、硬橡皮或合成樹脂之碾碎或乾磨者。

   　　E.從事搓繩、製袋、碾米、製針、印刷等使用動力超過0.75瓩者。

   　　F.彈棉作業者。

   　　G.醬、醬油或其他調味品之製造者。

   　　H.沖壓金屬板加工或金屬網之製造者。

   　　I.鍛冶或翻砂者。

   　　J.汽車或機車修理業者。但汽車保養所或機車修理業其設置地點面臨12
   　　　公尺以上道路，並提出不妨礙交通、不產生公害之申請經縣（市）政
   　　　府審查核准者，不在此限。

   　　K.液化石油氣之分裝、儲存、販賣及礦油之儲存、販賣者。

   　　L.塑膠類之製造者。

   　　M.土石方資源堆置場及其附屬設施。

   (4)客、貨運行業、裝卸貨物場所、棧房及調度站。但計程車客運業、小客車
      租賃業之停車庫、運輸業停車場、客運停車站及貨運寄貨站其設置地點面
      臨12公尺以上道路者，不在此限。

   (5)加油（氣）站。

(6)探礦、採礦。

(7)各種廢料或建築材料之堆棧或堆置場、廢棄物資源回收貯存及處理場所。但資源回收站不在此限。

(8)殯葬服務業（殯葬設施經營業、殯葬禮儀服務業）、壽具店。

(9)毒性化學物質、爆竹煙火之販賣者。但農業資材、農藥或環境用藥販售業經縣（市）政府實地勘查認為符合安全隔離者，不在此限。

(10)戲院、電影片（映演）業、視聽歌唱場、電子遊戲場、機械式遊樂場、歌廳、保齡球館、汽車駕駛訓練場、攤販集中場及旅館。但汽車駕駛訓練場及旅館經目的事業主管機關審查核准者，不在此限。

(11)舞廳（場）、酒家、酒吧（廊）、特種咖啡茶室、浴室、妓女戶或其他類似之營業場所。

(12)樓地板面積超過500平方公尺之大型商場（店）或樓地板面積超過300平方公尺之飲食店。

(13)樓地板面積超過500平方公尺之證券及期貨業。

(14)樓地板面積超過700平方公尺之金融業分支機構、票券業及信用卡公司。

(15)其他經縣（市）政府認為足以發生噪音、振動、特殊氣味、污染或有礙居住安寧、公共安全或衛生，並公告限制之建築物或土地之使用。

未超過前項第2款、第3款第5目或第12款至第14款之限制規定，與符合前項第3款第10目但書、第4款但書及第9款但書規定許可作為工廠（銀樓金飾加工業除外）、商場（店）、汽車保養所、機車修理業、計程車客運業、小客車租賃業之停車庫、運輸業停車場、客運停車站、貨運寄貨站、農業資材、農藥或環境用藥販售業者，限於使用建築物之第一層及地下一層；作為銀樓金飾加工業之工廠、飲食店及美容美髮服務業者，限於使用建築物之第一層、第二層及地下一層；作為證券業、期貨業、金融業分支機構者，應面臨12公尺以上道路，申請設置之樓層限於地面上第一層至第三層及地下一層，並應有獨立之出入口。

3.本件估價之不動產，作自用住宅使用，符合規定。

（二）環境形勢及相鄰使用（詳附件十三）

1.本件不動產所在地區，位於中正東路及淡金公路（登輝大道）等2條交通幹道交叉口之不遠處，依山面海，可瞭望淡水港海景及對岸之八里、觀音山；其鄰近地區頗多新建之高樓大廈；環境形勢頗佳。

2.本件不動產鄰近地區之各高樓大廈，一樓除有部分為住宅外，類皆作為辦公室或店鋪使用；二樓以上經觀察類皆作為住宅使用。

3.本件不動產之一樓除庭園外，室內規劃作為健身房、迴力球場、並有桌球室、撞球室、三溫暖室、游泳池等設備；二樓以上經觀察類皆作為住宅使用。

4.本件不動產之地下一層及地下二層，作為防空避難室及停車場。

（三）屋齡、樓層結構及建材設備

1.本件不動產所在之大樓，地上有21層，地下有2層，共登記有109戶；於民國81年5月8日建築完成，至價格日期民國97年3月15日止，屋齡將近16年；為鋼筋混凝土造之大樓。（詳附件三）

2.本件不動產位於地上第19-21層；為住家用；第19層有會客廳、大小餐廳及廚房、客房、佣人房等；第20層除健身房外，有5間臥房；第21層有佛堂、客房及小廚房，室外為屋頂平台。各臥房均有衛浴設備；各層並有一共用化粧室。屬豪宅型設備，惟已有十幾年歷史。（詳附件十三）

3.另整棟大樓之地下第1層及地下第2層為防空避難空間及停車場。本件估價之停車位在地下第2層，委託人持有37號車位一個，為大車位，事實上可停2部車；屬平面車道及固定之平面車位，故進出方便。（詳附件十三）

（四）使用及管理狀況

1.本件不動產目前為自用住宅。

2.本件不動產之全棟樓由保全公司專人管理；每月管理費約22,091元。

3.本件不動產所屬之停車場，屬固定之停車位。每日24小時均可進出，堪稱方便；管理費自用者每月每一車位500元。

（五）形狀格局及面積大小

本件不動產位於地上第19層-21層，形狀尚稱方正，面積252.95坪，為大面積之住宅。（詳附件四）

柒、價格評估

一、本件估價所運用之方法

（一）估價方法

本估價所運用之方法	■比較法■收益法□成本法□土地開發分析法□

（二）19 層至 21 層以同一單元估價

因19層至21層合併為同一單元使用，故以同一單元估價，不予以分層估價。

二、比較法估算過程

（一）比較法之定義

係以比較標的價格為基礎，經比較、分析及調整等，以推算勘估標的價格之方法。依前項方法所求得之價格為比較價格。

（二）比較法估價程序

1.蒐集並查證比較標的相關資料。
2.選擇與勘估標的條件相同或相似之比較標的。
3.對比較標的價格進行情況調整及價格日期調整。
4.比較、分析勘估標的與比較標的間之區域因素及個別因素之差異，並求取其調整率或調整額。
5.計算勘估標的之試算價格。
6.決定勘估標的之比較價格。

（三）蒐集、查證資料並選擇比較標的

1.查訪地政士
經查訪地政士，未得成交實例。
2.法院拍定行情資料
經查閱「透明房訊」，得近鄰地區2個拍定案例，乃為比較標的。
3.仲介公司銷售資料
經上網查尋仲介公司銷售資料，得同一社區「○○灣」1個正在銷售中之案例，乃為比較標的。

（四）比較標的之比較、分析、調整與試算

1.第19-21層

(1)比較標的（1）（詳附件八）

門牌	○○○路一段×××號11樓之2						
面積	44.79坪（含車位面積）		屋齡	2.6年		總樓層	地上21層之第11層
主要建材	RC造		主要用途	住家用		指定時間	96.5.21
售價	■拍定價	總價	958.8萬元		拍定單價	21.41萬元／坪	
拍次	第1拍	底價	950萬元		第一次拍賣之單價	21.21萬元／坪	

A.說明

依不動產估價技術規則第23條規定：比較標的如有法院拍賣等影響交易
價格之情況，應先作適當之修正；如該影響交易價格之情況無法掌握及
量化調整時，應不予採用。本件估價所採用之比較標的爲法院第一次拍
定之案例，且拍定價高於底價，具市場行情；益以其影響交易價格之情
況可掌握及量化調整，故予採用；21.41萬元／坪；並作爲計算基礎。

B.估算過程

(A)一般因素調整

比較標的(1)於96.5.21拍定，拍定時間與本件估價之價格日期97.3.15
相差約10個月，其間影響價格之一般因素相當，故不予調整：21.41
萬元／坪×100％＝21.41萬元／坪

(B)情況調整

比較標的(1)係法院第一次拍定之案例，爲得標人參考拍賣底價逕行
出價參與競標，無特殊之交易情況；且法院拍定價格高於第一次拍
賣之底價，而第一次拍賣之底價均係不動產估價師估價之結果，具
市價行情，故不予情況調整：21.41萬元／坪×100％＝21.41萬元／坪

(C)價格日期調整

以政府稅務專用之「臺灣地區消費者物價總指數」爲準，於本件
估價時所獲取之最近97年2月爲基期，96.5.21拍定，其物價指數
爲103.7％（詳附件七），據此予以調整，調整後：21.41萬元／坪
×103.7％＝22.20萬元／坪

(D)區域因素調整

本件估價之標的物與比較標的(1)位於同一供需圈之近鄰地區，故不
再予區域因素調整：

22.20萬元／坪×100%＝22.20萬元／坪

(E)個別因素調整

　　a.比較標的(1)為RC造、21層之第11層、含車位面積為44.79坪、屋齡2.6年、土地公告現值80,000元／m²、同樣面臨中正東路一段且相鄰之住家用大樓。

　　b.本件估價之標的物為RC造、21層之第19-21層、含車位面積256.72坪、屋齡將近16年之住家用大樓。

　　c.考量社區規模氣派及公設（＋5%）、管理（＋2%）標的物面積大小（-3%）、屋齡（-5%）、樓層私密（＋3%）、樓層瞭望景觀（＋3%）、土地公告現值52,500元／m²（-3%）等個別因素之優劣進而影響價格之諸多因素，經加權後判斷應有2%之向上調整率，調整後：

　　22.20萬元／坪×102%＝22.64萬元／坪

(2)比較標的（2）（詳附件九）

門牌	淡金路××號20樓						
面積	32.24坪	屋齡	6年		總樓層	地上22層之第20層	
主要建材	RC造	主要用途	住家用		拍定時間	96.10.25	
售價	■拍定價	總價	445.8萬元		拍定單價	13.83萬元／坪	
拍次	第3拍	第一次拍賣底價		668萬元	第一次單價	20.72萬元／坪	

A.說明

　　依不動產估價技術規則第23條規定：比較標的如有法院拍賣等影響交易價格之情況，應先作適當之修正；如該影響交易價格之情況無法掌握及量化調整時，應不予採用。本件估價所採用之比較標的為法院第二次拍定之案例，其拍定價通常低於市價行情，但其影響交易價格之情況可掌握及量化調整，故予採用；益以第一次拍賣之底價均係不動產估價師估價之結果，應具市場行情，故本件以第一次拍賣之底價之單價20.72萬元／坪為計算基礎。

B.估算過程

(A)一般因素調整

　　比較標的(2)於96.10.25拍定，拍定時間與本件估價之價格日期97.3.15相差約5個月，其間影響價格之一般因素相當，故不予以調整：20.72萬元／坪×100%＝20.72萬元／坪

(B)情況調整

本件以第一次拍賣之底價為計算基礎，該第一次拍賣之底價均係不動產估價師估價之結果，應具市場行情已如前述，故不予以情況調整：20.72萬元／坪×100％＝20.72萬元／坪

(C)價格日期調整

以政府稅務專用之「臺灣地區消費者物價總指數」為準，於本件估價時所獲取之最近97年2月為基期，96.10.25拍定，其物價指數為98.9％（詳附件七）予以調整，調整後：

20.72萬元／坪×98.9％＝20.49萬元／坪

(D)區域因素調整

本件估價之標的物與比較標的(2)位於同一供需圈之近鄰地區，故不再進行區域因素調整：

20.49萬元／坪×100％＝20.49萬元／坪

(E)個別因素調整

a.比較標的(2)為RC造、22層之第20層、含車位面積為32.24坪、屋齡6年、土地公告現值52,500元／m²、面臨淡金之住家用大樓。

b.本件估價之標的物為RC造、21層之第19-21層、含車位面積256.72坪、屋齡將近16年之住家用大樓。

c.考量社區規模氣派及公設（＋5％）、管理（＋2％）標的物面積大小（-3％）、屋齡（-3％）、樓層私密（＋3％）、瞭望景觀（＋5％）、土地公告現值52,500元／m²（0％）等個別因素之優劣進而影響價格之諸多因素，經加權後判斷應有9％之向上調整率，調整後：

20.49萬元／坪×109％＝22.33萬元／坪

(3)比較標的（3）（詳附件十）

門牌	○○○路一段××、××號12樓2戶（丹○灣）					
面積	183.84坪	屋齡	15.9年	總樓層	地上15層之第12層	
主要建材	RC造	主要用途		住家用	銷售時間	銷售中
售價	■待售價	總價	4,200萬元	單價	22.85萬元／坪	

A.說明

(A)比較標的（3）係正在銷售中之待售價，因係與本件估價標的屬同一社區，屬性相同，故以其待售單價22.85萬元／坪為計算基礎。

(B)推估議價空間為10%，推估成交價為22.85萬元／坪×90％＝20.57萬元／坪

B.估算過程

(A)一般因素調整

比較標的(3)係正在銷售中之待售價，其影響價格之一般因素相當，故不予調整：

20.57萬元／坪×100％＝20.57萬元／坪

(B)情況調整

比較標的(3)係正在銷售中之待售價，其影響價格之情況已於前述說明中調整，故不再予情況調整：

20.57萬元／坪×100％＝20.57萬元／坪

(C)價格日期調整

比較標的(3)係正在銷售中之待售價，故不予調整：

20.57萬元／坪×100％＝20.57萬元／坪

(D)區域因素調整

本件估價之標的物與比較標的(3)屬同一社區，故不予區域因素調整：20.57萬元／坪×100％＝20.57萬元／坪

(E)個別因素調整

a.○○灣社區計有A、B、C、D、E、F、G等7棟大樓。

b.比較標的(3)2戶分別為C、D棟合併出賣；RC造、分別為14層之第12層及15層之第12層、面積共計183.84坪。

c.本件估價之標的物為F棟；RC造、21層之第19-21層、含車位面積256.72坪。

d.考量標的物面積大小（0％）、屋齡（0％）、樓層私密（＋5％）、瞭望景觀（＋5％）、等個別因素之優劣進而影響價格之諸多因素，經加權後判斷應有10％之向上調整率，調整後：20.57萬元／坪×110％＝22.63萬元／坪

(4)檢討與決定比較價格

A.檢討

三個比較案例，經試算結果，分別為22.64萬元／坪、22.33萬元／坪、22.63萬元／坪，其價格頗為相近。

B.各案賦予權值比重

比較標的(1)及比較標的(2)均為法拍案例；比較標的(1)位於本件估價標的之隔壁，為第一次拍定價，但成交日較久；比較標的(2)相距較遠，

但成交日較近，惟爲第三次拍定；比較標的(3)與本件估價標的同一社區，但係正在銷售中之待售價；基於影響價格之諸多因素考量，分別賦予不同之權値爲35%、30%、35%。

C.計算

22.64×35% + 22.33×30% + 22.63×35%

= 7.92 + 6.70 + 7.92 = 22.54萬元／坪

D.決定比較價格

本件估價之標的，其比較價格決定爲每坪22.54萬元

2.地下第2層停車位

(1)訪談本大樓管理員

訪談管理員未得具體資料；併據告：均併同房屋計算面積一起出售，無單獨出售停車位之情事。

(2)訪查附近之房屋仲介公司所得資料

經訪查附近之房屋仲介公司資料，停車位亦均併同房屋計算面積一起出售，無單獨出售停車位之情事。

(3)比較標的之3個資料

前述用以計算之3個比較標的，其停車位亦均併同房屋計算面積一起出售，故本件估價標的之停車位不另行估價。

三、收益法估算過程

（一）收益法之定義

1.收益法得採直接資本化法、折現現金流量分析法等方法；其求得之價格爲收益價格。本件估價採直接資本化法。

2.直接資本化法，係指勘估標的未來平均一年期間之客觀淨收益，應用價格日期當時之收益資本化率推算勘估標的價格之方法。

3.直接資本化法之計算公式如下：

收益價格＝勘估標的未來平均一年期間之客觀淨收益÷收益資本化率

（二）收益法估價之程序

1.蒐集總收入、總費用及收益資本化率等資料。

2.推算有效總收入。

3.推算總費用。

4.計算淨收益。

5.決定收益資本化率。

6.計算收益價格。

（三）蒐集資料

1.查訪附近成租價，僅得概數，不予採用。

2.上網尋找鄰近之待租案例如下：（新台幣／萬元）（詳附件十二）

地址	建坪	待租價	單價	樓別	成交日	屋齡
○○○路一段海×	22	20,000	909	8/24	招租中	新屋1年
○○○路一段海×	33.3	29,000	870	7/24	招租中	新屋1年
○○○路二段××號21樓	18	16,500	917	21/33	招租中	5年
○○○路二段××號8-3樓	30	30,000	1,000	8/24	招租中	5年
○○○路二段×××號12樓	15.6	16,000	1,027	12/20	招租中	5年

3.上述待租案例中之○○○路二段等3個案例，因靠近紅樹林捷運站，故租金較高；○○○路一段海×離紅樹林捷運站較遠，故租金較低，且面較大者之租金單價較低。

4.因成租案例及屬性類似之案例不易取得，故以上述鄰近之○○○路一段海○案例中，面積較大之待租案例為準，作為計算基礎。

（四）考量因素

1.不動產估價技術規則並未規定採收益法估價應用三件以上之標的估算，故本件僅採該待租案例為計算基礎。

2.收益資本化率係考率銀行定期存款利率、政府公債利率、不動產投資之風險性、貨幣變動狀況及不動產價格之變動趨勢等因素，及本件估價標的之特性，就流通性、風險性、增值性及管理上之難易程度等加以比較決定；且住家比店面低；本件住家之估價，收益資本化率決定為3.5%。

3.有關總收入、總費用等，其資料具有可用性，且依其持續性、穩定性及成長情形加以調整。

（五）計算過程

1.第19-21層之比較標的

(1)○○○路一段海×7/24樓（詳附件十二之2）

(2)面積33.3坪

(3)租金2.9萬元；每坪870元。

(4)押金2個月5.8萬元，每坪1,740元。

(5)計算

次序	計算	項目		金額（新台幣／元）	備註
1		每月租金（坪）		870元	
2		情況調整率		0.95	推估議價空間
3	1×2	情況調整後金額		827元	
4		日期調整率		1	
5	3×4	日期調整後金額		827元	
6		一般因素調整率		1	
7	5×6	一般因素調整後金額		827元	
8		區域因素調整率		1	
9	7×8	區域因素調整後金額		827元	
10		個別因素調整率		0.95	屋齡、裝潢、面積、樓層、私密及景觀等考量
11	9×10	個別因素調整後金額		786元	
12		租金年總收入（坪）		9,432元	
13		預估閒置期間1個月		786元	
14		押金2個月收益		1,740元×2%＝35元	年利率以2%推估
15		租金有效總收入（坪）		8,681元	12-13+14
16		每坪年租金		8,681元	
17		本估價標的年總租金		2,228,586元	16×256.72坪
18		年總費用	房屋稅	55,341元	以96年度估計（詳附件十一）
			地價稅	3,060元	以96年度估計（詳附件十一）
			管理費（1年）	22,591元	與停車管理費併計
			保險費	2,700元	以抵押金額5/10萬計算
			維修費（2%）	44,572元	以年總租金估計
			折舊費（1%）	46,119元	以96年房屋現值4,611,900元估計
			其他	0	
			合計	174,383元	

次序	計算	項目	金額 （新台幣／元）	備註
19		淨收益	2,054,203元	17-18
20		收益資本化率	3.5%	
21		收益價格	58,691,514元	19÷20
22		每坪單價	22.86萬元／坪	21÷256.72坪

2.地下第2層停車位

如前所述停車位亦均併同房屋計算面積一起出售或出租，無單出售或出租停車位之情事；且用以計算之比較標的，其停車位亦均併同房屋計算面積一起出租，故本件估價標的之停車位不另行估價。

四、價格決定之理由

（一）價格頗為相近

本件採比較法估得比較價格每坪22.54萬元；採收益法估得收益價格每坪22.86萬元。二者估算之結果頗為相近，故可採用。

（二）檢討

1.檢討並賦予權值

(1)比較法採用之實例及計算過程較為嚴謹；收益法採用之實例及其計算雖有其務實性，但係為待租案例，且維修費及收益資本化率較難精準，故各賦予權值60%、40%。

(2)每坪單價之計算結果

22.54×60% + 22.86×40% = 13.52 + 9.14 = 22.66萬元

2.檢視行情

(1)前述比較法之比較標的(3)--○○○路一段×××、×××號12樓2戶，與本件估價標的屬同一社區其待售價為22.85萬元／坪（詳附件十），如有買主經議價後將以較低價格成交，如議價空間推定為10%，則成交價為22.85萬元／坪×0.9 = 20.57萬元／坪。本件估價標的優於該比較標的(3)，故估價結果，本件估價標的每坪22.66萬元，應具適當性。

(2)再檢視前述不動產成交公報之附近成交價行情及影響價格之諸多因素，本件評估價格每坪22.66萬元，應具適當性。

（三）估定價格

1.房地單價：每坪22.66萬元。

2.房地總價

(1)全部總價

22.66萬元×256.72坪＝5,817.2752萬元≒5,817萬元

(2)第19-21層

22.66萬元×252.95坪＝5,731.847萬元≒5,732萬元

(3)停車位

5,817.2752萬元－5,731.847萬元＝85.4282萬元≒85萬元

3.不予分算房地價格

因係資產估價作爲遺產繼承之參考，故不予分算房地價格。

捌、估價金額（單位：新臺幣／元）

一、本件價格日期97.3.15之估定金額

第19-21層	每坪單價	22.66萬元
	總價	22.66萬元×252.95坪＝5,731.847萬元≒5,732萬元
編號37平面車位		85萬元
全部總價		5,817萬元（伍仟捌佰壹拾柒萬元）

二、馬英九當選總統後可能之波動

（一）本件用以計算者，均係本件價格日期97.3.15以前之市場資料。

（二）經過激烈之總統大選，馬英九當選總統；一般預料，政治將趨於安定、兩岸之緊張將趨於和緩、將增加投資者之信心，因此股市、匯市及房市可能有一番榮景；預估房市可能有5%以-10%以上之波動，惟均爲仲介業及建築投資業等業者之說法，於薪資未隨物價之波動而增加時，購買力是否強勁？是否刺激房價？實值觀察。

玖、其他與估價相關之必要事項及依規定須敘明之情況

一、土地增值稅及淨值

（一）土地增值稅

1.96.1.1公告現值：49,300元／m^2

2.97.1.1公告現值：52,500元／m^2

3.物價指數：96/1/5-97/2；104.3%

4.面積：5,741.44m^2，持分245/10000

52,500－49,300×1.043＝52,500-51,420＝1,080

1,080×0.2×5,741.44m^2×245/10000＝30,384元≒3萬元

（二）淨值

5,817萬元－3萬元＝5,814萬元

二、其他依規定須敘明之情況

本件依規定須敘明之情況，均已敘明，已無其他依規定須敘明者。

拾、不動產估價師姓名及證照字號

估價報告人：○○不動產估價師事務所（簽章）

不動產估價師：○○○（簽章）

估價師證書：（○○）台內估字第000號

開業證照：（○○）北市估字第0000號

公會證書：（○○）北市估證字第000號

事務所地址：臺北市○○區○○路○段○號○樓

事務所電話：（02）------傳眞：（02）-------

網址：------------

電子信箱：--------------

中華民國97年3月25日

附件

一、本件估價之土地登記謄本1份1張

二、本件估價之土地地籍圖謄本1份1張

三、本件估價之建物登記謄本1份4張

四、本件估價之建物測量成果圖1份5張

五、本件估價之土地使用分區證明1份1張

六、本件估價之土地地理位置圖影本1份1張

七、物價指數表1份1張

八、比較標的資料1份2張

九、比較標的資料1份2張

十、比較標的資料1份3張

十一、地價稅及房屋稅單影本1份1張

十二、待租資料1份3張

十三、現場照片1份5張

第四節　山坡地之比較法收益法估價案例

（目錄製作請參考第一節之估價案例）

不動產估價報告書摘要

一、案號：○○○○○○○

二、委託人：○○股份有限公司

三、基本資料（詳附件一～附件三）

（一）勘估標的

台北市士林區○○段○小段○○、○○地號等二筆土地，持分權利。

（二）土地面積：

1.○○地號土地，持分面積：$2,867.16 \times 116/876 = 379.67m^2 = 114.85$坪

2.○○地號土地，持分面積：$6,546.87 \times 232/960 = 1,582.16m^2 = 478.60$坪

3.面積合計$1,961.83m^2 = 593.45$坪。

（三）不動產所有權人：○○股份有限公司

（四）土地使用分區及使用編定

上開兩筆土地皆為住宅區（原為保護區，經都市計畫檢討主要計畫變更，但因細部計畫及整體開發作業尚未完成，尚未能准許依變更後計

　　　　畫用途使用）。
　　（五）勘估標的使用現況：種植林木
四、估價前提
　　（一）估價目的：資產評估及買賣之參考
　　（二）價格種類：正常價格
　　（三）價格日期：民國100年11月14日
　　（四）勘察日期：民國100年11月14日
　　（五）因上開二筆土地相鄰，以同一價格論。
五、土地增值稅及淨值預估
　　（一）土地增值稅預估
　　　　1.申請不課徵土地增值稅
　　　　　本件土地雖屬都市計畫之住宅區，但細部計畫尚未完成，其原爲保護
　　　　　區、地目旱，如經都市計畫主管機關認定仍應依原來之分區別管制而
　　　　　視爲農業用地，符合土地稅法第39條之2第1項、土地稅法施行細則第
　　　　　57條第4款及第58條第1項第1款規定，得向稅捐機關申請不課徵土地
　　　　　增值稅。
　　　　2.課徵土地增值稅
　　　　(1)498地號：稅額0萬元
　　　　(2)508地號：稅額93.67萬元
　　　　(3)稅額合計：0萬元＋93.67萬元＝93.67萬元
　　（二）淨值
　　　　1.申請不課徵土地增值稅：1,068.21萬元－0萬元＝1,068.21萬元
　　　　2.課徵土地增值稅：1,068.21萬元－93.67萬元＝974.54萬元
六、他項權利設定紀錄（詳附件一）
　　本件估價土地無設定他項權利。
七、評估價值結論

估價標的	單價	面積	總價
台北市士林區○○段○小段○○地號	1.8萬元／坪	114.85坪	206.73萬元
台北市士林區○○段○小段○○地號	1.8萬元／坪	478.60坪	861.48萬元
總計		593.45坪	1,068.21萬元≒1,068萬元（壹仟零陸拾捌萬元）

八、不動產估價報告人：○○不動產估價師事務所（簽章）

　　不動產估價師：○○○（簽章）

　　估價師證書：（○○）台內估字第00000號

　　開業證照：（○○）北市估字第00000號

　　公會證書：（○○○）北市估證字第000號

　　事務所地址：臺北市○○區○○路○段○號○樓

　　事務所電話：（02）-------傳眞：（02）-------

　　網址：----------

　　電子信箱：-----------

　　中華民國100年11月28日

壹、聲明及報告書使用之條件

一、估價師之立場聲明　　　　　　　不動產估價報告書案號：0000000

（一）本估價師以公正第三人立場進行客觀評估，其任務在發現市場可能價格，亦即在發現市場可能被接受之價格，並非在創造或決定市場價格；其買賣或相關行爲之最終價格，可能在議價後略高、略低或等於估價之結果。

（二）本估價師與委託人、所有權人或交易雙方僅爲單純之業務關係，並無財務會計準則公報第六號所定之關係人或實質關係人之情事。

（三）本報告書所載內容絕無虛僞或隱匿之情事，報告書中所提之事實描述，具眞實確切性。

（四）本報告書中之分析意見及結論，係基於報告書中所假設及限制條件下成立；此等分析意見及結論，屬估價師個人中立之專業評論。

（五）本估價師對於本估價之不動產，無現有或可預期的利益；對於與本估價之不動產相關之權利關係人，亦無個人之私利或偏見。

（六）本估價師所收取之報酬，係基於專業勞務之正當報酬、不爲不正當之競價；對客戶提出之有關意見自應予以重視，但絕不因此刻意扭曲估價之合理方法，進而影響估價之合理結果。

（七）本報告書內容，係遵循不動產估價師法及不動產估價技術規則相關規定、國內外之不動產估價理論製作而成，並符合不動產估價師全國聯合會頒佈之「敘述式估價報告書範本」格式。

二、估價報告書基本聲明事項

本估價報告書，係在下列基本假設條件下製作完成：

（一）除有特別聲明外，勘估標的之所有權視為正常狀態、且具市場性。

（二）除有特別聲明外，評估結論係在未考慮不動產抵押權或其他權利設定之情況下進行。

（三）報告書中引用他人提供之資訊，係經查證後認為確實可信者。

（四）勘估標的中之土地或其地上物之結構於報告書中被認為屬一般正常情形，無任何隱藏或未被發現之影響該不動產價值因素。故本估價報告書對隱藏或無法在一般勘察中發現之因素不負責任。

（五）除有特別聲明外，所評估之不動產均被認為符合環境保護等相關法規之規定，而未有受任何限制之事項。

（六）除有特別聲明外，勘估標的可能存在或不存在之危險因子，不列入估價師之勘察範圍內。不動產估價師並不具備了解不動產內部成分或潛在危險之知識能力，也無資格檢測這種物質；有關地質及石綿、尿素、胺/甲醛泡沫絕緣體等類材料，或其他潛在之危險材料之存在，可能影響不動產之價值。估價報告書中之假設前提，是勘估標的中無此導致價值降低之地質與材料等因素。估價報告書對於這些情況及用於發現此等情況之專業或工程知識不負責任。如有需要，估價報告書使用者須另聘各該領域之專家進行分析。

三、估價報告書使用之限制條件

本估價報告書使用之一般限制條件如下：

（一）本報告書之總價，其分配於各估價標的及各權利範圍，僅適用於報告書中所提及之項目下；分配之價值不適用於其他任何估價中。

（二）本報告書正本或副本之持有人，均無出版本報告書之權利。

（三）未經估價師之書面同意，本報告書內容之全部或部分（尤其是估價結論、估價師身分、估價師所屬之事務所），均不得經由廣告、公共關係、新聞、銷售或其他傳播媒體公諸於眾。

（四）本報告書之評估結果，僅適用於估價標的物及其權利範圍內。除另有聲明外，如依據評估結果推定整個受估不動產之價值或推定其他權利範圍之價值，均將降低本報告書中評估結果之可信度。

（五）本報告書中之預測、預估或經營結果估計，係立基於當前市場條件、預期短期供需因素及連續穩定之經濟基礎上；各該預測將隨將來條件、因素之變動而改變。

（六）本報告書之評估結果，係作爲委託人在報告書所載之估價目的之參考，如估價目的變更可能使該估價金額發生改變。故本報告書之評估結果，不適於供其他估價目的之參考使用。

（七）本報告書之評估結果，係考量估價條件所形成，委託人或使用本報告書者應了解本報告書中所載之估價條件，以避免誤用本報告書所載之估價金額。

（八）本報告書之評估結果，僅具有不動產價值參考之特性，非當然成爲委託者或使用者對該不動產價格之最後決定金額。

（九）除有事先安排或同意者外，本估價師不必對本報告書之受估不動產之相關問題，給予進一步之諮詢、證詞或出席法院。

貳、估價基本事項

一、委託人

姓名／名稱	○○股份有限公司（以下簡稱○○公司）		
地　　址	桃園縣○○鎮○○里○○街○○號		
委託日期	100年11月14日	交付報告日期	100年11月28日以前

二、勘估標的基本資料（詳附件一～附件二）

編號	土地坐落					面積（m²）	所有權人	估價權利範圍
	市	區	段	小段	地號			
1	台北	士林	○○	○	498	2,867.16	○○公司	116/876
2	台北	士林	○○	○	508	6,546.87		232/960

三、價格日期及勘察日期

價格日期	100年11月14日
勘察日期	100年11月14日

四、價格種類及估價條件

（一）價格種類

　　1.本件估價之價格種類為正常價格。

價格種類	■正常價格	□限定價格	□特定價格	□特殊價格

　　2.說明

　　依不動產估價技術規則第2條規定：

　　(1)正常價格：指具有市場性之不動產，於有意願之買賣雙方，依專業知識、謹慎行動，不受任何脅迫，經適當市場行銷及正常交易條件形成之合理價值，並以貨幣金額表示者。

　　(2)限定價格：指具有市場性之不動產，在下列限定條件之一所形成之價值，並以貨幣金額表示者：

　　A.以不動產所有權以外其他權利與所有權合併為目的。

　　B.以不動產合併為目的。

　　C.以違反經濟合理性之不動產分割為前提。

　　(3)特定價格：指具有市場性之不動產，基於特定條件下形成之價值，並以貨幣金額表示者。

　　(4)特殊價格：指對不具市場性之不動產所估計之價值，並以貨幣金額表示者。

（二）估價條件

估價條件	■有：地上竹木不予評估，僅評估現狀之素地價格；因上開二筆土地相鄰，以同一價格論。

五、估價目的

估價目的	■資產評估及買賣之參考□貸款參考□租賃參考 □夫妻分配財產折讓之參考

六、估價資料來源

（一）本所於簽訂委託契約書前先蒐集勘估土地相關資料，於民國100年10月12日

申領網路電子謄本，並於簽約時經委託人表示產權無任何變動，故權利狀態以上開日期所申請之電子謄本爲準。

（二）個別條件及區域環境內容，係依都市計畫及地籍等相關資料、官方網站資料及現場勘察，查證記錄之。

（三）價格評估依據，係訪查近鄉地區之交易資訊，並依據法拍資料及本所檔案資料共同整理而得。

參、勘估標的使用現況

一、勘察日期：民國100年11月14日。

二、領勘：本次現場勘察，由委託人之代理人吳先生到場領勘並指認勘估土地確切位置。勘察時將土地登記謄本、地籍圖謄本、地圖及網路下載之台北市地籍圖資等資料，於勘估現場研判比對。

三、使用現況：種植林木。

肆、勘估標的法定使用管制或其他管制事項

項目	都市或非都市土地	使用分區		備註
法定使用管制	都市土地	498地號	住宅區（原為保護區，經都市計畫檢討主要計畫變更，但因細部計畫及整體開發作業尚未完成，尚未能准許依變更後計畫用途使用）	詳附件三土地使用分區網路下載資料
		508地號	住宅區（原為保護區，經都市計畫檢討主要計畫變更，但因細部計畫及整體開發作業尚未完成，尚未能准許依變更後計畫用途使用）	
其他管制事項	□無：□飛航安全　■山坡地保育　□軍事限建　□古蹟保存　■環境影響評估			

伍、勘估標的之所有權、他項權利及其他負擔

一、土地所有權

依民國100年10月12日網路申領之電子謄本所載，土地所有權登記情形如下：（詳附件一）

編號	土地坐落					面積（m²）	權利範圍	持分面積	所有權人	限制登記
	市	區	段	小段	地號					
1	台北	士林	○○	○	○○	2,867.16	116/876	379.67m²（114.85坪）	○○公司	無
2	台北	士林	○○	○	○○	6,546.87	232/960	1,582.16m²（478.60坪）		
總面積	9,414.03m² = 2,847.74坪					持分面積		1,961.83m² = 93.45坪		

二、他項權利

依民國100年10月12日網路申領之電子謄本所載，本件估價之土地，無設定他項權利。（詳附件一）

三、其他負擔

其他負擔	■無　□出借　□通行權　□被無權占用

四、優先購買權之法令規定

（一）依土地法第34條之1第4項之規定：「共有人出賣其應有部分時，他共有人得以同一價格共同或單獨優先承購。」另同條第2項規定：「共有人依前項規定為處分、變更或設定負擔時，應事先以書面通知他共有人；其不能以書面通知者，應公告之。」另土地法第34條之1執行要點第11點第5項亦規定：「出賣人違反優先購買權之通知義務將其應有部分之土地所有權出售與他人，並已為土地權利變更登記時，他共有人如認為受有損害，得依法向該共有人請求損害賠償。」

（二）本案估價兩筆土地為委託人與曾○○等4人共有，基於上開法令之規定，委託人出售土地時，依法應先通知他共有人是否優先承購。

陸、價格形成之主要因素分析

一、一般因素分析

　　所謂一般因素，指對於不動產市場及其價格水準發生全面影響之政治、政策、經濟、社會、自然等共同因素。

（一）政治及政策面

　　馬英九當選總統，兩岸之緊張趨於和緩、其「拼經濟」之政見如能一一落實，將增加投資者之信心；2010年底五都選舉之結果，國民黨雖贏得三都，惟總得票數遠遠落後民進黨40萬票，對2012年之總統大選添加變數；執政黨於2012年總統大選前續提一些政經改革之政策，進而影響房地產市場；諸如都市更新之積極推動、ECFA之效應、豪宅稅及奢侈稅之施行、放寬陸客來臺人數、增加兩岸定點航線及航班、升息、二代健保……等。至於國外諸多政治因素，對國內之不動產價格漲跌，其影響性不大，於此不予置論。

（二）經濟面

　　1.2011年美國債信評等遭調降，歐債危機亦造成全球金融市場動盪，引起全球二次經濟衰退之憂慮。

　　2.經濟成長率

　　依行政院主計處發布：（100.10.31）

　　(1)100年第3季經濟成長率概估統計為3.37%，較8月預測數（3.48%）降低0.11個百分點。

　　(2)預測100年經濟成長率4.56%，較8月預測4.81%調降0.25個百分點，平均每人GDP 2萬288美元，平均每人GNP 2萬969美元，CPI上漲1.51%（較8月預測下調0.08個百分點）。

　　(3)預測101年經濟成長率4.38%，較8月預測4.58%調降0.20個百分點，平均每人GDP 2萬626美元，平均每人GNP 2萬1,351美元，CPI上漲1.12%（較8月預測下調0.09個百分點）。

　　3.物價變動概況

　　依行政院主計處發布：（100.11.7）

　　(1)10月份消費者物價總指數（CPI）為107.76（95年 = 100），較上月漲0.50%（經調整季節變動因素後微漲0.02%），較上年同月漲1.22%，1-10月平均，較上年同期漲1.40%。

(2)10月份薑售物價總指數（WPI）為114.14（95年＝100），較上月漲0.08%（經調整季節變動因素後漲0.84%），較上年同月漲5.93%，1-10月平均，較上年同期漲4.29%。

4.勞動市場

行政院主計處（100.10.24）發布100年9月人力資源調查統計結果：

(1)100年9月暨全年人力資源調查統計結果

受暑期工讀生退離及暑期臨時性工作結束影響，100年9月就業人數為1,075萬人，較上月減少3萬2,000人或0.30%；較上（99）年同月則增21萬9,000人或2.08%。9月失業人數為48萬1,000人，較上月減少2萬1,000人，較上年同月亦減7萬9,000人；失業率4.28%，較上月下降0.17個百分點，較上年同月亦降0.77個百分點；經調整季節變動因素後之失業率為4.27%，較上月下降0.09個百分點。9月勞動力參與率為58.22%，較上月下降0.32個百分點。

(2)世界主要國家（地區）最新失業率如下：美國9.1%，英國8.1%，加拿大7.1%，德國6.6%，日本4.3%，香港3.2%，韓國3.2%，新加坡2.1%（居民失業率3.0%）。

5.證券市場

(1)2008年因受各國股市重挫之影響，台股亦隨之重挫；總統大選於該年3.22舉行，仍有一些政治議題持續發酵；故大選前觀望氣息濃厚；經過激烈之總統大選，馬英九當選總統；一般預料，政治將趨於安定、兩岸之緊張將趨於和緩、可能增加投資者之信心，因此股市、匯市及房市可能有一番榮景。大選後第一個交易日3.24收盤時上漲340.36點，指數為8,865.35點，成交總值2,718.48億元；經歷過一日激情大漲，大選後第二個交易日3.25，短線獲利了結賣壓出籠，為總統大選過後的資金行情稍稍降溫，收盤時下跌70.26點，指數為8,795.09點，成交總值2,019.9億元。嗣對於520的樂觀期待，指數漲多跌少，曾一路上攻至9,309點。惟2008.5.20後，利多之政策並不能馬上實現，且受國際金融海嘯之影響，股市一路下滑。

(2)2009.1.21指數最低為4,248點，2月份小幅漲跌，自3月初起則一路漲升，6.1及6.2之盤中均曾突破7,000點，嗣後壓回，6～8月在7,000點上下盤整；9.1再次突破7,000點，9.21來到7,502點；10.20突破7,800點收盤為7,754點；11月初壓回，最低為7,218點，嗣上攻至12.31曾來到8,188點左右。

(3)2010年股市開紅盤，1.15收盤為8,357點，不到1年上漲4,000多點。因利空當頭，一路重挫，至2.6收盤為7,213點；嗣緩步上升，4.15收盤為8,172點；6.9收盤為7,072點；8.9收盤為8,034點；8.26受美國股市重挫影響，收

盤為7,690點；10.1收盤為8,244點；12.1收盤為8,520點；12.31收盤為8,973點。

(4)2011年股市開紅盤，1.3收盤為9,025點；2.8收盤為9,111點；似有上攻萬點之契機，惟因陸續發生美國債信評等遭調降及歐債危機，股價一路下滑至9.26收盤為6,877點；至本報告書定稿日11.25收盤為6,784.52點，下跌79.87點。

(5)股市目前受歐債危機、美國債信評等遭調降及全球有二次經濟衰退之疑慮所影響，國內科技業對第4季及來年產業景氣未有較佳的展望，故股價仍有探底之可能。因股市持續低迷，對房市而言，是一項利空因素。

（三）社會及自然因素

影響不動產價格之社會、自然及其他因素，目前並無特別狀況足以使不動產價格發生重大變動，故不予深入分析。

（四）結語

1.有利因素

依據前述：政府積極辦理都市更新；馬英九當選總統後兩岸關係之緩和、開放陸資、陸客來臺等因素及台商資金回流；失業率微幅減少；平均勞動力參與率上升；對漲幅已高的房地產市場似重新注入一股活力。

2.不利因素

全球經濟有二次衰退之疑慮；經濟成長率下修及通貨膨脹；各銀行緊縮房貸成數及從嚴審核貸款對象，不利投資客進入不動產市場；益以2012年舉行總統大選及立委選舉，政治情勢及兩岸政策混沌未明；學界認為不動產泡沫化、不動產價格雖仍居高不下惟成交量卻大幅萎縮，房地產業界仍持續喊漲新建案之預售價格、奢侈稅及實價登錄等措施，其影響房地產價格之漲跌，值得進一步觀察。

3.本件估價之看法

基於前述影響不動產價格之有利及不利等一般因素之分析，本件估價採保守看法。

二、不動產市場概況

(一) 國泰房地產指數—— 2011 年第 3 季（摘錄自國泰建設網頁）

1.新聞稿

2011年第3季全國新推個案相對上季價量俱增，市場處於奢侈稅實施後的發酵與調整過程，受前季成交量大幅萎縮與延後推案效應，以及兩黨對實價課稅政策宣示與國際經濟前景趨向衰退等現象，致使本季在偏向保守與負向發展的市場氛圍中，反出現推案量接近歷史高點與成交量微幅增加的結果。展望第4季市場發展，國內政治與國際經濟的不確定因素將持續增高，業者保留與預計推案的規模亦可能減少，後續市場將朝向量縮盤整結構調整。

本季台北市相對上季為價穩量增，持續反映奢侈稅的影響，成交價維持平盤，議價空間為各地區最高，30天銷售率稍有回溫，但不如去年熱絡，價格支撐能量相對較弱，市場後續觀察將以價格是否出現反轉為重點。新北市相較上一季為價量俱穩，且持續受奢侈稅衝擊，開價與成交價均出現負向訊息，銷售率亦低於前季及去年同季，但成交量穩定且屬相對活絡狀況，價格趨勢將是後續市場觀察重點。桃竹地區較上季為價量俱增，呈現異於其他縣市的榮景，成交價、成交量、推案量均創新高，後續發展趨勢相對樂觀。台中市相較上一季為價量俱增，在價格面表現最為突出，銷售率與成交量亦同步增長，但銷售率仍處於長期相對偏低位置，市場仍呈現盤整狀況，後續發展應持續類似結構。台南市相較上季為價穩量增，整體表現仍延續過去三、四年來的盤整格局，後續發展仍以個案表現為主。高雄市相對上季為價跌量縮，成交量回復近年基本規模，整體價格微幅下跌，但高價個案穩定上漲，交易量能否持續穩定將是後續觀察重點。

2.國泰台北市房地產指數

國泰台北市房地產指數，相較上一季為價穩量增，相較去年同季為價漲量縮。本季市場持續反映奢侈稅制度實施的影響，開價與成交價幾乎維持平盤，成交量則因前季萎縮幅度過大，本季略有回升，但仍較去年同季縮減約三成。此外，台北市整體議價空間近兩成，為各地區最高，30天銷售率稍有回溫，但不如去年熱絡，價格支撐能量相對較弱，市場後續觀察將以價格是否出現反轉為重點。

(二) 信義房價指數—— 2011 年第 2 季（摘錄自信義房屋網頁）

1.大台北月指數未再創新高

信義房屋公布2011年第2季的信義房價指數，台北市為270.21，季增3.1%，新北市為215.85，季增逾一個百分點，台中市上漲1.6%，高雄市季增率為2.1%；若與

去年同期相較，全台四大都會區房價指數均上漲超過14個百分點。

2.奢侈稅後房價趨穩，月指數連四個月區間盤整

該研究指出，雖然第2季大台北都會區住宅交易價格均再創新高，但若以大台北月指數來看，自2月底課徵奢侈稅的消息發布以來，北二都住宅成交價格已連續四個月維持區間盤整態勢，顯示奢侈稅確讓大台北地區投資買盤退燒，即便部分投資客想轉嫁奢侈稅給買方，但實際上買方接受程度有限，再加上目前市場上仍有一般產品可供選擇，使得近期房價的攀升力道明顯受到壓抑。

3.大台北成交量跌兩成

奢侈稅6.1正式上路，短期投機性買盤退出市場，或是轉為長期投資，少了短期投資型的買方，加上5月底前部分買盤提早購屋，大台北地區的成交量從高檔回落約2成。

短線受到奢侈稅衝擊，房市短期投資需求銳減，但長線而言，近期各國寬鬆貨幣政策逐漸退場，但國內利率水準仍處於歷史低點，美、日、歐等先進經濟體復甦步伐仍顯緩慢，國際資金仍舊在亞洲新興市場中流竄，目前停泊在國內，伺機尋找投資目標的游資仍然充沛，顯示影響此波大台北地區房市價量齊揚的外在條件並未有太大的變化。

4.預估第3季住宅市場仍盤整，保值收租型產品長期看俏

奢侈稅上路後，在利率水準仍低且缺乏適合投資管道的情況下，房地產仍會吸引資金進駐，但奢侈稅轉嫁不易與投資期拉長的條件下，投資人將目光移至店面、辦公室及具出租利基的住宅或套房等保值且具備穩定收益的產品。由於短期交易需求大減，換屋族群短線也沒有急迫的購屋需求，預期第3季住宅市場應會呈現盤整狀況。

目前大台北地區住宅市場仍處於多空交戰的拉鋸階段，價格或將陷入整理格局，短期內應不至於看到下滑跡象，推升力道也不足。不過明年初的總統大選，政治不確定因素或許對市場出現干擾，可能是影響下半年甚至明年房市的關鍵因素之一。

5.2011年第2季房價指數比較

房價指數	台北市	新北市	台灣
2011Q2	270.21	215.85	170.13
2011Q1	262.13	213.56	165.14
增減率（qoq）	3.1%	1.1%	3.0%
2010Q2	236.54	187.09	157.29
增減率（yoy）	14.2%	15.4%	8.2%

資料來源：信義不動產企研室

（三）結語

基於上述資訊之顯示：「奢侈稅抑制短期投機需求」、「央行持續維持升息的基調及選擇性信用管制政策」、「行政院及財政部為抑制高漲的房價而檢討現行土地及房屋稅制」、「大台北地區成交量持續萎縮」；故本件估價，採持平看法。

三、區域因素分析

（一）士林區概述

依士林區公所網頁資料整理略述如下：

1.士林區緣由

本區舊名「八芝連林」，乃平埔族語「溫泉」之義，漢人尚未入墾前為平埔族「麻少翁社」所居。清代名「芝蘭堡」，至清末因科名特盛，人才輩出，地方士紳遂改稱「士林」，寓意「士子如林」。民國34年台灣光復始設士林鎮，與北投鎮同屬於陽明山管理局，民國57年併入台北市，現為本市12行政區之一。

2.地理環境

本區東至陽金公路大油坑之上磺溪橋，向南越五指山、車坪寮山至白石湖山分水嶺與新北市金山區、萬里區、汐止區為界；西至淡水河（高速公路起）順流至基隆河會合處與新北市三重區、蘆洲區為界；南至白石湖山、大崙頭山、赤上天山、福山、雞南山、劍潭山陵線至圓山保齡球館，南側接中山北路四段東側人行道邊緣線至中山橋沿基隆河中心線向西南延伸至高速公路重慶北路交流道西側折向西，沿高速公路至淡水河中心線為止，與內湖區、中山區及大同區為界；北至磺溪上游順流沿七股山西側山溝，南行經中山樓東側山谷接陽明路至福壽橋接磺溪河順流而下接雙溪河，再接基隆河至淡水河口止與北投區為界；面積62.3682平方公里，為台北市面積第一大之行政區。

3.里鄰人口

士林區共51個里、987個鄰，至100年10月，共有102,294戶，人口有286,413人，為台北市人口數第二多之行政區，僅次於大安區。

（二）近鄰地區之交通運輸概況

1.本區開發較早，不但人口聚集眾多，各種工商、金融、經貿活動亦非常頻繁。南北向的主要道路有中山北路、文林路、承德路，東西向的主要道路則有中正路；至於聯絡道路，南北向的有仰德大道，主要連接士林市區與陽明山地區，東西向的聯絡道路，則有至善路。經過本區的快速道路有國道1號

（中山高速公路）與省道台2甲線、台2乙線，本區藉由台2甲線與台2乙線連接至國道1號。另有捷運淡水線，可搭乘至台北火車站，再換搭其他條捷運線至大台北其他地區，交通可謂便利。

2.距離市中心

本件不動產位於仰德大道三段250巷12號附近，屬士林區之陽明山次分區，因位處陽明山上，本件不動產之位置已偏離台北市之市中心，往來主要依賴仰德大道，交通略嫌不便。（詳附件四）

3.出入便利性

本件不動產所在地，主要依賴仰德大道與士林區區中心聯絡，出入除搭乘少數幾線的公車外，大多自行開車上下山，出入略為不便。（詳附件四）

4.交通流量

本件不動產所在地，位於仰德大道三段250巷12號附近，該區雖屬住宅區，惟因細部計畫尚未擬訂，故僅能依原使用分區——保護區來使用，且因位處陽明山上，附近住戶稀少，南來北往的車輛較少，僅週休假日及陽明山花季期間，仰德大道之交通流量會明顯增多，平日則較少車流。

（三）近鄰地區土地及建物利用情況

本件不動產臨接5米寬之仰德大道三段250巷，因受制於保護區之開發限制，鄰近土地多為閒置或種植林木，建物多為一、二樓之平房及透天住宅，因僅有零星住戶，商業活動不熱絡，僅於文化大學周圍聚集較多的商業活動。

（四）環境整潔與寧適品質

本件不動產所在地屬住宅區（保護區變住宅區之土地；細部計畫尚未發布），經現場觀察，附近僅有零星老舊建物進行整建，土地開發案近乎全無，整體環境整潔與寧適品質尚可。

（五）公共設施

本件不動產位於陽明山上，除陽明山國家公園、擎天崗及小油坑等景點外，僅有零星複合式溫泉或景觀餐廳提供遊客用餐，其餘大型公共設施則較稀少。

（六）排水及淹水情況：因位於陽明山上，無經常性之排水不良及淹水情形。

（七）未來發展

自汐止「林肯大郡」因雨走山、山坡地住宅逢雨遭受土石流威脅之例子屢見不鮮，人類因過度開發山坡地造成大自然反撲的情形越來越嚴重。有鑑於此，台北市政府除對坡度超過30度的山坡地明令禁止開發外，另審核保護區土地開發案愈趨嚴格，除需經環境影響評估外，開發前亦須提出水土保持計畫及整體的開發利用計畫，並完成開發區內的水、電等相關之公共設施。基於保護山坡地之目的，台北市政府應會持續對陽明山保護區變住宅區土地採禁、限建政策，僅原有建物能做簡單的修繕及維護工作，未來土地從事大規模開發建築的機率偏低。

四、個別因素分析

（一）土地個別條件（詳附件一、附件二、附件四）

1. 台北市士林區○○段○小段498地號土地，面積2,867.16m²，約867.32坪，為不規則形，緊鄰508地號土地，無直接臨路。
2. 台北市士林區○○段○小段508地號土地，面積6,546.87m²，約1,980.43坪，為不規則形，位於仰德大道三段○○巷○○號之正對面，臨接約5米寬之仰德大道三段○○巷。

（二）土地利用情況（附件九）

本件估價498地號土地，現況種植竹木；另508地號土地，經比對地籍圖及台北市政府地籍圖資等資料，判斷部分作為道路使用（仰德大道三段○○巷○○弄），部分種植林木，因地上竹木不予評估，僅評估兩塊地之素地價格。

（三）法定使用管制與其他管制事項

1. 本件估價土地計有二筆，皆屬住宅區（原為保護區，經都市計畫檢討主要計畫變更，但因細部計畫及整體開發作業尚未完成，尚未能准許依變更後計畫用途使用）（詳附件三），屬「保護區變住宅區」之土地，因該土地尚未擬定細部計畫或完成整體開發作業，依規定僅能當作保護區之土地來使用，故其使用應依都市計畫法及建築法有關保護區之法令規定辦理。
2. 保護區之劃設目的
   (1)依「台北市土地使用分區管制自治條例」第4條第19款規定，都市計畫劃

設保護區之目的，係爲國土保安、水土保持、維護天然資源及保護生態功能而劃定之分區。

(2)本件估價土地原爲保護區，台北市政府於68年12月都市計畫通盤檢討案將本案土地變更爲住宅區，惟僅限於主要計畫之變更，因細部計畫尚未擬定或整體開發計畫未完成，故依規定僅能按原使用分區-保護區之法定用途使用。

3.保護區之使用管制

(1)允許使用及附條件允許使用

依「台北市土地使用分區管制自治條例」第75條之規定，保護區內得爲下列規定之使用：

A.允許使用：第四十九組：農藝及園藝業。

B.附條件允許使用

(A)第四組：學前教育設施。

(B)第六組：社區遊憩設施。

(C)第八組：社會福利設施。

(D)第十組：社區安全設施。

(E)第十二組：公用事業設施。

(F)第十三組：公務機關。

(G)第三十六組：殯葬服務業。

(H)第三十七組：旅遊及運輸服務業之營業性停車空間及計程車客運業、小客車租賃業車輛調度停放場。

(I)第三十八組：倉儲業之遊覽汽車客運車輛調度停放場。

(J)第四十三組：攝影棚

(K)第四十四組：宗祠及宗教建築。

(L)第四十五組：特殊病院。

(M)第四十六組：施工機料及廢料堆置或處理業之廢紙、廢布、廢橡膠品、廢塑膠品、舊貨整體及垃圾以外之其他廢料。

(N)第四十七組：容易妨礙衛生之設施甲組。

(O)第四十八組：容易妨礙衛生之設施乙組。

(P)第五十組：農業及農業建築。

(Q)第五十一組：公害最輕微之工業之製茶業。

(R)第五十五組：公害嚴重之工業之危險物品及高壓氣體儲藏、分裝業。

(2)特殊允許使用

依「台北市土地使用分區管制自治條例」第75條之1規定，在保護區內得為前條規定及下列附條件允許使用：

A.國防所需之各種設施。

B.警衛、保安或保防設施。

C.室外露天遊憩設施及其附屬之臨時性建築物。

D.造林或水土保持設施。

E.為保護區內地形、地物所為之工程設施。

(3)建蔽率及容積率

A.建蔽率及高度相關規定

建築物種類	建蔽率	高度（公尺）
第一種：原有合法建築物拆除後之新建、增建或改建	40%	10.5公尺以下之三層樓
第二種：第十組、第十二組、第十三組	30%	7公尺以下之二層樓
第三種：第五十組之農舍及休閒農業之住宿設施、餐飲設施、自產農產品加工（釀造）廠、農產品與農村文物展示（售）及教育解說中心之建築物	10%	10.5公尺以下之三層樓
第四種：第三種以外之其他第五十組之農業設施	有頂蓋之農業設施其建築投影面積不得超過申請設施使用土地面積之10%，且不得位於平均坡度30%以上之地區，建築面積及規模得依農業用地容許作農業設施使用審查辦法規定辦理，但高度不得超過七公尺。	
第五種：第四十四組	15%	15公尺以下之二層樓
第六種：其他各組	15%	7公尺以下之二層樓

B.前項第一種原有合法建築物拆除後之新建、增建、改建或修建，其建築面積（包括原有未拆除建築面積）合計不得超過165m²。

C.第1項第二種建築物之第十三組：公務機關（限供消防隊使用），其建築物之高度得提高為10.5公尺以下之三層樓。

D.第1項第三種及第四種建築物之建蔽率合計不得超過15%，且第三種建築面積不得超過165m²。

　E.第1項第一種、第三種與第四種建築物應設置斜屋頂，其相關規範由市政府定之。

（四）公共設施便利性

　　以勘估土地爲中心1公里範圍內，僅有陽明山國小、格致國中、郵局、警察局及數線公車；整體而言，公共設施便利性稍差。

（五）本件估價土地之週圍環境適合性分析

　　本件勘估土地位於仰德大道三段○○巷內，因受限法規之開發限制，附近多爲一、二樓之平房及透天住宅，經現場勘查，本件勘估土地現況種植林木，以使用現況對整體環境而言，其適合性尚可。（詳附件九現場照片）

（六）結語

　　本件勘估土地位於陽明山上，屬保護區之土地，雖主要計畫已變更爲住宅區，惟尚未擬定細部計畫或尚未完成整體開發計畫，故僅能依原用途--保護區使用，且台北市政府對於保護區土地之建築開發及使用給予諸多限制。基此，皆會影響其價值及價格。

五、最有效使用分析

（一）依不動產估價技術規則之規定，所謂「最有效使用」，係指客觀上具有良好意識及通常之使用能力者，在合法、實質可能、正當合理、財務可行前提下，所作得以獲致最高利益之使用。

（二）本件勘估土地之使用分區爲住宅區（保護區變住宅區土地），因台北市政府針對保護區土地之開發管理較嚴格，故所有權人迄今礙於法令仍無法開發使用，僅能種植林木以避免閒置，經分析尚符合上開法令作最有效使用之規定，故本件勘估土地尚屬最有效之使用。

柒、價格評估

一、本件估價所運用之方法

（一）不動產估價技術規則第14條規定，不動產估價師應兼採二種以上估價方法推算勘估標的價格。但因情況特殊不能採取二種以上方法估價並於估價報告書中敘明者，不在此限。

（二）本案以比較法及收益法進行評估。

本估價所運用之方法	■比較法　□土地開發分析法　□成本法 ■收益法之直接資本化法

（三）498地號及508地號以同一價格論

　　1.本件勘估之498地號土地及508地號土地，為同地段同小段且相鄰之土地，並同屬住宅區（保護區變住宅區之土地）；508地號土地使用現況除部分作為道路使用，其餘皆種植林木，亦與現況種植林木之498地號土地相同。

　　2.綜上所述，本件勘估之兩筆土地因相鄰，屬同一供需圈內之近鄰地區，且使用性質相同，故以同一價格論。

二、比較法估算過程

（一）比較法之定義

　　係以比較標的價格為基礎，經比較、分析及調整等，以推算勘估標的價格之方法。依前項方法所求得之價格為比較價格。

（二）比較法估價程序

　　1.蒐集並查證比較標的相關資料。

　　2.選擇與勘估標的條件相同或相似之比較標的。

　　3.對比較標的價格進行情況調整及價格日期調整。

　　4.比較、分析勘估標的與比較標的間之區域因素及個別因素之差異，並求取其調整率或調整額。

　　5.計算勘估標的之試算價格。

　　6.決定勘估標的之比較價格。

（三）蒐集、查證資料並選擇比較標的

　　就能成立替代關係、互為影響價格、供相同或相似用途、同質性較高、同一供需圈之近鄰地區進行蒐集、查證資料並選擇比較標的：

　　1.查訪地政士，未得成交或待售案例。

　　2.上網及查訪仲介業者，未得適當之成交或待售案例。

3.法院拍賣公告

　上網查詢士林地方法院最近3個月之拍賣及拍定公告，得1個適當之拍定案例。

4.查閱透明房訊所載法院拍定資料，得2個適當之拍定案例。

5.前述3個拍定案例，其影響交易價格之情況可掌握及量化調整，故予採用。

（四）比較標的之比較、分析、調整與試算

1.比較標的之資料

(1)比較標的(1)（詳附件六）（資料來源：士林地方法院所載拍定資料）

　A.情況掌握

　　比較標的(1)於100.9.27拍定，拍定價為772萬元，與本件價格日期相近，雖與本件勘估土地屬同地段不同小段，但兩者同屬住宅區（保護區變住宅區之土地），皆位於同一供需圈之近鄰地區，其情況可掌握，故作為比較標的。

　B.計算單價

　　比較標的(1)面積為978坪，拍賣持分為2分之1，拍定價為772萬元，拍定單價及相關資料整理如下：

地號	台北市士林區○○段○小段85地號				
面積	3,233.52m²（978坪）	權利範圍	1/2	持分面積	1,616.76m²（489坪）
使用分區	住宅區（保護區變住宅區）		拍定日期	100.9.27	
價格	■拍定價　□拍賣底價		拍　次	特賣程序後之減價拍賣	
拍定總價	772萬元		拍定單價	1.58萬元／坪	

(2)比較標的(2)（詳附件七）（資料來源：透明房訊所載法院拍定資料）

　A.情況掌握

　　比較標的(2)於100.7.26拍定，拍定價為808萬元，與本件價格日期相近，雖與本件勘估土地屬同地段不同小段，但兩者同屬住宅區（保護區變住宅區之土地），皆位於同一供需圈之近鄰地區，其情況可掌握，故作為比較標的。

　B.計算單價

　　比較標的(2)面積為1,314坪，拍賣持分為1萬分之3333，拍定價為808萬元，拍定單價及相關資料整理如下：

地號	台北市士林區○○段○小段700地號				
面積	4,343.77m^2 （1,314坪）	權利 範圍	3333/1萬	持分面積	1,447.78m^2 （438坪）
使用分區	住宅區（保護區變住宅區）		拍定日期	100.7.26	
價格	■拍定價　□拍賣底價		拍次	4拍	
拍定總價	808萬元		拍定單價	1.84萬元／坪	

(3)比較標的(3)（詳附件八）（資料來源：透明房訊所載法院拍定資料）

　A.情況掌握

　　比較標的(3)於99.4.1拍定，拍定價為23萬元，與本件價格日期較遠，雖與本件勘估土地屬同地段不同小段，但兩者同屬住宅區（保護區變住宅區土地），皆位於同一供需圈之近鄰地區，其情況可掌握，故作為比較標的。

　B.計算單價

　　比較標的(3)面積為323.4坪，拍賣持分為96分之4，拍定價為23萬元，拍定單價及相關資料整理如下：

地號	台北市士林區○○段4小段×××地號				
面積	1,069.11m^2（323.4坪）	權利範圍	4/96	持分面積	44.55m^2（13.5坪）
使用分區	住宅區（保護區變住宅區）		拍定日期	99.4.1	
價格	■拍定價　□拍賣底價		拍次	4拍	
拍定總價	23萬元		拍定單價	1.70萬元／坪	

2.一般因素分析及調整

　(1)比較標的(1)及比較標的(2)之拍定日期，與本件勘估土地之價格日期100.11.14相近，其影響價格之一般因素雷同，故不予調整；比較標的(3)之拍定日期為99.4.1，其影響價格之一般因素略有差異，故予以調整。

　(2)調整率

項目	勘估土地	比較標的（1）		比較標的（2）		比較標的（3）	
		因素比較	調整率	因素比較	調整率	因素比較	調整率
政治因素		□優■相當□劣	100%	□優■相當□劣	100%	■優□相當□劣	98%
經濟因素		□優■相當□劣	100%	□優■相當□劣	100%	■優□相當□劣	98%
社會因素		□優■相當□劣	100%	□優■相當□劣	100%	□優■相當□劣	100%

項目	勘估土地	比較標的（1）		比較標的（2）		比較標的（3）	
		因素比較	調整率	因素比較	調整率	因素比較	調整率
自然因素		□優■相當□劣	100%	□優■相當□劣	100%	□優■相當□劣	100%
總調整率		100%		100%		96%	

3.區域因素分析及調整

(1)因屬近鄰地區，其影響價格之區域因素雷同，故不予調整。

(2)調整率

項目	勘估土地	比較標的（1）		比較標的（2）		比較標的（3）	
		因素比較	調整率	因素比較	調整率	因素比較	調整率
使用分區		□商■相當□住	100%	□商■相當□住	100%	□商■相當□住	100%
使用管制		□嚴■相當□無	100%	□嚴■相當□無	100%	□嚴■相當□無	100%
環境整潔		□優■相當□劣	100%	□優■相當□劣	100%	□優■相當□劣	100%
寧適品質		□優■相當□劣	100%	□優■相當□劣	100%	□優■相當□劣	100%
距市中心		□遠■相當□近	100%	□遠■相當□近	100%	□遠■相當□近	100%
交通流量		□大■相當□小	100%	□大■相當□小	100%	□大■相當□小	100%
出入便利		□優■相當□劣	100%	□優■相當□劣	100%	□優■相當□劣	100%
人口密度		□密■相當□疏	100%	□密■相當□疏	100%	□密■相當□疏	100%
主要職業		□商■相當	100%	□商■相當	100%	□商■相當	100%
公共設施		□優■相當□劣	100%	□優■相當□劣	100%	□優■相當□劣	100%
治安情況		□優■相當□劣	100%	□優■相當□劣	100%	□優■相當□劣	100%
商化程度		□優■相當□劣	100%	□優■相當□劣	100%	□優■相當□劣	100%
建物類型		□大樓■相當□公寓	100%	□大樓■相當□公寓	100%	□大樓■相當□公寓	100%
排水情況		□優■相當□劣	100%	□優■相當□劣	100%	□優■相當□劣	100%
淹水情況		□有　■無	100%	□有　■無	100%	□有　■無	100%
嫌惡設施		□有　■無	100%	□有　■無	100%	□有　■無	100%
噪音污染		□有　■無	100%	□有　■無	100%	□有　■無	100%
水源污染		□有　■無	100%	□有　■無	100%	□有　■無	100%
空氣污染		□有　■無	100%	□有　■無	100%	□有　■無	100%
溫度濕度		□優■相當□劣	100%	□優■相當□劣	100%	□優■相當□劣	100%
未來發展		□優■相當□劣	100%	□優■相當□劣	100%	□優■相當□劣	100%
其他情況		□優■相當□劣	100%	□優■相當□劣	100%	□優■相當□劣	100%
總調整率		100%		100%		100%	

4.個別因素分析及調整

項目	勘估土地	比較標的（1）		比較標的（2）		比較標的（3）	
		因素比較	調整率	因素比較	調整率	因素比較	調整率
面積		□大■相當□小	100%	□大■相當□小	100%	□大□相當■小	104%
形狀	不規則形	不規則形	100%	不規則形	100%	近方形	99%
地勢	高	□高□相當■低	99%	□高■相當□低	100%	□高■相當□低	100%
地質		□硬■相當□軟	100%	□硬■相當□軟	100%	□硬■相當□軟	100%
坡度	陡	□陡□相當■緩	99%	□陡■相當□緩	100%	□陡□相當■緩	99%
面臨路寬	5米	3米	101%	6米	99%	4米	100%
臨主要幹道	近	□遠■相當□近	100%	■遠□相當□近	101%	■遠□相當□近	101%
臨街關係	比路高	□高■相當□低	100%	□高□相當■低	99%	□高□相當■低	99%
日照通風		□優■相當□劣	100%	□優■相當□劣	100%	□優■相當□劣	100%
環境景觀		□優■相當□劣	100%	□優■相當□劣	100%	□優■相當□劣	100%
相鄰使用		□優■相當□劣	100%	□優■相當□劣	100%	□優■相當□劣	100%
公設接近度	近	□遠■相當□近	100%	■遠□相當□近	101%	■遠□相當□近	101%
距離嫌惡	無嫌惡	□遠■相當□近	100%	□遠■相當□近	100%	□遠■相當□近	100%
使用現況	種植林木	部分林木部分房屋	99%	種植林木	100%	種植林木	100%
土地權屬	持分	□全部■持分	100%	□全部■持分	100%	□全部■持分	100%
其他情況		□優■相當□劣	100%	□優■相當□劣	100%	□優■相當□劣	100%
總調整率		98%		100%		103%	

5.調整與計算

(1)情況調整率：三個比較標的分別為特拍、4拍及4拍之拍定案例，而第一次拍賣底價係由法院委託不動產估價師所評估，比較標的係經數次拍賣流標及降價後拍定，顯然不動產估價師所評估之第一次拍賣之底價高於市場行情；益以得標人係參考拍賣底價逕行競標，無特殊之交易情況；是故法院拍定價格亦形成市場行情，因此不再予以情況調整。

(2)日期調整率：依稅捐及地政機關所採用之物價指數予以調整（詳附件五）

A.比較標的(1)100/9/27拍定，以物價指數100.5%予以調整。

B.比較標的(2)100/7/26拍定，以物價指數100.7%予以調整。

C.比較標的(3)99/4/1拍定，以物價指數102.5%予以調整。

(3)各案賦予權值比

A.三個比較案例皆為拍定案例，惟比較標的(1)與本件勘估土地同位於仰德大道三段附近，與本件勘估土地相距最近，且拍定日期亦與價格日期最近；比較標的(2)與比較標的(3)皆位於永公路上，但比較標的(3)與本件勘估土地相距最遠，且拍定日期亦與價格日期最遠。

B.考量影響價格之各種因素及資料可信度，就比較標的(1)比較標的(2)比較標的(3)賦予不同之權值各為40%、35%、25%。

(4)計算

次序	計算	項目	比較標的(1)	比較標的(2)	比較標的(3)
1		行情價格（萬元／坪）	1.58	1.84	1.70
2		情況調整率	1	1	1
3	1×2	情況調整後價格	1.58	1.84	1.70
4		日期調整率	1.005	1.007	1.025
5	3×4	日期調整後價格	1.59	1.85	1.74
6		一般因素調整率	1	1	0.96
7	5×6	一般因素調整後價格	1.59	1.85	1.67
8		區域因素調整率	1	1	1
9	7×8	區域因素調整後價格	1.59	1.85	1.67
10		個別因素調整率	0.98	1	1.03
11	9×10	個別因素調整後價格	1.56	1.85	1.72
12		各案賦予權值比重	40%	35%	25%
13	11×12	比較價格	1.推算結果有些價差，但均在法令規定之範圍內，故仍可採用。 2.權值比計算：1.56×40%＋1.85×35%＋1.72×25%＝0.62＋0.65＋0.43＝1.7萬元／坪			

6.決定比較價格：本件估價土地，比較價格為1.7萬元／坪。

三、收益法──直接資本化法之估算過程

（一）收益法──直接資本化法之定義

直接資本化法，指勘估標的未來平均一年期間之客觀淨收益，應用價格日期當時適當之收益資本化率推算勘估標的價格之方法。

（二）收益法之估價程序

1.蒐集總收入、總費用及收益資本化率或折現率等資料。

2.推算有效總收入。

3.推算總費用。

4.計算淨收益。

5.決定收益資本化率或折現率。

6.計算收益價格。

（三）以土地法第 110 條之規定作為收益基礎

1.因住宅區土地（保護區變住宅區）目前尚無法開發建築，且勘估土地附近僅有零星住戶，經市場調查及上網查詢，並未蒐集到與勘估土地性質相同或相似之收益案例；是故參考土地法之有關耕地租金標準作為收益評估之依據。

2.土地法第110條第1項規定：「耕地地租不得超過地價百分之八，約定地租或習慣地租超過地價百分之八者，應比照地價百分之八減定之，不及地價百分之八者，依其約定或習慣。」同條第2項規定：「前項地價指法定地價，未經依規定地價之地方，指最近三年之平均地價。」

3.本件勘估土地雖屬都市計畫之住宅區，但細部計畫尚未完成，其原為保護區、地目旱，如經都市計畫主管機關認定仍應依原來之分區別管制而視為農業用地。因查無實際收益案例，故以上開土地法之規定，即以本件勘估土地之申報地價，計算其收益。土地法規定之法定地價，即平均地權條例規定之申報地價。本件勘估土地之申報地價0.264萬元／m^2（詳見附件一）。

（四）估算過程

1.總收入：0.264萬元／$m^2 \times 0.08 \times 6,546.87 \times (232/960) = 33.42$萬元

2.總費用：推估為總收入之10%（考量地價稅及相關管理費用），計算如下：

　33.42元$\times 10\% = 3.34$萬元

3.計算淨收益：33.42萬元$-$3.34萬元$=$30.08萬元

4.收益資本化率：3%（一般不動產投資報酬率介於2.5%～4%，考量本件勘估土地之性質，以較低之報酬率3%爲收益資本化率）

5.計算收益價格：30.08萬元÷3% = 1,002.67萬元

6.平均單價：1,002.67萬元÷[6,546.87×(232/960)]÷0.3025 = 2.09萬元／坪

四、價格決定之理由

（一）價格有些差異

本件估價土地採比較法估得比較價格爲1.7萬元／坪；採收益法估得收益價格爲2.09萬元／坪，兩者估算之結果有些差異。

（二）檢討並賦予權值

比較法採用之實例及計算過程較爲嚴謹，可信度較高；收益法之計算雖有其理論基礎，惟非實際之承租或待租案例，且有關費用及資本化率之計較難精準，故各賦予權值75%、25%。

（三）計算：$1.7 \times 75\% + 2.09 \times 25\% = 1.28 + 0.52 = 1.8$ 萬元／坪

（四）檢視

1.本件勘估土地由保護區變更爲住宅區，迄今三十餘年，因細部計畫尚未擬定，目前仍無法開發建築，雖政府將該區土地之公告現值，從80年之15,000元／㎡調降至93年之8,800元／㎡，再調漲至100年之9,300元／㎡，因土地開發權利受限，亦無法知道限制令何時可解除，市場普遍認爲目前公告土地現值仍明顯偏高。

2.綜上所述，本件估價經進行綜合比較、就其中金額顯著差異之部分重新檢討、並視所蒐集資料之可信度及估價種類目的條件差異、考量價格形成因素之相近程度，決定本件勘估土地之價格：1.8萬元／坪，約爲公告土地現值的六成，應具適當性。

（五）估定價格

1.單價：1.8萬元／坪。

2.總價

　(1)498地號：1.8萬元／坪×114.85坪 = 206.73萬元。

(2)508地號：1.8萬元／坪×478.60坪＝861.48萬元。

3.合計：206.73萬元＋861.48萬元＝1,068.21萬元

捌、估價金額（單位：新臺幣）

估價標的	單價	面積	總價
台北市士林區○○段○小段498地號	1.8萬元／坪	114.85坪	206.73萬元
台北市士林區○○段○小段508地號	1.8萬元／坪	478.60坪	861.48萬元
總計		593.45坪	1,068.21萬元≒1,068萬元 （壹仟零陸拾捌萬元）

玖、其他與估價相關之必要事項及依規定須敘明之情況

一、土地增值稅預估及淨值

（一）土地增值稅預估

1.申請不課徵土地增值稅

本件土地雖屬都市計畫之住宅區，但細部計畫尚未完成，其原為保護區、地目旱，如經都市計畫主管機關認定仍應依原來之分區別管制而視為農業用地，符合土地稅法第39條之2第1項、土地稅法施行細則第57條第4款及第58條第1項第1款規定，得向稅捐機關申請不課徵土地增值稅。

2.課徵土地增值稅

(1)498地號

土地漲價總數額：$2,867.16 \times (116/876) \times 0.93 - 2,867.16 \times (116/876) \times 1.5 \times 1.401 = -444.78$萬元

稅額：0萬元

(2)508地號

A.79年4月取得

土地漲價總數額：$6,546.87 \times (107/960) \times 0.93 - 6,546.87 \times (107/960) \times 0.25 \times 1.467 = 411$萬元

稅額：$411 \times 0.28 - 6,546.87 \times (107/960) \times 0.25 \times 1.467 \times 0.08 = 93.67$萬元

B.80年6月取得

土地漲價總數額：$6,546.87 \times (125/960) \times 0.93 - 6,546.87 \times (125/960) \times 1.5$

$$\times 1.401 = -998.65萬元$$

　　　稅額：0萬元

　　C.小計：93.67萬元

　(3)稅額合計：0萬元＋93.67萬元＝93.67萬元

（二）淨值

1.申請不課徵土地增值稅：1,068.21萬元－0萬元＝1,068.21萬元

2.課徵土地增值稅：1,068.21萬元－93.67萬元＝974.54萬元

二、其他依規定須敘明之情況

本件依規定須敘明之情況，均已敘明，已無其他依規定須敘明之情況。

拾、不動產估價師姓名及證照字號

估價報告人：○○不動產估價師事務所（簽章）

不動產估價師：○○○（簽章）

估價師證書：（○○）台內估字第00000號

開業證照：（○○）北市估字第00000號

公會證書：（○○）北市估證字第000號

事務所地址：臺北市○○區○○路○段○號○樓

事務所電話：（02）-------傳眞：（02）--------

網址：------------

電子信箱：-----------

中華民國100年11月28日

附件：一、本件估價之土地登記電子謄本1份4張

　　　二、本件估價之地籍圖電子謄本1份1張

　　　三、本件估價土地使用分區查詢結果1份1張

　　　四、地圖1份1張

　　　五、物價指數表1份1張

　　　六、比較標的(1)資料1份1張

　　　七、比較標的(2)資料1份1張

　　　八、比較標的(3)資料1份1張

　　　九、現場照片1份1張

附錄一

不動產估價技術規則

（內政部102年12月20日台內地字第1020367113號令）

第一章 總則

第1條　本規則依不動產估價師法第十九條第一項規定訂定之。

第2條　本規則用詞定義如下：

一、正常價格：指具有市場性之不動產，於有意願之買賣雙方，依專業知識、謹慎行動，不受任何脅迫，經適當市場行銷及正常交易條件形成之合理價值，並以貨幣金額表示者。

二、限定價格：指具有市場性之不動產，在下列限定條件之一所形成之價值，並以貨幣金額表示者：

（一）以不動產所有權以外其他權利與所有權合併為目的。

（二）以不動產合併為目的。

（三）以違反經濟合理性之不動產分割為前提。

三、特定價格：指具有市場性之不動產，基於特定條件下形成之價值，並以貨幣金額表示者。

四、特殊價格：指對不具市場性之不動產所估計之價值，並以貨幣金額表示者。

五、正常租金：指具有市場性之不動產，於有意願之租賃雙方，依專業知識、謹慎行動，不受任何脅迫，經適當市場行銷及正常租賃條件形成之合理租賃價值，並以貨幣金額表示者。

六、限定租金：指基於續訂租約或不動產合併為目的形成之租賃價值，並以貨幣金額表示者。

七、價格日期：指表示不動產價格之基準日期。

八、勘察日期：指赴勘估標的現場從事調查分析之日期。

九、勘估標的：指不動產估價師接受委託所估價之土地、建築改良物（以下簡稱建物）、農作改良物及其權利。

十、比較標的：指可供與勘估標的間，按情況、價格日期、區域因素及個別因素之差異進行比較之標的。

十一、同一供需圈：指比較標的與勘估標的間能成立替代關係，且其價格互為影響之最適範圍。

十二、近鄰地區：指勘估標的或比較標的之周圍，供相同或類似用途之不動產，形成同質性較高之地區。

十三、類似地區：指同一供需圈內，近鄰地區以外而與勘估標的使用性質相近之其他地區。

十四、一般因素：指對於不動產市場及其價格水準發生全面影響之自然、政治、社會、經濟等共同因素。

十五、區域因素：指影響近鄰地區不動產價格水準之因素。

十六、個別因素：指不動產因受本身條件之影響，而產生價格差異之因素。

十七、最有效使用：指客觀上具有良好意識及通常之使用能力者，在合法、實質可能、正當合理、財務可行前提下，所作得以獲致最高利益之使用。

第3條　不動產估價師應經常蒐集與不動產價格有關之房地供需、環境變遷、人口、居民習性、公共與公用設施、交通運輸、所得水準、產業結構、金融市場、不動產經營利潤、土地規劃、管制與使用現況、災變、未來發展趨勢及其他必要資料，作為掌握不動產價格水準之基礎。

第4條　不動產估價師應經常蒐集比較標的相關交易、收益及成本等案例及資料，並詳予求證其可靠性。

前項資料得向當事人、四鄰、其他不動產估價師、不動產經紀人員、地政士、地政機關、金融機構、公有土地管理機關、司法機關、媒體或有關單位蒐集之。

第5條　不動產估價師應力求客觀公正，運用邏輯方法及經驗法則，進行調查、勘察、整理、比較、分析及調整等估價工作。

第6條　不動產估價，應切合價格日期當時之價值。其估計價格種類包括正常價格、限定價格、特定價格及特殊價格；估計租金種類包括正常租金及限定租金。

不動產估價，應註明其價格種類；其以特定價格估價者，應敘明其估價條件，並同時估計其正常價格。

第7條　依本規則辦理估價所稱之面積，已辦理登記者，以登記之面積為準；其未辦理登記或以部分面積為估價者，應調查註明之。

第二章　估價作業程序

第8條　不動產估價作業程序如下：

一、確定估價基本事項。

二、擬定估價計畫。

三、蒐集資料。

四、確認勘估標的狀態。

五、整理、比較、分析資料。

六、運用估價方法推算勘估標的價格。

七、決定勘估標的價格。

八、製作估價報告書。

第9條　確定估價基本事項如下：

一、勘估標的內容。

二、價格日期。

三、價格種類及條件。

四、估價目的。

第10條 擬定估價計畫包括下列事項：

一、確定作業步驟。

二、預估所需時間。

三、預估所需人力。

四、預估作業經費。

五、擬定作業進度表。

第11條 不動產估價應蒐集之資料如下：

一、勘估標的之標示、權利、法定用途及使用管制等基本資料。

二、影響勘估標的價格之一般因素、區域因素及個別因素。

三、勘估標的相關交易、收益及成本資料。

第12條 不動產估價師應依下列原則蒐集比較實例：

一、實例之價格屬正常價格、可調整為正常價格或與勘估標的價格種類相同者。

二、與勘估標的位於同一供需圈之近鄰地區或類似地區者。

三、與勘估標的使用性質或使用管制相同或相近者。

四、實例價格形成日期與勘估標的之價格日期接近者。

第13條 確認勘估標的狀態時，應至現場勘察下列事項：

一、確認勘估標的之基本資料及權利狀態。

二、調查勘估標的及比較標的之使用現況。

三、確認影響價格之各項資料。

四、作成紀錄及攝製必要之照片或影像檔。

委託人未領勘，無法確認勘估標的範圍或無法進入室內勘察時，應於估價報告書敘明。

第14條 不動產估價師應兼採二種以上估價方法推算勘估標的價格。但因情況特殊不能採取二種以上方法估價並於估價報告書中敘明者，不在此限。

第15條 不動產估價師就不同估價方法估價所獲得之價格進行綜合比較，就其中金額顯著差異者重新檢討。並視不同價格所蒐集資料可信度及估價種類目的條件差異，考量價格形成因素之相近程度，決定勘估標的價格，並將決定理由詳予敘明。

以契約約定租金作為不動產證券化受益證券信託利益分配基礎者，折現現金流量分析法之收益價格應視前項情形賦予相對較大之權重。但不動產證券化標的進行清算時，不在此限。

第16條 不動產估價師應製作估價報告書，於簽名或蓋章後，交付委託人。

估價報告書應載明事項如下：

一、委託人。

二、勘估標的之基本資料。

三、價格日期及勘察日期。

四、價格種類。

五、估價條件。

六、估價目的。

七、估價金額。

八、勘估標的之所有權、他項權利及其他負擔。

九、勘估標的使用現況。

十、勘估標的法定使用管制或其他管制事項。

十一、價格形成之主要因素分析。

十二、估價所運用之方法與其估算過程及價格決定之理由。

十三、依本規則規定須敘明之情況。

十四、其他與估價相關之必要事項。

十五、不動產估價師姓名及其證照字號。

前項估價報告書應檢附必要之圖說資料。

因行政執行或強制執行委託估價案件，其報告書格式及應附必要之圖說資料，依其相關規定辦理，不受前二項之限制。

第17條　估價報告書之事實描述應真實確切，其用語應明確肯定，有難以確定之事項者，應在估價報告書中說明其可能影響勘估標的權利或價值之情形。

第三章　估價方法

第一節　比較法

第18條　比較法指以比較標的價格為基礎，經比較、分析及調整等，以推算勘估標的價格之方法。

依前項方法所求得之價格為比較價格。

第19條　本節名詞定義如下：

一、情況調整：比較標的之價格形成條件中有非屬於一般正常情形而影響價格時，或有其他足以改變比較標的之價格之情況存在時，就該影響部分所作之調整。

二、價格日期調整：比較標的之交易日期與勘估標的之價格日期因時間之差異，致價格水準發生變動，應以適當之變動率或變動金額，將比較標的價格調整為勘估標的價格日期之價格。

三、區域因素調整：所選用之比較標的與勘估標的不在同一近鄰地區內時，為將比較標的之價格轉化為與勘估標的同一近鄰地區內之價格水準，而以比較標的之區域價格水準為基礎，就區域因素不同所產生之價格差

異，逐項進行之分析及調整。

四、個別因素調整：以比較標的之價格爲基礎，就比較標的與勘估標的因個別因素不同所產生之價格差異，逐項進行之分析及調整。

五、百分率法：將影響勘估標的及比較標的價格差異之區域因素及個別因素逐項比較，並依優劣程度或高低等級所評定之差異百分率進行價格調整之方法。

六、差額法：指將影響勘估標的及比較標的價格差異之區域因素及個別因素逐項比較，並依優劣程度或高低等級所評定之差額進行價格調整之方法。

七、計量模型分析法：蒐集相當數量具代表性之比較標的，透過計量模型分析，求出各主要影響價格因素與比較標的價格二者之關係式，以推算各主要影響價格因素之調整率及調整額之方法。

第20條　應用前條計量模型分析法應符合下列條件：

一、須蒐集應用計量模型分析關係式自變數個數五倍以上之比較標的。

二、計量模型分析採迴歸分析者，其調整後判定係數不得低於零點七。

三、截距項以外其他各主要影響價格因素之係數估計值同時爲零之顯著機率不得大於百分之五。

第21條　比較法估價之程序如下：

一、蒐集並查證比較標的相關資料。

二、選擇與勘估標的條件相同或相似之比較標的。

三、對比較標的價格進行情況調整及價格日期調整。

四、比較、分析勘估標的及比較標的間之區域因素及個別因素之差異，並求取其調整率或調整額。

五、計算勘估標的之試算價格。

六、決定勘估標的之比較價格。

前項第五款所稱之試算價格，指以比較標的價格經情況調整、價格日期調整、區域因素調整及個別因素調整後所獲得之價格。

第22條　所蒐集之比較標的，應就下列事項詳予查證確認：

一、交易價格及各項費用之負擔方式。

二、交易條件；有特殊付款方式者，其方式。

三、比較標的狀況。

四、交易日期。

前項查證確有困難之事項，應於估價報告書中敘明。

第23條　比較標的有下列情況，應先作適當之調整；該影響交易價格之情況無法有效掌握及量化調整時，應不予採用：

一、急買急賣或急出租急承租。

　　　　　二、期待因素影響之交易。

　　　　　三、受債權債務關係影響之交易。

　　　　　四、親友關係人間之交易。

　　　　　五、畸零地或有合併使用之交易。

　　　　　六、地上物處理有糾紛之交易。

　　　　　七、拍賣。

　　　　　八、公有土地標售、讓售。

　　　　　九、受迷信影響之交易。

　　　　　十、包含公共設施用地之交易。

　　　　　十一、人為哄抬之交易。

　　　　　十二、與法定用途不符之交易。

　　　　　十三、其他特殊交易。

第24條　比較、分析勘估標的與比較標的之區域因素及個別因素差異並就其中差異進行價格調整時，其調整以百分率法為原則，亦得以差額法調整，並應於估價報告書中敘明。

第25條　試算價格之調整運算過程中，區域因素調整、個別因素調整或區域因素及個別因素內之任一單獨項目之價格調整率大於百分之十五，或情況、價格日期、區域因素及個別因素調整總調整率大於百分之三十時，判定該比較標的與勘估標的差異過大，應排除該比較標的之適用。但勘估標的性質特殊或區位特殊缺乏市場交易資料，並於估價報告書中敘明者，不在此限。

第26條　經比較調整後求得之勘估標的試算價格，應就價格偏高或偏低者重新檢討，經檢討確認適當合理者，始得作為決定比較價格之基礎。檢討後試算價格之間差距仍達百分之二十以上者，應排除該試算價格之適用。

　　　　前項所稱百分之二十以上之差距，指高低價格之差除以高低價格平均值達百分之二十以上者。

第27條　不動產估價師應採用三件以上比較標的，就其經前條推估檢討後之勘估標的試算價格，考量各比較標的蒐集資料可信度、各比較標的與勘估標的價格形成因素之相近程度，決定勘估標的之比較價格，並將比較修正內容敘明之。

第二節　收益法

第28條　收益法得採直接資本化法、折現現金流量分析法等方法。

　　　　依前項方法所求得之價格為收益價格。

第29條　直接資本化法，指勘估標的未來平均一年期間之客觀淨收益，應用價格日期當時適當之收益資本化率推算勘估標的之價格之方法。

第30條　直接資本化法之計算公式如下：

　　　　收益價格＝勘估標的未來平均一年期間之客觀淨收益÷收益資本化率

第31條　折現現金流量分析法，指勘估標的未來折現現金流量分析期間之各期淨收益及期末價值，以適當折現率折現後加總推算勘估標的價格之方法。

前項折現現金流量分析法，得適用於以投資為目的之不動產投資評估。

第32條　折現現金流量分析法之計算公式如下：

$$P = \sum_{k=1}^{n'} CFk / (1+Y)^k + Pn' / (1+Y)^{n'}$$

其中：

P：收益價格

CFk：各期淨收益

Y：折現率

n'：折現現金流量分析期間

k：各年期

Pn'：期末價值

第33條　客觀淨收益應以勘估標的作最有效使用之客觀淨收益為基準，並參酌鄰近類似不動產在最有效使用情況下之收益推算之。

以不動產證券化為估價目的，採折現現金流量分析法估價時，各期淨收益應以勘估標的之契約租金計算為原則。但因情況特殊不宜採契約租金估價，並於估價報告書中敘明者，不在此限。

前項契約租金未知者，應以市場經濟租金推估客觀淨收益。

第34條　收益法估價之程序如下：

一、蒐集總收入、總費用及收益資本化率或折現率等資料。

二、推算有效總收入。

三、推算總費用。

四、計算淨收益。

五、決定收益資本化率或折現率。

六、計算收益價格。

第35條　收益法估價應蒐集勘估標的及與其特性相同或相似之比較標的最近三年間總收入、總費用及收益資本化率或折現率等資料。

前項蒐集最近三年間之資料有困難時，應於估價報告書中敘明。

蒐集第一項資料時，應就其合理性進行綜合研判，以確定資料之可用性，並得依其持續性、穩定性及成長情形加以調整。

前條蒐集總收入資料，得就其不動產之租金估計之，以確認總收入資料之合理性。

第36條　勘估標的之有效總收入計算方式如下：

一、分析並推算勘估標的之總收入。

二、推算閒置及其他原因所造成之收入損失。

三、第一款總收入扣除前款收入損失後之餘額爲勘估標的之有效總收入。

前項第一款所稱總收入，指價格日期當時勘估標的按法定用途出租或營運，在正常情況下所獲得之租金或收入之數額。

第37條　推算總收入及有效總收入時，應與下列相關資料校核比較：

一、勘估標的往年之總收入及有效總收入。

二、相同產業或具替代性比較標的總收入及有效總收入。

三、目前或未來可能之計畫收入。

第38條　勘估標的總費用之推算，應根據相同或相似不動產所支出之費用資料或會計報表所載資料加以推算，其項目包括地價稅或地租、房屋稅、保險費、管理費及維修費等。其爲營運性不動產者，並應加計營運費用。

以不動產證券化爲估價目的者，其折現現金流量分析法之總費用應依信託計畫資料加以推算。

第39條　勘估標的總費用之推算，應推估不動產構成項目中，於耐用年數內需重置部分之重置提撥費，並按該支出之有效使用年期及耗損比率分年攤提。

第40條　勘估標的總費用之推算，除推算勘估標的之各項費用外，勘估標的包含建物者，應加計建物之折舊提存費，或於計算收益價格時，除考量建物收益資本化率或折現率外，應加計建物價格日期當時價值未來每年折舊提存率。

第40-1條　建物折舊提存費，得依下列方式計算：

一、等速折舊型：$C \times (1-s) \times \dfrac{1}{N}$

二、償債基金型：$C \times (1-s) \times \dfrac{i}{(1+i)^N - 1}$

其中：

C：建物總成本。

s：殘餘價格率。

i：自有資金之計息利率。

N：建物經濟耐用年數。

前項建物總成本、殘餘價格率、自有資金之計息利率及建物經濟耐用年數依成本法相關規定估計之。

第41條　建物價格日期當時價值未來每年折舊提存率，得依下列方式計算：

一、等速折舊型：$d = \dfrac{(1-s) \times \dfrac{1}{N}}{1 - (1-s) \times \dfrac{n}{N}}$

二、償債基金型：$d = \dfrac{i}{(1+i)^{n'} - 1}$

其中：

d：建物價格日期當時價值未來每年折舊提存率。

$(1-s)\dfrac{1}{N}$：折舊率

n：已經歷年數。

n'：剩餘可收益之年數。

i：自有資金之計息利率。

前項折舊率，依成本法相關規定估計之。

第42條　有效總收入減總費用即為淨收益。

前項淨收益為營運性不動產之淨收益者，應扣除不屬於不動產所產生之其他淨收益。

第43條　收益資本化率或折現率應於下列各款方法中，綜合評估最適宜之方法決定：

一、風險溢酬法：收益資本化率或折現率應考慮銀行定期存款利率、政府公債利率、不動產投資之風險性、貨幣變動狀況及不動產價格之變動趨勢等因素，選擇最具一般性財貨之投資報酬率為基準，比較觀察該投資財貨與勘估標的個別特性之差異，並就流通性、風險性、增值性及管理上之難易程度等因素加以比較決定之。

二、市場萃取法：選擇數個與勘估標的相同或相似之比較標的，以其淨收益除以價格後，以所得之商數加以比較決定之。

三、加權平均資金成本法：依加權平均資金成本方式決定，其計算式如下：

$$收益資本化率或折現率 = \sum_{i=1}^{n} WiKi$$

其中：

Wi：第i個資金來源占總資金成本比例，$\sum_{i=1}^{n} Wi = 1$。

Ki：為第i個資金來源之利率或要求報酬率。

四、債務保障比率法：依債務保障比率方式決定，其計算式如下：

收益資本化率或折現率＝債務保障比率×貸款常數×貸款資金占不動產價格比率

五、有效總收入乘數法：考量市場上類似不動產每年淨收益占每年有效總收入之合理淨收益率，及類似不動產合理價格除以每年有效總收入之有效總收入乘數，以下列公式計算之：

收益資本化率或折現率＝淨收益率／有效總收入乘數

收益資本化率或折現率之決定有採取其他方法計算之必要時，應於估價報告書中敘明。

第44條　土地收益價格依下列計算式求取之：

一、地上無建物者：

　　土地收益價格＝土地淨收益／土地收益資本化率

二、地上有建物者：

　　土地收益價格＝（房地淨收益－建物淨收益）／土地收益資本化率

建物淨收益依下列計算式求取之：

一、淨收益已扣除折舊提存費者：

　　建物淨收益＝建物成本價格×建物收益資本化率

二、淨收益未扣除折舊提存費者：

　　建物折舊前淨收益＝建物成本價格×（建物收益資本化率＋建物價格日期當時價值未來每年折舊提存率）

第45條　建物收益價格依下列計算式求取之：

一、淨收益已扣除折舊提存費者：

　　（一）建物收益價格＝建物淨收益／建物收益資本化率

　　（二）建物收益價格＝（房地淨收益－土地淨收益）／建物收益資本化率

二、淨收益未扣除折舊提存費者：

　　（一）建物收益價格＝建物折舊前淨收益／（建物收益資本化率＋建物價格日期當時價值未來每年折舊提存率）

　　（二）建物收益價格＝（房地折舊前淨收益－土地淨收益）／（建物收益資本化率＋建物價格日期當時價值未來每年折舊提存率）

前項土地淨收益，得先以比較法求取土地比較價格後，再乘以土地收益資本化率得之。

第46條　推算房地收益價格時，依下列方式計算之：

房地收益價格＝房地淨收益／房地綜合收益資本化率

房地綜合收益資本化率除依第四十三條決定外，亦得依下列計算式求取之：

一、淨收益已扣除折舊提存費者：

　　房地綜合收益資本化率＝土地收益資本化率×土地價值比率＋建物收益資本化率×建物價值比率

二、淨收益未扣除折舊提存費者：

　　房地綜合收益資本化率＝土地收益資本化率×土地價值比率＋（建物收益資本化率＋建物價格日期當時價值未來每年折舊提存率）×建物價值比率

前項土地價值比率及建物價值比率，應參酌當地市場調查資料，運用估價方法計算之。

第47條　一定期間之收益價格，依下列計算式求取：

$$P = a \times \frac{1 - \dfrac{1}{(1+r)n'}}{r}$$

其中：

P：收益價格

a：平均一年期間折舊前淨收益

r：收益資本化率

n'：可收益之年數

收益價格已知者，適用該公式反推平均一年期間折舊前淨收益。

一定期間終止後，有期末價值者，收益價格得加計該期末價值之現值，期末價值並得扣除處分不動產所需之相關費用。

第三節　成本法

第48條　成本法，指求取勘估標的於價格日期之重建成本或重置成本，扣減其累積折舊額或其他應扣除部分，以推算勘估標的價格之方法。

依前項方法所求得之價格為成本價格。

建物估價以求取重建成本為原則。但建物使用之材料目前已無生產或施工方法已改變者，得採重置成本替代之。

重建成本，指使用與勘估標的相同或極類似之建材標準、設計、配置及施工品質，於價格日期重新複製建築所需之成本。

重置成本，指與勘估標的相同效用之建物，以現代建材標準、設計及配置，於價格日期建築所需之成本。

第49條　成本法估價之程序如下：

一、蒐集資料。

二、現況勘察。

三、調查、整理、比較及分析各項成本及相關費用等資料。

四、選擇適當方法推算營造或施工費。

五、推算其他各項費用及利潤。

六、計算總成本。

七、計算建物累積折舊額。

八、計算成本價格。

第50條　成本法估價除依第十一條規定蒐集資料外，另得視需要申請及蒐集下列土地及建物所需資料：

一、土地開發及建築構想計畫書。

二、設計圖說。

三、相關許可或執照。

四、施工計畫書。

五、竣工圖。

六、使用執照。

七、登記（簿）謄本或建物平面位置圖。

第51條　成本法估價應蒐集與勘估標的同一供需圈內之下列資料：

一、各項施工材料、人工之價格水準。

二、營造、施工、規劃、設計、廣告、銷售、管理及稅捐等費用資料。

三、資本利率。

四、開發或建築利潤率。

第52條　勘估標的之總成本應包括之各項成本及相關費用如下：

一、營造或施工費。

二、規劃設計費。

三、廣告費、銷售費。

四、管理費。

五、稅捐及其他負擔。

六、資本利息。

七、開發或建築利潤。

前項勘估標的為土地或包含土地者，總成本應加計價格日期當時之土地價格。

總成本各項計算過程應核實填寫於成本價格計算表內。

第53條　勘估標的之營造或施工費，項目如下：

一、直接材料費。

二、直接人工費。

三、間接材料費。

四、間接人工費。

五、管理費。

六、稅捐。

七、資本利息。

八、營造或施工利潤。

第54條　勘估標的之營造或施工費，得按下列方法擇一求取之：

一、直接法：指就勘估標的之構成部分或全體，調查其使用材料之種別、品級、數量及所需勞力種別、時間等，並以勘估標的所在地區於價格日期之各種單價為基礎，計算其營造或施工費。

二、間接法：指就同一供需圈內近鄰地區或類似地區中選擇與勘估標的類似之比較標的或標準建物，經比較與勘估標的之營造或施工費之條件差異並作價格調整，以求取勘估標的之營造或施工費。

第55條 直接法分為下列二種：
一、淨計法：指就勘估標的所需要各種建築材料及人工之數量，逐一乘以價格日期當時該建築材料之單價及人工工資，並加計管理費、稅捐、資本利息及利潤。
二、單位工程法：係以建築細部工程之各項目單價乘以該工程施工數量，並合計之。

第56條 間接法分為下列二種：
一、工程造價比較法：指按工程概算項目逐項比較勘估標的與比較標的或標準建物之差異，並依工程價格及工程數量比率進行調整，以求取勘估標的營造或施工費。
二、單位面積（或體積）比較法：指以類似勘估標的之比較標的或標準建物之單位面積（或體積）營造或施工費單價為基礎，經比較並調整價格後，乘以勘估標的之面積（或體積）總數，以求取勘估標的營造或施工費。
前項所稱標準建物，指按營造或施工費標準表所營造或施工之建物。
前項營造或施工費標準表應由不動產估價師公會全國聯合會（以下簡稱全聯會）按不同主體構造種類及地區公告之。未公告前，應依直轄市或縣（市）政府發布地價調查用建築改良物標準單價表為準。

第57條 勘估標的為建物時，規劃設計費按內政部所定建築師酬金標準表及直轄市或縣（市）政府發布之建造執照工程造價表計算之，或按實際營造施工費之百分之二至百分之三推估之。

第58條 勘估標的之資本利息應依分期投入資本數額及資本使用年數，按自有資金與借貸資金分別計息，其自有資金與借貸資金比例，應依銀行一般放款成數定之。
前項資本利息之計算，應按營造施工費、規劃設計費、廣告費、銷售費、管理費、稅捐及其他負擔之合計額乘以利率計算。
第一項勘估標的為土地或包含土地者，前項合計額應另加計土地價格。

第59條 資金中自有資金之計息利率應不高於一年期定存利率且不低於活存利率；借款則以銀行短期放款利息計息；預售收入之資金應不計息。

第60條 勘估標的之開發或建築利潤應視工程規模、開發年數與經濟景氣等因素，按營造或施工費、規劃設計費、廣告費、銷售費、管理費、資本利息、稅捐及其他負擔之合計額乘以適當利潤率計算之。
前項利潤率應由全聯會定期公告；未公告前依營造或建築業之平均經營利潤率為準，並得依開發或建物形態之不同，考量經營風險及開發或建築工期之長短酌予調整之。
前項建築工期指自申請建造執照開始至建築完成達到可交屋使用為止無間斷

所需之時間。

第一項勘估標的為土地或包含土地者，合計額應另加計土地價格。

第61條　廣告費、銷售費、管理費及稅捐，應按總成本乘以相關費率計算，相關費率應由全聯會定期公告之。

第62條　廣告費、銷售費、管理費、稅捐及開發或建築利潤，視勘估標的之性質，於成本估價時得不予計入。

第63條　未完工之建物應依實際完成部分估價，或以標準建物之營造或施工費標準表為基礎，參考建物工程進度營造費用比例表估算之。

前項建物工程進度營造費用比例表，由全聯會公告之。

第64條　因特殊狀況致土地或建物投資無法產生相對正常報酬之成本，於成本估價時得不予計入或於折舊中扣除，並應於估價報告書中敘明。

第65條　建物折舊額計算應以經濟耐用年數為主，必要時得以物理耐用年數計算。

經濟耐用年數指建物因功能或效益衰退至不值得使用所經歷之年數。

物理耐用年數指建物因自然耗損或外力破壞至結構脆弱而不堪使用所經歷之年數。

建物之經歷年數大於其經濟耐用年數時，應重新調整經濟耐用年數。

第66條　建物經濟耐用年數表由全聯會依建物之經濟功能及使用效益，按不同主體構造種類及地區公告之。

第67條　建物之殘餘價格率應由全聯會公告之，並以不超過百分之十為原則。

建物耐用年數終止後確實無殘餘價格者，於計算折舊時不予提列。

第一項所稱殘餘價格率，指建物於經濟耐用年數屆滿後，其所臏餘之結構材料及內部設備仍能於市場上出售之價格占建物總成本之比率。

依第一項殘餘價格率計算建物殘餘價格時，應考量建物耐用年數終止後所需清理或清除成本。

第68條　建物累積折舊額之計算，應視建物特性及市場動態，選擇屬於等速折舊、初期加速折舊或初期減速折舊路徑之折舊方法。

建物累積折舊額之計算，除考量物理與功能因素外，並得按個別建物之實際構成部分與使用狀態，考量經濟因素，觀察維修及整建情形，推估建物之臏餘經濟耐用年數，加計已經歷年數，求算耐用年數，並於估價報告書中敘明。

第69條　成本價格之計算公式如下：

一、土地價格＝土地總成本。

二、建物成本價格＝建物總成本－建物累積折舊額。

三、房地成本價格＝土地價格＋建物成本價格。

前項土地價格之求取有困難者，得以比較法或收益法計算之，並於估價報告書中敘明。以比較法或收益法計算土地價格者，並需考量土地部分之廣告

費、銷售費、管理費、稅捐、資本利息及利潤之合理性。

依第一項規定計算土地價格,得考量已投入土地開發改良因時間經過造成之減損,並於土地總成本中扣除。

第70條 土地開發分析法,指根據土地法定用途、使用強度進行開發與改良所導致土地效益之變化,估算開發或建築後總銷售金額,扣除開發期間之直接成本、間接成本、資本利息及利潤後,求得開發前或建築前土地開發分析價格。

第71條 土地開發分析法估價之程序如下:

一、確定土地開發內容及預期開發時間。

二、調查各項成本及相關費用並蒐集市場行情等資料。

三、現況勘察並進行環境發展程度之調查及分析。

四、估算開發或建築後可銷售之土地或建物面積。

五、估算開發或建築後總銷售金額。

六、估算各項成本及相關費用。

七、選擇適當之利潤率及資本利息綜合利率。

八、計算土地開發分析價格。

第72條 依土地開發分析法進行估價除依第十一條規定蒐集資料外,另得視需要蒐集下列土地及建物所需資料:

一、開發構想計畫書。

二、建築設計圖說或土地規劃配置圖說。

三、建照申請書或建造執照。

四、營造或施工費資料。

五、規劃、設計、廣告、銷售、管理及稅捐等費用資料。

六、資本利率。

七、開發或建築利潤率。

第73條 現況勘察與環境發展程度之調查及分析包括下列事項:

一、調查影響總銷售金額、成本及費用等因素。

二、確認勘估標的之工程進度、施工及環境狀況並攝製必要照片或影像檔。

三、市場交易資料之蒐集、調查。

四、週遭環境土地建物及公共設施開發程度。

第74條 開發或建築後可銷售之土地或建物面積應依下列原則估算之:

一、依建造執照及建築設計圖說或土地開發許可文件及規劃配置圖計算之面積。

二、未取得建造執照或土地開發許可文件時應按相關法令規定下最有效使用之狀況,根據土地之地形、地勢並參酌當地市場狀況等因素估算其可銷售面積。

前項可銷售面積之計算過程應詳列計算式以便校核。

第75條　開發或建築後預期總銷售金額應按開發或建築後可銷售之土地或建物面積乘以推定之銷售單價計算之。

可銷售面積中之各部分銷售單價不同時，應詳列各部分面積及適用之單價。

前項銷售單價應考量價格日期當時銷售可實現之價值，以比較法或收益法求取之。

第76條　土地建築開發之直接成本、間接成本項目如下：

一、直接成本：營造或施工費。

二、間接成本，其內容如下：

（一）規劃設計費。

（二）廣告費、銷售費。

（三）管理費。

（四）稅捐及其他負擔。

第77條　廣告費、銷售費、管理費及稅捐，應按總銷售金額乘以相關費率計算，相關費率應由全聯會定期公告之。

第78條　土地開發分析法之規劃設計費與利潤率應依第五十七條及第六十條規定計算之。

第79條　土地開發分析法之資本利息綜合利率，應依第五十八條及第五十九條規定計算資本利息年利率，並參考下列公式計算之：

資本利息綜合利率＝資本利息年利率×（土地價值比率＋建物價值比率×1／2）×開發年數。

勘估標的資本利息負擔特殊，或土地取得未立即營造施工者，資本利息綜合利率得再就前項規定之二分之一部分調整計算，並於估價報告書中敘明。

第一項建物價值比率之建物價值，得以營造施工費加計規劃設計費計算之。

第80條　開發年數之估計應自價格日期起至開發完成為止無間斷所需之時間。

第81條　土地開發分析法價格之計算公式如下：

$$V = S \div (1+R) \div (1+i) - (C+M)$$

其中：

V：土地開發分析價格。

S：開發或建築後預期總銷售金額。

R：適當之利潤率。

C：開發或建築所需之直接成本。

M：開發或建築所需之間接成本。

i：開發或建築所需總成本之資本利息綜合利率。

第82條　全聯會依第五十六條、第六十條、第六十一條、第六十三條、第六十六條、第六十七條及第七十七條公告之資料，應先報請中央主管機關備查。

第四章 宗地估價

第一節 通則

第83條 以合併或分割爲前提之宗地估價，應考慮合併或分割前後之價格變動情形，
而予酌量增減。

第84條 數筆土地合併爲一宗進行土地利用之估價，應以合併後土地估價，並以合併
前各筆土地價值比例分算其土地價格。

非以合併一宗進行土地利用爲目的之數筆相連土地，其屬同一土地所有權人
所有者，比照前項規定計算。

第85條 一宗土地內有數種不同法定用途時，應考量其最有效使用及各種用途之相關
性及分割之難易度後，決定分別估價或依主要用途估價。

第86條 附有建物之宗地估價，應考慮該建物對該宗地價格造成之影響。但以素地估
價爲前提並於估價報告書敘明者，不在此限。

第87條 對以進行開發爲前提之宗地，得採土地開發分析法進行估價，並參酌比較法
或收益法之評估結果決定其估價額。

第88條 土地之上下因有其他設施通過，致使用受限制之宗地，應先估算其正常價
格，再考量該設施通過造成土地利用之影響，並計算其地價減損額後，從正
常價格中扣除之，以其餘額爲該宗地之價格。

第89條 受有土壤或地下水污染之土地，應先估算其未受污染之正常價格，再依據委
託人提供之土壤污染檢測資料，考量該土壤或地下水污染之影響，並計算其
地價減損額後，從正常價格中扣除之，以其餘額爲該宗地之價格。

第二節 特殊宗地估價

第90條 溫泉地之估價，應考慮溫泉地之水權內容、開發成本、水量、水質、水溫、
當地之交通情形、相關設施及遊客人數等影響溫泉地價格之因素。

第91條 高爾夫球場之估價，應考慮會員制度、球場設施、開發成本、收益及營運費
用等因素。

第92條 林地之估價，得視林木之成長情形而分別採取比較法、收益法及成本法估計
之。於採成本法估價時，其總費用之計算，應考量造林費、林地改良費及道
路開挖費用。

第93條 農場或牧場之估價，以比較法估價爲原則。無買賣實例者，得以附近土地價
格爲基礎，考慮其位置、形狀、地形、土壤特性及利用狀況等差異，比較推
估之。

第94條 鹽田之估價，以比較法估價爲原則。無買賣實例者，得以附近土地價格爲基
礎，考慮其日照、通風、位置及形狀等差異，比較推估之。

第95條　池沼、墓地之估價，以比較法估價爲原則。無買賣實例者，得以附近土地價格爲基礎，考慮位置、形狀、利用狀況等差異，比較推估之。

第96條　（刪除）

第97條　公共設施用地及公共設施保留地之估價，以比較法估價爲原則。無買賣實例者，得比較其與毗鄰土地使用分區及使用強度差異，及土地價值減損情況，並斟酌毗鄰土地平均價格爲基礎推算之。

第五章　房地估價

第98條　區分所有建物之估價，應就專有部分、共用部分之比例及基地權利合併估價，並考量其與比較標的之樓層別效用比及位置差異作適當之調整。

前項樓層別效用比，由全聯會按不同地區所蒐集之案例公告，供前項調整之參考，並依市場行情及地方習慣推估之。

第99條　以勘估標的之房地價格推估其基地單價時，得以下列方式估計之：

一、勘估標的之基地價格＝勘估標的之房地價格－勘估標的之建物成本價格。

二、勘估標的之基地單價＝勘估標的之基地價格／勘估標的之基地面積。

勘估標的之土地價值比率及建物價值比率已知者，以勘估標的之房地價格推估其基地單價時，亦得以下列方式估計之：

一、勘估標的之基地價格＝勘估標的之房地價格×土地價值比率

二、勘估標的之基地單價＝勘估標的之基地價格／勘估標的之基地面積。

前項所稱土地價值比率及建物價值比率，應參酌當地市場調查資料，運用估價方法計算之。

第100條　前條勘估標的屬區分所有建物時，以其房地價格推估該區分所有建物基地單價時，得以下列方式估計之：

一、該區分所有建物基地權利價格＝該區分所有建物房地價格－該區分所有建物之建物成本價格。

二、該區分所有建物之基地權利單價＝該區分所有建物基地權利價格／該區分所有建物之基地持分面積。

三、基地單價＝該區分所有建物之基地權利單價×平均地價分配率／該區分所有建物之地價分配率。

前項第三款該區分所有建物之地價分配率公式如下：

該區分所有建物之地價分配率＝該區分所有建物之樓層別效用比－平均樓層別效用比×全棟建物成本價格占全棟房地總價格比率。

第101條　勘估標的之土地價值比率及建物價值比率已知者，前條以房地價格推估該區分所有建物基地單價，亦得以下列方式估計之：

一、該區分所有建物基地權利價格＝該區分所有建物房地價格×土地價值比

率

二、該區分所有建物之基地權利單價＝該區分所有建物基地權利價格／該區
分所有建物之基地持分面積。

三、該區分所有建物之基地單價＝該區分所有建物之基地權利單價×平均樓
層別效用比／該區分所有建物之樓層別效用比

前項所稱土地價值比率及建物價值比率，應參酌當地市場調查資料，運用估
價方法計算之。

第101-1條 勘估標的之土地價值比率及建物價值比率已知者，以勘估標的之房地價格推
估其建物價格時，得以房地價格乘以建物價值比率計算之。

第102條 實際建築使用之容積率超過法定容積率之房地估價，應以實際建築使用合法
部分之現況估價，並敘明法定容積對估值之影響。

第103條 附有違章建築之房地估價，其違建部分不予以評估。但委託人要求評估其價
值，並就合法建物及違建部分於估價報告書中分別標示各該部分之價格者，
不在此限。

第104條 未達最有效使用狀態之房地估價，應先求取其最有效使用狀態之正常價格，
再視其低度使用情況進行調整。

第105條 建物原核定用途與現行土地使用管制不符之合法建物，應以現行土地使用分
區管制允許之建物用途估價，並就其與建物法定用途估價之差額於估價報告
書中敘明。

第106條 建物已不具備使用價值，得將其基地視為素地估價。但應考量建物拆除成本
予以調整之。

第六章　土地改良物估價

第107條 土地改良物之分類，依土地法第五條規定。

第108條 建物估價，以成本法估價為原則。

辦理建物估價時，其附屬設施得一併估計之。

第109條 本規則所稱農作改良物之估價，指附著於土地之果樹、茶樹、竹類、觀賞花
木、造林木及其他各種農作物之估價。

第110條 農作改良物之估價，應依其類別，考量其生產環境、農業災害、生產技術、
生產期間、樹齡大小、生長情形、結果習性、管理狀況及農業設施等因素估
計之。

第111條 農作改良物之估價方式如下：

一、農作改良物幼小且距孳息成熟期尚長者，依其種植及培育費用，並視作
物生長情況估計之。

二、農作改良物接近孳息成熟期者，應估計其收穫量及市場價格，必要時得
扣減價格日期至作物孳息成熟期間收成所應投入之費用。

　　　三、農作改良物距成熟期一年以上，且有期待收穫價值者，得以產地價格為
　　　　　基礎，推估未來收穫價格後，折算為價格日期之價格。但應扣除價格日
　　　　　期至作物孳息成熟期間收成所應投入之費用。

第112條　附著於土地之工事及水利土壤之改良，以成本法估價為原則。但得斟酌比較
　　　　　法及收益法估價之結果，決定其估價額。

第113條　受有土壤及地下水污染之建物，應先估算其未受污染之正常價格，再依據委
　　　　　託人提供之土壤污染檢測資料，考量該土壤及地下水污染之影響，並計算其
　　　　　減損額後，從正常價格中扣除之，以其餘額為該建物之價格。

第七章　權利估價

第114條　權利估價，包括地上權、典權、永佃權、農育權、不動產役權、耕作權、抵
　　　　　押權、租賃權、市地重劃、容積移轉及都市更新權利變換之估價。

第115條　權利估價，應考慮契約內容、權利存續期間、權利登記狀況、相關法令規
　　　　　定、民間習俗及正常市場權利狀態等影響權利價值之因素估計之。

第116條　地上權估價，應考慮其用途、權利存續期間、支付地租之有無、權利讓與之
　　　　　限制及地上權設定之空間位置等因素估計之。

第117條　典權估價，應考慮權利存續期間、權利讓與之限制等因素，以典價為基礎估
　　　　　計之。

第118條　永佃權估價，應考慮佃租支付情形、民間習俗等因素估計之。

第118-1條 農育權估價，應考慮設定目的、約定方法、權利存續期間、支付地租之有無
　　　　　及高低、權利讓與之限制、民間習俗、得為增加土地生產力或使用便利之特
　　　　　別改良等因素估計之。

第119條　不動產役權估價，應考慮需役不動產與供役不動產之使用情況、權利存續期
　　　　　間、不動產役權使用性質、民間習俗等因素估計之。

第120條　耕作權估價，應考慮耕作期間、權利登記狀況、相關法令規定等因素估計
　　　　　之。

第121條　抵押權估價，應估計價格日期當時勘估標的正常價格，以實際債權額為基
　　　　　礎，考慮其他順位抵押權設定狀況、流通性、風險性、增值性及執行上之難
　　　　　易程度等因素調整估計之。

第122條　租賃權估價，應考慮契約內容、用途、租期、租金支付方式、使用目的及使
　　　　　用情形等因素估計之。

第122-1條 市地重劃估價，其重劃前、後地價評估項目應依平均地權條例及其施行細
　　　　　則、市地重劃實施辦法及獎勵土地所有權人辦理市地重劃辦法等相關法令規
　　　　　定辦理。

第123條　容積移轉估價，應考慮容積送出基地、接受基地及其他影響不動產價格及相
　　　　　關法令等因素估計之。

第124條　都市更新權利變換估價，其評估項目應依都市更新條例及都市更新權利變換
　　　　　實施辦法等相關法令規定辦理。

第125條　權利變換前為區分所有建物者，應以全棟建物之基地價值比率，分算各區分
　　　　　所有建物房地總價之基地權利價值，公式如下：

各區分所有建物之基地權利價值＝各區分所有建物房地總價×基地價值比率
前項基地價值比率之計算公式如下：

$$基地價值比率 = \frac{素地單價 \times 基地總面積}{素地單價 \times 基地總面積 + 〔營造或施工費單價 \times (1 - 累積折舊率) \times 全棟建物面積〕}$$

區分所有建物情況特殊致依第一項計算之基地權利價值顯失公平者，得依第
一百二十六條之二計算之基地權利價值予以調整。

第126條　權利變換前區分所有建物之基地總價值低於區分所有建物坐落基地之素地總
　　　　　價值者，各區分所有建物之基地權利價值，計算方式如下：

一、依前條規定計算基地價值比率。

二、各區分所有建物基地權利價值＝各區分所有建物房地總價×基地價值比
　　率。

三、各區分所有建物基地權利價值比率＝各區分所有建物基地權利價值／Σ
　　（各區分所有建物基地權利價值）。

四、各區分所有建物調整後基地權利價值＝區分所有建物坐落基地之素地總
　　價值×各區分所有建物基地權利價值比率。

第126-1條　權利變換前為非屬區分所有之建物者，應以該建物之房地總價乘以基地價值
　　　　　比率計算基地權利價值。但基地權利價值低於素地價值者，以素地價值為
　　　　　準。

第126-2條　權利變換前地上有區分所有建物之基地所有權人未持有該區分所有建物產權
　　　　　者，其土地權利價值計算方式如下：

一、該基地所有權人持有之土地持分可確認其對應之區分所有建物者，依第
　　一百二十五條或第一百二十六條計算其對應區分所有建物之基地權利價
　　值，再扣除該合法區分所有建物權利價值。

二、該基地所有權人持有之土地持分無法確認其對應之區分所有建物者，依
　　下列方式計算：

　　（一）依第一百二十五條或第一百二十六條計算同一建築基地平均單
　　　　　價。

　　（二）前目平均單價乘以無持分建物權屬之基地持分面積。

　　（三）計算地上建物全棟之權利價值。

　　（四）前目乘以無持分建物權屬之基地持分比例。

（五）第二目扣除前目之餘額。

前項無持分建物權屬之基地所有權人與其地上建物所有權人自行協議者，依其協議辦理。

第127條　權利變換前之基地未建築使用者，以素地價值推估其土地權利價值。

第128條　權利變換後區分所有建物及其土地應有部分，應考量都市更新權利變換計畫之建築計畫、建材標準、設備等級、工程造價水準及更新前後樓層別效用比關聯性等因素，以都市更新評價基準日當時之新成屋價格查估之。

第八章　租金估計

第129條　不動產之租金估計應考慮契約內容、租期長短、使用目的、稅費負擔、租金水準、變遷狀態、租約更新、變更條件及其他相關因素估計之。

第130條　不動產租金估計，以估計勘估標的之實質租金為原則。

前項所稱實質租金，指承租人每期支付予出租人之租金，加計押金或保證金、權利金及其他相關運用收益之總數。

第131條　不動產租金估計，應視新訂租約與續訂租約分別為之。

第132條　新訂租約之租金估計，得採下列方式為之：

一、以新訂租約之租賃實例為比較標的，運用比較法估計之。

二、以勘估標的價格乘以租金收益率，以估計淨收益，再加計必要費用。

三、分析企業經營之總收入，據以估計勘估標的在一定期間內之淨收益，再加計必要費用。

第133條　續訂租約之租金估計，得採下列方式為之：

一、以續訂租約之租賃實例為比較標的，運用比較法估計之。

二、以勘估標的於價格日期當時之正常價格為基礎，乘以續租之租金收益率，以估計淨收益，再加計必要費用。

三、以勘估標的原契約租金之淨收益，就其租金變動趨勢調整後，再加計必要費用。

四、分析勘估標的原契約租金與市場經濟租金之差額中，應歸屬於出租人之適當部分，加計契約租金。

第九章　附則

第134條　本規則自發布日施行。

附錄二

臺北市都市更新權利變換不動產估價報告書範本

修訂「臺北市都市更新權利變換
不動產估價報告書範本及審查注意事項」

都市更新權利變換不動產估價報告書

委託單位：臺北市都市更新處
受託研究單位：台北市不動產估價師公會

中　華　民　國　一　〇　三　年　七　月

《注意須知》

一、版面格式及內容相關數字

1. 報告書以A4紙張雙面列印製作、內容字體最小為14，且表格內字體最小為10，表格若較大則以A3紙張製作但要折頁，且報告書內表格勿任意調整位置。
2. 更新前權利價值比例應表現到小數點後六位，例如12.3456%或0.123456。
3. 應請委託人提供與權利變換報告書中一致之土地或建物面積。

二、關於委託合約應注意事項

合約內應載明委託者應提供資料及不動產估價師工作內容
1. 委託者應提供資料
   (1)土地、建物登記（簿）謄本
   (2)地籍圖謄本
   (3)建物測量成果圖（視實際需要加以調整）
   (4)更新後建築規劃設計圖說
   (5)更新後建材設備說明書
   (6)載有估價條件之合約或函件
   (7)勘估標的出租租約（視實際需要加以調整）
2. 不動產估價師工作內容
   (1)更新前土地所有權人及權利變換關係人之權利價值及權利價值比例。
   (2)更新後供分配之建築物及其土地應有部分面積之權利價值。

三、都市更新權利變換不動產估價報告書內容注意須知

1. 詳見不動產估價報告書範本。
2. 不動產估價報告書作為權利變換計畫報告書附錄時，以不動產估價摘要作為內容並以A3紙張製作。
3. 緣個人資料保護法施行，報告書中所載之比較標的之地號、建號及門牌號碼，應以去識別化、區段化方式呈現；惟送審之報告書仍應詳載具體標示資訊或另以附錄方式呈現具體標示資訊。

臺北市○○區○○段○○小段

○○地號等○○筆土地

都市更新權利變換

不動產估價報告書

《注意須知》報告書封面標題應與事業及權利變換計畫書一致

委託人：○○股份有限公司或更新會

估價單位：○○不動產估價師事務所

○○不動產估價師聯合事務所

版本：例如送件版、幹事版、委員會版

出件日期：中華民國○○年○○月○○日

都市更新權利變換不動產估價報告書摘要

一、不動產估價報告書案號及都市更新案號：

(一) 不動產估價報告書事務所案號：

(二) 不動產估價報告書都市更新案號：

二、委託人：

《注意須知》委託人應為實施者。

三、勘估標的基本資料：

更新單元名稱：

(一)更新前基本資料

　　1.勘估標的內容：

　　　　(1)土地標示：_____。

　　　　(2)建物標示：_____。

　　　　(3)評估的權利種類：都市更新權利變換之權利價值。

　　2.產權分析：

　　　　《注意須知》應依據委託者所提供之產權清冊辦理。

　　　　(1)所有權人及權利範圍：

表一：土地產權分析表

編號	地號	土地面積（㎡）	所有權人	持分分子	持分分母	土地持分面積（㎡）	土地持分面積（坪）	登記建號	備註

表二：建物產權分析表

編號	建號	地號	主建物面積（㎡）	附屬建物（㎡）	總面積（㎡）	建物門牌	所有權人	持分	權利面積（坪）	樓層數/總樓層數	構造別	建築完成日期（民國/月/日）	備註

《注意須知》 目前政府機關已公開除土地及建物登記資訊外尚有其他不動產資訊，例：臺北市政府的土地參考資訊、行政院原子能委員會的輻射鋼筋屋資訊及行政院環境保護署的土地汙染資訊等，估價師應調查並於土地及建物產權分析表備註欄內加註。

(2)他項權利及耕地三七五租約：設有抵押權○○筆，金額合計○○元；設有地上權○○筆，金額合計○○元。

表三：他項權利分析及耕地三七五租約表

項目	權利種類	順位	設定標的	設定日期	權利價值（元）	權利人

(3)依土地或建物登記（簿）謄本上登載勘估標的於民國○○年○○月○○日受○○地方法院或○○機關申請假扣押、查封、預告登記等限制登記情事，應請使用報告書者注意。

　3.建築型式：＿＿＿＿＿＿。

(二)更新後基本資料

　1.建築型式：地上＿＿＿＿層，地下＿＿＿＿層之＿＿＿＿大樓。

　2.更新後供分配之建築物及其土地應有部分面積：

　《注意須知》(1)面積應請委託人提供更新後預計產權登記面積。

　　　　　　　(2)僅說明更新後總面積即可，其餘各單元面積則詳見○頁附表五。

　3.建物構造：＿＿＿＿＿＿。

(三)評估內容：

　更新前後權利價值

　《注意須知》(1)更新前土地所有權人及權利變換關係人之土地權利價值及土地權利價值比例。

　　　　　　　(2)更新後供分配之建築物及其土地應有部分面積之權利價值。

四、估價前提：

(一) 估價目的：都市更新權利變換價值參考。

(二) 價格種類：正常價格。

(三) 價格日期：民國○○年○○月○○日。

(四) 勘察日期：民國○○年○○月○○日。

(五) 估價條件：

依委託者　　提供民國○○年○○月○○日○○號函或合約載明估價
條件如下：

1.更新前估價條件

2.更新後估價條件

《注意須知》應檢具委託者發文函件或於合約書內載明，估價條件變
動時亦同。

五、評估價值結論：

經本所估價師針對勘估標的進行產權、一般因素、區域因素、個別因素、
不動產市場現況及勘估標的依最有效使用情況下，與專業意見分析後，最終
價格決定如下。

(一) 更新前土地權利價值總額：新臺幣 ＿＿＿＿＿＿＿＿＿ 元（詳見表四）

(二) 更新後建築物及其土地應有部分權利價值總額：新臺幣＿＿＿＿＿元
（詳見表五）

以上評估結果僅適用於勘估標的於都市更新權利變換估價目的下之價
值參考。另使用本估價報告書者，請詳閱報告內容所載之基本聲明事項、限
制條件、基本事項說明及估價條件，以避免估價結果之誤用。

不動產估價師：＿＿＿＿＿＿＿＿＿＿＿＿ （簽名或蓋章）

不動產估價師開業證書字號：

地方公會會員證書字號：

表四：更新前土地權利價值表

編號	土地所有權人及權利變換關係人	權利價值來源說明及地號	更新前土地權利價值（元）	更新前土地權利價值合計（元）	更新前土地權利價值比例（%）
1					
2					
總計					100%

《注意須知》更新前權利價值比例應表現到小數點後六位，例如12.3456%。

表五：更新後各單元建築物及其土地應有部分之權利價值表

分配單元代號	規劃用途	土地持分面積（坪）	建坪面積（坪）	建坪單價（元/坪）	權利價值（元）	備註
總計						

《注意須知》上開建築分配單元如有約定專用之露台者，以外加露台之價值方式處理，於該分配單元之備註欄敘明「露台之單價、面積、總價」。

表六：更新後車位權利價值表

車位編號	樓層層次	車位形式及大小	車位權利價值（元）	備註
	地下一層	例如：坡道平面（大）		
	地下一層	例如：坡道平面（小）		
	地下二層	例如：坡道機械（大）		
	地下二層			
	總計			

表七：更新前後權利價值分析表

更新前	比準地土地價格（元/坪）	比準地土地總價（元）	整體更新單元土地權利單價（元/坪）	整體更新單元土地權利總價（元）
更新後	地面層平均建坪單價（元/坪）	二樓以上平均建坪單價（元/坪）	車位平均價格（元/個）	更新後總權利價值（元）

《注意須知》更新後權利價值分析，應視實際建築設計及規劃用途等，適當調整分析內容。

目　錄

陸、附件

1. 他項權利分析設定表
2. 勘估標的出租租約
3. 勘估標的位置圖○份（○張）
4. 勘估標的分區示意圖○份（○張）
5. 土地、建物登記（簿）謄本○份（○張）
6. 地籍圖謄本○份（○○張）
7. 建物測量成果圖○份（○○張）
8. 更新後建築規劃設計圖說○份（○○張）
9. 更新後建材設備說明書○份（○○張）
10. 土地使用分區證明書○份（○○）
11. 勘估標的照片○○頁
12. 不動產估價師證明文件
13. 報告書修改過程說明
14. 委託者提供載有估價條件之合約或函件
15. 比較標的位置圖

（說明）：

(1) 以上附件資料請視實際需要加以調整。

(2) 估價報告書中所附之勘估標的登記（簿）謄本申請領取時間，除委託人另有要求應註明外，以不超過距報告書所載之勘察日期3個月內為原則。

(3) 不動產估價師證明文件應檢附不動產估價師證書、地方主管機關核發之開業證書及當年度之地方公會會員證書等影本資料。

(4) 土地、建物登記（簿）謄本三家僅出具一份。

壹、序言

一、估價立場聲明

(一)我方以公正第三人立場進行客觀評估。

(二)我方與委託單位及受勘估單位僅為單純業務往來關係。

(三)本事務所及本所估價師與委託單位、不動產所有權人或交易雙方僅為單純之業務關係,並無財務會計準則公報第六號所定之關係人或實質關係人之情事。

(四)本報告書所載內容絕無虛偽或隱匿之情事。

(五)本報告書中之分析意見及結論,係基於報告書中所假設及限制條件下成立;此等分析意見及結論是屬個人中立之專業評論。

(六)我方對於本標的無現有或可預期的利益;對於與本標的相關的權利關係人,我方亦無個人私利或偏見。

(七)我方收取之報酬,係基於專業勞務之正當報酬、不為不正當之競價;亦絕不刻意扭曲合理估價之結果。

二、估價報告書基本聲明事項

本估價報告書,係在下列基本假設條件下製作完成:

(一)除非報告書中有特別聲明,勘估標的之所有權視為是正常狀態、且具市場性。

(二)除非報告書中有特別聲明,評估結論是在未考慮不動產抵押權或其他權利設定的情況下進行的。

(三)報告書中引用他人提供之資訊經估價師盡力查證後認為是確實可靠的。

(四)勘估標的中的土地及其地上物之結構於報告書中被認為屬一般正常情形,無任何隱藏或未被發現之影響該不動產價值條件。

(五)除非估價報告書中有特別聲明,所評估的不動產均被認為符合環境保護相關法規之規定,而未受到任何限制事項。

(六)除非在估價報告書中有特別聲明,勘估標的可能存在或不存在的危險因子,不列入估價師的勘察範圍之內。不動產估價師並不具備了解不動產內部成分或潛在危險的知識能力,也沒有資格檢測這種物質;石棉、尿素、胺/甲醛泡沫絕緣體等類材料及其他潛在的危險材料的存在,可能會影響不動產的價值。估價報告書中的假設前提,是勘估標的中沒有這些會導致價值降低的材料。估價報告書對於這些情況、及

用於發現此等狀況的專業或工程知識不負責任。如有需要，估價報告書使用者須另聘這一類領域的專家進行分析。

三、估價報告書使用之限制條件

本估價報告書使用之一般限制條件如下：

(一)本估價報告書評估結果僅適用都市更新權利變換估價目的限制下參考，估價目的變更可能使該估價金額發生改變。因此，本報告書無法適用於其他估價目的下之參考使用。

(二)本估價報告書評估結果係在實施者提供之估價條件下形成，委託人或使用報告書者應了解估價報告書中所載之估價條件，以避免誤用本估價報告書所載之估價金額。

(三)本估價報告書評估結果為價格日期當時權利變換價值之參考，價格日期變動時，評估結果可能產生變動。

(四)在本估價報告書中總價值分配至土地、改良物之間的價值，只適用於估價報告書中所提及的項目下；分配的價值不能使用於其他任何估價中。

(五)本估價報告書或估價報告書複本的持有者，無出版本估價報告書的權利。

(六)在沒有經過估價師書面同意的情況下，估價報告書的全部或其中某部份內容（尤其是估價結論、估價師身分、估價師所屬的事務所）不得經由廣告、公共關係、新聞、銷售或其他傳播媒體公諸於眾。

(七)估價報告書評估結果僅適用於整個不動產的估價。除非在估價報告書中另有聲明，否則，任何將整個受估不動產價值按權利比例劃分或其他方式劃分，都將使本估價報告書中的估價結果無效。

(八)估價報告書中的預測、預估或經營結果估計，乃立基於當前市場條件、預期短期需求及供給因素、與連續穩定的經濟基礎上。因此，這些預測將隨著將來條件的不同而改變。

(九)本報告書各項資料提供委託人作為權利變換價值參考，報告書使用者使用本報告書致違反個人資料保護法，應自負損害賠償責任及法律責任。

貳、估價基本事項說明

一、委託人：＿＿＿＿＿＿。

《注意須知》委託人應為實施者。

二、勘估標的之基本資料：

更新單元名稱：

(一)更新前基本資料

1.勘估標的內容：

(1)土地標示：＿＿＿＿＿＿＿＿＿＿＿＿。

(2)建物標示：＿＿＿＿＿＿＿＿＿＿＿。

(3)評估的權利種類：都市更新權利變換之權利價值。

2.產權分析：

《注意須知》應依據委託者所提供之產權清冊辦理。

(1)所有權人及權利範圍：

表一：土地產權分析表

編號	地號	土地面積（m²）	所有權人	持分分子	持分分母	土地持分面積(m²)	土地持分面積(坪)	登記建號	備註

表二：建物產權分析表

編號	建號	地號	主建物面積（m²）	附屬建物（m²）	總面積（m²）	建物門牌	所有權人	持分	權利面積（坪）	樓層數/總樓層數	構造別	建築完成日期（民國年/月/日）	備註

《注意須知》目前政府機關已公開除土地及建物登記資訊外尚有其他不動產資訊，

例：臺北市政府的土地參考資訊、行政院原子能委員會的輻射鋼筋屋資訊及行政院環境保護署的土地汙染資訊等，估價師應調查並於土地及建物產權分析表備註欄內加註。

(2)他項權利及耕地三七五租約：設有抵押權○○筆，金額合計
　　○○元；設有地上權○○筆，金額合計○○元。

表三：他項權利分析及耕地三七五租約表

項目	權利種類	順位	設定標的	設定日期	權利價值（元）	權利人

(3)依土地或建物登記（簿）謄本上登載勘估標的於民國○○年
　　○○月○○日受○○地方法院或○○機關申請假扣押、查
　　封、預告登記等限制登記情事，應請使用報告書者注意。

3.建築型式：＿＿＿＿＿＿＿。

(二)更新後基本資料

1.建築型式：地上＿＿＿＿層，地下＿＿＿＿層之＿＿＿＿大樓。

2.更新後供分配之建築物及其土地應有部分面積：

《注意須知》(1)面積應請委託人提供更新後預計產權登記面積。
　　　　　　(2)僅說明更新後總面積即可，其餘各單元面積則詳
　　　　　　　　見○○頁附表五。

3.建物構造：＿＿＿＿＿＿＿。

(三)評估內容：

更新前後權利價值

《注意須知》(1)更新前土地所有權人及權利變換關係人之土地權
　　　　　　　　利價值及土地權利價值比例。
　　　　　　(2)更新後供分配之建築物及其土地應有部分面積
　　　　　　　　之權利價值。

三、估價目的：

本次估價目的係做為勘估標的都市更新權利變換價值認定之參考，
報告書中所載之價值僅限於該目的之參考，不適用於其他用途。該價格
形成基礎主要考慮公平、均衡之原則，提供勘估標的權利變換分配價值
之參考。

四、價格種類：正常價格。

五、價格日期：＿＿＿＿＿＿＿＿＿＿＿＿＿＿＿＿＿＿＿。

六、勘察日期：＿＿＿＿＿＿＿＿＿＿＿＿＿＿＿＿＿＿＿。

七、估價條件：

依委託者提供民國○○年○○月○○日○○號函或合約載明估價條件，如下：

(一) 更新前估價條件

(二) 更新後估價條件

　　《注意須知》應檢具委託者發文函件或於委託合約書內載明，估價條件變動時亦同。

八、現況勘察情況說明：

(一) 領勘人及其說明：

　　1.現場領勘人為○○○，並進行勘估標的現況勘察。

　　2.領勘人說明事項：＿＿＿＿＿＿＿＿＿＿＿＿＿＿＿＿。

(二) 現場勘察參考資料：

(三) 勘察結論：

《注意須知》若委託人未領勘，則依不動產估價技術規則第十三條規定，應於不動產估價報告書中敘明。

九、估價資料來源說明：

(一) 不動產權利狀態係以委託人提供之土地及建物產權清冊或○○年○○月○○日＿＿＿＿＿地政事務所核發之謄本、謄本影本或電子謄本為準。

(二) 不動產出租及買賣之相關契約文件影本係由委託人提供。

(三) 不動產近三年的營運收益資料及財務報表均由○○○提供。

(四) 不動產個別條件及區域環境內容，係親自赴標的現場勘察，並依都市計畫及地籍等相關資料查證記錄之。

(五) 不動產價格評估依據，係於標的現場實際訪查交易、收益及成本資訊，並依估價師檔案資料共同整理而得。

(六) 不動產之地質、結構受損狀況、營造費用……等係參考○○專業技師出具之報告書。

參、價格形成之主要因素分析

一、一般因素分析：

(一)政策面：

(二)經濟面：

二、不動產市場概況分析：

(一)不動產市場發展概況

(二)不動產市場價格水準分析

三、區域因素分析

(一)區域描述：

(二)近鄰地區土地利用情形：

(三)近鄰地區建物利用情況：

(四)近鄰地區之公共設施概況：

(五)近鄰地區之交通運輸概況：

(六)區域環境內之重大公共建設：

(七)近鄰地區未來發展趨勢：

四、個別因素分析

(一)土地個別因素

　　1.土地個別條件：

　　　　(1)更新前

　　　　　　A.整體更新單元

　　　　　　B.更新前個別土地

　　　　(2)更新後

　　2.土地法定使用管制與其他管制事項：

　　《注意須知》如遇都市計畫變更時，應說明更新前後情形。

　　3.土地利用情況：

　　《注意須知》土地利用情況以現況描述為準，應注意土地現況是
　　　　　　　　　否被他人占用、土地是否含現有巷、土地是否有高
　　　　　　　　　壓電塔等嫌惡設施經過等並加以說明。

（二）建物個別因素

　1.建物個別條件：

　　(1)更新前合法建物個別條件：

《注意須知》若有下列情形時應於本表其他足以影響價格之因素欄位內敘明，例如約定專用建物使用權屬、地下室或附屬建物未登記、法定用途與現況用途不同、附屬建物過大過小、公共設施過大過小、合併利用（例如一樓店面前後合併）等情形。

表四：合法建物個別條件分析表

建號	門牌(樓層)	面積(坪)	構造	建築型態	建築樓層	登記用途	現況用途	格局	屋齡	座向	通風採光	外牆建材	公設比	電梯設備	其他足以影響價格之因素	備註
																室內建材，以一般正常裝潢情況評估。

(2)更新後建物個別條件

A.建物建築型式：

B.建物構造：

C.建材設備：

D.更新後供分配之建築物及其土地應有部分面積：

表五：更新後供分配之建築物及其土地應有部分面積表

分配單元代號	土地應有部分		建物面積			
	總面積（㎡）	權利範圍	主建物（㎡）	附屬建物（㎡）	共同使用（㎡）	合計（㎡）
總計						

《注意須知》面積應為更新後預計產權登記面積。

E.建物其他個別條件：

表六：更新後建物規劃用途表

分配單元代號	總面積	規劃用途	格局	座向	通風採光

五、勘估標的最有效使用分析：

《注意須知》指更新後是否最有效使用分析。

肆、價格評估

一、更新前權利價值評估

(一)價值評估過程

1. 更新單元內各宗土地劃定
2. 更新前土地價值評估
3. 各宗土地上有區分所有建物時，各權利人土地權利價值評估。
4. 各權利變換關係人權利價值評估。

(二)更新單元內各宗土地劃定

《注意須知》(1)毗鄰數筆土地為同一所有權人情況下，得視為同一筆土地。

(2)更新前數筆土地上有建物，且為同一張建築執照或使用執照時，原則得視為同一筆土地，惟若因之顯失公平者，可不視為同一筆土地，並應於估價條件中敘明。

前項視為同一筆土地前提下進行估價時，各筆土地地籍線已依據地上建築物之座落位置進行分割，得就該同一筆土地所得合併後土地地價，考量各宗土地個別條件分算地價之。

(3)其他由委託人提供之劃分原則。

(4)上述劃分原則因事關權利人權利價值甚大，應向委託人說明並提供經確認之書面資料後，載入估價條件中。

(三)更新前土地價值評估

《注意須知》本案對於「合併」一詞為整體開發之概念，並非指地政機關實質辦理合併之情況。

步驟一：合併前各筆土地價值評估

1. 比準地之分析：說明選定理由及個別條件分析

《注意須知》(1)更新前土地權利價值，容積一項估價原則如下：土地原則以法定容積作為評估依據，但有下列情況之一時，依下列說明評估。

A.更新前土地原容積高於法定容積且於事業計畫申請該原容積獎勵時，更新前土地權利價值依原容積作為評估依據，但應在不影響更新單元

內其他土地對其他容積獎勵分享權利之原則
下，進行原容積折減評估之。

前項原容積折減，得於合併前各宗土地比較項
目調整項內增加「原容積率或其他獎勵容積率」
一項因子進行調整。

折減之調整方式例舉如下 <u>(本案例相關數字均
屬模擬試算用，非真實都更案例數字)</u>：

更新單元內A、B兩筆土地，A土地面積350m2，
原容積250%，法定容積225%；B土地面積1,250m2
法定容積率225%，無原容大於法容狀況。更新

項目	獎勵容積率
△F1	整體法容的 2.43% (A基地法容的 11.11%)
△F3	7%
△F4-2	5%
△F5	16%
合計	30.43%

宗地別	基準價	臨路路寬	地形	面積大小	臨路條件	「原容積或其他獎勵容積調整率」	合計
A	150	3%	-5%	2%	-3%	8.59%（註）	105.7%
B	150	0%	0%	0%	0%	0%	100%

註：上表8.59%計算式即

調整率＝[(A基地原容÷A基地法容)-1]÷(1+不含原容之
其他共享獎勵容積率)×單位容積邊際調整率

＝[(250%÷225%)-1]÷(1+7%+5%+16%)×99%

＝11.11%÷(1.28) ×99%

≒8.59%

<u>單位容積邊際調整率</u>：以土開法計算容積價值折減部
分，原則上容積增加後，考量建築成本相對提高，前述
調整率應向下修正，且由估價師依個案調整之。

B. 更新單元內更新前土地上建築物全部適用「<u>臺
北市高氯離子混凝土建築物善後處理自治條
例</u>」且依「<u>臺北市高氯離子混凝土建築物善後
處理準則</u>」申請獎勵容積，則更新前土地權利

價值，依法定容積加計該項獎勵容積作為評估
依據；但若僅部分土地地上建物申請該項容積
獎勵，則應考量整體土地權利分配公平性，於
評估該部分土地更新前土地權利價值時加計該
項獎勵，並應進行折減。折減評估方式應比照
前項原容積之評估方式。

C. 更新單元內，部分土地已申請「台北好好看系
列二」容積獎勵，則更新前土地權利價值，依
法定容積加計該項申請容積作為評估依據，但
應作獎勵容積折減。折減評估方式應比照前項
原容積之評估方式。

D. 更新單元內，部分土地於辦理更新計畫前已完
成容積移轉，則更新前土地權利價值，依法定
容積加計該項移轉容積作為評估依據，但應作
移轉容積折減。折減評估方式應比照前項原容
積之評估方式。

E. 更新前土地依「臺北市老舊中低層建築社區辦
理都市更新擴大協助專案計畫」中既有容積保
障原則申請容積獎勵，則更新前土地權利價
值，依法定容積加計該項申請容積作為評估依
據，但應作獎勵容積折減。折減評估方式應比
照前項原容積之評估方式。

F. 更新單元內更新前土地法定容積為依「臺北市
土地使用分區管制自治條例」第十條及第二十
五條所規定法定容積率上限為評估基準，但應
檢視該更新單元整體開發下，是否有符合「臺
北市土地使用分區管制自治條例」第十條及第
二十五條所規定法定容積率上限之相關條件，
若無法符合時，則應根據合併後更新單元個別
條件情況，決定法定容積。

G. 更新單元內更新前土地上建築物全部適用「臺
北市輻射汙染建築物事件善後處理自治條例」
且申請獎勵容積，則更新前土地權利價值，依
法定容積加計該項獎勵容積作為評估依據；但
若僅部分土地地上建物申請該項容積獎勵，則

應考量整體土地權利分配公平性，於評估該部分土地更新前土地權利價值時加計該項獎勵，並應進行折減。折減評估方式應比照前項原容積之評估方式。

(2)更新前土地權利價值，特殊情況估價原則如下：

A.更新單元土地為協助開闢計畫道路用地之估價原則：

　　a.估算道路用地更新後總允建容積之整體貢獻度。

　　b.利用建地容積獎勵係數還原該道路用地更新前所值之容積量。

　　前項建地容積獎勵係數，係以建築用地為基準，計算獎勵容積，但不包含△F4-2（協助開闢計畫道路）及△F6。

　　c.利用還原道路用地更新前容積量與公告現值比例計算其價值需考量之都市更新獎勵項目如下：

　　道路用地貢獻之容積獎勵

　　△ F4-2 協助開闢或管理維護更新單元內或其周邊毗鄰基地都市計畫公共設施

　　道路用地與建築用地共同貢獻之容積獎勵

　　△ F3更新時程獎勵

　　△ F5-1 建築設計

　　△ F5-3 人行步道（須考量道路用地是否鄰接人行步道）

B.更新單元土地為既成巷道估價原則：

　　a.更新後規劃設計既成巷道可廢巷時：

　　土地價值推估不考量既成道路的影響。

　　b.更新後規劃設計既成巷道不可廢巷時：

　　應考量不可廢巷因素對土地價格影響，並於合併前土地價值推估中增加「不可廢巷」之調整項目。

C.更新單元土地為已分割具獨立地號的法定空地估價原則：

　　　　a.應先請委託人（實施者）先行確認該宗土地是否整宗均為法定空地，抑或尚有未用完容積率或建蔽率之可建或可分割之面積。

　　　　b.若屬法定空地部分應採下列方式評估：
　　　　考量同一建築基地（同一使用執照）範圍合併評估，並視為未持有建物之有地無屋者；以整宗基地更新前整體價值扣除該建築基地整體地上建物之合法建物所有權價值（合法建物所有權價值評估方式參酌本範本47頁）後，並考量該法定空地座落位置、個別條件修正評估之。

　(3)原則上比準地選定應以更新單元內土地為主，但如果該更新單元內土地因個別條件較差致無法建築使用時，得另行擬定一筆土地符合都市計畫及相關建築法令規定下可開發建築使用，作為比準地。

　(4)若更新單元情況特殊，而不需選定比準地時，則可不需選定比準地，但應敘明理由。

　(5)不動產估價師事務所應將上述原則向委託人、土地所有權人及權利變換關係人說明，並選定同一比準地，經委託人提供經確認之書面資料後，載入估價條件中。

2.比準地估價方法之選定：比較法及土地開發分析法
《注意須知》應至少以兩種以上估價方法評估之。

3.比準地價格評估過程：
　(1)比較法評估過程：
　　A.有關比較法評估過程，本事務所採百分率調整法評估之。
　　B.百分率調整法係經比較標的與勘估標的各項個別因素及區域因素作一比較，並比較出各項因素之差異百分比率（超極優＞極優＞優＞稍優＞普通＞稍劣＞劣＞極劣＞超極劣），計算出勘估標的比較價格之方法。
　　C.超極優＞極優＞優＞稍優＞普通＞稍劣＞劣＞極劣＞超極劣等條件之評定係以比較標的與勘估標的各項條件之客觀比較而來。

D.對於比較案例之相關資料，本事務所已儘可能向資料提供
　者進行查證，如有不足係屬無法查證或查證有困難。
《注意須知》(1)比較標的應至少有一成交案例，且成交日期應至
　　　　　　　少距價格日期一年內，但若無距價格日期一年內
　　　　　　　之比較案例，得放寬超過一年，應敘明理由。
　　　　　　(2)比較標的面積、容積等因素，應儘量相近，不宜
　　　　　　　以小透天跟大面積可開發土地作比較，若比較案
　　　　　　　例稀少，則不在此限，但應敘明理由。

E. 比較標的條件分析：

項目	勘估標的	比較標的一	比較標的二	比較標的三
地址				
價格型態				
交易價格				
勘察日期				
價格日期				
使用分區				
允建容積率				
地形				
地勢				
面積（坪）				
臨路情況（M）				
臨路面寬（M）				
平均深度（M）				
交通條件				
公共設施				
整體條件				
議價空間（%）				
預估可能成交價格				
備註				

F.勘估標的與比較標的區域因素比較調整分析：

主要項目	次要項目	勘估標的	比較標的一	調整百分率	比較標的二	調整百分率	比較標的三	調整百分率
交通運輸								
	小計							
自然條件								
	小計							
公共設施								
	小計							
發展潛力								
	小計							
區域因素調整百分率								

《注意須知》(1)比較標的在近鄰地區以外者，應檢討區域因素修正，而近鄰地區範圍由估價師視該地區實際發展調整之。

(2)上述表格主要項目下，估價師可細分為數個次要項目進行調整，其中交通運輸條件包括主要道路寬度、捷運之便利性、公車之便利性、鐵路運輸之便利性、交流道之有無及接近交流道之程度等；自然條件可分為景觀、排水之良否、地勢傾斜度、災害影響等；公共設施條件可包括學校（國小、國中、高中、大專院校）、市場（傳統市場、超級市場、超大型購物中心）、公園、廣場、徒步區、觀光遊憩設施、服務性設施（郵局、銀行、醫院、機關等設施）；發展潛力條件可包括區域利用成熟度、重大建設計畫及發展趨勢等；估價師並可依實際需求調整次要項目內容。

G.勘估標的與比較標的個別因素比較調整分析：

主要項目	次要項目	勘估標的	比較標的一	調整百分率	比較標的二	調整百分率	比較標的三	調整百分率
宗地個別條件	總價與單價關係							
	寬深度比							
	形狀							
	地勢							
	臨路情形							
	面積與規劃潛力關係							
	鄰地使用							
	小計							
行政條件	使用分區							
	建蔽率							
	可建容積率							
	禁限建之有無							
	小計							
道路條件	道路寬度							
	道路鋪設							
	道路種別（人行道、巷道、幹道）							
	小計							
接近條件	接近車站之程度							
	接近學校之程度（國小、國中、高中、大專院校）							
	接近市場之程度（傳統市場、超級市場、超大型購物中心）							
	接近公園之程度							
	接近停車場之程度							
	小計							

主要項目	次要項目	勘估標的	比較標的一	調整百分率	比較標的二	調整百分率	比較標的三	調整百分率
周邊環境條件	地勢							
	日照							
	嫌惡設施有無							
	停車方便性							
	小計							
個別因素調整百分比率								

《注意須知》上述表格主要項目下，估價師可細分為數個次要項目進行調整，其中宗地個別條件包括總價與單價關係[1]、寬深度比、形狀、地勢、臨路情形、面積與規劃潛力關係、鄰地使用等；行政條件包括使用分區與編定、建蔽率、可建容積率、禁限建之有無等；道路條件可分為道路寬度、道路鋪設、道路種別（人行道、巷道、幹道）等；接近條件可包括接近車站之程度、接近學校之程度（國小、國中、高中、大專院校）、接近市場之程度（傳統市場、超級市場、超大型購物中心）、接近公園之程度、接近停車場之程度等；周邊環境條件可包括地勢、日照、嫌惡設施有無、停車方便性等，估價師並可依實際需求增加次要項目內容，並敘明理由。

---

[1] 總價與單價關係是基於市場上一般交易習慣，當交易標的金額或數量較高時，成交單價會稍低。但交易標的為土地時，除依市場交易習慣外，仍應該考慮土地的面積與規劃潛力因素，評估土地合理價格。

H.勘估標的比較價格之推定：

項　　目	比較標的一	比較標的二	比較標的三
交易價格			
價格型態			
情況因素 調整百分率			
情況因素 調整後價格			
價格日期 調整百分率			
價格日期 調整後價格			
區域因素 調整百分率			
區域因素 調整後價格			
個別因素 調整百分率			
試算價格			
比較標的 加權數			
加權數計 算後金額			
最後推定 比較價格			

I.比較價格結論：

(2)土地開發分析法評估過程：

　　a.勘估標的可建築總樓地板面積分析：

　　　甲.勘估標的個別條件分析：

　　　乙.建築及土地使用管制等相關法規限制：

　　　丙.可建總樓地板面積推估：

　　　依上述之土地使用管制規定，參考建築技術規則推估可能最大樓地板面積如下：

　　　　　(甲)興建樓層數：＿＿＿＿＿＿＿＿＿＿＿＿＿ 層。

　　　　　(乙)地面層面積：＿＿＿＿＿＿＿＿＿＿＿＿ 坪。

　　　　　(丙)主建物面積：＿＿＿＿＿＿＿＿＿＿＿＿ 坪。

　　　　　(丁)附屬建物及梯廳面積：＿＿＿＿＿＿＿ 坪。

　　　　　(戊)地下室面積：＿＿＿＿＿＿＿＿＿＿＿＿ 坪。

　　　　　(己)屋頂突出物面積：＿＿＿＿＿＿＿＿＿ 坪。

　　　　　(庚)平面停車位或機械車位：＿＿＿＿＿＿＿＿＿ 位。

　　b.勘估標的總銷售樓地板面積推估：

　　　《注意須知》樓地板面積應以推估之銷售面積為準，而非建築樓地板面積。

　　c.總銷售金額評估：

　　　甲.近鄰地區新成屋及預售屋價格分析：

　　　乙.依上述比較個案，推估目前該基地若推出○○產品市場價格評估如下：

　　　　　(甲)地面層單價約：＿＿＿＿＿＿＿＿＿＿＿ 元/坪。

　　　　　(乙)二樓以上各樓層單價約：＿＿＿＿＿＿＿ 元/坪。

　　　　　(丙)平面式停車位單價約：＿＿＿＿＿＿ 元/個。

　　　　　(丁)機械式停車位單價約：＿＿＿＿＿＿元/個。

　　　《注意須知》銷售金額應參酌新成屋價格或運用預售屋價格推估新成屋價格決定之，應依不動產估價技術規則第75條規定，以比較法或收益法求取之。

　　d.總銷售金額推估：

　　e.各項成本費用推估：

　　f.推估土地開發分析法價格：

4.比準地價格決定理由

5. 合併前各筆土地價值推估

《注意須知》(1) 更新前土地權利價值，有關「容積」及「特殊情況」之估價原則應依本範本第19～22頁辦理。

(2) 合併前各筆土地價值推估，建議考量因素計有地形、地勢、臨路路寬、臨路面寬、臨路數量、平均寬深度、面積、容積比較，容積因素效益等，但各項因素仍得視實際需要調整之。

基本資料					比較項目				比較項目調整率							合併前各筆土地價格		
編號	地號	所有權人	使用分區	面積(坪)	地形	臨路路寬(m)	臨路面寬(m)	平均寬深度	容積	面積(%)	地形(%)	臨路路寬(m)	臨路面寬(m)	平均寬深度(%)	容積(%)	合計(%)	比準地價格(元/坪)	合併前各筆土地價格(元/坪)	合併前各筆土地價值總額(元)
1	**																		
2	**																		
3	**																		
合計																			

6. 合併前各筆土地權利價值比例計算

步驟二：合併後土地價格評估

1. 勘估標的分析：說明合併後土地基本條件

《注意須知》參照前述第19～23頁規定。

2. 估價方法之選定：比較法及土地開發分析法

《注意須知》應至少以兩種以上估價方法評估之。

3. 價格評估過程：

(1)比較法評估過程：

A. 有關比較法評估過程，本事務所採百分率調整法評估之。

B. 百分率調整法係經比較標的與勘估標的各項個別因素及區域因素作一比較，並比較出各項因素之差異百分比率（超極優＞極優＞優＞稍優＞普通＞稍劣＞劣＞極劣＞超極劣），計算出勘估標的比較價格之方法。

C. 超極優＞極優＞優＞稍優＞普通＞稍劣＞劣＞極劣＞超極劣等條件之評定係以比較標的與勘估標的各項條件之客觀比較而來。

D. 對於比較案例之相關資料，本事務所已儘可能向資料提供者進行查證，如有不足係屬無法查證或查證有困難。

《注意須知》(1)比較案例應至少有一成交案例，且成交日期應至少距價格日期一年內，但若無距價格日期一年內之比較案例，得放寬超過一年，應敘明理由。

(2)比較案例面積、容積等因素，應儘量相近，不宜以小透天跟大面積可開發土地作比較，若比較案例稀少，則不在此限但應敘明理由。

E.比較標的條件分析:

項目	勘估標的	比較標的一	比較標的二	比較標的三
地址				
價格型態				
交易價格				
勘察日期				
價格日期				
使用分區				
允建容積率				
地形				
地勢				
面積(坪)				
臨路情況(M)				
臨路面寬(M)				
平均深度(M)				
交通條件				
公共設施				
整體條件				
議價空間(%)				
預估可能成交價格				
備註				

F.勘估標的與比較標的區域因素比較調整分析：

主要項目	次要項目	勘估標的	比較標的一	調整百分率	比較標的二	調整百分率	比較標的三	調整百分率
交通運輸								
	小計							
自然條件								
	小計							
公共設施								
	小計							
發展潛力								
	小計							
區域因素調整百分率								

《注意須知》(1)比較標的在近鄰地區以外者，應檢討區域因素修正，而近鄰地區範圍由估價師視該地區實際發展調整之。

(2)上述表格主要項目下，估價師可細分為數個次要項目進行調整，其中交通運輸條件包括主要道路寬度、捷運之便利性、公車之便利性、鐵路運輸之便利性、交流道之有無及接近交流道之程度等；自然條件可分為景觀、排水之良否、地勢傾斜度、災害影響等；公共設施條件可包括學校（國小、國中、高中、大專院校）、市場（傳統市場、超級市場、超大型購物中心）、公園、廣場、徒步區、觀光遊憩設施、服務性設施（郵局、銀行、醫院、機關等設施）；發展潛力條件可包括區域利用成熟度、重大建設計畫及發展趨勢等；估價師並可依實際需求調整次要項目內容。

G.勘估標的與比較標的個別因素比較調整分析：

主要項目	次要項目	勘估標的	比較標的一	調整百分率	比較標的二	調整百分率	比較標的三	調整百分率
宗地個別條件	總價與單價關係							
	寬深度比							
	形狀							
	地勢							
	臨路情形							
	面積與規劃潛力關係							
	鄰地使用							
	小計							
行政條件	使用分區							
	建蔽率							
	可建容積率							
	禁限建之有無							
	小計							
道路條件	道路寬度							
	道路鋪設							
	道路種別（人行道、巷道、幹道）							
	小計							
接近條件	接近車站之程度							
	接近學校之程度（國小、國中、高中、大專院校）							
	接近市場之程度（傳統市場、超級市場、超大型購物中心）							
	接近公園之程度							
	接近停車場之程度							
	小計							

主要項目	次要項目	勘估標的	比較標的一	調整百分率	比較標的二	調整百分率	比較標的三	調整百分率
周邊環境條件	地勢							
	日照							
	嫌惡設施有無							
	停車方便性							
	小計							
個別因素調整百分比率								

《注意須知》上述表格主要項目下，估價師可細分為數個次要項目進行調整，其中宗地個別條件包括總價與單價關係[2]、寬深度比、形狀、地勢、臨路情形、面積與規劃潛力關係、鄰地使用等；行政條件包括使用分區與編定、建蔽率、可建容積率、禁限建之有無等；道路條件可分為道路寬度、道路鋪設、道路種別（人行道、巷道、幹道）等；接近條件可包括接近車站之程度、接近學校之程度（國小、國中、高中、大專院校）、接近市場之程度（傳統市場、超級市場、超大型購物中心）、接近公園之程度、接近停車場之程度等；周邊環境條件可包括地勢、日照、嫌惡設施有無、停車方便性等，估價師並可依實際需求增加次要項目內容，並敘明理由。

---

[2] 總價與單價關係是基於市場上一般交易習慣，當交易標的金額或數量較高時，成交單價會稍低。但交易標的為土地時，除依市場交易習慣外，仍應該考慮土地的面積與規劃潛力因素，評估土地合理價格。

H.勘估標的比較價格之推定：

項　　目	比較標的一	比較標的二	比較標的三
交易價格			
價格型態			
情況因素 調整百分率			
情況因素 調整後價格			
價格日期 調整百分率			
價格日期 調整後價格			
區域因素 調整百分率			
區域因素 調整後價格			
個別因素 調整百分率			
試算價格			
比較標的 加權數			
加權數計 算後金額			
最後推定 比較價格			

I.比較價格結論：

(2)土地開發分析法評估過程：

　　a.勘估標的可建築總樓地板面積分析：

　　　甲.勘估標的個別條件分析：

　　　乙.建築及土地使用管制等相關法規限制：

　　　丙.可建總樓地板面積推估：

　　　依上述之土地使用管制規定，參考建築技術規則推估可能最大樓地板面積如下：

　　　　　(甲)興建樓層數：＿＿＿＿＿＿＿＿＿＿＿＿　。

　　　　　(乙)地面層面積：＿＿＿＿＿＿＿＿＿＿＿＿　。

　　　　　(丙)主建物面積：＿＿＿＿＿＿＿＿＿＿＿＿　。

　　　　　(丁)附屬建物及梯廳面積：＿＿＿＿＿＿＿　。

　　　　　(戊)地下室面積：＿＿＿＿＿＿＿＿＿＿＿＿　。

　　　　　(己)屋頂突出物面積：＿＿＿＿＿＿＿＿＿　坪。

　　　　　(庚)平面停車位：＿＿＿＿＿＿＿＿＿＿＿　位。

　　b.勘估標的總銷售樓地板面積推估：

　　　《注意須知》樓地板面積應以推估之銷售面積為準，而非建築樓地板面積。

　　c.總銷售金額評估：

　　　甲.近鄰地區新成屋及預售屋價格分析：

　　　乙.依上述比較個案，推估目前該基地若推出○○產品市場價格評估如下：

　　　　　(甲)地面層單價約：＿＿＿＿＿＿＿＿＿＿＿＿＿　元/坪。

　　　　　(乙)二樓以上各樓層單價約：＿＿＿＿＿＿＿＿　元/坪。

　　　　　(丙)平面式停車位單價約：＿＿＿＿＿＿＿　元/個。

　　　　　(丁)機械式停車位單價約：＿＿＿＿＿＿＿元/個。

　　　《注意須知》銷售金額應參酌新成屋價格或運用預售屋價格推估新成屋價格決定之，應依不動產估價技術規則第75條規定，以比較法或收益法求取之。

　　d.總銷售金額推估：

　　e.各項成本費用推估：

　　f.推估土地開發分析法價格：

4.合併後土地價格決定理由

步驟三：以合併前各筆土地價值比例分配合併後土地價格

《注意須知》依不動產估價技術規則第84條規定，數筆土地合併爲一宗進行土地利用之估價，應以合併後土地估價，並以合併前各筆土地價值比例分算其土地價格。

地號	面積(坪)	比準地價格(元/坪)	合併前各筆土地價格(元/坪)	合併前各筆土地價值總額(元)	合併前各筆土地價值比例(％)	合併後土地總額(元)	合併前各筆土地分配合併後土地價值總額(元)	合併前各筆土地分配合併後土地價值單價(元/坪)
合計								

(四)更新前各筆土地上有區分所有建物時，各權利人土地權利價值評估

1.更新前各區分所有建物房地價格評估

《注意須知》若更新前區分所有建物有下列情況時，委託人應說明評估前提，以書面方式告知估價師作爲估價依據，並載入估價條件中。

■ 約定專用建物使用權屬。

■ 地下室或附屬建物未登記。

■ 法定用途與現況用途不同。

■ 附屬建物過大過小。

■ 公共設施過大過小。

■ 合併利用（例如一樓店面前後合併）等情形時，是否以合併狀態評估。

■ 同一張建築執照或使用執照下的區分所有建物，各戶土地持分面積與建物持分面積兩者比例若明顯不相當估價原則：

A.界定合理土地持分面積

a.合理土地持分面積之推算應以該社區登記情況爲原則考量，社區登記情況若無邏輯性可依循，則以專有建物面積比例推算之。

b.車位的合理土地持分之推算應以該社區登記情況爲原則考量。

c.同一張建築執照或使用執照下有多筆土地，原則上各區分建物所有權人均應持分各筆土地面積，且持分比例相同；但各筆土地持分面積加總與建物持分面積，各區分建物所有權人之比例關係均相同，此情況亦爲合理。

　　B.評估土地使用權價值

　　　　a.計算土地差異面積及地價總額，並合理拆算「使用權價值」與「所有權價值」。

　　　　b.聯合貢獻土地價格：依不動產估價技術規則125條拆算全棟房地價格所得之土地貢獻價格。

　　C.建議評估步驟

　　　　於各區分所有建物合併前土地權利價值中進行找補。

　　　　步驟一　先進行區分建物土地持分分配合理性評估

　　　　步驟二　評估合理土地持分下房地總價

　　　　步驟三　採不動產估價技術規則125或126條進行土地權利價值計算

　　　　步驟四　依土地使用權價值進行土地差異價值找補

　　　　步驟五　決定各區分建物土地權利價值

■　其他特殊情況。

(1)勘估標的之分析：

　　說明更新前勘估標的情形及選定比準單元

(2)估價方法之選定：

　　以比較法及收益法之直接資本化法推估比準單元價格。

　　《注意須知》應至少以兩種以上估價方法評估之。

(3)比較法評估過程：

　　A.有關比較法評估過程，本事務所採百分率調整法評估之。

　　B.百分率調整法係經比較標的與勘估標的各項個別因素及區域因素作一比較，並比較出各項因素之差異百分比率（超極優＞極優＞優＞稍優＞普通＞稍劣＞劣＞極劣＞超極劣），計算出勘估標的比較價格之方法。

　　C.超極優＞極優＞優＞稍優＞普通＞稍劣＞劣＞極劣＞超極劣等條件之評定係以比較標的與勘估標的各項條件之客觀比較而來。

　　D.對於比較案例之相關資料，本事務所已儘可能向資料提供者進行查證，如有不足係屬無法查證或查證有困難。

　　《注意須知》比較案例應至少有一成交案例，且成交日期應至少距價格日期一年內，但若無距價格日期一年內之比較案例，得放寬超過一年，應敘明理由。

E. 比較標的條件分析：

項目	勘估標的	比較標的一	比較標的二	比較標的三
地址				
價格型態				
交易價格				
勘察日期				
價格日期				
使用分區				
建築樓層				
比較標的樓層				
屋齡				
面積				
結構				
臨路情況（M）				
臨路面寬（M）				
平均深度（M）				
交通條件				
公共設施				
整體條件				
議價空間（％）				
預估可能成交價格				
備註				

F.勘估標的與比較標的區域因素比較調整分析：

主要項目	次要項目	勘估標的	比較標的一	調整百分率	比較標的二	調整百分率	比較標的三	調整百分率
交通運輸								
	小計							
自然條件								
	小計							
公共設施								
	小計							
發展潛力								
	小計							
區域因素調整百分率								

《注意須知》(1)比較標的在近鄰地區以外者，應檢討區域因素修正，而近鄰地區範圍由估價師視該地區實際發展調整之。

(2)上述表格主要項目下，估價師可細分為數個次要項目進行調整，其中交通運輸條件包括主要道路寬度、捷運之便利性、公車之便利性、鐵路運輸之便利性、交流道之有無及接近交流道之程度等；自然條件可分為景觀、排水之良否、地勢傾斜度、災害影響等；公共設施條件可包括學校（國小、國中、高中、大專院校）、市場（傳統市場、超級市場、超大型購物中心）、公園、廣場、徒步區、觀光遊憩設施、服務性設施（郵局、銀行、醫院、機關等設施）；發展潛力條件可包括區域利用成熟度、重大建設計畫及發展趨勢等；估價師並可依實際需求調整次要項目內容。

G.勘估標的與比較標的個別因素比較調整分析：

主要項目	次要項目	勘估標的	比較標的一	調整百分率	比較標的二	調整百分率	比較標的三	調整百分率
建物個別條件	建物結構							
	屋齡							
	總價與單價關係							
	面積適宜性							
	採光通風							
	景觀							
	產品適宜性							
	樓層位置							
	內部公共設施狀況							
	騎樓狀況							
	管理狀況							
	使用管制							
	建材							
	建築設計							
	商業效益							
	小計							
道路條件	面臨主要道路寬度							
	道路種別（主幹道、次幹道、巷道）							
	道路鋪設							
	小計							
接近條件	接近車站之程度							
	接近學校之程度（國小、國中、高中、大專院校）							
	接近市場之程度（傳統市場、超級市場、超大型購物中心）							

主要項目	次要項目	勘估標的	比較標的一	調整百分率	比較標的二	調整百分率	比較標的三	調整百分率
	接近公園之程度							
	接近停車場之程度							
	接近鄰近商圈之程度							
	小計							
周邊環境條件	地勢							
	日照							
	嫌惡設施有無							
	停車方便性							
	小計							
個別因素調整百分比率								

《注意須知》上述表格主要項目下，估價師可細分為數個次要項目進行調整，其中建物個別條件包括建物結構、屋齡、總價與單價關係[3]、面積適宜性、採光通風、景觀、產品適宜性、樓層位置、內部公共設施狀況、騎樓狀況、管理狀況、使用管制、建材、建築設計、商業效益；道路條件可分為面臨主要道路寬度、道路種別（主幹道、次幹道、巷道）、道路鋪設；接近條件可包括接近車站之程度、接近學校之程度（國小、國中、高中、大專院校）、接近市場之程度（傳統市場、超級市場、超大型購物中心）、接近公園之程度、接近停車場之程度、接近鄰近商圈之程度等；周邊環境條件可包括地勢、日照、嫌惡設施有無、停車方便性等，估價師並可依實際需求增加次要項目內容，並敘明理由。

---

[3] 總價與單價關係是基於市場上一般交易習慣，當交易標的金額或數量較高時，成交單價會稍低。但交易標的為區分所有建物時，除依市場交易習慣外，仍應該考慮區分所有建物的面積適宜性因素，評估區分所有建物合理價格。

H. 勘估標的比較價格之推定：

項　　　目	比較標的一	比較標的二	比較標的三
交易價格			
價格型態			
情況因素 調整百分率			
情況因素 調整後價格			
價格日期 調整百分率			
價格日期 調整後價格			
區域因素 調整百分率			
區域因素 調整後價格			
個別因素 調整百分率			
試算價格			
比較標的 加權數			
加權數計 算後金額			
最後推定 比較價格			

I. 比較價格結論：

(4)收益法之直接資本化法評估過程：

　　A.正常租金評估：

　　B.總收入推估：

　　C.有效總收入推估：

　　D.總費用推估：

　　E.淨收益推估：

　　F.收益資本化率推估：

　　　　《注意須知》應說明收益資本化率推估方式，並注意新舊店面及臨路等因素差異對收益資本化率影響。

　　G.收益價格結論：

(5)比準單元價格決定及理由

(6)推估更新前各區分所有建物價格

　　A.區分建物樓層別效用比及位置差異決定：

　　　《注意須知》樓層別效用比及位置差異之決定，應列舉考量因子。

　　B.各樓層價格決定：依決定之樓層別效用比及位置差異評估各樓層價格如表十一。

表七：更新前各區分所有建物建坪價格表

門牌	登記用途	建坪面積（坪）	比準單元價格(元/坪)	樓層別效用比(%)	位置差異(%)	建坪單價（元/坪）	建坪總價（元）	備註

《注意須知》比準單元底色應以不同顏色表現。

2.更新前各區分所有建物土地權利價值計算

  (1)得以依不動產估價技術規則第125條規定：

    權利變換前為區分所有建物者，應以全棟建物之基地價值比率，分算各區分所有建物房地總價之基地權利價值，公式如下：

    各區分所有建物之基地權利價值＝各區分所有建物房地總價×基地價值比率前項基地價值比率之計算公式如下：

$$基地價值比率＝\frac{素地單價×基地總面積}{素地單價×基地總面積＋〔營造或施工費單價×（1－累積折舊率）×全棟建物面積〕}$$

    區分所有建物情況特殊致依第一項計算之基地權利價值顯失公平者，得依第一百二十六條之二計算之基地權利價值予以調整。

    《注意須知》素地單價應以考量合併前之土地單價為準。

  (2)依不動產估價技術規則第126條規定：

    權利變換前區分所有建物之基地總價值低於區分所有建物坐落基地之素地總價值者，各區分所有建物之基地權利價值，計算方式如下：

    一、依前條規定計算基地價值比率。

    二、各區分所有建物基地權利價值＝

      各區分所有建物房地總價×基地價值比率。

    三、各區分所有建物基地權利價值比率＝

      各區分所有建物基地權利價值／∑（各區分所有建物基地權利價值）。

    四、各區分所有建物調整後基地權利價值＝

      區分所有建物坐落基地之素地總價值×各區分所有建物基地權利價值比率。

(五)權利變換關係人權利價值評估

  說明：依都市更新條例第三十九條規定，權利變換範圍內合法建築物及設定地上權、永佃權或耕地三七五租約之土地，由土地所有權人及合法建築物所有權人、地上權人、永佃權人及耕地三七五租約之承租人於實施者擬訂權利變換計畫前，自行協議處理。前項協議不成，或土地所有權人不願或不能參與分配時，由實施者估定合法建築物所有權之權利價值及地上權、永佃權或耕地三七五租約價值。

  1.合法建物所有權人價值評估應由委託人先確定估價條件與原則，估價條件應包括：

    (1)地上建物剩餘經濟耐用年數，得請專業技師認定之。

(2)若現況未支付地租者則不予計算，若有約定地租者，從其約定。

2.合法建築物所有權人權利價值評估

合法建築物所有權人權利價值，應分為區分所有建物及非區分所有建物兩種態樣

(1)非區分所有建物

步驟一：先以不動產估價技術規則第31、32條或第47條評估合法建物使用土地之收益價格（但不含期末處分價值），再以該收益價格扣除建物殘餘價值所得結果。

步驟二：將步驟一所得結果除以各該土地合併前土地價格所得之比率。

步驟三：將該比率乘以合併後土地價格，作為合法建築物所有權人權利價值。

(2)區分所有建物（有屋無地，部分建物所有權人未持有相對應的地號）：參考不動產估價技術規則第126條之2。

3.地上權權利價值評估

步驟一：先以不動產估價技術規則第31、32條或第47條並同時需考量第116條評估地上權價格。

步驟二：將地上權價格除以各該土地合併前土地價格所得之比率。

步驟三：將該比率乘以合併後土地價格，作為地上權人權利價值。

《注意須知》(1)權利變換關係人權利價值應小於或等於所處該土地權利價值。

(2)委託人應先釐清土地所有權人與權利變換關係人間之法律關係後，提供依不動產估價技術規則第31、32、47及116條中提及之相關參數，例如可收益年數或年期、期末價值、地上建物滅失後地上權人是否繼續持有地上權、該地上權是否得對依土地做有效利用重建、地上權是否得轉讓及地租收取狀況，並經委託人提供經確認之書面資料或相關合約後，載入估價條件中。

(3)原則以不動產估價技術規則第31、32條或第47條評估合法建築物所有權人及地上權人收益價格，但估價師仍得依不動產估價技術規則其他規定評估合法建築物所有權人及地上權人權利價值。

(4)永佃權人及耕地三七五租約之承租人之權利價值評估準用上述原則。

(六)更新前各權利人權利價值及權利價值比例

　　說明：依前述更新前權利價值評估結果，將土地所有權人、合法建築物所有權
　　　　　人、地上權人、永佃權人及耕地三七五租約承租人之權利價值做歸戶。

表八：更新前土地權利價值表

編號	土地所有權人及權利變換關係人	權利價值來源說明及地號	更新前土地權利價值（元）	更新前土地權利價值合計（元）	更新前土地權利價值比例（%）
1					
2					
總計					100%

《注意須知》更新前權利價值比例應表現到小數點後六位，例如12.345%。

二、更新後權利價值評估

(一)勘估標的之選定及分析：

說明更新後勘估標的規劃設計情形及選定比準單元。

《注意須知》1.若更新後區分所有建物有下列情況時，委託人應說明評估
前提，以書面方式告知估價師作為估價依據，並載入估價
條件中。

(1)約定專用建物使用權屬。

(2)附屬建物過大過小。

(3)公共設施過大過小。

(4)其他特殊情況。

2.更新後建物供宗教、公益或公共設施使用，如教堂、警察局、
廟宇等較無市場性產品，估價原則應考量更新前後之公平
性，估價方法得考量成本法。

3.更新後建物整棟供旅館、百貨商場使用，估價方法得考量收
益法之折現現金流量分析法。

(二)估價方法之選定：

原則以比較法及收益法之直接資本化法推估比準單元價格。

《注意須知》應至少以兩種以上估價方法評估之。

(三)價格評估過程：

1.比較法評估過程：

A.有關比較法評估過程，本事務所採百分率調整法評估之。

B.百分率調整法係經比較標的與勘估標的各項個別因素及區域因素作
一比較，並比較出各項因素之差異百分比率（超極優＞極優＞優＞
稍優＞普通＞稍劣＞劣＞極劣＞超極劣），計算出勘估標的比較價
格之方法。

C.超極優＞極優＞優＞稍優＞普通＞稍劣＞劣＞極劣＞超極劣等條件
之評定係以比較標的與勘估標的各項條件之客觀比較而來。

D.對於比較案例之相關資料，本事務所已儘可能向資料提供者進行查
證，如有不足係屬無法查證或查證有困難。

《注意須知》比較案例應至少有一成交案例，且成交日期應至少距價格日
期一年內，但若無距價格日期一年內之比較案例，得放寬超
過一年，應敘明理由。

E.比較標的條件分析：

項目	勘估標的	比較標的一	比較標的二	比較標的三
地址				
價格型態				
交易價格				
勘察日期				
價格日期				
使用分區				
建築樓層				
比較標的樓層				
屋齡				
面積				
結構				
臨路情況（M）				
臨路面寬（M）				
平均深度（M）				
交通條件				
公共設施				
整體條件				
議價空間（%）				
預估可能成交價格				
備註				

F.勘估標的與比較標的區域因素比較調整分析：

主要項目	次要項目	勘估標的	比較標的一	調整百分率	比較標的二	調整百分率	比較標的三	調整百分率
交通運輸								
	小計							
自然條件								
	小計							
公共設施								
	小計							
發展潛力								
	小計							
區域因素調整百分率								

《注意須知》(1)比較標的在近鄰地區以外者，應檢討區域因素修正，而近鄰地區範圍由估價師視該地區實際發展調整之。

(2)上述表格主要項目下，估價師可細分為數個次要項目進行調整，其中交通運輸條件包括主要道路寬度、捷運之便利性、公車之便利性、鐵路運輸之便利性、交流道之有無及接近交流道之程度等；自然條件可分為景觀、排水之良否、地勢傾斜度、災害影響等；公共設施條件可包括學校（國小、國中、高中、大專院校）、市場（傳統市場、超級市場、超大型購物中心）、公園、廣場、徒步區、觀光遊憩設施、服務性設施（郵局、銀行、醫院、機關等設施）；發展潛力條件可包括區域利用成熟度、重大建設計畫及發展趨勢等；估價師並可依實際需求調整次要項目內容。

G.勘估標的與比較標的個別因素比較調整分析：

主要項目	次要項目	勘估標的	比較標的一	調整百分率	比較標的二	調整百分率	比較標的三	調整百分率
建物個別條件	建物結構							
	屋齡							
	總價與單價關係							
	面積適宜性							
	採光通風							
	景觀							
	產品適宜性							
	樓層位置							
	內部公共設施狀況							
	騎樓狀況							
	管理狀況							
	使用管制							
	建材							
	建築設計							
	商業效益							
	小計							
道路條件	面臨主要道路寬度							
	道路種別（主幹道、次幹道、巷道）							
	道路鋪設							
	小計							
接近條件	接近車站之程度							
	接近學校之程度（國小、國中、高中、大專院校）							
	接近市場之程度（傳統市場、超級市場、超大型購物中心）							

主要項目	次要項目	勘估標的	比較標的一	調整百分率	比較標的二	調整百分率	比較標的三	調整百分率
	接近公園之程度							
	接近停車場之程度							
	接近鄰近商圈之程度							
	小計							
周邊環境條件	地勢							
	日照							
	嫌惡設施有無							
	停車方便性							
	小計							
個別因素調整百分比率								

《注意須知》上述表格主要項目下，估價師可細分爲數個次要項目進行調整，其中建物個別條件包括建物結構、屋齡、總價與單價關係[4]、面積適宜性、採光通風、景觀、產品適宜性、樓層位置、內部公共設施狀況、騎樓狀況、管理狀況、使用管制、建材、建築設計、商業效益；道路條件可分爲面臨主要道路寬度、道路種別（主幹道、次幹道、巷道）、道路鋪設；接近條件可包括接近車站之程度、接近學校之程度（國小、國中、高中、大專院校）、接近市場之程度（傳統市場、超級市場、超大型購物中心）、接近公園之程度、接近停車場之程度、接近鄰近商圈之程度等；周邊環境條件可包括地勢、日照、嫌惡設施有無、停車方便性等，估價師並可依實際需求增加次要項目內容，並敘明理由。

---

[4] 總價與單價關係是基於市場上一般交易習慣，當交易標的金額或數量較高時，成交單價會稍低。但交易標的爲區分所有建物時，除依市場交易習慣外，仍應該考慮區分所有建物的面積適宜性因素，評估區分所有建物合理價格。

H.勘估標的比較價格之推定：

項　　　目	比較標的一	比較標的二	比較標的三
交易價格			
價格型態			
情況因素 調整百分率			
情況因素 調整後價格			
價格日期 調整百分率			
價格日期 調整後價格			
區域因素 調整百分率			
區域因素 調整後價格			
個別因素 調整百分率			
試算價格			
比較標的 加權數			
加權數計 算後金額			
最後推定 比較價格			

I.比較價格結論：

2.收益法之直接資本化法評估過程：

(1)正常租金評估：

(2)總收入推估：

(3)有效總收入推估：

(4)總費用推估：

(5)淨收益推估：

(6)收益資本化率推估：

《注意須知》應說明收益資本化率推估過程及方法，並注意臨路等因素差異對收益資本化率影響。

(7)收益價格結論：

3.比準單元價格決定及理由

(四)更新後各單元權利價值及總值

1.區分建物樓層別效用比及位置差異決定：

2.各樓層價格決定：依決定之樓層別效用比及位置差異評估各樓層價格如下表：

表九：更新後各單元建築物及其土地應有部分之權利價值表

分配單元代號	規劃用途	土地持分面積（坪）	建坪面積（坪）	建坪單價（元／坪）	權利價值（元）	備註
總計						

《注意須知》1.比準單元底色應以不同顏色表現。

2.上開建築分配單元如有約定專用之露台者，以外加露台之價值方式處理，於該分配單元之備註欄敘明「露台之單價、面積、總價」。

表十：更新後車位權利價值表

車位編號	樓層層次	車位形式及大小	車位權利價值（元）	備註
	地下一層	例如：坡道平面（大）		
	地下一層	例如：坡道平面（小）		
	地下二層	例如：坡道機械（大）		
	地下二層			
	總計			

表十一：更新前後權利價值分析表

更新前	比準地土地單價 (元/坪)	比準地土地總價 (元)	整體更新單元土地權利單價 (元/坪)	整體更新單元 土地權利總價(元)
更新後	地面層平均建坪單價 (元/坪)	二樓以上平均建坪單價 (元/坪)	車位平均價格（元／個）	更新後總權利價值 (元)

《注意須知》更新後權利價值分析，應視實際建築設計及規劃用途等，適當調整分析內容。

伍、其他與估價相關之必要事項及依本規則規定須敘明之情況

附 錄 三

臺北市容積代金估價報
告書範本

臺北市○○區○○段○○小段
○○地號等○○筆土地
容積代金估價報告書

委託人：臺北市政府都市發展局

申請人：○○○

受託人：○○不動產估價師（聯合）事務所

出件日期：中　華　民　國　○　○　年　○　○　月　○　○　日

《注意須知》

一、版面格式及內容相關數字

    1. 報告書以A4紙張雙面列印製作，字體及行距不宜過大，內容字體最小為14，且表格內字體最小為10，表格若較大則以A4橫式A3紙張製作但要折頁，且報告書內表格勿任意調整位置。

    2. 報告書中日期以民國紀年表示。

    3. 應與委託人確認報告書中之土地或建物面積。

    4. 複審報告書應於估價報告內容摘要頁之前載明「臺北市容積代金估價小組意見說明與回應表」及「歷次價格調整差異表」（如附錄）。

二、關於委託合約應注意事項

    1. 價格日期：都市設計審議送件日。

    2. 容積移入前、後土地價值均屬於正常價格。

    3. 估價條件應依都市設計審議核定報告書內容記載土地容積移入前後之樓地板面積。

    4. 委託者應提供資料

        (1) 都市設計審議核定報告書。

        (2) 若估價案件為都市更新案件時：申請人應提供與都市更新事業計畫內容相符之建築面積概算表(須附各層平面圖並具比例尺)以及都市更新事業計畫內估價所需資料(如建築興建計畫及財務計畫)。

        (3) 若上述資料內容未相符時，應由估價師依專業參採資料內容，並於估價報告書內補充文字說明。

三、容積代金評估方式之說明

    1. 估價基本公式：

    容積代金金額＝（含容積移入之基地價格－未含容積移入之基地價格）

        (1) 未含容積移入之基地價格指容積移入前之地價，基地容積之評估基礎應包含法定容積、其他都市計畫獎勵容積、都更獎勵容積或海沙屋獎勵容積等非移入容積部分，且為實際申請額度，非上限額度。

        (2) 含容積移入之基地價格指容積移入後之地價，基地容積之評估基礎應除包含法定容積、其他都市計畫獎勵容積、都更獎勵容積或海沙屋獎勵容積等非移入容積部分外，加計移入容積部分，且為實際申請額度；此亦為基地最後審定之總樓地板面積。

    2. 有關容積移入後地價評估，以土地開發分析法為主，並應參酌比較法或其他方法共同決定之，若無法採用土地開發分析法以外之方法評估，則應依不動產估價技術規則規定敘明之。

四、個資保護

　　　　因應個人資料保護法之相關規定，報告書中所載之比較標的之地號、建號及門牌號碼，應以去識別化、區段化方式呈現；惟送審之報告書，仍應詳細載明具體之標示資訊，或以附錄方式呈現具體標示訊息。

五、本容積代金估價報告書範本為原則性規範提供估價師查估參考，估價過程中仍應由估價師遵循不動產估價師法及不動產估價技術規則相關規定、國內外之不動產估價理論及個人專業評估訂定之。估價報告書如與本範本有不同處，則於估價報告書內補充文字說明。

估價報告內容摘要

一、不動產估價報告書案號：

二、委託單位：臺北市政府都市發展局

三、基地基本資料：

(一)勘估標的內容：

1.土地標示：

(二)產權分析：

編號	地號	土地面積（m²）	所有權人	持分分子	持分分母	土地持分面積（m²）	土地持分面積（坪）	登記建號	備註

(三)土地使用分區：

(四)勘估標的使用現況：

四、估價前提

(一)估價目的：**容積代金參考**。

(二)價格種類：正常價格。

(三)估價條件：

《注意須知》：

1.應依都市設計審議核定報告書內容載明容移前後之樓地板面積，若估價案件同時為都市更新案件時估價師應同時參考委託人提供之都市更新事業計畫內容，上述資料未相符時，應由估價師依專業參採資料內容，並於估價條件或估價報告書內補充文字說明。

2.載明依都市設計審議核定報告書所載之開發後產品型態及建材設備說明書，該項資料若委託者無法提供，則由估價師依當地合理房價水準，參考中華民國不動產估價師全國聯合會四號公報標準造價推估其合理造價水準。

(二)價格日期：民國○年○月○日。

《注意須知》：

1.價格日期為都市設計審議送件日。

（三）勘察日期：民國〇年〇月〇日。

五、估價結果

《注意須知》：請載明容移前、後基地價格及應繳納代金之金額。

六、不動產估價師：

（簽名或蓋章）

不動產估價師證書字號：

開業證書字號：

公會證書字號：

不動產估價報告書摘要表

勘估標的基本資料				
所有權人				
地段地號		土地（持分）面積		m²（坪）
土地使用分區		面前道路寬度		
價格日期		估價目的		容積代金參考
土地開發條件				
法定建蔽率		移入樓地板面積		
法定容積率		其他獎勵樓地板面積		
實設建蔽率		實設容積率		
容積移入後開發規劃				
興建地上樓層		興建地下樓層		
每坪營造施工費		不含車位銷坪與容積坪比值		
全棟店面可銷售面積	坪	店面平均銷售單價		元／坪
全棟住宅可銷售面積	坪	住宅平均銷售單價		元／坪
全棟可銷售車位數	個	車位平均銷售單價		元／個
土地開發年數	年	利潤率		％
容積移入前開發規劃				
興建地上樓層		興建地下樓層		
每坪營造施工費		不含車位銷坪與容積坪比值		
全棟店面可銷售面積	坪	店面平均銷售單價		元／坪
全棟住宅可銷售面積	坪	住宅平均銷售單價		元／坪
全棟可銷售車位數	個	車位平均銷售單價		元／個
土地開發年數	年	利潤率		％

評估結果說明					
評估項目	估價方法	單價	權重（％）	評估單價	評估總價
含容積移入之基地價格	法	元／坪		元／坪	元
	法	元／坪			
未含容積移入之基地價格	法	元／坪		元／坪	元
	法	元／坪			
容積代金價格					元
容積代金與市價比例關係	備註：容積代金容積單價／容積移入後土地開發分析容積單價				
最後價格決定之理由及相關法令之限制或其他事項說明					

目　　　錄

估價報告內容

壹、序言

一、估價立場聲明

（一）我方以公正第三人立場進行客觀評估。

（二）我方與委託單位及受勘估單位僅為單純業務往來關係。

（三）本報告書所載內容絕無虛偽或隱匿之情事，報告書中所提之事實描述具真實確切性。

（四）本報告書中之分析意見及結論，係基於報告書中所假設及限制條件下成立；此等分析意見及結論是屬個人中立之專業評論。

（五）我方對於本標的無現有或可預期的利益；對於與本標的相關的權利關係人，我方亦無個人私利或偏見。

（六）我方所收取報酬，係基於專業勞務之正當報酬、不為不正當之競價，且絕不刻意扭曲合理估價之結果。

（七）本估價報告書內容遵循內政部訂定之不動產估價師法及不動產估價技術規則相關規定、國內外之不動產估價理論，並符合不動產估價師全國聯合會頒布之「敘述式估價報告書範本」格式。

二、估價報告書基本聲明事項

本估價報告書，係在下列基本假設條件下製作完成：

（一）除非報告書中有特別聲明，勘估標的的所有權被認為是正常、具市場性的。

（二）除非報告書中有特別聲明，評估過程是在未考慮不動產抵押權或其他權利設定的情況下進行的。

（三）本報告書係在假設不動產所有權人是負責而可靠的，且該不動產的管理情況未來將維持穩定情形下評估。

（四）報告書中引用其他人提供的資訊經估價師盡可能查證後被認為是可信的。

（五）勘估標的不動產、不動產的土地及其地上物結構於報告書中被認為屬一般正常情形，沒有任何隱藏或未被發現的條件下影響該不動產價值。因此，本估價報告書對這些隱藏或無法在一般勘察中發現的條件不負責任。

（六）除非估價報告書中有特別聲明，所評估的不動產均被認為符合環境保護相關法律與規則、條例之規定，而未受到任何限制事項。

(七)除非在估價報告書中有特別聲明，不動產中可能存在或不存在的危險因子，不列入估價師的勘察範圍之內。不動產估價師並不具備了解不動產內部成分或潛在危險的知識能力，而沒有資格檢測這種物質；石棉、尿素、胺／甲醛泡沫絕緣體等這類材料及其他潛在的危險材料的存在，可能會影響不動產的價值。但估價報告書中的假設前提，是不動產中沒有這些會導致價值降低的材料。估價報告書對於這些情況、及用於發現此等狀況的專業或工程知識不負責任。如有需要，估價報告書使用者須另聘這一類領域的專家進行分析。

三、估價報告書使用之限制條件

本估價報告書使用之一般限制條件如下：

(一)在本估價報告書中總價值分配至土地、改良物之間的價值，只適用於估價報告書中所提及的項目下；分配的價值不能使用於其他任何估價中，否則就無效。

(二)估價報告書或估價報告書副本的持有者，無出版估價報告書的權利。

(三)估價報告書中提供的任何價值估計值，僅適用於整個不動產的估價。除非在估價報告書中另有聲明，否則，任何將整個受估不動產價值按權利比例劃分或其他的劃分，都使本報告書估價結果無效的。

(四)估價報告書中的預測、預估或經營結果估計，乃立基於當前市場條件、預期短期需求及供給因素、與連續穩定的經濟基礎上。因此，這些預測將隨著將來條件的不同而改變。

(五)本估價報告書提供之估價金額僅作為委託單位在報告書所載之估價目的限制下諮詢、使用或參考，估價目的變更可能使該估價金額發生改變。因此，本報告書無法適用於其他估價目的下之諮詢使用。

(六)本估價報告書提供之估價金額係在不動產估價師考量某些估價條件下形成，委託單位或使用報告書者應了解估價報告書中所載之估價條件，以避免誤用本估價報告書所載之估價金額。

(七)本估價報告書提供估價金額僅具有不動產價值諮詢的特性，不必然成為該不動產價格最後決定金額。

貳、估價基本事項說明

一、委託單位：臺北市政府都市發展局

二、基本資料

(一)勘估標的內容

　　土地標示：

(二)產權分析：

編號	地號	土地面積 (m²)	所有權人	持分分子	持分分母	土地持分面積 (m²)	土地持分面積 (坪)	登記建號	備註

(三)土地使用分區：

(四)勘估標的使用現況：

三、價格日期：民國○年○月○日。

　　　　《注意須知》：價格日期爲都市設計審議送件日。

四、勘察日期：民國○年○月○日。

五、價格種類：正常價格。

六、估價條件：

　　　　《注意須知》：

　　　1.應依都市設計審議核定報告書內容載明容移前後之樓地板面積，若估價案件同時爲都市更新案件時估價師應同時參考委託人提供之都市更新事業計畫內容，上述資料未相符時，應由估價師依專業參採資料內容，並於估價條件或估價報告書內補充文字說明。

　　　2.未含容積移入之基地價格指容積移入前之地價。基地容積之評估基礎應包含法定容積、其他都市計畫獎勵容積、都更獎勵容積或海沙屋獎勵容積等非移入容積部分，且爲實際申請額度，非上限額度。

　　　3.含容積移入之基地價格指容積移入後之地價。基地容積之評估基礎應除包含法定容積、其他都市計畫獎勵容積、都更獎勵容積或海沙屋獎勵容積等非移入容積部

分外,加計移入容積部分,且為實際申請額度;此亦為基地最後審定之樓地板面積。

4. 載明依都市設計審議核定報告書所載之開發後產品型態及建材設備說明書,該項資料若委託者無法提供,則由估價師依當地合理房價水準,參考中華民國不動產估價師全國聯合會四號公報標準造價推估其合理造價水準。

七、估價目的:容積代金參考。

八、利益衝突之聲明

　　　本事務所及本所估價師與委託單位、不動產所有權人或交易雙方僅為單純之業務關係,並無財務會計準則公報第六號所定之關係人或實質關係人之情事。

九、現場勘察參考資料:

十、資料來源說明

(一)不動產權利狀態以土地產權清冊或臺北市○○地政事務所民國○年○月○日核發之土地謄本及地籍圖謄本等相關資料為依據。

(二)土地使用分區依民國○年○月○日臺北市核發之都市計畫土地使用分區證明書。

(三)各宗土地容移前之地號、面積及地籍圖,依委託人提供之資料為依據。

(四)不動產個別條件及區域環境內容,係估價師親赴標的現場勘察,並依都市計畫及地籍等相關資料查證後記錄之。

(五)不動產價格評估依據,係依標的現場實際訪查交易資訊與估價師事務所檔案資料分析而得。

參、價格形成之因素分析

一、一般因素分析

(一)政策面:

(二)經濟面:

(三)不動產景氣:

二、不動產市場發展概況分析

(一)市場供給：

(二)市場需求：

(三)市場產品型態：

(四)不動產市場價格水準分析：

三、區域因素分析

《注意須知》：

以勘估標的所屬之近鄰地區，進行區域因素分析為原則。

(一)近鄰地區土地利用情形：

(二)近鄰地區建物利用情況：

(三)近鄰地區之公共設施概況：

(四)近鄰地區之交通運輸概況：

(五)近鄰地區重大公共建設或地標：

(六)近鄰地區未來發展趨勢：

四、個別因素分析

(一)土地個別條件分析：

　　1. 土地位置：

　　　　(1)土地座落：

　　　　(2)土地面臨：

　　　　(3)土地近鄰：

　　2. 基地個別因素：土地地勢為○，地形略呈○形。

(二)土地使用管制事項：

　　1. 勘估標的土地使用分區為○區。

　　2. 依都市計畫及土地使用分區管制規定，法定建蔽率○％、法定容積率○％。申請移入容積為基準容積之○％。

　　3. 依都市設計審議核定報告書分析容積移入前後總樓地板面積、各項容積獎勵樓地板面積及容積移入樓地板面積。

肆、價格評估

一、估價方法之選定

(一) 一般性估價方法：

依內政部頒布之「不動產估價技術規則」，一般性估價方法包括比較法、成本法、收益法、土地開發分析法等，考慮市場供需及交易慣例評估其合理市場價格，對於各種估價方法之定義如下。

1. 比較法：係指以比較標的價格為基礎，經比較、分析及調整等，以推算勘估標的價格的方法，其適用於任何不動產產品之評估。

2. 直接資本化法：係指以勘估標的未來平均一年期間之客觀淨收益，應用價格日期當時適當之收益資本化率推算勘估標的價格之方法，該方法適用於具有收益之不動產。

3. 折現現金流量分析法，指勘估標的未來折現現金流量分析期間之各期淨收益及期末價值，以適當折現率折現後加總推算勘估標的價格之方法。前項折現現金流量分析，得適用於以投資為目的之不動產投資評估。

4. 成本法：係指勘估標的於價格日期當時重新取得或重新建造所需成本，扣減其累積折舊額或其他應扣除部分，以推算勘估標的價格之方法，大部分於建築物成本價值評估時適用，除此之外，大型開發案亦多以成本法評估。

5. 土地開發分析法：係指根據土地法定用途及使用強度進行開發及改良導致土地效益之變化，估算開發或建築後總銷售金額，扣除開發期間之直接、間接成本、資本利息及利潤後，求得開發前或建築前土地價格之方法，多用於土地素地價值之評估。

(二) 本案估價方法之選定：

土地價格：本報告書評估之不考慮容積移入及考慮容積移入等二種情況下之地價均為素地，選用估價方法以土地開發分析法為主，並應參酌其他方法共同決定之，若無法採用土地開發分析法以外之方法評估，則應依不動產估價技術規則規定敘明之。

《注意須知》

1. 應說明本報告書採用估價方法之理由。不動產估價師對於估價方法採用必須考量勘估標的本身特性，不動產市場狀況及各估價方法的理論基礎等詳予說明。並遵循不動產估價技術規則第十四條規定：「不動產估價師應兼採二種以上估價方法推算勘估標的的價格。但因情況特殊不能採取二種以上方法估價並於估價報告書中敘明者，不在此限。」

2. 本報告書建議估價方法以土地開發分析法為主，比較法或其他方法為輔；遇開發後為收益性不動產時，其估價方式應包含收益法之直接資本化法或折現現金流量分析法。綜合建議估價方法可參考下表決定：

容移前後土地價格評估方法

開發後產品類型	評估內容	土地開發分析法	比較法	收益法之直接資本化法或折現現金流量分析法
住宅、辦公、店面	容移前後土地價格評估	√	○	▲
商場、百貨	容移前後土地價格評估	√	▲	○
旅館	容移前後土地價格評估	√	▲	○
其他產品	容移前後土地價格評估	√	依開發後產品之性質決定	

註：「√」為必須採用方法，「○」與「▲」可選擇採用方法，其方法適用性「○」>「▲」，必須採兩種方式評估。

開發後銷售價格評估方法

開發後產品類型	評估內容	比較法	收益法之直接資本化法或折現現金流量分析法
住宅、辦公、店面	開發後銷售價格評估	○	○
商場、百貨	開發後銷售價格評估	○	○
旅館	開發後銷售價格評估	○	○
停車位	開發後銷售價格評估	○	○
其他產品	開發後銷售價格評估	依開發後產品之性質決定	

註：「○」為可選擇採用方法，依不動產估價技術規則75條，土地開發分析法之銷售單價以比較法或收益法評估。

二、含容積移入之基地價格價格評估過程

　　(一) 土地開發分析法估算過程：

　　　　1. 基地條件分析

　　　　　　《注意須知》：分析基地面積、臨路條件、地形、地勢及小環境條件。

　　　　2. 建築及土地使用管制等相關法規分析(限制)

　　　　　　《注意須知》：依都市設計審議核定報告書分析基地土地使用分區管制的限制，包括允建量體、容許使用項目等。

　　　　3. 基地建築量體分析

　　　　　　(1) 建築結構：。

　　　　　　(2) 規劃樓層數：地上＿＿＿層、地下＿＿＿層。

　　　　　　(3) 各層銷售面積及用途如下表(請詳列銷售面積計算推估過程，若下表有不足者，請自行增設欄位。)

樓層	規劃面積							銷售面積	
	容積樓地板	梯廳	機電	陽台	雨遮	小計		推估銷售面積及車位數量	用途
	M²	M²	M²	M²	M²	M²	坪	坪／個	
屋頂突出物									
○F									
⋮									
⋮									
⋮									
⋮									
6F									
5F									
4F									
3F									
2F									
1F									
地上層小計									
B1									
B2									
B3									
B4									
地下層小計									
全棟合計									

(4) 建材配備：詳見附件建材設備表。

(5) 建物其他個別條件：

    A. 使用型態：_____。

    B. 建築型態：_____。

    C. 格　　局：_____。

    D. 座　　向：_____。

    E. 通風採光：_____。

    F. 公 設 比：_____。

    G. 其他（根據實際情形自行增加說明）。

《注意須知》：依勘估標的都市設計審議核定報告書所載之規劃方案分析規劃量體、建材設備、開發後建物用途、個別條件等進而推算開發後銷售面積及車位數量。

4. 開發後總銷售金額評估

(1) 比準戶選定與分析

《注意須知》

■ 以送審之建築設計圖說，選擇建物條件中等樓層或第四層為比準層，並自該層中選擇條件中等之戶別做為預定新建物之比準戶。估價師並應就如何決定之比準樓層與比準戶之理由進行說明。

■ 以建築設計圖說之規劃用途種類選定不同用途之比準戶。

(2) 比較法評估過程

    A. 有關比較法評估過程，本事務所採百分率調整法評估之。

    B. 百分率調整法係經比較標的與勘估建物各項個別因素及區域因素條件進行分析，並判定各項因素之差異百分比率（超極優＞極優＞優＞稍優＞普通＞稍劣＞劣＞極劣＞超極劣），計算出勘估建物比較價格之方法。

    C. 各項因素條件等級：超極優＞極優＞優＞稍優＞普通＞稍劣＞劣＞極劣＞超極劣，各等級係以比較標的與勘估標的各項條件之客觀比較而來。

    D. 對於比較案例之相關資料，本事務所已儘可能向資料提供者進行查證，如有不足係屬無法查證或查證有困難。

《注意須知》

■ 應至少有兩個以上成交案例。但若情況特殊，無法取得上述案例時，應敘明理由。

■ 成交日期應以價格日期往前、後推算一年內為原則。但若無成交日期距價格日期一年內之比較案例，得放寬至一年以上，但應敘明理由。

■ 比較案例中應選取一個或一個以上交易案例為同一供需圈內，屬性類似之案例為比較標的。但若情況特殊，無法取得上述案例時，應敘明理由。

■ 比較案例屋齡應以3年內新成屋為原則，若無屋齡三年以內之比較案例，得放寬至三年以上，但應敘明理由。

(A) 比較標的條件分析表

項目	勘估建物	比較標的一	比較標的二	比較標的三
地址				
價格型態				
交易價格（元）				
勘察日期				
價格日期				
使用分區				
建築樓層				
比較標的樓層				
屋齡（年）				
面積（坪）				
結構				
臨路情況（M）				
臨路面寬（M）				
平均深度（M）				
交通條件				
公共設施				
整體條件				
議價空間（%）				
預估可能成交價格（元／坪）				
資料來源				
備註				

《注意須知》：上表填載項目可視實際需要增加調整，無特殊原因必須刪除者皆應填載。

(B) 勘估建物（比準單元）與比較標的區域因素比較調整分析表

主要項目	次要項目	勘估建物（比準單元）	比較標的一	調整百分率	比較標的二	調整百分率	比較標的三	調整百分率
道路條件	道路寬度（M）							
	道路系統及連續性							
	人車動線規畫及道路配置							
	調整率小計							
交通運輸條件	客運、公車便利性							
	捷運與接駁系統便利性							
	鐵路運輸便利性							
	國道或快速道路便利性							
	停車便利性							
	調整率小計							
環境條件	商業活動強度							
	土地利用成熟度							
	古蹟、觀光遊憩設施							
	服務性設施(郵局、銀行、醫院、機關等設施)							
	學校（國小、國中、高中、大專院校）							
	市場（傳統市場、超級市場、超大型購物中心）							
	廣場、公園、綠地							
	嫌惡設施							
	調整率小計							
自然條件	排水之良否							
	地勢坡度							
	災害影響							
	調整率小計							
行政條件	使用分區							
	建築或用途管制							
	其他							
	調整率小計							
其他	市場供需情況							
	重大建設影響							
	未來發展趨勢							
	調整率小計							
	區域因素總調整率							

《注意須知》

■ 比較標的在近鄰地區以外者，應檢討區域因素修正，而近鄰地區範圍由估價師視該地區實際發展程度調整之。

■ 上表填載項目可視實際需要調整，無特殊原因必須刪除者皆應填載。社區名稱、車位情形、公設比、騎樓比例等影響價格因素可自行增列。

(C) 勘估建物（比準單元）與比較標的個別因素比較調整分析表

主要項目	次要項目	勘估建物（比準單元）	比較標的一	調整百分率	比較標的二	調整百分率	比較標的三	調整百分率
道路交通條件	面前道路寬度（M）							
	道路種類							
	道路系統及連續性							
	人車動線規畫及道路配置							
	調整率小計							
公共設施接近條件	接近高鐵站程度（M）							
	接近捷運站程度（M）							
	接近公車、客運站程度（M）							
	接近火車站程度（M）							
	接近市場程度（M）							
	接近學校程度（M）							
	服務性設施（郵局、銀行、醫院、機關等設施）（M）							
	廣場、公園綠地接近程度（M）							
	接近停車場程度（M）							
	調整率小計							
週邊環境條件	商業活動強度							
	嫌惡設施							
	停車方便性							
	鄰地使用情況							
	調整率小計							
行政法令條件	使用分區							
	建蔽率（%）							
	容積率（%）							
	建築或用途管制							
	重大建設與發展潛力							
	調整率小計							
建物個別條件	結構種類							
	建材等級							
	公共設施面積比例（%）							
	屋齡（年）							
	建物層次							
	管理狀況							
	單價與總價關係							
	採光通風							
	產權複雜程度							
	產品適宜性							
	建物能見度							
	調整率小計							
其他	付租能力、租期							
	個別因素總調整率							

(D) 勘估建物（比準單元）比較價格推定表

項　　　目		比較標的一	比較標的二	比較標的三
交易價格（元／坪）				
價格型態				
情況因素	調整百分率			
	調整後價格			
價格日期	調整百分率			
	調整後價格			
區域因素	調整百分率			
	調整後售價			
個別因素	調整百分率			
試算價格（元／坪）				
比較標的加權數				
加權數計算後金額（元／坪）				
最後推定比較價格（元／坪）				

《注意須知》

■ 試算價格係以比較標的價格就情況因素調整、價格日期調整、區域因素調整及個別因素調整百分比率相乘計算之。

■ 比較標的加權數應依不動產估價技術規則第二十七條規定：「不動產估價師應採用三件以上比較標的，就其經前條推估檢討後之勘估標的試算價格，考量各比較標的蒐集資料可信度、各比較標的與勘估標的價格形成因素之相近程度，決定勘估標的之比較價格，並將比較修正內容敘明之。」

■ 比較案例之選擇，應以區域因素及個別因素相近者優先選取為原則，其次為期日因素相近者。價格日期調整應敘明調整之理由及依據。

■ 比較調整分析表之比較項目可量化呈現者（如：面前道路寬度、接近車站程度等），應以數值呈現，並註明設施名稱(如：捷運中山站)；若無法量化，則以優劣程度等文字呈現。

■ 各項調整率若超過不動產估價技術規則第25條之限制時，應敘明理由或排除該比較標的之適用。

■ 比較案例之資料來源應敘明於條件分析表。

■ 以上各比較表，請視需要分別比較地面層及樓上比準樓層之價格。

　　(E) 最終比較價格決定

(F) 停車位比較標的條件分析表

項目	勘估建物 （比準單元）	比較標的一	比較標的二	比較標的三
地址				
價格型態				
交易價格（元）				
勘察日期				
價格日期				
使用分區				
建築樓層				
比較標的樓層				
屋齡（年）				
車位面積（坪）				
建物結構				
臨路情況（M）				
臨路面寬（M）				
交通條件				
車位型式				
車位大小				
整體條件				
議價空間（％）				
預估可能成交價格（元／個）				
資料來源				
備註				

(G) 勘估建物停車位（比準單元）與比較標的區域暨個別因素比較調整分析表

主要項目	項目	勘估建物（比準單元）	比較標的一	調整百分率	比較標的二	調整百分率	比較標的三	調整百分率
區域因素	商業繁榮程度							
	供需狀況							
	區域因素總調整率							
個別因素	車位型式							
	車位大小							
	樓層位置							
	其他：屋齡							
	個別因素總調整率							

(H) 勘估建物停車位（比準單元）比較價格推定表

項　　目		比較標的一	比較標的二	比較標的三
交易價格（元／個）				
價格型態				
情況因素	調整百分率			
	調整後價格			
價格日期	調整百分率			
	調整後價格			
區域因素	調整百分率			
	調整後售價			
個別因素	調整百分率			
試算價格（元／個）				
比較標的加權數				
加權數計算後金額（元／個）				

最後推定比較價格（元／個）	

《注意須知》

■ 參見前述「開發後總銷售金額評估」之《注意須知》內容。

■ 估價師應詳細載明勘估建物與比較標的停車位型式與車位大小：坡道平面式、坡道機械式、升降機械式、升降平面式及塔式車位（倉儲式車位）。

(I) 停車位最終比較價格決定

(J) 勘估建物各層調整因素

《注意須知》：於求得比準戶價格後，以該戶價格考量水平效用推估該樓層整層之價格，該樓層即為比準樓層，以比準樓層價格考量樓層別效用推估全棟建物總銷金額。另求得比準車位價格後，再依比準車位價格考量個別條件差異推估其他車位價格。

(K) 新建物開發總值

《注意須知》：應將新建物全棟大樓各部份(單元)價值以表格方式列舉說明。並以此評估結果帶入含容積移入之土地開發分析表中，做為計算土地價值之基礎。

以比準戶推估該樓層平均價格

戶別	用途	銷售面積 （坪；個）	水平別效用比	評估單價 （元／坪；元／個）	評估銷售總價值 （元）
總計					
該樓層平均價格（比準樓層）					

以比準樓層推估全棟建物總銷金額

樓層	用途	銷售面積 （坪；個）	樓層別效用比	評估單價 （元／坪；元／個）	評估銷售總價值 （元）
1F					
2F					
B1	平面車位				
B2	平面車位				
B3	平面車位				
B4	機械車位				
總計					

（3）折現現金流量分析法評估過程

　A.折現現金流量分析期間：

　《注意須知》：現金流量分析期間依下列原則定之

　■收益無一定期限者，分析期間以不逾十年為原則。

　■收益有特定期限者，則應依剩餘期間估算。

　B.總收入及有效總收入分析：

　《注意須知》：應依當地租金或市場相似比較標的租金行情評估，並排除過高或過低之比較標的。

　C.合理市場租金評估：

　《注意須知》合理市場租金，可採用租賃實例比較法或收益分析法評估之，比較標的選取應符合下列原則：

　■應至少有兩個以上成交案例。但若情況特殊，無法取得上述案例時，應敘明理由。

■ 成交日期應以價格日期往前、後推算一年內為原則。但若無成交日期距價格日期一年內之比較案例，得放寬至一年以上，但應敘明理由。

■ 比較案例屋齡應以三年內新成屋為原則，若無屋齡三年以內之比較案例，得放寬至三年以上，但應敘明理由。

(A) 比較標的租金條件表

項目	勘估標的 （比準單元）	比較標的一	比較標的二	比較標的三
座落				
面積				
年總租金				
整體閒置率				
押金				
樓層別				
屋齡				
建物條件				
區位條件				
勘察日期				
租金價格日期				
交易型態				
整體條件				
資料來源				

《注意須知》：上表填載項目可視實際需要增加調整，無特殊原因必須刪除者皆應填載。

(B) 勘估標的與比較標的區域因素比較表

主要項目	次要項目	勘估建物（比準單元）	比較標的一	調整百分率	比較標的二	調整百分率	比較標的三	調整百分率
道路條件	道路寬度（M）							
	道路系統及連續性							
	人車動線規畫及道路配置							
	調整率小計							
交通運輸條件	客運、公車便利性							
	捷運與接駁系統便利性							
	鐵路運輸便利性							
	國道或快速道路便利性							
	停車便利性							
	調整率小計							
環境條件	商業活動多元性							
	土地利用成熟度							
	古蹟、觀光遊憩設施							
	服務性設施（郵局、銀行、醫院、機關等設施）							
	學校（國小、國中、高中、大專院校）							
	市場（傳統市場、超級市場、超大型購物中心）							
	廣場、公園、綠地							
	嫌惡設施							
	調整率小計							
自然條件	排水之良否							
	地勢坡度							
	災害影響							
	調整率小計							
行政條件	使用分區							
	建築或用途管制							
	其他							
	調整率小計							
其他	市場供需情況							
	重大建設影響							
	未來發展趨勢							
	調整率小計							
	區域因素總調整率							

《注意須知》：參見前述「開發後總銷售金額評估」之《注意須知》內容。

(C) 勘估標的與比較標的個別因素比較表

主要項目	次要項目	勘估建物（比準單元）	比較標的一	調整百分率	比較標的二	調整百分率	比較標的三	調整百分率
道路交通條件	面前道路寬度（M）							
	道路種類							
	道路系統及連續性							
	人車動線規畫及道路配置							
	調整率小計							
公共設施接近條件	接近高鐵站程度（M）							
	接近捷運站程度（M）							
	接近公車、客運站程度(M)							
	接近火車站程度（M）							
	接近市場程度（M）							
	接近學校程度（M）							
	服務性設施(郵局、銀行、醫院、機關等設施)（M）							
	廣場、公園綠地接近程(M)							
	接近停車場程度（M）							
	調整率小計							
週邊環境條件	商業活動多元性							
	嫌惡設施							
	停車方便性							
	鄰地使用情況							
	調整率小計							
行政法令條件	使用分區							
	建蔽率（％）							
	容積率（％）							
	建築或用途管制							
	重大建設與發展潛力							
	調整率小計							
建物個別條件	結構種類							
	建材等級							
	公共設施面積比例（％）							
	屋齡（年）							
	建物層次							
	管理狀況							
	單價與總價關係							
	採光通風							
	產權複雜程度							
	產品適宜性							
	建物能見度							
	調整率小計							
其他	付租能力、租期							
	個別因素總調整率							

《注意須知》：上表填載項目可視實際需要調整，無特殊原因必須刪除者皆應填載。

(D) 勘估標的與比較標的總調整表

項目		比較標的一	比較標的二	比較標的三
交易價格（元／坪）				
價格型態				
情況因素	調整百分率			
	調整後價格			
價格日期	調整百分率			
	調整後價格			
區域因素	調整百分率			
	調整後售價			
個別因素	調整百分率			
試算價格（元／坪）				
比較標的加權數				
加權數計算後金額（元／坪）				
最後推定比較價格（元／坪）				

《注意須知》：參見前述「開發後總銷售金額評估」之《注意須知》內容。

D.押金孳息及其他收入：

《注意須知》：除租金收入外，應加計押金孳息，若勘估標的有其他出租收入如廣告招牌出租或基地台出租，可另列其他收入。

E.閒置及其他損失：

《注意須知》：考量勘估標的於現金流量分析期間可能產生之空置損失、免租裝潢期、欠租或招租期等損失。

F.各期現金流入（有效總收入）分析：

G.總費用推估：

《注意須知》：總費用列計原則如下

■ 總費用之推算，應根據相同或相似不動產所支出之費用資料或會計報表所載資料加以推算，若無法取得應於估價報告書中敘明，並以適當方式推估之。

■ 總費用應蒐集勘估標的與其特性相同或相似之比較標的最近三年間總費用資料，並應就其合理性進行綜合研判，以確定資料之可用性，並得依其持續性、穩定性及成長情形加以調整。

■ 總費用其項目包括地價稅或地租、房屋稅、保險費、管理費及維修費等；另應包括推估不動產構成項目中，於耐用年數內需重置部分之重置提撥費，並按該支出之有效使用年期及耗損比率分年攤提。

■ 勘估標的為營運性不動產者，請以營運收入估計總收入時，於總費用中應加計營運費用。

H.折現率推估：

《注意須知》：

■ 折現率依不動產估價技術規則第43規定決定之。

I.期末處分價值推估：

《注意須知》：

■ 現金流量期末不動產處分價值可採收益法之直接資本化法或其他方法評估之。

■ 現金流量期末處分價值應扣除預估的處分成本。

■ 若採用直接資本化法可以現金流量期末之次一期淨收益除以收益資本化率而得；其中收益資本化率可以市場萃取法，並考量未來現金流量期間之預期風險加碼推估之。

J折現現金流量分析收益價格：

（4）收益法直接資本化法評估過程：

A. 正常租金評估：

(A)比較標的租金條件表

項目	勘估建物（比準單元）	比較標的一	比較標的二	比較標的三
座落				
面積				
年總租金				
整體閒置率				
押金				
樓層別				
屋齡				
建物條件				
區位條件				
勘察日期				
租金價格日期				
交易型態				
整體條件				
資料來源				

《注意須知》：上表填載項目可視實際需要增加調整，無特殊原因必須刪除者皆應填載。

(B)勘估標的與比較標的區域因素比較表

主要項目	次要項目	勘估建物（比準單元）	比較標的一	調整百分率	比較標的二	調整百分率	比較標的三	調整百分率
道路條件	道路寬度（M）							
	道路系統及連續性							
	人車動線規畫及道路配置							
	調整率小計							
交通運輸條件	客運、公車便利性							
	捷運與接駁系統便利性							
	鐵路運輸便利性							
	國道或快速道路便利性							
	停車便利性							
	調整率小計							
環境條件	商業活動多元性							
	土地利用成熟度							
	古蹟、觀光遊憩設施							
	服務性設施(郵局、銀行、醫院、機關等設施)							
	學校(國小、國中、高中、大專院校)							
	市場(傳統市場、超級市場、超大型購物中心)							
	廣場、公園、綠地							
	嫌惡設施							
	調整率小計							
自然條件	排水之良否							
	地勢坡度							
	災害影響							
	調整率小計							
行政條件	使用分區							
	建築或用途管制							
	其他							
	調整率小計							
其他	市場供需情況							
	重大建設影響							
	未來發展趨勢							
	調整率小計							
	區域因素總調整率							

《注意須知》：參見前述「開發後總銷售金額評估」之《注意須知》內容。

(C)勘估標的與比較標的個別因素比較表

主要項目	次要項目	勘估建物（比準單元）	比較標的一	調整百分率	比較標的二	調整百分率	比較標的三	調整百分率
道路交通條件	面前道路寬度（M）							
	道路種類							
	道路系統及連續性							
	人車動線規畫及道路配置							
	調整率小計							
公共設施接近條件	接近高鐵站程度（M）							
	接近捷運站程度（M）							
	接近公車、客運站程度(M)							
	接近火車站程度（M）							
	接近市場程度（M）							
	接近學校程度（M）							
	服務性設施(郵局、銀行、醫院、機關等設施)（M）							
	廣場、公園綠地接近程度（M）							
	接近停車場程度（M）							
	調整率小計							
週邊環境條件	商業活動多元性							
	嫌惡設施							
	停車方便性							
	鄰地使用情況							
	調整率小計							
行政法令條件	使用分區							
	建蔽率（％）							
	容積率（％）							
	建築或用途管制							
	重大建設與發展潛力							
	調整率小計							
建物個別條件	結構種類							
	建材等級							
	公共設施面積比例（％）							
	屋齡（年）							
	建物層次							
	管理狀況							
	單價與總價關係							
	採光通風							
	產權複雜程度							
	產品適宜性							
	建物能見度							
	調整率小計							
其他	付租能力、租期							

個別因素總調整率							

《注意須知》：上表填載項目可視實際需要調整，無特殊原因必須刪除者皆應
填載。

(D)勘估標的與比較標的總調整表

項目		比較標的一	比較標的二	比較標的三
交易租金（元／坪）				
價格型態				
情況因素	調整百分率			
	調整後租金			
價格日期	調整百分率			
	調整後租金			
區域因素	調整百分率			
	調整後租金			
個別因素	調整百分率			
試算租金（元／坪）				
比較標的加權數				
加權數計算後租金（元／坪）				
最後推定比較租金（元／坪）				

《注意須知》：參見前述「開發後總銷售金額評估」之《注意須知》內容。

B.年總收入推估：

《注意須知》：年總收入，指價格日期當時勘估標的按法定用途出租或營運，
在正常情況下所獲得之租金或收入之數額，其中包括1.每期收入之租金、2.權利
金攤算為每期之租金收入、3.押金或保證金運用收益、4.其他營運收入等。推估
時得按地上樓層、地下車位及其他收入來源合計。各樓層租金收入推估並請考
慮樓層別效用比計算。並依不動產估價技術規則第三十三條第一項規定：「客
觀淨收益應以勘估標的作最有效使用之客觀淨收益為基準，並參酌鄰近類似不
動產在最有效使用情況下之收益推算之。」推估之。

C.有效總收入推估：

《注意須知》：推算閒置及其他原因所造成之收入損失，以總收入扣除收入損失後之餘額為勘估標的之有效總收入。

D.總費用推估：

《注意須知》：請依不動產估價技術規則規定詳加計算填載。

E.淨收益推估：

《注意須知》：請依不動產估價技術規則規定詳加計算填載。

F.收益資本化率推估：

《注意須知》：請依不動產估價技術規則規定詳加計算填載。

G.收益價格評估：

《注意須知》：請依不動產估價技術規則規定詳加計算填載。

5.開發成本及各項費用評估

各項成本費用：經計算後為＿＿＿＿元，見「含容積移入之土地開發分析價格表」。

《注意須知》

■ 營造成本依據四號公報，並參考都市設計審議核定報告書之建材設備調整之，該項資料若委託者無法提供，則由估價師依當地合理房價水準，參考中華民國不動產估價師全國聯合會四號公報標準造價推估其合理造價水準，並考量地下室開挖層數、樓層高度、有無連續壁及建築工程類物價指數等因素調整等因素調整，並敘明。

■ 資本利息綜合利率計算之土地開發年數與建築工期，土地開發年期應依不動產估價技術規則第80條規定計算，建築工期則依不動產估價技術規則第60條規定計算。

6.含容積移入之土地開發分析價格

經土地開發分析法評估後，求取勘估建物土地含容積移入時總值為 元。土地開發分析價格試算表如下表：

含容積移入之土地開發分析價格表

土地開發分析法計算表					
勘估建物（ 或比準地） 基本資料	土地座落				
	土地面積		㎡		坪
	使用分區				
	建蔽率%		容積率%		
開發 規劃	規劃樓層數	地上層數		地下層數	
	結構種類				
	地下室開挖率%				
總銷售金額計算（S）	樓層	用途	可銷售面積（坪）	平均銷售單價（元／坪）	總銷售金額（元）
	合計				
利潤率計算（R）					
資本利息綜合利率計算（i）	資金來源	利率	資金比例	年利率	資本利息綜合利率（i）
	自有資金				依不動產估價技術規則第79條辦理。
	借貸資金				
	開發年數				
成本計算（C）＋（M）	項目	細項	單價；費率	金額（元）	備註
	直接成本（C）	營造或施工費單價（元／坪）			按中華民國不動產估價師公會全國聯合會第四號公報計算
	間接成本（M）	規劃設計費			按實際營造施工費之2%～3%推估
		廣告費銷售費			總銷售金額之3%～7%推估
		管理費			不含公寓大廈管理條例規定設立公共基金者，按總銷售金額之1.5%～3%推估。含公寓大廈管理條例規定設立公共基金者，按總銷售金額之4%～5%推估
		稅捐及其他負擔			總銷售金額之0.5%～1.2%推估
	合計				
	土地總價格（V） （公式）V＝S÷(1+R)÷(1+i)−(C+M)				土地總價格以單價表示

《注意須知》

於計算勘估土地含容積移入之價值時，其投資利潤利率請參閱下表調整之：

開發年期（年）	未滿1.5	1.5以上～未滿2.0	2.0以上～未滿2.5	2.5～未滿3.0	3.0以上～未滿3.5	3.5以上～未滿4.0	4.0以上
投資利潤率（％）	12	13	14	15	16	17	18

■ 若設定利潤率與表格不同時應予說明。

(二) 比較法之估算過程：

1. 有關比較法評估過程，本事務所採百分率調整法評估之。

2. 百分率調整法係經比較標的與勘估建物各項個別因素及區域因素條件進行分析，並判定各項因素之差異百分比率（超極優＞極優＞優＞稍優＞普通＞稍劣＞劣＞極劣＞超極劣），計算出勘估建物比較價格之方法。

3. 各項因素條件等級：超極優＞極優＞優＞稍優＞普通＞稍劣＞劣＞極劣＞超極劣，各等級係以比較標的與勘估標的各項條件之客觀比較而來。

4. 對於比較案例之相關資料，本事務所已儘可能向資料提供者進行查證，如有不足係屬無法查證或查證有困難。

《注意須知》

■ 以比較法評估含容積移入後之基地價格時，比較案例以二個以上成交案例為原則，若因交易案例稀少或條件差異過大，無法採用二個以上成交案例應於報告書中說明。

■ 比較案例所在區位等區域因素，以及面積、容積等個別因素應與勘估標的條件相近，不宜採用小面積透天厝土地與可獨立開發勘估標的相比。若比較案例稀少則不在此限，但應於報告書中述明理由。

■ 比較案例之選擇，應以區域因素及個別因素相近者優先選取為原則，其次為期日因素相近者。價格日期調整應敘明調整之理由及依據。

■ 各項調整率若超過不動產估價技術規則第25條之限制時，應敘明理由或排除該比較標的之適用。

■ 比較案例之資料來源應敘明於條件分析表。

■ 比較法案例若為持分交易案例，須敘明是否需要給予情況因素修正。

■ 比較法案例應查證交易當時之允建容積（或實際容積）與法定容積有無不同，並應以允建容積（或實際容積）為比較基礎。

(1)含容積移入之基地與比較標的條件分析：

項　　目	勘估標的	比較標的一	比較標的二	比較標的三
縣市				
鄉鎮市區				
地段號／地址				
價格型態				
交易價格（萬元）				
調查日期				
價格日期				
使用分區				
建蔽率（％）				
容積率（％）				
地形				
地勢				
土地面積				
臨路情況（M）				
交通條件				
公共設施				
整體條件				
交易價格（萬元／坪）				
議價空間				
成交（預估）價格（萬元／坪）				
資料來源				
備註				

(2)含容積移入之基地與比較標的區域因素比較表：

項目	比較細項	勘估標的	比較標的一	調整百分率	比較標的二	調整百分率	比較標的三	調整百分率
交通運輸	交通系統之便利性							
	捷運之便利性							
	公車之便利性							
	鐵路運輸之便利性							
	小計							
自然環境	景觀							
	排水之良否							
	地勢							
	災害影響							
	親水性(含臨河、海等)							
	小計							
公共設施	道路規劃							
	文教設施							
	觀光遊憩設施							
	休閒設施							
	生活機能設施							
	服務設施							
	小計							
發展潛力	住宅聚集效益							
	目前發展成熟度							
	市場供需							
	使用率							
	住宅環境品質							
	就業機會							
	重大建設計畫							
	未來發展趨勢							
	小計							
其他								
區域因素調整百分率								

《注意須知》：上表填載項目可視實際需要調整，無特殊原因必須刪除者皆應填載。

(3)含容積移入之基地與比較標的個別因素比較表:

項目	比較細項	勘估標的	比較標的一	調整百分率	比較標的二	調整百分率	比較標的三	調整百分率
宗地條件	土地使用分區							
	總價與單價關係							
	面積(坪)與規劃潛力							
	建蔽率（%）							
	法定容積率（%）							
	獎勵樓地板面積							
	地形							
	地勢							
	寬深度比							
	鄰地使用							
	開發限制							
	小計							
道路條件	臨路面數							
	臨路寬度（M）							
	道路類型							
	道路鋪設							
	道路規劃							
	小計							
接近條件	接近車站程度（M）							
	接近學校程度（M）							
	接近市場程度（M）							
	接近公園程度（M）							
	接近停車場程度（M）							
	接近區域中心程度(M)							
	接近商業設施程度(M)							
	接近服務設施程度(M)							
	小計							
環境條件	嫌惡設施有無							
	日照							
	通風							
	景觀有無							
	停車方便性							
	商業聚集度							
	小計							
	其他							
個別因素調整百分率								

《注意須知》

■ 上表填載項目可視實際需要調整，無特殊原因必須刪除者皆應填載。

　獎勵面積樓地板調整，應考量比較標的地主可能取得部分，非均以上限比較之；另應考量取得獎勵面積所須負擔的成本。

■ 法定容積率及獎勵面積樓地板差異的調整率應以土地開發分析方式試算(詳列土地開發分析法計算過程)，並檢附於附件。

■ 比較調整分析表之比較項目可量化呈現者（如：面前道路寬度、接近車站程度等），應以數值呈現，並註明設施名稱(如：捷運中山站)；若無法量化，則以優劣程度等文字呈現。

(4)含容積移入之基地與比較標的總調整率表：

項　　　目		比較標的一	比較標的二	比較標的三
交易價格（元／坪）				
價格型態				
情況因素	調整百分率			
	調整後價格			
價格日期	調整百分率			
	調整後價格			
區域因素	調整百分率			
	調整後售價			
個別因素	調整百分率			
試算價格（元／坪）				
比較標的加權數				
加權數計算後金額（元／坪）				
最後推定比較價格（元／坪）				

(5) 含容積移入之基地比較價格結論：

(三) 折現現金流量分析法評估過程

1. 折現現金流量分析期間

《注意須知》：現金流量分析期間依下列原則定之

■ 收益無一定期限者，分析期間以不逾十年為原則。

■ 收益有特定期限者，則應依剩餘期間估算。

2. 總收入及有效總收入分析

《注意須知》：請參照本範本前述折現現金流量分析法之注意事項。

(1) 合理市場租金評估

《注意須知》：請參照本範本前述事項。

(2) 押金孳息及其他收入

《注意須知》：請參照本範本前述事項。

(3) 閒置及其他損失

《注意須知》：請參照本範本前述事項。

(4) 各期現金流入 (有效總收入) 分析

(5) 總費用推估

《注意須知》：請參照本範本前述事項。

(6) 開發成本推估

《注意須知》包含營造施工費、規劃設計費及其他必要費用。並應考量建築工期設定合理之工程比例。

(7) 折現率推估

《注意須知》：請參照本範本前述事項。

(8) 期末處分價值推估

《注意須知》：請參照本範本前述事項。

(9) 折現現金流量分析收益價格

《注意須知》：以各年度營運收入減去開發成本及營運成本與費用並加上期末處分淨額，折現後即為勘估標的土地總值。

(四) 含容積移入之基地價格決定：

三、未含容積移入之基地價格價格評估過程

（一）土地開發分析法估算過程：

1. 基地建築量體分析

（1）建築結構：。

（2）規劃樓層數：地上＿＿＿層、地下＿＿＿層。

（3）各層銷售面積及用途如下表：（請詳列銷售面積計算推估過程，若下表有不足者，請自行增設欄位。）

樓層	規劃面積							銷售面積	
	容積樓地板	梯廳	機電	陽台	雨遮	小計		推估銷售面積及車位數量	用途
	M²	M²	M²	M²	M²	M²	坪	坪／個	
屋頂突出物									
○F									
：									
：									
：									
：									
6F									
5F									
4F									
3F									
2F									
1F									
地上層小計									
B1									
B2									
B3									
B4									
地下層小計									
全棟合計									

（4）建材配備：詳見附件建材設備表。

（5）建物其他個別條件：

A. 使用型態：＿＿＿＿＿＿＿＿＿＿。

B. 建築型態：＿＿＿＿＿＿＿＿＿＿。

C. 格　　局：＿＿＿＿＿＿＿＿＿＿。

D. 座　　向：＿＿＿＿＿＿＿＿＿。

E. 通風採光：＿＿＿＿＿＿＿＿＿。

F. 公 設 比：＿＿＿＿＿＿＿＿＿。

G. 其他（根據實際情形自行增加說明）。

《注意須知》

■ 未含容積移入規劃面積由估價師依都市設計審議核定報告書內容為
基礎進行調整，調整的原則如下：

A. 容積移入前後實設建蔽率相同。

B. 未含移入容積所減少的容積由頂層依次遞減。

C. 調整後面積須達到與容積移入後銷坪比相同的條件，並盡量維持接近之地
下室開挖率，若調整後面積與容移移入後之銷坪比不同時，應敘明理由，
銷坪比指不含車位銷售面積與總容積樓地板面積的比值。

D. 地下層在達到原車位數量設置原則，例如 1 戶 1 汽車車位或機車位、或每
120M² 設計一車位、或不設置機械車位等，可由估價師自行設定合理開挖率
及開挖樓層。

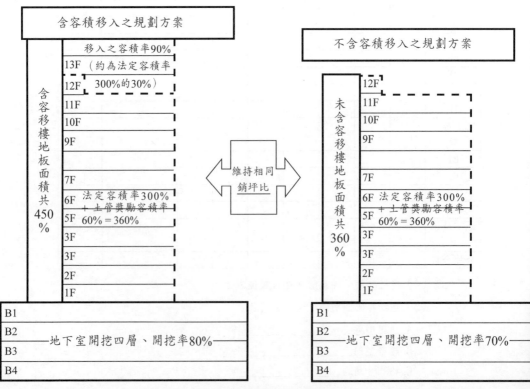

圖　容積移入前後勘估標的規劃方案調整模擬示意圖

2. 開發後總銷售金額評估

　　(1) 總銷售金額依前節含容積移入後所評估之各層建坪單價及車位單價評估如
　　　　下表：

以比準戶推估該樓層平均價格

戶別	用途	銷售面積 （坪；個）	水平別效用比	評估單價 （元／坪；元／個）	評估銷售總價值 （元）
總計					
該樓層平均價格（比準樓層）					

以比準樓層推估全棟建物總銷金額

樓層	用途	銷售面積 （坪；個）	樓層別效用比	評估單價 （元／坪；元／個）	評估銷售總價值 （元）
1F					
2F					
B1	平面車位				
B2	平面車位				
B3	平面車位				
B4	機械車位				
總計					

(2)折現現金流量分析法評估過程

　　A.折現現金流量分析期間：

　　《注意須知》：現金流量分析期間依下列原則定之

■ 收益無一定期限者，分析期間以不逾十年為原則。

■ 收益有特定期限者，則應依剩餘期間估算。

　　B.總收入及有效總收入分析：

　　《注意須知》：應依當地租金或市場相似比較標的租金行情評估，並排除過高或過低之比較標的。

　　C.合理市場租金評估：

　　《注意須知》

■ 合理市場租金，可採用租賃實例比較法或收益分析法評估之，比較標的選取應符合下列原則：應至少有兩個以上成交案例。但若情況特殊，無法取得上述案例時，應敘明理由。

3. 開發成本及各項費用評估

　　各項成本費用：經計算後為＿＿＿＿元，見「未含容積移入之土地開發分析價格表」。

《注意須知》

■ 營造成本依據四號公報，並參考都市設計審議報告書之建材設備調整之若委託人未能提供勘估標的之建材設備等級，估價師則依當地合理房價水準參考中華民國不動產估價師全國聯合會第四號公報訂之，並考量地下室開挖層數、樓層高度、有無連續壁及建築工程類物價指數等因素調整等因素調整，並敘明。

■ 資本利息綜合利率計算之土地開發年數與建築工期，土地開發年期應依不動產估價技術規則第80條規定計算，建築工期則依不動產估價技術規則第60條規定計算。另倘勘估標的屬「臺北市都市設計及土地使用開發許可審議規則」第二條第一款至第三款之地區，無論是否申辦容積移轉，均需送本市都市設計及土地使用開發許可審議委員會審議，其容積移入前後之開發年數差距應由估價師合理評估並敘明理由。

4. 未含容積移入之土地開發分析價格

　　經土地開發分析法評估後，求取勘估建物土地含容積移入時總值為　元。土地開發分析價格試算表如下表：

未含容積移入之土地開發分析價格表

<table>
<tr><td colspan="6" align="center">土地開發分析法計算表</td></tr>
<tr><td rowspan="5">（一）
勘估建物
（或比準地）
基本資料</td><td>土地座落</td><td colspan="4"></td></tr>
<tr><td>土地面積</td><td colspan="2" align="center">m²</td><td colspan="2" align="center">坪</td></tr>
<tr><td>使用分區</td><td colspan="4"></td></tr>
<tr><td>建蔽率％</td><td colspan="2" align="center">容積率％</td><td colspan="2"></td></tr>
<tr><td rowspan="4">開發規劃</td><td>規劃樓層數</td><td>地上層數</td><td></td><td>地下層數</td><td></td></tr>
<tr><td>結構種類</td><td colspan="4"></td></tr>
<tr><td>地下室開挖率％</td><td colspan="4"></td></tr>
<tr><td colspan="5"></td></tr>
<tr><td rowspan="6">（S）
總銷售金額計算</td><td align="center">樓層</td><td align="center">用途</td><td align="center">可銷售面積
（坪）</td><td align="center">平均銷售單價
（元／坪）</td><td align="center">總銷售金額
（元）</td></tr>
<tr><td></td><td></td><td></td><td></td><td></td></tr>
<tr><td></td><td></td><td></td><td></td><td></td></tr>
<tr><td></td><td></td><td></td><td></td><td></td></tr>
<tr><td></td><td></td><td></td><td></td><td></td></tr>
<tr><td align="center">合計</td><td></td><td></td><td></td><td></td></tr>
<tr><td colspan="2">利潤率計算（R）</td><td colspan="4"></td></tr>
<tr><td rowspan="4">（i）
資本利息綜合利率計算</td><td>資金來源</td><td align="center">利率</td><td align="center">資金比例</td><td align="center">年利率</td><td align="center">資本利息綜合利率（i）</td></tr>
<tr><td>自有資金</td><td></td><td></td><td></td><td rowspan="3">依不動產估價技術規則第79條辦理。</td></tr>
<tr><td>借貸資金</td><td></td><td></td><td></td></tr>
<tr><td>開發年數</td><td></td><td></td><td></td></tr>
<tr><td rowspan="8">成本計算（C）＋（M）</td><td align="center">項目</td><td align="center">細項</td><td align="center">單價；費率</td><td align="center">金額（元）</td><td align="center">備註</td></tr>
<tr><td>直接成本（C）</td><td>營造或施工費單價（元／坪）</td><td></td><td></td><td>按中華民國不動產估價師公會全國聯合會第四號公報計算</td></tr>
<tr><td rowspan="6">間接成本（M）</td><td>規劃設計費</td><td></td><td></td><td>按實際營造施工費之2％～3％推估</td></tr>
<tr><td>廣告費銷售費</td><td></td><td></td><td>總銷售金額之3％～7％推估</td></tr>
<tr><td rowspan="2">管理費</td><td rowspan="2"></td><td rowspan="2"></td><td rowspan="2">不含公寓大廈管理條例規定設立公共基金者，按總銷售金額之1.5％～3％推估。含公寓大廈管理條例規定設立公共基金者，按總銷售金額之4％～5％推估</td></tr>
<tr></tr>
<tr><td>稅捐及其他負擔</td><td></td><td></td><td>總銷售金額之0.5％～1.2％推估</td></tr>
<tr><td align="center" colspan="2">合計</td><td></td><td></td></tr>
<tr><td colspan="2">土地總價格（V）
（公式）V＝S÷（1+R）÷（1+i）-（C+M）</td><td colspan="4" align="center">土地總價格以單價表示</td></tr>
</table>

《注意須知》

於計算勘估土地含容積移入之價值時，其投資利潤利率請參閱下表調整之：

開發年期 （年）	未滿1.5	1.5以上～ 未滿2.0	2.0以上～ 未滿2.5	2.5～未滿 3.0	3.0以上～ 未滿3.5	3.5以上～ 未滿4.0	4.0以上
投資利潤率 （％）	12	13	14	15	16	17	18

■ 若設定利潤率與表格不同時應予說明。

(二) 比較法之估算過程：

1. 有關比較法評估過程，本事務所採百分率調整法評估之。

2. 百分率調整法係經比較標的與勘估建物各項個別因素及區域因素條件進行分析，並判定各項因素之差異百分比率（超極優＞極優＞優＞稍優＞普通＞稍劣＞劣＞極劣＞超極劣），計算出勘估建物比較價格之方法。

3. 各項因素條件等級：超極優＞極優＞優＞稍優＞普通＞稍劣＞劣＞極劣＞超極劣，各等級係以比較標的與勘估標的各項條件之客觀比較而來。

4. 對於比較案例之相關資料，本事務所已儘可能向資料提供者進行查證，如有不足係屬無法查證或查證有困難。

《注意須知》：參見前述含容積移入基地「比較法」之《注意須知》內容。

(1) 未含容積移入之基地與比較標的條件分析：

項　　　目	勘估標的	比較標的一	比較標的二	比較標的三
縣市				
鄉鎮市區				
地段號／地址				
價格型態				
交易價格（萬元）				
調查日期				
價格日期				
使用分區				
建蔽率（％）				
容積率（％）				
地形				
地勢				
土地面積				
臨路情況（M）				
交通條件				
公共設施				
整體條件				
交易價格（萬元／坪）				
議價空間				
成交（預估）價格（萬元／坪）				
資料來源				
備註				

(2)未含容積移入之基地與比較標的區域因素比較表：

項目	比較細項	勘估標的	比較標的一	調整百分率	比較標的二	調整百分率	比較標的三	調整百分率
交通運輸	交通系統之便利性							
	捷運之便利性							
	公車之便利性							
	鐵路運輸之便利性							
	小計							
自然環境	景觀							
	排水之良否							
	地勢							
	災害影響							
	親水性(含臨河、海等)							
	小計							
公共設施	道路規劃							
	文教設施							
	觀光遊憩設施							
	休閒設施							
	生活機能設施							
	服務設施							
	小計							
發展潛力	住宅聚集效益							
	目前發展成熟度							
	市場供需							
	使用率							
	住宅環境品質							
	就業機會							
	重大建設計畫							
	未來發展趨勢							
	小計							
其他								
區域因素調整百分率								

《注意須知》：上表填載項目可視實際需要調整，無特殊原因必須刪除者皆應填載。

(3) 未含容積移入之基地與比較標的個別因素比較表：

項目	比較細項	勘估標的	比較標的一	調整百分率	比較標的二	調整百分率	比較標的三	調整百分率
宗地條件	土地使用分區							
	總價與單價關係							
	面積（坪）與規劃潛力							
	建蔽率（%）							
	法定容積率（%）							
	獎勵樓地板面積							
	地形							
	地勢							
	寬深度比							
	鄰地使用							
	開發限制							
	小計							
道路條件	臨路面數							
	臨路寬度（M）							
	道路類型							
	道路鋪設							
	道路規劃							
	小計							
接近條件	接近車站程度（M）							
	接近學校程度（M）							
	接近市場程度（M）							
	接近公園程度（M）							
	接近停車場程度（M）							
	接近區域中心程度（M）							
	接近商業設施程度（M）							
	接近服務設施程度（M）							
	小計							
環境條件	嫌惡設施有無							
	日照							
	通風							
	景觀有無							
	停車方便性							
	商業聚集度							
	小計							
其他								
個別因素調整百分率								

《注意須知》：參見前述含容積移入基地「比較法」之《注意須知》內容。

(4)未含容積移入之基地與比較標的總調整率表：

項目		比較標的一	比較標的二	比較標的三
交易價格（元／坪）				
價格型態				
情況因素	調整百分率			
	調整後價格			
價格日期	調整百分率			
	調整後價格			
區域因素	調整百分率			
	調整後售價			
個別因素	調整百分率			
試算價格（元／坪）				
比較標的加權數				
加權數計算後金額（元／坪）				
最後推定比較價格（元／坪）				

(5)未含容積移入之基地比較價格結論：

(三)折現現金流量分析法評估過程：

1. 折現現金流量分析期間

《注意須知》：現金流量分析期間依下列原則定之

■收益無一定期限者，分析期間以不逾十年為原則。

■收益有特定期限者，則應依剩餘期間估算。

2. 總收入及有效總收入分析

《注意須知》：請參照本範本前述事項。

(1)合理市場租金評估

《注意須知》：請參照本範本前述事項。

(2)押金孳息及其他收入

《注意須知》：請參照本範本前述事項。

(3) 閒置及其他損失

《注意須知》：請參照本範本前述事項。

(4) 各期現金流入（有效總收入）分析

(5) 總費用推估

《注意須知》：請參照本範本前述事項。

(6) 開發成本推估

《注意須知》包含營造施工費、規劃設計費及其他必要費用。並應考量建築工期設定合理之工程比例。

(7) 折現率推估

《注意須知》請參照本範本前述事項。

(8) 期末處分價值推估

《注意須知》請參照本範本前述事項。

(9) 折現現金流量分析收益價格

《注意須知》以各年度營運收入減去開發成本及營運成本與費用並加上期末處分淨額，折現後即為勘估標的土地總值。

(四) 未含容積移入之基地價格決定

四、評估價值結論

　　勘估標的係座落於之不動產，本報告基於估價目的為容積代金參考，價格種類為正常價格，價格日期為民國○○年○○月○○日，考量委託人提供之勘估標的基本資料，評估勘估標的於現行不動產市場正常條件下之合理容積代金價值。

　　經針對勘估標的進行一般因素、區域因素、個別因素、不動產市場及最有效使用之分析後，採用等估價方法進行評估，各方法評估結果及最終價格決定如下。

(一) 含容積移入之基地價格：

1. 土地開發分析法評估結果：

　　　　土地開發分析價格：新臺幣＿＿＿＿＿＿＿＿＿＿元

　　2.比較法評估結果：

　　　　比較價格：新臺幣＿＿＿＿＿＿＿＿＿＿＿＿元

　　3.折現現金流量分析法：

　　　　收益價格：新臺幣＿＿＿＿＿＿＿＿＿＿＿＿元

　　4.最終決定含容積移入之基地價格：

　　　　新臺幣＿＿＿＿＿＿＿＿＿＿元

(二)未含容積移入之基地價格：

　　1.土地開發分析法評估結果：

　　　　土地開發分析價格：新臺幣＿＿＿＿＿＿＿＿＿元

　　2.比較法評估結果：

　　　　比較價格：新臺幣＿＿＿＿＿＿＿＿＿＿＿元

　　3.折現現金流量分析法

　　　　收益價格：新臺幣＿＿＿＿＿＿＿＿＿＿＿元

　　4.最終決定未含容積移入之基地價格：

　　　　新臺幣＿＿＿＿＿＿＿＿＿＿元

(三)最後決定之金額：

　　　經考量本次估價目的及勘估標的特性、不動產市場狀況及各估價方法之試算價格，容積代金最終金額為：新臺幣＿＿＿＿＿＿＿＿＿元。

　　計算如下：

　　評定金額＝（含容積移入之基地價格－未含容積移入之基地價格）

(四)其他說明事項：

　　　《注意須知》：就個案特殊事項補充說明，若無特殊事項則刪除本項。

伍、自主檢核表

若符合下列各項目內容描述，檢核人請於方格內打勾（☑），若未符合描述，請於方格內打叉（☒）。

項目	表單內容	備註
封面	一、□報告書封面標題是否與都市設計審議核定報告書一致。 二、□是否有登載報告書版本。 三、□是否有登載報告書出件日期。	
摘要	一、**委託單位：**□委託人是否為臺北市政府都市發展局。 二、**基地基本資料：**□是否與都市設計審議核定報告書一致。	
貳、估價基本事項說明	一、**委託單位：**□委託人是否為臺北市政府都市發展局。 二、**基地基本資料：**□是否與都市設計審議核定報告書一致。 三、**估價前提：** 　□價格日期是否為都市設計審議送件日。 　□估價條件是否依範本相關內容規定。 四、**現況勘察情況說明：** 　□若委託人未領勘，是否依不動產估價技術規則第十三條規定，於不動產估價報告書中敘明。	
參、價格形成之主要因素分析	一、□一般因素是否敘明。 二、□區域因素是否敘明。 三、□個別因素是否敘明。	

項目	表單內容	備註
肆、價格評估	**一、含容積移入之基地** ☐土地價格是否以兩種以上估價方法評估之。 ☐開發後為收益型不動產，估價方式是否包含收益法之直接資本化法或折現現金流量分析法。 ☐是否依勘估標的都市設計審議核定報告書所載之規劃方案分析規劃量體、建材設備、開發後建物用途、個別條件等進而推算開發後銷售面積及車位數量。 ☐是否說明如何決定之比準樓層與比準戶之理由。 ☐比較標的是否至少有兩個成交案例。 ☐情況特殊無法取得兩個成交案例時，是否敘明理由。 ☐比較標的成交日期是否為價格日期往前、後推算一年內。 ☐無距價格日期一年內之比較案例，是否有敘明理由。 ☐比較案例中是否選取一個或一個以上交易案例為同一供需圈內近鄰地區，屬性類似之案例為比較標的 ☐無法取得上述案例時，是否有敘明理由。 ☐比較案例屋齡是否為3年內之新成屋 ☐無屋齡三年以內之比較案例，是否有敘明理由。 ☐估價師是否詳細載明勘估建物與比較標的停車位型式。 ☐試算價格之調整運算過程中，區域因素調整、個別因素調整或區域因素及個別因素內之任一單獨項目之價格調整率是否小於百分之十五。 ☐情況、價格日期、區域因素及個別因素調整總調整率是否小於百分之三十 ☐若上述總調整率大於百分之三十時，是否排除該比較標的之適用。 ☐勘估標的性質特殊或區位特殊缺乏市場交易資料，未符合上述規定，是否於估價報告書中敘明理由。 ☐經比較調整後求得之勘估標的試算價格，應就價格偏高或偏低者重新檢討，經檢討確認適當合理者，始得作為決定比較價格之基礎。檢討後試算價格之間差距仍達百分之二十以上者，是否排除該試算價格之適用。 ☐不動產估價師是否採用三件以上比較標的。 ☐比較法評估含容積移入後之基地價格時，比較案例面積、容積等因素應是否接近勘估標的，且有二個以上成交案例。 ☐因交易案例稀少或條件差異過大，無法採用二個以上成交案例是否於報告書中說明。 ☐成交時間是否需與價格日期接近。 ☐土地比較案例面積應與勘估標的相近，不宜採用小面積透天厝土地與可獨立開發勘估標的相比。若土地比較案例稀少則不在此限，報告書中是否述明理由。 ☐廣告費、銷售費、管理費及稅捐，是否按總銷售金額乘以	☐非屬本項 ☐非屬本項 ☐非屬本項 ☐非屬本項 ☐非屬本項 ☐非屬本項 ☐非屬本項 ☐非屬本項 ☐非屬本項 ☐非屬本項 ☐非屬本項 ☐非屬本項 ☐非屬本項 ☐非屬本項

項目	表單內容	備註
	相關費率計算，相關費率應由全聯會定期公告之。 **二、未含容積移入之基地** 　未含容積移入基地之土地開發分析法中規劃面積由估價師依都市設計審議核定報告書內容為基礎進行調整，是否依據下列調整原則： 　　□容積移入前後實設建蔽率是否相同。 　　□未含移入容積所減少的容積是否由頂層依次遞減。 　　□調整後面積是否達到與容積移入後銷坪比相同的條件，並盡量維持接近之地下室開挖率。 　　□調整後面積與容移移入後之銷坪比不同時，是否敘明理由。 　　□地下層是否達到原車位數量設置原則，例如 1 戶 1 汽車車位或機車位、或每 120M^2 設計一車位、或不設置機械車位等。	 　 □非屬本項 □非屬本項
伍、其他與估價相關之必要事項及依本規則規定需敘明之情況	□是否敘明其他與估價相關之必要事項及依本規則規定需應敘明之情況	□非屬本項
陸、檢附資料	報告書是否檢附下列資料 　　□都市設計審議核定報告書圖 　　□都市更新事業計畫後建築規劃設計圖說 　　□都市更新建材設備說明書 　　□勘估標的現況照片 　　□不動產估價師證明文件 　　□勘估標的位置圖 　　□比較標的位置圖 　　□容積率調整試算表	

附錄（不使用時應刪除）

<h2 style="text-align:center">臺北市容積代金估價工作小組意見說明與回應表</h2>

估價單位：

序號	工作小組意見	估價單位說明與回應	修正後頁次
○○○（工作小組成員）			
○○○（工作小組成員）			
○○○（工作小組成員）			
○○○（工作小組成員）			

歷次價格調整差異表

項目		第1次 （yyy/mm/dd)	第2次 （yyy/mm/dd)	第3次 （yyy/mm/dd)	第次 （yyy/mm/dd)	第次 （yyy/mm/dd)	第次 （yyy/mm/dd)	第次 （yyy/mm/dd)
總樓地板面積 （地上+地下）	容移後							
	容移前							
	差額							
	修正原因							
總銷售面積	容移後							
	容移前							
	差額							
	修正原因							
車位數	容移後							
	容移前							
	差額							
	修正原因							
銷坪比	容移後							
	容移前							
	差額							
	修正原因							
土開住宅	容移後							
	容移前							
	差額							
	修正原因							
土開車位	容移後							
	容移前							
	差額							
	修正原因							
土開法	容移後							
	容移前							
	差額							
	修正原因							
比較法	容移後							
	容移前							
	差額							
	修正原因							
結論—單價	容移後							
	容移前							
	差額							
	修正原因							
結論—總價	容移後							
	容移前							
	差額							
	修正原因							
送件日代金金額								
核定日代金金額								

附 錄 四

不動產估價師考試歷屆試題

科目：不動產估價理論

1. 考試時間：2小時
2. 注意：（一）禁止使用電子計算器。
　　　　（二）不必抄題，作答時請將試題題號及答案依照順序寫在試卷上，於本試題上作答者，不予計分。

90 年專門職業及技術人員高等考試不動產估價師考試試題

一、不動產估價技術規則第八十二條規定，土地之上下因有其他設施通過，致使用受限制之宗地，應先估計其正常價格，再考量該設施通過造成土地利用之影響，並計算地價減損額後，從正常價格中扣除之，以其餘額為該宗地之價格。試就本條規定之內容作詳細之說明，並具體敘述估計地價減損額之方法。（25分）

二、試述差額租金還原法之意義及其理論根據，並說明運用差額租金還原法估計租賃權價格之要領。（25分）

三、造成建築物價格減損（折舊減價）之因素有那些？並請簡述進行減價修正時計算減損額之方法有那些？（25分）

四、為估計甲不動產之價值，經考慮區位、屋齡、建材、使用情形、營運支出比例及土地對不動產價值比例等相關因素後，選擇下表所列A、B、C三宗不動產為可供比較之買賣實例（或稱比較標的），並透過調查取得此三宗不動產出售之成交價格及相關營收資料如下表所列，請利用這些資料，計算以收益法估計甲不動產價值時，可供採用之收益資本化率（或稱還原率）。（25分）

比較標的	估計之毛營收（Estimate Gross Incom）	營運支出比例（Operating Expense Ratio）	售價（Sale Price）
A	194000	0.55	2600000
B	230500	0.51	3000000
C	190000	0.52	2450000

91 年專門職業及技術人員高等考試不動產估價師考試試題

一、何謂均衡原則（the principle of balance）？何謂適合原則（the principle of conformity）？何謂外部性原則（the principle of externalities）？請詳述其於不動產估價上之應用。（25分）

二、Inwood方式和折現現金流量分析（DCF），經常被用以估計有收益期限之不動產市

場價值，請列示各該計算公式，並闡述其間的差異。（25分）

三、運用比較法進行區域因素及個別因素修正時，需先逐項比較以判定修正率。請就定量分析與定性分析說明如何掌握修正率。（25分）

四、請依定額法與償還基金法，就下表提供之資訊，計算該建築物第20年年末之現值。（25分）

重新建造原價	2,000,000元	殘價（S）	200,000元
耐用年數（N）	40年	利率（r）	6%
複利現價率（6%, 20年）	0.3118	複利終價率（6%, 20年）	3.2071
複利年金現價率（6%, 20年）	11.4699	複利年金終價率（6%, 20年）	36.7856
償還基金率（6%, 20年）	0.0272	本利均等年賦償還率（6%, 20年）	0.0872
償還基金率（6%, 40年）	0.0065	本利均等年賦償還率（6%, 40年）	0.0665

92 年專門職業及技術人員高等考試不動產估價師考試試題

一、請述明如何運用比較單位法（Comparative-Unit Method）進行建築物成本的估計。（25分）

二、何以不動產估價工作上須進行鄰里分析？並請論述可能影響不動產價值之鄰里因素。（25分）

三、請論述採用成本法估價的理論基礎，並請說明此估價方法之應用與限制，並請略說明其操作程序。（25分）

四、請述明採用市場比較法（買賣實例比較法）進行估價的理論基礎，並論述須考量的比較項目有那些。（25分）

93 年專門職業及技術人員高等考試不動產估價師考試試題

一、何謂「土地貢獻原則」？試申述如何依照土地供獻原則，計算大樓各層區分所有建物之房地價格？（25分）

二、試申述不動產續租（特別是有爭議）時之租金評估，應如何蒐集資料並進行租金評估較爲周延？（25分）

三、試說明運用不同估價方法進行不動產價值評估時，應如何對所求出之不同價格進行調整，以決定勘估標的價格？（25分）

四、請列式說明何謂「Hoskold估價方式」？並評述其應用場合及運用要領。（25分）

94 年專門職業及技術人員高等考試不動產估價師考試試題

一、如下圖（A）所示，甲、乙兩筆土地都屬畸零地，現在甲、乙兩地所有人想交換成

圖（B）之形狀，在這種情況下如何評估交換後甲、乙兩地所有人之面積，試從估價理論逐步說明估算交換面積之程序？（25分）
道路

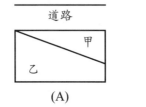
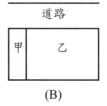

（A）　　　　　　　　（B）

二、如下圖所示，A、B兩地均屬王先生所有，但在5年前王先生將B地租給李先生，由李先生興建房屋一棟，約定租期20年。現在王先生擬將B地收回，並與A地合併興建樓房，為此與李先生商量，李先生說王先生必須補償他一切損失及應得之權益，如此才願意與王先生解約。在這種情況下，請問王先生應給李先生何種補償，其理由為何，並請詳細說明各種補償金額之估價方法？（25分）

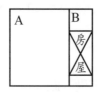

三、何謂資本化率（capitalization rate），求取資本化率之方法有幾種，試詳細說明之？（25分）

四、何謂土地開發分析法，並請說明依此種方法進行估價之程序及計算公式？（25分）

95年專門職業及技術人員高等考試不動產估價師考試試題

一、成本法估價（cost approach），係藉由價格日期重新建造勘估標的建築物所需成本再減累積折舊，以求得勘估標的建築物試算價格的方法。試說明何謂「折舊」（depreciation）、折舊的發生原因及進行減價修正的方法？（25分）

二、依地價調查估計規則第18條之規定，「……已開闢道路及其二側或一側帶狀土地，其地價與一般地價區段之地價有顯著差異者，得就具有顯著商業活動之繁榮地區，依當地發展及地價高低情形，劃設繁榮街道路線價區段。……」證明公部門大量估價仍有參採路線價估價法之精神。試申述路線價估價法之意義、基本理論及運用要領？（25分）

三、運用比較標的價格為基礎，經比較、分析及調整，以推算勘估不動產價格時，應就

　　價格形成條件中非屬於一般正常情形而影響價格時之情況，進行調整。試申述有那些交易狀況屬特殊情況，需進行調整甚至不予採用？（25分）

四、試說明現金流量折現法（discounted cash flow, DCF）之估價原理、應用場合及其分析時所需預測的項目有那些？（25分）

96 年專門職業及技術人員高等考試不動產估價師考試試題

一、何謂土地「自然供給」？何謂土地「經濟供給」？又何謂土地「計劃供給」？請以農地可否變更為住宅建地使用為例，說明這些供給與估價之一般因素、區域因素與個別因素之分析以及與因素之調整關係。（25分）

二、某甲以非都市土地之農地申請變更為住宅社區，並劃定百分之十為公園綠地，及百分之二十五為道路等其他公共設施用地，請說明如何應用理論及何種估價方式估算其公園綠地之不動產價格。（25分）

三、何謂「供需原則」？何謂「最有效原則」？在一般建地估價時，何者宜優先考量，請說明其理由並分析與其他原則之關係。（25分）

四、何謂「近鄰地區」？何謂「類似地區」？當勘估標的「A」距離高鐵車站100公尺，比較標的「B」距離高鐵車站1200公尺，甲不動產估價師認為A與B均同屬「近鄰地區」，而乙不動產估價師認為B為「類似地區」，請問兩人在撰寫報告時，如何就「高鐵車站」之關係，於區域因素分析及區域、個別因素之調整方面有何不同之內容？（25分）

97 年專門職業及技術人員高等考試不動產估價師考試試題

一、試問不動產估價師於面對經濟發展環境與社會結構變遷充滿不確定因素，外加全球市場的衝擊效應，當接受委託人提出某直轄市級之都市計畫區住宅用地委託估價，其估價目的為評估出售該筆用地之價格，請嘗試以五項適切的不動產估價原則，進行影響該住宅用地價格之因素分析？（25分）

二、不動產價值建立於財產權的範圍，因此不動產權的查證為估價的重要工作之一，請說明不動產估價師於進行查估前應確定那些基本權利資料？（25分）

三、何謂不動產同一供需圈？請說明同一供需圈的特徵，同時請以住宅地為例，說明進行估價時應特別留意的基本事項？（25分）

四、近幾年天災頻仍，水災、火災、風災及地震等天然災害的發生，不斷對於都市環境產生潛在威脅，試問當某地區經常遭遇水災侵襲（水災災害潛勢較高），如是當進行住宅用不動產估價時應如何把握各項減價因素？（25分）

98 年專門職業及技術人員高等考試不動產估價師考試試題

一、直接資本化法之收益資本化率與折現現金流量分析之折現率，兩者之意義為何？性

質上有何異同？試比較分析之。另請就不動產估價技術規則中相關規定加以評述。
（25分）

二、試比較說明不動產估價技術規則規定之價格種類。可抽取地下溫泉之土地，應以何價格種類估計之？（25分）

三、試比較說明樓層別效用比與地價分配率之意義與理論基礎。依現行都市更新權利變換實施辦法之規定，採何種計算方式對一樓地主較為有利？理由何在？（25分）

四、不動產估價師以新建高層住宅大廈逐漸取代老舊公寓住宅的市場資訊，推估穩定社小型公寓住宅的價值。如果你是金融機構授信人員，是否接受此估價報告書？請就不動產估價相關之原則，說明接受或拒絕之理由。（25分）

99 年專門職業及技術人員高等考試不動產估價師考試試題

一、試比較說明「正常價格」、「市場價值（Market Value）」及「公平價值（Fair Value）」三者之異同。（25分）

二、何謂「外部性原則」？何謂「適合原則」？何謂「均衡原則」？試申述並比較之。又以上各原則與「最有效使用」有何關係？（25分）

三、公部門之大量估價與私部門之個別估價有何不同？目前公部門大量估價所採用之估價方法為何？請申述之。（25分）

四、某甲有二戶相鄰且面積相同之公寓，一戶續租給原來的房客乙，另一戶原為空屋，現擬出租給丙。請問這二戶的租金估計有無不同？又應該如何估計？（25分）

100 年專門職業及技術人員高等考試不動產估價師考試試題

一、比較法係以比較標的價格為基礎，經比較、分析及調整等程序，推算勘估標的價格。以統計學的觀念來看，選取之比較標的就是用來推算勘估標的價格的樣本（sample）。依循這樣的推論，勘估標的價格應該是個區間，為什麼？這個價格區間的概念，對於正常價格的應用有何影響？（25分）

二、採用折現現金流量分析時，如何決定勘估標的之期末價值？在決定期末價值時，有何必須注意的事項？（25分）

三、建築物的經濟耐用年數未必與物理耐用年數相同，這兩種耐用年數間的差異和不動產或土地之供給、需求有何關係？又這兩種耐用年數間的差異，如何影響不動產價值的決定？（25分）

四、近年來出現多起高氯離子建物（俗稱海砂屋）的訴訟案件，估價師也提供高氯離子建物造成不動產價值減損的估價報告，做為法院判決時的參考。請問估算高氯離子建物造成的不動產價值減損時，應該了解的法律爭論為何？如何運用不動產估價方法，估算高氯離子建物造成的不動產價值減損？（25分）

101 年專門職業及技術人員高等考試不動產估價師考試試題

一、位於都市計畫住宅區之既成巷道應如何估價？又如該宗土地嗣劃入都市更新單元並予廢巷，且與鄰地合併開發為住宅大樓，請問該既成巷道又應如何估價？並請說明如何應用估價理論及何種估價方法來估價。（25分）

二、路線價法係以路線價配合深度指數表來查估宗地地價，請說明為何有的深度指數表呈現遞增現象，有的卻呈現遞減現象？兩者在路線價法的應用上有無不同？試申述之。（25分）

三、建築改良物如為課稅目的而估價，應採用何種方法較為適宜？請說明該方法之估價要領為何？其與不動產估價原則之關係為何？試申述之。（25分）

四、價值、價格、成本之意義有何區別？其與成本法、比較法及收益法有何關聯？試申述之。（25分）

102 年專門職業及技術人員高等考試不動產估價師考試試題

一、請依不動產估價技術規則第43條規定，說明收益資本化率或折現率求取方法。若某一不動產估價報告書同時運用直接資本化法與折現現金流量分析，請問依前述規定評估之收益資本化率與折現率之數值是否相同？試評述之。（25分）

二、於運用比較法進行區域因素及個別因素修正時，有關比較調整價格之定性分析與定量分析之內容與價格調整方法為何？請詳予論述之。（25分）

三、採用耐用年數估計建物折舊之主要方法有那幾種？請列舉三種，並比較其優缺點。若以已經歷年數計算折舊，可能產生之問題為何？試評述之。（25分）

四、設有一棟五層樓房屋，其中第三層樓在最近發生買賣，請問如何估計該棟樓房之基地價格？又，如發生買賣的樓層不是第三層樓，而是地面層，則基地價格是否不同？其理由為何？請評述之。（25分）

103 年專門職業及技術人員高等考試不動產估價師考試試題

一、請說明土地開發分析法之意義及其與最有效使用原則、均衡原則、競爭原則、預測（期）原則、外部性原則間的關聯性。（25分）

二、有一宗面積狹小無法單獨建築利用的畸零地A，其毗鄰僅有一宗大面積未開發地B，其餘皆已建築開發利用。今B地所有權人擬向A地所有權人購買其土地，如果不動產估價師接受A地所有權人委託估價，宜以何種價格種類評估A地之價格？如何評估？（25分）

三、依收益法計算總費用時，下列項目中，請列舉五項不宜列入費用之項目，並詳述其理由。（一）重置提撥款（二）改良性資本支出（三）帳面折舊（四）所得稅（五）地價稅（六）土地增值稅（七）自有資本利息（八）貸款利息（九）房屋稅。（25分）

四、請依不動產估價技術規則之規定，說明農作改良物之估價對象及其於估價時應考慮之因素與估價方式。（25分）

104 年專門職業及技術人員高等考試不動產估價師考試試題

一、不動產收益價格依不動產估價技術規則規定，得採直接資本化法或折現現金流量分析法求得，試就兩者之意義與關連性並請列出計算公式，予以說明。（25分）

二、進行不動產估價時，比較標的若與勘估標的之價格日期不同時，是否需進行價格日期調整？若需進行調整時，應如何處理？請詳述其理由。（25分）

三、試問需進行租賃權價值評估之情況為何？假設某出租土地面積為100坪，租期尚餘2年，目前每年支付租金為新臺幣3,500元／坪，若市場經濟租金為新臺幣5,500元／坪，則租賃權價格為多少？並請據此說明差額租金還原法之應用限制（假設折現率為10%）。（25分）

四、某建築商要購買一塊住宅區土地，興建大廈出售，請問如何運用土地開發分析方式，評估其正常價格？（25分）

105 年專門職業及技術人員高等考試不動產估價師考試試題

一、路線價估法之意義及基本原理為何？又深度指數表的編製，應注意那些事項？另請就臺灣地區深度指數表編製的結果加以評述之。（25分）

二、在一個可建築五層樓公寓且大部分為新建五層樓公寓的地區，近期內僅有一棟新建三層樓透天住宅出售且其售價低於房地成本價格，請就不動產估價之相關原則對此現象加以論述。（25分）

三、試依不動產估價技術規則之規定，申述「計量模型分析法」之意義，並闡述其應用時應符合那些條件？（25分）

四、有一棟建築改良物經直轄市或縣（市）主管機關登錄為歷史建築，請問該建築改良物應如何估價？（25分）

106 年專門職業及技術人員高等考試不動產估價師考試試題

一、實施市地重劃時須評估重劃前、後地價，請問需考量之影響因素有那些？宜運用何種方法評估其價值？（25分）

二、依不動產估價技術規則之規定，價格種類有那些？試分別舉例詳細說明之。另就可繼續經營使用的廠房、設備連同土地一併出售時，應以何價格種類評估，試論述之。（25分）

三、試比較公告地價與公告土地現值二者之區別，並請說明政府辦理公告地價與公告土地現值之查估程序。（25分）

四、不動產估價技術規則對於運用成本法估計建物價格有詳細規定，請舉其重點敘述

之。一般而言，對於建物常以成本法估價，對於銷售價格常以比較法估價，但常聽到建物營造費用高則銷售價格應相對提高的說法，請問建物之營造費用與其銷售價格間有何關聯性？（25分）

107 年專門職業及技術人員高等考試不動產估價師考試試題

一、比較法估價所蒐集之比較標的，應就那些事項詳予查證確認？於試算價格之調整運算過程中，對價格調整率的限制為何？經比較調整後所求得之勘估標的試算價格，應作那些檢討？（25分）

二、請依不動產估價技術規則之規定，說明何謂收益價格？收益法估價之程序為何？及收益法估價過程中應蒐集那些資料？（25分）

三、何謂實質租金？請問不動產之租金估計應考慮那些因素？並就新訂租約與續訂租約分別說明不動產租金的估計方式。（25分）

四、請問採權利變換方式進行都市更新之區分所有建物，權利變換前區分所有建物之基地總價值低於區分所有建物坐落基地之素地總價值者，各區分所有建物之基地權利價值如何計算？權利變換後區分所有建物及其土地應有部分權利價值的查估應考慮那些因素？（25分）

科目：不動產估價實務

1. 考試時間：4小時
2. 注意：（一）可以使用電子計算器。
　　　　（二）不必抄題，作答時請將試題題號及答案依照順序寫在試卷上，於本試題
　　　　　　　 上作答者，不予計分。

90 年專門職業及技術人員高等考試不動產估價師考試試題

壹、請以下列所給條件為基準，分別採用比較法、收益法及成本法，評估甲不動產之試
　　算價格後，再行據以決定該宗不動產之價格，並將結果以不動產估價報告書之格
　　式，完整陳述之。當下列所給之資料有所欠缺，以致無法繼續進行評估時，貴考生
　　得進一步界定估價條件，惟應於報告書中詳細載明之；否則請勿任意添加估價條
　　件。

貳、本考試計分標準為：
　　一、比較法之掌握度與答案之正確性（25分）。
　　二、收益法之掌握度與答案之正確性（25分）。
　　三、成本法之掌握度與答案之正確性（25分）。
　　四、決定估價額之正確性（15分）。
　　五、估價報告書格式之完整程度（10分）。

參、估價條件：
　　一、一般條件
　　　　（一）經確認後之甲不動產，具下列物理及權利屬性：
　　　　　　　1.基地坐落於○○市○○段123號，面積300平方公尺。
　　　　　　　2.建築物乃二樓透天厝，總樓地板面積300平方公尺。
　　　　　　　3.位於住宅區，建蔽率為50%，容積率為100%。
　　　　　　　4.甲不動產為所有權人A君單獨所有，無他項權利之設定。
　　　　（二）價格日期：民國九十年十二月一日
　　　　（三）勘查日期：民國九十年十二月二十四日
　　　　（四）估價目的：買賣
　　　　（五）估價種類：正常價格
　　二、比較法之相關條件
　　○○市不動產交易價格，於過去一年內呈現明顯下跌現象，若以90年12月為基期，
　　統計各月之房屋價格指數如下表所示：

年／月	房屋價格指數	年／月	房屋價格指數
90年12月	100	90年06月	103
90年11月	101	90年05月	104
90年10月	102	90年04月	104
90年09月	102	90年03月	105
90年08月	103	90年02月	105
90年07月	103	90年01月	105

經收集比較標的（買賣實例）之相關資料如下，供參考：
（一）實例一：乙不動產
　　　1.與甲不動產相鄰之一棟二樓透天厝，建坪面積300平方公尺，土地面積300平方公尺。
　　　2.位於都市計畫之住宅區內，與甲不動產位於同一街廓內。
　　　3.座落方位、鄰街條件、屋齡及建築材料與甲不動產相同，且由同一家建設公司興建。
　　　4.前後院觀瞻不佳，且建築物狀況雖尚可，但缺乏妥善管理。（估計此影響為：使不動產出售價格減少約70萬元）
　　　5.民國九十年九月一日成交，並訂定買賣契約。
　　　6.買賣契約中特別約定該不動產現正出租予B使用，租期至九十一年三月三十一日止，雙方約定租約隨買賣移轉，由買方負責處理解除租約事宜，或等待租約到期再收回不動產，賣方同意減價90萬元。
　　　7.成交金額：2,900萬元。依一般慣例付款，無特殊約定。
（二）實例二：丙不動產
　　　1.與甲不動產相距約100公尺之一棟二樓透天厝，建坪面積320平方公尺，土地面積350平方公尺。
　　　2.位於都市計畫之住宅區內，與甲不動產位於同一街廓內。
　　　3.座落方位、鄰街條件、屋齡及建築材料與甲不動產差異不大。
　　　4.建築物狀況尚可，庭院情況尚佳。
　　　5.民國九十年十月一日由法院第二次拍賣賣出，並由法院點交。
　　　6.拍賣金額：2,650萬元。
（三）實例三：丁不動產
　　　1.與甲不動產距約200公尺之一棟二樓透天厝，建坪面積350平方公尺，，土地面積350平方公尺。
　　　2.位於都市計畫之住宅區內，建蔽率為50%，容積率為100%。
　　　3.與甲不動產位於同一街廓，但甲與丁不動產所在地之公共設施服務水

準與區域條件相當，換言之兩地間相類似不動產之交易價格，未受區域因素之影響。

4.建築物狀況尚可，屋齡比甲不動產多2年，鄰街條件、房屋格局及建築材料亦略比甲不動產差，經估計，這些條件使該不動產之出售價格，比當地與甲不動產相當之不動產出售價格略約降低85萬元。

5.由於丁不動產之建坪與土地面積皆大於甲不動產，經估計其售價為當地與甲不動產相同面積者售價之115%。

6.民國九十年十月一日成交，並訂定買賣契約。

7.買賣契約中無其他特殊之約定事項。

8.成交金額：3,400萬元。依一般慣例付款，無特殊約定。

（四）實例四：戊不動產

1.與甲不動產距約300公尺之一棟三樓透天厝，建坪面積360平方公尺，土地面積300平方公尺。

2.位於都市計畫之住宅區內，建蔽率為60%，容積率為120%。

3.與甲不動產位於不屬於同一街廓，戊不動產所在街廓之區位較差，當地公共設施之服務水準亦略低於甲不動產所在街廓。有統計資料顯示，兩地區之間相類似不動產之交易價格約相差3%。

4.建築物狀況尚可，屋齡比甲不動產少2年，鄰街條件、房屋格局及建築材料亦略比甲不動產佳，經估計，這些條件使該不動產之出售價格，比當地與甲不動產相當之不動產出售價格略提高50萬元。

5.由於戊不動產之建坪與土地面積皆大於甲不動產，經估計其售價為當地與甲不動產相同面積者售價之116%。

6.民國九十年八月一日成交，並訂定買賣契約。

7.買賣契約中無其他特殊之約定事項。

8.成交金額：3,550萬元。依一般慣例付款，無特殊約定。

（五）實例五：己不動產

1.與甲不動產距約二〇〇公尺之一棟二樓透天厝，建坪面積280平方公尺，土地面積280平方公尺。

2.位於都市計畫之住宅區內，建蔽率為50%，容積率為100%。

3.與甲不動產位於不屬於同一街廓，己不動產所在街廓之區位較佳，當地公共設施之服務水準亦略高於甲不動產所在街廓。有統計資料顯示，兩地區之間相類似不動產之交易價格約相差2%。

4.屋齡比甲不動產多1年，鄰街條件、房屋格局及建築材料亦略比甲不動產佳，經估計，這些條件使該不動產之出售價格，比當地與甲不動產相當之不動產出售價格略高約50萬元。

5.由於己不動產之建坪與土地面積皆小於甲不動產，經估計其售價為當

地與甲不動產相同面積者售價之91%。

6.民國九十年十一月一日成交，並訂定買賣契約。

7.買賣契約中無其他特殊之約定事項。

8.成交金額：2,850萬元。依一般慣例付款，無特殊約定。

請運用以上資料，採取比較法之估價方法，計算勘估標的之比較價格，並請詳列計算過程。（註：以上比較標的未必皆可採用，不予採用之理由，請貴考生述明）

三、收益法之相關條件

（一）庚不動產基地面積280平方公尺，總樓地板面積280平方公尺之二樓透天厝，建蔽率為50%，容積率為100%。於民國九十年二月一日時曾經以設定20年地上權之方式訂定租賃契約。庚不動產為所有權人c君單獨所有，無地上權以外他項權利之設定，經查c君與承租人之間並無特殊關係。

（二）依據租賃契約，承租人於期初支付2500萬元權利金予出租人c君，租賃期間無庸再行逐期支付年租金，假設運用該權利金之通行年利率為5.5%。

（三）承租人要求出租人c君於其搬入之前，將客廳地板改鋪設為大理石材。出租人因而花費30萬元之鋪設費用，且經鋪設公司保證耐用年數為20年，該30萬元之機會成本為年利率5.5%。

（四）總費用：

1.地價稅：假設庚不動產最近一次規定地價為200萬元，全額適用基本稅率千分之十，核計地價稅。

2.房屋稅：假設庚不動產之房屋現值為300萬元，全額以住家用稅率1.2%核計房屋稅。

3.維護費：以實質年租金（總收入）之1/10為準核計之。

4.管理費：以實質年租金（總收入）之1/10為準核計之。

5.保險費：無。

（五）該類型不動產於甲、庚不動產所在地區之房地綜合收益資本化率均為5.5%。

（六）以Inwood公式，採逆資本化法，反算庚不動產之實質年租金（總收入）後，扣除總費用，以求算其年淨收益，然後將其修正為甲不動產之年淨收益，再行資本化為甲不動產之收益價格。

（七）庚不動產之區域因素較甲不動產優良5%（故區域因素之修正率為100/105），但個別因素較甲不動產差8%（故個別因素之修正率為100/92）。民國九十年二月一日訂約當時，至價格日期這段期間，租金水準下跌2%。

四、成本法之相關條件

（一）附近有一使用性質相同之素地辛，辛地於90/12/1出售之售價（正常價格）每平方公尺9.5萬元，其區域因素較甲不動產優10%（故區域因素之修正率為100/110），但個別因素較甲不動產差5%（故個別因素之修正率為100/95）。

（二）與勘估標的甲類似的標準建物營造單價為每平方公尺1萬元，但甲不動產在施工品質及建材上較標準建物優良10%

（三）甲不動產已經歷15年，推估剩餘經濟年數，殘餘價格率為10%，折舊方法採定額法計算。

肆、其他注意事項

一、如果計算過程冗長，不宜列入估價報告書本文者，應以附錄交代之。

二、價格之計算結果，四捨五入為個位整數，並於千位數及百萬位數以逗點標示之（例如10,000,000元）。

91年專門職業及技術人員高等考試不動產估價師考試試題

壹、請以下列所給條件為基準，分別採用比較法、收益法及成本法，評估勘估標的甲不動產之試算價格後，再據以決定其適當價格，並將計算過程及評估結果，以不動產估價報告書格式，完整陳述之。如果下列所給資料無法繼續進行評估時，貴應考人得進一步界定估價條件，並詳載於報告書中；否則，請勿任意添加估價條件。

貳、本考試計分標準為：

一、比較法之掌握度與答案之正確性。（25分）

二、收益法之掌握度與答案之正確性。（25分）

三、成本法之掌握度與答案之正確性。（25分）

四、決定價格之適當性及估價報告書之完整性。（25分）

參、估價條件：

一、一般條件

（一）經確認後之甲不動產（其位置詳如圖1），具下列物理及權利屬性：

1.基地之標示為○○市○○段321號，面積2,000平方公尺，面臨10米道路。

2.建築物乃一樓之平面廠房，標示為○○市○○段123號，總樓地板面積1,000平方公尺。

3.位於都市計畫工業區，法定建蔽率為50%，容積率為100%。

4.甲不動產為其所有權人單獨所有，無他項權利之設定。

圖1：對象地及實例地之關係位置示意圖（缺圖）

（二）價格日期：民國九十一年十二月一日。

（三）勘查日期：民國九十一年十二月十六日。

（四）估價目的：買賣。

（五）估價種類：正常價格。

二、比較法之相關條件

經調查結果，於勘估標的近鄰地區，蒐集到A、B、C、D四宗平面廠房之買賣實例（其位置詳如圖1）。按該近鄰地區之東邊1/3部分，業經規劃爲都市計畫範圍內之住宅區；西邊2/3部分爲工業區。該近鄰地區北臨40米之交通幹道，南臨山坡地。各實例之相關資料陳述如下，請用以求取勘估標的之比較價格，若有不予採用者，請述明理由。

（一）實例A：

　　1.本實例乃座落於甲不動產西北街廓之平面廠房，面臨10米道路，基地面積2,200平方公尺，總樓地板面積1,100平方公尺。

　　2.位於都市計畫工業區，法定建蔽率爲50%，容積率爲100%。

　　3.經查實例A於民國九十一年二月一日訂定買賣契約，成交金額爲163,000,000元。雙方約定本件買賣應繳納之土地增值稅5,000,000元，由買方負擔。

　　4.自實例A之價格形成日期起，迄本估價案之價格日期（民國九十一年十二月一日），該地區該類型不動產之地價變動率爲-5%（故期日修正率爲95/100）。

　　5.綜合判斷結果，實例A之個別因素較甲不動產優4%（故個別因素修正率爲96/100）。

（二）實例B：

　　1.本實例乃座落於甲不動產北鄰街廓之平面廠房，面臨10米道路，基地面積1,800平方公尺，總樓地板面積900平方公尺。

　　2.位於都市計畫工業區，法定建蔽率爲50%，容積率爲100%。

　　3.經查實例B於民國九十一年四月一日訂定買賣契約，成交金額爲149,000,000元。

　　4.自實例B之價格形成日期起，迄本估價案之價格日期（民國九十一年十二月一日），該地區該類型不動產之地價變動率爲-4%（故期日修正率爲96/100）。

　　5.綜合判斷結果，實例B之個別因素較甲不動產劣7%（故個別因素修正率爲107/100）。

（三）實例C：

　　1.本實例乃座落於甲不動產東北街廓之平面廠房，面臨20米道路，基地面積2,000平方公尺，總樓地板面積1,000平方公尺。

　　2.位於都市計畫住宅區，法定建蔽率爲60%，容積率爲360%。

3.經查實例C於民國九十一年六月一日訂定買賣契約，成交金額爲270,000,000元。

4.自實例C之價格形成日期起，迄本估價案之價格日期（民國九十一年十二月一日），該地區該類型不動產之地價變動率爲-3%（故期日修正率爲97/100）。

5.經判斷作爲廠房之條件，實例C之物理因素較甲不動產優8%（故個別因素之修正率爲92/100）。

（四）實例D：

1.本實例乃座落於甲不動產西鄰街廓之平面廠房，面臨10米道路，基地面積24,000平方公尺，總樓地板面積12,000平方公尺。

2.位於都市計畫工業區，法定建蔽率爲50%，容積率爲100%。

3.經查實例D於民國九十一年八月一日訂定買賣契約，成交金額爲170,000,000元。因買主急於購買，故成交價格較正常價格高1%（故情況補正率爲100/101）

4.自實例D之價格形成日期起，迄本估價案之價格日期（民國九十一年十二月一日），該地區該類型不動產之地價變動率爲-1%（故期日修正率爲99/100）。

5.綜合判斷結果，實例D之個別因素較甲不動產優8%（故個別因素之修正率爲92/100）。

三、收益法之相關條件

經調查結果，於勘估標的近鄰地區，蒐集到兩宗平面廠房之租賃實例E、F（其位置詳如圖1）。二實例之相關資料陳述如下，請用以求取勘估標的之收益價格。

（一）實例E

1.E不動產與甲不動產座落於同一街廓，乃面臨10米及20米道路之平面廠房。其基地面積2,200平方公尺，總樓地板面積1,100平方公尺，法定建蔽率爲50%，容積率爲100%；E不動產因接近住宅區，故使用限制較多。E不動產爲所有權人單獨所有，其於民國九十一年二月一日以設定20年地上權方式，與承租人訂定租賃契約在案，餘無地上權以外他項權利之設定。經查出租人與承租人之間並無特殊關係。

2.依據該租賃契約，承租人於期初支付25,000,000元權利金予出租人，租賃期間另行逐期支付年租金5,200,000元。假設運用該權利金之通行年利率爲5%。

3.總費用：

(1)地價稅：假設E不動產最近一次規定地價爲5,000萬元，全額適用基本稅率千分之十，核計地價稅。

(2)房屋稅：假設E不動產之房屋現值為500萬元，全額以非住家用稅率3%核計房屋稅。

(3)維護費：由承租人負責。

(4)管理費：由承租人負責。

(5)保險費：出租人於設定地上權之初，為其廠房投保20年之火險及地震險，保費於期初一次繳交50萬元，以通行投資年利率5%分期攤提為每年之費用。

4.該地區該類型不動產之房地綜合收益資本化率為4%。

5.綜合判斷結果，E不動產之個別因素較甲不動產優良3%（故個別因素之修正率為97/100）。民國九十一年二月一日訂約當時，至估價期日這段期間，租金水準下跌3%（故期日修正率為97/100）。

（二）實例F

1.F不動產乃座落於甲不動產西南街廓之平面廠房，面臨10米道路。其基地面積2,500平方公尺，總樓地板面積1,250平方公尺，法定建蔽率為50%，容積率為100%。F不動產為所有權人單獨所有，其於民國九十一年二月一日以設定20年地上權方式，與承租人訂定租賃契約在案，餘無地上權以外他項權利之設定。經查出租人與承租人之間並無特殊關係。

2.茲因所有權人亟需周轉資金，遂將其收租20年之權利，以低於市場水準20%（故情況補正率為100/80）之權利金71,600,000元（假設運用該權利金之通行年利率為5%），頂讓給受讓人。20年期滿，所有權人恢復擁有F不動產之完整所有權。

3.設定地上權20年期間，所有權人仍應負擔下列費用：

(1)地價稅：假設F不動產最近一次規定地價為5,200萬元，全額適用基本稅率千分之十，核計地價稅。

(2)房屋稅：假設F不動產之房屋現值為520萬元，全額以非住家用稅率3%核計房屋稅。

(3)維護費：無。

(4)管理費：無。

(5)保險費：無。

4.該地區該類型不動產之房地綜合收益資本化率為4%。

5.綜合判斷結果，F不動產之個別因素較甲不動產優良3%（故個別因素之修正率為97/100）。民國九十一年二月一日訂約當時，至估價期日這段期間，租金水準下跌3%（故期日修正率為97/100）。

四、成本法之相關條件

經調查結果，勘估標的廠房部分之重建價格為12,000元/平方公尺，其經濟耐用

年數為50年,現已歷經10年,經濟耐用年限屆滿時之殘餘價格率為10%。請採用償還基金法(償還基金之儲蓄年利率為3%),計算其折舊額,進而推算勘估標的廠房之成本價格,然後加上其基地地價,以求取甲不動產之試算價格。茲因工業用地G(其位置詳如圖1)之買賣實例可信度極高,故調整其交易價格,以求算甲不動產之基地地價。G之相關資料陳述如下:

(一)本實例乃座落於甲不動產南鄰街廓之工業用地,面臨10米道路,基地面積2,100平方公尺。

(二)位於都市計畫工業區,法定建蔽率為50%,容積率為100%。

(三)經查實例G於民國九十一年四月一日訂定買賣契約,成交金額為150,000,000元。

(四)自實例G之價格形成日期起,迄本估價案之價格日期(民國九十一年十二月一日),該地區該類型不動產之地價變動率為-4%(故期日修正率為96/100)。

(五)綜合判斷結果,實例G之個別因素較甲不動產之基地優1%(故個別因素修正率為99/100)。

肆、其他注意事項

一、計算過程應於適當位置詳細交代。

二、價格之計算結果,四捨五入為個位整數,並於千位數及百萬位數以逗點標示之(例如10,000,000元)。

92 年專門職業及技術人員高等考試不動產估價師考試試題

一、試以下列所給條件為基礎,分別採用比較法、收益法、成本法評估勘估標的之比較價格、收益價格及成本價格後,再綜合評估分析勘估標的之正常價格,並將勘估結果以不動產估價報告書之格式呈現之,當下列所給之資料有所欠缺,以致無法進行評估時,貴考生得進一步界定估價條件,惟應於不動產估價報告書中詳細敘明之,否則請勿任意添加估價條件。

二、本考試計分標準如下:

比較法之分析與調整過程和內容,與決定價格之正確性。(20分)

收益法之分析與調整過程和內容,與決定價格之正確性。(30分)

成本法之分析與調整過程和內容,與決定價格之正確性。(25分)

不動產估價報告書格式之內容與完整性。(25分)

三、勘估標的資料:

(一)估價委託:

某甲欲購置一棟大樓,供出租或營運使用,並於九十二年十二月二日委託某乙不動產估價師事務所辦理估價事宜,甲乙雙方於估價委託書簽訂如下事宜:

1.委託人：某甲公司。

2.勘估標的：00縣00市00段00小段00地號00建號，
　　　　　　門牌號碼為00路00段00號。

3.價格日期：民國九十二年十二月十日。

4.價格種類：正常價格。

5.估價目的：買賣。

6.估價服務費：新台幣壹拾萬元整。

（二）估價基本資料：

　　某乙不動產估價師於接受委託後，將勘估標的之基本資料整理如下：

1.勘估標的坐落於商業區，建蔽率為70%，容積率為500%。

2.勘估標的建築完成日期為：民國八十年十月十日。

3.勘估標的土地面積為300坪。

4.勘估標的為地上七層，地下二層之鋼筋混凝土造，其登記面積、使用現況
　如下表所示：

樓層	登記面積（坪）	使用現況
地下二層	250	停車場
地下一層	250	商場、餐飲業
地面層	220	商場、一般零售業
二層	220	商場、一般零售業
三層	220	商場、一般零售業
四層	200	辦公室、一般事務所
五層	200	辦公室、一般事務所
六層	180	辦公室、一般事務所
七層	180	辦公室、一般事務所

四、勘查與蒐集不動產估價之相關資料：

（一）勘估標的現況：

1.經某乙不動產估價師於同年十二月十日勘查現場，並查證其登記簿謄本紀
　錄法定用途為：地面層及第二層做為一般零售業及商場使用，三層至七層
　作為辦公室使用，地下一層及地下二層作為停車場使用，共登載有40個停
　車位。

2.勘估標的坐落於區域商業中心，商業繁榮程度高，辦公使用之條件則與鄰
　近地區相當，勘估標的之第四層最近出租後，各樓層均營運中，無任何空
　置情形。

（二）近鄰地區發展現況：

1.本地區為商業中心地區，以大孝路及大義路為商業活動主要軸線，綜合分析當地供商業及一般零售業使用之平均空置率為5%。

2.商圈內辦公大樓新舊雜陳，供辦公使用之空置率分析，其屋齡十年（含）以下者平均為5%，屋齡十年以上者平均為8%。

3.鄰近之大樓維護管理情況大致良好，為符合市場需求及創造最高最佳利用狀態，當地大樓之經濟耐用年數平均為四十年，且無殘值存在。

（三）蒐集並查證比較標的相關資料：

由於該地區不動產市場交易情況熱絡，所蒐集之比較標的資料均在近鄰地區內，

實例A：

1.近鄰地區之地上十二層地下二層之商業大樓，建築完成日期為民國八十年六月。

2.交易實例坐落於第六層，登記及使用現況為商業用，面積共230坪（含三個車位），第六層面積200坪，每個車位各十坪。

3.於民國九十二年二月一日簽訂買賣契約，成交金額為新台幣61,500,000元，其中車位每個為新台幣1,000,000元。

4.該買主隨後於同年七月一日，將實例A之第六層出租，租期二年，租金簽訂為每坪每月新台幣1,500元，押金為月租金之三個月。

5.實例A之第六層出租人須支付之費用如下：

(1)地價稅：假設最近一次規定地價為15,000,000元，全額適用之地價稅率為千分之二十。

(2)房屋稅：假設實例A第六層課稅房屋現值為10,000,000元，房屋稅率為3%。

(3)保險費：假設實例A第六層以房屋現值10,000,000元之0.5%為保險稅率。

(4)維護管理費：假設以實質年租金（總租金）之5%為準合計之。

6.實例A第六層承租人須支付之費用如下：

(1)維護費：假設以樓地板面積每坪每月300元計之。

(2)管理費：假設以樓地板面積每坪每月300元計之。

(3)保險費：假設實例A第六層以房屋現值10,000,000元之1%為保險稅率。

7.綜合判斷分析，實例A為商業大樓，管理良好，其個別條件比勘估標的為佳，修正率為5%。

實例B：

1.近鄰地區之地上九層地下二層之商業辦公綜合大樓，建築完成日期為民國八十四年十月。

2.交易實例坐落於第四層及第五層及地下二層車位，第四層登記及使用現況

爲辦公室，面積150坪；第五層登記及使用現況爲辦公室，面積100坪，地下二層兩個車位各十坪。

3.於民國九十一年八月十五日簽訂買賣契約，成交金額爲新台幣52,600,000元，其中第四層契約金額爲30,000,000元，第五層契約金額爲20,600,000元，車位每個爲新台幣1,000,000元。

4.該買主將第五層保留自用，並於九十二年三月一日，將實例B之第四層出租，租金簽訂爲每坪每月新台幣1,100元，押金爲月租金之三個月，租期爲一年。

5.實例B（含第四層及第五層）出租人須支付之費用如下：
   (1)地價稅：假設最近一次規定地價爲20,000,000元，應繳之地價稅率爲千分之二十。
   (2)房屋稅：假設實例B課稅房屋現值爲15,000,000元，房屋稅率爲3%。
   (3)保險費：假設實例B以房屋現值15,000,000元之0.6%爲保險稅率。
   (4)維護費：假設以實質年租金（總租金）之5%爲準合計之。

6.實例B承租人須支付之費用如下：
   (1)維護費：假設以實質年租金（總租金）之5%爲準合計之。
   (2)管理費：假設以實質年租金（總租金）之6%爲準合計之。
   (3)保險費：假設實例B以房屋現值15,000,000元之1%爲保險稅率。

7.綜合判斷分析，實例B爲商業辦公大樓混合使用，維護管理情況略差，其個別條件比勘估標的爲差，修正率爲4%。

實例C：

1.近鄰地區之地上七層地下一層之商業綜合大樓，建築完成日期爲民國八十六年五月。

2.交易實例坐落於第五層，面積130坪，登記及使用現況爲商場。

3.於民國九十二年五月十日簽訂買賣契約，成交金額爲新台幣30,350,000元。

4.綜合判斷分析，實例C爲商業大樓使用，大樓維護管理較差，該項因素使本大樓與勘估標的之比較，需向下修正8%。

實例D：

1.近鄰地區之地上十層地下二層之商業辦公大樓，建築完成日期爲民國九十年一月。

2.交易實例坐落於第十層，登記及使用現況爲辦公室，面積共200坪。

3.於民國九十二年十一月一日簽訂租賃契約，租期一年，租金簽訂爲每月新台幣290,000元，押金爲月租金之三個月。

4.實例D出租人須支付之費用如下：
   (1)地價稅：假設最近一次規定地價爲12,000,000元，應繳之地價稅率爲千分之二十五。

(2)房屋稅：假設實例D課稅房屋現值為13,000,000元，房屋稅率為3%。

(3)保險費：假設實例D以房屋現值13,000,000元之1%為保險稅率。

(4)維護費：假設以實質年租金（總租金）之5%為準合計之。

5.實例D承租人須支付之費用如下：

(1)維護費：假設以實質年租金（總租金）之5%為準合計之。

(2)管理費：假設以實質年租金（總租金）之6%為準合計之。

(3)保險費：假設實例D以房屋現值13,000,000元之0.8%為保險稅率。

6.綜合判斷分析，實例D為新穎商業辦公大樓，以實例D屋齡較新，與勘估標的之屋齡比較需修正7%，另實例D整體管理佳，其個別條件比勘估標的為佳，修正率為5%。

實例E：

1.近鄰地區之地上九層地下二層之商業辦公大樓，建築完成日期為民國八十八年十一月。

2.交易實例坐落於地面層，登記及現況使用為商場，面積150坪。

3.於民國九十一年十二月一日簽訂買賣契約，成交金額為新台幣103,300,000元。

4.該買主隨後於次年五月一日，將實例E出租，租期一年，租金簽訂為每坪每月新台幣3,500元，押金為月租金之三個月。

5.實例E出租人須支付之費用如下：

(1)地價稅：假設最近一次規定地價為15,000,000元，應繳之地價稅率為千分之三十。

(2)房屋稅：假設實例E課稅房屋現值為12,000,000元，房屋稅率為3%。

(3)保險費：假設實例E以房屋現值12,000,000元之1%為保險稅率。

(4)維護費：假設以實質年租金（總租金）之6%為準合計之。

6.實例E承租人須支付之費用如下：

(1)維護費：假設以實質年租金（總租金）之5%為準合計之。

(2)管理費：假設以實質年租金（總租金）之6%為準合計之。

(3)保險費：假設實例E以房屋現值12,000,000元之1%為保險稅率。

7.綜合判斷分析，實例E為商業辦公大樓，管理良好，其個別條件與勘估標的相當，但商業繁榮條件較勘估標的為差，修正率為10%。

實例F：

1.近鄰地區之地上九層地下二層之商業辦公大樓，建築完成日期為民國八十三年十月。

2.交易實例坐落於第七層，登記及現況使用為辦公室，面積180坪。

3.於民國九十一年十月一日簽訂租賃契約，租期二年，租金簽訂為每坪每月新台幣1,300元，押金為月租金之二個月。

4.實例F出租人須支付之費用如下：

　(1)地價稅：假設最近一次規定地價為11,000,000元，應繳之地價稅率為千分之二十。

　(2)房屋稅：假設實例F課稅房屋現值為12,000,000元，房屋稅率為3%。

　(3)保險費：假設實例F以房屋現值12,000,000元之0.6%為保險稅率。

　(4)維護費：假設以實質年租金（總租金）之5%為準合計之。

5.實例F承租人須支付之費用如下：

　(1)維護費：假設以實質年租金（總租金）之5%為準合計之。

　(2)管理費：假設以實質年租金（總租金）之5%為準合計之。

　(3)保險費：假設實例F以房屋現值12,000,000元之1%為保險稅率。

6.綜合判斷分析，實例F為商業辦公大樓，管理良好，其個別條件較勘估標的為佳，修正率為6%。

實例G：

1.近鄰地區之地上十層地下二層之住宅大樓，建築完成日期為民國八十六年三月。

2.交易實例坐落於地面層，登記及現況使用為商場，面積120坪。

3.於民國九十一年十月一日簽訂買賣契約，成交金額為新台幣77,650,000元。

4.於民國九十二年六月一日簽訂租賃契約，租期二年，租金簽訂為每月新台幣430,000元，押金為月租金之三個月。

5.實例G出租人須支付之費用如下：

　(1)地價稅：假設最近一次規定地價為10,000,000元，應繳之地價稅率為千分之二十五。

　(2)房屋稅：假設實例G課稅房屋現值為15,000,000元，房屋稅率為3%。

　(3)保險費：假設實例G以房屋現值15,000,000元之1%為保險稅率。

　(4)維護費：假設以實質年租金（總租金）之6%為準合計之。

6.實例G承租人須支付之費用如下：

　(1)維護費：假設以實質年租金（總租金）之5%為準合計之。

　(2)管理費：假設以實質年租金（總租金）之6%為準合計之。

　(3)保險費：假設實例G以房屋現值15,000,000元之1%為保險稅率。

7.綜合判斷分析，實例G為住宅大樓，管理良好，其個別條件與勘估標的相當，但商業繁榮條件較勘估標的略差，修正率為12%。

（四）近鄰地區坐落於大孝路與大義路附近之商業區，建蔽率70%，容積率500%之土地，於民國九十二年一月一日時，經調查並公佈其合理市價為每坪為1,000,000元。

（五）經蒐集不動產估價師公會全國聯合會公告本地區之樓層別效用比如下表：

樓層	商業大樓		住宅大樓		商業辦公大樓	
	使用別	樓層別效用比（%）	使用別	樓層別效用比（%）	使用別	樓層別效用比（%）
地下一層	商業用	120			商業用	150
地面層	商業用	285	商業用	360	商業用	350
二層	商業用	145	集合住宅	105	商業用	180
三層	商業用	130	集合住宅	103	辦公室用	120
四層	商業用	100	集合住宅	100	辦公室用	100
五層	商業用	104	集合住宅	102	辦公室用	103
六層	商業用	104	集合住宅	102	辦公室用	103
七層	商業用	106	集合住宅	103	辦公室用	105
八層	商業用	106	集合住宅	104	辦公室用	105
九層	商業用	108	集合住宅	105	辦公室用	108
十層	商業用	108	集合住宅	105	辦公室用	109
十一層	商業用	110	集合住宅	107	辦公室用	110
十二層	商業用	115	集合住宅	110	辦公室用	115

（六）經蒐集整理該地方政府公佈當地之房屋價格指數如下表所示：

年/月	91 08	91 09	91 10	91 11	91 12	92 01	92 02	92 03	92 04	92 05	92 06	92 07	92 08	92 09	92 10	92 11	92 12
價格指數（%）	100	101	102	102	105	105	103	101	98	95	95	96	98	99	102	103	105

（七）經蒐集整理該地方政府公佈當地之房屋租金指數如下表所示：

年/月	91 08	91 09	91 10	91 11	91 12	92 01	92 02	92 03	92 04	92 05	92 06	92 07	92 08	92 09	92 10	92 11	92 12
租金指數（%）	100	102	102	103	104	102	102	100	98	96	95	95	98	98	100	102	103

（八）經蒐集整理該地方政府公佈當地之地價指數如下表所示：

年/月	91 08	91 09	91 10	91 11	91 12	92 01	92 02	92 03	92 04	92 05	92 06	92 07	92 08	92 09	92 10	92 11	92 12
地價指數(%)	100	102	104	105	107	106	106	105	103	103	102	102	107	107	110	111	115

（九）經蒐集整理該地方政府公佈之地價調查用建築改良物標準單價表，如下表所示：

構造種類	單價（平方公尺/元）	耐用年數（年）	折舊率%（年）
鋼骨或鋼筋（預鑄）混凝土造5層樓以下	9,000～14,000	60	1.0
鋼骨或鋼筋（預鑄）混凝土造6層至10層樓	12,000～18,000	60	1.0
鋼骨或鋼筋（預鑄）混凝土造11層至15層樓	15,000～21,000	60	1.0
鋼骨或鋼筋（預鑄）混凝土造16層至20層樓	18,000～26,000	60	1.0
鋼骨或鋼筋（預鑄）混凝土造21層至50層樓	24,000～42,000	60	1.0
鋼骨或鋼筋（預鑄）混凝土造51層以上	38,000～50,000	60	1.0
加強磚造	8,000～12,000	52	1.2
鋼鐵造或輕鋼架造	4,000～8,000	52	1.2
磚造、石造	5,000～9,000	46	1.4
木造	6,000～18,000	35	2.0
土磚混合造、土造	4,500～6,000	18	5.0
竹造	3,500～6,000	11	8.0

備註：一、本表依據地價調查估計規則第二十四條訂定。

　　　二、本表內各欄所列單價，僅包含建築改良物建造費用及使用時必要裝修、設備等費用。

　　　三、房地連同買賣實例，計算建築改良物現值時，應依地價調查估計規則第十二條規定辦理。計算重建價格時，按本表所列標準單價上、下限範圍內，由估價人員視實際情況估計之。

　　　四、房屋之樓層高度、層數、材料、用途及建築物設備等特殊者，得按建築改良物標準單價酌予增減計算其重建價格。

（十）經蒐集整理相關經濟與金融資料如下：

　　　1.當地金融機構一年期定期存款利率為3%。

　　　2.當地金融機構短期放款利率為6%。

　　　3.經調查當地開發或建築利潤率為20%。

　　　4.當地物價穩定，近一年內物價無任何變動。

　　　5.當地政府定期公債利率為4.0%。

五、其他注意事項：

　　價格之計算結果，四捨五入至千位數，並於千位數及百萬位數，以逗點標示之（例如100,000,000）。

93年專門職業及技術人員高等考試不動產估價師考試試題

請以下列估價報告之資料為基礎，仔細詳讀勘估標的之基本資料及估價師之訪價資料，並請依據前述之資料，就以下問題回答之。

一、請詳為指出該估價報告的錯誤，並說明其為錯誤之理由。（50分）

二、請就前述問題所指出之錯誤加以更正，並請重新以不動產估價報告書之格式撰寫之。

　　請儘量使用試題內所提供之資料，如提供之資料仍有欠缺，以致無法進行評估時，貴考生得進一步界定估價條件，惟應於不動產估價報告書詳為敘明之。

　（一）勘估標的之基本資料

　　　本次勘估標的位於已實施細部計畫之住宅區土地，面積500m²，目前作為農業使用，其上並無建物，附近多為農舍及透天住宅，亦有少部分五樓公寓，環境寧適。勘估標的北側接鄰農業區，東側面臨10公尺道路，西側鄰接已建築完成之土地，地勢平坦。某甲擬購買該筆土地興建住宅，於民國93.8.21.委託估價師某乙進行評估，價格日期同委託日期，勘察日期為民國93.9.1.，以作為買賣參考之依據。

　（二）估價師某乙訪價相關資料

　　　實例A：民國92.3.15.交易，係屬近鄰地區之住宅區土地，成交時為空地，面積150m²，與勘估標的區位相近，面臨10公尺道路，交易單價係法院拍賣取得之價格，交易單價為30,000元/m²，經判定比正常市價便宜二成，又交易日期至價格日期，因該地區不動產交易轉為熱絡其價格上漲一成。

　　　實例B：民國93.8.15.交易，係屬類似地區，RC造6層樓建物之地面層，屋齡3年，建物面積100m²，基地持分面積35m²，都市計畫使用分區為住宅區。依據調查資料顯示，該不動產5樓與4樓房地單價相同，3樓與6樓房地單價為4樓之1.1倍，2樓為4樓之1.2倍，地面層為4樓之1.3倍，該不動產交易總價為3,460,000元，該建物依原價法每m²造價為

13,600元，每年折舊率以1%計算。

實例C：民國93.7.10.交易，係屬近鄰地區之RC造2層透天住宅，屋齡4年，目前出租予他人使用，其環境較不及勘估標的。每月租金收入為26,000元，押金52,000元，房屋總面積165m²，基地面積100m²，其收益資料如下：每年稅費約為年租金10%，修繕費約為年租金3%，經調查該地區出租不動產每年約有2個月空置，管理費約為年租金5%，建物依原價法每m²造價為9,100元，建物還原利率為3%，土地還原利率4%。

（三）估價師某乙之估價報告：

本次勘估標的，係以現有農地變更為建地之前提進行估價，因此所求取之價格為限定價格，依據A、B、C三個實例及不動產估價技術規則之規定，先行計算勘估標的之比較價格，再決定其試算價格。

實例A係住宅區土地為法院拍賣取得之價格判定低於正常價格二成故應乘以120/100又交易日期至價格日期因不動產交易轉為熱絡其價格上漲一成故應乘以110/100依據判斷勘估標的之區域條件優於訪價實例10%故應乘以110/100由此求得勘估標的之比較價格為：

$30,000×(120/100)×(110/100)×(110/100) = 43,560$元$/m^2$

實例B係鋼筋混凝土造6層樓建物地面層，為正常交易，故無須進行情況補正，且交易日期與價格日期接近，亦無須進行期日修正。依據判斷，勘估標的之區域條件與訪價實例相當，依據聯合供獻原則，將該訪價實例予以計算其土地價格，建物價格依原價法經折舊後求得現值13,192元$/m^2$，由此求得地面層土地之價格如下：

1.建物總價：$13,192×100 = 1,319,200$元

2.地面層土地總價：$3,460,000-1,319,200 = 2,140,800$元

3.地面層土地單價：$2,140,800÷35 = 61,166$元

4.由於61,166元係地面層持分土地價格，以最低價之第四層作為勘估標的土地價格之依據，因地面層房地單價為第四層的1.3倍，故將地面層土地價格除以1.3，求得勘估標的之比較價格為：$61,166÷1.3 = 47,051$元$/m^2$

實例C係鋼筋混凝土造2層透天住宅，依據其收益資料，運用土地分配法求取地價，再運用比較法求取勘估標的之比較價格，為正常交易，故無須進行情況補正，且交易日期與價格日期接近，亦無須進行期日修正。依據租金及押金之收入計算其年總收益：

1.年總收入；$26,000×12+52,000×0.03 = 313,560$元

2.計算其總費用：包括地價稅、房屋稅之稅費、修繕費、管理費

地價稅、房屋稅之稅費：$313,560×0.1 = 31,356$元

修繕費：$313,560×0.03 = 9,407$元

管理費：$313,560×0.05 = 15,678$元

總費用：$31,356$元$ + 9,407$元$ + 15,678$元$ = 56,441$元

3.計算純收益：總收入-總費用 = $313,560$元$-56,441$元$ = 257,119$元

4.建物純收益：建物依原價法每m^2造價為9,100元；建物還原利率為3%

9,100×165×0.03 = 45,045元

5.土地純收益：純收益-建物純收益 = 257,119元-45,045元 = 212,074元

6.土地價格：以土地純收益除以土地還原利率4%

212,074元÷0.04 = 5,301,850元

7.就個別因素修正後之土地單價：

5,301,850元÷100 = 53,019元/m^2

53,019×95/100 = 50,368元/m^2

依據上述實例求得勘估標的之價格，由於勘估標的所在地區較少交易實例，僅就該三項訪價實例，運用比較法及收益法計算所得之比較價格，採取平均之方式，評定其試算價格為每平方公尺47,000元，總評估價格為23,500,000元。

94年專門職業及技術人員高等考試不動產估價師考試試題

甲子公司擬對其名下所有某區辦公大樓，估計其於目前市場上在合理去化時間內，得以售出之價格，以供不動產信託決策之參考。請依本試題所附資料，運用成本法及收益法推估其試算價格，並於決定勘估標的之價格後，撰寫不動產估價報告書。（請儘量使用試題內所提供之資料，勿任意添加估價條件，如提供之資料仍有所欠缺，以致無法進行評估時，方得進一步界定估價條件，惟應於估價報告書中詳為敘明之。）

勘估標的為一地上十二層、地下二層、50個平面停車位之RC造辦公大樓，土地面積800坪，建物面積6,500坪，平均建蔽率50%、容積率800%，屋齡15年，公設比為22%，目前整棟全部出租中，閒置率推估為5%，所屬地區為該都市之發展成熟地區，附近多為辦公大樓及商場、有一公有停車場，半徑500公尺內有公園、中小學、金融服務設施、市場、生活機能佳、交通運輸條件便利，為一臨20及30公尺道路之角地辦公大樓，地勢平坦，略呈長方形。區內交通運輸條件良好，配合相關金融機構之聚集，未來深具發展潛力。價格日期為民國94年9月1日，勘察日期為民國94年8月25日，估價種類為正常價格。

一、試依下述資料以成本法計算本勘估標的大樓之房地成本價格。（30分）

土地價格依比較法求得之比較價格為16,000萬；營造施工費用以4.5萬元/坪計，規劃設計費用為營造施工費用之3%，廣告銷售費用為總銷售金額（在此指勘估標的之建築物之重建成本）之4%，管理費用為總銷售金額之3%，稅捐費用為總銷售金額之1%，開發建築利潤以15%計，資本利息綜合利率依自有資金（利率2%）三成、外借資金（利率5.5%）七成計，施工年期2年。累積折舊以定額法計算，殘價率視為0。

二、試依相關資料按收益法計算有效總收入、年總費用及推估其收益價格。（25分）

押金孳息以定存年利率2%計，推算有效總收入，請依下表各樓層之資料檢討決定之。地價稅、房屋稅皆依稅單顯示，今分別設為每年200萬及600萬，火災保險費以

重建成本之0.3%計，修繕費以建物成本價格之1%計，管理費以年租金之3%計，綜合還原利率設爲5%。

樓層	面積	月租金	押金	存續期間	租賃條件
一樓	500坪	1,200元/坪	三個月	92年8月1日起	管理費由承租人繳納
二樓	500坪	1,000元/坪	二個月	91年9月1日起	
三樓	500坪	850元/坪	二個月	92年9月1日起	
四樓	500坪	600元/坪	一個月	88年9月1日迄今	
五樓	500坪	800元/坪	二個月	93年9月1日起	
六樓	500坪	750元/坪	無	90年1月1日起	
七樓	500坪	800元/坪	二個月	93年9月1日起	
八樓	500坪	800元/坪	二個月	92年9月1日起	
九樓	500坪	750元/坪	二個月	91年7月1日起	
十樓	500坪	800元/坪	二個月	92年8月1日起	
十一樓	500坪	800元/坪	二個月	92年5月1日起	
十二樓	500坪	900元/坪	二個月	92年12月1日起	
地下一樓	500坪	800元/坪	二個月	94年1月1日起	
地下二樓	50個車位	10,000元/個	二個月	94年1月1日起	

三、如前述，請依本試題所附資料，運用成本法及收益法推估其試算價格，並決定勘估標的價格後，撰寫不動產估價報告書。（20分）

四、請就前述兩項試算價格之推估過程，說明在現行法規下，實際勘估可能遇到的狀況及目前適法之應變做法。（25分）

95年專門職業及技術人員高等考試不動產估價師考試試題

一、試以下列所給條件爲基礎，分別採用比較法、收益法評估勘估標的之比較價格、收益價格後，再綜合評估分析勘估標的甲之正常價格，並將勘估結果以不動產估價報告書之格式呈現之。另外，採用成本法估算勘估標的乙之土地開發分析價格，當下列所給之資料有所欠缺，以致無法進行評估時，貴考生得進一步界定估價條件，惟應於不動產估價報告書中詳細敘明之，否則請勿任意添加估價條件。

二、本考試計分標準如下：

1.比較法之分析與調整過程和內容，與決定價格之正確性。（30分）

2.收益法之分析與調整過程和內容，與決定價格之正確性。（30分）

3.成本法之分析與調整過程和內容，與決定價格之正確性。（30分）

　　4.不動產估價報告書格式之內容與完整性。（10分）

三、比較法及收益法之委託估價基本資料

　　張三欲購買一間透天厝於95年8月2日委託李四不動產估價師事務所辦理估價事宜，雙方於估價委託書簽訂如下事宜：

　　1.委託人：張三。

　　2.勘估標的甲之基地爲：A縣A市A段A小段A地號；基地上建築改良物之建號爲B，門牌號碼爲A縣A市B路B段B號。

　　3.價格日期：民國95年8月20日。

　　4.價格種類：正常價格。

　　5.估價目的：買賣。

　　6.不動產所有權人：EE小姐。

四、勘估標的甲之資料

　　1.基地部分：坐落於住宅區，土地面積爲300平方公尺，建蔽率爲60%，容積率爲200%。

　　2.建築改良物部分：爲加強磚造之三層樓透天厝，於民國90年8月8日建築完成，建物登記面積250平方公尺，現作住宅使用中。

　　3.本地區爲一般住宅地區，綜合分析當地出租市場之平均空置率爲5%。

五、比較法之實例相關條件說明

　　實例A：

　　1.本實例乃座落於甲不動產西南邊之三樓透天厝，一般條件相似，基地面積200平方公尺，總樓地板面積260平方公尺。

　　2.位於都市計畫住宅區，法定建蔽率爲60%，容積率爲180%。

　　3.經查實例A於民國95年2月訂定買賣契約，成交金額爲8,000,000元。因買主急於購買，故成交價格較正常價格高1%（故情況補正率爲99/100）。

　　4.綜合判斷結果，實例A之個別因素較甲不動產優4%，其個別因素修正率爲96/100。

　　實例B：

　　1.本實例乃座落於甲不動產東北邊之二樓透天厝，基地面積200平方公尺，總樓地板面積300平方公尺。

　　2.位於都市計畫住宅區，法定建蔽率爲60%，容積率爲180%。

　　3.經查實例B於民國94年12月訂定買賣契約，買賣成交金額爲7,500,000元。雙方約定本件買賣應繳納之土地增值稅400,000元，由買方負擔。

　　4.綜合判斷結果，實例B因爲距離甲不動產較遠，其個別因素較甲不動產差7%，其個別因素修正率爲107/100。

　　實例C：

　　1.本實例乃座落於甲不動產西北邊之三樓半透天厝，基地面積200平方公尺，總樓

地板面積280平方公尺。

2.位於都市計畫住宅區，法定建蔽率為60%，容積率為150%。

3.經查實例C於民國95年1月訂定買賣契約，成交金額為9,200,000元。

4.經判斷實例C之基地條件較甲不動產優8%，其個別因素之修正率為92/100。

實例D：

1.本實例乃座落於甲不動產西邊附近之透天厝農舍，基地面積300平方公尺，總樓
地板面積250平方公尺。

2.位於都市計畫農業區，法定建蔽率為30%，容積率為100%。

3.經查實例D於民國95年7月訂定買賣契約，成交金額為7,500,000元。

4.綜合判斷結果，實例D之個別因素較甲不動產差，其個別因素修正率為116/100。

六、收益法之相關條件

經調查結果，於勘估標的甲近鄰地區，蒐集之收益實例之相關資料陳述如下，請用
以求取勘估標的甲之收益價格。

實例E：

1.近鄰地區之透天厝，登記及使用現況為住宅用，面積共230平方公尺。

2.於民國95年3月簽訂租賃契約，租期2年，租金簽訂為每平方公尺每月240元，押金
為3個月之月租金。

3.實例E須支付之費用如下：

(1)地價稅：最近一次規定地價為1,000,000元，全額適用之地價稅率為千分之十。

(2)房屋稅：課稅房屋現值每平方公尺為1000元，房屋稅率為1.2%。

(3)保險費：依據房屋現值總額之1%計算保險費。

(4)維護管理費：依據每平方公尺每月30元計算之。

4.綜合判斷分析，實例E管理不佳，其個別條件比勘估標的甲為差，修正率為7%。

5.該地區該類型不動產之房地綜合收益資本化率為7%。

實例F：

1.實例F位於勘估標的甲之北邊街廓，與甲不動產個別條件近似之透天厝，屋主於
民國94年8月間購買，原先為自己使用，後來因為個人因素，因此於民國94年12月
簽訂租賃契約，出租給他人使用，租期1年，面積共300平方公尺。

2.實例F租金簽訂為每平方公尺每月190元，押金為3個月之月租金。

3.實例F須支付之費用如下：

(1)地價稅：最近一次規定地價為1,200,000元，全額適用之地價稅率為千分之十。

(2)房屋稅：課稅房屋現值2,000,000元，房屋稅率為1.2%。

(3)保險費：依據房屋現值總額之1%計算保險費。

(4)維護管理費：依據每平方公尺每月20元計算之。

4.綜合判斷分析，實例F因為承租人與出租人熟識，因此房屋租金較當地行情為低
廉，需要進行情況調整，其修正率為8%。

5.該地區該類型不動產之房地綜合收益資本化率為7%。

實例G：

1.實例G位於勘估標的甲之西南角的透天厝，屋主於民國95年6月間購買，並於民國95年7月簽訂租賃契約，出租給他人使用，租期2年，面積共300平方公尺。

2.實例G租金簽訂為整棟透天厝每月70,500元，押金為3個月之月租金。

3.實例G須支付之費用如下：

(1)地價稅：最近一次規定地價為1,500,000元，全額適用之地價稅率為千分之十。

(2)房屋稅：課稅房屋現值3,000,000元，房屋稅率為1.2%。

(3)保險費：依據房屋現值總額之1%計算保險費。

(4)維護管理費：依據整棟房屋每月之管理維護費為9000元計算之。

4.綜合判斷分析，實例G管理良好，其個別條件比勘估標的甲為佳，修正率為5%。該地區該類型不動產之房地綜合收益資本化率為7%。

七、經蒐集當地之房屋價格指數如下表所示：

年	月	房屋價格指數	年	月	房屋價格指數
94	8	101	95	3	101
94	9	102	95	4	105
94	10	98	95	5	103
94	11	99	95	6	106
94	12	100	95	7	106
95	1	106	95	8	100
95	2	102			

八、經蒐集當地之房屋租金指數如下表所示：

年	月	房屋租金指數	年	月	房屋租金指數
94	8	103	95	3	105
94	9	102	95	4	103
94	10	101	95	5	100
94	11	100	95	6	105
94	12	99	95	7	103
95	1	100	95	8	102
95	2	104			

九、成本法估價之相關資料

　　（一）張三擬在丙地區購買勘估標的乙土地一筆，試運用土地開發分析評估該筆土地之價格。（當下列所給之資料有所欠缺，以致無法繼續進行評估時，得進一步界定估價條件，惟應於報告書中詳細載明之，否則請勿任意添加估價條件。）

　　（二）勘估標的乙之基地面積為600平方公尺，預計開發興建住宅社區，有關乙基地之相關評估條件，根據被委託之估價師蒐集調查附近鄰近地區類似開發案，獲得下列相關資訊：

　　　　1.根據相關都市計畫法、建築技術規則規定得知此筆基地之可開發面積為1200平方公尺（此亦為營造施工設計面積），有關可銷售房地產價格資料為如下表所示：

　　　　　一樓可銷售面積：240平方公尺；一樓銷售價格：每平方公尺40,000元

　　　　　二樓以上可銷售面積：960平方公尺；二樓以上銷售價格：每平方公尺32,000元

　　　　　可銷售之停車位數：50個車位；停車位價格：每個1,000,000元

　　　　2.另外，根據估價師市場調查資料得知，相關之土地開發費用如下所示：

　　　　　(1)營造施工費用：5000（元／m2）

　　　　　(2)規劃設計費用：100（元／m2）

　　　　　(3)管銷費用：300（元／m2）

　　　　　(4)稅捐及其他負擔費用：500（元／m2）

　　　　　(5)開發者之適當利潤率：20%

　　　　　(6)資本利息綜合利率：6%

　　　　3.此一開發計畫期間預定3年完成。

十、其他相關估價資料如下：

　　1.當地金融機構1年期定期存款利率為3%。

　　2.當地金融機構短期放款利率為6%。

　　3.當地政府定期公債利率為4.0%。

十一、其他注意事項：

　　價格之計算結果，四捨五入至千位數，並於千位數及百萬位數，以逗點標示之（例如100,000,000）。

96年專門職業及技術人員高等考試不動產估價師考試試題

一、試以下列所給條件為基礎，分別採用比較法、收益法、成本法評估勘估標的之比較價格、收益價格及成本價格後，再綜合評估分析勘估標的之正常價格，並將勘估結果以不動產估價報告書之格式呈現之。另外針對估算其試算價格，當下列所給之資

料有所欠缺，以致無法進行評估時，應考人得進一步界定估價條件，惟應於不動產估價報告書中詳細敘明之，否則請勿任意添加估價條件。

二、不動產估價實務考試計分標準：

　　（一）不動產估價報告書格式之內容、完整性與價格決定說明。（15分）

　　（二）比較法之分析與調整過程和內容，與決定價格之正確性。（30分）

　　（三）收益法之分析與調整過程和內容，與決定價格之正確性。（30分）

　　（四）成本法之分析與調整過程和內容，與決定價格之正確性。（25分）

三、委託估價基本資料

　　王先生欲購置李小姐勘估標的甲不動產，因此李小姐委託林不動產估價師事務所辦理不動產估價事宜，雙方於估價委託書簽訂如下事項：

　　1.委託人：李小姐。

　　2.勘估標的（甲）：丁市1段100地號100建號，門牌號碼為丁市中山路100號5樓。

　　3.價格日期：民國96年1月1日。

　　4.價格種類：正常價格。

　　5.估價目的：不動產買賣。

　　6.不動產所有權人：李小姐。

四、勘估標的基本資料：

　　1.甲勘估標的座落於商業區，法定建蔽率為70%，容積率為300%。

　　2.甲勘估標的建築完成日期為：民國91年1月8日。

　　3.甲勘估標的土地登記面積為100平方公尺。

　　4.甲勘估標的為位於地上12層鋼筋混凝土結構之建築改良物的第5樓，建築改良物登記面積為330平方公尺，使用現況為辦公使用。

　　5.當地不動產市場狀況：

　　　(1)當地的出售及出租市場均正常發展，供需均衡。

　　　(2)出租市場每年的閒置率大約在5%。

　　　(3)出租市場每年的租金調整率大約在5%。

五、比較法之實例相關條件說明

　　（一）實例A

　　　　1.本實例乃座落於甲不動產同一棟大樓之第6樓，土地登記面積相同，建築改良物登記面積為300平方公尺。

　　　　2.位於都市計畫商業區，其使用現況為一般事務所使用，一般因素與勘估標的甲相同。

　　　　3.經查實例A於民國95年7月交易，其成交金額為2,950萬元。

　　（二）實例B

　　　　1.本實例乃座落於勘估標的甲東北方之10層樓辦公大樓之第5樓，土地登記面積相同，建築改良物登記面積為280平方公尺。

2.位於都市計畫商業區，法定建蔽率為70%，容積率為300%。

3.經查實例B於民國95年12月訂定買賣契約，買賣成交金額為2,820萬元。雙方約定本件買賣應繳納之土地增值稅40萬元，由買方負擔。

（三）實例C

1.本實例乃座落於勘估標的甲西北邊之12層樓之辦公大樓之第6樓，其樓地板面積300平方公尺。

2.位於都市計畫商業區，法定建蔽率為60%，容積率為300%。

3.經查實例C於民國95年8月訂定買賣契約，成交金額為3,200萬元。

（四）實例D

1.本實例乃座落於勘估標的甲西邊之12層樓之住宅大樓之第4樓，其樓地板面積350平方公尺。

2.位於都市計畫住宅區，法定建蔽率為60%，容積率為300%。

3.經查實例D於民國95年11月訂定買賣契約，成交金額為3,150萬元

（五）買賣實例ABCD之比較分析表（請應考人選擇適當之買賣實例進行比較分析）

調整比率

修正因素	買賣實例A	買賣實例B	買賣實例C	買賣實例D
區域因素修正率				
道路寬度	100%	100%	100%	100%
與商業中心距離	100%	100%	100%	100%
交通設施配置	100%	100%	100%	100%
生活設施配置	100%	100%	100%	100%
商業設施配置	100%	100%	100%	100%
公共設施配置	100%	100%	100%	100%
區域可及性	100%	100%	100%	100%
整體利用成熟度	100%	100%	100%	100%
使用計畫與管制	100%	100%	100%	100%
發展潛力	100%	100%	100%	100%
綜合修正率	100%	100%	100%	100%
土地個別因素修正率				
使用分區	100%	100%	100%	116%
可建容積	100%	100%	100%	100%
地形	100%	100%	100%	100%

地勢	100%	100%	100%	100%
寬深度	100%	100%	100%	100%
正面路寬	100%	100%	100%	100%
面積	100%	100%	100%	100%
臨路狀況	100%	100%	100%	100%
鄰地使用	100%	100%	100%	100%
綜合修正率	100%	100%	100%	100%
建物個別因素修正率				
建物結構	100%	100%	100%	100%
樓層別	99%	100%	99%	95%
屋齡	103%	100%	98%	100%
面積	101%	100%	101%	98%
使用限制	100%	100%	100%	105%
採光景觀	105%	100%	98%	102%
高度	100%	100%	100%	100%
公設狀況	100%	100%	100%	100%
管理狀況	101%	100%	102%	103%
綜合修正率	109%	101%	98%	104%

(六) 經蒐集不動產估價師公會全國聯合會公告本地區之樓層別效用比如下表所示：

10層樓辦公大樓之樓層別效用比（%）

地下1層105　1樓200　2樓150　3樓130　4樓100　5樓105　6樓110　7樓115　8樓120　9樓125　10樓130

12層樓辦公大樓之樓層別效用比（%）

地下1層105　1樓200　2樓150　3樓130　4樓100　5樓105　6樓110　7樓115　8樓120　9樓125　10樓130　11樓135　12樓

12層樓住宅大樓之樓層別效用比（%）

地下1層105　1樓150　2樓140　3樓130　4樓100　5樓105　6樓110　7樓115　8樓120　9樓125　10樓130　11樓135　12樓140

(七) 經蒐集當地之房屋價格指數如下表所示：

年	月	房屋價格指數	年	月	房屋價格指數
95	1	101	95	7	102

95	2	102		95	8	101
95	3	98		95	9	105
95	4	99		95	10	103
95	5	100		95	11	106
95	6	100		95	12	106
96	1	105				

六、收益法之實例相關條件說明

（一）租賃實例資料

林不動產估價師調查勘估標的近鄰地區之最近相類似租賃實例，其一般因素相當，至於區域與個別因素資料陳述如下表所示。請根據這些租賃實例求取勘估標的租金後，並運用折現現金流量分析估算勘估標的收益價格。

項目	租賃實例E	租賃實例F	租賃實例G
地址座落	近鄰地區西邊	北邊街廓	同一棟大樓8樓
交易型態	成交租金	成交租金	成交租金
建物面積	300m²	250m²	320m²
租金	1,000元/m²月	300萬元/年	1,100元/m²月
押金	3個月	3個月	3個月
空置率	5%	5%	5%
使用分區	商業區	商業區	商業區
樓層別	相同	相同	相同
屋齡	6年	5年	4年
結構	鋼筋混凝土造	鋼筋混凝土造	鋼筋混凝土造
區域因素調整百分率	101/100	100/100	100/100
個別因素調整百分率	102/100	101/100	99/100

（二）租金年成長率

經調查勘估標的當地之不動產出租市場資料顯示，當地辦公室每年之租金成長率可以維持每年5%的成長率。

（三）押金孳息

依據調查當地金融機構1年期定期存款利率為3%，勘估標的購買後如果出租可以收取押金3個月，此一押金係以民國96年的租金一次收取3個月，往後即使租金調整，出租者並不會增加押金金額。

（四）勘估標的每年總費用資料

  1.地價稅

    依據委託者提供勘估標的地價稅資料，民國96年之申報地價爲300萬元，採取全額適用地價稅率千分之二十計算。而且假設在出租4年期間地價稅依據民國96年地價稅計算，不需要按年調整。

  2.房屋稅

    依據委託者提供勘估標的房屋稅資料，勘估標的民國96年之房屋現值400萬元。房屋稅率爲3%。根據委託者提供資料指出，在出租期間其房屋現值將依據民國96年資料計算房屋稅費用，且於出租4年期間房屋稅將是固定支出費用，不需要按年調整。

  3.保險費

    依據委託者提供勘估標的保險費資料，民國96年之保險費支出1年爲12萬元，爾後出租期間，其所有保險費依據民國96年的年保險費計算。

  4.管理維護費

    依據委託者提供勘估標的管理維護費資料，民國96年之管理維護費1年支出13萬元。爾後出租期間每年管理維護費將是固定支出費用，不需要按年調整。

  5.折現率推估

    依據委託者提供資料顯示，委託者希望依據加權平均資金成本法（WACC）估計折現率，委託者並且告知，勘估標的甲之資金將是自有資金與銀行融資貸款各占50%，其中自有資金報酬率爲6%，銀行融資貸款利率爲3%。

  6.期末處分資產價值

    依據委託者提供資料顯示，勘估標的有人願意承租進駐使用，而且勘估標的在出租4年（自民國96年1月至民國99年12月）後，如於民國99年12月期末處分該資產，預計民國99年12月期末處分資產價格可以到達2,300萬元，根據勘估標的價格資料顯示，預估此一標的之期末處分無土地增值稅。

七、成本法之估價相關資料說明

（一）經蒐集整理該地方政府公布之地價調查用建築改良物標準單價表，如下表所示：

構造種類	單價（元/平方公尺）	耐用年數（年）	折舊率%（年）
鋼骨或鋼筋（預鑄）混凝土造5層樓以下	10,000	60	1.5
鋼骨或鋼筋（預鑄）混凝土造6至10層樓	15,000	60	1.2

鋼骨或鋼筋（預鑄）混凝土造11至15層樓	16,000	60	1.2
鋼骨或鋼筋（預鑄）混凝土造16至20層樓	20,000	60	1.0
鋼骨或鋼筋（預鑄）混凝土造21至50層樓	30,000	60	1.0
鋼骨或鋼筋（預鑄）混凝土造51層樓以上	50,000	60	1.0
加強磚造	8,000	52	1.2
鋼鐵造或輕鋼架造	5,000	52	1.2
磚造、石造	6,000	46	1.4
木造	6,000	35	2.0
土磚混合造、土造	4,500	18	5.0
竹造	3,500	11	8.0

（二）請依據前述表格計算其折舊額，進而推算勘估標的之成本價格，然後加上勘估標的土地價格，以求取勘估標的甲之成本價格。

（三）有關勘估標的甲之土地價格，根據不動產估價師蒐集附近相類似土地之買賣易實例H，有關H之相關資料如下：

1.實例H乃座落於勘估標的甲不動產附近之商業區土地，土地面積150平方公尺。

2.實例H之法定建蔽率為70%，容積率為300%。

3.經查實例H於民國95年12月訂定買賣契約，成交金額為4,200萬元，自95年12月訂定買賣契約至96年1月間地價變動平穩相當。

4.實例H之一般及區域因素與勘估標的一致，唯有個別因素較勘估標的甲之基地優1%，故個別因素修正率為99/100。

八、其他注意事項：

價格之計算結果，四捨五入至千位數，並於千位數及百萬位數，以逗點標示之（例如100,000,000）。

97年專門職業及技術人員高等考試不動產估價師考試試題

以下是一個位於臺北地區的都市更新個案，請運用下列的假設資料（為便於應考人計算，已將個案的資料予以簡化），進行都市更新權利變換的相關估價工作。應考人尚可依據其估價方法之運用及所考量之估價因素，自行設定所需數據，進行估算。請依照下列項目內容作答：

1.請列出估價條件。（10分）

2.請估算更新前各所有權人之權利價值比例，應包括所採用的估價方法及估價過程，並需考量【權利變換前區分所有建物之基地使用容積未達法定容積，且其基地總價值低於區分所有建物坐落基地之素地總價值】之情況。（30分）

3.請估算土地所有權人之共同負擔比例。（20分）

4.請估算更新後各所有權人應分配之權利價值，需包括所採用的估價方法及估價過程。（30分）

5.列出製作估價報告書所需標明之事項。（10分）

案例資料：

一、都市更新單元內之基本資料

　　1.更新單元內有6筆土地，分別為地號350（66坪）、351（60坪）、352（60坪）、353（50坪）、354（55坪）及355（72坪），總面積為363坪，此6筆土地之間並無影響土地價格差異的個別條件存在。

　　2.此6筆土地之使用分區皆為第三種住宅區（容積率為225%）。

　　3.此6筆土地上現各有樓層數不一的建築物，屋齡皆超過40年，有進行更新的必要。

　　4.本更新案業經審核通過其都市更新事業計畫，加計核准之都市更新容積獎勵值，更新後可銷售建坪面積為1980坪（共計規劃36戶住宅單元）及70個地下停車位（坡道式）。

　　5.更新之實施者提供資金及技術參與開發，更新單元內之所有權利人皆參與更新後之分配。共同負擔以更新後之房地產抵付實施者。

　　6.更新前土地所有權人名冊及建築物所有權人名冊如表1及表2所示。

表1　更新前土地所有權人名冊

所有權人或管理人	標示部		所有權部	
	地號	面積（坪）	權利範圍	持分面積（坪）
A	350	66	1/3	22
B	350	66	1/3	22
B	350	66	1/3	22
C	351	60	全部	60
C	352	60	1/2	30
D	352	60	1/2	30
D	353	50	全部	50
E	354	55	全部	55
F	355	72	1/4	18

G		355	72	1/4	18	
H		355	72	1/4	18	
I		355	72	1/4	18	

表2　更新前建物所有權人名冊

所有權人	建物門牌號碼	坐落地號	面積（坪）	權利範圍	持分面積（坪）	備註
A	XX路30號	350	36	全部	36	30號為
	XX路30號共同使用部分	350	6	1/3	2	3層樓加強磚造建築
B	XX路30號2樓	350	36	全部	36	
	XX路30號3樓	350	36	全部	36	
	XX路30號共同使用部分	350	6	2/3	4	
C	XX路32號	351	50	全部	50	32號為一層樓加強磚建築
	XX路34號	352	48	全部	48	
	XX路34號共同使用部分	352	8	1/2	4	
D	XX路34號二樓	352	48	全部	48	34號為
	XX路34號共同使用部分	352	8	1/2	4	2層樓加強磚造建築
	XX路36號	353	40	全部	40	36號為一層樓加強磚建築
E	XX路38號	354	50	全部	50	36號為一層樓加強磚建築
F	XX路40號	355	60	全部	60	40號為
	XX路40號共同使用部分	355	60	1/4	15	4層樓加強磚造建築
G	XX路40號二樓	355	60	全部	60	
	XX路40號共同使用部分	355	60	1/4	15	
H	XX路40號三樓	355	60	全部	60	

	XX路40號共同使用 部分	355	60	1/4	15
I	XX路40號四樓	355	60	全部	60
	XX路40號共同使用 部分	355	60	1/4	15

註：本更新單元內無佔用他人土地之違章建築

二、鄰近地區土地及不動產成交案例調查

經調查收集鄰近地區土地及不動產成交案例，得知下列訊息：

1. 當地屋齡30年以上中古屋之平均房價為21至24萬元/坪。
2. 取得可供比較標的如表3及表4，考慮與比較標的差異所進行的調整率亦列於表3及表4。

表3　鄰近地區成交土地比較標的與土地調整率表

項目	比較標的一	比較標的二	比較標的三
素地成交價格（萬元／坪）	159	145	148
價格日期調整百分率	105%	105%	105%
區域因素調整百分率	95%	103%	98%
個別因素調整百分率	96%	100%	103%

註1：區域因素調整考慮的因素：交通條件及至捷運車站的便利性、至學校、公園、
　　　市場及服務設施的鄰近程度、重大建設計畫、發展趨勢等。

註2：個別因素調整考量基地條件，如基地大小、形狀及臨街情形等。

表4　鄰近地區預售屋及新成屋案例

項目	比較標的一	比較標的二	比較標的三	比較標的四
坐落位置	略	略	略	略
推案名稱	AA1	AA2	AA3	AA4
成交平均價格（元/坪）	485,000	490,000	480,000	475,000
地下停車位之平均價格	坡道式 125萬/位	坡道式 130萬/位	坡道式 118萬/位	坡道式 122萬/位
使用分區	住三	住三	住三	住三

臨路及交通條件（與更新單元之估價標的相比較）	較佳	較佳	相當	略差
公共設施服務水準（與更新單元之估價標的相比較）	較佳	相當	相當	略差
建築規劃	地上11層 地下3層	地上10層 地下3層	地上11層 地下3層	地上10層 地下2層
價格日期	六個月	三個月	一年	三個月
結構與建材（與更新單元之估價標的相比較）	鋼筋混凝土 較佳	鋼筋混凝土 相當	鋼筋混凝土 較差	鋼筋混凝土 相當
其他條件（與更新單元之估價標的相比較）	較佳	較差	較差	相當

三、權利變換所需費用概算，如表5所示：

表5　權利變換所需費用概算表

項目	所需費用（萬元）	說明
1.重建費用	27,780	包含：營建費用、建築設計費、外接水、電、瓦斯管線工程費及其他必要費用
2.權利變換費用	2,400	包含：規劃費用、估價費用、簽證費、測量費、土地改良物拆遷補償及安置費用（租金補貼）、地籍整理費用等
3.工程費用及權利變換之利息	1,810	以年利率4.00%，三年期折半計算

4.管理費用	13,677	包含：人事行政管理費、營建工程管理費、銷售管理費及風險管理費等
總計	45,667	

98 年專門職業及技術人員高等考試不動產估價師考試試題

試依本試題所設定之條件及資料，運用比較法及成本法之土地開發分析推估其試算價格，並於決定勘估標的價格後，撰寫不動產估價報告書。（應考人宜儘量使用試題內所提供之資料，勿任意添加估價條件，如提供之資料仍有所欠缺，以致無法進行評估時，方得進一步界定估價條件，惟應於估價報告書中詳細敘明。）

尚夯公司擬購買某都市近郊區土地一筆，特委託王興旺估價師事務所辦理土地估價事宜。

委託估價之基本資料如后：

勘估標的為○○市○○段200地號，價格日期為98年7月1日，勘察日期為98年7月10日，估價種類為正常價格。勘估標的位於都市計畫內住宅區，建蔽率60%、容積率200%，毗鄰完成多年之重劃區，市容新舊參半，建築物以五層以下透天店舖、住宅為多數；若以勘估標的為中心，半徑500公尺內有里鄰公園、小學、綜合中學、超級市場、診所、加油站、金融服務等設施，交通運輸狀況良好。

土地面積1,000平方公尺，可供興建10間四樓透天住宅，單面臨8公尺道路，平均深度20公尺，地勢平坦，呈長方形。不動產市場以中古屋為主，偶有預售個案推出，人口成長平穩，供給需求接近均衡狀態。

一、試以下列各項資金比例及五大公營行庫一年期定存利率與一般放款利率，計算資本利息綜合利率：（15分）

　　（一）五大公營行庫一年期定存利率0.8%，一般放款利率2.8%。

　　（二）土地投資之自有資金比例30%，借貸資金比例70%。

　　（三）建築投資之自有資金比例40%，借貸資金比例60%。

　　（四）土地價值比率55%，建物價值比率45%。

　　（五）土地開發年期2年（含建築開發年期1.5年）。

二、試以下列各項成本法資料，依土地開發分析公式推估該筆土地之土地開發分析價格：（35分）

　　（一）最有效使用分析：開發為地上四層之透天住宅，梯廳及附屬建物面積以樓地板面積×8分之1計，屋頂突出物面積以建築面積×8分之1計。

　　（二）總銷售金額推估：預計每棟透天住宅銷售價為900萬元。

　　（三）建築開發成本：營造施工費用以11,000元/平方公尺計，規劃設計費用以營造施工費用之3%計，廣告銷售費用以總銷售金額之3%計，管理費用以總銷售

金額之2%計，稅捐及其他負擔以總銷售金額之1%計。

（四）開發建築適當利潤率：以10%計。

三、試以下列實例說明及比較分析表，挑選適當者推估勘估標的之試算價格及比較價格，不適用之實例須註明理由：（30分）

實例A：為一臨6公尺巷道近矩形之不規則形狀基地，地勢平坦，面積75平方公尺，屬勘估標的之鄰近類似住宅區，建蔽率與容積率皆相同；97年8月1日之成交價格為450萬元，至價格日期漲3%。

實例B：為一臨6公尺巷道之長方形基地，地勢平坦，面積250平方公尺，為重劃區內之抵費地，屬勘估標的之鄰近類似住宅區，建蔽率55%，容積率220%；97年3月1日之標脫價格為1,500萬元，至價格日期漲5%。

實例C：為一臨8公尺道路之長方形基地，地勢平坦，面積80平方公尺，屬勘估標的之鄰近類似住宅區，建蔽率與容積率皆相同，98年5月1日之擬售價格為640萬元，議價空間15%，至價格日期未漲。

實例D：為一臨6公尺巷道之長方形基地，地勢平坦，面積70平方公尺，屬勘估標的之鄰近類似住宅區，建蔽率與容積率皆相同；97年12月1日之成交價格為490萬元，至價格日期漲2%。

實例ABCD之比較分析表

	項目	實例A	實例B	實例C	實例D
區域 因素 分析	交通運輸條件	0%	-5%	0%	0%
	自然條件	-2%	0%	-2%	0%
	公共設施條件	0%	-3%	0%	0%
	發展潛力	0%	-1%	0%	0%
	其他	0%	0%	0%	0%
個別 因素 分析	宗地條件	1%	-3%	-3%	-3%
	道路條件	0%	0%	-2%	0%
	接近條件	2%	5%	-1%	-1%
	環境條件	0%	-1%	0%	-2%
	行政條件	-2%	-2%	0%	-1%
	其他	3%	0%	0%	-1%

四、試依本試題前述各項條件與資料，運用比較法及成本法推估價格，並決定勘估標的價格後，撰寫不動產估價報告書。（20分）

99 年專門職業及技術人員高等考試不動產估價師考試試題

壹、請以下列所給估價條件為基礎，分別採用正確之估價方法，評估勘估標的不動產之
　　價格。請以完整不動產估價報告書格式撰寫價格評估過程與結果。應考人就現有題
　　目所給條件與資料發現評估仍有困難時，得進一步自行界定必須之估價條件，同時
　　務必於估價報告書中詳細說明，提醒請勿任意變更或添加任何非必要之估價條件。
貳、估價條件
　　一、委託勘估標的估價基本資料
　　　　　甲公司與乙公司土地緊鄰並位於同一街廓，兩基地均鄰接30公尺寬計畫道路，
　　　　屬第三種商業區，建蔽率65%，容積率560%（參見示意圖）。由於兩公司業務
　　　　發展之需要，計劃興建辦公大樓，甲公司考量業務需求與資金限制，不需使用
　　　　全部法定容積，然而乙公司則因業務發展擴充，需要比法定容積更多的樓地板
　　　　需求。礙於現有法令，無法直接進行容積移轉買賣，特委託林旺不動產估價師
　　　　事務所辦理土地合併建築估價事宜，雙方於委託契約書中載明相關條件如下：
　　　　1.委託人：甲公司與乙公司聯合委託。
　　　　2.甲公司勘估標的土地座落於○○市○○段○○小段，地號○○○，面積1,000
　　　　　平方公尺；乙公司勘估標的土地座落於○○市○○段○○小段，地號○○
　　　　　○，面積3,600平方公尺。
　　　　3.價格日期：民國99年8月1日。
　　　　4.勘察日期：民國99年8月10日。
　　　　5.價格種類：限定價格。
　　　　6.估價目的：土地合併建築價格評估。
　　　　7.不動產所有權人：甲公司與乙公司。

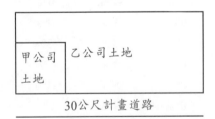

　　二、應用比較法之買賣實例相關資料說明如下：
　　　　實例A
　　　　1.成交金額：地價110,000元/平方公尺。屬正常交易，依市場慣例付款，無特殊約
　　　　　定。
　　　　2.成交日期：民國99年2月24日。
　　　　3.土地面積：3,000平方公尺。

4.座落位置：距離勘估標的土地之路網距離約600公尺。（區域因素調整率為102/100）鄰接30公尺寬道路。（針對甲公司土地個別因素調整率為102/100，針對乙公司土地個別因素調整率為110/100，針對甲乙公司土地合併個別因素調整率為112/100）

實例B

1.成交金額：地價66,000元/平方公尺。屬正常交易，依市場慣例付款，無特殊約定。

2.成交日期：民國99年1月10日。

3.土地面積：2,000平方公尺。

4.座落位置：距離勘估標的土地路網距離約100公尺。（區域因素調整率為100/100）鄰接20公尺寬道路。（針對甲公司土地個別因素調整率為104/100，針對乙公司土地個別因素調整率為108/100，針對甲乙公司土地合併個別因素調整率為112/100）

實例C

1.成交金額：地價130,000元/平方公尺。屬正常交易，依市場慣例付款，無特殊約定。

2.成交日期：民國99年1月10日。

3.土地面積：4,000平方公尺。

4.座落位置：距離勘估標的土地路網距離約1,000公尺。（區域因素調整率為103/100）鄰接20公尺寬道路。（針對甲公司土地個別因素調整率為102/100，針對乙公司土地個別因素調整率為106/100，針對甲乙公司土地合併個別因素調整率為108/100）

實例D

1.成交金額：地價90,000元/平方公尺。屬正常交易，依市場慣例付款，無特殊約定。

2.成交日期：民國99年1月10日。

3.土地面積：2,000平方公尺。

4.座落位置：距離勘估標的土地路網距離約300公尺。（區域因素調整率為103/100）鄰接25公尺寬道路。（針對甲公司土地個別因素調整率為103/100，針對乙公司土地個別因素調整率為108/100，針對甲乙公司土地合併個別因素調整率為111/100）

民國99年土地交易價格指數月份	1	2	3	4	5	6	7	8
指數%	102	106	102	101	105	103	106	100

參、請以比較法估算甲公司與乙公司單獨的土地價格,同時進一步推算土地合併後之價格?(30分)

肆、假設甲公司計劃單獨在其土地上興建一棟樓地板面積3,000平方公尺,容積率300%的建築物,並將未使用之剩餘容積供乙公司整合利用。為能正確掌握合併後整體基地可以興建之樓地板面積以及各樓層地價分配率,進一步蒐集鄰近一棟10層樓之大樓,共分為10個獨立單位,每樓層一個單位,每單位建築面積為200平方公尺,1~10層樓房價依序分別為200,000元/平方公尺,170,000元/平方公尺,160,000元/平方公尺,140,000元/平方公尺,150,000元/平方公尺,155,000元/平方公尺,160,000元/平方公尺,165,000元/平方公尺,170,000元/平方公尺,175,000元/平方公尺。基地土地持分各33平方公尺,建物價格占不動產價格35%,請參考下表格式,計算實例地各樓層之樓層別效用比與地價分配率?(30分)

樓層	建築面積 m² (A)	基地面積 m² (B)	房價元/m² (C)	樓層別效用比% (D)	建物效用% (E)	地價分配率% (F)

註:樓層別效用比第四樓層為100%

伍、承肆之題旨,請參酌實例地之地價分配率,繼續計算甲公司將剩餘未利用容積移轉乙公司之合理價格?(20分)

陸、請依本試題之各項條件與資料,撰寫不動產估價報告書。(20分)

100年專門職業及技術人員高等考試不動產估價師考試試題

前四題請以本試題所設定之各項條件及資料,運用指定的估價方法評估勘估標的價格。提醒應考人應儘量使用試題內所提供之資料,勿任意變更或添加估價條件;如提供之資料仍有所欠缺,以致無法進行評估時,方得進一步界定估價條件,惟應於估價過程中詳細敘明。

某自辦市地重劃會,委託估價師事務所辦理重劃前、後土地估價事宜,相關之基本資料如下:

一、勘估標的重劃前為○○市○○段123地號等30筆,土地所有權人25人(含公有土地1人),面積7,500m²;重劃後分為可供分配之第三種住宅區及公共設施用地兩種地價區段,其中住三面積5,500m²,建蔽率為60%,容積率為280%,公共設施面積2,000m²。價格日期為100年8月1日,勘察日期為100年8月20日,估價種類重劃前為正常價格,重劃後為特定價格。

二、本案之地理位置尚佳,近鄰地區多屬住宅區,建蔽率60%、容積率200%~280%,現況建物以2~4層透天店舖、住宅為多數,屋齡多介於30~40年間;區域內公共設施有里鄰公園、中小學、停車場、消防隊、公所等,亦有超級市場、加油站、金融

服務等服務設施，交通運輸狀況良好，未來極具發展潛力。勘估標的重劃前各宗土地之臨路狀況及地形皆不佳，透過重劃的重新分配整合，可促進土地達最有效使用；使用現況有既成巷道、部分閒置土地、種植短期作物及鋼架之未保存登記臨時建物一棟，100年之公告土地現值為27,000元/m^2。

三、重劃後之可建築用地（住三），臨8公尺計畫道路，臨路寬約200公尺，深度約27～28公尺，預計興建為50戶之4樓透天住宅，每戶土地面積110m^2、建物面積250m^2。鄰近透天別墅新成屋土地在100～120m^2、建物面積在220～260m^2之房地價格，每戶約介於900～1,200萬元之間，依所蒐集堪用之新成屋交易案例價格推估本案之合理總價每戶為1,100萬元。

四、運用土地開發分析時之假設條件：開發期間18個月，營造施工期12個月，營造施工單價15,000元/m^2，建築設計費以營造施工費之3%計，銷售費以預期銷售金額之4%計，管理費以預期銷售金額之4%計，稅捐以預期銷售金額之0.8%計，適當利潤率為20%。融資利率為3.5%，定存利率1.5%，自有資金30%，貸款比率70%，土地價值比例為0.6。

五、運用比較法時之案例資料：

比較標的A：為一臨10公尺道路（調整-2%），近矩形之不規則形狀基地（調整2%），地勢平坦，面積220m^2（調整-4%），與勘估標的同一近鄰類似之住宅區，週邊環境條件與接近條件、建蔽率與容積率皆相同；99年8月1日之交易單價為36,000元/m^2，至價格日期漲5%；比較標的的加權數為40%。

比較標的B：為一臨6公尺巷道（調整2%）之長方形基地，地勢平坦，面積250m^2（調整-4%），與勘估標的同一近鄰類似地區之住宅區，週邊環境條件與接近條件、建蔽率與容積率皆相同；99年12月1日之交易單價為37,000元/m^2，至價格日期漲4%；比較標的的加權數為35%。

比較標的C：為一臨6公尺巷道（調整2%）之長方形基地，地勢平坦，面積280m^2（調整-5%），與勘估標的同一近鄰類似地區之住宅區，週邊環境條件稍差（調整2%），接近條件較佳（調整-3%）、建蔽率與容積率皆相同，區域交通稍差於勘估標的（區域因素調整2%），100年7月15日之擬售價格40,000元/m^2，議價空間10%，至價格日期未漲；比較標的的加權數為25%。

六、運用預期開發法時之假設條件：開發後可建築用地價格係依重劃後可建築用地之平均單價計算，有效宅地化率約為73.3%，月利率以0.3%計，重劃之雜項工程費計180萬元，雜項工程監造及設計費計40萬元，重劃作業及拆遷補償等間接費用計250萬元，開發工程及土地成本之利息負擔月數皆為10，成熟度修正率為94%，個別因素之差距修正率為105%。

(1)試以比較法推估重劃後地價區段之地價。（20分）

(2)試以成本法之土地開發分析推估重劃後地價區段之地價。（20分）

(3)試依前述比較價格、土地開發分析價格並參酌100年之公告土地現值，決定重劃

後兩種地價區段之土地單價。（10分）

(4)重劃前各宗土地價值基於公平原則，請將30筆土地視為一宗土地，並試以成本法之預期開發法評估重劃前土地權利總值及各宗土地平均地價。（25分）

(5)不動產估價報告書中通常會有一項「估價立場聲明」，請依據下列所描述之錯誤估價立場聲明，改寫一份正確版的估價立場聲明。提醒謹就八項而為，毋須再增添項目。（25分）

（一）我方以公正第四人立場進行主觀評估。

（二）我方與受託單位及受勘估單位僅為單純業務往來關係；對於因業務知悉之秘密，除經受託人之同意外，不得洩漏。

（三）我方與受託單位、不動產所有權人或交易雙方僅為單純之業務關係，並無不動產估價公報第六號所定關係人或實質關係人之情事。

（四）本報告書提供之估價金額，僅作為受託人在報告書所載之估價前提下參考，估價前提變更可能使該估價金額發生改變。

（五）本報告書中之分析意見及結論，係基於報告書中所假設及正常下成立，完全符合受託者需求。

（六）我方對於本標的無現有或可預期的利益；對於與本標的所有權人，我方亦無個人私利或偏見。

（七）我方所收取報酬，係基於專業勞務之正當報酬，不為正當之競價、不因刻意滿足客戶需要、達成特定估價結果或促成其他事件的發生而有所不同。

（八）本估價報告書內容遵循內政部與考選部訂定之不動產估價師法及不動產估價技術規則相關規定、國內外之不動產估價理論，並符合資產估價師全國聯合會頒布之「敘述式估價報告書範本」格式。

101 年專門職業及技術人員高等考試不動產估價師考試試題

壹、請以下列給定之估價條件為基礎，分別採用比較法、成本法與收益法，並依不動產估價技術規則之規定，評估勘估標的不動產之比較價格、成本價格與收益價格後，以完整不動產估價報告書格式撰寫價格評估過程與結果。又如就現有題目所給條件與資料發現評估有所困難時，得進一步自行界定必要之估價條件，同時務必於估價報告書中詳細說明（提醒請勿自行任意變更或添加任何非必要之估價條件）。價格試算結果，四捨五入至千位數，並於千位數及百萬位數（含以上），以逗點標示之（例如100,000,000）。

貳、委託估價基本說明

政府配合重大經濟建設，相關土地開發計畫，一般採用劃設特定區方式，同時配置住宅區、商業區和產業專用區等，期能引進大量人口及產業商機，並促進鄰近地區加速開發，創造高品質的投資環境與住宅生活。假設，遠景建設開發公司計畫購入

○○特定區商業用地一筆，預定作為商場建築使用，特委託李欣估價師事務所進行不動產估價，雙方於委託契約書中載明相關條件如下：

一、委託人：遠景建設開發公司。

二、勘估標的土地座落於○○特定區，土地使用分區為商業區，○○段○○小段，地號○○○，面積1,200平方公尺。

三、價格日期：民國101年7月1日。

四、勘察日期：民國101年7月15日。

五、價格種類：正常價格。

六、估價目的：買賣。

七、不動產所有權人：A君。

參、勘估標的土地基本資料：

一、土地使用：第一期發展地區第一種商業區，建蔽率60%，容積率240%。可以提供住宅區日常生活所需之零售業、服務業及其有關商業活動。

二、緊鄰已開闢之25公尺計畫道路，基地深度25公尺，地勢平坦。

三、勘估標的土地所在地區，各類土地使用持續開發，基礎公共建設包括道路、鄰里公園、國中及小學均開發完成，地區人口逐漸成長。

四、為加速本特定區第一期發展地區住宅區及商業區土地整體合理開發利用，訂定下列獎勵措施：

$V = V_0 + \triangle V_1 + \triangle V_2$

其中V：獎勵後總容積

V0：該分區細部計畫之基準容積

$\triangle V_1$：配合開發時程之獎勵容積（於區段徵收作業辦理開發完成後，土地所有權登記之日起，於下表期限內提出建造執照申請者，本地區區段徵收作業完成，土地所有權登記之日為民國94年8月1日）。

開發期限	獎勵標準（$\triangle V_1$）
四年內	V0×20%
六年內	V0×15%
八年內	V0×10%
十年內	V0×5%
滿第十年後	V0×0%

$\triangle V_2$：大基地開發之獎勵容積，其中住宅區申請開發基地在1,000平方公尺以上，商業區申請開發基地面積在1,000平方公尺以上者，得給予原基準容積10%之獎勵容積。

五、經委託不動產市場調查專業顧問分析發現，目前該特定區不動產發展趨勢熱
　　絡，住宅供給屬小型個案與自地興建居多，新建住宅多數為基地面積100平方
　　公尺，樓地板面積150平方公尺的三層樓透天厝，建材與用料均講究，總價約
　　NT$12,000,000～22,000,000，一般的銷售率可以達八成。商業區則以小型零售
　　業，例如7-11或全家便利商店最常見。至於中大型超商或商場則尚未出現，具
　　有發展潛力。由於目前區內與聯外道路交通動線完整，同時公車路線也日漸完
　　善便捷，預計未來可以吸引更多居民進住。

肆、相關市場資料說明

一、比較實例相關資料：

　　實例甲

　　（一）成交金額：NT$48,000,000。屬正常交易，依市場慣例付款，無特殊約
　　　　　定。

　　（二）成交日期：民國101年1月20日。

　　（三）座落位置：特定區範圍內商業區，距離勘估標的不動產之路網距離約
　　　　　500公尺。鄰接15公尺寬計畫道路（已開闢）。

　　（四）基本描述：三樓透天店面住宅，屋齡2年，土地面積300平方公尺，樓地
　　　　　板面積450平方公尺。

　　實例乙

　　（一）成交金額：NT$15,000,000。屬正常交易，依市場慣例付款，無特殊約
　　　　　定。

　　（二）成交日期：民國101年3月25日。

　　（三）座落位置：特定區範圍內商業區，距離勘估標的不動產之路網距離約
　　　　　300公尺。鄰接8公尺寬計畫道路（已開闢）。

　　（四）基本描述：三樓透天店面住宅，屋齡3年，土地面積100平方公尺，樓地
　　　　　板面積150平方公尺。

　　實例丙

　　（一）成交金額：NT$36,000,000。屬正常交易，依市場慣例付款，無特殊約
　　　　　定。

　　（二）成交日期：民國101年6月5日。

　　（三）座落位置：特定區範圍外沿街商業區，距離勘估標的不動產之路網距離
　　　　　約1,500公尺。鄰接20公尺寬計畫道路（已開闢）。

　　（四）基本描述：四樓透天連棟店面住宅，屋齡10年，土地面積300平方公
　　　　　尺，樓地板面積400平方公尺。

　　實例丁

　　（一）成交金額：NT$18,500,000。屬正常交易，依市場慣例付款，無特殊約
　　　　　定。

（二）成交日期：民國101年7月8日。

（三）座落位置：特定區範圍內商業區，距離勘估標的不動產之路網距離約1,000公尺。鄰接20公尺寬計畫道路（已開闢）。

（四）基本描述：三樓透天連棟店面住宅，屋齡4年，土地面積100平方公尺，樓地板面積180平方公尺。

買賣實例甲、乙、丙、丁之比較分析表

調整項目		實例甲	實例乙	實例丙	實例丁
情況修正		100	100	100	100
區域因素	交通運輸	102	96	100	98
	自然條件	100	100	102	100
	公共設施	103	98	105	95
	發展潛力	100	100	100	98
	其他	100	100	100	100
個別因素	宗地條件	102	100	102	100
	道路條件	99	98	104	100
	接近條件	98	96	104	100
	周邊環境	100	98	100	100
	行政條件	100	96	102	100
	其他	100	100	100	100

單位：調整比率%

民國101年房地交易價格指數

月份	1	2	3	4	5	6	7
指數%	102	103	104	102	100	101	102

二、成本法相關資料：

（一）銷售金額推估：請以比較法評估結果，估算採零售商場規劃之可能銷售價格。首先以基準容積，估算合理的土地購買價格；其次，請進一步採用容積獎勵方式，估算合理的土地購買價格。

（二）最有效使用分析：請分別以：(1)基準容積與(2)使用容積獎勵方式，計算最有效使用分析，並說明理由。

（三）建築開發成本：營造施工費採NT$25,000／平方公尺計算。規劃設計費用採營造施工費2%，廣告銷售費用採營造施工費3%，管理費用採營造

施工費2%，稅捐及其他負擔採營造施工費1%，資本利息綜合利率採自有資金（利率3.5%）三成與銀行資金（利率4%）七成計算，施工年期2年。

（四）開發建築適當利潤率：以20%計算。

三、收益法相關資料：

（一）假設遠景建設公司對於本開發案定位為自行經營商場，請嘗試研擬營運不動產投資財務計畫，並請參考前述成本法假設條件，在最有效使用分析條件下，設算本投資案不動產投資資產總額。

（二）不動產投資資產總額資金計畫，採取四成自有資金，六成銀行借貸，期限20年，年利率3%，按本息定額償還。貸款常數MC = (3%/12，240) = 0.005546。

（三）相關營運資料，假設預估每年最高營運總收入（稅前）NT$350,000,000，閒置租金損失10%，營運成本NT$200,000,000，請嘗試以現金流量分析方式，估算遠景公司第1年稅前現金流量。

伍、計分標準如下：

一、比較法之分析、調整過程與內容，與決定價格之正確性。（30分）

二、成本法之分析，請分別以基準容積與使用容積獎勵方式，說明調整過程與內容，與決定價格之正確性。（30分）

三、收益法之分析、過程與內容，與現金流量計算之正確性。（25分）

四、不動產估價報告書格式之內容、完整性與價格決定說明。（15分）

102年專門職業及技術人員高等考試不動產估價師考試試題

壹、不動產估價實務撰寫說明：

（一）請以下列給定之估價條件為基礎，分別採用比較法、收益法與成本法，並依不動產估價技術規則之規定，評估勘估標的不動產之比較價格、收益價格與成本價格後，以不動產估價報告書格式撰寫價格評估過程與結果。

（二）如就現有題目所給條件與資料發現評估有所困難時，得進一步自行界定必要之估價條件，同時務必於估價報告書中詳細說明（提醒請勿自行任意變更或添加任何非必要之估價條件）。

（三）價格試算結果，四捨五入至千位數，並於千位數及百萬位數（含以上），以逗點標示之（例如100,000,000）。

（四）計分標準如下：

1.比較法之分析、調整過程與決定價格之正確性。（30分）

2.收益法之分析、調整過程與決定價格之正確性。（30分）

3.成本法之分析、調整過程與決定價格之正確性。（30分）

4.不動產估價報告書格式之完整性。（10分）

貳、委託估價條件基本說明：

○○公司因應土地開發需要，擬購買一筆住宅用地，特委託甲不動產估價師事務所進行不動產估價，雙方於委託契約書中載明相關條件如下：

一、委託人：○○公司。

二、勘估標的土地坐落於□□市第一段第一小段，地號0001，土地使用分區為第三種住宅區，建蔽率60%容積率300%，面積780平方公尺。勘估標的面臨第五號道路，道路寬度為18公尺，基地地勢平坦，附近生活機能尚可。

三、價格日期：民國102年8月24日。

四、勘察日期：民國102年8月24日。

五、價格種類：正常價格。

六、估價目的：土地購買價格參考依據。

七、土地所有權人：雲端公司。

參、勘估標的相關市場資料：

（一）比較法相關資料

1.根據市場調查所得資料，甲不動產估價師蒐集近鄰地區相關案例並予以分析後獲致下列比較法試算表格，其中各個案例之比較調整，優良代表99%（-1%）、劣代表101%（+1%）、較劣代表102%（+2%），普通代表比較標的與勘估標的條件相同100%無須加減（0%）。

比較主要項目	勘估標的	比較標的1	比較標的2	比較標的3
土地坐落		第五號道路	第五號道路	第五號道路
標的交易總價（元）		3億	3.04億	1.8億
交易日期		102年2月	102年7月	102年5月
土地面積（平方公尺）	780	630	660	410
使用分區	第三種住宅區	第三種住宅區	第三種住宅區	第三種住宅區
形狀	方整	長方形	狹長形	長方形
臨路情況	18M	18M	18M	10M
交易情況	一般正常情況	一般正常情況	一般正常情況	一般正常情況
區域因素	普通	劣	較劣	較劣
個別因素	普通	較劣	較劣	較劣

2.民國102年土地交易價格指數

月	1	2	3	4	5	6	7	8
價格指數	105%	101%	100%	103%	100%	101%	102%	100%

(二) 收益法相關資料

1.根據甲不動產估價師調查當地的土地收益實例，獲致下表的三個近似收益實例資料。其中各個案例之比較調整，優良代表99%（-1%），劣代表101%（+1%），普通代表比較標的與勘估標的一樣100%無須加減（0%）。

收益實例	勘估標的	收益實例一	收益實例二	收益實例三
標的位置	第五號道路	第五號道路	第五號道路	第五號道路
收益標的面積（m²）	780	680	700	600
標的月租金（元/m²）		1,650	1,700	1,750
收益情況	正常	正常	正常	正常
價格日期	102年8月	102年3月	102年7月	102年7月
區域因素	普通	普通	普通	普通
個別因素	普通	普通	普通	優良

2.民國102年租金價格指數

月	1	2	3	4	5	6	7	8
價格指數	105%	101%	102%	101%	100%	101%	100%	100%

3.本案如果採用收益法估算，甲不動產估價師調查當地的收益條件如下：

(1)一年期定存利率2.2%，土地收益資本化率爲4%。

(2)押金爲月租金三個月。

(3)估計每年閒置期一個月。

(4)土地租賃期間的其他費用如下：

　①維修費：年租金的5%。

　②管理費及保險費：每平方公尺每月9元計算。

　③地價稅：每平方公尺每月20元計算。

（三）成本法相關資料

　　1.根據當地不動產市場調查得知，本案如果採取大樓興建，每平方公尺大約售價可以在46,000元，另外，根據建築法規推估，本案可以興建之營建面積為基準容積面積，至於本案可以銷售之面積則為基準容積面積的1.15倍。

　　2.本案興建RC結構的建築物，其營造施工費為每平方公尺14,000元，規劃設計費為營造施工費的2%，廣告銷售費為4%，管理費為3%，稅捐及其他負擔為2%，預計施工年期為一年。

　　3.根據甲不動產估價師調查得知當地的開發利潤率為15%，而且本案資金來源採取自有資金50%、借貸資金50%，建物與土地的價值比例是27%與73%，金融機構可以給予的利率條件是：自有資金利率2.2%、借貸資金利率4.5%。

103 年專門職業及技術人員高等考試不動產估價師考試試題

一、請以下列給定之估價條件及相關資料，依不動產估價技術規則之規定，選用兩種估價方法推估勘估標的之正常租金，並以不動產估價報告書格式撰寫租金評估過程及結果。如就現有題目所給之條件與資料發現評估有所困難時，得進一步自行界定必要之估價條件，同時務必於估價報告書中詳細說明。提醒應考人應盡量使用試題內所提供之資料，勿任意變更或添加估價條件。計分標準如下：

　　（一）選用估價方法之理由及分析。（20分）

　　（二）估價方法一之分析、評估過程及結果之正確性。（30分）

　　（三）估價方法二之分析、評估過程及結果之正確性。（30分）

　　（四）租金決定之理由及分析。（10分）

　　（五）估價報告書格式及完整性。（10分）

二、委託估價條件基本說明

　　A君有一筆位於都市計畫乙種工業區之土地，擬出租供作興建廠辦大樓使用。特委託甲不動產估價師進行租金之評估，雙方於委託契約書中載明相關條件如下：

　　（一）委託人：A君

　　（二）勘估標的土地坐落於第一市第一區第一段第一小段，地號001號，土地使用分區為乙種工業區，建蔽率60%，容積率210%，面積500坪。單面臨5號道路，道路寬度18米，臨路面寬22米，地勢平坦，形狀方整。基地周圍小型工廠及5～7層之廠辦大樓林立。

　　（三）價格日期：103年8月15日。

　　（四）租金種類：正常租金。

　　（五）估價目的：土地出租租金之參考。

　　（六）土地所有權人：A君。權利範圍：所有權全部。

三、市場相關資料說明

(一) 案例資料

項目	比較標的1	比較標的2	比較標的3
坐落	第一區第一段第3小段004地號	第一區第三段第1小段007地號	第二區第二段第2小段002地號
面積	150坪	650坪	400坪
使用分區	乙種工業區	乙種工業區	乙種工業區
建蔽率	60%	60%	60%
容積率	210%	210%	210%
月租金單價	985元／坪	950元／坪	950元／坪
價格型態	成交租金	成交租金	成交租金
價格日期	103年6月	103年7月	103年2月
地形	長方形	方整	多邊形
地勢	平坦	平坦	平坦
區域綜合調整率	100%	99%	98%
個別因素綜合調整率	101%	103%	99%

項目	比較標的4	比較標的5	比較標的6
坐落	第一區第一段第1小段014地號	第一區第二段第1小段018地號	第二區第二段第1小段008地號
面積	200坪	450坪	425坪
使用分區	乙種工業區	乙種工業區	乙種工業區
建蔽率	60%	60%	60%
容積率	210%	210%	210%
買賣單價	63萬元／坪	80萬元／坪	85萬元／坪
價格型態	成交價格	擬售價格	擬售價格
議價空間		20%	20%
價格日期	103年5月	103年8月	103年8月
地形	長方形	方整	長方形
地勢	平坦	平坦	平坦
區域綜合調整率	100%	100%	98%
個別因素綜合調整率	99%	100%	96%

項目	比較標的7	比較標的8	比較標的9
坐落	第一區第一街32號	第一區第一街165號	第二區第六街5號
面積	90坪	120坪	100坪
使用型態	廠辦大樓	廠辦大樓	廠辦大樓
層次／總層數	1/7	1/5	1/5
屋齡	1年	1.5年	0年
買賣單價	45萬元／坪	46萬元／坪	55萬元／坪
價格型態	成交價格	成交價格	擬售價格
議價空間			20%
價格日期	103年5月	103年6月	103年8月
區域綜合調整率	100%	100%	98%
個別因素綜合調整率	99%	99%	98%

項目	比較標的10	比較標的11	比較標的12
坐落	第一區第一街5號3樓	第一區第一街33號2樓	第二區第六街5號4樓之1
面積	92坪	100坪	110坪
使用型態	廠辦大樓	廠辦大樓	廠辦大樓
層次／總層數	3/7	2/5	4/5
屋齡	2年	0年	1.5年
價格型態	成交價格	成交價格	擬售價格
買賣單價	35萬元／坪	33萬元／坪	45萬元／坪
價格日期	103年5月	103年8月	103年8月
議價空間			20%
區域綜合調整率	100%	100%	98%
個別因素綜合調整率	100%	101%	98%

(二) 價格指數資料

103年租金指數

月份	1	2	3	4	5	6	7	8
指數%	102	100	101	100	101	102	100	100

103年地價指數

月 份	1	2	3	4	5	6	7	8
指數%	102	103	104	104	105	106	106	107

103年房價指數

月 份	1	2	3	4	5	6	7	8
指數%	105	106	107	110	112	112	113	115

(三)土地開發分析法

依當地市場分析,本案土地可興建地上5層,地下1層之廠辦大樓

每戶數約在90～180坪

總銷售面積1,380坪(含地面層300坪,2～5樓1,080坪)

總營建面積1,380坪

營造施工費每坪5萬元

規劃設計費為營造施工費之3%

廣告銷售費用為總銷售金額之5%

管理費及稅費等為總銷售金額之4.5%

利潤率為總成本之10%

建築所需總成本之資本利息綜合利率2.0%

(四)當地收益條件

租金收益率1.65%

一年期定存利率1.35%

土地收益資本化率1%

押金為月租金3個月

每年閒置期為1個月

維修費為年租金5%

管理費為每坪30元

地價稅為每年20萬元

104年專門職業及技術人員高等考試不動產估價師考試試題

一、某宗土地為3,000平方公尺之商業區土地,請以下列條件估計此宗土地之價格,(50分)並製作估價報告書一份。(50分)

條件如次:

(一)該宗商業區土地,依當地法規規定最高可興建2萬平方公尺之商業樓地板面積。

（二）興建此2萬平方公尺之商業樓地板面積，預估約需花費新臺幣12億元之興建成本。

（三）興建期間需3年完成。

（四）預估此商業辦公大樓之年營收為新臺幣10億元。經營總成本為新臺幣7.4億元（含人事費、管理費、維修費、建物折舊費、稅費及其他費用）。

（五）鄰近地區新建完成之商業辦公大樓成交價平均為每平方公尺新臺幣40萬元。

（六）資本還原利率為4%。

（七）平均借貸年利率為3%。

（八）投資者開發此商業辦公大樓之報酬率以20%計算。

（九）如估價上有其必要，得自行界定必要之估價條件，但必須於估價報告書中詳細述明。

（十）價格試算結果，四捨五入取至萬位數。

105年專門職業及技術人員高等考試不動產估價師考試試題

一、請以下列給定之估價條件及相關資料，依不動產估價技術規則之規定，選用估價方法推估土地開發合建權益價值分配比例，並以不動產估價報告書格式撰寫評估過程及結果。如就現有題目所給之條件與資料發現評估有所困難時，得進一步自行界定必要之估價條件，同時務必於估價報告書中詳細說明。計分標準如下：

（一）選用估價方法之理由及分析。（20分）

（二）估價方法之分析、評估過程及結果之正確性。（50分）

（三）評估結論決定之理由及分析。（10分）

（四）估價報告書格式及完整性。（20分）

二、委託估價條件基本說明

有一宗位於已完成市地重劃之住宅區建築基地，劃分為3筆分別由A、B及C三人所有，現有建商D要與他們合建住宅大樓，特委託甲不動產估價師事務所進行合建權益價值分配比例之評估，雙方於委託契約書中載明相關條件如下：

（一）委託人：A、B、C及D君

（二）勘估標的土地基本資料如下：

地號	面積（坪）	所有權人
1	200	A
2	100	B
3	150	C

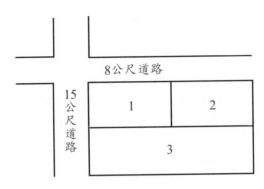

土地位置略圖

土地使用分區：住宅區，建蔽率50%，容積率225%，面臨道路之路寬12公尺以上者，容積上限可提高至300%。

（三）預計興建建築物之規劃設計資料：

樓層	可銷售面積（坪）或個數	用途
1F	300	店舖
2F	180	住宅
3F	180	住宅
4F	180	住宅
5F	180	住宅
6F	180	住宅
7F	180	住宅
8F	180	住宅
9F	180	住宅
10F	180	住宅
11F	180	住宅
地下室	30	停車位

依當地市場分析，本案土地可興建地上11層，地下3層之大樓
每戶坪數約在90～180坪
總營建面積1,350坪
營造施工費　每坪13萬元
規劃設計費　營造施工費之3%
廣告銷售費用　總銷售金額之5%

管理費　總銷售金額之5%

稅費及其他　總銷售金額之1%

開發年期　4年

利潤率　18%

建築所需總成本之比例　土地：建物＝6：4　自有資金：借貸資金＝4：6

自有資金利率2.0%　借貸資金利率3%

（四）各筆土地個別條件調整率：

地號	個別條件							
	面積（坪）	調整率%	容積率%	調整率%	臨路路寬（公尺）	調整率	形狀	調整率%
合併後基地	450	0	300	0	15、8	0	長方形	0
1	200	-5	300	0	15、8	0	長方形	0
2	100	-7	225	-15	8	-3	長方形	0
3	150	-6	300	0	15	-1	狹長長方形	-1

樓層別效用比：

樓層	樓層別效用比%
2F	102
3F	101
4F	100
5F	101
6F	102
7F	103
8F	104
9F	105
10F	106
11F	107

（三）價格日期：105年8月15日。

　　（四）估價目的：供合建權益價值分配比例之參考。

三、市場相關資料說明

　　（一）案例資料：

項目	比較標的1	比較標的2	比較標的3
坐落	X地號	Y地號	Z地號
面積	550坪	650坪	400坪
使用分區	住宅區	住宅區	住宅區
建蔽率	50%	50%	50%
容積率	300%	300%	300%
買賣單價	151萬元／坪	152萬元／坪	148萬元／坪
價格型態	成交價格	成交價格	成交價格
價格日期	105年6月	105年7月	105年2月
地形	長方形	方整	多邊形
地勢	平坦	平坦	平坦
區域綜合調整率	100%	99%	98%
個別因素綜合調整率	99%	98%	101%

項目	比較標的4	比較標的5	比較標的6
坐落	○區○街3號	△區△街5號	╳區╳街6號
面積	280坪	290坪	310坪
使用型態	店舖	店舖	店舖
層次／總層數	1/9	1/10	1/12
屋齡	1年	1.5年	0年
買賣單價	102萬元／坪	103萬元／坪	130萬元／坪
價格型態	成交價格	成交價格	擬售價格
議價空間	—	—	20%
價格日期	105年5月	105年6月	105年8月
區域綜合調整率	100%	100%	98%
個別因素綜合調整率	99%	99%	98%

項目	比較標的7	比較標的8	比較標的9
坐落	○區○街1號3樓	△區△街6號2樓	╳區╳街186號4樓

面積	192坪	180坪	210坪
使用型態	住宅	住宅	住宅
層次／總層數	3/12	2/15	4/10
屋齡	2年	0年	1.5年
價格型態	成交價格	成交價格	擬售價格
買賣單價	50萬元／坪	48萬元／坪	65萬元／坪
價格日期	105年5月	105年7月	105年8月
議價空間	──	──	20%
區域綜合調整率	100%	100%	98%
個別因素綜合調整率	100%	101%	98%

（二）價格指數資料

105年地價指數

月份	1	2	3	4	5	6	7	8
指數%	102	103	104	104	105	106	106	107

105年房價指數

月份	1	2	3	4	5	6	7	8
指數%	105	106	107	110	112	112	113	115

（三）依當地市場推估停車位價格為180萬元／個。

106年專門職業及技術人員高等考試不動產估價師考試試題

一、

（一）請以下列給定之估價條件為基礎，分別採用比較法及成本法，依不動產估價技術規則之規定，評估勘估標的不動產之比較價格與成本價格後，以不動產估價報告書格式撰寫價格評估過程與結果。

（二）如就現有所給條件與資料發現評估有所困難時，得進一步自行界定必要之估價條件，同時務必於估價報告書中詳細說明（提醒請勿自行任意變更或添加任何非必要之估價條件）。

（三）價格試算結果，四捨五入至千位數，並於千位數及百萬位數（含以上），以逗點標示之（例如100,000,000）。

（四）計分標準如下：

　　1.比較法之分析、調整過程與決定價格之正確性。（24分）

　　2.成本法之分析、調整過程與決定價格之正確性。（32分）

　　3.不動產估價報告書格式之完整性。（14分）

（五）委託估價條件基本說明：

　　○○股份有限公司為其閒置土地擬參加建商合作興建開發案，特於合作興建開發前，委託甲不動產估價師事務所進行不動產估價，供該公司參考。雙方於委託契約書中載明相關條件如下：

　　1.委託人：○○股份有限公司。

　　2.勘估標的土地坐落於○○市○○區陽光段一小段，地號0001，土地使用分區為第三種住宅區，法定建蔽率為45%，法定容積率為225%，面積397平方公尺。勘估標的面臨○○路，道路寬度為15公尺，生活機能良好，地勢平坦。

　　3.價格日期：民國106年8月15日。

　　4.勘察日期：民國106年8月15日。

　　5.價格種類：正常價格。

　　6.估價目的：供○○股份有限公司合建分配參考。

　　7.土地所有權人：○○股份有限公司。

（六）市場相關資料說明：

　　1.比較法相關資料：

　　　(1)比較標的條件分析

項目	勘估標的	比較標的一	比較標的二	比較標的三
坐落	陽光段一小段0001地號	陽光段一小段0006地號	中正段二小段0002地號	中正段二小段0025地號
價格型態	—	成交價格	成交價格	成交價格
交易價格（元/坪）	—	1,900,000元/坪	1,700,000元/坪	1,800,000元/坪
勘察日期	民國106年8月	民國106年8月	民國106年8月	民國106年8月
價格日期	民國106年8月15日	民國106年3月15日	民國106年1月12日	民國106年2月8日
使用分區	第三種住宅區	第三種住宅區	第三種住宅區	第三種住宅區
建蔽率	45%	45%	45%	45%
容積率	225%	225%	225%	225%

地形	長方形	長方形	近似長方形	長方形
地勢	平坦	平坦	平坦	平坦
面積	397平方公尺	316平方公尺	372平方公尺	523平方公尺
區域因素總調整率	－	100%	94%	94%
個別因素總調整率	－	95%	98%	94%
備註				

(2)民國106年土地交易價格指數

月份	1	2	3	4	5	6	7	8
價格指數（%）	101	101	102	102	103	103	103	104

2.成本法相關資料：

　(1)假設勘估標的土地擬興建地上七層、地下二層之鋼筋混凝土結構之華廈，共14戶，每戶坪數約44坪（不含車位面積），總樓地板面積563.25坪，一樓可銷售單價為95萬元／坪，二樓以上平均銷售單價為66.3萬元／坪，車位11個，市場售價行情約210萬元／個。

　　營造施工費：每坪13萬元。

　　規劃設計費：為營造施工費之3%。

　　廣告銷售費：為總銷售金額之4%。

　　管理費：為總銷售金額之4%。

　　稅費及其他：為總銷售金額之1%。

　　土地開發年期：2年。

　　施工年期：1.5年。

　(2)利潤率為18%，資金來源為自有資金40%，借貸資金60%，建物價值與土地價值比例為35%：65%，自有資金年利率為1.04%，借貸資金年利率為2.58%。

二、請就題一、合作興建開發後之新屋一樓，評估其收益價格。（30分）

　收益法相關資料：

　1.依實價登錄查詢鄰近新屋一樓租金約為1,980元／坪。

　2.押金以二個月租金計算，一年定存利率為1.04%。

　3.空置損失假設為一個月，裝修抵減損失假設為15,600元／戶。

　4.總費用（不含折舊）合計約每年154,000元。

5.收益資本化率為1.88%（已加計建物折舊提存率）。

6.假設此新屋之一樓未擁有停車位。

107 年專門職業及技術人員高等考試不動產估價師考試試題

下列表1～表4為政府部門進行基準地查估時採用之估價報告相關表格（報告表之內容，因答題之需已進行調整），請依不動產估價之相關理論、規範與本試題提供之敘述，由表格內容中挑選十項最不合理之內容，陳述理由並加以修改。上述不合理之內容，如：比較法中調整率之適宜性、成本法中耐用年數之掌握、收益法中資本化率之適當性等，對於不合理之處可調整修正數值而計算之結果僅止於作答中呈現，不進行後續相關數值之調整；亦即，表格中後續相關數值仍視為正確而加以沿用。答案請依：表2比較法、表3成本法、表4收益法、表1估價報告表之順序，分四段回答。（100分）

不動產估價師進行價格日期調整之地價指數如下：

年月	103.06	103.07	103.08	103.09	103.10	103.11	103.12	104.01	104.02	104.03
指數	100.00	100.30	100.60	101.00	101.20	101.50	101.80	102.10	102.40	102.50

（此外，本試題旨在測驗你對不動產估價觀念的理解程度，無需進行表格中數值計算正確與否之驗算，部分數值亦可能因資料不足而無法驗算。土地開發分析法之評估表格，因計算過程與本次答題無關，因此並未檢附，僅於估價報告表中列出結果。）

編號：A-1

表 1　地價基準地估價報告表

一、基準地資料	
(一)基準地編號	A
(二)土地標示	臺西市中山段100地號
(三)地上建物門牌	臺西市中山段100號
建物名稱	中山居
建物樓層數	地上五層地下一層
(四)面積（m²）	111
(五)使用分區或編定用地	第二種住宅區
(六)建蔽率	60%
(七)容積率	220%
(八)形狀	長方形
(九)寬度（m）	4.5
(十)深度（m）	24.8
(十一)臨街關係	單面臨路
(十二)主要街道名稱	中山路
(十三)近價區段範圍	東：公園路、西：中華路、南：中正路、北：北山路
(十四)路寬（m）	20
(十五)地勢	平坦
(十六)當期公告現值（元/m²）	219,207

二、地上物現況：
■建築改良物　□農作改良物　□無地上物
基準地所屬交易型態多寡： 2 （1買2租賃）

三、價格日期： 104/3/31

四、位置略圖

A
675,000 元/m²

N

比例尺：1/5000

五、各種估值及權重：

	比較價格	2,460,000	33.3%	元/坪
	收益價格	2,403,000	33.3%	元/坪
	土地開發分析價格	1,838,000	33.3%	元/坪

六、本期基準地地價　2,233,000　元/坪

七、決定理由：
本基準地位於臺西市中山商圈，面臨20公尺中山路：本期基準地地價評估採用比較法、收益法、土地開發分析術，與上期估價採用之估價方法相同。收益法：依本基準地區位於中山商圈內，視所蒐集熱絡之租賃熱絡價格，具良好店效，以租賃市場房多，買賣收益法之估價型態次之，故將地上現況之交易型態，以本案以定應推積算土地價值，以推算結果，又本案以評估積算事本案地價值特性。本基準地價格之評估衡量依所蒐集資料之可信度，賦予相同之權重。

八、推估基準地地價之附件：
1.比較法調查估價表　2.成本法及房地分離估價表
3.收益法調查估價表　4.本法調查估價表

九、審議情形及決定理由：　○○○○○會議通過

	基準地地價	675,000	元/m²
		2,233,000	元/坪
	上期基準地地價	2,440,000	元/坪

十、備註

填寫日期：104年8月1日　　　　不動產估價師：○○○

表2　比較法調查估價表

編號：A-2

比較主要項目／比較細項	勘估標的 條件	勘估標的 差異率	比較標的1 條件	比較標的1 差異率	比較標的2 條件	比較標的2 差異率	比較標的2 條件	比較標的2 差異率
1 位置（建物門牌或土地坐落）	臺西市中山段100地號		臺西市中山一路3號		臺西市中山二路33號		臺西市中山三路888號	
2 類型（0其他1素地2透天3公寓4華廈5大樓6套）	2			2		2		2
3 分區（0其他1住2商3工）	1			1		1		1
價格型態：1.揭露實價 2.未揭露實價 3.將售價								
4 交易總價（元）								
5 標的面積（平方公尺）			159.71		124.82		105.11	
6 土地總價（元）			760,000		720,000		740,000	
7 土地價格（元／平方公尺）（A）								
情況調整百分率（A）	一般正常情況	0%	一般正常情況	0%	一般正常情況	0%	一般正常情況	0%
8 價格日期調整百分率（B）	104年3月31日	2.50%	103年7月1日	2.50%	103年6月30日	2.50%	103年10月30日	1.30%
9／區域因素調整　10 交通運輸	稍優		普通		普通		稍優	
11 自然條件	普通		稍優		普通		普通	
12 公共設施	優		稍優		優		優	
13 發展趨勢	優		稍優		優		優	
14 其他（治安及地方展望）	優		優		優		優	
15 區域因素調整百分率（C）	0%		0%		0%		0%	
16 個別因素調整　17 宗地條件　總面積（m²）	111.00		83.00	-2%	94.00	0%	60.00	-1%
其他	普通		普通		普通		普通	
18 道路條件	稍優		稍優	0%	稍優	4%	優	4%
19 接近條件	稍優		稍優	0%	稍優	0%	稍優	0%
20 週邊環境條件	稍優		稍優	0%	稍優	0%	稍優	0%
21 行政條件（法定容積）	220%		280%	-8%	220%	0%	220%	0%
22 其他	無		無	0%	無	0%	無	0%
23 個別因素調整百分率（D）			-10%		4%		3%	
24 總調整			-7.8%		6.6%		4.3%	
25 比較標的的試算價格			701,100		767,520		772,109	
26 差異百分率絕對值加總			12.5%		6.5%		6.3%	
27 試算權數			38%		31%		31%	
28 標的的決定權數								
29 勘估標的的基地單價（元／平方公尺）	744,000							
30 勘估標的的基地單價（元／坪）	2,460,000							
備註								

表3　成本法調查估價表

編號：A-3

勘估標的基本資料				成本價格計算			
勘估標的門牌	臺西市中山路100號			營造施工費標準單價	調整單價率	22,083	107.70%
基地坐落	臺西市中山段100地號			以附表之營造施工費調整表推算	調整單價率（0：是 1：否）　1	價格日期	104年3月31日
總樓層數	建號	3270	主要構造種類　鋼筋混凝土	1. 營造或施工費標準單價：	為營造施工費之		23,783
	地上層數	5	登記面積 450.07 m²	2. 規劃設計費：	3.0%		713
	地下層數	1	標的計算面積（扣除單位）516.62 m²	累計投入額(1)			24,496
標的樓層	地上第　全		建築工期 1.8 年	3. 廣告費銷售費：	勘估標的總成本之		1,330
			加權平均利率	4. 管理費：	4.0% 勘估標的總成本之		998
資本利息綜合利率計算	資金來源	利率	資金比例	5. 稅捐及其他負擔：	3.0% 勘估標的總成本之		333
	自有資金	2.88%	60% 1.73%		1.0%		27,157
	借貸資金	1.36%	40% 0.54% 2.27%	6. 資本利息： 8%	為累計投入額之		555
	預售收入	0%	0% 0.00%		累計投入額(2) 2.04%		27,712
	分期投入資本數額及年數調整 50%			7. 用發或建築利潤：	為累計投入額之 102.04%		5,542
	資金運用年數		1.8		20%		
	綜合利率計算		2.04%	勘估標的重建成本（元／m²） 120%			33,254
建築完成年月	累積折舊額（元／m²）	已經歷年數	剩餘耐用年數 總耐用年數				
		26	26 50	勘估標的建物成本價格（元／m²）			16,827
折舊方法		定額法	殘餘價格率 5%				
77/5			16,428	標的建物成本價格（總價）（不含車位）			8,693,000
計算式	1. 本標的之營造單價 重建成本×（1−殘價率）÷總耐用年數×已經歷年數		78,621				
備註欄	1. 本標的之營造單價（元／坪）						
	2. 營造或施工費標準單價依本不動產估價師第4號公報選取（基期：98年7月1日），並參照「台灣地區營造工程物價指數中之建築工程類」調整。調整前：22,083　調整後：23,783　調整比率：107.70%						
	3. 地上層數含未登記建物樓層：標的計算面積（66.55平方公尺）＋總登記面積未登記面積（66.55平方公尺），共未計516.62平方公尺。 元／平方公尺。						

編號：A-4

表4 收益法調查估價表

收益面積(m²)	516.62	土地持分面積(m²)	111.00

總收入

推估月租金(元/m²)	773	採用收益實例推估之件數	3
年租金(月租金×12+權利金×MC)×面積	4,789,714	推估未來平均一年租金	4,789,714
押租金(保證金)	1,197,429	推估未來一年定存利率(%)	1.36%
押租金(保證金)運用收益	16,285	其他收入	0
總收入合計	4,805,999	每年閒置及其他原因之收入損失月數	1.2
有效總收入	4,325,399		

總費用

項目	金額	項目	金額
地價稅或地租	20,373	維修費	36,860
房屋稅	24,213	重置提撥費	85,899
管理費	72,090	其他費用	0
保險費	13,040	建物未來每年折舊提存率	3.75%
總費用合計	252,476		

淨收益

項目	金額	項目	金額
房地淨收益	4,072,924	本期建物收益資本化率	4.10%
前期決定之建物收益資本化率	4.10%	建物收益資本化準決定理由	
建物淨收益	682,830	土地每年淨收益	3,390,094

土地價格

項目	金額	項目	金額
依規則第42條扣除之淨收益	0		
前期決定之土地收益資本化率	4.20%	本期土地收益資本化率	4.20%
土地收益總價格(元)	80,716,517	土地收益資本化率決定理由	
土地收益單價(元/m²)	727,176		
考慮容積差異調整基地收益單價(元/m²)	727,176	方式	
考慮樓層別調整基地收益單價(元/坪)	2,403,000		4.13%

成本價格 17,179,881　　8,693,000

理由：由收益實例房地淨收益單價，除以買賣實例所推估房地單價後，基於土地資本化率略高於建物資本化率以其資本化率以建物淨收益加比例加權平均求出房地資本化率。

由收益實例之土地淨收益單價，除以買賣實例之土地單價，推算市場合理之土地資本化率後，決定本案土地資本化率。

方式：1.第43條第1款　2.第43條第2款　3.以買賣法案例試算方式

備註：
1. 實例1：地上層樓數含未登記建物；標的計算含未登記面積(66.81平方公尺)，共計329.66平方公尺。
2. 實例3：實例為公寓成多間套房出租之案例，租金相對較高。

推估月租金(得免填)

實例	收益實例	標的收益面積(m²)	標的月租金(元/m²)	a租金型態	b租金形態日期	情況調整	價格日期調整	區域因素調整	個別因素調整	c鄰近鄰地區	d調整率總容值加總	e比較項目修正數	標的差異數	決定權重	試算房地資本化率	試算房租金(元/m²)	程式算權重
1	1	329.66	758	2	1	100%	100.0%	100%	95%	1	5%	1	61%	45%	720		34.5%
2	2	395.70	758	2	1	100%	100.0%	100%	102%	1	2%	1	59%	45%	773	773	35.4%
3	3	382.41	1,255	2	1	100%	100.0%	100%	80%	1	20%	1	69%	10%	1,004		30.0%

決定房地資本化率 4.56%
未來房資本化率 4.56%

不動產經紀人考試歷屆試題

八十八年專門職業及技術人員普通考試試題

類　　科：不動產經紀人
科　　目：不動產估價概要
考試時間：一小時三十分
座　　號：
※注意：本試題禁止使用電子計算器。

甲、申論題部分

一、請說明重建成本（Reproduction cost）與重置成本（Replacement cost）之差異？（10分）

二、何謂土地殘餘法（The land residual techniques）？並請列出其算式說明之。（15分）

三、請問以買賣實例比較法評估不動產價格時，應進行那些修正？如何修正？（15分）

四、何謂獨立估價？何謂部份估價？（10分）

乙、測驗題部分

　　（每小題1.25分，共50分，須用2B鉛筆在試卡1-40題劃記，於本試題或試卷上作答者，不予計分）

1. 進行不動產之價值判定時，以對不動產外部情況之是否保持均衡來判定最有效使用，被稱為何種原則？
   (A)競爭原則　　　　(B)適合原則　　　　(C)均衡原則　　　　(D)貢獻原則

2. 某不動產之純收益，每年推估為50萬元，若該不動產之還原利率為4%，則該不動產之收益價格應為多少？
   (A)200萬元　　　　(B)1,000萬元　　　　(C)1,250萬元　　　　(D)2,000萬元

3. 下列何者係不動產的特性？
   (A)數量無限　　　　(B)同質性高　　　　(C)經濟位置不變　　　　(D)用途多樣化

4. 決定估價標的不動產估價額之基準日期，被稱為：
   (A)估價日期　　　　(B)估價期日　　　　(C)估價時間　　　　(D)估價期間

5. 具有市場性之不動產，在合理之市場上可能形成之價格，被稱為：
   (A)正常價格　　　　(B)特定價格　　　　(C)限定價格　　　　(D)試算價格

6. 分析判定勘估標的不動產所在地區具有何種特性及對價格有何影響，被稱為：
   (A)一般分析　　　　(B)區域分析　　　　(C)個別分析　　　　(D)行政分析

7. 運用市價比較法，透過幾個案例估算不動產價格，其最終價格應如何推定方為妥適？
   (A)以電腦亂數求得

(B)以幾何平均數求得

(C)以算術平均數求得

(D)選擇與估價標的條件較接近之比較案例試算價格

8. 不動產之交易、成本、收益資料，應於何時蒐集？

(A)經常蒐集

(B)有需要時蒐集

(C)每年定期蒐集

(D)政府公布之房地產交易價格簡訊即可參考，不需另行蒐集

9. 影響不動產價格之個別因素資料，應於何時蒐集？

(A)每日定期蒐集 　　　　　　　　(B)每季定期蒐集

(C)每年定期全面調查整理 　　　　(D)於勘估現場時，實地評估分析比較

10. 不動產估價時所需之產權資料，應向下列何機關申請或閱覽？

(A)戶政事務所 　　　　　　　　　(B)地政事務所

(C)內政部營建署 　　　　　　　　(D)工務局都市計畫課

11. 以土地租賃權與租賃地合併為目的之買賣所成立之價格，被稱為：

(A)正常價格　　　(B)特定價格　　　(C)限定價格　　　(D)試算價格

12. 影響勘估標的所在地區之不動產價格的因素，被稱為：

(A)一般因素　　　(B)區域因素　　　(C)個別因素　　　(D)行政因素

13. 請問七公畝約等於多少坪？

(A)105坪　　　　(B)205.38坪　　　(C)211.75坪　　　(D)231.41坪

14. 正常情形下，空屋損失準備應如何提列方為妥適？

(A)斟酌當地租賃情形提列 　　　　(B)依實際出租情形提列

(C)一律提列一個月 　　　　　　　(D)一律提列半個月

15. 中正紀念堂係無市場性之公共不動產，其價格被稱為：

(A)正常價格　　　(B)特定價格　　　(C)平常價格　　　(D)限定價格

16. 以建築細部工程之各項目單價乘以該工程施工數量，並合計之方法，被稱為：

(A)毛算法　　　　(B)精算法　　　　(C)細算法　　　　(D)概算法

17. 運用土地開發分析法，以計算不動產之總銷售面積時，主要需依據下列那項現行法令？

(A)建築技術規則 　　　　　　　　(B)土地登記規則

(C)不動產估價師法 　　　　　　　(D)不動產經紀業管理條例

18. 下列何者較難以勘察現場方式取得完整的資料？

(A)使用現況 　　　　　　　　　　(B)產權狀況

(C)影響價格之環境因素 　　　　　(D)影響價格之臨路狀況

19. 計算建築物折舊額時所採用之定額法，又可稱為：

(A)直線法　　　　(B)觀察法　　　　(C)定率法　　　　(D)償債基金法

20. 欲明瞭某宗都市土地的使用分區為何,最正確的資料為:
    (A)市街圖 (B)地籍圖
    (C)土地登記簿謄本 (D)地籍套繪都市計畫圖
21. 下列何者係計算建築物重置成本之直接方法?
    (A)概算法 (B)單位工程法 (C)平均法 (D)毛算法
22. 計算建築物重置成本之工程造價比率法,又可稱為:
    (A)概算法 (B)單位工程法 (C)單位面積法 (D)毛算法
23. 下列何者係收益有限下,計算不動產收益價格之方法?
    (A)不動產純收益乘以複利現價率 (B)不動產純收益乘以償還基金率
    (C)不動產純收益乘以複利年金終價率 (D)不動產純收益乘以複利年金現價率
24. 與勘估標的相同效用之建築改良物,以現代建材及標準設計與配置,於估價期日建築所需之成本,被稱為:
    (A)建築成本 (B)重建成本 (C)重置成本 (D)比較成本
25. 尚未開發建築使用的土地,較適合運用下列那種估價方法估價?
    (A)利率法 (B)收益法 (C)分配法 (D)土地開發分析法
26. 下列何者不是不動產市場的特性?
    (A)涉及相關法令案多 (B)買賣雙方人數眾多
    (C)產品之個別差異性大 (D)買賣雙方資訊來源有限
27. 下列何者較可能產生正常價格?
    (A)法院拍賣 (B)畸零地買賣
    (C)土地增值稅轉嫁買主之交易 (D)透過仲介市場的一般買賣
28. 就訂定現行租金當時之純租金,乘上由物價、不動產價綜合考慮之變動率,加上估價當時之必要費用,以求得試算租金之方法,被稱為:
    (A)成本法 (B)比較法 (C)推算法 (D)差額分配法
29. 由純租金及必要經費所構成,在租金算定期間內,支付給出租人之一切經濟性代價,被稱為:
    (A)純租金 (B)實質租金 (C)支付租金 (D)法令租金
30. 公共設施完備程度之差距修正率,被稱為:
    (A)成熟度修正 (B)宅地化比率 (C)地價分配率 (D)部分別價值比率
31. 有可能變更為建築使用之土地,被稱為:
    (A)熟地 (B)容積移轉地 (C)權利變換地 (D)宅地預備地
32. 下列何者不是運用市價比較法時所需直接進行的修正?
    (A)情況修正 (B)一般因素修正 (C)區域因素修正 (D)個別因素修正
33. 將地價作立體把握之後分配給各樓層之比率,被稱為:
    (A)地價分配率 (B)空間權比率 (C)部分價值比率 (D)樓層別效用比率
34. 下列何者係續租租金之求算方法?

(A)土地殘餘法　　　(B)差額分配法　　　(C)建物殘餘法　　　(D)還原利率法

35. 以收益還原法以外之方法求得土地價格，從不動產純收益扣除歸屬土地之部分，即可得歸屬於建築物之純收益，再以建築物之還原利率還原，以求得建築物收益價格之方法，被稱為：

　　(A)土地殘餘法　　　(B)收益殘餘法　　　(C)底地殘餘法　　　(D)建築物殘餘法

36. 主張聯合貢獻說之大樓估價需運用下列何種比率？
　　(A)地價分配率　　　　　　　　　(B)樓層別效用比率
　　(C)專有部分價值比率　　　　　　(D)共同部分價值比率

37. 假設土地價值構成比為百分之七十，建築物價值構成比為百分之三十，土地之還原利率為5%，建築物之還原利率為6%，則不動產之綜合還原利率應為多少？
　　(A)4.3%　　　(B)4.8%　　　(C)5.3%　　　(D)5.7%

38. 下列何者可以表現出正常情形下，土地還原利率、建築物還原利率、綜合還原利率三者的高低關係？
　　(A)土地還原利率居中　　　　　　(B)土地還原利率最高
　　(C)綜合還原利率最高　　　　　　(D)建築物還原利率最高

39. 某商業不動產之總收益為150萬元，若總費用率為總收益的百分之四十，則該不動產之純收益應為多少？
　　(A)40萬元　　　(B)60萬元　　　(C)90萬元　　　(D)110萬元

40. 下列那項費用可由不動產總收益中扣除而得到不動產之純收益？
　　(A)折舊費　　　　　　　　　　　(B)貸款利息
　　(C)大修繕費　　　　　　　　　　(D)土地登記專業代理人費用

題序	1	2	3	4	5	6	7	8	9	10	11	12	13	14	15	16	17	18	19	20
答案	B	C	D	B	A	B	D	A	D	B	C	B	C	A	B	C	#	B	A	D
題序	21	22	23	24	25	26	27	28	29	30	31	32	33	34	35	36	37	38	39	40
答案	B	A	D	C	D	B	B	C	B	A	D	B	A	B	D	B	C	D	C	A
備註	二更正紀錄：第17題答A或答B或答AB者均給分。																			

八十九年專門職業及技術人員普通考試試題

類　　科：不動產經紀人
科　　目：不動產估價概要
考試時間：一小時三十分
座　　號：

※注意：本試題可以使用電子計算器。

甲、申論題部分：（50分）

請以黑色、藍色之鋼筆或原子筆在申論試卷上作答。

一、何謂構造耐用年數？何謂經濟耐用年數？（10分）

二、某建築改良物已經歷了十年，已知其重建成本為五百萬元，其耐用年數為五十年，其殘價率為10%，請以定額法計算其折舊額。（15分）

三、何謂適合原則？試舉例說明之。（10分）

四、何謂樓層別效用比？何謂地價分配率？兩者有何差異？（15分）

乙、測驗題部分：（50分）

㈠本科目試題為單一選擇題，請就各題選項中選出一個最正確或最適當的答案，複選作答者，該題不予計分。

㈡本部分試題共計40題，每題1.25分，須用2B鉛筆在試卡1～40題劃記，於本試題或試卷上作答者，不予計分。

1.　估計建築物因經濟因素造成之減價折舊額，通常要採用何種方法？
(A)定額法　　　　　(B)定率法　　　　　(C)觀察法　　　　　(D)償還基金法

2.　與市價比較法關係最密切之估價原則為何？
(A)競爭原則　　　　(B)替代原則　　　　(C)貢獻原則　　　　(D)預測原則

3.　不動產估價師受委託辦理業務，其工作範圍及應收酬金，應：
(A)與委託人於事前訂立書面契約　　　(B)於事前訂立口頭契約
(C)於事後訂立書面契約　　　　　　　(D)不必訂立契約

4.　估價程序之首要為：
(A)調查案例　　　　　　　　　　(B)勘查現場
(C)申請及蒐集資料　　　　　　　(D)確定勘估基本事項

5.　買賣實例與勘估標的在不同地價分區時，不動產估價師應對個別因素及區域因素之差異：
(A)逐項進行分析及調整　　　　　(B)不必加以分析調整
(C)偶而進行分析及調整　　　　　(D)委託人要求時再進行分析之調整

6.　土地估價師對於所蒐集到的資料應：
(A)蒐集到立即可用　　　　　　　(B)需查證其可靠性
(C)偶而查證其可靠性　　　　　　(D)覺得有必要時再查證其可靠性

7.　設r_1代表土地之利率，r_2代表建築物之利率，r代表綜合還原利率，則三者之關係如何？
(A)$r_1 > r_2 > r$　　　(B)$r > r_1 > r_2$　　　(C)$r_1 > r > r_2$　　　(D)$r_2 > r > r_1$

8.　不動產估價師著作估價報告書時，其用語應：
　　(A)力求肯定　　　　(B)隨意使用　　　　(C)盡可能模擬兩可　(D)視個案而定
9.　估價當時勘估標的按法定用途出租或自行使用，在正常情況所能獲得之租金或收益之數額額為：
　　(A)收益　　　　　　(B)總收益　　　　　(C)有效總收益　　　(D)淨收益
10.　土地估價師勘查現場時，應：
　　(A)攝製必要之照片　　　　　　　　　　(B)不必拍照
　　(C)視天氣而定　　　　　　　　　　　　(D)視客戶要求而定
11.　不動產估價之作業程序、方法及估價時應進行事項等技術規則：
　　(A)由估價師自己決定　　　　　　　　　(B)由估價師同業公會決定
　　(C)由中央主管機關定之　　　　　　　　(D)隨估價個案而定
12.　估價對象之不動產，決定其估價額之基準日期稱為：
　　(A)估價期日　　　　(B)估價基準日　　　(C)報告期日　　　　(D)報告基準日
13.　運用投資估價法，在估算資本增值時，若將預期售價減購入成本，則所得之數據稱為：
　　(A)淨資本增值　　　(B)總資本增值　　　(C)稅前淨資本增值　(D)稅後淨資本增值
14.　不動產估價師運用土地開發分析法推算開發年數時，應自價格日期起至什麼日期為止：
　　(A)估價日期　　　　(B)委託人指定日期　(C)開發完成日　　　(D)銷售完成日期
15.　不動產估價師對於委託估價案件之委託書及估價工作紀錄資料應至少保存：
　　(A)一年　　　　　　(B)三年　　　　　　(C)五年　　　　　　(D)十五年
16.　不動產估價師將用途相同、地價相近、地段相連之地區，予以歸納為同一地價範圍，稱之為：
　　(A)地價區段　　　　(B)區段地價　　　　(C)路線地價　　　　(D)宗地地價
17.　領有不動產估價師證書者，若欲申請發給開業證書，必須要有幾年以上之估價經驗者方得提出申請？
　　(A)一年　　　　　　(B)二年　　　　　　(C)三年　　　　　　(D)四年
18.　確定勘估基本事項之首要為：
　　(A)估價目的　　　　(B)估價日期　　　　(C)估價種類　　　　(D)勘估標的之內容
19.　不動產估價師運用土地開發分析法推算報酬率時，得按工程規模，開發期數與經濟景氣因素，並考量什麼推算之？
　　(A)建築業平均報酬率　　　　　　　　　(B)預售量銷售率
　　(C)工程費用　　　　　　　　　　　　　(D)銀行貸款額度
20.　不動產估價師運用土地開發分析法推算資本利息時，應：
　　(A)按估價日期之利率一次計算
　　(B)按各期投入資本之數額及資本使用之年數分別計算

(C)按銀行撥款日之利率一次計算

(D)按中央銀行基準利率一次計算

21. 運用投資估價法，在估算投資風險時，若投資者於產銷過程中之風險，即營業收入或銷貨成本變動而影響利潤大小之風險稱為：

(A)流通性風險　　　(B)通貨膨脹風險　　　(C)財務風險　　　(D)業務風險

22. 投資估價法所確認之投資目的係在：

(A)追求合理利益　　(B)追求不虧損　　(C)追求最大利益　　(D)追求最小損失

23. 運用投資估價法之首要步驟為：

(A)確認投資標的及其投資目的　　　　　(B)擬定投資建議

(C)評估投資預期報酬率　　　　　　　　(D)勘查現場

24. 不動產估價師將影響勘估標的與比較標的的價格變動之區域因素及個別因素逐項比較，並依土地估價技術規範第七條所定之百分率進行調整之方法稱為：

(A)差額法　　　　　(B)百分率法　　　(C)迴歸分析法　　(D)算數平均法

25. 將欲估價之對象不動產在將來所能產生之期待純收益總和折算為現在之價格稱為：

(A)收益價格　　　　(B)比準價格　　　(C)試算價格　　　(D)市場價格

26. 不動產估價師運用土地開發分析法推算銷售總金額時，應：

(A)按委託人提供資料估算

(B)按工程造價計算

(C)按法令規定下最合理有效利用之狀況推算

(D)由估價師任意推算

27. 運用收益資本化法之首要步驟為：

(A)計算淨收益　　　　　　　　　(B)推算總費用

(C)推算有效總收益　　　　　　　(D)蒐集總收益與總費用之資料

28. 建築物減價折舊之計算，若假定在不動產之耐用期間，每年之減價額一定者稱為：

(A)定率法　　　　　(B)償還基金法　　(C)定額法　　　　(D)餘額遞減法

29. 運用成本法時，如就建築改良物所需各種建築材料及人工之數量，逐一乘以估價當時該建築材料之單價及人工工資，並合計之稱為：

(A)精算法　　　　　(B)細算法　　　　(C)概算法　　　　(D)毛算法

30. 在收益價值中，依現狀下實際取得之收益，以所有人任意之利率加以資本化者，稱為：

(A)客觀收益價值　　(B)任意收益價值　(C)實際收益價值　(D)特定收益價值

31. 不動產估價師欲確認建物是否合法使用而需申請使用的執照影本時，應向什麼單位申請補發使用執照影本？

(A)地政事務所　　　(B)內政部　　　　(C)法院　　　　　(D)建管單位

32. 運用買賣實例比較法估價步驟之首要為：

(A)蒐集並查證買賣實例相關資料　　　　(B)看現場

(C)申請謄本　　　　　　　　　　　(D)拍照片

33. 具有市場性之不動產，在合理之市場上可能形成之價格稱為：
    (A)特定價格　　　(B)正常價格　　　(C)限定價格　　　(D)任意價格

34. 估價師受委託評估總統府之價格，應屬於：
    (A)正常價格　　　(B)限定價格　　　(C)特定價格　　　(D)買賣價格

35. 不動產估價應用變動率將買賣實例價格改為估價期日價格之過程稱為：
    (A)期日修正　　　(B)實例修正　　　(C)情況修正　　　(D)區域因素修正

36. 分析判定對象不動產屬於何種地區，該地區具有何種特性，又該特性對於該地區內
    之不動產價格形成前有何全般性之影響等之過程稱為：
    (A)要因分析　　　(B)特性分析　　　(C)區域分析　　　(D)價格分析

37. 以概算法計算建築成本時，建築成本 = $\sum$（基準建物概算項目每坪單價×單價調整
    率）乘以什麼？
    (A)總面積　　　　(B)土地面積　　　(C)法定容積面積　(D)建物投影面積

38. 不動產如由土地及建築物等結合而成，若單獨就該不動產構成部分之土地，作為估
    價對象時，稱為：
    (A)部分估價　　　(B)分割估價　　　(C)獨立估價　　　(D)個別估價

39. 不動產估價師將特殊情況之交易價格予以補正，使其成為正常價格之過程，稱為：
    (A)案例補正　　　(B)情況補正　　　(C)條件補正　　　(D)要因補正

40. 不動產估價師經過區域因素及個別因素之比較後，求得之價格再予詳細比較檢討，
    最後求得對象不動產之：
    (A)試算價格　　　(B)評估價格　　　(C)案例價格　　　(D)比準價格

題序	1	2	3	4	5	6	7	8	9	10	11	12	13	14	15	16	17	18	19	20
答案	C	B	A	D	A	B	D	A	B	A	C	A	B	C	D	A	B	D	A	B
題序	21	22	23	24	25	26	27	28	29	30	31	32	33	34	35	36	37	38	39	40
答案	D	C	A	B	A	C	D	C	A	C	D	A	B	C	A	C	A	C	B	D

九十一年專門職業及技術人員考試試題

等　　別：普通考試
類　　科：不動產經紀人
科　　目：不動產估價概要
考試時間：一小時三十分
座　　號：

※注意：1.禁止使用電子計算器。

2.不必抄題，作答時請將試題題號及答案依照順序寫在試卷上，於本試題上作答者，不予計分。

一、試申述進行不動產估價時，何以要把握與分析價格形成之因素？（25分）

二、何謂成本法？請說明運用成本法估價之程序。（25分）

三、如何運用收益分析法求取不動產租金？（25分）

四、估計建築物折舊額之方法可採取耐用年數法及觀察法，試分別說明其意涵及適用之差異。（25分）

九十二年專門職業及技術人員考試試題

等　　別：普通考試

類　　科：不動產經紀人

科　　目：不動產估價概要

考試時間：一小時三十分

座　　號：

※注意：1.不必抄題，作答時請將試題題號及答案依照順序寫在試卷上，於本試題上作答者，不予計分。

2.禁止使用電子計算器。

一、試申述於不動產估價進行中，何以須進行區域分析及個別分析？（25分）

二、請問不動產估價報告書應涵蓋的內容為何？（25分）

三、何謂定額法？何謂定率法？同一建物採用那一種方法折舊，第一年之折舊額較高？（25分）

四、何謂價格比率法？其估價要領如何？請說明之。（25分）

九十三年專門職業及技術人員考試試題

等　　別：普通考試

類　　科：不動產經紀人

科　　目：不動產估價概要

考試時間：一小時三十分

座　　號：

※注意：1.不必抄題，作答時請將試題題號及答案依照順序寫在試卷上，於本試題上作答者，不予計分。

2.禁止使用電子計算器。

一、試申述不動產估價人員應有之修養。（25分）

二、圖中甲、乙兩地為細長而無法單獨利用之建築用地，若合併則可建築利用，而丙地
　　可獨立建築利用。請問圖中之乙地出售給何者價格較高？為什麼？（25分）

三、何謂淨收益？何謂收益資本化率？兩者與收益價格有何關係？（25分）

四、如何運用樓層別效用比率法求取區分地上權之價格？（25分）

九十四年專門職業及技術人員考試試題

等　　別：普通考試

類　　科：不動產經紀人

科　　目：不動產估價概要

考試時間：一小時三十分

座　　號：

※注意：1.不必抄題，作答時請將試題題號及答案依照順序寫在試卷上，於本試題紙上
　　　　　作答者，不予計分。

　　　　2.禁止使用電子計算器。

一、試申述如何由樓房中之某層樓的買賣價格來估計該棟樓房之基地價格？請依樓層別
　　效用比之方法說明之。（25分）

二、何謂收益法？並請說明運用收益法估價之程序。（25分）

三、新訂約之不動產租金估計方法有幾種？請說明之。（25分）

四、請解釋下列名詞：

　　1.貢獻原則（principle of contribution）（8分）

　　2.變動原則（principle of change）（8分）

　　3.收益遞增遞減原則（principle of increasing and decreasing returns）（9分）

九十五年專門職業及技術人員考試試題

等　　別：普通考試

類　　科：不動產經紀人

科　　目：不動產估價概要

考試時間：一小時三十分

座　　號：

※注意：禁止使用電子計算器。

甲、申論題部分：（50分）

㈠不必抄題，作答時請將試題題號及答案依照順序寫在申論試卷上，於本試題上
　　作答者，不予計分。

㈡請以藍、黑色鋼筆或原子筆在申論試卷上作答。

一、請說明不動產估價中的「供需原則」與「替代原則」如何解釋不動產價格的形成。（25分）

二、何謂「土地開發分析」？運用「土地開發分析」估價時，應如何決定適當之資本利息綜合利率？試分項敘明之。（25分）

乙、測驗題部分：（50分）

㈠本測驗試題爲單一選擇題，請選出一個正確或最適當的答案，複選作答者，該題不予計分。

㈡共40題，每題1.25分，須用2B鉛筆在試卡上依題號清楚劃記，於本試題或申論試卷上作答者，不予計分。

1. 運用成本法估計建築物價格時，如採定額法折舊，則求取建築物累積折舊之公式爲：$Dn = C \times \{(1-s)/N\} \times n$，其中n代表下列何者？
   (A)物理耐用年數　　(B)殘餘年數　　　(C)經濟耐用年數　　(D)已經歷年數

2. 不動產估價有三種基本方式，請問是那三種？
   (A)成本法、比較法、收益法　　　　　(B)收益法、區段價法、成本法
   (C)路線價法、比較法、收益法　　　　(D)區段價法、比較法、收益法

3. 估價報告書中勘察日期與價格日期之關係爲何？
   (A)勘察日期先於價格日期　　　　　　(B)勘察日期晚於價格日期
   (C)勘察日期與價格日期相同　　　　　(D)不一定

4. 不動產估價將影響地價因素區分爲三大類，此三大類不包括下列何者？
   (A)個別因素　　　(B)一般因素　　　(C)單獨因素　　　(D)區域因素

5. 不動產各生產因素間達到最適配置時，會創造其最高價值。請問這是基於何種原則？
   (A)最有效使用原則　(B)均衡原則　　　(C)適合原則　　　(D)競爭原則

6. 不動產估價的查估對象，包括下列何種價值？甲：土地價值；乙：建物價值；丙：所有權價值；丁：地上權價值。
   (A)甲丙　　　　　(B)甲乙丙　　　　(C)甲丙丁　　　　(D)甲乙丙丁

7. 依不動產估價技術規則之規定，確定估價基本事項包括下列那些項目？甲：勘估標的內容；乙：價格日期；丙：價格種類及條件；丁：估價目的；戊：預估所需人力。
   (A)甲乙丙丁戊　　(B)甲乙丙戊　　　(C)甲乙丙丁　　　(D)甲乙丙

8. 依不動產估價技術規則之規定，下列對價格種類的描述，何者有誤？
   (A)價格種類包括正常價格、限定價格、特定價格及特殊價格
   (B)租金種類包括正常租金、限定租金、特定租金及特殊租金

(C)不動產估價，應註明其價格種類

(D)估定限定價格時，應同時估計其正常價格

9. 請問下列何者是針對不具市場性不動產所評估的價格？

(A)正常價格　　　　(B)限定價格　　　　(C)特定價格　　　　(D)特殊價格

10. 下列何者對最有效使用之陳述有誤？

(A)主觀上具有良好意識及通常之使用能力者之使用

(B)在合法、實質可能、正當合理、財務可行前提下，所作得以獲致最高利益之使用

(C)進行不動產估價前，應先判斷該勘估標的之最有效使用

(D)充分的市場分析可協助判定最有效使用

11. 請問下列何者不是正常價格的形成條件？

(A)具有市場性之不動產

(B)有意願之買賣雙方依專業知識謹慎行動

(C)經適當市場行銷

(D)特定條件下形成之價值

12. 依不動產估價技術規則之規定，運用比較法時，不動產估價師應至少採用多少個比較標的？

(A)二件　　　　　　(B)三件　　　　　　(C)五件　　　　　　(D)十件

13. 依不動產估價技術規則之規定，經比較調整之比較標的試算價格，應就價格偏高或偏低者重新檢討，檢討後試算價格之間差距仍達多少以上者，應排除該試算價格之適用？

(A)百分之五　　　　(B)百分之十五　　　(C)百分之二十　　　(D)百分之三十

14. 依不動產估價技術規則之規定，比較、分析勘估標的與比較標的之區域因素及個別因素差異，並就其中差異進行價格調整時，其調整以下列何者為原則？

(A)百分率法　　　　(B)差額法　　　　　(C)定性分析法　　　(D)計量模型分析法

15. 依不動產估價技術規則之規定，試算價格之調整運算過程中，區域因素調整、個別因素調整或區域因素及個別因素內之任一單獨項目之價格調整率不得大於多少百分比？

(A)百分之五　　　　(B)百分之十五　　　(C)百分之二十　　　(D)百分之三十

16. 下列調整勘估標的及比較標的價格差異的方法中，何者不在不動產估價技術規則的規範中？

(A)百分率法　　　　(B)差額法　　　　　(C)定性分析法　　　(D)計量模型分析法

17. 依不動產估價技術規則規定，勘估標的或比較標的周圍，供相同或類似用途之不動產，形成同質性較高之地區，稱為下列何者：

(A)同一供需圈　　　(B)近鄰地區　　　　(C)類似地區　　　　(D)一日生活圈

18. 依不動產估價技術規則規定，進行比較標的與勘估標的差異比較時，無須進行下列

那一項調整？

(A)情況調整　　　　(B)一般因素調整　　(C)區域因素調整　　(D)個別因素調整

19. 下列對不動產估價師蒐集比較實例原則之陳述，何者較不正確？

(A)與勘估標的位於同一街廓者

(B)與勘估標的位於同一供需圈之近鄰地區或類似地區者

(C)與勘估標的使用性質或使用分區管制相同或相近者

(D)比較標的價格形成日期與勘估標的之價格日期接近者

20. 下列有關成本法的描述，何者正確？

(A)重置成本或重建成本皆可用以推算勘估標的成本價格

(B)建物估價以求取重置成本為原則

(C)建物使用之材料目前已無生產者，得採重建成本替代之

(D)重建成本係指與勘估標的相同效用之建物，以現代建材重新複製建築所需之成本

21. 依不動產估價技術規則之規定，建物之殘餘價格率不得超過下列何者？

(A)百分之五　　　　(B)百分之十　　　　(C)百分之二十　　　　(D)百分之三十

22. 一棟樓房因鄰地建築而產生牆壁龜裂情形，請問該棟樓房將產生下列何種折舊？

(A)物理性折舊　　　(B)功能性折舊　　　(C)經濟性折舊　　　(D)外部性折舊

23. 下列有關建物折舊額的敘述，何者有誤？

(A)建物折舊額計算應以經濟耐用年數為主，必要時得以物理耐用年數計算

(B)經濟耐用年數指建物因功能或效益衰退至不值得使用所經歷之年數

(C)物理耐用年數指建物因自然耗損或外力破壞至結構脆弱而不堪使用所經歷之年數

(D)建物之經歷年數小於其經濟耐用年數時，應重新調整經濟耐用年數

24. 當不動產管理對不動產價格的影響無法藉由耐用年數法確切分析時，可運用下列何種方法掌握？

(A)定額法　　　　　(B)定率法　　　　　(C)償債基金法　　　(D)觀察法

25. 下列有關營造或施工費的敘述，何者有誤？

(A)營造或施工費的求取方法，可概分為直接法與間接法

(B)間接法係指就同一供需圈內選擇與勘估標的類似之比較標的，經比較調整，以求取勘估標的營造或施工費的方法

(C)淨計法係以建築細部工程之各項目單價乘以該工程施工數量，並予合計之方法

(D)全聯會未公告前，應依地價調查用建築改良物標準單價表為準

26. 下列何種資料之蒐集，並非運用直接資本化法所必須者？

(A)總銷售金額　　　　　　　　(B)總收入

(C)總費用　　　　　　　　　　(D)資本化率

27. 依不動產估價技術規則之規定，下列收益法之估價步驟中，何種排列次序較為正

確？甲：計算淨收益；乙：推算總費用；丙：決定收益資本化率；丁：推算有效總
收入。
(A)甲乙丙丁　　　　(B)甲乙丁丙　　　　(C)丁甲乙丙　　　　(D)丁乙甲丙

28. 下列何者係以勘估標的之價格乘以租金收益率，再加計必要費用的租金評估方法？
(A)積算法　　　　(B)收益分析法　　　　(C)租賃實例比較法　　(D)推算法

29. 林乙向王甲租房屋一棟，約定每月租金10000元，押金兩個月，假設年利率為2%，
請問其一年支付之實質租金為多少元？
(A)10400元　　　　(B)122400元　　　　(C)120000元　　　　(D)120400元

30. 一般不動產租金估計，以估計勘估標的之何種租金為原則？
(A)契約租金　　　　(B)實質租金　　　　(C)純租金　　　　(D)支付租金

31. 運用直接資本化法推算勘估標的之價格時，下列何者不應列入總費用中？
(A)地價稅　　　　(B)管理費　　　　(C)維修費　　　　(D)貸款利息

32. 依不動產估價技術規則之規定，下列何者係以勘估標的未來平均一年期間之客觀淨
收益，應用價格日期當時適當之收益資本化率推算勘估標的價格之方法？
(A)直接資本化法　　　　　　　　(B)淨收益法
(C)折現現金流量分析　　　　　　(D)投資估價

33. 估計不動產租金應考慮下列那些因素？甲：契約內容；乙：租期長短；丙：使用目
的；丁：稅費負擔；戊：租約更新。
(A)甲丙丁戊　　　　(B)甲乙丁戊　　　　(C)甲乙丙戊　　　　(D)甲乙丙丁戊

34. 下列何者係以續訂租約之租賃實例為比較標的，運用比較法估計續租租金的評估方
法？
(A)積算法　　　　(B)收益分析法　　　　(C)租賃實例比較法　　(D)推算法

35. 依不動產估價技術規則之規定，實際建築使用之容積率超過法定容積率之房地，應
如何估價？
(A)直接依實際建築使用之容積率進行估價
(B)直接依法定容積率進行估價
(C)依法定容積率估價，並敘明實際建築使用合法部分容積率對估值的影響
(D)依實際建築使用合法部分之現況估價，並敘明法定容積率對估值的影響

36. 下列有關樓層別效用比的敘述，何者為真？
(A)一樓的樓層別效用比永遠最高
(B)一樓的樓層別效用比永遠最低
(C)樓層別效用比反應各樓層間的效用關係
(D)相同樓高而使用分區不同的樓層別效用比亦相同

37. 依不動產估價技術規則之規定，下列有關不動產租金估計的敘述，何者有誤？
(A)以估計勘估標的之實質租金為原則
(B)不動產租金估計方法，視新訂租約與續訂租約而有不同

(C)新訂租約之租金估計，得以勘估標的價格乘以租金收益率，再加計必要費用

(D)新訂租約之租金估計，得以續訂租約之租賃實例爲比較標的，運用比較法估計

38. 土地收益資本化率爲4%的土地，表示可以用多少年的淨收益購買此土地？

(A)10年　　　　　　(B)15年　　　　　　(C)20年　　　　　　(D)25年

39. 假設林乙向王甲租房屋一棟，五年前的實質租金爲每年100000元，其中包含必要經費10000元。近五年房租指數共上漲5%，今王甲擬調整租金，假設今年的必要經費爲12000元，請問依推算法計算，其合理的租金應該調整爲多少？

(A)94500元　　　　(B)105000元　　　　(C)106500元　　　　(D)117000元

40. 下列有關資本利息的敘述，何者有誤？

(A)應按自有資金與借貸資金分別計息，自有資金之計息利率應不高於一年期定存利率

(B)自有資金之計息利率應不低於活存利率，預售收入之資金應予計息

(C)自有資金之計息利率應不低於活存利率

(D)預售收入之資金應予計息

題序	1	2	3	4	5	6	7	8	9	10	11	12	13	14	15	16	17	18	19	20
答案	D	A	D	C	B	D	C	B	D	A	D	B	C	A	B	C	B	B	A	A
題序	21	22	23	24	25	26	27	28	29	30	31	32	33	34	35	36	37	38	39	40
答案	B	A	D	D	C	A	D	A	D	B	D	A	D	C	D	C	D	D	C	D

九十六年第一次專門職業及技術人員考試試題

類　　科：不動產經紀人

科　　目：不動產估價概要

考試時間：一小時三十分

座　　號：

※注意：禁止使用電子計算器。

甲、申論題部分：（50分）

　　㈠不必抄題，作答時請將試題題號及答案依照順序寫在申論試卷上，於本試題上作答者，不予計分。

　　㈡請以藍、黑色鋼筆或原子筆在申論試卷上作答。

一、收益法中直接資本化法之公式爲 P = a/r，其中P爲收益價格，a爲淨收益，r爲收益資本化率，但上述公式必須在收益期間爲永續且未來每期淨收益爲固定的假設條件下

方能成立。試分別以估價公式說明在下列情況下，如何利用收益法進行估價？

㈠每期淨收益呈現固定比例（假設為g）成長，且收益期限為永續。（8分）

㈡收益期間為一固定期間（N），但每期淨收益不固定，期末價值為P_n。（8分）

㈢收益期間為一固定期間（N），且每期淨收益為固定，期末價值為P_n。（9分）

二、請說明運用比較法進行不動產估價時，應調整的項目有那些？（15分）

又目前不動產估價技術規則針對這些價格調整值有何規範？（10分）

乙、測驗題部分：（50分）

㈠本試題為單一選擇題，請選出一個正確或最適當的答案，複選作答者，該題不予計分。

㈡共40題，每題1.25分，須用2B鉛筆在試卡上依題號清楚劃記，於本試題或申論試卷上作答者，不予計分。

1. 利用比較法進行不動產估價時，何時應排除該比較標的之適用？

   (A)區域因素之價格調整率大於百分之十

   (B)個別因素之價格調整率大於百分之十五

   (C)總價格調整率大於百分之二十

   (D)以上皆應排除

2. 下列有關折現現金流量分析之敘述，何者有誤？

   (A)得適用於投資為目的之不動產投資評估

   (B)以適當折現率折現

   (C)考量勘估標的期末價值折現

   (D)考量各期總收益之折現

3. 我國最新修訂的「不動產估價技術規則」於何時發佈實施？

   (A)民國八十九年十月十七日　　　(B)民國九十年十月十七日

   (C)民國九十五年六月十二日　　　(D)民國九十六年一月十二日

4. 下列何者非屬於限定價格所指的限定條件？

   (A)以違反經濟合理性之不動產分割為前提

   (B)由地主與建商共同合建為目的

   (C)以不動產合併為目的

   (D)以不動產所有權以外其他權利與所有權合併為目的

5. 下列有關直接資本化法之敘述何者有誤？

   (A)屬於收益法之一種

   (B)應以勘估標的之過去平均一年之客觀淨收益為基礎

   (C)應使用價格日期當時適當之收益資本化率

   (D)求得之價格稱為收益價格

6. 依現行不動產估價技術規則之規定，對不具有市場性之不動產估計之價值，稱爲：
   (A)特定價格　　　　(B)特別價格　　　　(C)限定價格　　　　(D)特殊價格

7. 表示不動產價格之基準日期，稱之爲：
   (A)估價日期　　　　(B)價格期日　　　　(C)價格日期　　　　(D)勘估日期

8. 基於不動產合併爲目的形成之租賃價值，並以貨幣金額表示者，稱之爲：
   (A)限定租金　　　　(B)合併租金　　　　(C)特定租金　　　　(D)特殊租金

9. 請問下列何者非屬於最有效使用之要件？
   (A)客觀上具良好的意識能力　　　　　　(B)具有卓越的使用能力
   (C)合法、實質可能　　　　　　　　　　(D)正當合理、財務可行

10. 根據不動產估價技術規則規定，應用計量模型分析法進行不動產估價時，在比較標的數量之要求爲何？
    (A)至少三件以上之比較標的
    (B)至少三十件以上之比較標的
    (C)計量模型分析關係式自變數個數三倍以上之比較標的
    (D)計量模型分析關係式自變數個數五倍以上之比較標的

11. 根據不動產估價技術規則規定，計量模型分析採迴歸分析者，其調整後判定係數不得低於？
    (A)零點三　　　　　(B)零點五　　　　　(C)零點七　　　　　(D)零點九

12. 根據不動產估價技術規則規定，計量模型分析採迴歸分析者，截距項以外其他各主要影響因素之係數值同時爲零之顯著機率不得大於？
    (A)百分之一　　　　(B)百分之五　　　　(C)百分之十　　　　(D)百分之十五

13. 利用比較法進行不動產估價時，經檢討後試算價格之間差距多少時，應排除該試算價格之適用？
    (A)百分之十　　　　(B)百分之十五　　　(C)百分之二十　　　(D)百分之三十

14. 以不動產證券化爲目的，採折現現金流量分析估價時，各期淨收益以勘估標的之何種租金計算爲原則？
    (A)市場租金　　　　(B)預期租金　　　　(C)限定租金　　　　(D)契約租金

15. 下列有關有效總收入之敘述，何者正確？
    (A)爲勘估標的總收入扣除建築物累積折舊之餘額
    (B)爲勘估標的總收入扣除閒置或其他原因所造成收入損失之餘額
    (C)爲勘估標的總收入扣除總費用之餘額
    (D)以上皆非

16. 應用收益法進行不動產估價時，勘估標的總費用計算，不包括下列何種項目？
    (A)土地增值稅　　　(B)管理費　　　　　(C)地價稅　　　　　(D)保險費

17. 應用收益法時，若勘估標的包含建築物，其總費用如何計算？
    (A)應加計建築物之折舊提存費

(B)僅計算建築物折舊提存費以外之各項費用

(C)僅計算建築物以外之各項費用

(D)應加計該建築物之契稅

18. 下列有關收益法之敘述何者有誤？

(A)有效總收入減總費用即為淨收益

(B)營運性不動產之總費用不應加計營運費用

(C)營運性不動產之淨收益應扣除不屬於不動產所產生之其他淨收益

(D)客觀淨收益應以勘估標的作最有效使用之客觀淨收益為基準

19. 計量模型分析法在不動產估價技術規則中屬於何種方法？

(A)比較法　　　　　(B)收益法　　　　　(C)成本法　　　　　(D)利率法

20. 土地開發分析估價，在不動產估價技術規則中屬於何種方法？

(A)比較法　　　　　(B)收益法　　　　　(C)成本法　　　　　(D)推算法

21. 成本法中重建成本或重置成本，是指求取勘估標的於何時的價格？

(A)建造完成日期　　(B)價格期日　　　　(C)價格日期　　　　(D)勘查日期

22. 於運用成本法時，下列何者非估計勘估標的之營造或施工費時，應該包括之成本或費用？

(A)間接人工費　　　　　　　　　(B)營造或施工利潤

(C)廣告費　　　　　　　　　　　(D)間接材料費

23. 以建築細部工程之各項目單價乘以該工程施工數量，藉以估計勘估標的之營造或施工費，此方法稱為：

(A)淨計法　　　　　(B)單位工程法　　　(C)單位面積法　　　(D)工程造價比較法

24. 下列有關成本法中估算勘估標的資本利息之敘述，何者有誤？

(A)應依分期投入資本數額及資本使用年數計息

(B)自有資金不應計息

(C)若勘估標的包含土地時，土地價格亦應計息

(D)預售收入之資金應不計息

25. 建築物因功能或效益衰退至不值得使用所經歷之年數，稱為：

(A)經濟耐用年數　　(B)物理耐用年數　　(C)觀察耐用年數　　(D)社會耐用年數

26. 下列何者不屬於土地建築開發之間接成本？

(A)規劃設計費　　　　　　　　　(B)施工費

(C)稅捐及其他負擔　　　　　　　(D)管理費

27. 對台北市不動產市場的價格而言，兩岸關係之變化屬於？

(A)一般因素　　　　(B)區域因素　　　　(C)個別因素　　　　(D)以上皆非

28. 不動產的利用與外部環境的配合與相互協調，不動產方能達到最有效利用之原則，稱為：

(A)貢獻原則　　　　(B)適合原則　　　　(C)外部性原則　　　(D)均衡原則

29. 根據不動產估價技術規則，確定估價基本事項包括下列那些事項？①勘估標的內容　②價格日期　③估價金額　④價格種類及條件　⑤估價方法　⑥估價目的
(A)①②③④⑤⑥　　(B)①②③④⑥　　(C)①②④⑥　　(D)①②③⑥

30. 在蒐集比較標的時，下列何者屬於應進行情況調整之情況？
(A)接近鄰里公園之遠近　　　　　(B)親友關係人之交易
(C)有鄰避性公共設施　　　　　　(D)有樓層差異時

31. 若勘估標的同時包含土地與建築物，但視為無建物存在之素地進行估價，稱為：
(A)部分估價　　(B)特定估價　　(C)獨立估價　　(D)特殊估價

32. 依據不動產估價技術規則，下列何者不屬於權利估價之範圍？
(A)企業商譽之估價　　　　　　　(B)都市更新權利變換之估價
(C)容積移轉之估價　　　　　　　(D)租賃權之估價

33. 下列何者不屬於蒐集之比較標的應查證確認事項？
(A)交易價格及各項費用負擔方式　(B)交易條件
(C)交易者之信用現況　　　　　　(D)交易日期

34. 某地區因政府設置焚化爐而造成該地區不動產價值減損，稱為何種折舊較為適當？
(A)經濟性折舊　　(B)物理性折舊　　(C)功能性折舊　　(D)特殊性折舊

35. 土地收益資本化率為2%的土地，表示可以用多少年的淨收益購買此土地？
(A)10年　　(B)20年　　(C)25年　　(D)50年

36. 傑克向蘿絲租房屋一戶，約定每月租金2,000元，押金兩個月，假設年利率5%，其一年支付之實質租金為多少元？
(A)24,000元　　(B)24,100元　　(C)24,200元　　(D)28,000元

37. 下列有關以定率法進行建築物折舊之敘述，何者有誤？
(A)計算較定額法繁複　　　　　　(B)屬於加速折舊之方法
(C)每年折舊額相同　　　　　　　(D)又稱為餘額遞減法

38. 所謂的同一供需圈，是指比較標的與勘估標的間能成立什麼關係？
(A)競爭關係　　(B)互補關係　　(C)均衡關係　　(D)替代關係

39. 根據不動產估價技術規則，下列何者不屬於估價報告書中應載明事項？
(A)不動產估價師姓名及其證照字號　(B)價格形成之主要因素分析
(C)委託人之信用狀況　　　　　　(D)勘估標的使用現況

40. 下列有關樓層別效用比之敘述，何者有誤？
(A)不同地區建物之樓層別效用比會不同
(B)同一建物中樓層愈高的建物其效用值也愈高
(C)相同地區不同使用類型建物之樓層別效用比會不同
(D)主要是因為不同樓層之高度、可及性、寧適性、景觀、避難時效等因素所產生

題序	1	2	3	4	5	6	7	8	9	10	11	12	13	14	15	16	17	18	19	20
答案	B	D	C	B	B	D	C	A	B	D	C	B	C	D	B	A	A	B	A	C
題序	21	22	23	24	25	26	27	28	29	30	31	32	33	34	35	36	37	38	39	40
答案	C	C	B	B	A	B	A	B	C	B	C	A	C	A	D	C	C	D	C	B

九十六年第二次專門職業及技術人員考試試題

等　　別：普通考試
類　　科：不動產經紀人
科　　目：不動產估價概要
考試時間：一小時三十分
座　　號：
※注意：可以使用電子計算器。

甲、申論題部分：（50分）

㈠不必抄題，作答時請將試題題號及答案依照順序寫在申論試卷上，於本試題上作答者，不予計分。

㈡請以藍、黑色鋼筆或原子筆在申論試卷上作答。

一、㈠何謂限定價格？其與正常價格的關係為何？（10分）

㈡依據不動產估價技術規則之規定，收益資本化率（或折現率）如何決定？（15分）

二、㈠何謂現金流量分析？（10分）

㈡何謂重置成本（replacement cost）？在何情況下可以使用重置成本進行估價？（15分）

乙、測驗題部分：（50分）

㈠本試題為單一選擇題，請選出一個正確或最適當的答案，複選作答者，該題不予計分。

㈡共40題，每題1.25分，須用2B鉛筆在試卡上依題號清楚劃記，於本試題或申論試卷上作答者，不予計分。

1. 臨街寬度是屬於影響不動產價格之何種因素？
　(A)個別因素　　　(B)一般因素　　　(C)單獨因素　　　(D)區域因素

2. 下列因素中屬於影響不動產價格之個別因素為何？
　(A)當地的治安　　(B)焚化爐的設置　(C)臨路情形　　　(D)當地交通設施

3. 下列因素中屬於影響不動產價格之一般因素為何？
(A)位置 　　　　　　(B)道路寬度 　　　　(C)土地形狀 　　　　(D)土地政策

4. 下列相關原則的陳述，何者有誤？
(A)殯儀館對地價的影響，係基於外部性原則
(B)豪宅座落於破落地區而不能反映其高價值，係導因於進化原則
(C)選擇相同報酬率的辦公大樓作為比較標的，係基於替代原則
(D)在偏遠地區興建大廈卻無法創造利潤，係導因於未掌握最有效使用原則

5. 比較標的價格因交易人關係特殊而明顯低於一般市場行情時，應進行之調整為：
(A)情況調整 　　　(B)價格日期調整 　　(C)區域因素調整 　　(D)一般因素調整

6. 運用標準營造單價表配合勘估標的之個別條件差異進行調整，以求得勘估標的之營造費用之方法，稱之為：
(A)淨計法 　　　　(B)工程造價比較法 　(C)單位工程法 　　　(D)單位面積比較法

7. 下列何者屬於特殊價格？
(A)對不具市場性之不動產所估計之價值
(B)以不動產合併為目的所估計之價值
(C)限定條件下所形成之價值
(D)特定條件下所形成之價值

8. 下列何種折舊方式比較適合運用於直接資本化法中的折舊提列？
(A)定率法 　　　　(B)定額法 　　　　　(C)償還基金法 　　　(D)觀察法

9. 加油站的設置是屬於影響不動產價格之何種因素？
(A)個別因素 　　　(B)一般因素 　　　　(C)單獨因素 　　　　(D)區域因素

10. 土地增值稅減半徵收是屬於影響不動產價格之何種因素？
(A)個別因素 　　　(B)一般因素 　　　　(C)單獨因素 　　　　(D)區域因素

11. 人口結構的改變是屬於影響不動產價格之何種因素？
(A)個別因素 　　　(B)一般因素 　　　　(C)單獨因素 　　　　(D)區域因素

12. 依不動產估價技術規則規定，應至現場勘察之事項包括？①確認影響價格之因素 ②確認勘估標的之權利狀態 ③調查比較標的之使用現況 ④攝製必要之照片 ⑤決定勘估標的之價格
(A)①②③④ 　　　(B)①②③⑤ 　　　　(C)①②④⑤ 　　　　(D)②③④⑤

13. 重置成本成立之依據為下列那一原則？
(A)變動原則 　　　　　　　　　　　　(B)替代原則
(C)最有效使用原則 　　　　　　　　　(D)預期原則

14. 依不動產估價技術規則規定，下列何者與推估比較價格最不具直接關係？
(A)定額法 　　　　(B)差額法 　　　　　(C)百分率法 　　　　(D)計量模型分析法

15. 以不動產總價扣除建物價格求得地價的方法，稱為：
(A)土地殘餘法 　　(B)建築物殘餘法 　　(C)推算法 　　　　　(D)抽取法

16. 不動產估價技術規則規定，每年折舊提存率＝折舊率／（1－累積折舊率）。請問此種方式係採何種折舊方式？
    (A)定額法　　　　　(B)定率法　　　　　(C)償還基金法　　　(D)年數合計法

17. 不動產估價報告中重視價格日期的確定，此係下列何種原則的考量？
    (A)最有效使用原則　(B)競爭原則　　　　(C)預期原則　　　　(D)變動原則

18. 土地殘餘法之觀念，立基於下列何種原則？
    (A)剩餘生產力原則　(B)最有效使用原則　(C)預期原則　　　　(D)變動原則

19. 下列對於不動產市場之描述，何者錯誤？
    (A)不動產市場為區域性市場　　　　　(B)不動產品具異質性
    (C)不動產市場屬完全競爭市場　　　　(D)不動產市場缺乏透明度

20. 較低價值不動產如果座落於較高價值之鄰里地區，將較座落於其相似鄰里地區更有價值，此係下列何種原則的考量？
    (A)貢獻原則　　　　(B)適合原則　　　　(C)外部性原則　　　(D)均衡原則

21. 不動產估價作業程序，依序為何？①確定估價基本事項　②確認勘估標的狀態③擬定估價計畫　④整理、比較、分析資料　⑤運用估價方法推算勘估標的價格
    (A)①②③④⑤　　　(B)①③②④⑤　　　(C)①③④⑤　　　(D)③①②④⑤

22. 如欲評估三峽祖師廟的價格，請問其價格屬於下列那一價格種類？
    (A)正常價格　　　　(B)限定價格　　　　(C)特殊價格　　　　(D)特定價格

23. 請問下列公告土地現值之相關日期，何者屬於不動產估價技術規則所定義之價格日期？
    (A)赴現場勘察之日　　　　　　　　　(B)公告土地現值之價格基準日
    (C)1月1日公告土地現值之日　　　　　(D)評議委員會審定之日

24. 因都市計畫將公園變更為住宅用地之土地出售時，其出售價格之評估屬於下列那一價格種類？
    (A)正常價格　　　　(B)限定價格　　　　(C)特殊價格　　　　(D)特定價格

25. 以土地租賃權與出租地合併為目的所形成之價格，屬於下列那一價格種類？
    (A)正常價格　　　　(B)限定價格　　　　(C)特殊價格　　　　(D)特定價格

26. 附有建物之宗地，考慮建物對宗地價格影響下所為之土地估價，稱為：
    (A)獨立估價　　　　(B)部分估價　　　　(C)合併估價　　　　(D)分割估價

27. 運用估價方法從事不動產估價時，應避免：
    (A)客觀公正　　　　　　　　　　　　(B)運用邏輯方法
    (C)運用經驗法則　　　　　　　　　　(D)直接取用未經檢核之案例

28. 比較法運用其他比較標的推估勘估標的價格，主要係依據何種原則？
    (A)競爭原則　　　　(B)貢獻原則　　　　(C)預測原則　　　　(D)替代原則

29. 直接資本化法之基本原則為：
    (A)未來期待收益之現值總和　　　　　(B)未來期待收益之終值總和

(C)過去租金收益之現值總和　　　　　　(D)過去租金收益之終值總和

30. 下列何種價格不具有市場性？
(A)正常價格　　　(B)限定價格　　　(C)特殊價格　　　(D)特定價格

31. 依不動產估價技術規則規定，直接資本化法係以勘估標的何期間之客觀淨收益，應用價格日期當時適當之收益資本化率推算勘估標的價格之方法？
(A)過去1年　　　(B)現在1年　　　(C)未來1年　　　(D)未來平均1年

32. 建物估價，以下列何種方法估價為原則？
(A)比較法　　　(B)收益法　　　(C)成本法　　　(D)土地開發分析

33. 依不動產估價技術規則之規定，採成本法評估建物價格時，以求取何種成本為原則？
(A)重建成本　　　(B)重置成本　　　(C)興建成本　　　(D)營造成本

34. 運用成本法估價時，下列何者不包括在計算勘估標的之總成本中？
(A)規劃設計費　　(B)廣告費　　　(C)折舊費　　　(D)開發利潤

35. 依不動產估價技術規則規定，採成本法評估不動產價格時，下列何者不包含於營造施工費項下？
(A)材料費　　　(B)規劃設計費　　(C)管理費　　　(D)資本利息

36. 下列何種方法求算之重建成本最為詳實？
(A)淨計法　　　(B)單位工程法　　(C)工程造價比率法　(D)單位面積法

37. 建物耐用年數有①物理耐用年數　②經濟耐用年數，通常情況下，二者關係如何？
(A)① > ②　　　(B)① = ②　　　(C)① < ②　　　(D)不一定

38. 土地開發分析價格之計算公式V＝〔S÷(1 + R)÷(1 + i)-(C + M)〕中，V為下列何者？
(A)營建成本　　　　　　　　　　(B)預期銷售金額
(C)開發前土地價格　　　　　　　　(D)開發後土地價格

39. 進行土地開發分析估價時，廣告費、銷售費在全聯會未公告前，應按總銷售金額之多少比率推估？
(A)4%～5%　　　(B)3%～4%　　　(C) 2%～3%　　　(D)0.5%～1.2%

40. 以過去的案例價格資料推估現在之價格時，如果近來市場行情有明顯變化，應進行之調整為：
(A)情況調整　　　(B)價格日期調整　　(C)區域因素調整　　(D)一般因素調整

題序	1	2	3	4	5	6	7	8	9	10	11	12	13	14	15	16	17	18	19	20
答案	A	C	D	B	A	D	A	B	D	B	B	A	B	A	D	A	D	A	C	B
題序	21	22	23	24	25	26	27	28	29	30	31	32	33	34	35	36	37	38	39	40
答案	B	C	B	A	B	B	B	D	D	A	C	D	C	A	C	B	A	A	C	B

九十七年第一次專門職業及技術人員考試試題

等　　別：普通考試
類　　科：不動產經紀人
科　　目：不動產估價概要
考試時間：一小時三十分
座　　號：
※注意：禁止使用電子計算器。

甲、申論題部分：（50分）

　　㈠不必抄題，作答時請將試題題號及答案依照順序寫在申論試卷上，於本試題上
　　　作答者，不予計分。

　　㈡請以藍、黑色鋼筆或原子筆在申論試卷上作答。

一、何謂限定租金？在進行不動產估價時，採取收益法進行不動產價格估價時，必須對
　　於不動產租金清楚地掌握，請問對於新訂及續租租金應該如何估計？（25分）

二、何謂貢獻原則？不動產估價時，對於建築改良物之建物累積折舊額之計算有那三種
　　方法？請詳細說明其意涵。（25分）

乙、測驗題部分：（50分）

　　㈠本試題為單一選擇題，請選出一個正確或最適當的答案，複選作答者，該題不
　　　予計分。

　　㈡共40題，每題1.25分，須用2B鉛筆在試卡上依題號清楚劃記，於本試題或申論試
　　　卷上作答者，不予計分。

1.　勘估標的或比較標的周圍，供相同或類似用途之不動產，形成同質性較高之地區，
　　稱為：

　　(A)近鄰地區　　　　(B)類似地區　　　　(C)其他地區　　　　(D)同一供需圈

2.　較高價值的建築物座落於較低價值的社區，將較座落於其相似社區更無價值，此係
　　下列何種現象的表現？

　　(A)適合現象　　　　(B)外部現象　　　　(C)進化現象　　　　(D)退化現象

3.　進行不動產估價時，在考量土地集約度方面，以法定集約度與經濟集約度二者取其
　　低者，主要係依據何種原則？

　　(A)預測原則　　　　(B)適合原則　　　　(C)收益分配原則　　(D)最有效使用原則

4.　目前法定土地使用分區為住宅區，若委託者要瞭解變更為商業區後之價格，則委託
　　評估的價格屬於：

　　(A)正常價格　　　　(B)限定價格　　　　(C)特定價格　　　　(D)特殊價格

5. 利用比較法進行不動產估價時，試算價格之調整運算過程中，總調整率大於多少時，應排除該比較標的之適用？

(A)百分之十五　　(B)百分之二十　　(C)百分之二十五　　(D)百分之三十

6. 以法拍屋作爲比較標的，評估勘估標的之正常價格時，應進行的調整爲：

(A)情況調整　　(B)價格日期調整　　(C)區域因素調整　　(D)個別因素調整

7. 根據不動產估價技術規則，以比較標的價格經情況調整、價格日期調整，並比較分析區域因素及個別因素之差異後計算勘估標的之價格，稱爲：

(A)成本價格　　(B)比較價格　　(C)試算價格　　(D)收益價格

8. 在蒐集比較標的時，下列何者屬於應進行個別因素調整的情形？

(A)社區人文環境有差異　　　　　　(B)臨接道路情況有差異

(C)親友關係人間之交易　　　　　　(D)地上物處理有糾紛之交易

9. 以和毗鄰土地合併爲目的，而評估的畸零地價格，稱爲：

(A)正常價格　　(B)限定價格　　(C)特定價格　　(D)特殊價格

10. 比較分析區域因素及個別因素差異進行價格調整時，以下列何種方法爲原則？

(A)評等法　　(B)定額法　　(C)差額法　　(D)百分率法

11. 根據不動產估價技術規則，下列何者不屬於推算總收入時，應校核比較的資料？

(A)相同產業比較標的總收入

(B)具替代性比較標的總收入

(C)勘估標的往年之總收入

(D)比較標的因閒置及其他原因所造成的收入損失

12. 根據不動產估價技術規則，土地開發分析之資本利息綜合利率，應參考下列那個公式計算？

(A)資本利息年利率×（建物價值比率＋土地價值比率×1/2）×開發年數

(B)資本利息年利率×（土地價值比率＋建物價值比率×1/2）×開發年數

(C)借款利息年利率×（土地價值比率＋建物價值比率×1/2）×開發年數

(D)借款利息年利率×（土地價值比率×1/2＋建物價值比率）×開發年數

13. 下列有關成本法中重置成本之敘述何者有誤？

(A)包括勘估標的所存在之功能性退化

(B)著重在效用、效能等經濟上的相同

(C)可以是以新的施工方法，建築勘估標的所需的成本

(D)通常較重建成本低

14. 下列有關成本法中折舊之敘述何者正確？

(A)以不動產取得價格，進行減值修正　　(B)目的通常和會計上的提列折舊相同

(C)成本法中的折舊應具有市場導向　　　(D)不容許以觀察法，進行減值修正

15. 建物折舊額計算應以下列何種年數爲主？

(A)社會耐用年數　　(B)經濟耐用年數　　(C)實際經歷年數　　(D)物理耐用年數

16. 因建築物與基地之配合不適宜而造成不動產價值減損，稱為：
(A)物理性折舊　　　(B)經濟性折舊　　　(C)功能性折舊　　　(D)社會性折舊

17. 利用比較法進行不動產估價時，進行價格日期調整，係基於下列何種原則？
(A)預期原則　　　(B)變動原則　　　(C)替代原則　　　(D)競爭原則

18. 下列有關直接資本化法之敘述何者正確？
(A)應以過去平均一年期間之客觀總收益為基礎
(B)應以未來平均一年期間之客觀淨收益為基礎
(C)應用勘估日期當時適當之收益資本化率
(D)應用勘估日期當時適當之折現率

19. 根據不動產估價技術規則，下列何者非成本法中估算勘估標的之開發或建築適當利潤應考量之因素？
(A)工程規模　　　(B)開發年數　　　(C)經濟景氣　　　(D)開發機構

20. 附著於土地之工事及水利土壤之改良，以下列何種方法估價為原則？
(A)成本法　　　(B)比較法　　　(C)收益法　　　(D)計量模型分析法

21. 根據不動產估價技術規則，土地開發分析估價程序中的現況勘察與環境發展程度之調查及分析，不包含下列那一項？
(A)勘估標的之標示、權利、法定用途及使用管制等基本資料
(B)調查影響總銷售金額、成本及費用等因素
(C)確認勘估標的之工程進度、施工及環境狀況並攝製必要照片
(D)週遭環境土地建物及公共設施開發程度

22. 根據不動產估價技術規則，建物因自然耗損或外力破壞至結構脆弱而不堪使用所經歷之年數，稱為：
(A)社會耐用年數　　　(B)經濟耐用年數　　　(C)實際經歷年數　　　(D)物理耐用年數

23. 根據不動產估價技術規則，下列有關收益資本化率或折現率的計算式，何者正確？
(A)淨收益／總收入乘數
(B)淨收益／有效總收入乘數
(C)債務保障比率×貸款常數×貸款資金占不動產價格比率
(D)利息保障比率×貸款常數×貸款資金占不動產價格比率

24. 計算實質租金時，不須自承租人每期支付予出租人之租金中調整下列那個項目？
(A)押金　　　(B)折舊費用　　　(C)保證金　　　(D)權利金

25. 下列因素中屬於影響不動產價格之個別因素為何？
(A)捷運站對外的交通便利性　　　(B)捷運站的載客容量
(C)離捷運站的距離　　　(D)捷運站的設置

26. 下列有關淨收益的敘述，何者正確？
(A)為總收入扣除總費用
(B)為有效總收入扣除總費用

(C)為總收入扣除閒置及其他原因所造成之收入損失

(D)為有效總收入扣除閒置及其他原因所造成之收入損失

27. 下列有關折現現金流量法之敘述何者正確？

(A)考量期初價值折現

(B)以收益資本化率折現

(C)考量各期總收益之折現

(D)得適用於以投資為目的之不動產投資評估

28. 根據不動產估價技術規則，下列有關未扣除折舊提存費之建物收益價格計算式，何者正確？

(A)建物折舊後淨收益／（土地收益資本化率＋建物折舊提存率）

(B)建物折舊前淨收益／（土地收益資本化率＋建物折舊提存率）

(C)建物折舊後淨收益／（建物收益資本化率＋建物折舊提存率）

(D)建物折舊前淨收益／（建物收益資本化率＋建物折舊提存率）

29. 「貨比三家」是下列何種估價方法的簡要詮釋？

(A)成本法 　　　　(B)收益法 　　　　(C)比較法 　　　　(D)土地開發分析法

30. 根據不動產估價技術規則，下列何者不屬於蒐集比較實例的原則？

(A)實例之價格可調整為與勘估標的價格種類相同者

(B)與勘估標的位於同一供需圈之近鄰地區或類似地區者

(C)與勘估標的使用性質或使用分區管制相同或相近者

(D)實例價格形成日期與勘估標的之勘估日期接近者

31. 區域因素指影響下列何者不動產價格水準之因素？

(A)近鄰地區 　　(B)類似地區 　　(C)其他地區 　　(D)同一供需圈

32. 若比較標的與勘估標的在同一近鄰地區內時，則不必進行下列何種調整？

(A)情況調整 　　(B)價格日期調整 　　(C)區域因素調整 　　(D)個別因素調整

33. 根據不動產估價技術規則，利用比較法進行不動產估價時，至少應採用幾件以上的比較標的？

(A)二 　　　　　(B)三 　　　　　(C)四 　　　　　(D)五

34. 根據不動產估價技術規則，下列有關成本法之敘述何者正確？

(A)以重建成本扣減其累積折舊額或其他應扣除部分以推算勘估標的價格之方法

(B)不適用於求取包含土地的勘估標的之價格

(C)用於求取建物建造完工日期之價格

(D)建物估價以求取重置成本為原則

35. 應用收益法進行不動產估價時，下列有關勘估標的總費用計算，不應包括那種項目？

(A)利息支出 　　(B)營運費用 　　(C)維修費 　　(D)管理費

36. 下列有關成本法中資金計息之敘述何者錯誤？

(A)自有資金之計息利率應不高於一年期定存利率

(B)自有資金之計息利率應不低於活存利率

(C)借款以銀行長期放款利率計息

(D)預售收入之資金應不計息

37. 設勘估標的之每年總收益為60萬元，客觀淨收益為40萬元，收益資本化率為4%，則其收益價格為：

(A)500萬元　　　　(B)1,000萬元　　　　(C)1,500萬元　　　　(D)2,500萬元

38. 倘若相較於一般成交時間，比較標的之成交時間太長，則在評估勘估標的之正常價格時，應進行下列何種調整？

(A)情況調整　　　(B)價格日期調整　　　(C)區域因素調整　　　(D)個別因素調整

39. 按工程概算項目逐項比較勘估標的與比較標的或標準建物之差異，並依工程價格及工程數量比率進行調整，以求取勘估標的之營造或施工費，此方法稱為：

(A)淨計法　　　　　　　　　　(B)單位工程法

(C)工程造價比較法　　　　　　(D)單位面積比較法

40. 下列有關最有效使用之敘述何者錯誤？

(A)屬於恆久不變之使用

(B)屬於實質可能之使用

(C)屬於財務可行前提下之使用

(D)屬於具有通常使用能力者所作之使用

題序	1	2	3	4	5	6	7	8	9	10	11	12	13	14	15	16	17	18	19	20
答案	A	D	D	C	D	A	C	B	B	D	D	B	A	C	B	C	B	B	D	A
題序	21	22	23	24	25	26	27	28	29	30	31	32	33	34	35	36	37	38	39	40
答案	A	D	C	B	C	B	D	D	C	D	A	C	B	A	A	C	B	A	C	A

九十七年第二次專門職業及技術人員考試試題

等　　別：普通考試

類　　科：不動產經紀人

科　　目：不動產估價概要

考試時間：一小時三十分

座　　號：

※注意：可以使用電子計算器。

甲、申論題部分：（50分）

　　㈠不必抄題，作答時請將試題題號及答案依照順序寫在申論試卷上，於本試題上作答者，不予計分。

　　㈡請以藍、黑色鋼筆或原子筆在申論試卷上作答。

一、依不動產估價技術規則規定，估計之價格種類包括那幾類？試就其定義分別加以解釋，並舉例說明之。（25分）

二、何謂直接資本化法？何謂折現現金流量分析？試分別列出計算公式加以說明。（25分）

乙、測驗題部分：（50分）

　　㈠本試題為單一選擇題，請選出一個正確或最適當的答案，複選作答者，該題不予計分。

　　㈡共40題，每題1.25分，須用2B鉛筆在試卡上依題號清楚劃記，於本試題或申論試卷上作答者，不予計分。

1. 下列何者不屬於不動產估價技術規則第6條規定之估計價格種類？
   (A)正常價格　　　　(B)限定價格　　　　(C)公定價格　　　　(D)特殊價格

2. 依不動產估價技術規則之規定，收益法得採下列那些方法求取收益價格？
   (A)淨收益法及加權平均法　　　　　(B)直接資本化法及折現現金流量分析
   (C)折現現金流量分析及淨收益法　　(D)直接資本化法及加權平均法

3. 附建物的土地，視建物不存在而評估其價值，稱為何種估價？
   (A)個別估價　　　　(B)部分估價　　　　(C)分割估價　　　　(D)獨立估價

4. 依不動產估價技術規則之規定，下列何者並非不動產估價師需先確定的估價基本事項？
   (A)作業經費　　　　(B)價格日期　　　　(C)價格種類　　　　(D)估價目的

5. 下列有關成本法中利率及利息規定，何者有誤？
   (A)資金中自有資金之計息利率應不高於一年期定存利率
   (B)資金中自有資金之計息利率應不低於活存利率
   (C)資金中之借款以銀行短期放款利率計息
   (D)預售收入之資金應以活存利率計息

6. 影響不動產價格的一般因素，不包含下列何者？
   (A)國民所得　　　　(B)道路交通　　　　(C)家庭結構　　　　(D)天候條件

7. 擬定估價計畫時不包括下列那一事項？
   (A)預估作業經費　　　　　　　　　(B)預估所需人力與時間
   (C)確定作業步驟與擬定作業進度表　(D)確定勘估標的價格

8. 不動產估價作業程序中，不包括下列何者？

(A)蒐集資料　　　　　　　　　　(B)確認委託人心中的價格
(C)比較、分析資料　　　　　　　(D)決定勘估標的價格

9. 比較標的因極老舊，使其較一般正常價格低8%，而勘估標的裝潢特佳，此一因素使其較正常價格高5%。若勘估標的與比較標的之其餘各項條件都相同，且已知比較標的之成交價爲500萬元，則勘估標的之正常價格爲何？
(A)570.65萬元　　(B)438.10萬元　　(C)483.00萬元　　(D)485.00萬元

10. 以比較標的之價格爲基礎，就比較標的與勘估標的因個別因素所產生價格差異，逐項進行之分析及調整，此種調整稱爲：
(A)情況調整　　　(B)價格日期調整　　(C)區域因素調整　　(D)個別因素調整

11. 有關比較、分析勘估標的與比較標的之區域因素及個別因素差異，並就其中差異進行價格調整時，下列敘述何者正確？
(A)其調整以比較法爲原則，並得以計量模型分析法調整
(B)其調整以差額法爲原則，並得以百分率法調整
(C)其調整以百分率法爲原則，並得以差額法調整
(D)其調整以百分率法爲原則，並得以比較法調整

12. 大甲建設公司擬投資某一建地興建住宅，預估營建完成後之總銷售金額爲264億元；若開發總直接成本爲100億元，總間接成本爲20億元，整個投資案的要求利潤率爲20%。今假設開發所需總成本之資本利息綜合利率爲10%，請問取得該建地之土地開發分析價格爲何？
(A)80億元　　　　(B)90.91億元　　　(C)109.09億元　　　(D)110億元

13. 某建物樓地板面積共100坪，重新建造每坪花費5萬元，若依經濟耐用年數提列折舊，經濟耐用年數爲50年，殘值率爲20%，目前已使用10年，若採定額法折舊，請問其平均每年折舊率爲何？
(A)2.4%　　　　　(B)2.0%　　　　　(C)1.6%　　　　　(D)0.4%

14. 某建物之重建成本爲200萬元，若第二年的價格爲第一年價格的98%，第三年的價格亦爲第二年價格的98%，依此方式類推而折舊（定率法），請問經過10年後建物價格變成多少元？
(A)166.75萬元　　(B)163.41萬元　　(C)160.15萬元　　(D)160.00萬元

15. 勘估標的爲建物時，規劃設計費除可按內政部所定建築師酬金標準表及直轄市或縣（市）政府發布之建造執照工程造價表計算外，亦可按實際營造施工費用之多少比例推估之？
(A)百分之二至百分之三　　　　　(B)百分之三至百分之四
(C)百分之四至百分之五　　　　　(D)百分之五至百分之六

16. 成本法中對建築物累積折舊之計算，何種方法於折舊初期所求得的建物現值較高？
(A)定額法　　　　(B)定率法　　　　(C)償債基金法　　(D)殘餘法

17. 「具有市場性之不動產，基於特定條件下形成之價值，並以貨幣金額表示者。」係

何種價格之定義？

(A)限定價格 　　　(B)特定價格 　　　(C)市場價格 　　　(D)特殊價格

18. 依不動產估價技術規則之規定，成本法中對建築物累積折舊之計算，以何種方法為原則？

(A)定額法 　　　(B)定率法 　　　(C)償債基金法 　　　(D)殘餘法

19. 某建物之重建價格為1000萬元，耐用年限40年，年限期滿時之殘餘價格率為10%，請問依定額法計算該建物自第1年至第15年之累積折舊額為多少元？

(A)375.0萬元 　　　(B)350.0萬元 　　　(C)337.5萬元 　　　(D)325.5萬元

20. 以成本法計算建築物折舊額，下列敘述何者正確？

(A)以物理耐用年數為主，必要時得以經濟耐用年數計算

(B)以物理耐用年數為主，必要時得以工程耐用年數計算

(C)以經濟耐用年數為主，必要時得以經營耐用年數計算

(D)以經濟耐用年數為主，必要時得以物理耐用年數計算

21. 「以建築細部工程之各項目單價乘以該工程施工數量，並合計之。」此一勘估標的營造或施工費之求取方法稱為：

(A)單位面積比較法 　　　　　　(B)單位工程法

(C)工程造價比較法 　　　　　　(D)間接法

22. 在成本法中，勘估標的之營造或施工費，得按下列何種方法求取？

(A)百分率法 　　　(B)差額法 　　　(C)淨計法 　　　(D)價格法

23. 一面積300坪之土地，年租金30萬元，租金每年調漲2%，資本化率為5%，若租金收益年期為無窮時，此時土地之收益價格為何？

(A)428.6萬元 　　　(B)600萬元 　　　(C)1000萬元 　　　(D)9000萬元

24. 下列何者不屬於收益資本化率應考慮之因素？

(A)銀行定期存款利率 　　　　　　(B)政府公債利率

(C)貨幣變動狀況 　　　　　　　　(D)國民生產毛額狀況

25. 求算建物價格日期當時價值未來每年折舊提存率之公式為：

(A)折舊率／（1-累積折舊率）

(B)累計折舊率／建物耐用年限

(C)建物價格日期當時價值／建物耐用年限

(D)建物價格日期當時價值／建物經濟年限

26. 依不動產估價技術規則之規定，地上尚存已不具備使用價值建物之土地，如何估計其價值？

(A)得依其過去土地及建物之總收益推估其價值

(B)得推估其未來土地及建物之總收益，進而推估其價值

(C)得只依其過去土地之收益推估其價值

(D)得將其基地視為素地估價，但應考量建物拆除成本予以調整

27. 下列關於收益資本化率的敘述何者有誤？
    (A)流通性較高的資產，其收益資本化率較低
    (B)風險性較高的資產，其收益資本化率較高
    (C)增值性較高的資產，其收益資本化率較高
    (D)管理較難的資產，其收益資本化率較高

28. 依不動產估價技術規則之規定，溫泉地之估價，應考慮之影響價格因素不包括下列何者？
    (A)水溫   (B)當地人口
    (C)當地之交通情形   (D)水權內容

29. 下列關於收益資本化率之敘述，何者正確？
    (A)收益資本化率應將不動產價格之變動趨勢納入考慮
    (B)收益資本化率只考量自有資金來源之成本
    (C)折現率為收益資本化率及債務成本之加權平均
    (D)收益資本化率為折現率及債務成本之加權平均

30. 下列何者為有關應用計量模型分析法應符合之條件？
    (A)須蒐集應用計量模型分析關係式自變數三倍以上之比較標的
    (B)須蒐集應用計量模型分析關係式因變數五倍以上之比較標的
    (C)計量模型分析採迴歸分析者，其調整後判定係數不得低於零點七
    (D)計量模型分析採迴歸分析者，其調整後判定係數不得低於零點五

31. 某棟十二層樓辦公大樓之第五層，面積250坪，於2007年7月交易價格每坪25萬元，其有效總收益乘數為14.62，合理費用比率為20%，請問其資本化率為多少？
    (A)11.70%   (B)2.92%   (C)6.84%   (D)5.47%

32. 下列何者不屬於收益資本化率之推估方式？
    (A)由市場萃取   (B)從資本乘數求算
    (C)依債務保障比率方式求算   (D)依加權平均資金成本方式求算

33. 有關附著於土地之工事及水利土壤之改良估價，下列敘述何者正確？
    (A)以成本法為原則，但得斟酌比較法及收益法估價之結果
    (B)以成本法為原則，但得斟酌比較法及計量模型分析法估價之結果
    (C)以比較法為原則，但得斟酌成本法及收益法估價之結果
    (D)以收益法為原則，但得斟酌比較法及成本法估價之結果

34. 房地折舊前淨收益為10萬元，土地淨收益為4萬元，建物收益資本化率為5%，建物價格日期當時價值未來每年折舊提存率為5%。請問建物收益價格為何？
    (A)200萬元   (B)120萬元   (C)100萬元   (D)60萬元

35. 某一不動產的貸款條件是貸款利率5%，貸款金額是不動產總值的70%，自有資金比例為30%，自有資金報酬率為3.5%，此時依貸款與自有資金比例求算資本化率時，其資本化率為何？

(A)3.5% 　　　　(B)3.95% 　　　　(C)4.55% 　　　　(D)5%

36. 公共設施用地及公共設施保留地之估價，以何種估價方法為原則？
(A)比較法 　　　　(B)成本法 　　　　(C)收益法 　　　　(D)計量模型分析法

37. 下列何者不屬於地役權估價應考慮之因素？
(A)地役權之使用性質 　　　　　　　　(B)民間習俗
(C)需役地與供役地之使用情況 　　　　(D)耕作存續期間

38. 不動產估價技術規則規範不動產租金估計，以估計勘估標的之實質租金為原則。有關前項「實質租金」之內容，下列敘述何者正確？
(A)實質租金包含押金、仲介酬金、權利金及保證金
(B)實質租金包含仲介酬金、權利金及保證金
(C)實質租金包含押金、權利金及保證金
(D)實質租金包含押金、仲介酬金及保證金

39. 「顯示當若干相似或等量的商品、財貨或服務是可取得的，最低價格者將吸引最大的需求及最廣的分配。」此一敘述係指不動產估價之何種原則？
(A)替代原則 　　　　(B)貢獻原則 　　　　(C)收益分配原則 　　　　(D)均衡原則

40. 依不動產估價技術規則之規定，農作改良物距成熟期一年以上，且有期待收穫價值者，得以何種價格為基礎，推估未來收穫價格後，折算為價格日期之價格。
(A)市場價格 　　　　(B)生產成本 　　　　(C)政府收購價格 　　　　(D)產地價格

題序	1	2	3	4	5	6	7	8	9	10	11	12	13	14	15	16	17	18	19	20
答案	C	B	D	A	D	B	D	B	A	D	C	A	C	B	A	C	B	A	C	D
題序	21	22	23	24	25	26	27	28	29	30	31	32	33	34	35	36	37	38	39	40
答案	B	C	C	D	A	D	C	B	A	C	D	B	A	D	C	A	D	C	A	D

九十八年專門職業及技術人員考試試題

等　　別：普通考試
類　　科：不動產經紀人
科　　目：不動產估價概要
考試時間：一小時三十分
座　　號：
※注意：禁止使用電子計算器。

甲、申論題部分：（50分）

㈠不必抄題，作答時請將試題題號及答案依照順序寫在申論試卷上，於本試題上作答者，不予計分。

㈡請以藍、黑色鋼筆或原子筆在申論試卷上作答。

一、請依不動產估價技術規則說明區域因素調整與個別因素調整的意義。（15分）當估價師進行比較分析勘估標的與比較標的之區域因素調整與個別因素差異，同時採用百分率法進行調整，請以列式說明：「勘估標的之區域條件相較於比較標的好10%，然而個別條件差5%」。（10分）

二、成本法使用時必須求取所謂重新建造原價，請分別說明重建成本與重置成本的意義。（10分）此外，由於隨建築物使用的效用遞減，造成估價上必須進行減價，請說明造成減價的主要因素有那些？（15分）

乙、測驗題部分：（50分）

㈠本試題為單一選擇題，請選出一個正確或最適當的答案，複選作答者，該題不予計分。

㈡共40題，每題1.25分，須用2B鉛筆在試卡上依題號清楚劃記，於本試題或申論試卷上作答者，不予計分。

1. 下列何者為建物興建之間接成本？
   (A)營造或施工費　(B)建築利潤　(C)規劃設計費　(D)人工成本

2. 主張聯合貢獻說之大樓估價，需運用下列何項比率求之？
   (A)共同部分價值比率　(B)地價分配率
   (C)樓層別效用比率　(D)專有部分價值比率

3. 可銷售之土地或建物面積乘以推定之銷售單價之乘積，依土地開發分析，該乘積係指：
   (A)土地開發分析價格　(B)建築總費用
   (C)預期總銷售金額　(D)不動產取得之總成本

4. 土地開發分析中，係以何者推估營建費用？
   (A)建物殘餘法　(B)收益資本化法　(C)成本法　(D)分配法

5. 對於大賣場等商用不動產，使用初期營收價值高、建物保養維護較佳者，宜採何種折舊方法？
   (A)定額法　(B)償還基金法　(C)定率法　(D)年數合計法

6. 下列何者係以殘餘耐用年數為權數而加速折舊的方法？
   (A)償還基金法　(B)定額法　(C)定率法　(D)年數合計法

7. 因建物結構或設計上的瑕疵，導致建物改良價值相對折舊減價的原因，係指何項因素？

(A)功能的　　　　　(B)物理的　　　　　(C)經濟的　　　　　(D)實體的

8. 不動產估價額之決定，下列何項不採行？
   (A)將各估價方式評估之價格合計後平均之
   (B)估價資料完整性
   (C)估價資料可信度高
   (D)最符合估價目的

9. 同一供需圈內，勘估標的與比較標的間，能成立什麼關係？
   (A)供需關係　　　　(B)適合關係　　　　(C)替代關係　　　　(D)預測關係

10. 下列何種因素屬於個別因素？
    (A)當地治安　　　　(B)當地氣候　　　　(C)臨路　　　　(D)污水處理廠

11. 不動產估價之評估，常運用電腦採迴歸模型，就各項特徵、數量及價格組合加總而成，試問其理論依據為何？
    (A)最高最有效使用原則　　　　　　(B)外部性原則
    (C)機會成本原則　　　　　　　　　(D)貢獻原則

12. 不動產估價常用之比較法、成本法與收益法三大評價法之基礎為何？
    (A)替代原則　　　(B)外部性原則　　　(C)均衡原則　　　(D)適合原則

13. 探討社會總體特性及確定經濟社會普遍影響不動產價格之因素者，係指：
    (A)一般因素　　　(B)區域因素　　　(C)個別因素　　　(D)特性因素

14. 下列何種估價方式，係以未來期望利益來計算不動產價值？
    (A)比較方式　　　(B)成本方式　　　(C)收益方式　　　(D)預期開發法

15. 下列何者屬於不動產市場特徵？
    (A)完全的資訊　　　　　　　　　(B)資源無法充分流通
    (C)產品之同質性　　　　　　　　(D)沒有人為干預

16. 下列何者僅適用於不具市場性之不動產估價？
    (A)特定價值　　　(B)特殊價值　　　(C)使用價值　　　(D)保險價值

17. 蒐集比較實例之價格，下列何者不宜採用？
    (A)實例價格屬正常價格　　　　　　(B)與勘估標的之使用性質相同
    (C)位於同一供需圈之近鄰地區　　　(D)交易情況無法有效掌握

18. 下列何者不屬估價先期作業之基本事項？
    (A)估價目的　　　　　　　　　　(B)蒐集資料
    (C)價格日期　　　　　　　　　　(D)確認勘估標的內容

19. 依據不動產估價技術規則，下列何者是土地建築開發之直接成本？
    (A)規劃設計費　　　(B)廣告費　　　(C)營造或施工費　　　(D)管理費

20. 下列何者非屬不動產估價技術規則規定之權利估價種類？
    (A)地上權　　　　　　　　　　　(B)租賃權
    (C)都市更新權利變換　　　　　　(D)商標權

21. 某甲向某乙承租房屋乙棟，約定每月租金為10,000元，押金2個月，假設年利率為1%，請問某甲1年支付之實質租金為多少元？
    (A)0,200元 (B)120,000元 (C)120,200元 (D)140,000元

22. 不動產租金估計，以估計勘估標的之何種租金為原則？
    (A)支付租金 (B)經濟租金 (C)實質租金 (D)契約租金

23. 評估5層樓公寓價格時，若其各層之建物價格均相同，請問是採用何種學說為基礎進行估價？
    (A)最高最有效原則 (B)建物貢獻原則 (C)土地貢獻原則 (D)聯合貢獻原則

24. 將平面地價（基地價格）作立體上下分配到各樓層的比率，稱為：
    (A)樓層別效用比 (B)土地持分比率 (C)高度價格比率 (D)地價分配率

25. 對即將進行開發之宗地，較適合運用何種方法進行估價？
    (A)分配法 (B)差額法 (C)土地開發分析法 (D)抽取法

26. 有一棟5層樓公寓，各樓層之建築面積皆相同，其中4樓單價為每坪20,000元，5樓單價為每坪25,000元，若4樓之樓層別效用比為100%，請問5樓之樓層別效用比為多少？
    (A)150% (B)130% (C)115% (D)125%

27. 建物估價，以何種估價方法估價為原則？
    (A)成本法 (B)比較法 (C)收益法 (D)定額法

28. 有關房地估價之說明，下列何者錯誤？
    (A)實際建築使用之容積率超過法定容積率之房地估價，應以實際建築使用合法部分之現況估價，並敘明法定容積對估值之影響
    (B)附有違章建築之房地估價，其違建部分以合法建築物價值之三分之一予以評估
    (C)未達最有效使用狀態之房地估價，應先求取其最有效使用狀態之正常價格，再視其低度使用情況進行調整
    (D)建物原核定用途與現行土地使用管制不符之合法建物，應以現行土地使用分區管制允許之建物用途估價，並就其與建物法定用途估價之差額於估價報告書中敘明

29. 以土地殘餘法推估基地價格，為何種學說之主張？
    (A)建物貢獻說 (B)土地貢獻說 (C)聯合貢獻說 (D)土地與建物合併貢獻說

30. 依不動產估價技術規則之規定，收益法估價蒐集勘估標的及比較標的總收入、總費用及收益資本化率或折現率等資料，應涵蓋多久期間？
    (A)最近三年間 (B)最近半年間 (C)最近兩年間 (D)最近一年間

31. 應用收益法推估勘估標的之價格時，下列何者不可列入費用項目由總收入中扣除？
    (A)地價稅 (B)房屋稅 (C)管理費 (D)土地增值稅

32. 運用收益法估計不動產價格時，下列何者不宜列入收入項目計算？

(A)租金　　　　　　(B)押金　　　　　　(C)押金運用收益　　(D)保證金運用收益

33. 依不動產估價技術規則之規定，試算價格之調整運算過程中，區域因素調整、個別因素調整或區域因素及個別因素內之任一單獨項目之價格調整率大於多少時，應排除該比較標的之適用？

(A)5%　　　　　　(B)0%　　　　　　(C)12%　　　　　　(D)15%

34. 依不動產估價技術規則之規定，應用計量模型分析法時，下列何者正確？

(A)須蒐集應用計量模型分析關係式自變數個數5倍以下之比較標的

(B)計量模型分析採迴歸分析者，其調整後判定係數不得低於零點七

(C)截距項以外其他各主要影響價格因素之係數估計值同時為零之顯著機率得大於百分之十

(D)須蒐集應用計量模型分析關係式自變數個數3倍以上之比較標的

35. 就所選用之比較標的與勘估標的不在同一近鄰地區，而產生之價格差異進行調整稱為：

(A)情況調整　　　(B)區域因素調整　　(C)個別因素調整　　(D)價格日期調整

36. 用何種方法計算建築物折舊額時，其殘餘價格不得為零？

(A)償債基金法　　(B)定額法　　　　　(C)定率法　　　　　(D)直線法

37. 有一建物樓地板面積100坪，重建成本每坪10萬元，耐用年限30年，年限期滿時之殘餘價格率為10%，請問以定額法計算該建物15年後之成本價格為何？

(A)316萬元　　　　(B)708萬元　　　　(C)550萬元　　　　(D)797萬元

38. 某一建物之重建價格為1,000萬元，耐用年限50年，年限期滿之殘價率為10%，以定額法計算該不動產每年之折舊額為何？

(A)25萬元　　　　(B)18萬元　　　　　(C)22.5萬元　　　　(D)20.5萬元

39. 重新建造與勘估標的完全相同之新建築物所需之成本稱為：

(A)直接成本　　　(B)間接成本　　　　(C)重建成本　　　　(D)重置成本

40. 建物因功能或效益衰退至不值得使用所經歷之年數稱為：

(A)實體耐用年數　(B)經濟耐用年數　(C)物理耐用年數　(D)實際經歷年數

題序	1	2	3	4	5	6	7	8	9	10	11	12	13	14	15	16	17	18	19	20
答案	C	C	C	C	B	D	A	A	C	C	D	A	A	C	B	B	D	B	C	D
題序	21	22	23	24	25	26	27	28	29	30	31	32	33	34	35	36	37	38	39	40
答案	C	C	C	D	C	D	A	B	B	B	A	D	B	D	B	B	C	C	B	B

九十九年專門職業及技術人員考試試題

等　　別：普通考試
類　　科：不動產經紀人
科　　目：不動產估價概要
考試時間：一小時三十分
座　　號：
※注意：禁止使用電子計算器。

甲、申論題部分：（50分）

　　㈠不必抄題，作答時請將試題題號及答案依照順序寫在申論試卷上，於本試題上
　　　作答者，不予計分。

　　㈡請以藍、黑色鋼筆或原子筆在申論試卷上作答。

一、收益法又稱收益資本化法，除了精準計算房地客觀淨收益外，收益資本化率或折現
　　率的有效掌握對於價格決定具有關鍵影響。請說明收益資本化率或折現率一般考慮
　　的風險因素與選擇比較基準？同時，請試舉例說明依加權平均資金成本方式決定收
　　益資本化率或折現率的計算過程與結果？（25分）

二、比較法以比較標的不動產之價格為基礎，經比較、分析與調整推算勘估標的不動產
　　之價格，請分別就情況、價格日期、區域因素與個別因素等調整內容，詳細說明調
　　整之重點為何？（25分）

乙、測驗題部分：（50分）

　　㈠本測驗試題為單一選擇題，請選出一個正確或最適當的答案，複選作答者，該
　　　題不予計分。

　　㈡共40題，每題1.25分，須用2B鉛筆在試卡上依題號清楚劃記，於本試題或申論試
　　　卷上作答者，不予計分。

1.　勘估標的選取比較標的之價格經情況調整、價格日期調整，並比較分析區域因素及個
　　別因素之差異後計算勘估標的之價格，稱為：
　　(A)比較價格　　　　(B)成本價格　　　　(C)收益價格　　　　(D)試算價格

2.　客觀上具有良好意識及通常之使用能力者，在合法、實質可能、正當合理、財務可
　　行前提下，所作得以獲致最高利益之使用的估價原則是指那一種原則呢？
　　(A)最有效使用原則　(B)均衡原則　　　　(C)適合原則　　　　(D)競爭原則

3.　運用比較法時，區域因素、個別因素調整或區域因素及個別因素內之任一單獨項目
　　之價格調整率應該以下列何者為原則來判定該比較標的與勘估標的之差異過大應排除
　　該比較標的之適用呢？

(A)任一單獨項目調整率大於30%　　　(B)任一單獨項目調整率大於15%

(C)總調整率大於15%　　　　　　　(D)總調整率小於30%

4. 直轄市或縣市政府對轄區內之土地，應經常調查其地價動態，繪製地價區段圖並估計區段地價，提經地價評議委員會評議之後，於每年1月1日公告，此乃何種價格？

(A)公告現值　　　(B)公告地價　　　(C)拍賣地價　　　(D)收購地價

5. 下列有關不動產租金估算之敘述，何者有誤？

(A)以勘估標的之實質租金為原則　　　(B)應視新訂租約與續訂租約分別為之

(C)不可將權利金之收益列入計算　　　(D)應將押金或保證金之收益列入計算

6. 抵押權估價，應估計價格日期當時勘估標的正常價格，且應以何種債權額為基礎進行估價呢？

(A)以實際債權額為基礎　　　　　　(B)以銀行認定為基礎

(C)以抵押權人信用為基礎　　　　　(D)以債權人信用為基礎

7. 按工程概算項目逐項比較勘估標的與比較標的或標準建物之差異，並依工程價格及工程數量比率進行調整，以求取勘估標的營造或施工費方法，稱之為：

(A)淨計法　　　　　　　　　　　(B)工程造價比較法

(C)單位工程法　　　　　　　　　(D)單位面積比較法

8. 根據不動產估價技術規則規定，成本法中估算勘估標的的資本利息之敘述，何者正確？

(A)應依分期投入資本數額及資本使用年數

(B)預售收入之資金應計息

(C)若勘估標的包含土地時，不應另加計土地價格

(D)自有資金之計息利率可高於1年以上活存利率

9. 如果有一個不動產每年可以獲得的淨收益是10萬元，該不動產之建築物興建成本是100萬，根據調查，該不動產的土地部分之資本化率是5%，建物部分之資本化率是1%，請問該不動產的價格是多少呢？

(A)100萬　　　(B)130萬　　　(C)160萬　　　(D)190萬

10. 根據土地法定用途、使用強度進行開發與改良所導致土地效益之變化，估算開發或建築後總銷售金額，扣除開發期間之直接成本、間接成本、資本利息及利潤後，求得之土地價格，此估價方法是依據那一種方式呢？

(A)比較法　　　　　　　　　　　(B)直接資本化法

(C)土地開發分析法　　　　　　　(D)現金流量分析法

11. 根據不動產估價技術規則之規定，採取比較法進行區域因素及個別因素差異分析調整時，可以採那種方法為其調整方法呢？

(A)百分率法　　　(B)定率法　　　(C)定額法　　　(D)差額法

12. 農作改良物之估價時，如果農作改良物距成熟期1年以上，且有期待收穫價值者，其價格應該以何者為基礎呢？

(A)依其種植及培育費用為基礎　　　　(B)依產地價格為基礎

(C)應估計其收穫量及市場價格為基礎　　(D)依作物成本費用為基礎

13. 建物經過一定時間會產生折舊，有關建物累積折舊額之計算，根據不動產估價技術規則規定應該以何為原則呢？

(A)定額法　　　　(B)定率法　　　　(C)償債基金法　　　(D)觀察法

14. 當估價師進行不動產估價時，對於附有違章建築之房地估價，有關違建部分是否需要評估呢？

(A)違建部分一定要評估。並需就合法建物及違建部分於估價報告書中合併計算其價值

(B)違建部分不予以評估。但委託人要求評估其價值，並就合法建物及違建部分於估價報告書中分別標示各該部分之價格者，不在此限

(C)違建部分一定要評估。但委託人要求評估其價值，可就合法建物及違建部分於估價報告書中分別標示各該部分之價格者

(D)違建部分不予以評估。但受託人可自行斟酌其價值

15. 要使不動產創造最高價值，其生產要素間要達到最適配置，請問此屬於何種原則？

(A)貢獻原則　　　(B)適合原則　　　(C)均衡原則　　　(D)收益分配原則

16. 根據不動產估價技術規則規定，實際建築使用之容積率超過法定容積率之房地估價，應以何種容積估價呢？

(A)以法定容積估價

(B)以實際建築使用合法部分之現況估價

(C)根據法定容積或是實際建築使用合法部分擇一估價

(D)根據重新測量所得面積估價

17. 根據不動產估價技術規則規定，下列那些不是不動產權利估價範圍呢？

(A)地上權估價　　(B)典權估價　　　(C)質權估價　　　(D)地役權估價

18. 運用比較法進行估價時，將影響勘估標的及比較標的價格差異之區域因素及個別因素逐項比較，並依優劣程度或高低等級所評定之差額進行價格調整之方法，係指：

(A)百分率法　　　(B)差額法　　　　(C)區域分析法　　　(D)個別因素法

19. 不動產估價時，對於土地與建物結合體於市場形成之不動產價格中，扣除土地、建物成本外，其餘部分認為是來自土地與建物之價值，此一原則係指：

(A)土地貢獻原則　　　　　　　　　(B)建物貢獻原則

(C)土地建物聯合貢獻原則　　　　　(D)均衡原則

20. 根據不動產估價技術規則之規定，基於續定租約或不動產合併為目的形成之租賃價值，並以貨幣金額表示者，稱為：

(A)正常租金　　　(B)特定租金　　　(C)限定租金　　　(D)特殊價格

21. 若勘估標的同時包含土地與建物，但視為無建物存在之素地進行估價，稱之為何？

(A)部分估價　　　(B)獨立估價　　　(C)限制估價　　　(D)特殊估價

22. 請問對於不動產估價而言，兩岸簽訂ECFA屬於何種因素？
(A)一般因素　　　(B)區域因素　　　(C)個別因素　　　(D)特定因素
23. 下列不動產價格影響因素中何者屬於個別因素？
(A)興建焚化爐　　(B)捷運站規劃　　(C)臨街寬度　　　(D)設置加油站
24. 下列何種原則強調不動產與其坐落環境間之關係？
(A)適合原則　　　(B)均衡原則　　　(C)預測原則　　　(D)貢獻原則
25. 對都市邊緣未來有可能變更為建地之農地進行估價，其價格種類為何？
(A)正常價格　　　(B)限定價格　　　(C)特定價格　　　(D)特殊價格
26. 建築物因功能或效益衰退至不值得使用所經歷之年數，稱之為何？
(A)物理耐用年數　(B)化學耐用年數　(C)經濟耐用年數　(D)建築耐用年數
27. 比較標的與勘估標的間能成立替代關係，且其價格互為影響之最適範圍稱之為何？
(A)生活圈　　　　(B)類似地區　　　(C)近鄰地區　　　(D)同一供需圈
28. 採用計量模型分析法進行不動產估價時，不須符合下列何種條件？
(A)須蒐集應用計量模型分析關係式自變數5倍以上的比較標的
(B)計量模型分析關係式之自變數不得少於3個
(C)迴歸分析者，其調整後的判定係數不得低於零點七
(D)截距項以外其他各主要影響因素之係數估計值同時為零之顯著機率不得大於百分之五
29. 下列有關直接資本化法之敘述何者正確？
(A)為成本法之一種
(B)所求得之價格為比較價格
(C)應使用勘估標的未來平均1年之客觀淨收益
(D)應使用勘估日期當時適當之收益資本化率
30. 以不動產證券化為目的，採折現現金流量分析估價時，各期淨收益採勘估標的之何種租金計算為原則？
(A)預期租金　　　(B)歷史租金　　　(C)市場租金　　　(D)契約租金
31. 應用收益法進行不動產估價時，勘估標的總費用之計算，不包括下列何種項目？
(A)地價稅　　　　　　　　　(B)房屋稅
(C)所得稅　　　　　　　　　(D)建物之折舊提存費
32. 勘估標的如果是區分所有建物時，以其房地價格推估該區分所有建物基地單價時，下列估計方式的敘述何種有誤？
(A)該區分所有建物基地權利價格＝該區分所有建物房地價格－該區分所有建物之建物成本價格
(B)該區分所有建物之基地權利單價＝該區分所有建物基地權利價格／該區分所有建物之基地持分面積
(C)基地單價＝該區分所有建物之基地權利單價×平均地價分配率／該區分所有建

　　　　物之地價分配率

(D)基地單價＝該區分所有建物基地持分價格×該區分所有建物之基地持分面積

33. 土地開發分析法屬於何種不動產估價方法？

(A)比較法　　　　　(B)收益法　　　　　(C)成本法　　　　　(D)計量模型分析法

34. 下列何者非估計勘估標的之營造或施工費時應包括之成本？

(A)稅捐　　　　　(B)間接人工費　　　　(C)資本利息　　　　(D)廣告費

35. 下列有關收益法之敘述，何者有誤？

(A)有效總收入減總費用即為淨收益

(B)營運性不動產之總費用應加計營運費用

(C)勘估標的包含建物時，不應加計建物之折舊提存費

(D)應蒐集勘估標的及與其特性相同或相似之比較標的最近三年間總收入、總費用
　　及收益資本化率或折現率等資料

36. 依建築細部工程之各項目單價，乘以該工程施工數量，並合計之，此方法為何？

(A)工程造價比較法　(B)單位工程法　　　(C)淨計法　　　　　(D)單位面積比較法

37. 下列有關土地開發分析法之敘述，何者正確？

(A)主要估計開發或建築前之土地開發分析價格

(B)不應將開發期間的資本利息列入成本考量

(C)不應將開發利潤列入考量

(D)預期總銷售金額應按法定容積面積乘上推定之銷售單價計算

38. 下列有關成本法中估算勘估標的資本利息之敘述何者錯誤？

(A)應依分期投入資本數額及資本使用年數計息

(B)自有資金不應計息

(C)若勘估標的包含土地時，土地價格亦應計息

(D)資本利息之計算應按各項費用之合計額乘上利率計算

39. 利用比較法進行估價時，若比較標的之個別因素較勘估標的差5%，則個別因素調
整率為多少？

(A)100/95　　　　　(B)95/100　　　　　(C)100/105　　　　(D)105/100

40. 下列有關樓層別效用比之敘述，何者有誤？

(A)不同類型建物之樓層別效用比會不同

(B)不同地區建物之樓層別效用比會不同

(C)同一棟建物中，愈高的樓層其效用比也愈高

(D)主要是因為不同樓層之高度、可及性、寧適性、景觀、避難時效差異所產生

題序	1	2	3	4	5	6	7	8	9	10	11	12	13	14	15	16	17	18	19	20
答案	D	A	B	A	C	A	B	A	#	C	A	B	A	B	C	B	C	B	C	C

題序	21	22	23	24	25	26	27	28	29	30	31	32	33	34	35	36	37	38	39	40
答案	B	A	C	A	C	C	D	B	C	D	C	D	C	D	C	B	A	B	A	C
備註	第9題一律給分。																			

一〇〇年專門職業及技術人員考試試題

等　　別：普通考試
類　　科：不動產經紀人
科　　目：不動產估價概要
考試時間：一小時三十分
座　　號：
※注意：可以使用電子計算器。

甲、申論題部分：（50分）

　　㈠不必抄題，作答時請將試題題號及答案依照順序寫在申論試卷上，於本試題上
　　　作答者，不予計分。

　　㈡請以藍、黑色鋼筆或原子筆在申論試卷上作答。

一、運用土地開發分析法進行估價，除了必須確定開發計畫之可銷售土地與建築面積，
　　同時估算總銷售金額與各項成本及相關費用，還有更重要的是如何有效選擇適當之
　　利潤率及資本利息綜合利率，試說明利潤率及資本利息綜合利率計算依據與方法？
　　（25分）

二、替代原則為三大估價法（成本法、比較法與收益法）之基礎，試說明該原則於三大
　　估價法運用時之基本考量，以及實務上如何觀察並掌握不動產相互間的替代性？
　　（25分）

乙、測驗題部分：（50分）

　　㈠本測驗試題為單一選擇題，請選出一個正確或最適當的答案，複選作答者，該
　　　題不予計分。

　　㈡共40題，每題1.25分，須用2B鉛筆在試卡上依題號清楚劃記，於本試題或申論試
　　　卷上作答者，不予計分。

1.　政策宣示不動產交易將採實價登錄，此於不動產估價中屬於影響價格的何種因素？
　　(A)特殊因素　　　　　(B)個別因素　　　　　(C)區域因素　　　　　(D)一般因素

2.　飛航管制對於建築高度之限制，此於不動產估價中屬於影響價格的何種因素？
　　(A)特殊因素　　　　　(B)個別因素　　　　　(C)區域因素　　　　　(D)一般因素

3. 不動產座北朝南，此於不動產估價中屬於影響價格的何種因素？
   (A)特殊因素　　　　(B)個別因素　　　　(C)區域因素　　　　(D)一般因素

4. 下列因素那些屬於影響地價之一般因素？①利率　②位置　③道路寬度　④土地形狀　⑤土地政策
   (A)①③　　　　　(B)②④　　　　　(C)①⑤　　　　　(D)①②③④⑤

5. 勘估標的距離捷運車站之遠近爲下列何種影響因素？
   (A)區域因素　　　　(B)個別因素　　　　(C)特別因素　　　　(D)一般因素

6. 公寓新增電梯設備，提高了該棟建物之價值，屬於：
   (A)貢獻原則　　　　(B)外部性原則　　　(C)預測原則　　　　(D)適合原則

7. 下列何者爲成本法重置成本之成立依據？
   (A)最有效使用原則　(B)競爭原則　　　　(C)替代原則　　　　(D)均衡原則

8. 不動產之特性與其外部環境達成協調一致，是爲何種原則？
   (A)外部性原則　　　(B)適合原則　　　　(C)貢獻原則　　　　(D)最有效使用原則

9. 不動產估價之價格種類，包括下列那些？①一般價格　②正常價格　③限定價格　④特定價格　⑤特別價格
   (A)②③④　　　　　(B)①②③④　　　　(C)①③④⑤　　　　(D)②③④⑤

10. 下列何者屬於限定價格？①租賃權與租賃地合併之買賣　②企業資產重估　③違反經濟合理性之不動產分割買賣　④學校或公益使用之不動產估價
    (A)①③　　　　　(B)①②③　　　　　(C)①③④　　　　　(D)①②③④

11. 運用成本法進行不動產估價，下列何者不需納入計算？
    (A)土地總成本　　　(B)建物總成本　　　(C)建物累積折舊額　(D)土地增值

12. 依不動產估價技術規則之規定，計算建物折舊額時應以何種年數爲主？
    (A)物理耐用年數　　(B)經濟耐用年數　　(C)資本使用年數　　(D)調整耐用年數

13. 雙併公寓同層打通之住宅，其市場出售價格應以何種價格評估？
    (A)正常價格　　　　(B)特定價格　　　　(C)限定價格　　　　(D)特殊價格

14. 計量模型分析法爲何種估價方法之應用？
    (A)成本法　　　　　(B)原價法　　　　　(C)比較法　　　　　(D)收益法

15. 林君將其所有不動產賣給女兒，成交價格爲2,000萬元，經判斷此一價格較正常價格便宜2成。請問在其他條件不變下，該不動產之正常價格爲多少？
    (A)1,600萬元　　　(B)1,666萬元　　　(C)2,400萬元　　　(D)2,500萬元

16. 依不動產估價技術規則規定，以成本法推估建物折舊前之價格時，以求取何種成本爲原則？
    (A)重製成本　　　　(B)重置成本　　　　(C)重建成本　　　　(D)營造成本

17. 因接近行動電話基地臺而引起之價值減損，屬於下列何種因素？
    (A)物理的因素　　　(B)功能的因素　　　(C)特殊的因素　　　(D)經濟的因素

18. 下列何者不屬於營造或施工費應考量之項目？

(A)銷售費　　　　　(B)稅捐　　　　　(C)資本利息　　　　(D)利潤

19. 下列有關比較法之敘述，何者正確？
    (A)經檢討後試算價格之間差距達15%以下者，應排除該試算價格之適用
    (B)進行個別因素調整時，任一單獨項目之價格調整率大於20%時，不應排除該比較標的之適用
    (C)進行區域因素調整時，任一單獨項目之價格調整率大於30%時，不應排除該比較標的之適用
    (D)經檢討後試算價格之間差距達20%以上者，應排除該試算價格之適用

20. 有一土地平均每年之淨收益為50萬元整，而土地的資本化率皆為年利率5%，請問該土地之價格？
    (A)2,100萬元　　　(B)900萬元　　　　(C)1,000萬元　　　(D)1,800萬元

21. 下列那些價格不宜直接視為正常交易價格，於無法掌握調整時，應不予採用。①親友間之買賣　②法院拍賣　③賣方支付土地增值稅之交易　④期待變更之價格
    (A)①②③　　　　　(B)①②④　　　　(C)②③④　　　　(D)①②③④

22. 勘估標的與比較標的若因樓層之不同，而有100萬元的價格調整。此調整屬於下列何種方法之運用？
    (A)差額法　　　　　(B)定額法　　　　(C)定率法　　　　(D)百分率法

23. 某店面每月租金8萬元，押金為3個月租金額，銀行定存年利率3%，空置損失約占總收入之8%，該不動產之有效總收入為：
    (A)88.98萬元／年　(B)96萬元／年　　(C)96.72萬元／年　(D)120萬元／年

24. 某一不動產之土地價格為600萬元，建築物價格為400萬元，已知土地之個別資本化率為5%，建築物之個別資本化率為8%，請問該不動產之綜合資本化率為：
    (A)13%　　　　　　(B)3%　　　　　　(C)6.2%　　　　　(D)7.2%

25. 下列何者不宜列入收益法中總費用之項目？
    (A)地租　　　　　　(B)貸款利息　　　(C)保險費　　　　(D)維修費

26. 依不動產估價技術規則之規定，下列何者非以比較法估價為原則？
    (A)公共設施保留地　(B)池沼　　　　　(C)建物　　　　　(D)墓地

27. 對具永續性固定收益之土地，以直接資本化法評估其價值，如於第0年年初評得其價值為A、第5年年初評得其價值為B，則兩者關係如何？
    (A)A＞B　　　　　(B)A＝B　　　　　(C)A＜B　　　　　(D)不一定

28. 直接資本化法之資本化率為下列何者間關係？
    (A)自有資金與貸款額　　　　　　　　(B)有效收益與價值
    (C)毛收益與價值　　　　　　　　　　(D)淨收益與價值

29. 都市更新權利變換後區分所有建物及其土地應有部分應考量之因素，應以何種價格查估之？
    (A)估價當時之新成屋價格　　　　　　(B)評價基準日當時之新成屋價格

(C)估價當時之預售屋價格　　　　　　　(D)評價基準日當時之預售屋價格

30. 不動產估價報告中常表明評估價格適用的有效期間，此係下列何種原則的具體考量？

(A)替代原則　　　　(B)競爭原則　　　　(C)最有效使用原則　(D)變動原則

31. 應用直接資本化法推算不動產淨收益時，下列那些項目不應列入費用項？①地價稅及房屋稅　②房屋貸款的利息　③改良性資本支出　④土地增值稅　⑤租金收入所產生的所得稅

(A)②③⑤　　　　　(B)③④⑤　　　　　(C)②③④⑤　　　　(D)①②③④⑤

32. 不動產估價技術規則規定：「建物已不具備使用價值，將其基地視爲素地估價」，此爲：

(A)部分估價　　　　(B)獨立估價　　　　(C)限制估價　　　　(D)特殊估價

33. 不動產於市場上以最有效利用方式利用所能產生的收益，稱爲：

(A)支付租金　　　　(B)實質租金　　　　(C)差額租金　　　　(D)經濟租金

34. 樓層別效用比係以何種學說爲基礎？

(A)土地與建物聯合貢獻說　　　　　　　(B)土地貢獻說
(C)建物貢獻說　　　　　　　　　　　　(D)最有效使用原則

35. 有一棟公寓其平均樓層別效用比爲124%，全棟建物成本占全棟房地總價格之60%，1樓之樓層別效用比爲150%，1樓之地價分配率爲：

(A)74.4%　　　　　(B)75.6%　　　　　(C)159%　　　　　(D)150%

36. 應用直接資本化法估價時，已知獲利率爲5%、收益年增率爲2%，則直接資本化率應採下列何者較佳？

(A)7%　　　　　　　(B)5%　　　　　　　(C)3%　　　　　　　(D)2%

37. 以差額租金還原法所得出之價格爲：

(A)所有權價格　　　(B)經濟租金　　　　(C)實質租金　　　　(D)租賃權價格

38. 兩宗土地合併後整體利用，合併後價格爲1,000萬元，其合併前價格分別爲300萬元及500萬元，則對於原來500萬元之土地，其合併後價格應爲：

(A)600萬元　　　　(B)700萬元　　　　(C)625萬元　　　　(D)425萬元

39. 林乙向王甲承租房屋，每月支付的實質租金爲10,000元，這棟房屋如於市場上重新出租，合理租金爲16,000元。假設王甲、林乙對該租金增加的貢獻各半，請問於王甲考慮續約的情況下，其合理的租金應該調整爲多少？

(A)10,000元　　　　(B)13,000元　　　　(C)16,000元　　　　(D)19,000元

40. 依不動產估價技術規則規定，承租人每期支付予出租人之租金，加計押金或保證金、權利金及其他相關運用收益之總數，稱爲？

(A)純租金　　　　　(B)支付租金　　　　(C)實質租金　　　　(D)經濟租金

題號	1	2	3	4	5	6	7	8	9	10	11	12	13	14	15	16	17	18	19	20
答案	D	C	B	C	B	A	C	B	A	A	D	B	A	C	D	C	D	A	D	C
題號	21	22	23	24	25	26	27	28	29	30	31	32	33	34	35	36	37	38	39	40
答案	B	A	A	C	B	C	B	D	B	D	C	B	D	A	B	C	D	C	B	C

一○一年專門職業及技術人員考試試題

等　　別：普通考試
類　　科：不動產經紀人
科　　目：不動產估價概要
考試時間：一小時三十分
座　　號：
※注意：禁止使用電子計算器。

甲、申論題部分：（50分）

㈠不必抄題，作答時請將試題題號及答案依照順序寫在申論試卷上，於本試題上
作答者，不予計分。

㈡請以藍、黑色鋼筆或原子筆在申論試卷上作答。

一、不動產估價技術規則規定有那三種主要估價方法？試說明之，並敘述其估價之程
序。（25分）

二、何謂經濟租金？何謂實質租金？何謂支付租金？某甲以低於市場行情一成的租金向
某乙承租房屋一年，言明月租金9,000元、押金兩個月，於一年期定存利率2%下，
請問年經濟租金、實質租金、支付租金各為多少？（25分）

乙、測驗題部分：（50分）

㈠本測驗試題為單一選擇題，請選出一個正確或最適當的答案，複選作答者，該
題不予計分。

㈡共40題，每題1.25分，須用2B鉛筆在試卡上依題號清楚劃記，於本試題或申論試
卷上作答者，不予計分。

1. 下列那些因素屬於影響土地價格之個別因素？①土地形狀　②土地面積　③貸款利
　率　④地價稅稅率

　(A)①②　　　　　　(B)③④　　　　　　(C)①②④　　　　　(D)②③④

2. 歐債風暴對臺灣不動產市場的影響，此於不動產估價中屬於影響價格的何種因素？

　(A)特殊因素　　　　(B)個別因素　　　　(C)區域因素　　　　(D)一般因素

3.　於民國100年評估一棟20年前建造、樓地板面積200坪之建物，該建物之建築成本於民國80年每坪5萬元、100年每坪10萬元，如經濟耐用年數為50年、殘餘價格率為10%。若採定額法折舊，請問該建物之成本價格為何？

(A)720萬元　　　　　(B)1,000萬元　　　　　(C)1,280萬元　　　　　(D)2,000萬元

4.　依不動產估價技術規則規定，勘估標的營造費求取方式中稱直接法者分為那兩種？
①淨計法　②單位工程法　③工程造價比較法　④單位面積比較法　⑤粗算法

(A)①②　　　　　　(B)②③　　　　　　(C)③④　　　　　　(D)④⑤

5.　政府提出桃園航空城開發案，將帶動周邊地價上漲，此係下列何項原則的表現？

(A)競爭原則　　　　(B)貢獻原則　　　　(C)預期原則　　　　(D)適合原則

6.　下列相關原則的陳述何者最不適宜？

(A)公園對地價的影響係基於外部性原則

(B)老舊公寓價格飆漲係基於均衡原則

(C)不動產有行無市呈現變動原則

(D)在偏遠地區興建大廈卻無法創造利潤係因未能掌握最有效使用原則

7.　土地徵收補償市價查估與區段式公告土地現值查估相較，兩者主要的差異在於下列那一影響不動產價格因素調整的考量？

(A)個別因素　　　　(B)區域因素　　　　(C)一般因素　　　　(D)特別因素

8.　下列何者不屬於從事不動產估價前需確定之基本事項？

(A)價格種類　　　　　　　　　　　(B)勘察日期

(C)勘估標的權利狀態　　　　　　　(D)估價條件

9.　下列那些項目屬於不動產估價技術規則所指之勘估標的？①果樹　②房屋　③智慧財產權　④地上權　⑤租賃權

(A)③④⑤　　　　　(B)②③④⑤　　　　(C)①②④⑤　　　　(D)①②③④⑤

10.　不動產估價所稱之價格日期係指：

(A)接受委託估價之日期　　　　　　(B)赴勘估標的現場調查之日期

(C)估價報告書提出之日期　　　　　(D)估價報告書上勘估標的價格之日期

11.　下例何者屬於具有市場性之價格？①正常價格　②限定價格　③特殊價格　④特定價格

(A)①②　　　　　　(B)①②③　　　　　(C)①②④　　　　　(D)①②③④

12.　營造費＝〔Σ（標準建物工程概算項目每坪單價×單價調整率）〕×總面積，此可為下列何種方法之計算公式？

(A)淨計法　　　　　(B)單位工程法　　　(C)工程造價比較法　(D)單位面積比較法

13.　運用比較法選擇實例的條件，下列何者最不適宜？

(A)必須與勘估標的使用性質相符　　(B)必須為正常價格

(C)必須與勘估標的地點相近　　　　(D)必須為一個月以內之實例

14.　運用成本法估計建築物價格時，如採定額法折舊，則求取建築物累積折舊之公式

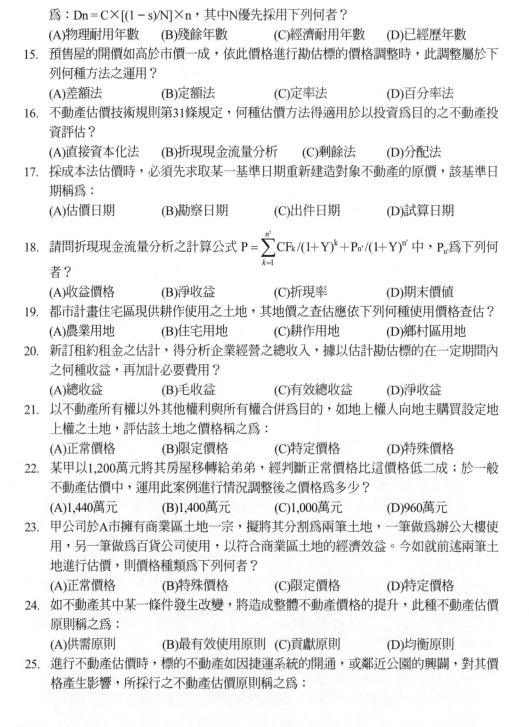

為：Dn＝C×[(1－s)/N]×n，其中N優先採用下列何者？

　　(A)物理耐用年數　　(B)殘餘年數　　　　(C)經濟耐用年數　　(D)已經歷年數

15. 預售屋的開價如高於市價一成，依此價格進行勘估標的價格調整時，此調整屬於下列何種方法之運用？

　　(A)差額法　　　　　(B)定額法　　　　　(C)定率法　　　　　(D)百分率法

16. 不動產估價技術規則第31條規定，何種估價方法得適用於以投資為目的之不動產投資評估？

　　(A)直接資本化法　　(B)折現現金流量分析　　(C)剩餘法　　　(D)分配法

17. 採成本法估價時，必須先求取某一基準日期重新建造對象不動產的原價，該基準日期稱為：

　　(A)估價日期　　　　(B)勘察日期　　　　(C)出件日期　　　　(D)試算日期

18. 請問折現現金流量分析之計算公式 $P = \sum_{k=1}^{n'} CF_k/(1+Y)^k + P_{n'}/(1+Y)^{n'}$ 中，P_n為下列何者？

　　(A)收益價格　　　　(B)淨收益　　　　　(C)折現率　　　　　(D)期末價值

19. 都市計畫住宅區現供耕作使用之土地，其地價之查估應依下列何種使用價格查估？

　　(A)農業用地　　　　(B)住宅用地　　　　(C)耕作用地　　　　(D)鄉村區用地

20. 新訂租約租金之估計，得分析企業經營之總收入，據以估計勘估標的在一定期間內之何種收益，再加計必要費用？

　　(A)總收益　　　　　(B)毛收益　　　　　(C)有效總收益　　　(D)淨收益

21. 以不動產所有權以外其他權利與所有權合併為目的，如地上權人向地主購買設定地上權之土地，評估該土地之價格稱之為：

　　(A)正常價格　　　　(B)限定價格　　　　(C)特定價格　　　　(D)特殊價格

22. 某甲以1,200萬元將其房屋移轉給弟弟，經判斷正常價格比這價格低二成；於一般不動產估價中，運用此案例進行情況調整後之價格為多少？

　　(A)1,440萬元　　　　(B)1,400萬元　　　　(C)1,000萬元　　　(D)960萬元

23. 甲公司於A市擁有商業區土地一宗，擬將其分割為兩筆土地，一筆做為辦公大樓使用，另一筆做為百貨公司使用，以符合商業區土地的經濟效益。今如就前述兩筆土地進行估價，則價格種類為下列何者？

　　(A)正常價格　　　　(B)特殊價格　　　　(C)限定價格　　　　(D)特定價格

24. 如不動產其中某一條件發生改變，將造成整體不動產價格的提升，此種不動產估價原則稱之為：

　　(A)供需原則　　　　(B)最有效使用原則　　(C)貢獻原則　　　(D)均衡原則

25. 進行不動產估價時，標的不動產如因捷運系統的開通，或鄰近公園的興闢，對其價格產生影響，所採行之不動產估價原則稱之為：

(A)貢獻原則　　　　(B)外部性原則　　　(C)收益分配原則　　(D)最有效使用原則

26. 於不動產估價時，所謂物理的耐用年數，係指：
    (A)建築改良物從興建完成，至不堪使用的期間
    (B)建築改良物對不動產價值具有貢獻的一段期間
    (C)建築改良物從興建完成，至毀損的期間
    (D)建築改良物從興建完成，至其經濟壽命結束的期間

27. 以定額法計算建築物折舊額時，係假定在不動產耐用期間：
    (A)每年乘以一定比率計算折舊額
    (B)期初先確定減價額，累計時呈現減價額遞減
    (C)每年之減價額劃一計算，與經過年數逐年累計
    (D)每年折舊提存一定金額，以複利計算其總減價額

28. 採土地開發分析法進行不動產估價時，其基本之假設前提為：
    (A)必須符合法定容積之規定為上限進行開發
    (B)必須以預售方式為前提
    (C)必須以個別投資廠商之利潤率為依據
    (D)必須於開發完成時取得全部房地銷售金額

29. 使用買賣實例比較法，如訪得之買賣實例其交易價格，係因屋主急於脫手而出售，此係：
    (A)一般購買者不易參加，應進行個別因素修正
    (B)利害關係人交易，應進行情況修正
    (C)交易時具特別動機，應進行情況修正
    (D)將負擔由購買者承受，應進行期日修正

30. 進行不動產估價時，對營運性不動產淨收益，應扣除非屬於不動產所產生的其他淨收益，以免高估不動產本身所產生的淨收益，此估價原則稱之為：
    (A)適合原則　　　　(B)收益分配原則　　(C)外部性原則　　　(D)最有效使用原則

31. 以收益為目的而出租之不動產在進行不動產估價時，何者應列入總費用，加以扣除？
    (A)抵押債務利息　　(B)租賃所得稅　　　(C)維護修繕費　　　(D)自有資本之利息

32. 下列何者能反映租賃不動產經濟價值的租金？
    (A)實質租金　　　　(B)經濟租金　　　　(C)支付租金　　　　(D)差額租金

33. 從已知投資成分的價值，乘以資本化率，求得其收益後，由總收益中扣除，進而求得未知投資成分之價格的方法，上述方法稱為：
    (A)分配法　　　　　(B)積算法　　　　　(C)殘餘法　　　　　(D)收益倍數法

34. 對房地結合所產生之超額利潤之歸屬，採土地貢獻說者，主要係基於下列何者？
    (A)土地經營管理之貢獻　　　　　　(B)土地區位特性之貢獻
    (C)土地取得成本之貢獻　　　　　　(D)土地開發投資之貢獻

35. 某棟建物耐用年數為50年，殘價率為10%，該建物每年折舊率為：
    (A)1.8%　　　　　(B)2.0%　　　　　(C)1.5%　　　　　(D)2.4%

36. 進行不動產估價時，所謂獨立估價，係指：
    (A)土地上有建築物，但估價時將土地與建物併同估價
    (B)土地上無建築物，但估價時假設土地與建物併同估價
    (C)土地上有建築物，但估價時將土地視為素地加以估價
    (D)土地上無建築物，但估價時視為存有地上權加以估價

37. 以收益法估價時，對於折舊前及折舊後的純收益，使用資本化率還原，應如何處理？
    (A)折舊前的純收益，應僅以資本化率還原
    (B)折舊後的純收益，應僅以資本化率還原
    (C)折舊後的純收益，應以資本化率加折舊率還原
    (D)折舊前的純收益，應僅以折舊率加以還原

38. 不動產估價為能確切掌握土地所有權、面積、土地界線及鄰地地號，應取得之資料為下列何者？
    (A)土地登記簿謄本及地籍圖　　　　　(B)地籍圖及都市計畫圖
    (C)土地登記簿謄本及建物登記簿謄本　(D)土地登記簿謄本及地形圖

39. 乙將房屋出租與丙，每月租金10,000元，押金30,000元，押金利率為1%，若該區房屋空置率為25%，則乙出租房屋的年有效總收入為：
    (A)120,000元　　　(B)95,000元　　　(C)90,300元　　　(D)90,000元

40. 就目前房屋課稅價格，經常發生樓上層納稅義務人，因為各層建物價格未加以分層分攤，導致樓上層與地面層的房屋稅課稅單價相差無幾，如從不動產估價的觀點，以前述建物價格計算各樓層地價時，主要係以何種觀點進行？
    (A)土地貢獻原則　　　　　　　　　　(B)建物貢獻原則
    (C)聯合貢獻原則　　　　　　　　　　(D)收益遞增遞減原則

題序	1	2	3	4	5	6	7	8	9	10	11	12	13	14	15	16	17	18	19	20
答案	A	D	C	A	C	B	A	B	C	D	C	C	D	C	D	B	#	D	B	D
題序	21	22	23	24	25	26	27	28	29	30	31	32	33	34	35	36	37	38	39	40
答案	B	D	A	C	B	A	C	D	C	B	C	B	C	B	A	C	B	A	C	A
備註	第17題一律給分。																			

一○二年專門職業及技術人員考試試題

等　　別：普通考試
類　　科：不動產經紀人
科　　目：不動產估價概要
考試時間：一小時三十分
座　　號：
※注意：可以使用電子計算器。

甲、申論題部分：（50分）

㈠不必抄題，作答時請將試題題號及答案依照順序寫在申論試卷上，於本試題上作答者，不予計分。

㈡請以藍、黑色鋼筆或原子筆在申論試卷上作答。

一、運用比較法進行估價時，比較標的有那些情況會影響交易價格，且無法有效掌握及量化調整者，應不予採用？（25分）

二、現有一筆建地，土地面積1600坪，位於都市計畫住宅區，建蔽率50%，容積率225%，所在地區生活機能健全，土地現況不需整地為可建築狀態。根據最有效利用原則確立未來土地開發方式為興建透天住宅，在計算開發完成之總銷售面積與蒐集市場行情之後，得知一年後建築完成之預期總銷售金額為新臺幣12億4200萬元（一年之資金折現率為1.33%），建築所需的直接成本為新臺幣1億8000萬元，資本利息綜合利率為1.94%，開發商的要求利潤率為20%，規劃設計費用為營造費用的3%，廣告銷售費用為總銷售金額的5%，稅捐費用為總銷售金額的1%，管理費用為總銷售金額的3%，施工期間1年。請以土地開發分析法推估該土地的試算價格。（25分）

乙、測驗題部分：（50分）

㈠本測驗試題為單一選擇題，請選出一個正確或最適當的答案，複選作答者，該題不予計分。

㈡共40題，每題1.25分，須用2B鉛筆在試卡上依題號清楚劃記，於本試題或申論試卷上作答者，不予計分。

1. 特種貨物與勞務稅（俗稱奢侈稅）近日研議之修法動向，對不動產市場之影響，是屬於下列何種因素？

　(A)一般因素　　　(B)區域因素　　　(C)個別因素　　　(D)期待因素

2. 下列何者較接近不動產估價價格種類中之正常價格？

　(A)臺北市精華區標售國有土地價格

(B)實價登錄之價格

(C)奢侈稅經主管機關認定低報之銷售價格

(D)土地徵收補償所查估之市價

3. 不動產估價應先確定價格種類，如估價師受託辦理釣魚台估價，你認為應屬於何種價格？

(A)正常價格　　　(B)限定價格　　　(C)特定價格　　　(D)特殊價格

4. 在不考慮時間、高風險或不便利等因素下，審慎的消費者不會支付高於財貨或勞務成本之代價，以取得一相同滿意度的替代性財貨或勞務。以上觀念是屬於何種估價原則？

(A)競爭原則　　　(B)供需原則　　　(C)替代原則　　　(D)預測原則

5. 依不動產估價技術規則規定，不動產估價師蒐集比較實例應依據之原則，下列敘述何者錯誤？

(A)實例價格形成日期與勘估標的之價格日期接近者

(B)與勘估標的使用性質或使用分區管制相同或相近者

(C)與勘估標的位於同一供需圈之近鄰地區或類似地區者

(D)實例之價格與勘估標的價格種類相同之特定或限定價格者

6. 因應財政部查稅及不動產資本利得稅改採實價認定之議題發酵，投資客黃先生於兩個月前，以低於當時市價1成急忙出售房地產一筆，成交價格為新臺幣1000萬元。如近兩個月房價又下跌5%，則目前市價行情為何？

(A)新臺幣950萬元　(B)新臺幣1100萬元　(C)新臺幣1045萬元　(D)新臺幣1056萬元

7. 某份不動產估價報告書比較法三個比較標的價格為：新臺幣12.9、12.6、13.7萬元／坪，所推估勘估標的之試算價格分別為：新臺幣10、9、11.5萬元／坪，下列敘述何者正確？

(A)比較標的一調幅違反規定

(B)比較標的二調幅違反規定

(C)比較標的二及比較標的三試算價格差距違反規定

(D)勘估標的整體條件較比較標的佳

8. 依不動產估價技術規則規定，以不動產證券化為估價目的，採折現現金流量分析估價時，下列敘述何者錯誤？

(A)各期淨收益應以勘估標的之契約租金計算為原則

(B)因情況特殊不宜採契約租金估價者得敘明

(C)契約租金未知者，應以限定租金推估淨收益

(D)總費用應依信託計畫資料加以推算

9. 依不動產估價技術規則規定，收益法估價程序有六個項目如下：①計算收益價格 ②推算有效總收入 ③蒐集總收入、總費用及收益資本化率或折現率等資料 ④推算總費用 ⑤計算淨收益 ⑥決定收益資本化率或折現率。其估價步驟順序以下何

　者正確？

(A)⑤③①⑥④②　　(B)②①⑤⑥④③　　(C)⑥④③①⑤②　　(D)③②④⑤⑥①

10. 不動產估價收益法之總費用估算項目，不包含下列何者？

(A)地價稅或地租　　(B)房屋稅　　　　(C)所得稅　　　　(D)維修費

11. 收益資本化率之擇定如採風險溢酬法，下列敘述何者錯誤？

(A)應考慮銀行定期存款利率、政府公債利率、不動產投資之風險性、貨幣變動狀況及不動產價格之變動趨勢等因素

(B)選擇最具特殊性財貨之投資報酬率為基準

(C)比較觀察該投資財貨與勘估標的個別特性之差異

(D)需就流通性、風險性、增值性及管理上之難易程度等因素加以比較決定之

12. 若某不動產之建物經濟耐用年數50年、經歷年數20年、殘價率10%，於收益法估價時，建物價格日期當時價值未來每年折舊提存率為何？

(A)0.018　　　　　(B)0.036　　　　　(C)0.05　　　　　(D)0.028

13. 土地徵收補償估價時，因無買賣實例而採徵收區段內透天租賃實例，如折舊前房地淨收益每年新臺幣25萬元、建物價格日期當時價值未來每年折舊提存率2.5%、建物淨收益推算為每年新臺幣10萬元、土地收益資本化率3%，則土地收益價格為新臺幣多少萬元？

(A)500萬元　　　　(B)833萬元　　　　(C)455萬元　　　　(D)273萬元

14. 成本法操作中，使用與勘估標的相同或極類似之建材標準、設計、配置及施工品質，於價格日期重新複製建築所需之成本，係指下列何者？

(A)重造成本　　　　(B)重建成本　　　　(C)重置成本　　　　(D)提撥成本

15. 不動產估價成本法總成本各項推估中，下列敘述何者錯誤？

(A)規劃設計費按總成本之百分之二至百分之三推估

(B)廣告費、銷售費按總成本之百分之四至百分之五推估

(C)管理費按總成本之百分之三至百分之四推估

(D)稅捐按總成本之百分之零點五至百分之一點二推估

16. 建物累積折舊額之計算，以採下列何種方法之建物成本價格結果最低？

(A)定額法　　　　　(B)定率法　　　　　(C)償債基金法　　　(D)逆年數合計法

17. 某建物於10年前興建，面積50坪，目前建材單價新臺幣10萬元／坪，殘餘價格率4%、經濟耐用年數40年，請問該建物累積折舊額為新臺幣多少萬元？

(A)140萬元　　　　(B)120萬元　　　　(C)100萬元　　　　(D)80萬元

18. 某建商擬開發建地，預計興建樓板面積1000坪，另雨遮外加50坪，若推定銷售單價平均新臺幣60萬元／坪，利潤率20%、資本利息綜合利率5%、直接成本新臺幣2億元、間接成本新臺幣5千萬元，則土地開發分析價格為新臺幣多少萬元？

(A)22619萬元　　　(B)23480萬元　　　(C)25000萬元　　　(D)26814萬元

19. 下列不動產權利估價之相關敘述，何者錯誤？

(A)地上權估價，應考慮其用途、權利存續期間、支付地租之有無、權利讓與之限制及地上權設定之空間位置等因素

(B)抵押權估價，應直接以實際債權額為基礎，考慮其他順位抵押權設定狀況、流通性、風險性、增值性及執行上之難易程度等因素調整

(C)租賃權估價，應考慮契約內容、用途、租期、租金支付方式、使用目的及使用情形等因素

(D)容積移轉估價，應考慮容積送出基地、接受基地及其他影響不動產價格及相關法令等因素

20. 權利變換後區分所有建物及其土地應有部分，應考量都市更新權利變換計畫之建築計畫、建材標準、設備等級、工程造價水準及更新前後樓層別效用比關聯性等因素，以都市更新評價基準日當時之何種類型價格查估之？

(A)新成屋價格　　　(B)預售屋價格　　　(C)中古屋價格　　　(D)徵收補償價格

21. T市東區某店面於5年前出租經營，現到期擬續租，當年簽約契約租金每年新臺幣250萬元，目前市場經濟租金每年可達新臺幣350萬元，若分析此租金上漲應有60%歸功於承租經營者，在相關必要費用不增加情況下，最合理之續租租約年租金為何？

(A)新臺幣250萬元　　(B)新臺幣290萬元　　(C)新臺幣310萬元　　(D)新臺幣350萬元

22. 請問下列對價格日期的敘述，何者正確？

(A)不動產價格的委託日期　　　　　(B)不動產價格的基準日期
(C)不動產價格的查估日期　　　　　(D)不動產價格的交易日期

23. 請問下列何者非屬區域因素調整的考量項目？

(A)交通條件　　　(B)樓層別條件　　　(C)商圈發展條件　　　(D)學區條件

24. 某建商欲以土地開發分析法評估某土地作為住宅銷售個案之土地價值，請問下列何者非建商運用該方法應蒐集的資料？

(A)資本利率　　　(B)廣告費　　　(C)利潤率　　　(D)資本化率

25. 依不動產估價技術規則規定，以計量模型分析法建立一有10個自變數的模型，應至少使用多少比較案例？

(A)3個　　　(B)10個　　　(C)50個　　　(D)100個

26. 勘估標的距離變電所遠近為以下何種影響因素？

(A)特殊因素　　　(B)個別因素　　　(C)區域因素　　　(D)一般因素

27. 請問折現現金流量分析之公式 $P = \sum_{k=1}^{n'} CF_k / (1+Y)^k + P_{n'} / (1+Y)^{n'}$，n'為下列何者？

(A)物理耐用年數　　　　　　　　(B)經濟耐用年數
(C)殘餘耐用年數　　　　　　　　(D)折現現金流量分析期間

28. 有關不動產估價之最有效使用原則，下列敘述何者錯誤？

(A)為消費者主觀效用之認知

　　(B)具有良好意識及通常之使用能力者之認知

　　(C)需以合法、實質可能、正當合理、財務可行爲前提

　　(D)得以獲致最高利益之使用

29. 不動產估價由三大方法所推估之價值，於綜合決定勘估標的價格時，下列敘述何者錯誤？

　　(A)屬於不動產估價程序之後段步驟

　　(B)過程中應就其中金額顯著差異者重新檢討

　　(C)應視不同價格所蒐集資料可信度及估價種類目的條件差異，考量價格形成因素之相近程度判斷

　　(D)以經濟租金作爲不動產證券化受益證券信託利益分配基礎者，折現現金流量分析之收益價格應視前項情形賦予相對較大之權重

30. 依不動產估價技術規則規定，某建商蓋到一半的建案，其建物應如何估價？

　　(A)依實際完成部分估價

　　(B)以總銷售金額扣除土地管銷成本及利潤率，再扣除剩餘建築費用

　　(C)以總銷售金額扣除土地管銷成本及利潤率，再扣除延遲損失及剩餘建築費用

　　(D)無法估價

31. 臺北市政府最近發布之5月份住宅價格指數，中山、松山、南港區標準住宅總價新臺幣1224萬元，萬華、文山、北投區新臺幣1079萬元，其價差達新臺幣145萬元。該價差屬於下列何種方法之運用？

　　(A)定額法　　　　　(B)差異法　　　　　(C)差額法　　　　　(D)量化法

32. 依不動產估價技術規則第7條規定：「依本規則辦理估價所稱之面積，已辦理登記者，以登記之面積爲準；其未辦理登記或以部分面積爲估價者，應調查註明之。」因此房地產買賣實價登錄時，如屬未登記建物，辦理申報登錄時，應如何辦理？

　　(A)仍選擇房地合併申報　　　　　　　(B)如有車位，則選擇房地加車位申報

　　(C)單純以土地申報即可　　　　　　　(D)以土地申報並應於備註欄註明之

33. 成本法總成本中營造施工費之求取，估價實務上最常用的方法爲何？

　　(A)淨計法　　　　　　　　　　　　　(B)單位工程法

　　(C)工程造價比較法　　　　　　　　　(D)單位面（體）積比較法

34. 請問試算價格之調整運算過程中，區域因素或個別因素調整之任一單獨項目之價格調整率大於多少，即應排除該比較案例之適用？

　　(A)5%　　　　　　(B)10%　　　　　　(C)15%　　　　　　(D)20%

35. 以下何者爲不動產估價技術規則所稱之勘估標的？①地上權　②專利權　③蘋果樹上的蘋果　④堆置田中已採收之稻穀　⑤未登記建物

　　(A)②③④　　　　　(B)①②④　　　　　(C)①②⑤　　　　　(D)①③⑤

36. 土地開發分析法公式$V = [S \div (1 + R) \div (1 + i) - (C + M)]$，其中$i$爲開發或建築所需總成本之資本利息綜合利率，則$R$爲：

(A)資本化率　　　　(B)土地價值率　　　(C)營業稅率　　　　(D)適當之利潤率

37. 依不動產估價技術規則規定，實際建築使用的容積率超過法定容積率時，應如何估價？
    (A)以實際建築使用合法部分之現況估價
    (B)以法定容積之使用方式估價，再依使用狀況調整
    (C)僅能依法定容積估價
    (D)實際使用部分全部均可以估價

38. 某房屋受地震損害經鑑定無法居住使用，下列估價原則何者較能掌握其房地價格？
    (A)先估計重建價格，再以重建後房地價格扣掉重建所花費金額
    (B)以素地價格估價，並扣除拆除建物費用
    (C)以比較法估計一般正常未受損價格，再以特殊情況調整
    (D)無法估價

39. 依不動產估價技術規則規定，建物殘餘價格率之上限為多少？
    (A)5%　　　　　　　(B)10%　　　　　　(C)15%　　　　　　(D)20%

40 依中華民國不動產估價師公會全國聯合會第四號公報規定，目前住宅用鋼筋混凝土造房屋之經濟耐用年限為多少年？
    (A)35年　　　　　　(B)40年　　　　　　(C)50年　　　　　　(D)60年

題序	1	2	3	4	5	6	7	8	9	10	11	12	13	14	15	16	17	18	19	20
答案	A	D	D	C	D	D	C	C	D	C	B	D	A	B	A	B	B	B	A	B	A
題序	21	22	23	24	25	26	27	28	29	30	31	32	33	34	35	36	37	38	39	40
答案	B	B	B	D	C	B	D	A	D	A	C	D	D	C	D	D	A	B	B	C

一〇三年專門職業及技術人員考試試題

等　　別：普通考試
類　　科：不動產經紀人
科　　目：不動產估價概要
考試時間：一小時三十分
座　　號：
※注意：可以使用電子計算器。

甲、申論題部分：（50分）

　　㊀不必抄題，作答時請將試題題號及答案依照順序寫在申論試卷上，於本試題上
　　　作答者，不予計分。
　　㊁請以藍、黑色鋼筆或原子筆在申論試卷上作答。
一、影響不動產價格的因素有那些？（10分）又比較法的估價程序為何？（10分）並請
　　說明此兩者之間的關聯性。（5分）
二、依不動產估價技術規則之規定，不動產價格有那些種類？（10分）基於公有土地資
　　源永續利用，政府對公有大面積土地皆以設定地上權方式釋出，請說明評估已設定
　　地上權的土地是評估那一種價格？（5分）又設定地上權土地的估價方式有那些？
　　請說明之。（10分）

乙、測驗題部分：（50分）

　　㊀本測驗試題為單一選擇題，請選出一個正確或最適當的答案，複選作答者，該
　　　題不予計分。
　　㊁共40題，每題1.25分，須用2B鉛筆在試卡上依題號清楚劃記，於本試題或申論試
　　　卷上作答者，不予計分。

1. 何者是地價區段內具代表性，以作為查估公共設施保留地毗鄰非公共設施保留地區
　　段地價之宗地？
　　(A)基準地　　　　(B)比準地　　　　(C)標準地　　　　(D)比較標的
2. 不動產租金估計，以估計勘估標的之何種租金為原則？
　　(A)支付租金　　　(B)契約租金　　　(C)實質租金　　　(D)押租金
3. 建物估價，以何種方法估價為原則？
　　(A)收益法　　　　(B)成本法　　　　(C)比較法　　　　(D)殘餘法
4. 美國第二輪量化寬鬆（QE2）貨幣政策對臺北市不動產市場的影響，於不動產估價
　　中屬於影響價格的何種因素？
　　(A)一般因素　　　(B)區域因素　　　(C)個別因素　　　(D)特殊因素
5. 依不動產估價技術規則之規定，下列何者不是權利估價的範圍？
　　(A)市地重劃　　　(B)農育權　　　　(C)區段徵收　　　(D)容積移轉
6. 不動產位於路沖，此於不動產估價中屬於影響價格的何種因素？
　　(A)一般因素　　　(B)區域因素　　　(C)個別因素　　　(D)特殊因素
7. 建物之殘餘價格率應由何者公告之？
　　(A)內政部地政司　　(B)不動產估價師公會全國聯合會
　　(C)全國建築師公會　(D)內政部營建署
8. 不動產估價，應切合何時之價值？
　　(A)價格日期當時　　(B)交易日期當時　　(C)交換日期當時　　(D)登記日期當時

9. 有一建物耐用年限40年，年限屆滿時之殘餘價格率為10%，若以定額法計算折舊額，則每年之折舊率為：
   (A)2%　　　　　　(B)2.25%　　　　　(C)2.5%　　　　　(D)2.75%

10. 某一不動產於103年3月1日的正常價格為1000萬元，綜合市場調查並參考不動產價格指數，得知103年3月1日至103年4月1日期間價格上漲一成，在其他條件不變情況下，請問103年4月1日的正常價格為何？
    (A)900萬元　　　　(B)909萬元　　　　(C)1100萬元　　　(D)1111萬元

11. 請問計算建物累積折舊額，下列何者不屬於不動產估價技術規則規範之折舊路徑？
    (A)等速折舊　　　(B)初期加速折舊　　(C)初期減速折舊　　(D)後期減速折舊

12. 確認勘估標的狀態時，應至現場勘察之事項，何者有誤？
    (A)確定勘估標的內容　　　　　　　(B)確認勘估標的之基本資料及權利狀態
    (C)調查勘估標的及比較標的之使用現況　(D)確認影響價格之各項資料

13. 比較標的與勘估標的間能成立替代關係，且其價格互為影響之最適範圍，稱之為：
    (A)近鄰地區　　　(B)類似地區　　　(C)共同生活圈　　(D)同一供需圈

14. 依不動產估價技術規則之規定，不動產估價師應經常蒐集何者之相關交易、收益及成本等案例及資料，並詳予求證其可靠性？
    (A)勘估標的　　　(B)比較標的　　　(C)買賣標的　　　(D)估價標的

15. 農場或牧場之估價，以何種方法估價為原則？
    (A)收益法　　　　(B)成本法　　　　(C)比較法　　　　(D)殘餘法

16. 財政部目前正在研擬合理課稅方案，擬將房地合一課稅並納入實價課稅精神。此屬於影響不動產價格之何種因素？
    (A)特殊因素　　　(B)個別因素　　　(C)區域因素　　　(D)一般因素

17. 依不動產估價技術規則規定，下列有關總成本中廣告費之敘述，何者正確？
    (A)計算營造或施工費應考量廣告費
    (B)廣告費按營造或施工費乘以相關費率計算
    (C)廣告費之相關費率應由不動產估價師公會全國聯合會定期公告之
    (D)廣告費視勘估標的之性質，於成本估價時應予計入

18. 下列有關收益法之敘述，何者有誤？
    (A)保險費可計入總費用之推算　　　　(B)地價稅或地租可計入總費用之推算
    (C)營運性不動產者，不可加計營運費用　(D)有效總收入減總費用即為淨收益

19. 依不動產估價技術規則規定，下列有關勘估標的試算價格之敘述，何者有誤？
    (A)試算價格之間差距達百分之二十以上者，應排除該試算價格之適用
    (B)試算價格間的差距，以高低價格之差除以各價格平均值計算
    (C)試算價格應就價格偏高或偏低者加以重新檢討
    (D)經檢討確認適當合理者，始得作為決定比較價格之基礎

20. 甲以2000萬元（比市場行情低二成的價格）買了一戶公寓，請問該公寓之市場行情

是多少？

(A)1600萬元　　　　(B)2200萬元　　　　(C)2400萬元　　　　(D)2500萬元

21. 依不動產估價技術規則規定，請問比較法應進行比較、分析及調整之項目為何？①情況調整　②價格日期調整　③一般因素調整　④區域因素調整　⑤個別因素調整　⑥價格調整

(A)①②③④　　　　(B)①②④⑤　　　　(C)①②③④⑤　　　　(D)①②③④⑤⑥

22. 某一屋齡20年的40坪建物，經調查，其目前之重置成本為每坪10萬元，假設其經濟耐用年數為50年、殘餘價格率為10%，請問其建物成本價格為何？

(A)184萬元　　　　(B)216萬元　　　　(C)240萬元　　　　(D)256萬元

23. 依路線價法之基本原理，假設其他條件均相同，一宗土地愈接近街道部分，其價值：

(A)愈低　　　　　　　　　　　(B)不受接近街道之影響
(C)愈高　　　　　　　　　　　(D)不變

24. 依不動產估價技術規則，有關試算價格調整率之限制，何者正確？
(A)區域因素調整之價格調整率不得大於百分之十五
(B)情況調整之價格調整率不得大於百分之十五
(C)價格日期調整之價格調整率不得大於百分之十五
(D)情況、價格日期、區域因素及個別因素調整總調整率不得大於百分之十五

25. 不動產位於路角地，雙面採光，此於不動產估價中屬於影響價格之何種因素？
(A)特殊因素　　　　(B)個別因素　　　　(C)區域因素　　　　(D)一般因素

26. 捷運於某不動產附近設站，該不動產價格因而提高，此屬於何種估價原則？
(A)供需原則　　　　(B)競爭原則　　　　(C)替代原則　　　　(D)外部性原則

27. 有一畸零地之地主擬購買鄰地合併開發，委託不動產估價師評估購買價格，此價格種類為何？
(A)正常價格　　　　(B)限定價格　　　　(C)特定價格　　　　(D)特殊價格

28. 依不動產估價技術規則規定，於收益法之建物折舊提存費，得依下列何種方式計算？①等速折舊型　②初期減速折舊型　③初期加速折舊型　④償債基金型
(A)①④　　　　　　(B)②③　　　　　　(C)①②③　　　　　　(D)①②③④

29. 不動產估價作業程序中應確定之基本事項為：
(A)委託人　　　　　(B)勘察日期　　　　(C)估價費用　　　　(D)估價條件

30. 有一棟七層建物，一層一戶，每戶面積皆相同，一樓每坪100萬元，七樓每坪75萬元，若七樓之樓層別效用比為150%，則一樓之樓層別效用比為何？
(A)100%　　　　　　(B)125%　　　　　　(C)175%　　　　　　(D)200%

31. 下列有關影響不動產價格的因素，何者屬區域因素？
(A)地區主要道路的連接性　　　　　(B)臨接道路寬度
(C)臨街寬度　　　　　　　　　　　(D)宗地臨街情形

32. 下列有關耐用年數之敘述，何者有誤？
(A)建物耐用年數終止後確實無殘餘價格者，於計算折舊時不予提列
(B)建物折舊額計算應以經濟耐用年數為主
(C)建物經濟耐用年數表由不動產估價師公會全國聯合會公告之
(D)物理耐用年數指建物因功能或效益衰退至不值得使用所經歷之年數

33. 依不動產估價技術規則規定，下列有關總成本中規劃設計費之敘述，何者正確？
(A)規劃設計費按縣（市）政府發布之建築師酬金標準表計算之
(B)規劃設計費按縣（市）政府發布之建造執照工程造價表計算之
(C)規劃設計費按實際營造施工費之百分之二至百分之五推估之
(D)規劃設計費率由不動產估價師公會全國聯合會定期公告之

34. 老舊公寓外牆進行更新，該公寓之價格因此增加，此屬於何種估價原則？
(A)供需原則　　　(B)替代原則　　　(C)貢獻原則　　　(D)外部性原則

35. 請問「附有建物之宗地估價，應考慮該建物對該宗地價格造成之影響。但以素地估價為前提並於估價報告書敘明者，不在此限。」中，但書之規定屬於何種類型之估價？
(A)獨立估價　　　(B)部分估價　　　(C)正常估價　　　(D)限定估價

36. 一區分所有建物進行權利變換估價時，經調查其素地總價為5000萬元、總成本為3000萬元、營造或施工費單價為20萬元、累積折舊率為80%、全棟建物面積為100坪，請問其基地價值比率為何？
(A)63%　　　　(B)71%　　　　(C)89%　　　　(D)93%

37. 某甲擬投資購買一不動產，預計每年可以獲得10萬元淨收益，第三年年底預計可以200萬元出售，假設折現率為5%，請問合理的價格約為多少？
(A)173萬元　　　(B)200萬元　　　(C)227萬元　　　(D)232萬元

38. 甲向其好友乙承租房屋乙棟，約定每月租金為25,000元，此租金低於合理租金5,000元，押金為2個月租金，押金運用收益率2%。請問該房屋每年之支付租金為何？
(A)361,000元　　(B)360,000元　　(C)301,000元　　(D)300,000元

39. 下列對不動產市場之描述何者有誤？
(A)產品異質性　　(B)人為干預多　　(C)為完全競爭市場　(D)交易成本高

40. 運用收益法進行不動產估價時，下列何者可列入費用項目估計？
(A)改良性資本支出　(B)保險費　　　(C)貸款債務利息　(D)所得稅

題序	1	2	3	4	5	6	7	8	9	10	11	12	13	14	15	16	17	18	19	20
答案	B	C	B	A	C	C	B	A	B	C	D	A	D	B	C	D	C	C	B	D
題序	21	22	23	24	25	26	27	28	29	30	31	32	33	34	35	36	37	38	39	40
答案	B	D	C	A	B	D	B	A	D	D	A	D	B	C	A	D	B	D	C	B

一○四年專門職業及技術人員考試試題

等　　別：普通考試
類　　科：不動產經紀人
科　　目：不動產估價概要
考試時間：一小時三十分
座　　號：
※注意：可以使用電子計算器。

甲、申論題部分：（50 分）

㈠不必抄題，作答時請將試題題號及答案依照順序寫在申論試卷上，於本試題上作答者，不予計分。

㈡請以藍、黑色鋼筆或原子筆在申論試卷上作答。

一、最近國內房地產市場呈現不景氣狀況，此一現象在不動產估價原則來說是屬於那一種原則？對於不動產估價工作來說，需要掌握那些不動產估價原則？請詳述說明之。（25分）

二、不論是收益法或是成本法在房地產收益價格估計時都扮演著重要的角色，當估價時，勘估標的如果包含建物應加計建物之折舊提存費，請問要如何計算建物的折舊提存費？又勘估標的在估價時，對於其營造或施工費要如何估計？請分別論述之。（25分）

乙、測驗題部分：（50 分）

㈠本測驗試題為單一選擇題，請選出一個正確或最適當的答案，複選作答者，該題不予計分。

㈡共40題，每題1.25分，須用2B鉛筆在試卡上依題號清楚劃記，於本試題或申論試卷上作答者，不予計分。

1.　比較、分析勘估標的與比較標的之區域因素及個別因素差異並就其中差異進行價格調整時，其調整以那一種方法為原則？
(A)比較法　　　　　(B)差額法　　　　　(C)百分率法　　　　(D)計量模型分析法

2.　下列何者最適合說明建築物預期的耐用年數期滿時，欲廢棄之資產價值？
(A)回收價值（salvagevalue）　　　　　　(B)清算價值（liquidationvalue）
(C)剩餘價值（residualvalue）　　　　　　(D)殘餘價值（scrapvalue）

3.　下列有關不動產市場與一般商品市場比較的敘述，何者正確？
(A)一般商品市場交易成本低，不動產市場交易成本高
(B)一般商品市場資訊不完全，不動產市場資訊極為完全

(C)一般商品市場經常有人爲干預，不動產市場完全沒有人爲干預

(D)一般商品市場爲不完全競爭市場，不動產市場爲完全競爭市場

4. 下列有關影響近鄰地區不動產價格水準之區域因素的敘述，何者錯誤？

(A)軍事禁限建與使用分區管制，影響不動產價值

(B)街道配置與公共設施愈完備，其不動產價值愈高

(C)宗地坵塊面臨街道之寬度愈寬，其不動產價值愈高

(D)瓦斯、上下水道等公用設備愈完備，其不動產價值愈高

5. 下列何者不屬於鄰避設施（NIMBY）？

(A)公園　　　　(B)監獄　　　　(C)變電廠　　　　(D)垃圾掩埋場

6. 房地合一課稅的相關法案，已經立法院三讀通過，總統公布，並訂於2016年1月1日實施，其對不動產市場之影響是屬於下列何種因素？

(A)一般因素　　(B)個別因素　　(C)特殊因素　　(D)區域因素

7. 下列有關比較法估價時之區域分析的敘述，何者正確？

(A)類似地區係指同一供需圈內，近鄰地區內與勘估標的使用性質相近之地區

(B)同一供需圈係指比較標的與勘估標的間能成立貢獻關係，且其價格互爲影響之最適範圍

(C)近鄰地區係指勘估標的或比較標的之周圍，供相同或類似用途之不動產，形成異質性較高之地區

(D)區域分析是要分析判定對象不動產屬於何種地區，有何特性，其對該地區內之不動產價格形成有何影響等

8. 下列有關不動產估價三大基本方法之敘述，何者正確？

(A)比較法運用重置觀點得出比較價格　　(B)收益法運用投資觀點得出收益價格

(C)成本法運用未來成本得出成本價格　　(D)比較法運用交易觀點得出成交價格

9. 如果同一勘估標的運用比較法估價，所得三個試算價格有相當差距時，下列何者是決定其比較價格最好的方法？

(A)取中間值　　　　　　　　　(B)取平均值

(C)就價格偏高或偏低者重新檢討　　(D)賦予45%、30%、25%加權決定

10. 甲君將其所有一棟透天厝以1,275萬元賣給其小舅子，經判斷比正常價格便宜一成五。試問在其他條件不變下，其正常價格應爲多少？

(A)1,083.75萬元　　(B)1,147.5萬元　　(C)1,500萬元　　(D)1,416.7萬元

11. 一比較標的於102年8月以1,000萬元成交，當時的價格指數爲90%；勘估標的價格日期104年8月當期之價格指數爲95%。假設其他條件相同，試問該勘估標的經價格日期調整後之價格約爲多少？

(A)947.37萬元　　(B)950.00萬元　　(C)1,000.00萬元　　(D)1,055.56萬元

12. 依不動產估價技術規則之規定，下列有關比較法個別因素調整及試算價格求取之敘述，何者正確？

(A)就勘估標的與比較標的差異進行價格調整時，以差額法爲原則

(B)就勘估標的與比較標的差異進行價格調整時，以定性分析法爲原則

(C)偏高或偏低檢討後試算價格間差距仍達百分之十以上者，應排除該試算價格之適用

(D)偏高或偏低檢討後試算價格間差距仍達百分之二十以上者，應排除該試算價格之適用

13. 依不動產估價技術規則之規定，以不動產證券化爲估價目的，採折現現金流量分析法估價時，各期淨收益應以下列何者爲計算原則？
(A)勘估標的之契約租金　　　　　　　(B)勘估標的之經濟租金
(C)比較標的之契約租金　　　　　　　(D)比較標的之經濟租金

14. 某不動產之總收益爲200萬元，若總費用爲總收益的30%，資本化率爲5%，則該不動產之純收益應爲多少？
(A)60萬元　　　　(B)70萬元　　　　(C)130萬元　　　　(D)140萬元

15. 下列有關直接資本化法計算收益價格公式之敘述，何者正確？
(A)勘估標的未來平均一年期間之客觀總收益×收益資本化率
(B)勘估標的未來平均一年期間之客觀總收益÷收益資本化率
(C)勘估標的過去平均一年期間之客觀總收益×收益資本化率
(D)勘估標的過去平均一年期間之客觀總收益÷收益資本化率

16. 下列有關收益法估價程序的排列，何者正確？①計算淨收益　②推算總費用　③計算收益價格　④推算有效總收入　⑤決定收益資本化率　⑥蒐集收入、費用及資本化率等資料
(A)⑤⑥①②④③　(B)⑤⑥④②①③　(C)⑥④②①⑤③　(D)⑥⑤②①④③

17. 下列有關收益資本化率決定之敘述，何者正確？
(A)依加權平均資金成本方式決定之方法謂之市場萃取法
(B)有效總收入乘數法之公式爲：淨收益率÷有效總收入乘數
(C)債務保障比率法之公式爲：債務保障比率×貸款常數÷貸款資金占不動產價格比率
(D)選擇數個與勘估標的相同或相似之比較標的，以其淨收益除以價格後，以所得之商數加以比較決定之方法謂之風險溢酬法

18. 建物估價以求取重建成本爲原則，但建物使用之材料目前已無生產或施工方法已改變者，得採取下列何種成本替代之？
(A)毛胚成本　　　(B)比較成本　　　(C)重置成本　　　(D)總體成本

19. 營造或施工費，得就同一供需圈內近鄰地區或類似地區中選擇與勘估標的類似之比較標的或標準建物，經比較與勘估標的之營造或施工費之條件差異並作價格調整以求取之，下列何者不是其子方法？
(A)單位工程法　　(B)工程造價比較法　(C)單位面積比較法　(D)單位體積比較法

20. 下列有關建物殘餘價格率之敘述，何者正確？
(A)建物之殘餘價格率應由全聯會公告之，並以不超過百分之二十爲原則
(B)建物耐用年數終止後確實無殘餘價格者，於計算折舊時應酌予推估提列
(C)殘餘價格率計算建物殘餘價格時，應考量建物耐用年數終止後所需清理或清除成本
(D)殘餘價格率指建物於物理耐用年數屆滿後，其所贍餘之結構材料及內部設備預定出售之價格占建物總成本之比率

21. 一棟透天厝因緊鄰施工中工地而發生牆壁龜裂現象，估價時最可能將此一情形列爲下列何種折舊？
(A)功能性折舊　　　(B)物理性折舊　　　(C)經濟性折舊　　　(D)破壞性折舊

22. 下列有關土地開發分析估價程序的排列，何者正確？①計算土地開發分析價格　②估算各項成本及相關費用　③估算開發後總銷售金額　④確定土地開發內容及預期開發時間　⑤選擇適當之利潤率及資本利息綜合利率　⑥估算開發後可銷售之土地或建物面積　⑦現況勘察並進行環境發展程度之調查及分析　⑧調查各項成本及相關費用並蒐集市場行情等資料
(A)⑧⑦⑥⑤④③②①　　　　　　　　(B)⑦⑧④②③⑥⑤①
(C)⑥③②⑤⑧⑦④①　　　　　　　　(D)④⑧⑦⑥③②⑤①

23. 土地開發分析法之資本利息綜合利率，應依不動產估價技術規則第58條及第59條規定計算資本利息年利率，並參考下列那一項公式計算之？
(A)資本利息年利率×（土地價值比率＋建物價值比率）×1/2×開發年數
(B)資本利息年利率×（土地價值比率＋建物價值比率×1/2）×開發年數
(C)資本利息年利率×（土地價值比率×1/2＋建物價值比率）×開發年數
(D)資本利息年利率×（土地價值比率＋建物價值比率）×1/4×開發年數

24. 某甲將透天厝出租於某乙使用，雙方約定每月租金爲35,000元，押金兩個月，定存年利率設爲1.5%，則下列何者爲其一年之實質租金？
(A)71,050元　　　(B)420,000元　　　(C)421,050元　　　(D)701,050元

25. 下列何者不是不動產租金估計時應考慮的因素？
(A)出租人數　　　(B)使用目的　　　(C)租期長短　　　(D)稅費負擔

26. 比較標的在不動產估價技術規則中係指可供與勘估標的間，按情況、價格日期及下列那些因素之差異進行比較之標的？①區域因素　②一般因素　③經濟因素　④政治因素　⑤個別因素
(A)①⑤　　　　　　(B)②⑤　　　　　　(C)①②③　　　　　　(D)②③④⑤

27. 不動產估價作業程序包含下列8項，請問其正確程序爲何？①確定估價基本事項　②擬定估價計畫　③確認勘估標的狀態　④蒐集資料　⑤整理、比較、分析資料　⑥決定勘估標的價格　⑦運用估價方法推算勘估標的價格　⑧製作估價報告書
(A)①②③④⑤⑥⑦⑧　　　　　　　　(B)①②④③⑤⑥⑦⑧

(C)①②③④⑤⑦⑥⑧　　　　　　　　(D)①②④③⑤⑦⑥⑧

28. 下列那一個區域比較可能符合不動產估價技術規則中所定義與臺北市信義區的不動產具替代關係，且其價格互為影響之「同一供需圈」？
(A)香港上環　　　(B)上海徐家匯區　　(C)紐約曼哈頓區　　(D)臺北市大安區

29. 下列有關計量模型分析法之敘述，何者正確？①所蒐集之比較標的需要有相當數量且具代表性　②透過計量模型分析　③會求出各主要影響價格因素與比較標的的價格二者之差異　④用以推算各主要影響價格因素之調整率及調整額之方法
(A)①③④　　　　　(B)①②④　　　　　(C)①②③　　　　　(D)②③④

30. 下列那幾項條件違反不動產估價技術規則中對應用計量模型分析法之要求？①須蒐集應用計量模型分析關係式應變數個數五倍以上之比較標的　②計量模型分析採迴歸分析者，其調整後判定係數不得高於零點七　③截距項以外其他各主要影響價格因素之係數估計值同時為零之顯著機率不得小於百分之五
(A)僅①②　　　　　(B)僅①③　　　　　(C)僅②③　　　　　(D)①②③

31. 下列對以進行開發為前提之宗地估價，何者正確？①得採土地開發分析法進行估價　②得採收益法進行估價　③並參酌比較法之評估結果決定其估價額　④並參酌成本法之評估結果決定其估價額
(A)①③　　　　　　(B)②④　　　　　　(C)③④　　　　　　(D)①②

32. 實際建築使用之容積率超過法定容積率之房地估價，應以那些部分之現況估價，並敘明法定容積對估值之影響？
(A)以所有實際建築使用部分估價
(B)以實際建築使用合法部分再扣除違章建築部分後估價
(C)以實際建築使用合法部分估價
(D)不論是否合法皆以法定容積率部分估價

33. 續訂租約之租金估計，得採下列那些方式為之？①以續訂租約之租賃實例為標的，運用收益法估計之　②勘估標的價格乘以租金收益率，以估計淨收益，再加計必要費用　③以勘估標的之原契約租金之淨收益，就其租金變動趨勢調整後，再加計必要費用　④分析企業經營之總收入，據以估計勘估標的在一定期間內之淨收益，再加計必要費用。
(A)①②④　　　　　(B)①③　　　　　　(C)僅③　　　　　　(D)③④

34. 不動產租金估計，以估計勘估標的之實質租金為原則。此處實質租金指包括下列那些收益？①承租人每期支付予出租人之租金　②押金運用收益　③保證金運用收益　④權利金運用收益
(A)僅②④　　　　　(B)①②③④　　　　(C)僅①③　　　　　(D)僅①②

35. 依土地開發分析法評估不動產價格時，如果開發後預期總銷售金額為1億元，適當之利潤率為10%，開發所需之直接成本為5,000萬元，開發所需之間接成本為3,000萬元，開發所需總成本之資本利息綜合利率為4%，請問土地開發分析價格為何？

（萬元以後四捨五入）

(A)741萬元 　　　　(B)772萬元 　　　　(C)1,091萬元 　　　　(D)1,615萬元

36. 在使用比較法估價時，採用下列那些情況下之交易價格時，應先作適當之調整；該影響交易價格之情況無法有效掌握及量化調整時，則應不予採用？①張先生因債務人無力償債而承接其抵押給張先生的廠房　②父子間之不動產買賣　③王先生因為移民急賣手上的不動產　④財政部國有財產署標售土地　⑤臺中市政府向教育部價購土地

(A)僅③④⑤ 　　　　(B)①②③④⑤ 　　　　(C)僅①②④ 　　　　(D)僅①②③

37. 當比較標的收益價格為500萬元，勘估標的收益價格為800萬元，比較標的未來平均一年期間之客觀淨收益為48萬元，勘估標的未來平均一年期間之客觀淨收益為40萬元，此時其收益資本化率為何？

(A)5% 　　　　(B)6% 　　　　(C)8% 　　　　(D)9.6%

38. 下列有關土地建築開發之直接成本及間接成本之敘述，何者正確？①直接成本係指營造或施工費　②規劃設計費、廣告費、銷售費皆為間接成本　③直接成本包含規劃設計費　④間接成本不包含銷售費

(A)②③ 　　　　(B)①② 　　　　(C)①④ 　　　　(D)③④

39. 當債務保障比率為1.3，貸款常數為0.1，貸款以外的資金占不動產價格比率為40%時，請問此時收益資本化率為何？

(A)3.1% 　　　　(B)5.2% 　　　　(C)6.5% 　　　　(D)7.8%

40. 下列何者最適合用來推估不動產租金？

(A)殘餘法 　　　　(B)資本化率法 　　　　(C)還原利率法 　　　　(D)差額分配法

題序	1	2	3	4	5	6	7	8	9	10	11	12	13	14	15	16	17	18	19	20
答案	C	D	A	C	A	A	D	B	C	C	D	D	A	D	#	C	B	C	A	C
題序	21	22	23	24	25	26	27	28	29	30	31	32	33	34	35	36	37	38	39	40
答案	B	D	B	C	A	A	D	D	B	D	A	C	C	B	A	B	A	B	D	D
備註	第15題一律給分。																			

一〇五年專門職業及技術人員考試試題

等　　別：普通考試

類　　科：不動產經紀人

科　　目：不動產估價概要

考試時間：一小時三十分

座　號：

※注意：可以使用電子計算器。

甲、申論題部分：（50分）

　　㈠不必抄題，作答時請將試題題號及答案依照順序寫在申論試卷上，於本試題上
　　　作答者，不予計分。

　　㈡請以藍、黑色鋼筆或原子筆在申論試卷上作答。

一、建物累積折舊額之計算，應視建物特性及市場動態，選擇適合的折舊方法。依不動
　　產估價技術規則的規定，有那些路徑的折舊方法？請詳述說明之。假設有一價值
　　200萬元的建物，耐用年數50年，殘價率5%，試繪製示意圖說明之。（25分）

二、請依不動產估價技術規則之規定，列示土地開發分析法中計算資本利息綜合利率之
　　公式。假設土地與建物價值比率為6：4，自有、借貸與預售收入之資金比例為4：
　　5：1，自有資金與借貸資金之計息利率為2%與6%，而取得土地至開發完成之年數
　　為2年，則資本利息綜合利率為若干？（25分）

乙、測驗題部分：（50分）

　　㈠本測驗試題為單一選擇題，請選出一個正確或最適當的答案，複選作答者，該
　　　題不予計分。

　　㈡共40題，每題1.25分，須用2B鉛筆在試卡上依題號清楚劃記，於本試題或申論試
　　　卷上作答者，不予計分。

1.　依不動產估價技術規則之規定，公共設施用地及公共設施保留地之估價，以何種方
　　法為原則？
　　(A)收益法　　　　　　(B)成本法　　　　　　(C)比較法　　　　　　(D)土地開發分析法

2.　請問國內某大專院校擬購買鄰接學校之土地作為擴校之用，此以合併使用為目的之
　　不動產買賣，係屬下列何種價格？
　　(A)正常價格　　　　　(B)限定價格　　　　　(C)特定價格　　　　　(D)特殊價格

3.　有關特殊價格的敘述，下列何者錯誤？
　　(A)總統府的估價是屬特殊價格
　　(B)無法以貨幣金額表示
　　(C)指對不具市場性之不動產所估計之價值
　　(D)宗教建築物的估價是屬特殊價格

4.　於不動產估價作業程序中，下列何者不屬於「確定估價基本事項」的內容？
　　(A)估價方法　　　　　(B)價格日期　　　　　(C)價格種類及條件　　(D)估價目的

5.　就住宅用地之估價而言，下列何者非屬影響價格水準之區域因素？
　　(A)公共設施、公益設施等配置狀態

(B)噪音、空氣污染、土壤污染等公害發生之程度

(C)臨接道路之寬度

(D)離市中心之距離及交通設施狀態

6. 不動產與其環境配合，以保持協調一致之利用，則其收益才能發揮最大化，例如在學校附近開設餐廳或書局等。此現象就不動產估價原則而言，是屬下列何者？

(A)貢獻原則　　　　(B)均衡原則　　　　(C)供需原則　　　　(D)適合原則

7. 依不動產估價技術規則之規定，評估何種價格種類時，應同時估計其正常價格？

(A)限定價格　　　　(B)正常租金　　　　(C)限定租金　　　　(D)特定價格

8. 不動產估價常用之比較法、成本法與收益法，其評價基礎為何？

(A)均衡原則　　　　(B)適合原則　　　　(C)替代原則　　　　(D)外部性原則

9. 影響不動產價格的一般因素，不包含下列何者？

(A)房地合一稅制之推動　　　　　　　(B)國民所得水準

(C)距離捷運站遠近　　　　　　　　　(D)兩岸政策之改變

10. 客觀淨收益之評估，應符合何種估價原則，以作為評估之基準？

(A)最有效使用原則　(B)替代原則　　　(C)適合原則　　　(D)外部性原則

11. 臺灣老年人口的比例正大幅增加，高齡化社會已成為重大議題，此屬於何種影響價格因素？

(A)一般因素　　　　(B)區域因素　　　　(C)個別因素　　　　(D)特殊因素

12. 某塊素地為都市計畫工業區土地，若以其變更為住宅區的前提來估價，請問評估之價格種類為：

(A)正常價格　　　　(B)限定價格　　　　(C)特定價格　　　　(D)特殊價格

13. 地政機關辦理公告土地現值之估價方法，其主要之法令依據為：

(A)地價調查估計規則　　　　　　　　(B)不動產估價技術規則

(C)土地徵收補償市價查估辦法　　　　(D)土地建築改良物估價規則

14. 有關樓層別效用比率的敘述，下列何者錯誤？

(A)因建物各樓層之效用不同，造成價格有所差異，因此有不同的樓層別效用比率

(B)樓層別效用比率是將各層樓之總價以百分率方式來表示

(C)樓層別效用比率可能大於100%或小於100%

(D)樓層別效用比率並非固定不變

15. 收益資本化率或折現率之計算中，選擇數個與勘估標的相同或相似之比較標的，以其淨收益除以價格後，以所得之商數加以比較決定之方法，為下列何者？

(A)風險溢酬法　　　　　　　　　　　(B)市場萃取法

(C)加權平均資金成本法　　　　　　　(D)有效總收入乘數法

16. 在成本法中，使用與勘估標的相同或極類似之建材標準、設計、配置及施工品質，於價格日期重新複製建築所需之成本，稱為下列何者？

(A)新建成本　　　　(B)建造成本　　　　(C)重置成本　　　　(D)重建成本

17. 依不動產估價技術規則之規定，以不動產證券化為估價目的，採折現現金流量分析法估價時，各期淨收益應以勘估標的之何種租金為計算原則？
    (A)實質租金　　　　　(B)經濟租金　　　　　(C)支付租金　　　　　(D)契約租金

18. 因同種類不動產，由於技術革新、設計變化等，致使勘估標的落伍了，由此發生之建物折舊減價，屬於下列何種折舊因素？
    (A)物理性　　　　　　(B)外部性　　　　　　(C)功能性　　　　　　(D)經濟性

19. 有關直接資本化法的敘述，下列何者錯誤？
    (A)直接資本化法所求得之價格為收益價格
    (B)指勘估標的過去平均一年期間之客觀淨收益，應用價格日期當時適當之收益資本化率推算勘估標的之價格之方法
    (C)直接資本化法之收益資本化率可由加權平均資金成本法求取
    (D)直接資本化法之客觀淨收益應以勘估標的作最有效使用之客觀淨收益為基準，並參酌鄰近類似不動產在最有效使用情況下之收益推算之

20. 有關租金估價的敘述，下列何者正確？
    (A)續訂租約之租金屬正常租金
    (B)不動產租金估計，應視新訂租約與續訂租約分別為之
    (C)淨租金指承租人每期支付予出租人之租金，加計押金或保證金、權利金及其他相關運用收益之總數
    (D)不動產租金估計，以估計勘估標的之支付租金為原則

21. 有關建物殘餘價格率之敘述，下列何者錯誤？
    (A)殘餘價格率是指建物於物理耐用年數屆滿後，其所膽餘之結構材料及內部設備仍能於市場上出售之價格占建物總成本之比率
    (B)建物之殘餘價格率應由不動產估價師公會全國聯合會公告
    (C)建物之殘餘價格率以不超過百分之十為原則
    (D)依殘餘價格率計算建物殘餘價格時，應考量建物耐用年數終止後所需清理或清除成本

22. 依不動產估價技術規則之規定，下列何者並非由不動產估價師公會全國聯合會公告？
    (A)建物經濟耐用年數表
    (B)建築改良物標準單價表
    (C)營造或施工費標準表
    (D)廣告費、銷售費、管理費及稅捐之相關費率

23. 有關房地估價之敘述，下列何者錯誤？
    (A)實際建築使用之容積率超過法定容積率之房地估價，應以實際建築使用之現況估價，並敘明法定容積對估值之影響
    (B)附有違章建築之房地估價，其違建部分不予以評估

(C)未達最有效使用狀態之房地估價，應先求取其最有效使用狀態之正常價格，再視其低度使用情況進行調整

(D)建物已不具備使用價值，得將其基地視為素地估價。但應考量建物拆除成本予以調整之

24. 有關比較法之敘述，下列何者錯誤？

(A)比較標的價格為基礎，經比較、分析及調整等，以推算勘估標的價格之方法

(B)不動產估價師應採用五件以上比較標的

(C)區域因素及個別因素進行價格調整時，其調整以百分率法為原則

(D)以比較法所求得之價格為比較價格

25. 有關市地重劃估價的敘述，下列何者錯誤？

(A)相關法令未明定重劃前後地價查估之價格日期

(B)重劃前之地價應分別估計各宗土地地價及區段價

(C)重劃後之地價應估計重劃後各路街之路線價或區段價

(D)估計重劃前後地價應提地價評議委員會評定

26. 有一不動產每月租金5000元，押金2個月，押金存款年利率5%，請計算其一年實質租金。

(A)60000元　　　(B)5500元　　　(C)60500元　　　(D)70000元

27. 有關不動產租金之估計，以估計勘估標的之何種租金為原則？

(A)契約租金　　　(B)實質租金　　　(C)支付租金　　　(D)押租金

28. 依不動產估價技術規則之規定，林地採成本法估價時，其總費用之計算，何者不是應考量之項目？

(A)造林費　　　(B)營運費用　　　(C)林地改良費　　　(D)道路開挖費用

29. 資本利息年利率為2%，土地價值：建物價值＝6：4，開發年數3年，資本利息綜合利率為：

(A)2.4%　　　(B)3.6%　　　(C)4.8%　　　(D)6%

30. 不動產估價技術規則有關耐用年數之敘述，下列何者最為正確？

(A)建物折舊額計算應以經濟耐用年數為主

(B)建物折舊額計算應以物理耐用年數為主

(C)經濟耐用年數指建物因自然耗損或外力破壞至結構脆弱而不堪使用所經歷之年數

(D)物理耐用年數指建物因功能或效益衰退至不值得使用所經歷之年數

31. 依不動產估價技術規則之規定，下列何者非屬不動產估價師公會全國聯合會公告之項目？

(A)建物工程進度營造費用比例表　　　(B)開發或建築利潤率

(C)建造執照工程造價表　　　(D)營造或施工費標準表

32. 不動產估價技術規則有關廣告費、銷售費、管理費、稅捐及開發或建築利潤之規

定，下列述敘何者正確？

(A)廣告費、銷售費等，於成本估價時必須計入

(B)開發或建築利潤，可視勘估標的之性質，於成本估價時得不予計入

(C)稅捐於成本估價時必須計入

(D)管理費於成本估價時一律計入

33. 某建物樓地板面積為100坪，重建每坪10萬元，若耐用年數為50年，殘值率為10%，目前已使用10年，採定額法折舊，請問該建物之現值為幾萬元？

(A)820　　　　　(B)720　　　　　(C)620　　　　　(D)520

34. 應用收益法進行不動產估價時，勘估標的總費用計算，不包括下列何者？

(A)地價稅　　　(B)房屋稅　　　(C)管理費　　　(D)土地增值稅

35. 下列何種估價方法，係以未來期望利益計算不動產價值？

(A)成本法　　　(B)收益法　　　(C)比較法　　　(D)土地開發分析法

36. 依不動產估價技術規則之規定，下列敘述何者正確？

(A)比較標的與勘估標的間能成立替代關係，且其價格互為影響之最適範圍稱為近鄰地區

(B)勘估標的或比較標的之周圍，供相同或類似用途之不動產，形成同質性較高之地區，稱為類似地區

(C)所選用之比較標的與勘估標的不在同一近鄰地區內時，應進行區域因素調整

(D)所選用之比較標的與勘估標的不在同一近鄰地區內時，應進行個別因素調整

37. 依不動產估價技術規則第26條規定，檢討後試算價格之間差距達多少以上者，應排除該試算價格之適用？

(A)30%　　　　　(B)20%　　　　　(C)5%　　　　　(D)10%

38. 試算價格之調整運算過程中，下列何者符合不動產估價技術規則第25條之規定？

(A)各項因素內之任一單獨項目之價格調整率為12%時，必須敘明理由

(B)各項因素內之任一單獨項目之價格調整率為20%時，不須敘明理由

(C)各項因素內之任一單獨項目之價格調整率為30%時，不須敘明理由

(D)各項因素內之任一單獨項目之價格調整率為17%時，必須敘明理由

39. 依不動產估價技術規則之規定，附著於土地之工事及水利土壤之改良，應以何種方法估價為原則？

(A)比較法　　　(B)收益法　　　(C)成本法　　　(D)土地開發分析法

40. 某一住宅用地，面積1000坪，建蔽率50%，容積率225%，擬規劃地上7層地下2層之集合住宅。假設本案完工後總銷售金額為80000萬元，資本利息綜合利率為12%、利潤率為20%、開發或建築所需之直接成本為20000萬元、開發或建築所需之間接成本為8400萬元，以土地開發分析法估計本住宅用地的價格，請問下列何者最接近？

(A)46267萬元　　　(B)42859萬元　　　(C)38393萬元　　　(D)31124萬元

題序	1	2	3	4	5	6	7	8	9	10	11	12	13	14	15	16	17	18	19	20
答案	C	B	B	A	C	D	D	C	C	A	A	C	A	B	B	D	D	C	B	B
題序	21	22	23	24	25	26	27	28	29	30	31	32	33	34	35	36	37	38	39	40
答案	A	B	A	B	B	C	B	B	C	A	C	B	A	D	B	C	B	D	C	D

一〇六年專門職業及技術人員考試試題

等　　別：普通考試
類　　科：不動產經紀人
科　　目：不動產估價概要
考試時間：一小時三十分
座　　號：
※注意：可以使用電子計算器。

甲、申論題部分：（50分）

㈠不必抄題，作答時請將試題題號及答案依照順序寫在申論試卷上，於本試題上作答者，不予計分。

㈡請以藍、黑色鋼筆或原子筆在申論試卷上作答。

㈢本科目除專門名詞或數理公式外，應使用本國文字作答。

一、有一宗位於都市計畫住宅區可立即開發之建地，請問應如何評估其價格？請詳述採用之方法及其運用程序。（25分）

二、請依不動產估價技術規則之規定，詳述不動產估價應蒐集之資料及蒐集比較實例之原則。（25分）

乙、測驗題部分：（50分）

㈠本測驗試題為單一選擇題，請選出一個正確或最適當的答案，複選作答者，該題不予計分。

㈡共40題，每題1.25分，須用2B鉛筆在試卡上依題號清楚劃記，於本試題或申論試卷上作答者，不予計分。

1. 不動產估價應敘明價格種類，如估價師受託辦理太平島估價，您認為應屬於何種價格？
   (A)限定價格　　　(B)正常價格　　　(C)特定價格　　　(D)特殊價格

2. 下列何種情況，可歸類於不動產估價價格種類中之正常價格？
   (A)實價登錄經主管機關篩選之價格　　　(B)臺北市精華區標售國有土地價格

(C)土地徵收補償所查估之市價　　　　　(D)實價課稅經主管機關認定低報之價格

3. 依不動產估價技術規則第7條規定：「依本規則辦理估價所稱之面積，已辦理登記者，以登記之面積爲準」但未辦理登記或以部分面積爲估價者，應如何處理？
   (A)省略不處理　　　　　　　　　　　(B)先探求未登記之原因
   (C)當作無價值　　　　　　　　　　　(D)調查註明

4. 如您於捷運地下街承租營運中，隔壁店家因故不與捷運局續租，此時您打算一併承租擴大經營，所承租之租金屬性應屬下列何者？
   (A)市場租金　　　(B)正常租金　　　(C)經濟租金　　　(D)限定租金

5. 臺北市政府最近發布之10月份住宅價格指數，中山松山南港區標準住宅總價1,224萬元、萬華文山北投區1,080萬元，其價差達144萬元。以上的價差分析，屬下列何種運用？
   (A)定率法　　　(B)比率法　　　(C)定額法　　　(D)差額法

6. 某出租型不動產之年總收益爲100萬元，若總費用率爲總收益的40%，收益資本化率4%，則該不動產之收益價格應爲多少？
   (A)1,000萬元　　　(B)1,200萬元　　　(C)1,500萬元　　　(D)2,500萬元

7. 不動產估價比較法就「畸零地或有合併使用之交易」所進行之調整，是屬於何項調整？
   (A)情況調整　　　(B)價格日期調整　　　(C)區域因素調整　　　(D)個別因素調整

8. 關於不動產估價收益法之總費用估算項目，下列何者正確？
   (A)只能算地價稅，如地上權地租不能算　(B)房屋稅只適用於保存登記之建物
   (C)所得稅亦應計算　　　　　　　　　(D)維修費、保險費亦應計算

9. 計量模型分析法係指「蒐集相當數量具代表性之比較標的，透過計量模型分析，求出各主要影響價格因素與比較標的價格二者之關係式，以推算各主要影響價格因素之調整率及調整額之方法。」請問應用時應符合條件中，採迴歸分析者，其調整後判定係數不得低於多少？
   (A)0.6　　　(B)0.7　　　(C)0.8　　　(D)0.9

10. 「考慮銀行定期存款利率、政府公債利率、不動產投資之風險性、貨幣變動狀況及不動產價格之變動趨勢等因素，選擇最具一般性財貨之投資報酬率爲基準，比較觀察該投資財貨與勘估標的個別特性之差異，並就流通性、風險性、增值性及管理上之難易程度等因素加以比較決定之。」係指收益資本化率何種方式？
    (A)債務保障比率法　　　　　　　　　(B)風險溢酬法
    (C)市場萃取法　　　　　　　　　　　(D)有效總收入乘數法

11. 若某房屋經濟耐用年數45年、經歷年數20年、殘餘價格率10%，於收益法估價時，等速折舊型，建物價格日期當時價值未來每年折舊提存率爲何？
    (A)0.02　　　(B)0.025　　　(C)0.03　　　(D)0.033

12. 下列有關成本法耐用年數之敘述，何者正確？

(A)建物折舊額計算應以物理耐用年數為主

(B)物理耐用年數指建物因功能或效益衰退至不值得使用所經歷之年數

(C)經濟耐用年數指建物因自然耗損或外力破壞至結構脆弱而不堪使用所經歷之年數

(D)建物之經歷年數大於其經濟耐用年數時，應重新調整經濟耐用年數

13. 依不動產估價技術規則規定，公共設施用地及公共設施保留地之估價，是以何種估價方法為原則？

(A)土地開發分析法　(B)收益法　　　(C)折現現金流量分析法　　　(D)比較法

14. 勘估標的之營造或施工費之求取方法中，「以建築細部工程之各項目單價乘以該工程施工數量，並合計之」之方法，係指何方法？

(A)淨計法　　　　　　　　　　(B)單位工程法

(C)工程造價比較法　　　　　　(D)單位面積（或體積）比較法

15. 某公寓1至4樓之單價分別為100、70、60、70萬元／坪，若全棟建物成本價格占全棟房地總價格比率為30%，若以3樓為基準，1至4樓之樓層別效用比分別為下列何者？

(A)100%、70%、60%、70%　　　　　(B)100%、70%、70%、60%

(C)167%、117%、117%、100%　　　　(D)167%、117%、100%、117%

16. 不動產估價技術規則第89條規定：「受有土壤或地下水污染之土地，應先估算其未受污染之正常價格，再依據委託人提供之土壤污染檢測資料，考量該土壤或地下水污染之影響，並計算其地價減損額後，從正常價格中扣除之，以其餘額為該宗地之價格。」假設受污染宗地，未受污染正常價格2,000萬元，經勘估地價減損額500萬元，則受污染地價格多少？

(A)500萬元　　　　(B)1,000萬元　　　(C)1,500萬元　　　(D)2,000萬元

17. 某建物於10年前興建，重建成本500萬元，殘餘價格率4%、經濟耐用年數40年，請問等速折舊型之建物成本價格為何？

(A)120萬元　　　　(B)240萬元　　　　(C)300萬元　　　　(D)380萬元

18. 西門町某店面於3年前出租經營，到期擬續租，當年契約租金每年200萬元，目前市場經濟租金每年可達250萬元，若分析此租金上漲應有60%歸功於承租經營者，在必要費用不增加情況下，合理續租年租金多少？

(A)220萬元　　　　(B)230萬元　　　　(C)240萬元　　　　(D)250萬元

19. 某建商擬開發建地，預計興建樓板面積1,000坪，若推定銷售單價平均80萬元／坪，利潤率20%、資本利息綜合利率5%、直接成本3億元、間接成本6千萬元，則土地開發分析價格為何？

(A)26,582萬元　　　(B)27,215萬元　　　(C)27,492萬元　　　(D)28,200萬元

20. 由於不動產是一種異質的商品，因其下列何種之特徵而分割為許多地區性市場？

(A)區位　　　　　(B)高程　　　　　(C)地形　　　　　(D)地質

21. 已開闢道路及其二側或一側帶狀土地，可就具有顯著商業活動之繁榮地區，依當地發展及地價高低情形而劃設為下列那二種地價區段？
    (A)住宅價區段與商業價區段
    (B)商業價區段與非商業價區段
    (C)基準地價區段與標準地價區段
    (D)繁榮街道路線價區段與一般路線價區段

22. 容積移轉及容積調派制度的實施，對不動產價值發生影響的因素被稱為：
    (A)行政條件　　　(B)政治條件　　　(C)社會條件　　　(D)接近條件

23. 不動產附近如有公園、圖書館、學校、歌劇院等建設，皆會對其價值產生影響，此種估價時需掌握的原則較適合被稱為：
    (A)供需原則　　　(B)貢獻原則　　　(C)外部性原則　　　(D)社會成本原則

24. 某私立學校為達校產活化目的，二年前將校舍之一部分出租予另一間外語學校，今年屆期想再續約，教育主管機構要求須附估價報告書供審查，此時所估之租金在目前的估價法規被歸類為下列何者？
    (A)正常租金　　　(B)限定租金　　　(C)特定租金　　　(D)特殊租金

25. 初入社會的陳君預計在往後10年，每年有10萬元的償債能力，假設此時銀行利率為3%，請問其可貸得金額為何？
    (A)134,390元　　　(B)457,970元　　　(C)853,020元　　　(D)1,146,390元

26. 依不動產估價技術規則第68條規定，建物累積折舊額之計算，應視下列何者選擇屬於等速折舊、初期加速折舊或初期減速折舊路徑之折舊方法？
    (A)建商信譽　　　　　　　　　　(B)建管單位要求
    (C)建物特性及市場動態　　　　　(D)建築設計及建築投資公會

27. 某建物已完工5年，面積100m^2，目前重建成本單價為新臺幣3萬元／m^2，殘餘價格率為5%、經濟耐用年數為50年，請問該建物累積折舊額為多少？
    (A)28.5萬元　　　(B)30萬元　　　(C)94,2153萬元　　　(D)99,174萬元

28. 勘估土地時蒐集到一個半年前正常情況下之土地交易案例，以每平方公尺30萬元成交，其與價格日期相比跌了2%，區域條件較勘估標的優5%、個別條件較勘估標的優10%，其試算價格為何？
    (A)25.137萬元／m^2　(B)26.163萬元／m^2　(C)35.343萬元／m^2　(D)46.305萬元／m^2

29. 某一不動產每年營業淨收益60萬元，貸款成數80%，貸款利率5%，貸款年數20年，債權保障比率1.5，若以這些條件計算下之不動產價格應為：
    (A)404萬元　　　(B)631萬元　　　(C)909萬元　　　(D)1,420萬元

30. 附有建物之宗地，考慮建物對宗地價格影響下所為之土地估價，稱之為：
    (A)分割估價　　　(B)合併估價　　　(C)部分估價　　　(D)獨立估價

31. 下列有關勘估標的與比較標的的調整及試算價格求取之敘述，何者正確？
    (A)差異調整以差額法為原則

(B)差異調整以定性分析法為原則

(C)偏高或偏低檢討後試算價格間差距仍達10%以上者，應排除適用

(D)偏高或偏低檢討後試算價格間差距仍達20%以上者，應排除適用

32. 蒐集市場上僅有的5個交易案例之資本化率分別為10%、1%、5%、4.5%、4.9%，經估價師判斷應去掉差距過大之異常值，試問若依市場萃取法，勘估標的之資本化率應為：

(A)3.85%　　　　(A)4.5%　　　　(A)4.8%　　　　(A)5.04%

33. 臺灣南部有許多鹽田，其價值評估以比較法估價為原則。若無買賣實例者，下列敘述何者正確？

(A)得以收益法估計之

(B)得以成本法估計之

(C)得以鹽田會員制度及曬鹽費用等因素推估之

(D)得以附近土地價格為基礎，考慮其日照、通風、位置及形狀等差異，比較推估之

34. 下列有關永佃權估價之敘述，何者正確？

(A)應考慮設定目的估計之

(B)應考慮佃租支付情形、民間習俗等因素估計之

(C)應考慮權利存續期間、權利讓與之限制等因素，以典價為基礎估計之

(D)應考慮設定目的、約定方法、權利存續期間、支付地租之有無及高低估計之

35. 有關不動產估價原則中之最有效使用原則，下列敘述何者錯誤？

(A)具有良好意識及通常之使用能力者

(B)在合法、實質可能、正當合理、財務可行前提下者

(C)所作得以獲致最高利益之使用

(D)係消費者主觀效用上

36. 有關土地開發分析法之估價程序中，最後四個步驟順序如何？

(A)估算開發或建築後總銷售金額。選擇適當之利潤率及資本利息綜合利率。估算各項成本及相關費用。計算土地開發分析價格

(B)估算各項成本及相關費用。估算開發或建築後總銷售金額。選擇適當之利潤率及資本利息綜合利率。計算土地開發分析價格

(C)選擇適當之利潤率及資本利息綜合利率。估算開發或建築後總銷售金額。估算各項成本及相關費用。計算土地開發分析價格

(D)估算開發或建築後總銷售金額。估算各項成本及相關費用。選擇適當之利潤率及資本利息綜合利率。計算土地開發分析價格

37. 在不考慮時間、高風險或不便利等因素下，審慎者不會支付高於財貨或勞務成本之代價，以取得一相同滿意度的替代性財貨或勞務。是指何種不動產價格形成原則？

(A)預測原則　　　(B)競爭原則　　　(C)供需原則　　　(D)替代原則

38. 成本法中，指與勘估標的相同效用之建物，以現代建材標準、設計及配置，於價格日期建築所需之成本，是指何種成本？
    (A)重置成本　　　　(B)重建成本　　　　(C)重蓋成本　　　　(D)替換成本
39. 有關不動產價值的定義，下列何者正確？
    (A)保險價值是不動產用於某種特定壽險用途所產生之價值
    (B)營運價值係指特定投資人評估該不動產投資所能產生的主觀價值
    (C)市場價值是不動產在營運過程中的既有價值，它是整個企業的一部分
    (D)公允價值係指能瞭解實情、有意願之當事人間公平交易所議定之資產交換或還清債務之數額
40. 依不動產估價技術規則第55條第1款之規定，就勘估標的所需要各種建築材料及人工之數量，逐一乘以價格日期當時該建築之單價及人工工資，並加計管理費、稅捐、資本利息及利潤之估價方法稱為：
    (A)淨計法　　　　(B)單位法　　　　(C)工程造價比較法　(D)單位面積比較法

題序	1	2	3	4	5	6	7	8	9	10	11	12	13	14	15	16	17	18	19	20
答案	D	C	D	D	D	C	A	D	B	B	D	D	D	B	D	C	D	A	C	A
題序	21	22	23	24	25	26	27	28	29	30	31	32	33	34	35	36	37	38	39	40
答案	D	A	C	B	C	C	A	#	B	C	D	C	D	B	D	D	D	A	D	A
備註	第28題一律給分。																			

一○七年專門職業及技術人員考試試題

等　　別：普通考試
類　　科：不動產經紀人
科　　目：不動產估價概要
考試時間：一小時三十分
座　　號：
※注意：可以使用電子計算器。

甲、申論題部分：（50分）

㈠不必抄題，作答時請將試題題號及答案依照順序寫在申論試卷上，於本試題上作答者，不予計分。
㈡請以藍、黑色鋼筆或原子筆在申論試卷上作答。
㈢本科目除專門名詞或數理公式外，應使用本國文字作答。

一、請列式說明定率法的折舊公式。如果一個1000萬元的建築物，以每年減損2%的速度折舊，請問第5年年末，該建築物的現值為多少？（25分）

二、何謂同一供需圈？何謂近鄰地區？何謂類似地區？請說明三者的關係。（25分）

乙、測驗題部分：（50分）

㈠本測驗試題為單一選擇題，請選出一個正確或最適當的答案，複選作答者，該題不予計分。

㈡共25題，每題2分，須用2B鉛筆在試卡上依題號清楚劃記，於本試題或申論試卷上作答者，不予計分。

1. 某便利商店需承租兩間相鄰之店面，兩間店面打通後合併使用之總面積方符合公司之需求。請問此二間店面合併為目的形成之租賃價值，以貨幣金額表示者稱為：
   (A)正常租金　　　(B)特殊租金　　　(C)限定租金　　　(D)合併租金

2. 有關勘估標的總費用之推算項目，不包括下列那一項？
   (A)管理費及維修費　　　　　　　　(B)地價稅或地租、房屋稅
   (C)保險費　　　　　　　　　　　　(D)貸款利息

3. 下列何者不屬不動產估價師蒐集比較實例所應依循之原則？
   (A)實例之價格屬限定價格、可調整為限定價格或與勘估標的價格種類相同者
   (B)與勘估標的位於同一供需圈之近鄰地區或類似地區者
   (C)與勘估標的使用性質或使用管制相同或相近者
   (D)實例價格形成日期與勘估標的之價格日期接近者

4. 下列何者符合應用計量模型分析法關係式採用5個自變數時所要求之所有條件？
   (A)蒐集26個比較標的、迴歸分析調整後判定係數為0.8、截距項以外其他各主要影響價格因素之係數估計值同時為零之顯著機率為0.04
   (B)蒐集36個比較標的、迴歸分析調整後判定係數為0.8、截距項以外其他各主要影響價格因素之係數估計值同時為零之顯著機率為0.95
   (C)蒐集60個比較標的、迴歸分析調整後判定係數為0.02、截距項以外其他各主要影響價格因素之係數估計值同時為零之顯著機率為0.03
   (D)蒐集20個比較標的、迴歸分析調整後判定係數為0.8、截距項以外其他各主要影響價格因素之係數估計值同時為零之顯著機率為0.01

5. 運用比較法在試算價格之調整運算過程中，區域因素調整、個別因素調整或區域因素及個別因素內之任一單獨項目之價格調整率大於百分之(甲)，或情況、價格日期、區域因素及個別因素調整總調整率大於百分之(乙)時，判定該比較標的與勘估標的差異過大，應排除該比較標的之適用。請問甲與乙各為多少？
   (A)甲為10，乙為20　(B)甲為10，乙為25　(C)甲為15，乙為25　(D)甲為15，乙為30

6. 採用比較法經比較調整後求得之勘估標的試算價格，應就價格偏高或偏低者重新檢

討，經檢討確認適當合理者，始得作為決定比較價格之基礎。檢討後試算價格之間差距仍達百分之二十以上者，應排除該試算價格之適用。前者所稱百分之二十以上之差距係指：

(A)高低價格之差除以高低價格平均值達百分之二十以上者

(B)高低價格之差除以最高價格達百分之二十以上者

(C)高低價格平均值除以最高價格達百分之二十以上者

(D)高低價格平均值除以高低價格之差達百分之二十以上者

7. 收益法估價應蒐集勘估標的及與其特性相同或相似之比較標的最近幾年間總收入、總費用及收益資本化率或折現率等資料？

(A)2年　　　　　　(B)3年　　　　　　(C)4年　　　　　　(D)5年

8. 當建物價格日期當時價值未來每年折舊提存率大於零時，下列對淨收益已扣除折舊提存費之房地綜合收益資本化率與淨收益未扣除折舊提存費之房地綜合收益資本化率兩者間之敘述，何者正確？

(A)淨收益已扣除折舊提存費之房地綜合收益資本化率高於淨收益未扣除折舊提存費之房地綜合收益資本化率

(B)淨收益已扣除折舊提存費之房地綜合收益資本化率等於淨收益未扣除折舊提存費之房地綜合收益資本化率

(C)淨收益已扣除折舊提存費之房地綜合收益資本化率小於淨收益未扣除折舊提存費之房地綜合收益資本化率

(D)無法判斷

9. 在使用成本法估價時，建物估價以求取(甲)為原則。但建物使用之材料目前已無生產或施工方法已改變者，得採(乙)替代之。請問甲、乙分別為何種成本？

(A)甲為重建成本、乙為重置成本　　　(B)甲為重置成本、乙為重建成本

(C)甲為直接成本、乙為間接成本　　　(D)甲為間接成本、乙為直接成本

10. 於採土地開發分析法之資本利息綜合利率之計算中，如果資本利息年利率為3%，土地價值比率為40%，建物價值比率為60%，開發年數為3年，請問資本利息綜合利率為何？

(A)9%　　　　　　(B)6.3%　　　　　　(C)4.5%　　　　　　(D)3%

11. 下列那一項不屬於土地建築開發之間接成本？

(A)施工費　　　　(B)規劃設計費　　　(C)銷售費　　　　(D)管理費

12. 當某土地開發後預期總銷售金額為1000萬元，適當之利潤率為12%，開發所需之直接成本為300萬元，開發所需之間接成本為250萬元，開發所需總成本之資本利息綜合利率為4%時，請問土地開發分析法價格大約為何？

(A)433萬元　　　　(B)402萬元　　　　(C)386萬元　　　　(D)309萬元

13. 附有違章建築之房地估價，有關違建部分之處理方式，下列何者正確？

(A)違建部分不予以評估

(B)委託人要求評估違建部分之價值時，只需就合法建物及違建部分於估價報告書中標示合併之總價格即可

(C)委託人如果要求評估違建部分之價值時，應拒絕之

(D)不論委託人有無要求，皆應就合法建物及違建部分於估價報告書中標示合併之總價格

14. 不動產估價報告書中載明價格日期，係立基於下列何種原則？
    (A)最有效使用原則　(B)競爭原則　　　(C)變動原則　　　(D)預期原則

15. 不動產估價有所謂的獨立估價，請問獨立估價是指：
    (A)土地上原有地上建物，但於估價之價格日期時已頹壞傾倒，估價時仍視為有地上建物，併同土地一併估價
    (B)土地上無地上建物，純素地估價
    (C)土地上有地上建物，估價時將土地與地上建物併同估價
    (D)土地上有地上建物或他項權利存在，但估價時將土地視為素地予以估價，不考慮地上建物或他項權利對該土地的影響

16. 勘估標的是一都市邊緣之農地，未來極有可能變更為建地，今依委託人要求針對勘估標的未來可能變更為建地情況進行估價，其價格種類為何？
    (A)正常價格　　　(B)限定價格　　　(C)特定價格　　　(D)特殊價格

17. 下列有關比較法的敘述，何者錯誤？
    (A)試算價格調整運算過程中，情況因素、價格日期、區域因素、個別因素或區域因素及個別因素內之任一單獨項目之價格調整率不得大於15%，但勘估標的性質或區位特殊，於報告書敘明者，不在此限
    (B)試算價格調整運算過程中，情況因素、價格日期、區域因素及個別因素總調整率不得大於30%，但勘估標的性質或區位特殊，於報告書敘明者，不在此限
    (C)情況調整係指比較標的之價格形成條件中有非屬於一般正常情形而影響價格時，或有其他足以改變比較標的之價格之情況存在時，就該影響部分所作之調整
    (D)估價師運用比較法估價時，應採用三件以上比較標的

18. 王先生手中取得一份不動產估價報告書，比較法推估過程中三個比較案例的價格依序為新臺幣63萬元／坪、64.5萬元／坪、68.5萬元／坪，所推估之試算價格依序分別為新臺幣45萬元／坪、50萬元／坪、57.5萬元／坪，下列敘述何者正確？
    (A)比較案例一總調整率不符規定
    (B)比較案例三總調整率不符規定
    (C)比較案例一與比較案例三試算價格之差距不符規定
    (D)比較案例一與比較案例二之試算價格較接近，應給予較高之權重

19. 依不動產估價技術規則之規定，下列收益法之估價步驟中，何種排列次序較為正確？①計算淨收益　②推算總費用　③決定收益資本化率或折現率　④推算有效總收入　⑤蒐集總收入、總費用及收益資本化率或折現率等資料　⑥計算收益價格

(A)①⑤②③④⑥　　(B)⑤①②④③⑥　　(C)⑤④①②⑥③　　(D)⑤④②①③⑥

20. 下列關於收益資本化率之敘述，何者錯誤？
    (A)增值性較高的不動產，其收益資本化率較高
    (B)流通性高的不動產，其收益資本化率較低
    (C)風險性較高的不動產，其收益資本化率較高
    (D)管理度較難的不動產，其收益資本化率較高

21. 選擇數個與勘估標的相同或相似之比較標的，以其淨收益除以價格後，以所得之商數加以比較決定收益資本化率之方法爲：
    (A)加權平均資金成本法　　　　　　(B)有效總收入乘數法
    (C)債務保障比率法　　　　　　　　(D)市場萃取法

22. 附著於土地之工事及水利土壤之改良，以何種方法估價爲原則？
    (A)收益法　　　　(B)成本法　　　　(C)比較法　　　　(D)土地開發分析法

23. 同棟多層樓之不動產估價，估價師通常以某一層爲比準層，再依樓層別效用比推估其他樓層之價格，若以最低價之樓層爲比準層，其他各樓層之效用比爲何？
    (A)均大於100　　(B)均等於100　　(C)均小於100　　(D)大於或小於100

24. 三筆土地分別爲1500萬元、2500萬元及6000萬元，今決定將三筆土地合併開發，經評估合併後土地總價值爲1億5千萬元，請問相對於原來1500萬元之土地，其合併後價格應爲：
    (A)3750萬元　　(B)2250萬元　　(C)9000萬元　　(D)2500萬元

25. 依不動產估價技術規則規定，承租人每期支付予出租人之租金，加計押金或保證金、權利金及其他相關運用收益之總數，稱爲：
    (A)純租金　　　　(B)支付租金　　　(C)實質租金　　　(D)經濟租金

題序	1	2	3	4	5	6	7	8	9	10	11	12	13	14	15	16	17	18	19	20
答案	C	D	A	A	D	A	B	C	A	B	A	D	A	C	D	C	A	C	D	A
題序	21	22	23	24	25															
答案	D	B	A	B	C															

國家圖書館出版品預行編目資料

不動產估價法規與實務／陳冠融著. －－二
版. －－臺北市：五南, 2019.09
　面；　公分
ISBN 978-957-763-675-1（平裝）

1.不動產　2.房地產法規

554.89023　　　　　　　　10801584

1K02

不動產估價法規與實務

作　　者 ― 陳冠融（271.6）

發 行 人 ― 楊榮川

總 經 理 ― 楊士清

總 編 輯 ― 楊秀麗

副總編輯 ― 劉靜芬

責任編輯 ― 林佳瑩、呂伊真

封面設計 ― 王麗娟

出 版 者 ― 五南圖書出版股份有限公司

地　　址：106台北市大安區和平東路二段339號4樓

電　　話：(02)2705-5066　　傳　　真：(02)2706-6100

網　　址：http://www.wunan.com.tw

電子郵件：wunan@wunan.com.tw

劃撥帳號：01068953

戶　　名：五南圖書出版股份有限公司

法律顧問　林勝安律師事務所　林勝安律師

出版日期　2012年 8 月初版一刷
　　　　　2019年 9 月二版一刷

定　　價　新臺幣750元